大夏世界史文丛

国际历史教育比较研究

上册

杨彪 —— 主编

社会科学文献出版社

SOCIAL SCIENCES ACADEMIC PRESS (CHINA)

总　序

经过两年多的策划和准备，"大夏世界史文丛"终于问世了。本套丛书由三部分组成：资深学者的个人文集、反映华东师范大学世界史学科队伍最新研究水平的论著和着眼于人才培养的教材及读本。

世界史学科是华东师范大学历史学系的传统优势学科。1951 年建校时便汇聚了林举岱、王养冲、郭圣铭、王国秀等一批知名教授。20 世纪八九十年代，法国史、二战史、非洲史、俄苏史、美国史、德国史等研究领域在国内学界都确立了自己的地位，拥有孙道天、冯纪宪、艾周昌、陈崇武、王斯德、李钜廉、钱洪、孙炳辉、余志森、尤天然、洪波、潘人杰等一批知名学者。1984 年，华东师范大学历史学系获批成立世界史博士点，1987 年获得博士学位授予权，为改革开放后我国世界史学科的发展培养了一大批人才。1995 年，华东师范大学世界史学科又成为上海市教委重点学科。1998 年世界史学科设立历史学一级学科博士后流动站，2000 年获得历史学一级学科博士学位授予权，确立了地区国别史、断代史和专门史（思想史）三个重点发展方向。

华东师范大学世界史学科目前所取得的成就和影响力与老一辈学者打下的良好基础密不可分。今天我们编辑和出版这些老先生的个人文集，不仅是重温他们的学术思想，了解他们的学术发展轨迹，更是对他们治学理念的回顾和传承，管窥他们对学术的孜孜追求和敏锐的学术洞察力。

进入 21 世纪后，华东师范大学世界史学科发展获得新的发展机遇。

2007 年被教育部批准为国家重点学科（培育），同年被上海市政府批准为上海市重点学科。在国家"211 工程"和"985 工程"建设中，世界史学科也一直作为重点学科建设对象，获得研究资金和人员配备上的支持。在调整学科布局和保持原学科优势的基础上，涌现出以冷战国际史、中国周边关系史、地区国别史、全球思想文化史、国际历史教育比较等为代表的五个学科群。其中冷战国际史研究已成为国内一流、国际影响较大的学科发展方向，形成了一支实力强劲的优秀研究团队。继 2016 年华东师范大学成立周边国家研究院后，中国与周边国家关系，尤其是 20 世纪下半叶的双边关系史研究异军突起，研究团队几乎访问了所有的周边国家档案文献收藏机构，并搜集了数量可观的周边国家对华关系档案，总量达数百万页，搭建起了一个周边国家对华关系文献数据库，档案语种涵盖越南语、缅甸语、泰国语、马来西亚语、柬埔寨语、蒙文、韩文、日文和俄文等。在此基础上，研究团队除了给有关部门提交了数十篇高质量的咨询报告外，还在国内外权威期刊公开发表数篇学术论文。在地区国别史方向，非洲史、德国史和美国史在继承老先生文脉的基础上又有了新的发展，其中非洲史侧重于中非关系、非洲文化和坦桑尼亚历史的研究，与达累斯萨拉姆大学联合成立了"坦桑尼亚研究中心"，密切了双方的学术交流和人才培养机制；德国史主要关注 20 世纪德国历史的演进，特别是断代史、社会史、外交史、史学史及中德关系史，郑寅达教授现任中国德国史研究会会长；美国史则倾向于对美国城市发展过程中内部治理的研究。在国际历史教育比较方向，引领中国历史教育走向国际化。本学科从 21 世纪初开始便积极同国际历史教育界建立联系，近四年已两次召开国际历史教育工作坊，邀请来自世界各地的专家与会，讨论如"各国历史教科书中的中国形象"等重大话题。孟钟捷教授当选为国际历史教育学会学术委员会成员，多次参加国际历史教育领域的合作项目。杨彪教授多次前往国际教科书研究所从事研究。2015 年起，本学科与德国奥格斯堡大学合作，创立国内首个历史教育海外研修学校，组织大学教师、中学教师、历史师范生前往德国进修学习。

"路漫漫其修远兮，吾将上下而求索。"经过 60 多年的学术积累和发展，华东师范大学世界史学科已经形成具有自己特色的研究领域和学科布局，并建立了从本科到博士后的完整专业人才培养体系，学术研究水平和人才培养质量在国内同类系科中位于前列，若干研究领域处于国际领先地位。

在 2016 年全国第四轮学科评估中，华东师范大学世界史学科获得 A＋的评价，这既是对我们过去几十年来不遗余力地发展世界史学科的肯定，也是对我们未来向世界一流学科迈进的鞭策。为此，我们本着有所为有所不为的原则，在继承华东师范大学世界史学科前辈奠定的学科特色的基础上，放眼全球，努力与当今世界著名高校的世界史研究接轨，重点发展以下三个方面。

一是世界史学科在发展过程中主动对接国家战略，以适应社会经济发展提出的新需求。冷战史、地区国别史、欧洲社会文化史和国际历史教育比较研究等都涉及国家重大对外战略与重要学术创新。冷战国际史研究引领国内学术研究的潮流，同国际上的许多知名大学和研究机构建立了广泛而密切的学术联系，成为极具特色和优势的研究领域之一。结合华东师范大学"引领中国教师教育"的办学方针，世界史学科积极开展国际历史教育的比较研究，以"中国周边国家历史教科书中的中国形象"作为未来的重大研究课题。学科还积极参与上海市的智库建设，提交咨询报告。

二是致力于思考华东师范大学世界史学科人才培养的目标和方向，形成自己的学科特色和目标。那就是致力于培养热爱祖国，德智体全面发展，专业基础扎实、能力强、素质高，自觉为社会主义现代化事业、为繁荣历史科学服务的高级专门人才。其中以两类为主：一是基础教育的骨干师资，二是高等院校和科研单位的研究人员。人才培养过程中秉持"宽口径、厚基础"的理念，注重科研能力的训练和综合素质的培养。要求所培养的硕士研究生具有较系统的理论基础和正确的教育思想观念，熟悉国内外史学研究动态，打好扎实深厚的专业基础，能运用科学的研究方法进行专业领域的学术研究，熟练掌握一门外国语，毕业后能在本学科领域独立从事研究和教学工作，或在实际工作部门从事相关工作。博士研究生具有较深厚理论素养和先进的教育思想观念，熟悉本专业领域史学研究成果和国内外最新研究动态，能够站在学术前沿，运用先进的研究方法和手段进行创造性研究，至少熟练掌握一门外国语，毕业后能在本学科领域独立从事高层次的研究和教学工作，或在实际工作部门从事相关的较高层次工作。目前，华东师范大学世界史学科下设世界断代史、世界地区国别史、专门史（冷战国际史）三个二级学科博士点和硕士点，同时拥有世界史一级学科的博士后流动站。世界断代史方向涵盖了世界上古中世纪史、世界近代史、世界现代史和世界当代史。注重世界通史观的培养，注意打破各断代史的壁垒，使学生形成宏观的世界史认识。地区国别史方向包括非洲史、美国史、德国史、日本史、法国史等，其特色是注意将国别史中的国内史与对外关系史相结合。专门史方向主要为冷战国际史和中外关系史，目前是国内领先的学科方向，集合了国内顶尖的学者。以冷战国际史研究中心和当代文献史料中心为依托，将档案资料的收集与科学研究紧密结合，在利用档案文献研究社会主义国家关系史、中国与周边国家关系史方面已经形成了自身的特色，同时在研究生培养方面也形成了以档案文献整理为特色的理论与实践课程。

三是努力与国际接轨，及时跟进国际社会世界史学科研究的新进展。早在 2013 年，就在美国著名智库伍德罗·威尔逊国际学者中心设立了"华东师大－威尔逊中心冷战研究工作室"。从 2017 年开始，又陆续在日本早稻田大学、越南国家社会科学研究院、德国奥格斯堡大学和坦桑尼亚达累斯萨拉姆大学设立了工作站，目的是在世界历史研究领域内增进双方在学术交流、学生培养和联合研究等方面的深入合作。上述五个工作站同时也是开放式的，为中国其他高校世界史的师生进站研究提供必要的相关帮助。

当今国际学术界的世界史研究日新月异，冷战国际史、全球史、环境史、社会史、妇女史、城市史、医疗史、移民史等领域的研究成果不断涌现，华东师范大学世界史学科在跟踪这些领域研究动态的同时，也努力展现自己的学术研究成果，为建构中国特色的世界史学科体系、学术体系和话语体系贡献自己的微薄之力。

沐　涛

2019 年 10 月

目　录

上　册

·全球历史教育理论及展望·

·各国历史教育的现状与改革·

·各国历史教学课程标准和教科书·

下　册

·公共历史教育的探索·

·中国历史教科书中的他国形象·

·外国历史教科书中的他者形象·

前　言

　　《国际历史教育比较研究》是华东师范大学历史学系和世界历史研究院集中国际历史教育比较研究方向的精干力量，并邀请世界多国著名历史教育家共同创作而成的论丛。其中汇集了有关历史教育的最新思考，以及世界各国在历史教育方面的发展和改革的相关介绍。希望这本论丛能够为广大历史教育工作者提供有益的参考和帮助，也希望能够为人类命运共同体的建设贡献一份力量。

　　历史教育这一概念，从狭义上来说是在学校中进行的以历史学科为载体的教育活动，从广义上来说是在全社会范围内进行的以历史学为基础的教育活动。无论从哪个层面来看，毋庸置疑，历史本身是具有教育功能的。不同层面的历史教育适应着社会提出的不同要求，无论是学校教育还是社会教育，历史教育的覆盖是全方位的。因为对于国家和民族而言，历史教育的缺失会导致共同记忆的断裂，甚至会造成认同感削弱乃至消失的危机。

　　在对历史的认识上，中国人已经接受了世界史的概念，并把自己的历史视为世界历史的一部分。世界史之所以能够成立，就是因为以相互交流为基础。只有在交流不断继续的前提下，区域间乃至于世界范围内所发生的事情才不是孤立的，才能够成为多个民族乃至于全人类共同的记忆。历史记忆可能是痛苦的，也可能是欢乐的，但是无论是怎样的记忆，都已经永久地镌刻在了各民族的记忆当中，所留下来的不应该是冲动的仇恨情绪。无论哪个民族都应该继往开来，为相互间的和解做出努力。因为只有和解才是人类的最终目的，才是历史指引我们的正确路径。历史之所以被古往今来的人们重视，是因为它总是在人们将要犯错的时候提醒人们勿忘教训。进入 21 世纪的全人类是命运的共同体，共同记忆和认同感成为全人类的共同财富。

他山之石，可以攻玉。在整理国际历史教育的资料时，我们总想寻找历史教育工作者共同思考和共同关注的问题；寻找同行的长处，反思自己的不足；同时关注时代对于历史教育的影响，思考哪些是时代的诉求，哪些虽暂时无法实现，但指向未来的方向。观察 21 世纪初的国际历史教育，我们会发现既有时代进步与发展，同时依然存在长期以来的困惑。在进步与发展中呈现着历史教育作为学科性教育的纯粹而清澈的一面，在困惑中也呈现着不同文明、地域对历史教育的深刻影响。学科不分东西，但正如光与影中同一人像的差别，国际历史教育依然在共性中体现着不同风貌。

从本书的论述中我们可以看到，今天越来越多的历史教育工作者认识到：第一，历史不等于过去；第二，历史是对过去特定方面进行构建而形成的特殊叙事；第三，通过分析并解构历史叙事，我们可以从构建的特定历史中了解更多的基本观念和理论假设。与此同时，从德国的历史教育中将"历史意识"（时间意识、真实性意识、变迁意识、认同意识、政治意识、经济意识、道德意识）作为课程教学的核心，到英美课标中的"核心能力"（在国民能力培养方面，美国国家课程较早且清晰地提出了历史学习能力培养维度，包括时序思维能力、历史理解能力、历史分析与历史解释能力、历史研究能力和分析历史问题并做出决策的能力等）的设置，人们也会发现历史教育通过其特定的思想方法被进一步定义。这些理念的汇聚使国际历史教育在认知与学习领域发生了巨大的变化，如果忽视这些变化则会背离当代历史教育发展方向，也会背离人文学科的本质。历史课程以事实为依据来构架知识，而这些知识的结构是可变的。

在国际历史教育比较中，我们可以明显看到历史课程是对各自种族、文化和社会渊源的记录，也可将其看作他们自身经历的延伸。人们非常期望历史教育能够摆脱民族自身观念的束缚，在区域合作编写教科书的许多案例中体现了这些诉求，但是我们同样感受到受政治、文化、国际关系影响而产生的重重困难。例如，在有先行构建政治信任机制之前，东亚地区的历史和解道路依然曲折漫长，到目前为止仍有赖于东亚历史教育工作者的良知。同时，在世界上多民族国家和地区中，多语言的历史教学亦是历史教育工作者面临的重要课题，因此本书也刊载了有关双语历史教育的相关研究，以利于借鉴交流。

　　经历了新、旧民主主义革命的中华民族，在新中国的建设和发展过程中不断地将中华民族的共同记忆变得更为丰富鲜活，不断地将中华民族的认同感进行巩固和加深。在经历了无数的艰难困苦之后，进入 21 世纪的中华民族，能够直面曾经的辉煌和苦难、成就和失误，大步地走在民族复兴的道路上。中国是一个文明古国，在漫长的历史当中曾经照亮世界的一角。中国历来是文教昌盛的国家，历史教育在文教中的位置相当显赫，上至帝王，下至黎民，都从历史教训当中汲取养分。同时，由于中华文明的传播，历史的教化也深深地影响了世界上的其他民族。这些优秀的文明精华在结合了其他民族的优秀传统之后被中国人重新认识和学习。

　　公众史学的探索对我们来说是新的事物，我们在本书相应的文章中会发现国际上在此领域的实践探索经验，为当代中国公共历史教育发展带来了学习机会。我们在一系列文章中感受到各国公众史学的发展，它们实质上构成了公众史学的框架。当然需要指出的是当代中国公众史学依然有一个包含中国理念的目标，即通古今之变，因为文明演进是古今中国历史的内部理路。

　　有鉴于此，我们认为人类社会作为一个整体要在 21 世纪真正形成一个命运共同体，基于共同记忆和认同感的共同价值观是不可或缺的，这是人类历史的最大公约数。为此，我们编辑和写作了这部《国际历史教育比较研究》，目的也在于汇集来自世界各地的有关历史教育的成果精华，并尽可能多地将其推介给读者诸贤。伴随着中国教育改革的深入，国际历史教育比较研究的工作必当更上层楼，共享这些同行的思想与实践是历史教育工作者的心愿与期盼，因为分享思想、触动灵感是未来行动的起点。

杨　彪　谨识

全球历史教育理论及展望

全球化世界中的国家教科书争议

〔德〕苏珊·波普 著　孟钟捷 译

一

国际教科书争议最近是否变得越来越频繁呢？它们是否已经引起了公众的兴趣？这些问题很难判断。不过，随着冷战的结束、苏联的解体，不少事件看上去似乎都指出了这样一种方向：（世界）已经越来越朝着"国际记忆"与"国家历史认同"的复兴前进，并且大多同时在根本上重新解释国家历史事件或时期。这种对习以为常的国家"宏大叙事"的学术解构还得到了进一步发展，（因为）同样的事情已经在大范围内出现了修正性的解释，而且发生在许多领域中。这些发展可能产生一种相互竞争的过去，并进而引发国家历史教科书中的根本变化，使之转变为一场关于国家历史、人民的真实历史反思，并成为社会的国家认同与文化认同的政治战争中的基本因素。①

尽管我们很难判断教科书争议产生的绝对影响，但是我们仍然可以肯定的是，关于国家教科书和国际教科书争议的全球性担忧正在变得越来越清晰。这

---

① 参见 Michael W. Apple and Linda K. Christian-Smith, eds., *The Politics of the Textbook* (New York, 1991); Laura Hein, Mark Seldon, "The Lessons of War, Global Power and Social Change," in Laura Hein, Mark Seldon, eds., *Censoring History: Citizenship and Memory in Japan, Germany and the United States* (Armonk, N. Y. 1999), pp. 3 – 50; Stuart J. Foster, Keith A. Crawford, eds., *What Shall We Tell the Children? International Perspectives on School History Textbooks* (Greenwich, Conn, 2006); Jason Nicholls, ed., *School History Textbooks across Cultures: International Debates and Perspectives* (Oxford, 2006)。

不仅是专家们和科学家们所担忧的对象，也吸引了广大知识阶层的关注目光。互联网通过传播当前世界各地发生的争议，进一步增强了这种趋势，并且使之成为一种全球适用的"通用语"。这些争议本该仅仅吸引有限的目光，但现在成为全球范围内的事件。例如，希腊历史教科书接受欧盟资助一事。[①] 它是一次国家斗争，因为保守派联合希腊东正教会的代表们反对在希腊记忆中用一种新的、更自由的观念来看待奥斯曼或土耳其的历史。另一个例证是东亚针对日本教科书一事。这些争辩已经进行了数十年之久。它们既显示了一种国家层面的斗争，也反映了国际层面的斗争。[②] 我们还能举出很多其他例子，如澳大利亚[③]、后殖民时代的印度[④]、巴以冲突[⑤]，以及美国发生的关于（世界）历史国家标准的教科书斗争[⑥]或用"智慧设计"反对进化生物学的斗争[⑦]。另外，存在

---

① 参见 Maria Repoussi, "Politics Questions History Education: Debates on Greek History Textbook," in *Yearbook of International Society for History Didactics* 27/28 (2006/2007), pp. 99 – 110. 也可参见该书 Antonis Liakos (pp. 57 – 74) 和 Théodora Cavoura (pp. 91 – 96) 的论文。

② 参见 Sven Saaler, "Politics, Memory, and Public Opinion," in *The History Text-book Controversy and Japanese Society* (München, 2005); Claudia Schneider, "National Fortresses Besieged: History Textbooks in Contemporary Mainland China, Taiwan and Japan," in Steffi Richter, (Hg.), *Contested Views of a Common Past: Revisions of History in Contemporary East Asia* (Frankfurt/M./New York, 2008), pp. 245 – 270; Steffi Richter, "Japan: Der Schulbuchstreit als Indikator nationaler Selbstreflexion," http://www. uni – leipzig. de/ – oarev/download/richter _ schulbuchstreit. pdf (30. 3. 2008)。

③ 参见 Bill Leadbetter 的论文, in *Yearbook of International Society for History Didactics* 27/28 (2006/2007), pp. 97 – 198。

④ 参见 Michael Gottlob, *Historie und Politik im Postkolonialen Indien* (Göttingen, 2008); Delhi Historians' Group, ed., *Communalisation of Education: The History Textbooks Controversy* (New Delhi, 2001); Véronique Bénéï, *Schooling Passions: Nation, History, and Language in Contemporary Western India* (Stanford, 2008)。

⑤ 参见 Sami Adwan, Ruth Firer, "The Israeli-Palestinian Conflict in History and Civics Textbooks of Both Nations," in *Curricula and Teaching in Israeli and Palestinian Schools* (Hannover, 2004); Falk Pingel, ed., "Contested Past, Disputed Present," in *Curricula and Teaching in Israeli and Palestinian Schools* (Hannover, 2003)。

⑥ Gary B. Nash, Charlotte Crabtree, Ross E. Dunn, *History on Trial: Culture Wars and the Teaching of the Past* (New York, 2000).

⑦ 一般论述参见 Gerard Giordano, *Twentieth-century Textbook Wars: A History of Advocacy and Opposition* (New York, 2003); John G. Herlihy, ed, *The Textbook Controversy: Issues, Aspects, and Perspectives* (Nor-wood, N. J., 1992); 关于"智慧设计", 参见 Hansjörg Hemminger, "Bericht: Intelligentes Design und der Kulturkampf in den USA," www.ezw-berlin. de (hg. v. Evangelische Zentralstelle für Weltanschauungsfragen; EZW); Brian J. Alters, Sandra M. Alters, *Defending Evolution in the Classroom: A Guide to the Creation/Evolution Controversy* (Sudbury, MA, 2001)。

不少争议的事件还在于，国际学界正努力同任何国家规制做斗争，（因为）这些国家规制控制着课堂教学中的历史观，并限制科学家对有争议的历史问题进行自由讨论。① 对此，著名例证是法国于 2005 年 2 月 23 日开始施行的第 158 号令，即关于殖民主义教学的法令。它要求高中教师必须对其学生们教授法国殖民主义的"积极价值"。该法令引发了群众骚动，并最后由雅克·希拉克（Jacques Chirac）总统于 2006 年初撤销。这场关于国家是否有权为中学教师甚至科学界指定历史观的大争辩，一方面必须被置于对侵犯人权行为的控诉不断增长的背景中，另一方面则是在对政治暴力受害者实行强制性赔偿的背景中。两个方面都需要奠定包括历史解释在内的法律基础。除此之外，整件事情的复杂性还在教育方面体现出它的极端重要性，因为它涉及禁止否认大屠杀的法令，而这也是许多国家所希望的结果。②

二

在我直面该问题，指出目前教科书的争议情况以及全球化世界产生的影响（第四部分）之前，在我指出影响目前日益严重的教科书争议的其他因素（第三部分）之前，我愿意首先讨论一个看上去同样重要的问题。对这种历史教科书问题感兴趣的广大民众并非仅关注那些出名的教科书争议。相反，人们也关注那些成功的双向或多元教科书的合作项目。这种联合性的冒险项目正在许多有过灾难性历史关系的国家之间进行。它们证明了，解决彼此之间的历史偏见和国家立场问题是有可能的，即便这些偏见和立场深深地扎根于国家经历和历史展演中，即便它们曾经引起伤痛，尚未愈合。例如德法合作项目③、巴以合作

---

① 参见 Luigi Cajani 的论文，in *Yearbook of International Society for History Didactics* 27/28（2006/2007），pp. 39 – 56。

② 参见 Winfried Schulze 的论文，in *Yearbook of International Society for History Didactics* 27/28（2006/2007），pp. 9 – 38。我想对德国人观点做一点补充。这一点十分重要，即现存历史教师联合会并未讨论惩罚否认犹太大屠杀的法令，因为从科学上来看，大屠杀确实发生了。

③ 参见 Ludwig Bernlochner，Peter Geiss，*Histoire/Geschichte-l'Europe et le monde depuis* 1945（Paris/Stuttgart，2006）；Ludwig Bernlochner，Peter Geiss，*Histoire/Geschichte-l'Europe et le monde du congrès de Vienne à* 1945（Paris/Stuttgart，2008）。

项目①或者东亚的联合教科书（中、日、韩三国）②。它们都表明国家历史教学如何能够取得两个重要目标：一是传授国家认同感，二是传授和平、同情与转变立场的能力。所有这些项目都来自一种民族认同的观念，它将被一种平等的、和平的相互理解性对话加强而非削弱。

　　尽管上述联合编写教科书的方法在相关国家并没有被普遍使用，但是它们的重要性及其影响很难被低估，因为它们提出了一种极为难得的妥协。在这些联合教科书中，这种解决方式将对公众意识产生影响，即便它们偶尔会受到尖锐的批判或拒斥。然而更多时候，它们提供了一种温和修正教科书的强烈动力。进一步而言，这些项目在国际范围内引起了巨大的冲击力。一个国家所发生的创新项目的经历和成功都会成为另一些国家的范式与动力。例如，目前发展中的联合项目就受益于此前已经完成的项目。这对于许多项目而言都是如此，例如德波项目③、中亚项目④、印巴联合教科书和孟巴教科书⑤，或地中海区域国家的教科书项目⑥。

三

　　当历史教科书争议受到国际媒体的巨大关注时，人们偶尔会感到奇怪：

---

① Sami Adwan, Dan Bar On, *Learning Each Other's Historical Narrative*：*Palestinians and Israelis* (Beit Jallah：Peace Research Institute in the Middle East, 2003).

② 参见韩国人对三国编写历史教科书的评论 Trilateral Joint History Editorial Committee, ed., *Miraereul Yeoneun Yeoksa*：*Han Jung Ili Hamgye Mandeun Dong. Asia 3 guk-ui Geunhyeondaesa* [*History Opens the Future*：*The Contemporary and Modern History of Three East Asian Countries*] (Seoul, 2005). 非官方的翻译刊登在 http：//www. gwu. edu/ - memory/issues/textbooks/jointeastasia. html。

③ 参见 Paul Flückiger, "Kontroverse um deutsch-polnisches Schulbuch," in Welt online, Politik, http：//www. welt. de/politik/article1814647/Kontroverse_ um_ deutsch_ polnisches_ Schulbuch. html。

④ 该项目的第一个想法参见 Ram Rahul, *Central Asia*：*A Textbook History* (New Delhi, 2000) 或者 *History of Civilizations of Central Asia*, Vol. 6 (Unesco publishing, 1992 – 2005)。

⑤ 参见 Foqia Sadiq Khan, Q Isa Daudpota, Joint Indo-Pak School History Textbook, http：//www. chowk. com/articles/4903。

⑥ 参见 European Commission, "External Relations：The Euro-Mediterranean Partners," http：//ec. europa. eu/external_ relations/euromed/index_ en. htm。也可参见 Fauziya Al-Ashmawi, "The Image of the Other in History Textbooks in some Mediterranean Countries" (Spain, France, Greece, Egypt, Jordan, Lebanon, Tunisia), http：//www. isesco. org. ma/english/publications/Islamtoday/13/P6. php。

为什么教科书会有如此潜力来激怒公众？对此的回答应该是，像这类事件应该被视作民主社会中绝对正常的事。在根本上，历史教科书不仅向后一代人传递着历史知识和方法技巧，还传递着"文化记忆"——那些被全社会分享并支持团结（融合功能）与个性（身份创建功能）的知识。① 即便历史教科书有所"创造"或发明，但是作为学校课程的历史课与历史教科书本身都已经适应了这样一种使命：在政治上通过历史教育把国家文化传授给年轻人。对官方教学目标的"弦外之音"的所有分析都显示出，传授一个国家历史的基本知识总是等同于在年轻人中培养一种爱国认同感，并且试图证明政府要求获得国家忠诚感的合理性。历史教育指向的所有要点曾经是、未来也总会是对于这种教育负责的那种政治体制的认同与融入。

假如历史教科书提供的上述历史认同与政治认同，正是政府和社会希望传递给下一代的（知识），那么相互竞争的政治力量辩论新历史教科书及其课程大纲的现象则是不言自明的，尤其是在多元社会和民主社会中。假如这些政治力量彼此完全不同，或者观点相左，那么争议现象也就更为正常。由于教科书会通过学校迅速传播，所有的政治力量都十分严肃地对待历史教科书，而不论学生们是否真的理解了这些教科书，甚至是否仔细阅读过这些教科书。从根本上而言，教科书几乎发到了每个学生手中，经常对课程教学方法产生重要影响。它们塑造了学校体系中的"隐藏着的课程"。

激烈的历史教科书争议时常发生在带有"困扰性"历史的民主国家中。这些国家不能发现一条解决其困扰历史且能被所有人接受的道路。这种困扰性的历史加重了他们的"国家记忆"与"集体认同"的负担。例如，殖民主义与帝国主义、奴隶制与强制劳工、侵略战争与战争中的暴力犯罪，甚至文化和信仰隔离与对某一种族团体（通常是少数民族）的屠杀（国家或国际范围内）等记忆。

上述记忆不仅分裂了一个国家的政治派别，还割裂了整个社会自身。存在分歧的问题在于：究竟怎样的国家历史才是应该通过历史教育得到传授的？在大多数情况下，保守派要求一种完全积极的国家历史观通过历史教育

---

① 参见 Jan Assmann, *Das kulturelle Gedächtnis: Schrift, Erinnerung und politische Identität in frühen Hochkulturen* (München, 2008), pp. 130 – 161。

得到传授。他们指出的原因之一就是，年轻人有权为其自身的国家和历史感到"骄傲"。进一步而言，他们声称，在不断加速的社会和经济变迁中，只有当人们为社会失权群体提供一种有名望的"集体记忆"，以弥补他们糟糕的社会身份时，整个社会的融入性才有可能得到有效维护。在这样的背景下，移民和少数民族通常被勾勒成国家认同感的一种威胁。这种保守运动还辩称，为了抵御上述威胁，人们必须通过强调浓烈的国家认同感与光辉的国家历史，在整个民众当中加强社会警惕与联合程度。自由主义运动的代表们则提出了完全不同的民主认同感和民主力量的想法。他们认为，一个国家的历史骄傲仅仅根基于它接受历史责任——特别是当这个国家拥有"困扰性"历史之时——的努力。他们辩称，人们不应该隐匿历史，或否认历史，而是必须在现实中承担罪责，接受本国在过去所做过的一切。这种态度不仅来自道德标准，而且来自为了对受害者后代的公正起见，如权利和土地曾受到侵犯的原住民（土著）的后代，或者曾在过去遭受剥削、被邻国侵略的殖民地居民的后代。自由观念认为，历史教科书有义务让青年一代培养同情心，并去改变固有立场。实际上，教科书必须向年轻人如此展示其国家的历史，即让他们明白自己的历史责任，并心甘情愿地接受这种责任。

假如人们被问及关于公共历史教科书争议产生的原因，他们必定会做出各种不同的回答。其中，大多数回答必定仅仅牵涉到民族国家，而忽略了全球化。常见的情况是，在关于如何处理困扰性的国家历史等问题中，社会总是出现彼此对立、具有深刻根源、受到感情干扰的不同观念。在面对更具争议性的历史教科书时，这些对立的观念进一步扩大。然而，有些东西比这些现象更重要。例如，日本和德国之间的比较——这两个国家都不得不面对一个十分棘手的国家历史——显示出世界范围内常见的争议总是不断地发生在日本，而非在德国。在某种程度上，这是不同的教科书许可程序的结果。在日本这个拥有1.27亿人口的国家中，每四年会批准极少数历史教科书，以供整个学校体系使用。这种程序提高了公众关注度，使他们在这种周期性事件中详细检查，由此便创造了激发公众争议的绝佳条件——其中部分是由大众媒体所特地安排的，因为日本的政治文化包含两大派别，它们对如何处理棘手的国家历史有完全相反的观点。处理国家历史的方法体现了不同政治认同感与价值观。另外，在联邦德国的体制中，政党关于国家历史的观念却不是以这样一种截然相对的方式得以界定。进一步而言，至少有 16 个州①不断地在十分相异的教育环境中批准教科书。假如我们不希望低估这些进程的重要性，那么必须这样认为，德国彼此不相一致的地方程序造成了复杂性，而这种复杂性无助于吸引公众的注意力。由此，德国公众看上去不太愿意被吸引到新历史教科书的批准一事上，而他们对历史教科书争议的兴趣也远远低于日本公众。

假如我们不考虑全球化（本文即将讨论的话题）所产生的影响，那么看上去由大众媒体所特意安排的"国家丑闻"也是历史教科书中的独特潜力。教科书是一种知识背景或论证工具，以为国家认同和"内外"区分而奋斗。这样一种课程之所以可以吸引广大公众的关注，则是因为，与历史学家发表的研究文献不同，关于历史教科书的讨论相对而言比较容易让人追随，因而准入门槛较低。这便意味着，几乎所有的公民都可以设想自己完全有能力参与这样的讨论，并做出判断。

进一步而言，历史教科书被视作对每个人都具有重要意义的事物：被传授的历史教育时常只被视作"国家的未来"和社会的一致性。最终，这一对象从突如其来的压力中，吸引了额外的感情力量而去表现出来：假如"无辜儿童"处于危机状态，或者存在"巨大伤害"的危险——这种威胁来自任何政治派别，那么任何人都会立即行动起来！通过历史教育来规划一个国家的认同感是极为普遍的话题。它之所以能够得到关注，则是因为它是极易引发公众骚动的话题。这一结果也受到了身处全球化进程中的国家政治家们的欢迎，因为对多数人而言，国家历史教育看上去正是极少数国家政府仍然保留着相对影响力的区域。

四

在我们看来，历史教科书争议并非民主国家中的稀奇之事。它们是预料之中的结果。然而，此外仍然存在许多特别因素促动着教科书争议在全球化世界中不断被激化。第一，也是最为重要的一点是，在 20 世纪末苏联解体、南非种族隔离制度和拉美各种独裁政权结束的浪潮中，世界上出现了越来越

---

① 德语叫作"Bundesländer"。

多的民主国家。同这些政治动力与改革政治密切关联，中华人民共和国开始推行非集中化和自由化（的改革）。所有这些新的民主精神已经成为促动我们今天出现比 1990 年之前更多的公共历史教科书争议的重要原因。

上述第一点又同第二点因素紧密相连。冷战结束以来，许多新老民族国家一再界定它们对于国家身份、集体记忆的构想，甚或重新界定已经存在的那种构想，例如用种族或信仰身份来代替经济阶级。不用说，类似的变动也反映在历史教科书中。迄今为止，许多国家以某种未知的频率，开始引介新的、完全不同的历史教科书——其中一些十分新颖——来同教科书市场中的其他版本进行竞争。这些教科书经常性地提供一种完全新颖的国家宏大叙事，它们带着激进的修正观念去评价这个国家、社会和民族的过去。自然，这样一种重新评价或重构集体记忆的剧烈进程会引起强烈的政治风暴，进而导致对历史教科书内容的争论。

第三，我们必须在心中牢记，在人权和公民权的范畴内，政治性地正确认识历史责任已经在国际舞台上成为鲜明标准。这些标准也越来越成为世界各地所经常遵循的共识。这种发展始于 20 世纪 70 年代，当时出现了各种解放运动和争取公民权及人权的运动。随着两大超级国家的阵营体系终结，这种发展得到了新的动力，并已经成为全球化世界中的一个组成部分。到目前为止，任何民主国家、希望维护其声誉的跨国公司或全球范围内活动的非政府组织，都会把自身同那些在政治上无法正确处理或合适对待"困扰性"历史的盟友之合作视为政治自杀，它们会公布关于国家施行暴力的知识①、竭力赔偿受害者以及（最后）适当地修正其国家的宏大叙事和历史教科书。这一进程的自然结果便是许多国家的民族主义煽动者联手反对为世界所接受的标准，并煽动现存的历史教科书争议去面对所谓的"受虐性的历史观"（这是日本人的宣传标语）。

第四，我们希望进一步指出众所周知的事实是，全球化以及地缘政治上重组空间和信仰的时代对民族国家和传统的国家身份构成了一种极大的挑战。民族国家比以往更努力地追求国家融合，它们持续地为绝大多数民众提供关于日常生活和政治谈论的具有决定性意义的指导。民众只能在民族国家

---

① 在欧盟对话中，欧盟要求土耳其接受"种族屠杀"（genocide）一词，来纠正 1915 年奥斯曼土耳其帝国以及一战之后对亚美尼亚人的系统性屠杀描述。

中寻求保护。唯有民族国家才能让民众获得社会福利、经济成功、国际竞争力，并参与一种荣耀的集体身份。

据此，任何有可能削弱民族国家的举动都很容易引发民众的不满。这同样会轻易地让大众媒体去宣扬这种担忧。例如，跨国企业的超级经济权力、日益增长的全球就业竞争、全球性移民浪潮的兴起、超国家机构和组织对国家政治的影响力上升，以及（最后，就欧洲而言）民族国家消融到一个超民族的国家中（欧盟，1992）。

在面对民族国家、历史教育和国家认同的相互关联中，一方面，政治家和立法者不断倾向于用法规来规制历史讨论，以便解决国内政治争议；另一方面，也出现了对于公共历史教科书争议的不断开放态度，即便在那些至今仍然完全不熟悉这种争议的国家中——因为它们的国家认同和集体记忆建立在一个广泛的一致意见之上，如荷兰——也是如此。[1] 关于新教科书的争论，以及这些新教科书是否可以把荷兰历史有效地灌输到年轻人的集体记忆中的争论，被十分轻易地等同于（真实的或被媒体虚夸的）对其国家身份的担忧——在保守的宣传家们看来，这种国家身份受到了移民、全球化和欧洲一体化的三方面威胁。

第五，目前全世界的教科书争议同我们学科标准的鲜明发展紧密相连。我们的学术标准反过来也反映了这个正在全球化的世界。在这一背景下，正如上文已经提到的那样，我们首先可以观察互联网本身：与此前时代不同，互联网可以证实，任何国内或国际历史教科书的争议虽然有可能彼此无关，却可以在全世界范围内、用互联网的"通用语"相互联系起来。此外，今天的国际组织更为频繁地鼓励极有价值的研究与合作，去关注"历史意识"、"历史文化"、"国家认同"、"集体记忆"、"民族遗产"或"对自身和他人的想象"这些话题。历史教科书越来越成为这种研究的内在组成部分。

此外，对历史教科书争议而言，尤为重要的是，许多国家的历史学家和

---

[1] 参见 Susanne Popp，"Geschichtliches Überblickswissen Aufbauen-ein Konzentrisch-longitudinales Geschichtscurriculum aus den Niederlanden," in Elisabeth Erdmann, Robert Maier, Susanne Popp, eds., *Geschichtsunterricht International-Bestandsaufnahme und Visionen* [*Worldwide Teaching of History-Present and Future*]：*L'enseignement de l'histoire dans le monde-Bilan et visions* (Hannover, 2006), pp. 269 – 300。

历史研究已经开始用一种专业方式来解构习以为常的宏大叙事。这种专业方式也许还同一种代际变迁联系在一起。不管怎样，它将产生一种历史讨论的新的多元化，并可能引发一般公众的不安情绪。一种常见的反映是保守派或修正主义者要求进一步加强教科书中的传统国家历史，它有时便引发了国家历史教科书争议。那些避免同学术权威进行争论的普通人在面对教科书问题时，却很少显露胆怯之意。

进一步而言，在中肯分析历史教科书争议的所有科学发展中，历史教学理论（历史教育学）是一种学科性参与活动。因此，它已经在研究中获得了越来越多的重视，并且在大学中重新赢得了地位，构建起国际网络。由此，历史教育学为所有历史教科书争议提供重要的共鸣板——这些争议在世界各地的会议上被反复提及和讨论，由此赢得了其日益增长的好感。

与此同时，我们还必须指出的观点尽管并不吸引人，却十分重要。正如众所周知的那样，历史教育学不应该成为致力于永久性保存此前形成的民族主义信仰或观念的学科。相反，世界各地的历史教育学被视作一种学术科目，它拥有一种历史教育的构想，其目标是让学生们运用历史术语和构想去思考，并向他们提供多元化视角、历史资料分析以及仔细审查解释和判断的原则。在许多国家，这种认识已经促成了新的教学训练和历史教学的标准，而且它对国家保守派和宗教精英们持某种保留态度甚至是厌恶情绪。它不仅反对在忠诚信仰问题上保守派们的优先评价权，还反对形式教育的趋向。在某种程度上，现代历史教育中的形式教育是为了获得形式上的历史竞争力和能力，而国家叙事内容中的特殊地方特性却开始消失。内容逐渐成为微不足道的因素，很少被挑选出来作为学生的日常生活世界或类似领域的首要关注点。不管怎样，传统的资料分析程序可以轻易地通过使用并不指向国家历史的例证来得到证明。传授形式上的历史竞争力和能力并不必然需要国家的历史叙事。

然而，就学科发展而言，最重要的变化是在历史教科书和教科书争议中跨学科性的研究兴趣之扩大。在"语言转向"和"文化转向"的浪潮中，大量历史研究和政治研究已经开始认识到，历史教科书是历史认同、历史记忆、心态观念和自身及他人想象的有趣来源。进一步而言，这种分析也反映了全球化时代的现状。许多当代历史教科书研究来自历史教育学或教育学之外，成为全球史或比较研究领域中的项目。

第六（也是最后一点），全世界对历史的贸易市场越来越感兴趣。因此，教科书争议总是伴随着大众媒体的铺天盖地而兴起。这一点必须归功于出版商们试图把历史教科书转换为书籍市场中的畅销书问题。人们可以在荷兰和日本发现例证。当然，一步步发展起来的教科书丑闻要比印刷或观察大众媒体的统计数据更受欢迎。然而，在这里，我们感到最重要的问题是，历史的商业化导致了历史讨论中的多元化程度变得更为明显。在社会的特定团体中，总是存在某种固有标准、解释和评估历史教科书中国家历史呈现的需求，以便保卫国家的集体记忆，团结整个国家。不用说，它为国内和国际历史教科书争议的兴起提供了极为巧妙的基础。

假如有人分析壮观的历史教科书争议，那么他总是会提出这样的问题：大众媒体所体现出来的兴趣在多大程度上真实反映了该问题的政治重要性？或者说，在多大程度上，它就是所谓 CNN（美国有线电视新闻网）效应的一个结果，即这种争议已经首先为媒体所用，并且为媒体服务。人们还必须澄清的一点是，这在多大程度上属于一种故意激发的"历史之战"，即利用历史教科书（或大纲）来引发一种"丑闻"，以便为右翼或左翼（这取决于调查者的愿望）提供可以接受的公众讨论平台。在任何时候，当任何人挑动起公众对于高度挑衅性政治立场的争议时，即便他看上去遭到了大众谴责，或被大众的批判性反应冲击，但是他仍然可以预料到，这种"令人反感的"观点即将成为某种流行的想法。这种策略的最佳例证便是"智慧设计"的支持者试图追求对教科书进行意识形态的修改。

五

让我们用皮埃尔·诺拉（Pierre Nora）对所谓"回忆主义时代"的分析①来结束我们的考察，因为这种分析强调了正在发生的变化——该发展对我们理解目前历史教科书争议与全球史世界转型之间的潜在联系有极为重要的作用。诺拉把过去二三十年描述为"回忆主义时代"，因为在世界范围内都史无前例地出现了集体认同、国家纪念和关于自身与他者问题的风潮。诺

---

① 参见 Pierre Nora, "Reasons for the Current Upsurge in Memory," *Transit* 29 （2002）, 4 （19.04.2002）。

拉认为，与其他因素不同，这种趋向导致了日益增多的教科书争议。在这个"回忆主义时代"中，不仅苏联解体十分重要，习以为常的两极政治秩序的根本变化也十分重要。事实上，在诺拉看来，历史民主化的发展趋势破坏了传统国家叙事习以为常的合法性信念。这一点部分归功于政治解放运动和自由运动，因为这些运动让人们将其自身的历史认同和特殊的集体记忆界定为争取解放的斗争，从而反过来解构了官方的国家历史。同时，诺拉认为，日益增强的历史商业化是历史民主化进程的组成部分，而且（同我们主题十分相关）将埋葬那种对于过去的解释垄断权——这是职业历史学家通常十分喜好的权力。对诺拉而言，今天再也不仅仅是学术界有权决定历史的"真相"，而且越来越频繁地由政治家、立法者、法官，以及见证人和媒体来决定。

这种发展被诺拉——进而可以追溯到哈拉维（Halévy）[①]——称作"历史的加速"巩固。诺拉认为，过去、当下和未来的永久性因素只能是持续性变化的认识在现在已经成为一种集体经历。它不仅导致对于未来的不确定性和忧虑，而且（有人也许会指出）会在未来引发"历史之战"和历史教科书争议。

所以上述因素都对教科书争议及"历史之战"的未来研究提出了潜在挑战。任何单独因素都不足以引发这种挑战，因此每一种例证都必须被认识到存在许多动因，并且相当复杂，人们必须在国内比较和国家比较的背景中才能去研究它。

---

① 参见 Daniel Halévy, *Essai sur l'acceleration de l'histoire*（Paris，1948）。

历史思维素质培养的深度与广度：
来自德国的经验

孟钟捷

中学历史教学的教育目标是什么？这是一个老问题，也是一个新问题。以往有不少专著或文件提供了解释或定义，但新课程是否适用，这不仅是中学历史教育的问题，也是历史师范生培养的专业性问题。然而如何引导他们思考学科教育的特性问题，目前还没有一本令人满意的历史课程与教学论，但我们可以给他们提供一些可供借鉴的文本，以深化理论的探讨。

中学历史教学是基于历史课程的教学，并不意味着学术层次上的低幼化。事实上，"历史的传授"（geschichtsvermittlung）仍然是一门学术性较强的学科。目前，我国仅有少数学者讨论过这一问题。[①] 正因为人们仅仅关注教学技术层面的问题，所以很多研究只围绕课堂教学展开，历史师范生在教学法的课堂上大多也只是接受技巧性的训练，其对于历史课程能够或应该培养的学科能力，既缺乏理论的认识，也不能在实践中有意识地去执行。德国的一些做法或许能够提供某些借鉴。

---

① 参见赵亚夫《历史教学研究的基本课题与方法》，《历史教学问题》2006 年第 4 期；赵亚夫《历史教育学的学术归位与研究的学术化》，《历史教学问题》2010 年第 2 期；叶小兵等《历史教育学》，高等教育出版社，2004，第 309~311 页。

一　德国历史教育学的概况

在当今世界范围内，德国的历史教育学（Geschichtsdidaktik①）颇具影响力。从国际学术界来看，国际历史教育协会（Internationale Gesellschaft für Geschichtsdidaktik，IGG）首先是由德国学者发起成立的，至今仍以德国学者为核心。在最近两届国际历史学大会上，德国学者是"历史教育"这一单元的主持者。就德国学术界而言，"历史教育学"早在十多年前已经被接纳为历史系的教席之一，这是该学科在欧洲大部分国家所不曾拥有的学术地位。目前约有80%的德国大学开设历史教育学的相关课程，部分学校的选课人数达上千人。

德国历史与历史学的演进是德国历史教育学发展的主要动力。在德国，"历史教育"的最初形式出现在16世纪。但直到19世纪中叶，"历史课程"才成为中小学的必修内容。1945年前，以民族主义为导向的历史教育一直属于学科教学和学术研究的主流。然而，经过被占时期的"再教育运动"后，如何认识"糟糕的历史"逐渐成为德国历史学界的共同问题。到20世纪60年代末，这种倾向又因为历史学的两种发展而促成了范式转型：一方面，批判性的社会史兴起，拓宽了历史教育的价值维度；另一方面，后现代史学的出现，对于历史真实性认识的讨论，拓宽了历史教育的内容维度。自此，历史教育学不再仅被视作学科教学的方法论，而是获得了学术的独立性。

在德国的历史学界，"历史教育学"被普遍定义为"把历史意识的各种形式与历史教学的过程在学校、科学与社会中进行理论反思、实证研究与实践推导"的一种学科。参与这门学科建设的不仅是此前从事学科教学法或课程教学论的学者，还包括大量文化史学家和历史哲学家。以1979年初版、至今已重版数次的《历史教育手册》（*Handbuch der Geschichtsdidaktik*）为例，编者中既包括学科教学论的专家汉斯－于尔根·潘德尔（Hans-Jürgen Pandel），又出现了文化史学家阿莱达·阿斯曼（Aleida Assmann）的名字，著名的历史哲学家约恩·吕森（Jörn Rüsen）也参与其中。就这一点而言，历史教育学在德国的发展还得益于哲学思辨的传统与多学科合作的尝试。

---

①　该词本应翻译为"历史教学"，但在德国的学术语境中，更应被译作"历史教育学"为妥。

尽管德国历史教育学的发展具有某种国家特性，很难复制到他国。但作为一门学科，历史教育学在德国的某些表现——尤其是在学科教学培养的广度和深度方面——应该是可供讨论和模仿的经验。

二　"历史意识"：中学历史教学的目标

德国历史教育学首先明确："历史意识"（geschichts bewusstsein）是历史课程教学的核心概念。

"历史意识"这一概念最早出现在 20 世纪 70 年代初的学术讨论中。到 80 年代中叶，它已被确立为历史教育学的基本概念。一般认为，它包含七个组成部分。

（1）时间意识（temporal bewusstsein）。德国历史哲学家最早提出，"历史时间"是把过去、当下和未来联系在一起的文化意义上的时间概念。所以，"时间意识"并不仅仅指历史事件发生的具体时间，还应该包括这种具体时间背后的文化意义，例如观察历史的不同时间视角（从"循环论"到"进化论"）、时间偏好（浪漫主义者关注中世纪史、19 世纪关注古代史、20 世纪 80 年代后关注当代史）和叙事结构（时段的划分）。

（2）真实性意识（wirklichkeits bewusstsein）。德国历史学家兰克的名言"如实直书"曾被视作历史研究的基本原则。但历史教育学希望强化的"真实性意识"并非仅局限于求真的精神，更在于辨别真实性的能力以及进一步认识非真实性中的真实性问题。"史实"被认为是一种真实性的故事，小说是带有某种虚构性想象的故事，传说、神话和谎言则是一种反事实的故事。由此，区分不同类型的故事，以及解释某种"诗意想象力"的原因是历史课程的实践内容之一。

（3）变迁意识（wandel bewusstsein）。"变迁意识"又被称为"历史性"（geschichtlichkeit）或"历史性意识"（historizitäts bewusstsein）。它关注的是历史的变化以及自身历史化的过程。有些变化是在历史呈现中被直接感知的，有些则是通过叙述和思考的方法得以重构。

（4）认同意识（identitäts bewusstsein）。它指的是个人和集体在时代变迁中始终如一地保持统一的能力。"认同"是一种文化构建的过程，它通过宗教、政治观念、种族和社会阶层或性别组合在一起。德国特别在意认同意识的构建，如最近十年讨论热烈的"回忆对象"（erinnerungsorte）项目。

（5）政治意识（politisches bewusstsein）。历史教育是政治教育的组成部分，它必定为现存的权力关系合法化而服务。

（6）经济意识（ökonomisches bewusstsein）。它指的是对历史演进中社会结构变化的原因认识。如阶层、等级和阶级一类的概念是经济意识形成的基础。中学历史教学不仅应该帮助学生们认识历史中不公正现象形成的原因，还应该进一步思考解决这些现象问题的各种途径。

（7）道德意识（moralisches bewusstsein）。"道德意识"不仅指对错问题，还应建立在某种判断的规则之上。这里会牵涉到不同时代的不同道德观之间的冲突，因而也就关系道德先验主义和历史相对主义之间的争论。

在上述七种意识中，时间意识、真实性意识与变迁意识是历史意识的基本维度。但只有七种意识综合起来，才能被视作中学历史教学的基本目标。德国学者认为，这一概念让历史教育学从狭义的课程方法论中解放出来。通过"历史意识"这一概念所提出的视角，历史教育学得以在两个层面上深化对历史的认识：首先，在实践层面上，它可以对"社会中的特定历史所呈现的内容之变化、内涵、形式、承担者及其影响进行实证研究"；其次，在理论层面上，它将对过去的表现与当下的自我理解联系起来，从而建立一种"有意识的关联"。

三　广阔视野：历史教育学的跨学科研究

从诞生之日开始，除教育学和心理学外，德国的历史教育学主要同历史哲学、文化科学、社会史、日常生活史、知识考古学等历史学中的思辨学科和新兴学科结合在一起。由此，它的研究视野便超越了中学的历史课程，进入更为广阔的研究领域中，例如历史资料的考证、历史图片的运用、博物馆教育、大众历史杂志、历史电影、节庆文化、记忆政策等。下面以德国奥格斯堡大学人文历史学院历史教育研究室的培养方案为例，讨论德国历史教育学的实践情况。

在历史教育研究室的网站上，重点课程被归纳为以下九点：（1）观察现实历史教学的研究方式、讨论、理论；（2）在历史中观察历史课程的标准与现实中的教育目标；（3）了解在本质上属于学科特性的课程标准、教学方式、研究方法与媒介，特别关注传统教育方式与学校教育方式的特殊形式，并（构建）跨学科的网络；（4）用以项目为导向的课程构想来深化（历史教育的）体验；（5）以更为深入的理论与实践反思获取更为积极的实践体验；（6）认识教学计划以及提高与之相关的选择课程目标、主题、内容和过程的能力；（7）掌握学科教学能力，独立分析教学计划、教学方式、课程构想；（8）关注大众媒体对塑造历史与批判性认识历史的作用；（9）在国际比较的视野中关注教学计划与教科书的发展。

根据这些目标，历史教育研究室制定了包含六种类型的36门课程。

（1）1门讲座课（vorlesung），即全程由任课教师讲授。这门《历史教育学导论》主要讲解历史课程的历史与现状、教学方案与历史教育的目的、历史意识与历史文化、历史教育的理论与方法、历史学习的原则、历史课程的特殊方法和媒介。

（2）1门辅导课（tutorium），即针对讲座课的辅导，主要帮助学生理解课程内容，并提供相关的阅读指南。

（3）25门研讨课（seminar），即由教师引导的学生讨论课。这些研讨课大致可分为三种类型：一是讨论历史教育的理论问题，如《历史教育学理论经典文献选读》《作为历史教育学核心范畴的历史意识与历史文化》《欧洲的记忆对象：理论设想与课程实践模型》《多元观作为历史课程的课程标准》；二是讨论历史教育的各种媒介及其功能，如《历史资料、历史呈现与历史教学的媒介》《展览会中的媒介：从客观记录到电子导游》《从电子学习统一体到多元文化的历史课程之发展》《行动能力：积极面对博物馆中的历史》《历史空间：学校之外学习对象之历史的呈现》《以行动为导向的历史课程：针对漫画、讽刺画和图片小说》《我如何认识一本好的历史教科书？历史教科书比较》《历史课程中的电影》《大众学术杂志中的历史传授》《历史课程中的图片》；三是讨论不同类型历史课程的原则、内容和方法，如《小学中的历史学习》《初中的历史学习之专业基础和学科教学基础》《第一次世界大战中的图片》等。

（4）3门讨论课（kolloqium），即针对不同类型历史教师国家考试的准备课程。

（5）3门学习引导性的日常实践课（studienbegleitendes tagespraktikum），即

学生在不同类型学校进行的实践教学活动。德国大学生的中学实践课要持续一年之久，但上课次数不多，每人 20 次左右。每次实践前后，大学教师、中学教师和实践组都会进行十分充分的讨论和批评。尤应指出的是，德国的中小学把安排实习生作为日常工作之一，会定时向大学提出要求。

（6）3 门针对实践的引导性讨论课（begleitseminar zum praktikum），即在理论上引导实践学生对教学设计、课程导入、教案设计、资料选择等问题进行反思。

四　结语

在德国经验中，培养学生的历史思维素质是历史师范生教育的主要使命。为此，德国的历史教育学家们不仅在学术深度上凸显"历史意识"的多重内涵，而且在学科联系中拓宽研究视野，使中学历史教学成为一门跨学科的、实践与理论并重的科目。

以此反观我国，至少可以在两方面有所借鉴：第一，学科能力目标既应学术化，也须细化，从而找到具有中国特色的历史学科教育的特性；第二，研究"历史传授"的维度应进一步拓展，跨学科性可以成为中学历史教学的未来取向。

［原载《历史教学》（中学版）2011 年第 10 期］

当代欧洲历史教学发展动向

杨　彪

　　欧洲当代历史教学的主旨受到当代欧洲经济、政治与文化影响，相较世界其他地区的历史教学而言更突出体现欧洲"一体化"融合的诉求。这既是欧洲现实的产物，也是欧洲长期以来理想的追求。欧洲近代以来的两种批判性倾向也加强了欧洲历史教学中的发展性与多元性，即经历了文艺复兴以来的多次反封建运动，人们认识到，风俗、信仰、社会形态都不是凝固不变的，而是一个历时性的动态过程；同时因由海外探险，欧洲人发现不同地域的社会制度、风俗习惯、语言文字大相径庭，人类文化呈现纷繁斑驳的共时性多样化面貌，这都使得欧洲的历史教学呈现宽广的视野和对人类未来理想的求索。

一　历史与时代的诉求

　　欧洲联盟作为世界上具有重要影响的区域一体化组织，集政治实体和经济实体于一身，是欧洲统一历史教学的主体。而"更宽广的欧洲"即欧洲委员会，更是几乎涵盖了地理概念的欧洲所有的国家：欧洲委员会将近50个国家作为其成员国，并且与更多国家签订了欧洲文化协定。因此受到欧洲区域一体化主导的历史教学活动涉及的国家众多，欧洲是当代历史教育跨国界互动最多的地区。同时基于一些共同的价值观如民主、人权、法制优先，欧洲历史教学的内容和方法都别具一格，具有开放性，其运行理念是讨论和对话，其建立的基础是欧洲国家间的合作。

追求一体化的历史教学在欧洲委员会项目及活动中出现并非偶然。历经第二次世界大战的悲剧和大屠杀的恐惧，欧洲委员会所希望的欧洲重建显然不能以对过去的忘记和对历史的漠视为基础。因此从某种程度上来说，欧洲历史是欧洲委员会的一个不可分割的部分。1949 年欧洲委员会建立时就将强调欧洲历史写入章程，并在 1954 年采用欧洲文化协定时加以强化。[①] 历史和历史教学不仅是欧洲委员会一个近乎永久的项目和活动内容；并且渗透各种活动领域，即欧洲不仅是地理或遗产，而且是一个项目和面向未来的过程。这就是为什么它不能被限制在个别的国家范围内，而是必须拥抱整个欧洲大陆。当今的历史教学在欧洲各国与民族仇恨、种族主义、排外和偏狭所做的斗争中发挥更重要的作用。欧洲的公民也深知这一点，认识到欧元已经成为现实但只是经济现实，要实现欧洲人的共同利益还有很多事情要做。在这种形势下，欧洲国家对历史文化项目尤其重视，因为几个世纪以来欧洲真正认同自身的方式就是历史文化。

二　追求目标与开展项目

冷战结束后，欧洲的建设处在一个重要的历史转折点。为此，首届欧洲委员会成员国政府首脑峰会于 1993 年 10 月在维也纳举行，会上发表的宣言号召强化那些"力图通过强调不同国家、宗教和欧洲历史发展理念的积极互相的影响，来消除历史教学偏见的项目"。

欧洲委员会"新欧洲的历史教学"项目是这一时期最为重要的工作。这个项目的主要目的是形成欧洲历史教学的创新的方法，为决策者、课程制定者和历史教师提供实际建议，鼓励学生发展好奇心，拥有开阔的眼界、宽容和公民勇气等素质，以及认识他人观点、允许差异以及不受有偏见的信息的影响和操纵的能力。随着项目的开展并向中欧和东欧国家推进，这些国家创新历史教科书的活动取得了一些进展，很多研讨会在波兰、乌克兰、俄罗斯、摩尔多瓦，也在亚美尼亚、阿塞拜疆和格鲁吉亚等国举办，目的是让这

---

① Raymond Weber, "Programmes and Activities of the Council of Europe in the History Teaching Area," in *The Culture of European History in the 21st Century*（Has der Geschichte）, p. 252.

些欧洲委员会"新成员国"的历史教师熟悉新的历史课程项目。随后又继续向黑海国家、高加索和波斯尼亚地区推广。

为了向历史教学活动提供更多相关教学资源,欧洲委员会还开展了一项关于"二十世纪欧洲历史学习和教学"的项目,[①] 其任务是开发可被历史教师直接使用的产品,既可以是纸质产品,也可以是网站资源。这个项目提供了一个"历史教师使用的实用指南"来帮助教师通过熟悉并理解最新的教学方法和工具来备课。这项指南还提供关于某些历史话题的"教学包",这些话题包括"20世纪的欧洲女人""人口运动""国家主义"等。还出版了"最重要的百部20世纪欧洲历史电影作品年表",以及一些可供教师使用的视听文件。欧洲委员会还起草了使用档案的提议,认为历史教学是系统的但同时具有选择性,倡导在历史教学中使用新信息和通信技术的方法。此外,还倡导教师们在实地开展历史教学,通过对历史纪念碑、大屠杀教育基地等处的走访与考察,帮助青少年更直接感受历史。

这一时期欧洲委员会还推行了进行欧洲一体化历史教育的"文化2000"项目。该项目是一个框架计划,它旨在通过鼓励创作者、文化工作者与各成员国文化机构合作来促进形成一个欧洲人共有的文化空间。项目有几个方面,从创新到历史遗产、从艺术创造新形式的发展到历史文化对社会经济发展和与其他文化对话的贡献等。这个宏大项目的第一目标是"推进文化对话和欧洲人民相互了解其历史文化",[②] 以体现让欧洲人走到一起的使命。"文化2000"项目旨在给欧洲人展示是什么将他们联合在一起,以及他们共同的文化之根的力量。项目帮助人们不是作为观众而是作为参与者见证一个文化的转折:从一个通过差异来区别不同国家的历史文化,变成基于同一个根、归属于同一个价值体系的文化。

"文化2000"项目还制定了三种活动类型:(1)特殊项目;(2)具备欧洲维度和/或国际维度的特殊文化活动;(3)签订跨国文化合作协定的综合项目。合作协定是这个大纲项目中最具创新性的部分。它们不仅涉及纵向

---

① Raymond Weber, "Programmes and Activities of the Council of Europe in the History Teaching Area," in *The Culture of European History in the 21ˢᵗ Century*, p. 253.

② Belen Bernaldo de Quiros, "The European Union and its History Projects," in *The Culture of European History in the 21ˢᵗ Century*, p. 248.

领域如音乐、表演艺术、塑料和视觉艺术、文学、书籍和阅读，包括翻译和文化遗产的跨国活动，而且涉及横向领域如欧洲文化的历史。它们通过结合一些文化领域并且使用新媒体来鼓励跨领域的综合项目。合作协定给欧洲文化史留出位置，通过成员国和其他参加国的组织和研究机构的合作网络，在欧洲历史和文化相互理解的基础上，实现这些合作协定，并且渗透欧洲历史教学。

三　历史教师团体的发展

进入 21 世纪后，欧洲委员会更多地通过历史教师专业团体"欧洲历史教育者协会"（European Association of History Educators）来推广和落实其历史教育政策。欧洲历史教育者协会，成立于 1993 年，至 2011 年，该协会代表来自 49 个国家（大部分欧洲）的 77 家独立和志愿的历史及公民教育协会和相关机构，同时扩展成一个至少包括 25000 名历史教育工作者和公民教育者的工作网络，是目前欧洲影响最大的历史教育团体组织。

欧洲历史教育者协会的任务和目标是，推动基于多角度、批判思维和相互尊重的可信而创新的历史教学。该协会联合不同国家、种族和宗教的专家们倡议有利于推动民主社会的创建和深化的历史教育。它致力于通过培养教育者的能力和创制新教学方法来提高历史公民教育的质量。欧洲历史教育者协会主要从四个方面开展具体工作和发挥引导作用。[1]

支持历史教育。该协会视历史课程为促进青年政治公民发展最重要的学校课程、最能发展社会历史意识的一种结构渠道，能以积极的方法推动社会进步。该协会致力于提升历史公民教育的质量，向学校和各类培训机构传递历史学术知识、教育理论和教学法论著，促进历史公民教育课程、教科书和教学评价的发展。

推进跨文化对话。欧洲历史教育者协会反对历史教育的工具主义，即为达到某种更高的行政目标而进行的历史教育，该协会的工作促进了欧洲公民之间的相互理解，同时推动了文化和语言的多样化。该协会支持在历史教育

---

[1] 参见 http://www.euroclio.eu/new/index.php。

和公民教育中向成规陋见进行挑战、共享经验。该协会在发展和提供多样化资源方面培训专业人员，包括教学工具和关于种族、语言、宗教、性别和社会多样化的各种资源，以适应不断发展的多元化欧洲社会。

促进终身学习。在实际工作中，欧洲历史教育者协会以过程培训为中心、强调具有创新意识的基本专业才能，认为 21 世纪学校创新的历史教学需要全面的专业才能。历史教育者的构建能力是欧洲历史教育者协会的核心，所以该协会组织国家或国际的职前和在职培训，培训内容是基于跨行业之间的实践经验分享、技术转送和同辈间的学习。多年来，该协会的研讨会和讲习班已经培训了来自欧洲和其他大洲的数以千计的历史教育者。

建立专业工作关系网。过去几十年中，欧洲历史教育者协会支持欧洲许多国家的历史专家建立了独立的国家历史教育和公民教育协会。这些地区协会建立在多民族联合、良好的管理及承担责任的基础上，在历史教育和公民教育领域内发展壮大。欧洲历史教育者协会也持续鼓励其下属协会和成员提升历史教育工作者在历史教育教研的专业形象。

四　历史教学专业研究团体

欧洲另一个比较专业化的历史教学学术团体是"国际历史教学法学会"（International Society for History Didactics）。1980 年 3 月 4 日，国际历史教学法学会成立大会在德国慕尼黑附近的图特齐举行，旨在更好实现国际专业合作与分享历史教学经验。该学会已有来自四大洲 40 多个国家的约 300 名成员，会聚了许多历史学家、大学历史教学法教师和学校历史教师。学会对会员资格和目标做了如下界定："一、国际历史教学法学会是一个职业的协会，其成员为那些关心历史教师初期培训和在职培训的人。二、宗旨是通过相互交流书目信息、研究发现，对于学科、教学资料、教学大纲和其他相关信息的观点来推进历史教学法成为一个学者型科目。"[①] 学会通过各种活动和项目来开展工作，包括举办各种专题会议；向学术期刊贡献交流性的文章；出版有关出版物、课程大纲和教学材料的国际书目；出版国际历史教学法手册；在参与历史教师培训的年青一代开展国际交流；对参与国的机构间

---

① 译自《国际历史教学法学会章程》。

的国际合作进行协商，包括交流和共同开发教学项目；开展国家和地区历史教学法发展的合作；鼓励并支持与历史教学法有关的研究项目；等等。

作为国际性的历史教学专业学术团体，该学会尤其关注历史教育中"他者的概念"问题。该学会曾举行年会专题研讨"对待历史——对待他者：作为跨文化对话的历史教学"课题。学会成员讨论了民族中心主义和自我意识，以及关于对他者持有僵化形象和认识的问题，交流讨论了各个成员在不同的国家学习和教授外国史的经历；研讨了学习实践中的"我们和他者"问题，以及如何将历史作为跨文化对话进行教学，并总结为以下主要问题：历史教学中应如何对新的、陌生的身份进行评估并与之建立联系；如何开放地对待他者中的不寻常和出乎意料的部分；如何看待自己和他者的文化。①

国际历史教学法学会也非常关注如何在面临全球化、各种宗教激进主义挑战的情况下进行历史教学，以及如何在文化身份、社团和国家等概念因为移民而被改变的情况下进行历史教学。该学会也不赞成机械的实证主义或者伴随文化多元主义的相对主义。该学会成员的各种报告如课程大纲、以色列－巴勒斯坦联合努力的教科书、编史工作的实例、关于少数民族的主题，都显示了学会成员对历史教学问题冷静分析的热忱。

国际历史教学法学会提出，对历史教学研究者而言，让历史课上的学生学习怎样进行历史思考是一个必须完成的任务。历史思考可以让人避免民族中心主义，通过关注他者的历史帮助人们与他者产生共鸣并认识到自己文化价值的相对性。然而这种能力并不是自然形成的，教会学生如何思辨地处理自己文化身份的有效方法是有意识地计划过的教学方法。由此该学会也在学术年会中探索在把握新欧洲历史教育主旨的同时更好落实教学细节，如在学校中如何实际地在跨文化对话中教授历史的具体方法，如何改变以往研讨中对教材的分析多于教学实践分析的不平衡现象，等等。该学会认为理解他者和外族的历史与文明是历史学家背负的主要任务，孩童和年轻人在他们的日常生活中对整个世界常常只有较狭窄的视角，重要的问题是如何发展并鼓励理智的、有见识的思考，同时保持那种对平常生活中即时印象的注意力，教师的职责就是创造有一个有利于进行历史思考的教学环境。

---

① 参见 http://ishd.co/publications/yearbook/。

　　欧洲学界最新成立的历史教育专业学术团体是"历史与社会科学教育国际研究协会"（International Research Association for History and Social Sciences Education）。该学会在瑞士注册，于 2012 年 9 月在意大利罗马成立。其章程主旨为："定义：本协会是一个私法协会，它是根据瑞士民法第 60 条章程制定的非营利性协会。该协会会聚了对历史和社会科学研究有兴趣或致力于从事这些研究的人士。目标：本协会关注学校建设和历史与社会科学的社会功能。它鼓励争论，即围绕解决这些问题的各种方法间的争论。方法：为了达到目标，本协会致力于创立和协调研究者们的国际性关系网络。它能组织会议、提升或协调研究计划、及时响应对专业知识的要求、有助于科学出版物的创刊并发展合作关系。"① 其具体的历史教育教研活动正在逐步展开。

　　当代欧洲国家的历史教学有其特有的时代背景与地域特征，力图通过强调不同国家、宗教和欧洲历史发展理念的积极影响来消除历史教学中的偏见，欧洲历史教育界的各个专业团体也通过不断的合作来支持这一目标的实现，使欧洲历史教育拥有灵活化的轴承，将历史教育目标与历史教学活动连接在一起，推动共有价值和共同理念的交融。现今，弥合分歧、共享文化、理解他者是欧洲历史教育领域的主要行为导向，也形成了对其诉求的具体建构，为世界其他地区思考历史教育发展方向提供了目标与行动方面的有益借鉴。

（原载《历史教学问题》2013 年第 5 期）

---

　　①　译自《历史与社会科学教育国际研究协会章程》。

世界史观融入民族课程中：这是把全球导向的历史意识在德国课堂培育起来的可行方式吗？

〔德〕苏珊·波普 著　孟钟捷 译

一　关于德国课堂中世界史课程的想法

德国的学校体制不同于世界其他地方。它并不为其学生们提供任何世界史课程——当然并非有人故意为之——因为当前的教育讨论正在十分热烈地讨论着"全球化时代"对教育规划和决策所产生的影响，然而这种讨论并不能保证相关课程不会被遗漏。在德国，大量学者参与讨论有关历史教学的未来、彻底遗漏学习"世界史"的问题，特别是关于在全球范围内被概念化的"世界史"这样一个新概念和新课程。[①] 这些讨论

---

① 参见 Ross E. Dunn, "Constructing World History in the Classroom," in Peter N. Stearns et al., eds., *Knowing, Teaching and Learning History: National and International Perspectives* (New York: New York University Press, 2002), pp. 121 – 139; Eckhardt Fuchs and Benedikt Stuchtey, eds., *Across Cultural Borders: Historiography in a Global Perspective* (Lanham: Rowman & Littlefield, 2002); Eckhardt Fuchs and Benedikt Stuchtey, eds., *Writing World History 1800 – 2000* (Oxford and New York: Oxford University Press, 2003); Patrick Manning, *Navigating World History: Historians Create a Global Past* (New York: Palgrave Macmillan, 2003); Bruce Mazlish and Ralph Buultjens, eds., *Conceptualizing Global History* （转下页注）

与大学理事会、大学预修课或者"世界史国家标准"联系在一起。此外，许多影响课程发展的德国历史学家也对世界史表现出某种程度上的保留态度。其原因不仅是他们在国家史方面的专业化，而且是他们对历史教师与教育工作者缺乏信任，认为后者过于幼稚，以至于无法处理课堂中有关"世界史"观念的理论、方法论和文本要求。他们认为，至少等到世界史学科得以在德国大学立足，并且的确展开研究、着手进行教学训练，且在科学上提供可信的资料和文件之后，才能适用于历史课程。

　　进一步而言，一些历史学家——如汉斯－乌尔里希·韦勒（Hans-Ulrich Wehler）[①]——担忧的问题是德国中学的历史教育过去关注非欧洲话题，以致德国的历史教师将忽视他们最主要的使命，即告诉年轻的德国人关于纳粹主义和大屠杀的历史，让德国社会从这一段德国历史中培育一种责任感。事实上，不少专业历史学家并不十分清楚世界史的新构想，但是他们仍然不赞同"世界史"，因为在他们的心目中，这不过是一种"演绎哲学"而已，缺乏科学标准，或者是一种欧洲中心论式的"帝国主义口吻"，甚至是把数量惊人的各种数据和文档进行百科全书式的罗列。

　　不过，现在仍有人在努力为之——甚至包括德国史学家——以重构众所周知的提问方式。这些人虽然表现犹豫，却持续不断地超越众所周知的国家

（接上页注①）　（Boulder：Westview Press，1993）；Bruce Mazlish and Akira Iriye，eds.，*The Global History Reader*（New York，London：Routledge，2005）；Leften S. Stavrianos，*Lifelines from Our Past*（Armonk，New York：Sharpe，1997）；Peter N. Stearns，*Western Civilization in World History*（New York：Routledge，2003）；Jeremy Bentley and Herbert F. Ziegler，eds.，*Traditions and Encounters：A Global Perspective on the Past*（Boston：McGraw Hill，2006）；Charlotte Crabtree et al.，eds.，*Lessons from History：Essential Understandings and Historical Perspectives Students Should Acquire*（Los Angeles：National Center for History in the Schools，1992）；Heidi Roupp，ed.，*Teaching World History：A Resource Book*（Armonk，New York：Sharpe，1997）；Peter N. Stearns et al.，eds.，*World Civilizations：The Global Experience*（New York：Longman，2010）；Peter N. Stearns，ed.，*World History in Documents：A Comparative Reader*（New York：New York University Press，1998）。

①　参见 Hans-Ulrich Wehler，"Jugend ohne Geschichte：Nordrhein-Westfalens üble Schulpolitik，" in *Frankfurter Allgemeine Zeitung*，3 March 2003，31。

史框架，关注跨地区或全球性的相互联系。① 甚至根据调查，公众试图超越时空的兴趣也出现了引人注目的上升。当然，如果考虑到欧洲融合的趋势，没有人会感到惊讶的是，在这些调查中，人们可以看出世界史中明显的欧洲中心论变体。②

本文并不打算为德国引介一种世界史特别课程，而是讨论把世界史观和全球史观融入当前德国历史课程的可能性。这样做特别重要，因为我认为，在不久的未来，尽管人们对全球史的兴趣日益浓烈，但是只要德国的学校体系同"国家史"课程相适应，那么德国仍然绝无机会接纳世界史课程。

我的推测基于以下几点重要理由。第一，1990 年前，除民主德国的学校曾经把马克思主义的"世界史"付诸实践外，德国学校彻底缺失世界史教学的传统。第二，德国的教育专家和教师们都习惯于一种不被分割的、单一的历史课程观。当大量历史课程在绝大多数德国联邦各州被持续削减时，这种类型的主题却在不断增加中，而世界史课程毫无进展——因为它会削减传统主题的教学时间。③ 第三，德国历史教师在大学中从未学习过"世界史"。这是极为重要的因素，因为德国历史教师们通常无权在中学传授他们在大学中未曾学习过的内容。第四，目前的课程改革主要侧重于介绍历史课堂中的方法性、以学生为中心的技巧。然而就其主题和内容而言，它的主要目标仍然针对欧洲史构想的需求，仍然同民族史联系在一起。

---

① 作为例证，我想以关于德意志帝国的跨国观念为依据，见 Sebastian Conrad and Jürgen Osterhammel, eds., *Das Kaiserreich transnational*: *Deutschland in der Welt 1871 – 1914* （Göttingen: Vandenhoeck & Ruprecht, 2004）; Susanne Popp and Johanna Forster, eds., *Curriculum Weltgeschichte*: *Interdisziplinäre Zugänge zu einem Global Orientierten Geschich tsunterricht* （Schwalbach/Ts.: Wochenschau Verlag, 2003）; Susanne Popp, " Ein ' Global Orientiertes Geschichtsbewusstsein' als zukünftige Herausforderung der Geschichtsdidaktik?" http: //www. sowi - onlinejournal. de/2002 –/geschichtsdidaktik _ popp. htm （25 February 2006）; Susanne Popp, "Geschichtsunterricht Jenseits der Nationalhistorie?" *Zeitschrift für Geschichtsdidaktik 1*, No. 1 （2002）: 100 – 122; Susanne Popp, "Orientierungshorizonte Erweitern-welt-und Globalgeschichtliche Perspektiven im Geschichtsunterricht: Überlegungen im Kontext der Entwicklung von Bildungsstandards für das Fach Geschichte," *Informationen für den Geschichts-und Gemeinschaftskundelehrer*, No. 69, （2005）: 43 – 65。

② 其他例证可参见 Alexander Demandt, Kleine Weltgeschichte, *Die ganze Weltgeschichte in einem Band* （München: Beck, 2003）; 关于儿童的使用参见 Manfred Mai, *Weltgeschichte* （München: Hanser, 2002）。

③ 此外，学校中的历史主体越来越融入"社会科学"，从而丧失了自己的时间调控性。

德国不少课程专家十分明确地认为，在这种情况下，关于"世界史"的讨论实属期望过高。

如果考虑到世界史课程在不久的未来尚无可能进入德国的历史教学中，如果考虑到既定的上课时间有限，那么可取的方法应该是我们寻找一些替代的方式，来满足年青一代的需求，因为他们正成长于"全球化时代"，而且时常能够发现自己坐在多元文化的课堂中。很显然，我们有充足的理由认为，传统的德国国家史教学已被嵌入一种"西方遗产"的框架，无法面对学生们对当代世界历史源头的多样性需求。由于上述提及的原因，德国历史教育的权威学者们有义务面对现实，并集中精力来回答这样的问题：如何把这种关键教学的核心内容融入更为广大的历史背景的框架？当人们既可以从国家史学的角度描述或者呈现一段国家史，又可以从一种世界史观和全球史观的角度去反思它时，[①] 这种要求便是可行的，即便这样做的结果或许相差较大。对此，"美国历史国家标准"的差异可以提供例证。它要求在其"国家史"和"世界史"教学中传授比较型的主题。[②]

在下文中，我愿意针对这样一种教育观，概要性地提出几点初步想法——最近的"全球范围内实现概念化的世界史观"可以为这种教育观提供一些有价值的建议。在开篇处，我想对德国中学历史核心课程发表一些评论。不过首先，我仍想界定"世界史观和全球史观"这一概念。根据于尔根·奥斯特哈默尔（Jürgen Osterhammel）的想法，[③] 我在本文中把"全球史"视作全球化的历史。正如许多学者认为的那样，这段历史开始于1500年前后，不过在19世纪后半叶加足了马力。一方面，"世界史"包含了"全球史"；但另一方面，它又超越了后者。在我们的历史教育背景中，世

---

① 例如 Thomas Bender, ed., *Rethinking American History in a Global Age* (Berkeley：University of California Press，2002)。

② 例如美国大革命的话题参见历史纲要第 5～12 年级中第 3 段 "Revolution and the New Nation (1754－1820s)"，http：//nchs. ucla. edu/standards/era3－5－12. html；历史纲要 5～12 年级第 7 段 "An Age of Revolutions, 1750 － 1914"，http：//nchs. ucla. edu/standards/worldera7. html#E。

③ 参见 Jürgen Osterhammel and Niels P. Petersson, *Geschichte der Globalisierung：Dimensionen, Prozesse, Epochen* (München：Beck, 2003)；Bruce Mazlish, "Global History and World History," in Mazlish and Iriye, *The Global History Reader*, pp. 16 － 20；Michael Geyer and Charles Bright, "World History in a Global Age," *American Historical Review* 100 (October 1995)：1034 － 1060。

界史根本上意味着历史观视野的构建。在"全球趋势"和"宏大事件"的意义上，这种历史观包含了地球发展、人性发展与整体发展。

二　对于德国历史教学中核心课程的一些评论

德国中学课程大纲由联邦 16 州教育委员会各自决定。所有教师必须强制执行。尽管各州拥有自己的教学大纲，并同其他地方存在差别，但我们仍然能够找到全国范围内历史课程中的相似点。在整体上，它把传统的中世纪以前的"西方文明"观（尤其是"西方遗产"观念）同中世纪至今的民族历史观结合起来。

这种核心课程常常从"美国历史国家标准"中归类于"世界史"的主题开始。在"人类文明的开端"或"石器时代"后，教科书便会形容早期河谷文明的主要特征——主要是美索不达米亚或经常性出现的埃及。它们都被呈现为"我们的"历史，亦即"我们"西方文明的历史。随后，教科书便被希腊、罗马连同罗马统治的阿尔卑斯山北部地区覆盖，在严格国家史或地区史意义上成为呈现"我们"历史的第一个主题。中世纪开始于加洛林王朝——这被隐约地显示为"我们"这个融为一体的欧洲之原型。其他（令编者）感兴趣的话题还包括中世纪社会的主要特征（特别是中世纪城堡、城市与修道院）、封建主义、教权与皇权之间的变动关系、十字军及其同伊斯兰世界的碰撞。

德国核心课程的下一个主题通常属于"美国国家历史标准"中的"世界史"课程——假如它特别指向美国史，也部分属于"国家史"课程范畴。在"欧洲近代早期历史"中，主要话题是"文艺复兴"、"宗教改革"、"发现美洲"、"绝对主义的兴起"以及英国清教徒运动。"启蒙运动"的主题引导学生知道美国独立战争、法国大革命以及 1806 年神圣罗马帝国崩溃所导致的所谓"德国问题"。在 19～20 世纪的历史课程中，除了帝国主义的历史外，基本上十分清楚地被十分严格意义上的德国国家史覆盖。整个叙事最终指向欧洲一体化进程。

德国的核心课程一般在 3～4 个学年中完成，每周 2 节课。因此，学生在 16 岁时，应该对"我们"从石器时代至今的西方史、欧洲史和德国史有一种概要式的了解。然而，由于许多学生并不打算知道任何关于全球史的观念，所以他们获得的印象是这种呈现给他们的"故事线索型"的历史代表了历史的本质。他们本该在一个世界范围内回眸历史，以便理解上述特殊的历史脉络仅仅是各种线索之一，它受到了某种文化观的影响，并且深刻反映了学生认同其国家（和欧洲）历史身份观念的假想。

事实证明，这样一种有限的历史认知并不能满足人们渴望理解全球化世界和跨文化交流的要求。但是，与这些想法不同的是，那种完全忽略世界史和全球史的观点仍然对历史教育的整体质量产生着极为明显的影响，因为它将导致历史思考基本范式的失真。德国哲学家格奥尔格·克里斯托弗·利希滕贝格（Georg Christoph Lichtenberg，1742～1799）曾经指出："假如你仅仅知道了化学，那么你就根本不理解化学。"[①] 这评论同样适用于这样一种历史教育：它不鼓励学生习惯性地把国家史课程的主题同世界史和全球史更为广阔的背景联系起来。假如在特定领域中的"全球趋势"和"宏大问题"被彻底忽视，那么学生就无法面对在某种历史主题下被视作特殊德国史（或欧洲史）甚至是普遍史组成部分的内容。例如，300～1000年的基督教扩张历史可被置于同时代所谓世界性宗教的扩张运动中；又如，魏玛共和国末期德国自由民主制度的崩溃可被视作1920～1940年世界范围内自由政治体制衰亡的组成部分。我们的学生们缺乏足够的引导，以便认识到：某个特定主题是一种更为普遍性发展的特例，它是被人从"我们的"历史中挑选出来的，如用德国史的例证来说明工业化；或者另一个特定主题意味着国家史中的具体而特殊的案例，如俾斯麦的社会立法及其对德国国内政治的影响。

进一步而言，在历史意义的构建中，上述含糊其词的做法使许多学生产生或加强了一种单向立场，即西方文化特性和历史基础的例外论。假如德国的历史教科书和教学在没有提到任何"我们遗产"背景之外的可比较文明时，仅仅指出了美索不达米亚和埃及，那么许多学生就会得出结论（很大程度上也是默许的），即这些所有著名的人类"发明"——文字、数字、日历、国家或劳动力的分配等——都出现在"我们的"文化遗产中。另一方

---

① "Wer nichts als Chemie Versteht, Versteht auch die nicht Recht," cf. Wolfgang Promies, ed., *Georg Christoph Lichtenberg*, *Aphorismen*, *Notizen*, *Entwürfe* (München: Hanser, 1973), p. 274.

面，他们也极少认识到，这些文明并非完全是欧洲文明的"摇篮"，影响欧洲文明的因素还有阿拉伯或伊斯兰文明等。

我不想继续纠结于细节或勾勒概要，而是想大致指出这种核心课程类型如德国类型在教学方面的其他重要缺陷，尤其是在跨国家和跨文化的历史背景中。第一，对部分学生而言，这种核心课程类型不能阻止遴选过程中广泛存在的不合理准则。他们经常认为，这些课堂上提到的文明、帝国、国家或战争仅仅是那些根本上值得一提的事情，因为学生们自动地由其自身构建起关于"世界史"的主观理论。假如他们的历史课程不能在世界史范畴内处理历史观，那么学习者就不会怀疑其自身的那种"土生土长式"世界观。也正是因为我们的学生们在学校中不需要任何历史引导，以便熟悉像"西方与其他（文化）"一类的话题，那么这些"私人性"的世界史理论便会常常由以下假设而构建起来：认为"西方"总是世界史中积极而占主导的角色；在昏昏沉沉的中世纪，只有生机勃勃的欧洲才能引导人类走向进步。

第二，这种把历史主题远离任何世界史背景的"离根性"也影响了关于历史发展的适当观点的发展，因为在更大程度上，它贬低了"我们的"西方史或德国史中历史变迁的外来因素，而过高抬举了国内因素。由此，许多学生倾向于用一种或多或少的决定论方式来思考西方史、欧洲史与德国史。换言之，他们把这些历史的发展等同于植物的有机成长，尽管存在各种曲折，但是其生长得到有计划的展开。总体而言，这样一种建构历史的核心课程引导许多学生从根本上低估了跨区域互动的影响力，如移民、观念、物质以及历史变迁。不过，学习者同样会低估游牧民族或移民所带来的跨区域文化转移所带来的重要影响。由于缺乏一种合适的世界史观，学生们只能用一种单方面的立场来看待游牧和移民运动，把它们视作从"外"而来的、威胁"我们"祖先的行动——甚至在整体上认为，"具有历史性"或得到"历史重要性"地位的关键点毫无疑问地在于"定居"或帝国的建立、国家的建立。

三　通过提问技巧来引介宏观视野的课堂策略

在目前的情况下，德国历史教师们的希望——以全球为构想目标的世界史观，在教室中，发展全球导向的历史意识——却不能得到 10% 以上的可用历史时期。换言之，它只占 8～10 课时中的 1 个课时。尽管德国核心课程中的不少话题（如古希腊）已经被列入其他地方（如美国）的"世界史"，但是很显然它并非"美国历史课程标准"或"世界史国家标准"所勾勒的"世界史"。除了一些偶然的课程之外，它并无可能更为深入地面对非欧洲社会的逝去历史。

　　然而，我们可以做的是，通过把课程中提出的西方史、欧洲史、德国史的主要话题置于更广泛历史框架中的系统性提问，来提高学生们的技能，从而培育他们全球导向性历史意识。借助这种方向上的提问，学生们至少可以学会通过接触课本未曾提供的广泛的历史领域知识，把呈现给他们的历史概要视作"一般性的历史"。让学生们知道课堂中未曾谈及的知识，会给他们提供一种非常重要的视野，特别是当我们希望这些学生把得到的历史线索视作世界史枢纽之时。进一步而言，这种设想历史问题的方式可以帮助学生们关注其课程对受限立场的依赖性。此外，我们的学生还将一点一滴地认识到，被设想为"我们"历史的西方史、欧洲史与德国史事实上同跨区域性相互关系更多地纠缠在一起，远远超过教科书的描述。此外，当我们回眸过去时，这种认识也是我们得以挑选出来构建和分析研究对象之（地区性、微观区域性、国家性、宏观区域性、全球性）影响的前提。学生们可以发现一些现象在可见的国家范畴中同国家史有着高度关联性，但它们同样可以在全球范围内得到清晰的构思。例如，一位普通的德国学生在接触德国国家史时，会留意近代世界中国家构建的全球进程，而德国个案若排除所有特性之外正是这种进程中的一部分。

　　此外，积极看待针对广阔历史背景和体系的提问方式，也许会增强学生对跨地区和跨文化比较的兴趣。这一点十分重要，特别是在他们面对那些国家史或欧洲史"特殊性"的论调时，或他们试图在被视作"特殊"或"典型"或简单个案所给定的现象中找到未曾提及的历史时。

　　最后，也是极为重要的是，针对广阔历史视野的提问会抬高人类的历史观念及其在德国历史课堂中的经验分享——在德国历史课堂中，这些曾经被核心课程彻底忽略。不仅是因为今天的许多问题拥有全球维度，甚至是最为中性的方式也应该得到运用，从而让我们的学生叙述这样一种观念：超越所有的国家历史之上，还有一种人类的历史。这种历史关注的是历史变迁的宏大趋势（特别是如人口统计、技术、互动等），它甚至影响了学生所生活地的微观区域或地区性历史。

有目的地训练学生们对广阔体系提出问题的能力应该普及所有的历史时期，不过在教学课时的开端和结束，教师们尤应提供这些技能的训练。在不同的团队中，学生们可以习惯于查阅世界史地图，[①] 并且系统性地提出问题，例如：

[a] 当主要的政治体和文化体出现在世界地图上（如文化、帝国、国家、主要宗教）时，它们是如何得以构建的？关于世界的地区性现代地理知识是如何变化的？

[b] 最重要的跨地区和跨文化联系与网络（如最重要的城市、港口、主要海洋与跨洲路线、由商人主导和规制的贸易、这些路线所传递的最重要货品和观念、最重要的移民运动）。

[c] 确定区域内的"全球趋势"与"宏大问题"如何体现，特别是关于权力和战争、社会组织与劳动、交通和远距离交流的现代体系具有哪些人口统计、经济和技术前提（包括知识产生、存储和传递的既定能力）？

根据德国的核心课程，上述问题可以在以下节点上得到回答：前3000年（同美索不达米亚或埃及的历史有关）；前500年（同"古希腊"有关），公元前1年或公元1年（同"罗马帝国"有关）；500年［同"西罗马帝国的衰亡""（所谓）野蛮人的迁徙"甚至更为早先发现的"伊斯兰教的兴起"有关］；1200年、1500年（同发现美洲、罗马天主教欧洲的人文主义和文艺复兴、宗教改革有关）；等等。时间间隔越来越短，直至今天。

接下来，学生们尝试着将其学习单元的主要话题转移到宏观现象中，进行团体讨论和全体辩论，以便老师们观察他们是否已经用新观念或新问题去看待自己熟悉的对象。在如此做的同时，让学生们将其发现记录在世界地图之上也不失为一个好主意。他们把这些信息选择出来，存入自己的个人信息

---

① 甚至连年轻的学生们也可以解决这样的任务，如利用世界地图，参见 Jeremy Black, ed., *DK Atlas of World History* (London: Dorling Kindersley Publishing, 2000), 极好的6卷本参考书可以被学生们用来检查其教科书或互联网上的信息。参见 Imanuel Geiss, ed., *Geschichte griffbereit* [*History at Hand*], (Gütersloh: Wissen Media, 6 vol., 2002)。一般来说，世界史观和全球史观需要一种布置完备的教室，如世界历史地图和地球仪、参考书、互联网。再者，我们必须让学生们掌握完成双列或多列时间表格，使"我们的"西方史、欧洲史或德国史得同"外界"文明进行比较。他们可以通过世界地图自行比较。

库中，稍后当他们回眸这段时期的持续性与变化时，这些信息便可供他们进行历时性的比较。

　　对并不熟悉建构宏大史观的历史教师而言，十分有益的行动是参考美国国家历史标准。我们以"加洛林王朝"举例而言。在德国课堂上，这一话题经常得到呈现，似乎同时代并不存在其他历史世界。这种观点来源于把法兰克王国视作欧洲文明与德国历史发展基础的思想。与此相反，"世界史国家标准"把加洛林王朝（第 4 时期）置于更为广阔的背景中，如"在这个半球中人员和物品的流动道出变得复杂起来——中国的运河、跨越撒哈拉的骆驼大篷车、航行于印度洋的高技术船只。这些网络跨越长距离，把不同的人联系起来。在欧亚大陆和非洲，一种相互交往的单独区域逐渐形成，它从地中海一直延伸到中国海。相互变化的区域日益广阔，这一现象同样是中美洲的特点"。[①] 此外，"标准"还表现在：300～1000 年主要宗教的传播、欧亚大陆上帝国的变化中的构建、重要的游牧民族和移民运动。当我们绝大多数学生倾向于认为，欧洲总是在世界中扮演着领导性的历史角色时，国标的设想却十分清楚地表明，在那个时期，罗马基督教欧洲仍然处于当时世界（主要海洋与跨洲路线）的边缘地带，并且落后于欧亚大陆与北非的高密度人口、生产、商贸和城市生活的中心。

　　德国教师的主要问题在于如何选择一种合适的全球史观与世界史观，以延伸、加深与丰富既定的话题。例如加洛林王朝的个案，值得赞许的做法是鼓励学生们认识到：[a] 罗马天主教信仰的传播可以被视作具有深远影响的历史进程（与此相似的还包括佛教、犹太教、新近兴起的伊斯兰教）；[b] 主要信仰的传播已经超越了他们的原发地，从而在一般意义上成为步入在独立地区之间跨区域和跨文化融合进程的极为重要和关键的环节。它所留下的文化印痕至今仍然同我们共在。[②]

---

①　参见 National Center for History in the Schools，University of California，Los Angeles，"National Standards for History. Part Two：National Standards in History for Grades 5 – 12 World History. Era 4：Expanding Zones of Exchange and Encounter，300 – 1000 CE"（1996），http：// www. sscnet. ucla. edu/nchs/standards/world – standards5 – 12. html，（25 February 2006）。

②　"在这些信念被引介的任何地方，他们都会随之带来各种各样的文化传统、美学观念以及组织人类奋斗的方式。"每一种信念都会普及所有阶层的民众，丰富普遍崇拜与道德评论的语言。参见 http：//www. sscnet. ucla. edu/nchs/standards/world – standards5 – 12. html（"Era 4"；"overview"）。

把历史在确定的时间段中展开，并且系统性地进行宏观研究的方法已经被视作引介全球史观和世界史观进入德国课堂的最重要的方式。与此同时，这种想法应该尽可能地融入视野的"垂直性"（纵向）变化。当学生们挑选到合适的例证（如工业化），他们应该讨论相同的历史主体在多大程度上可以成为不同层次（地区、国家或世界范围内的）代表。不过，这样一种宏观思考也可以同进一步的行动联系起来。例如，学生们在面对世界层次上跨越不同时期的变化和延续性等基本观念的同时，可以构建一种视野的"水平性"（横向）变化（如伊斯兰教和拉丁美洲的基督教的精神观），或者同步性的跨区域和跨文化比较（如基督教与伊斯兰教的比较，或者一神教信仰体系与其他信仰体系的比较），或者历时性的比较。同样，强调历史现象带有伟大的跨区域和跨文化性是具有建设性的。这一点时常被我们的教学忽略。我们随机举例来说，如蒙古帝国时期的丝绸之路、阿拉伯接受古代科学一事对欧洲产生的影响、像黑死病那样的传染病之传播，或者远距离的文化传递，如纸张或指南针的发明。

四　新观念在老课程中的主要教学作用

美国新课程提出了以全球为构想目标的世界史，为任何有意把熟悉主题同世界史观联系起来的德国历史教师提供了有益而丰富的建议。但是，主要的教学问题并非缺少观念，而是他们选择立场和主题时缺乏紧迫性和仔细选择的能力。由于学生们并不习惯于这样一种历史提问方式，而且对他们是否适应这样一种系统化的教学方式也存在疑虑，所以我们绝对有必要去防止任何随机性与任意性。总体而言，我们的构想应该同经济、社会、政治、军事、文化、宗教、技术或人口统计变化等领域中的长期社会变迁联系在一起，而且同一种"面对更为凝聚的世界秩序以及相互联系的世界文化的历史发展"联系起来。[①] 但是对于具体的规划决策而言，这样一种基础导向仍然过于含糊不清。此外，教师的选择必须被用来为主要的教学功能服务，即在德国课堂的特殊环境中，世界史观与全球史观应该成为满足提升全球导向

---

① 参见 http：//www. sscnet. ucla. edu/nchs/standards/world – standards5 – 12. html（"Era 4""overview"）。

之历史意识的工具。

首先，这是一种导向的教学功能：世界史观与全球史观的选择应该坚持有意地帮助学生们把熟悉的西方史、欧洲史或德国史的主要话题同更为广阔的历史体系联系起来，并特别关注特定时期的"宏大问题"与"全球趋势"。

其次，这是一种系统化与背景化的教学功能：它把"我们"历史的一般话题同全球性宏观层面联系起来，特别是同那些只能在宏观层面上进行思考的历史发展联系起来。同样，十分重要的目的还在于，它让学生们有机会去发现，关注一个既定话题如何可以被视作一种特殊性的"地方"现象或普遍性全球"情势"的一部分等问题很有必要。

再次，我们应该关注批判反思性的教学功能：世界史观与全球史观的选择应该被指向批判性思考课堂传授之历史叙事的能力。特别是学生们应该看到这种叙事的局限性，并且穿透这种叙事，发现其内在的偏见。总体而言，他们应该做好准备，去检验并毫无保留地复查关于西方史与欧洲史的那些"特殊性"和"优越性"的隐含论调。

最后，这是一种普遍性的元认知功能。在我们的历史教学中，我们必须克服的主要问题之一是根源于"碎裂化"的历史知识。学生们不能把这些碎裂化的知识联系起来，或者不能把它们传递到另一个话题或将之总结为概要。这一问题部分是由于学生们彻底缺乏普遍性的历史知识，无法将这些具体的知识碎片黏合起来。在宏观层面上进行的调查则有助于学生们构建一种可以信赖的历史性参考体系，使之更容易综合新信息，重构记忆中的数据与术语，即便这些行动完全不同于他们最初需要知识的背景。

五 结论

从美国的观念出发，本文简要勾勒了在国家史叙事的局限中发展全球史观与世界史观的方法。国家史叙事可能看上去已经完全不适用于世界史的目的。在总体上，本文主要致力于（也局限于）介绍一种对已知主题提出问题和阐明原因的方法。不管如何，这条路在某种程度上具有必要性，因为它把国家史与世界史和全球史黏合在一起。而且它是正确回应同全球化——这是我们的学生们每天都在面对的现象——联系在一起的经验之进程。众所周

知，全球化并不意味着全球世界和地方世界成为分散的整体。正好相反，任
何地方的人都希望在关注其全球特性的同时去理解地方或国家事务，反之亦
然。这同样适合于历史教育。这不仅是为了文化之间的相互理解。年轻人必
须更多地学习从一种世界史和全球史的视角来看待、描述与理解自己身处的
国家历史，学习通过把叙事"地方化"①的方式来更正以自我为中心的叙事
方式。假如学校中的国家史和世界史彼此分离，成为十分松散的课程，那么
作为整体的历史教育就会遭遇危机，不能对目前地区性全球生活经历之复杂
性提出正义的评价。假如人们没有能力和愿望对那样一种国家史叙事提出世
界史观与全球史观，那么也就不会存在一种以全球为导向的历史意识。这样
一种叙事只能有助于形成个体身份，允许相互认同的团体内的成员过于强调
"我们"与"他们"之间的历史差异，而忽略其中存在的许多相似性。

（原载《历史教学问题》2014 年第 1 期）

---

① 参见 Dipesh Chakrabarty, *Provincializing Europe: Postcolonial Thought and Historical Difference*
（Princeton: Princeton University Press, 2000）。

民族历史的权力：19~20世纪欧洲的民族历史编纂[*]

〔德〕斯坦凡·贝格尔 著　孟钟捷 译

一　最初的民族主义与前现代时期欧洲关于民族的叙述

早在 19 世纪之前，欧洲的民族历史编纂便已开始。事实上，我们发现，在欧洲的中世纪和近代早期，一些作者已经编纂了有关 "natio" 和 "nationes"[①] 的书。例如，12 世纪的英国历史学家马姆斯伯里的威廉（William of Malmesbury，约 1080/1095~1143）[②] 在其著作《英国人的国王之事迹》（*Deeds of the Kings of the English*）中，便传递了有关一个民族政治和文化统一体的清晰观念，这个民族便是 "英格兰"。威廉明确界定

* Stefan Berger, "The Power of National Pasts: Writing National History in Nineteenth-and Twentieth-Century Europe," in Stefan Berger, ed., *Writing the Nation. A Global Perspective* (New York: Palgrave Macmillan, 2007), pp. 30 – 62. 本文的面世必须归功于欧洲科学基金支持下的一项 5 年期研究方案，题为 "再现过去：19~20 世纪欧洲民族历史的书写"（*Representations of the Past: The Writing of National Histories in Nineteenth-and Twentieth-Century Europe*）。笔者有幸从 2003 年以来作为该项目的负责人。笔者同样应感谢来自 30 个欧洲国家的 100 多位历史学家。他们参加了该项目的工作室、讨论会，并负责撰写论文集中的相关篇章。有关该项目的具体情况，可参见 http://www. uni – leipzig. de/zhsesf。

① "natio" 是 "nation" 的拉丁语词源，它和 "nationes" 最初指的是中世纪大学里出现的 "同乡会"。——译者注

② John Gillingham, "Civilizing the English? The English Histories of William of Malmesbury and David Hume," *Historical Research*, 124 (2001): 17 – 43.

了一种文明化进程。他的著作称赞英国人在诺曼人的影响下成为文明人，并为教化那些野蛮人（即威尔士人、苏格兰人和爱尔兰人）组建了一支独特的英国传教团。威廉历史中的核心主题是文明化的进程。迟至18世纪，这一主题才被大卫·休谟（David Hume，1711～1776）继承。休谟高度赞赏威廉的著作，并接受他的亲法倾向及其对进步和文明化的信仰——实际上，这些都是欧洲整个18世纪历史编纂学的核心主题。[①]

不过，早在18世纪前，欧洲的人文主义者已经带着一种仇恨（的情绪），拾起了关于民族的话题。[②] 遍布欧洲的人文主义学者们面向各自所谓"民族"的统一体，创造了一大堆共同记忆、价值观、象征物和神话。即便在意大利或德意志这些并无民族存在的地方，情况也是如此。有关地理、领土和历史的观念都同民族归属感联系起来。中世纪的历史学家们通常是一些僧侣，而人文主义者却是生活在城市、接受过大学的学术训练并以四海为家的精英。他们接受君主和国家机构的直接资助，围绕其主人们的建国目标，倾向于建构自己的民族叙述。这一点尤其反映在哈布斯堡家族的皇帝马克西米里安一世（Maximilian Ⅰ，1459～1519，1493～1519年在位）的宫廷中，值得人们关注。15世纪末，印刷术的发明是颇为重要的推动因素。它使得民族讨论更易传播，并且与其他因素相互影响。[③] 欧洲的公共领域开始出现讨论民族观念的人群。

由于人文主义者通常是古典学者，所以他们总是回溯到古典文献，去寻找各自民族的特征。在这一方面，一个经典的例证是，15世纪，意大利的人文主义者重新发现了塔西佗（Tacitus，约56～120）在1世纪末描写日耳

---

① J. G. A. Pocock, *Barbarism and Religion*, Vol. 2 (Cambridge, 1999).

② Caspar Hirschli, "Das humanistische Nationskonstrukt vor dem Hintergrund modernistischer Nationalismustheorien," *Historisches Jahrbuch*, 122 (2002): 355 - 396; Reinhard Stauber, "Nationalismus vor dem Nationalismus? Eine Bestandsaufnahme der Forschung zu 'Nation' und 'Nationalismus' in der frühen Neuzeit," *Geschichte in Wissenschaft und Unterricht*, 47 (1996): 139 - 165; Johannes Helmrath, Ulrich Muhlack and Gerrit Walther, eds., *Diffusion des Humanismus: Studien zur nationalen Geschichtsschreibung europäischer Humanisten* (Göttingen, 2002).

③ 关于15世纪末到18世纪初印刷文化史中的英国历史编纂情况，一本出色的研究著作是Daniel Woolf, *Reading History in Early Modern England* (Cambridge, 2000)。

曼部落的著作①。他们利用此书来证明，相对那些尚未接受罗马善意的文明化影响的野蛮人而言，只有他们在罗马帝国的意大利祖先才拥有文化和文明。然而，德国的人文主义者，如雅各布·温菲林（Jakob Wimpfeling，1450～1528）、康拉德·塞尔替斯（Conrad Celtis，1459～1508）和乌尔利希·冯·胡腾（Ulrich von Hutten，1488～1523），却用完全相反的结论来回应意大利的同行们。他们认为，该书列举了一连串日耳曼勇士们的美德，即诚实、开放、正直、热爱自由、道德纯洁。因此，日耳曼民族是在正面的意义上被用来同堕落、颓废、软弱的罗马人相比较。人文主义者并不仅仅关注界定民族特征一事，他们还致力于追溯民族的起源，并强调各自民族的永存性。正因如此，德意志的人文主义者们指出，日耳曼人的祖先是 "Tuisco"，他是《圣经》中诺亚（Noah）的合法长子。民族英雄极为重要，因此他们把所有的民族美德作为象征，并用这种民族 "本质特征" 来抵制外来威胁。有时，欧洲的民族叙述会共享一些民族英雄，例如查理曼（Charlemagne，约 742～814）② 便同时出现在法兰西和德意志的民族叙述中。不过，更多的情况则是，民族英雄拥有着清晰无误的民族特征。这一点颇为必要。人文主义者已经开始把自己的民族界定为不同于其他民族，尤其是不同于邻国民族（的共同体），后者时常被视为相对于 "自己" 民族的重要 "他者"。因此，德意志的人文主义者倾向于批判法兰西人和意大利人过度文明、腐败和骄傲自大。他们的奢侈生活方式促成了懒惰，并导致衰落——这些是德国人文主义者有关法国或意大利的叙述中时常受到嘲讽的特征。正因如此，有关民族的敌人观念早已在 16 世纪发展完善。③ 16 世纪的宗教改革或许建立在人文主义关于民族的讨论基础之上。中世纪的译介理论赋予教皇权力以合法性。欧洲北部、中部和西部各国的基督教僧侣及（改革）先驱们，都把基督教

---

① 指《日耳曼尼亚志》（98 年）。该书的复制品在中世纪都佚失了，直到 1455 年，人们在德意志境内的一座修道院中发现了一份手稿。这份手稿后来被带往意大利，由后来的教皇庇护二世（Pius Ⅱ，1405～1464）首先进行研究。——译者注

② 即查理大帝。——译者注

③ Franz Bosbach，"Der französische Erbfeind: zu einem deutschen Feindbild im Zeitalter Ludwig XIV," in idem, ed., *Feindbilder: Die Darstellung der Gegners in der Politischen Publizistik des Mittelalters und der Neuzeit* (Cologne, 1992), pp. 117 - 139; Ekkehard Klug, "Das 'asiatische' Rußland: über die Entstehung eines europäischen Vorurteils," *Historische Zeitschrift*, 245 (1987): 265 - 289.

民族这一观念作为一种反普遍原则的对立概念，来对抗教皇，并把民族历史建构为同罗马分离并反对罗马（的形式）。民族叙述成为一种有用的工具。借此，人们击败了反宗教改革运动的好战的普遍原则，并合法地建立起基督教民族。正因如此，对欧洲许多基督教民族而言，宗教改革拥有着奠基般的重要性。①

正如我们可以从上述简短的回顾中看到的那样，民族归属感与认同的不少比喻作为民族历史极为重要的因素，都可以回溯到中世纪和近代早期。但是，笔者仍然希望强调的是，最为重要的变化出现在 18 世纪后半叶。现代民族从根本上不同于中世纪与近代早期的民族。因此，现代民族历史当然也拥有迥异于中世纪和现代早期民族历史的性质与功能。只有在欧洲"鞍型期"（Sattelzeit，1750~1850）②，随着现代性的到来，对于本民族的忠诚感才成为使国家合法化的、最为重要的手段。只有到那个时刻，民族才取代并混合了宗教、王朝观和封建主义，在统治者和被统治者之间的关系中，提供了关键的黏合剂。在 1750 年前，民族和民族历史还未曾扮演这样重要的角色。因此，我们需要进一步观察民族历史编纂中所发生的这些质变。

二　民族历史编纂与欧洲现代性的来临，1750~1850 年

18 世纪后半叶标志着一种把历史视作科学的新理解拉开序幕。这种新理解已经被海寇·菲尔德纳（Heiko Feldner）③形容为"科学性"。④随着历史作为一种学术研究对象被制度化和职业化后，这种对历史的新的、科学性的自我理解也散布开来。在大学里，历史学凭借自身的能力，成为一项重要

① Heinz Schilling, "Nationale Identität und Konfession in der europäischen Neuzeit," in Bernhard Giesen, ed., *Nationale und kulturelle Identität: Studien zur Entwicklung des kollektiven Bewußtseins in der Neuzeit* (Frankfurt / Main, 1991), pp. 192 - 252.
② 术语"鞍型期"是由德国历史学家 Otto Brunner 引入历史研究，作为 1750~1850 年的时段特征。在此期间，旧的封建秩序被现代商品化的关系取代。可参见 Pim den Boer, "The Historiography of German Begriffsgeschichte and the Dutch Project of Conceptual History," in Iain Hampsher-Monk et al., eds, *History of Concepts: Comparative Perspectives* (Amsterdam, 1998), p. 18。
③ 欧洲思想史学者，现在英国加的夫大学（University of Cardiff）任教。——译者注
④ Heiko Feldner, "The New Scientificity in Historical Writing around 1800," in Stefan Berger et al., eds., *Writing History: Theory and Practice* (London, 2003), pp. 3 - 22.

的研究学科。人们开展历史研究，成立历史学会，研究院出现——历史学通常在其中占据着重要地位。其中一些机构是在皇家资助下成立，例如许多国家中的皇家研究院。一些机构则由贵族建立，例如匈牙利的大公基金会。其他机构，例如欧洲城市中心出现的许多学者社团，则拥有着中产阶级的资助者。此外，如威尔士的阿伯里斯特维斯大学（University of Aberystwyth）甚至还接受了重要的工人阶级资助金——不过，在这一特殊例子中，南威尔士矿主们的铜板在提高该校所收到的主要资金方面发挥了重要作用。在整个欧洲，社会权力和文化权力的中心已经成为民族叙述发展的重要因素。

德意志领土上的哥廷根大学和柏林大学通常被视作教学与研究相结合、以产生有关历史学新认知的学校。文献学与史料考证成为历史学家最为重要的工具，以便截然区分"神话"与"事实"。① 在历史研讨班上，教授和大学生共同挖掘历史遗留物，并通过研究，在一种科学的基础之上，扩展我们对过去的知识。在19世纪，列奥波德·冯·兰克（Leopold von Ranke，1795～1886）对这种对历史编纂的新理解进行了总结，使之成为（历史学的）象征。整个欧洲的历史学家们都涌向德国，以便成为一位德国大师的学徒，从他那里获得这种历史技艺的工具。② 历史编纂的制度化与职业化，在围绕兰克形象的欧洲崇拜中，找到了如此强烈的表现方式。它导致人们对业余和职业、文学和史学，或者更为重要的"神话"和"历史"做出了断然的区分。这种"科学性"的意识形态有助于完成重要的类型建构，并把历史学家塑造为过去历史中"真实发生"之事的权威性发言人。

正是这种权威性，让19世纪的历史学家如同建国者那样引人关注。其他同样宣称"科学性"的相关学科，与历史学相互关联，提出各种支持民族动机的言论。地理学、考古学、制图学、钱币学和谱系学轻而易举地占据人们的头脑，并很快成为形塑民族宏大叙述学科列表上的详尽对象。有争议

① 关于这种区分对历史编纂的重要性，以及维系这种区分的困难，可参见 Chris Lorenz，"Drawing the Line：'Scientific'History between Myth-Making and Myth-Breaking," in Stefan Berger and Linas Eriksonas, eds., *Narrating the Nation：the Representation of National Narratives in Different Genres*（Oxford，2007）。

② Georg G. Iggers and James M. Powell, eds., *Leopold von Ranke and the the Shaping of the Historical Discipline*（Syracuse，1990）.

的问题是，那种全欧洲最为成功的民族历史把各种科学性学科的发现联结起来，并给出一份对民族特征的详尽描述。例如地理学，瑞士、英国和俄国的民族叙述都受到下列界定的深刻影响：瑞士民族是被阿尔卑斯山塑造的，英格兰民族是被海洋决定的，俄罗斯民族是被俄罗斯帝国的广袤疆域——东抵太平洋，西至欧洲的中东部，北接北极圈，南临亚洲次大陆——锻造的。①

不过，在 18 世纪后半叶，当新的"科学"范式刚出现时，正好也是启蒙史学达到巅峰之时。② 启蒙史学强调普遍类型，例如进步和自由。这便意味着，它的实践者们通常对民族特性毫无兴趣。相反，他们试图在历史中建立普遍性的人类法则和人类特征。这种观念引导不少历史学家用跨民族的历史形式来撰写历史。即便他们写到一个特殊民族的历史，也通常努力强调这种特殊民族历史中的普遍法则。不过，在根据启蒙普遍原则来进行的历史编纂和根据此后浪漫民族主义决定下的历史编纂之间，并不存在直截了当的一分为二。事实上，伏尔泰（Voltaire，1694～1778）、孟德斯鸠（Montesquieu，1689～1755）和休谟都显示出他们对民族特征及民族之间差异的兴趣。③ 哥廷根的奥古斯特·路德维希·施勒策尔（August Ludwig Schlözer，1735～1809）便是对民族特性与普遍法则都感兴趣的好例证。施勒策尔的全部生命和作品都集中表现在：尽管他也曾撰写过民族历史，但狭隘的民族视角对他而言几乎毫不重要。他首先在瑞典的乌普萨拉（Uppsala）完成学业，然后成为圣彼得堡（St. Petersburg）的俄国史教授。1768 年，他在哥廷根大学获得了历史学的教席。在这里，他不仅产生了对斯堪的纳维亚历史和俄国史的（研究）兴趣，还出现了对广阔世界中的各民族的普遍兴趣。他的普遍历史观逐步发展，并对历史哲学中的普遍观产生了深深的怀疑。④

1789 年法国大革命连同《人权宣言》，象征着在被启蒙运动所欢迎的普

---

① David J. M. Hooson, ed., *Geography and national Identity* (Oxford, 1994).

② Peter Gay, *The Enlightenment: the Science of Freedom* (New York, 1996), pp. 368 – 395.

③ Joep Leersen, "The Rhetoric of National Character: A Programmatic Survey," *Poetics Today*, 21: 2 (2000): 267 – 292.

④ Johann van der Zande, "August Ludwig Schlözer and the English Universal History," in Stefan Berger, eds., *Historikerdialoge: Geschichte, Mythos und Gedächtnis im deutsch-britischen kulturellen Austausch 1750 – 2000* (Göttingen, 2003), pp. 135 – 156.

遍价值的基础上建立一种新社会的努力达到顶峰，但它同时标志着历史研究的转折。当法国人把他们的普遍价值观在 18 世纪 90 年代的革命战争和 19 世纪的拿破仑战争中对外输出时，在欧洲的其他地区，民族历史却成为它们的一种重要工具，以保卫本国的特性，抵制法国的"普世"激情和帝国扩张主义。民族历史现在成为一种针对启蒙普遍原则回应。正是在这种背景下，约翰·戈特弗里德·赫尔德（Johann Gottfried Herder, 1744～1803）的民族历史观如野火般散布整个欧洲，并让赫尔德成为民族历史编纂中另一位重要的欧洲形象。[①] 赫尔德视之为理所当然的情况是：任何人（people）都有权生活在自己的民族（nation）中。在赫尔德看来，诗歌和语言（而不是历史）才是民族精神与本质的最佳表达方式。他仍然深受启蒙思想的影响，特别是戈特弗里德·威廉·莱布尼茨（Gottfried Wilhelm Leibniz, 1646～1716）的影响，并不抱有一种狭隘的民族主义，而是宣扬一种真正的民族多元主义，即所有民族都拥有自己的独特价值观。赫尔德是一位反对殖民主义、抗议欧洲帝国的民族主义压迫少数民族的杰出学者。他的民族观是一种世界主义的统一体。但是，他对民族文化源头的关注，为所有后来的民族主义者打开了大门。后者更醉心于找到证据，来证明他们各自的独特民族比其他民族更古老，因此更有价值。其他民族则被划分为"附属性的"或"二手性的"。

赫尔德向中欧、中东欧和东欧的所有尚未占据统治地位的种群发出了号召。在整个 19 世纪，他们都醉心于建立自己的民族国家。[②] 他启迪了各种形式的民族复兴活动。这些活动是由语言学家、诗人、民谣和神话的收集者以及历史学家（或者还有其他人）所发起的。在赫尔德的影响下，历史学家们建立起一整套证据库，来维护民族的特性。他们引用了语言学家的著作，强调语言扮演着普遍历史起源的指示灯角色，并时常将之回溯到中世纪。[③] 他们指出了不同的文学传统，以抬高各自民族的成就。他们时常强调

---

① H. B. Nisbet, "Herder: the Nation in History," in Michael Branch, ed., *National History and Identity: Approaches to the Writing of National History in the North-East Baltic Region, Nineteenth and Twentieth Centuries* (Helsinki, 1999), pp. 78 - 96.

② 关于 19～20 世纪欧洲不占统治地位的种群，可参见 8 卷本著作 *Comparative Studies on Governments and Non-Dominant Ethnic Groups in Europe* (1850 - 1940) (Dartmouth, 1991)。

③ Patrick Geary, *The Myths of the Nations: the Medieval Origins of Europe* (Princeton, 2002).

民族与宗教之间的联系。不止一个民族在回忆起各自对宗教所做出的特殊奉献时，被宣布为"神圣的"（民族）。上帝时常被卷入其中，成为民族特征锻造者或原初民族种子的散播者。整个欧洲的民族故事成为"黄金年代"、"失去家园"和"民族复兴"的系列剧。民族史诗，如芬兰的《卡勒瓦拉》(Kalevala)[①]，被重新发掘，以建构神话般的"黄金年代"，并证明这个民族及其雄心壮志的永恒性。假如缺少坚实的证据，历史学家也不反对去创造史料。在某些情况下，甚至整个史诗都是为了强化本民族的可信性。创造苏格兰诗人莪相（Ossian）[②]，瓦克拉夫·汉卡（Vàclav Hanka，1791～1861）伪造王后宫（Königinhof）与绿堡（Grünberg）的手稿[③]——这些都是此类"创造传统"的重要例证。[④]

历史学家们刻画出本民族的美德，并以这些美德来抵制其他民族所谓的道德堕落。浪漫式的民族历史并非只是中东欧的时髦之举，它在比利时也有很好的记录。[⑤] 人们在针对其他民族（特征）的情况下来界定本民族，尤其是针对邻近的民族。同样，民族在建构过程中，也针对那些所谓的内部敌人。在不同的欧洲民族历史中，犹太人、社会主义者和天主教徒经常出现。他们被视作侵蚀内部统一、妨碍民族精神一致性（的敌人）。文化保守主义者——如匈牙利的民族历史学家格于拉·蔡克夫（Gyula Szekfǔ，1883～1955）——尤其是把犹太人与欧洲社会现代性的负面影响联系起来。相反，君主与王朝却被称颂为融合与统一的象征。当然，君主并非唯一的民族英雄。建国者，如俾斯麦（Bismarck，1815～1898）或加里波第（Garibaldi，1807～1882）；民族的拯救者，如威廉·华莱士（William Wallace，1272～

---

① 可意译为《英雄国》，1835年初版，1849年初版定本，包括50首歌曲、22795行诗句。——译者注

② 1762年，苏格兰诗人 James Macpherson 声称发现了莪相的诗，实际上是他根据凯尔特语的民谣进行的创造。——译者注

③ 汉卡是捷克文献学家和泛斯拉夫主义者。1817年，他宣布在王后宫发现了一些13～14世纪波希米亚诗人的手稿。此后，他宣称在绿堡又发现了一些。后来学者认为这些都是他伪造的。——译者注

④ 参见 Eric Hobsbawn and Terence Ranger, eds., *The Invention of Tradition* (Cambridge, 1983)。该书显然为丰富多彩的各种"创造传统"的研究提供了主要的灵感。

⑤ 参见 Jo Tollebeek, "Historical Representation and the Nation-State in Romantic Belgium (1830 – 1850)," *Journal of the History of Ideas*, 59 (1998): 329 – 353; 也可以参见 Hervé Hasquin, ed., *Histoire et Historiennes depuis 1830 en Belgique* (Brussels, 1981).

1305）和丘吉尔（Winston Churchill，1874～1965）；民族的改革家，如彼得大帝（Peter the Great，1672～1725）和冯·施泰因男爵（Freiherr vom Stein，1757～1831）；军事领袖，如毛奇（Helmuth Karl Bernhard von Moltke，1800～1891）、戴高乐（de Gaulle，1890～1970）或古斯塔夫·瓦萨（Gustav Wasa，1496～1560）；文化偶像，如莎士比亚（Shakespeare，1564～1616）、席勒（Schiller，1759～1805）、塞万提斯（Cervantes，1547～1616）、莫里哀（Molière，1622～1673）或但丁（Dante，1265～1321）；伟大的宗教领袖，如扬·胡斯（Jan Hus，1369?～1415）和马丁·路德（Martin Luther，1483～1546）。所有这些人都进入民族历史编纂的先贤祠，拥有了"伟人"的头衔。[1]

　　在整个欧洲，民族历史总是高度性别化的事务。[2] 正因如此，例如描述民族敌人一般采取了女性化的形式，而唤醒民族意识时，则总是同男性力量与男子气概联系起来。不过，历史学家也时常把本民族受到外国统治或强迫的时期称为本民族受到"强奸"的时期，以此把敌对民族视作男性强奸犯。民族圣徒可能是女性，也可能是男性。尽管大多数民族的积极代表和英雄是男性，不过也存在一些例外情况，如法国的玛丽安娜（Marianne）和圣女贞德（Joan of Arc，约1412～1431）、奥地利的玛利亚·泰雷西娅（Maria Theresa，1717～1780）和普鲁士的路易斯王后（Queen Luise，1776～1810）。在捷克的民族历史中，古代捷克历史中的女性自由是同德意志女性受到所谓压迫的历史形成对比的——这是一种叙述的策略，以强调捷克民族拥有更多的民主倾向。不过，从整体而言，战争与民族国家形成之间的那种紧密关联，使得妇女一般被排除在民族故事情节之外，而男性公民－战士及其英雄主义（行为）总是占据着中心舞台。女性偶尔也会以战士的身份出现。正因如此，当波兰女性在1831年武装起来，抵抗沙皇俄国时，她们在民族历史中也确保了一种突出的地位。神话般的波阿狄西亚（Boadicea）可

---

① 关于民族英雄，可参见 Linas Eriksonas，*National Heroes and National Identities*：*Scotland*，*Norway and Lithuania*（Brussels，2004）。

② 在历史编纂学方面，突破性的著作特别参见 Bonnie Smith，*The Gender of History*：*Men*，*Women and Historical Practice*（Cambridge，MA，1998）；最近的著作参见 Ilaria Porciani and Mary O'Dowd，*History Women*，*Special Issue of the Storia Della Storiografia*，46（2004）；也可以参见更为普遍性的论述，如 Ida Blom et al.，eds，*Gendered Nations*：*Nationalisms and Gender Oder in the Long Nineteenth Century*（Oxford，2000）。

以被描述为抵御罗曼入侵者以为英格兰特性而战斗。阿勒祖巴洛特（Aljubarrota）的女面包烘焙师为 1385 年阿勒祖巴洛特战役中葡萄牙人战胜（西班牙）卡斯提尔军队做出了著名的贡献——这是在绝大多数葡萄牙民族历史中一再被提到的小事件。[①] 不过，在更为普遍的情况下，女性战士并不符合 19 世纪历史叙述的性别秩序，因而通常是在这些叙述之外记载下来的，例如德意志的"童贞之剑"（swordvirgins），她们便是在 19 世纪前十年的自由之战中，在其男性战友一旁共同战斗的。[②]

相反，女性一般被呈现为反英雄的形象。正因如此，波兰历史学家约阿希姆·莱勒维尔（Joachim Lelewel，1786～1861）便把波兰国王的外籍妻子们都描述为所有邪恶外国习俗的来源，而且这些外国习俗正在侵蚀波兰的民族文化。同样，许多西班牙民族叙述把一位妇女佛罗琳达（Florinda 'La Cava'）[③] 斥责为 8 世纪阿拉伯人入侵伊比利亚半岛故事中的主要罪人。大多数民族历史集中描述本民族为一个大家庭，其中男性和女性的美德被综合起来，产生了极好的和谐与统一。因此，男性形象和女性形象总是彼此相互显现。把沙皇塑造为所有俄国人的父亲形象，总是同"俄罗斯母亲"的祈祷同步发展的。普鲁士的弗里德里希二世（Frederich Ⅱ，1712～1786）随普鲁士的路易斯王后一起出现，成为德意志民族美德的主要象征。女性在民族历史中的形象，或者作为王后、圣女、如神话般所创造出来的形象，或者作为那些把自己献身给民族的人，或者作为母亲模板和当代女性的角色参照。女性反映了民族中融入性的、沟通性的、友好性的、防御性的和平凡性的一面。民族的另一面，则是在危急时刻保卫民族的（男性）战士和政治家。特别是当历史学家试图把民族神圣化时，女性总是扮演着一种为民族动机而献身的重要角色。

这样一种民族叙述的性别化方式，既流行于俄罗斯的民族历史中，也出现在英国的民族历史中，既可以在挪威的民族叙述中找到，也可以在其希腊

① 据传，这位女面包烘焙师用一把长勺杀死了 7 个西班牙士兵。——译者注
② 关于公民身份、军事服役和把妇女排除在 19 世纪欧洲政治领域之外之间的联系，可参见 Ute Frevert，"War," in Stefan Berger, ed., *A Companion to Nineteenth Century Europe*（Oxford，2006），pp. 417 - 431。
③ 西班牙的传说认为，佛罗琳达是当时驻守非洲要塞的一位将军之女，后被西哥特国王掳去。其父一怒之下，与阿拉伯军队合作，导致伊比利亚半岛被穆斯林占领。——译者注

同行那里发现。不过，我们必须提出的问题是欧洲的"民族主义区域"是否转换为"民族历史编纂的区域"。① 西欧的民族主义特征是否在本质上迥异于中欧和东欧的民族主义？大部分关于民族主义的新研究对这种假设提出了大量质疑。② 同样，在搭建民族故事情节的框架时，重要的问题是民族国家是否可以按照已经存在的民族国家来进行建构？或者它们是否只是一些未来方案？英国、法国、荷兰、葡萄牙和西班牙的历史学家们或许可以把他们的历史建立在未曾中断的国家地位的传统之上。1815年后，西欧的疆界几乎不再发生变动。因此，西欧民族历史比东欧民族历史更少关注疆界重叠（的问题）。当然，葡萄牙和西班牙之间对西班牙的小飞地奥利文萨（Olivença）还存在冲突，中欧的疆界冲突也没有消失，特别是德国——亦即在石勒苏伊格（Schleswig）问题上同丹麦有冲突，在阿尔萨斯（Alsace）问题上与法国存在斗争。不过，这些情况无法与中欧和东欧的局势同日而语。在那里，疆界冲突和民族历史中的重叠，时常成为民族叙述建构中的核心因素。那里的一座城市可能不仅拥有一些不同的名字，还可能属于不同的民族叙述，例如奥地利的莱贝格（Lemberg）就是波兰的利沃夫（Lwów）和乌克兰的利沃夫（Lviv），更不用说这个城市的犹太名和亚美尼亚名了。在中欧和东欧，多民族的帝国控制着19世纪的版图。不占统治地位的种群提出了多元视角，努力去建构本民族的故事情节。他们经常模仿西欧社会成功的民族建构。在中东欧和东欧，西方文化的特征试图接受和适应一连串西方观念，并践履民族建构（的实践）。与此同时，保护主义——认为东方已经在关键领域中超越西方的发展这样一种想法——也可能得到运用。其中最为出名的例证或许表现在罗马尼亚的民族叙述中。它捍卫这种想法，以抵制（其他国家）对自己落后和失败的指控。

在民族历史极难建构并受到更多挑战的地方，民族历史通常会在夯实民族身份中扮演更为重要的角色。相反，假如民族故事情节的基本要素达成统一立场，那么民族历史所发挥的作用会更小。19世纪和20世纪初的英国历

---

① Ernest Gellner 已经突出地论证过，民族主义出现在从西欧、通过中欧、铺展到东欧的"区域"中，这是从一个区域发展为三个区域。例证可参见他的 "Nationalism and the International Order," in idem, *Encounters with Nationalism* (Oxford, 1996), pp. 20 - 33。

② Mark Hewittson and Tim Baycroft, eds., *What is a Nation? Europe, 1789 - 1914* (Oxford, 2006).

史及其民族的成功建构，是基于宪法改革、个人自由与温和帝国主义的支柱。它可以作为一种成功例证。[1] 然而，即便在英国，一致性的民族历史之建构或许也未能消除这个多民族国家的所有裂痕，如爱尔兰便开始挑战这种民族故事情节，首先建构起他们抵抗不列颠帝国主义的民族历史。[2] 在 19 世纪的多元民族国家中，那些比英国还要虚弱的国家，更容易碰到民族叙述遭到挑战的情况，如西班牙便受到加泰罗尼亚（Catalonia）和巴斯克（Basque）地区的挑战。

中欧和东欧的帝国比西欧的民族国家更为明显地追求维持多元性的民族历史。神圣罗马帝国已经在 1806 年分崩离析。尽管在随后的数十年间，德意志土地上仍然在为统一的德意志民族国家而奋斗，但历史学家已经为建构民族性的故事情节做出了许多努力。随着 1871 年德意志在普鲁士的领导下实现统一，历史编纂学中的普鲁士学派很快崛起，占据统治地位。该学派假设，普鲁士的使命正是统一德国。1861 年 3 月，哈布斯堡帝国阻止意大利成立一个民族国家的努力付之东流。与此同时，哈布斯堡家族准备赋予匈牙利人在帝国境内的一种半自治地位，又唤醒了其他斯拉夫民族主义者发现这样一种事实，即他们受到了歧视。在面对帝国时，很少有民族历史学家像捷克历史学家帕拉茨基（František Palacký，1798 ~ 1876）那样，如此显著地标注出民族要求。[3] 俄罗斯的罗曼诺夫帝国不得不苦于应付疆界内部民族主义的各种激情。当然，其中最为出名的是波兰人很快提出了足以挑战 1795 年分割波兰的民族叙述，并朝着复活独立波兰的方向前进。此外，在 19 世纪，乌克兰、芬兰和波罗的海各国也出现了自主性的民族叙述。[4] 哈布斯堡家族试图在维持帝国的前提下，把各种不同的民族特性融合起来。与此相反，罗曼诺夫家族却用更为强化的俄罗斯化，来应对上述边疆民族主义的兴盛。历史学家施以援手，去证明帝国领土归属于俄罗斯人的原因。在奥斯曼

---

① John Breuilly, "Historians and the Nation," in Peter Burke, ed. , *History and Historians in the Twentieth Century* (Oxford, 2005), pp. 56 – 87.

② Joep Leersen, *Remembrance and Imagination*: *Patterns in the Historical and Literary Representation of Ireland in the Nineteeth Century* (Cork, 1996).

③ J. F. ZaČek, *Palacký*: *the Historian as Scholar and Nationalist* (The Hague, 1970).

④ Stephen Velychenko, *National History as Cultural Process*: *A Survey of the Interpretation of Ukraine's Past in Polish*, *Russian*, *and Ukranian Historical Writing from the Earliest Times to 1914* (Edmonton, 1992).

帝国，希腊人通过斗争，成功建立了自己的民族国家。对于整个东南欧、东欧和中东欧而言，此举被证明具有巨大的鼓舞作用。这些民族斗争一一发展起来，并建立了本民族的叙述逻辑，以寻求突出民族独创性与可靠性的要求。哈布斯堡帝国、罗曼诺夫帝国与奥斯曼帝国的民族历史学家们都痛苦不堪地抱怨，帝国就像欧洲的"民族监狱"。在这些地方，民族历史的重点在于帝国权力所造成的压迫和痛苦。[1]

但是，从整体上看，作为民族国家的辩护者和倡导者的民族历史学家，并没有占据这一职业的主导地位。对于这种日益兴盛的、着迷于民族历史编纂的（倾向），提出尖锐批评的人包括阿克顿爵士（Lord Acton，1834～1902）。他是 1895 年后剑桥大学历史学讲座教授。他赞赏用帝国来抵制民族，尤其是把哈布斯堡帝国赞誉为中东欧和平与稳定的维护者。[2] 19 世纪卢塞恩（Lucerne）的历史学家奥图希·考普（Eutych Kopp）曾认为，瑞士民族历史中的关键要素都是一些纯粹的虚构。为此，他立即被谴责为一名投靠奥地利的卖国贼。[3] 这样一些批判性的声音无法阻止民族历史编纂在 19 世纪的高歌挺进。在大约一个世纪里，从 1850 年到 1950 年，这是欧洲历史编纂的主导形式。

三　民族历史编纂的制高点，1850～1950 年

当这种民族历史编纂的浪漫模式继续在 19 世纪下半叶发展，直至那个世纪末时，随着历史编纂的职业化和机制化进程的日益加速，人们可以看到一种抵制浪漫主义的实证主义回潮。现在，历史学家们更为强调史料考证，并致力于揭露浪漫派历史编纂学散布的整个"历史神话"。例如在中东欧，

---

[1] Frank Hadler and Mathias Mesenhoeller, eds. , *Vergangene Größe und Ohnmacht in Ostmitteleuropa*: *Repräsentation imperialer Erfahrung in der Historiographie seit 1918* （Leipzig, 2007）.

[2] Roland Hill, *Lord Acton* （Yale, 2000）.

[3] Guy P. Marchal and Aram Mattioli, eds. , *Erfundene Schweiz*: *Konstruktionen nationaler Identität* （Zurich, 1992）; 关于瑞士的例证，也可参见 Oliver Zimmer, *A Contested Nation*: *History, Memory and Nationalism in Switzerland*, *1761 - 1891* （Cambridge, 2003）; Guy P. Marchal, *Schweizer Gebrauchsgeschichte*: *Geschichtsbilder, Mythenbildung und Nationale Identität* （Basel, 2006）.

约瑟夫·佩卡尔（Josef Pekař，1870~1937）开始驳斥帕拉茨基的观点，反对把胡斯主义视作捷克现代民主的支柱。同样，在波兰，米歇尔·鲍布瑞钦斯基（Michal Bobrzyński，1849~1935）也反对莱勒维尔对"贵族民主"的欢呼。① 不过，仍然保留下来的、一成不变的想法是历史是一面镜子，民族借此可以看到自己的过去。历史学家便是举着这面镜子的人。但是，这面镜子并不是白雪公主童话中的那面镜子。尽管历史学家竭力维护，但它并不同"真理"结合在一起。因此，每一个举着镜子的人都在里面看到了自己已经建构起来的成果。这便意味着，那些对民族历史感兴趣的人从未拥有过一面镜子，而是拥有了数面镜子，亦即相互竞争的叙述。而且每一位举着镜子的人都声称，他的那面镜子才是唯一的真正的物品。

历史学家继续把自己视作本民族的教育者。德国的海因里希·冯·特赖奇克（Heinrich von Treitschke，1834~1896）、罗马尼亚的尼古拉·约尔加（Nicolae Iorga，1871~1940）和希腊的康斯坦丁·帕帕里戈普洛斯（Konstantinos Paparrigopoulos，1815~1891），都忙于为民族国家建构框架，并论证它的合法性。民族历史学家并没有在同一时刻出现在所有地方。尤其是在东欧，绝大部分民族历史著作出现得相对较晚。例如，第一位重要的乌克兰民族历史学家米哈伊罗·胡舍夫斯基（Mykhailo Hrushevsky，1866~1934）在1894~1934年完成了10卷本的《乌克兰－罗斯历史》（*History of Ukraine-Rus*）。② 在爱沙尼亚，一种民族性的宏大叙述直到两次世界大战之间的岁月里才开始构建。1919年，塔尔图大学（University of Tartu）建立，随后汉斯·克鲁斯（Hans Kruus，1891~1976）的著作变得尤其重要。③ 这一点与另一个波罗的海国家立陶宛的情况形成了鲜明对比。在那里，像特奥道尔·纳布塔斯（Teodor Narbutas，1784~1864）或其同时代人西蒙斯·道康塔斯（Simonas Daukantas，1793~1864）这样的业余历史学家，早在19

---

① Maciej Janowski, "Three Historians," in *CEU History Department Yearbook* (2001/2002), pp. 199–232.

② Serhii Plokhii, *Unmaking Imperial Russia: Mykhailo Hrushevsky and the Writing of Ukrainian History* (Toronto, 2005); T. Prymak, "Hrushevsky and the Ukraine's 'Lost' History," *History Today*, 39 (1989): 42–46.

③ J. Kivimäe, "Estnische Geschichtsforchung an der Universität Tartu 1920–1940: Ziele und Ergebnisse," in G. von Pistohlkors et al., eds, *The University in Dorpat / Tartu, Riga and Wilna/ Vilnius 1579–1979* (Cologne, 1987).

世纪三四十年代便已建立起一种民族性的宏大叙述。[①] 这种不同时代的同时代性［恩斯特·布洛赫（Ernst Bloch，1885～1977）语］呼吁人们对整个欧洲内外的民族历史编纂进行历时性和同时性的比较研究。

无论何时何地，只要历史学家充当本民族的发言人，那么他们总是独立去强调本民族的统一性，而且经常指出本民族之于其他民族的优越性。随着19 世纪的发展，赫尔德民族观念中的世界主义萌芽已经被快速遗忘了。虽然历史学家在其职业内部被越来越细化，但到 19 世纪末，他们又被快速欧洲化。大多数接受过大学训练的历史学家相信，学术是客观的、科学的。他们还论辩性地指出，学术应该没有国界。例如，世界历史学大学的开端便可以追溯到 1898 年。[②] 然而，在 20 世纪上半叶，这样一种国际主义情感却很难得到维系和坚持。当时，两次世界大战见证了历史学家是如何把自己奉献给各自国家的。[③] 特别是在 1918 年后，军事上的复员并没有带来文化复兴，以至于历史学不再像以往那样，为当下的民族利益而去制定政策、划定疆界、利用过去。[④] 在这段民族历史编纂的高潮期，热烈的民族主义与跨民族职业网络的要求之间存在至关重要的张力，而这种张力没有可能找到缓解之道。

假如历史学家们认为，他们很难把一种跨民族的自我理解同民族要求结合起来，那么他们当然会奋力维护民族宏大叙述的统一性，并排斥其他对民族历史或民族特征的解释。尤其是宗教和阶级的叙述不断地威胁到占统治地位的民族故事情节的一致性。它们必须融入民族宏大叙述——这种任务常常会产生摩擦和历史争议。假如我们首先来看宗教问题，便会发现，在大多数的中欧、西欧和北欧国家中，历史学家绝大部分是基督教徒，很少有例外。即便他们并非虔诚的基督教徒，但在他们的历史编纂学中，一种"文化性

① Antanas Kulakauskas, "Rediscovery of the History of Lithuania in the Nineteenth and early Twentieth Centuries," in Branch, ed., *National History and Identity*, pp. 259 – 264.

② Karl Dietrich Erdmann, *Toward a Global Community of Historians: the International Historical Congresses and the International Committee of Historical Sciences, 1898 – 2000* (Oxford, 2005).

③ 关于德国的例证，可参见 Matthew Stibbe, *German Anglophobia and the Great War, 1914 – 1918* (Cambridge, 2001)。

④ 关于"文化复兴"，John Horne 做出了比较分析："Kulturelle Demobilmachung 1919 – 1939: Ein sinnvoller historischer Begriff?" in Wolfgang Hardtwig, ed., *Politische Kulturgeschichte der Zwischenkriegszeit 1918 – 1939* (Göttingen, 2005), pp. 129 – 150.

的基督教义"仍然占据主导地位。与此同时，天主教则经常被视作一种落后的、迷信的，而且是妨碍进步的反民族力量。这种反天主教的基督教民族历史编纂学还由于19世纪许多民族历史学家的自由倾向而再次得到加强。欧洲天主教的一些地区曾直接同压制民族雄心（的行为）有联系。正因如此，在哈布斯堡帝国，天主教被广泛地同德意志人支持帝国的情感联系起来，而捷克人、斯洛伐克人、马扎尔人的民族情感则通过他们对胡斯教义、路德宗和加尔文宗的信仰，以宗教术语的形式表达出来。在英国，天主教被具体化为"外国的"——基督教的不列颠帝国趾高气扬地面对着欧洲大陆上的天主教影响。[1] 芬兰历史学家潘蒂·瑞瓦尔（Pentti Renvall，1907～1974）直截了当地把天主教形容为不容于北欧思想的外来物。这些把基督教视作民族认同的一种关键因素的叙述，时常把基督教地区同政治性民族的演化联系起来。英国立宪主义、瑞士共和主义和德意志立宪主义的建构，都深深地依赖对基督教义的理解。尽管个别天主教徒，如英国的阿克顿勋爵和德国的弗朗茨·施纳贝尔（Franz Schnabel，1887～1966）有可能成为职业性历史学中受人尊重的学者，但天主教叙述被有意地排斥在外，并被时常视作一种畸形（现象）。在信仰多元化的国家里，例如德国、瑞士或斯洛伐克，基督教的故事情节通常会占据职业性历史学的统治地位。

　　不过，各种信仰共同体（基督教、天主教、东正教、犹太教）勾勒出他们各自的民族叙述，以至于常常强化了泾渭分明的宗教氛围。例如在德国与荷兰，民族叙述便根据不同的信仰教派而得以构建。相反，在法国，主要的分界线出现在世俗叙述和天主教叙述之间。在那些信仰同质的国家中，情况都是如此。在路德宗的瑞典和天主教的西班牙，分界线同样出现在世俗性的民族叙述与宗教性的民族叙述之间。在民族和宗教之间几乎不存在张力的一些国家里，如那些单一信仰的国家（挪威），宗教已经在民族叙述中不再扮演重要角色。其影响也可想而知。相反，在东欧，宗教可能在更为广泛的领域中扮演着重要的异见者角色，例如在东正教的俄国、东仪天主教的乌克

---

[1]　Chris Clark and Wolfram Kaiser, *Culture Wars: Secular-Catholic Conflict in Nineteenth Century Europe* (Cambridge, 2003)；也可以参见 Keith Robbins, *History, Religion and Identity in Modern Britain* (London, 1993)。

兰和罗马天主教的波兰。① 当然，信仰观可能在民族对抗（的情况中）变得重要起来，（因为）敌视的民族宣称皈依另一种信仰。不过，正如波兰与立陶宛都是天主教国家，普鲁士/德国和爱沙尼亚/拉脱维亚都是基督教国家那样，民族对抗不得不同信仰差异之外的其他因素联系起来。

　　宗教和民族主义构成了强大的联盟，但它们同时会产生大量矛盾。民族主义时常被视作世俗性太平盛世的一种形式，即让政治取代了宗教，成为救世的关键因素。② 与此同时，宗教有时也被视作挑战民族所要求获得的绝对忠诚感的强大敌人。从许多方面来看，19 世纪的帝国（如奥斯曼帝国）要比民族国家更容易找到同各种拥有不同自治程度的宗教共存的方法。随着现代世俗教育的发展和科学国度的崛起，宗教信条和民族或许已经是非此即彼的选择。不过，与此同时，仍然出现了不少将两者联合起来的尝试。宗教继续成为民族命运和认同的塑造者，而所有世界性宗教的普遍渴望常常带着民族的雄心壮志，显得步履艰难。因此，并非偶然的情况是，在 19 世纪的意大利，新教皇党（Neo-Guelphs）未能围绕着教皇执委而创建一个意大利的民族国家。没有一个欧洲民族专门用宗教来界定自己。毫不奇怪的是，一位法国人埃尔奈斯特·勒南（Ernest Renan, 1823~1892）在其对民族的经典界定中便强调指出，宗教并非建立现代民族特性的一种充足基础。③ 不过，在许多民族共同体中，在那些渴望成为统一体的人们中间，宗教毫无疑问仍然属于最有力量的黏合剂之一。也正因如此，宗教被广泛利用，以增强民族故事情节的基础。

　　在 19 世纪的法国历史编纂学［梯叶里（Thierry, 1795~1856）和基佐（Guizot, 1787~1874）］与德国历史编纂学［兰克、德罗伊森（Droysen, 1908~1884）、西贝尔（Sybel, 1817－1895）］中，宗教信仰产生了持久性

---

① 关于宗教对中欧和东欧的民族化倾向所产生的强烈影响，可参见 Joachim Bahlke and Arno Strohmeyer, eds., *Konfessionalisierung in Ostmitteleuropa*: *Wirkungen des religiösen Wandels im 16. Und 17. Jahrhundert in Staat, Gesellschaft und Kultur* (Stuttgart, 1999); Hans-Christian Maner and Martin Schulze Wessel, eds, *Kirche und Staat, Religion und Gesellschaft in Ostmitteleuropa in der Zwischenkriegszeit* (Stuttgart, 2002)。

② Elie Kedourie, *Nationalism* (Oxford, 1993); Heinz-Gerhard Haupt and Dieter Langewiesche, eds., *Nation und Religion in der deutschen Geschichte* (Frankfurt/Main, 2001).

③ Ernest Renan, "What is a Nation?" (1882), 重印于 Vincent P. Pekora, ed., *Nations and Identities* (Oxford, 2001), p. 172f。

的影响。历史学家们经常性地把自己的工作视作追踪和记录上帝在历史中的行为。[①] 历史中的伟大个人则被描述为一种更高意愿的代理者。19 世纪的许多德国历史学家还研究神学，而且他们多来自牧师家庭。在他们的编纂中，宗教讨论变得民族化，而民族讨论变得神圣化。宗教为民族服务，也成为理解民族的一个关键因素。民族成为新的宗教。民族叙述的结构时常类似于《新约》的结构。耶稣的遭遇、死亡和复活等同于民族的解构、毁灭和最终复兴。波兰的历史学家们时常把波兰称为"民族的基督"。这种同基督情感的比较同样很容易出现在其他历史编纂学中，如匈牙利。[②]

在许多民族中，宗教成为民族自我理解的一个关键因素。东正教观念和罗马尼亚的特性事实上成为同义词。[③] 瑞典民族被建构为抵御俄国（在隐含的意义上也抵御东正教）扩张的路德宗堡垒。同样，在三十年战争期间，瑞典当然也在抵御天主教的反宗教改革运动中保卫了欧洲的基督教。在 19世纪，丹麦时常认同一种内向省视的路德教义。[④] 帕拉茨基在描述捷克民族时，把 15 世纪的胡斯教义视作捷克民族认同的关键因素。在波兰与立陶宛，天主教会被建构为在长久失去国家主权期间保障本民族复兴的机构。[⑤] 在西班牙的佛朗哥（Franco，1892~1975）和葡萄牙的萨拉查（Salazar，1889~1970）的统治下，天主教也成为民族叙述的关键因素。[⑥] 这两个民族只有通过把教会和王权融合起来的方式，才实现了使民族显得更为伟大（的目标）。希腊的民族叙述把东正教描写为通往古希腊遗产的桥梁。"希腊基督教"成为欧洲文明与文化的摇篮，由此，现代希腊民族便奠定了相对所有

---

① Thomas Albert Howard, *Religion and the Rise of Historicism* (Cambridge, 2000).

② Árpád von Klimó, *Nation, Konfession, Geschichte*: *Zur nationalem Geschichtskultur Ungarns im europäischen Kontext 1860 – 1948* (Munich, 2003).

③ Celia Hawkesworth, eds., *Religious Quest and National Identity in the Balkans* (Basingstoke, 2001).

④ 关于斯堪的纳维亚历史编纂学的许多观点，可参见 Frank Meyer and Jan Eivind Myhre, eds., *Nordic Historiography in the Twentieth Century* (Oslo, 2000); 也可参见 Bo Stråth and Øystein Sørensen, eds., *The Cultural Construction of Norden* (Oslo, 1997)。

⑤ Virgilis Krapauskas, *Nationalism and Historiography*: *The Case of Nineteenth-Century Lithuanian Historicism* (New York, 2000).

⑥ 关于西班牙情况的回顾佳作，可参见 Xosé Manoel Núñez, *Historiographical Approaches to Nationalism in Spain* (Saarbücken, 1993); 关于葡萄牙历史编纂学的情况，可特别参见 Sérgio Campos Matos, *Historiografia e memória nacional (1846 –1899)* (Lisbon, 1998)。

敌手而言的更高地位。①

当民族叙述在建构时，用宗教术语来界定民族使命，宗教便扮演着最为重要的角色。西班牙和葡萄牙的民族叙述强调的是，这两个民族如何把天主教传播到半个地球，它们又如何把穆斯林驱逐出欧洲。波兰、俄罗斯、哈布斯堡帝国和希腊同样把自己的民族历史描述为保卫基督教的欧洲不受异教徒（的侵犯）。1526年抵御奥斯曼人的摩哈赤（Mohacs）战役被描述为匈牙利的一场民族灾难，但匈牙利人为了维护基督教的欧洲而献出了自己的生命。希腊人争取独立的斗争被视作巴尔干地区其他基督教民族的榜样，以便形成他们各自的、抵御欧洲伊斯兰势力的民族叙述。② 西班牙的再征服（应为收复失地——译者注）是一首民族复兴的史诗，欧洲人以此战胜了阿拉伯文化。

从整体而言，尽管宗教性的故事情节可能同样威胁到民族叙述的统一性，但它也有助于统一民族叙述。相同的矛盾也出现在民族叙述与阶级叙述的内在关联中。随着19世纪社会问题的涌现，政治家、社会改革家和历史学家开始描写社会各阶级，尤其是工人阶级。19世纪，那些给予阶级问题最大关注的历史学，通常出现在欧洲劳工运动的内部，而不在欧洲的大学里。不过，劳工运动的积极参与者主要在民族框架内描写阶级和阶级斗争。这样一种选择暗示了许多社会主义者并不希望超越民族的故事情节，而是希望把它们重新组合为得以容纳阶级的故事。爱德华·伯恩斯坦（Eduard Bernstein，1850~1932）关于德国劳工运动的历史、罗伯特·格里姆（Robert Grimm，1881~1958）有关瑞士劳工运动的历史，都是这种包罗万象式的阶级历史。③ 他们的阶级叙述是另一种包含着不同民族认同观的民族叙述，而不是力图去克服民族认同。在不同的欧洲民族国家中，这些努力遭遇到来自官方历史编纂学不同层次的抵制。直到20世纪，德国职业历史学都最为严肃地努力阻止阶级叙述的出现。20世纪30年代初，格哈德·里特（Gerhard Ritter，1888~1967）把埃卡特·科尔（Eckart Kehr，1902~1933）

---

① Effi Gazi, *Scientic National History: The Greek Case in Comparative Perspective 1850 - 1920* (Frankfurt/Main, 2000); Antonis Liakos, "The Construction of National Time: The Making of the Modern Greek Historical Imagination," *Mediterranean Historical Review*, 16: 1 (2001): 27 - 42.

② 关于巴尔干半岛的情况，一般参见 Maria Todorova 的精彩著作 *Imagining the Balkans* (Oxford, 1997)。

③ 关于民族范式与阶级范式之间的内在关联，可参见 Stefan Berger and Angel Smith, eds., *Nationalism, Labour and Ethnicity 1870 - 1939* (Manchester, 1999)。

形容为"贵族出身的布尔什维主义者"。汉斯·罗斯菲尔斯（Hans Rothfels，1891～1976）则在魏玛共和国时期成功阻止了古斯塔夫·迈尔（Gustav Mayer，1871～1948）获得档案材料。这是排斥举动中最为出名的两例。[①] 与此相反，在英国，对于"这种民族"的叙述建构常被用来减少阶级的毁灭性潜力，并围绕立宪主义、自由与个人主义这些事项，来统一民族叙述。[②] 在"这种民族"的框架下编纂民族历史，允许像屈威廉（George Macaulay Trevelyan，1876～1962）这样的历史学家把阶级和民族统一起来，撰写一种包容性的民族叙述。

20世纪初，阶级开始进入学术讨论，特别是在那些职业历史学里社会史和经济史变得更为重要的国家。不过，与此同时，阶级仍然被民族化。正因如此，例如卡尔·兰普莱希特（Karl Lamprecht，1856～1915）对阶级事务和社会性问题的兴趣便在德国民族历史中找到了表达的途径。[③] 在英国，哈蒙德夫妇（John Lawrence Hammond，1872～1949；Barbara Hammond，1873～1961）、韦伯夫妇（Sidney Webb，1859～1947；Beatrice Webb，1858～1943）、托尼（R. H. Tawney，1880～1962）和柯尔（G. D. H. Cole，1889～1959）把阶级和社会史推向了前台，但他们主要研究的仍然是民族话题。与两次世界大战之间的欧洲其他职业历史学家相比，早期年鉴学派颇有争议地对历史编纂的民族框架不感兴趣，而是更为积极地使用"阶级"类别，来鼓励比较性和跨民族的历史编纂。[④] 同样，1935年成立于阿姆斯特丹的国际社会史研究所也公然呼吁撰写一种跨民族和比较性的阶级史。[⑤] 在这里，我们发现了第一种挑战历史编纂中民族范式霸权地位的尝试。在这些尝试中，阶级范式是一种重要的工具，例如阿图尔·罗森贝格（Arthur

---

① 对于德国的经典评价，仍然是 Georg Iggers, *The German Conception of History: the National Tradition of Historical Thought from Herder to the Present*, 2nd, rev. edn（Middletown, CT, 1983）。

② Michael Bentley, *Modernising England's Past: English Historiography in the Age of Modernism 1870–1970*（Cambridge, 2006）.

③ Roger Chickering, *Karl Lamprecht: a German Academic Life, 1856–1915*（Atlantic Highlands, 1993）.

④ 可参见经典之作 Marc Bloch, "Pour une histoire ecomparée des societes européennes," *Revue de Synthèse Hisorique*, 46（1928）：15–50。

⑤ Maria Hunink, *De Papieren van de Revolutie: Het Internationaal Instituut voor Sociale Geschiedenis 1935–1947*（Amsterdam, 1986）.

Rosenberg，1889～1943）这样的历史学家把"阶级"置于"民族"之前，来作为历史分析的基本框架。[①] 在这段民族历史编纂的经典时期，也出现过其他对民族宏大叙述的著名批评，不过或许赫伯特·巴特菲尔德（Herbert Butterfield，1900～1979）的批评最为出名。他在《历史的辉格解释》（*Whig Interpretation of History*）中全力争辩道，并非英国历史上的每一件事情都应该根据个人自由、立宪政府和宗教容忍的所谓永恒价值观来进行评价。不过，他们极少根据自己所希望研究的方式提出一种替代品。那些已经接受阶级而非民族作为自己历史研究的主导框架者，才提出了这样一种替代品。

不过，更为一般的情况，仍然是把"阶级"融入"民族"的做法。当社会史在民族历史中赢得重视后，"阶级"成为民族历史的重要组成部分。阶级历史向更为古老的、几乎仅仅从政治方面来建构民族的历史发起了挑战。它们试图把社会建构融入民族历史。但是，这种对于"阶级"和"社会"的关注绝非放弃早期民族要求的信号。这一点反映在德国"民族史"（Volksgeschichte）的激进民族主义、年鉴学派领导者深厚的爱国主义以及韦伯夫妇对英国特性的论述之中。1917年后，苏联的历史编纂学同样未能抛弃民族框架。现存的俄国民族叙述偶尔被谴责为资产阶级（的作品）。一些号召希望历史学家们用革命性的民族叙述取而代之，即抬高工人在锻造民族国家中的贡献。但是，在斯大林的统治下，苏联的历史编纂学接受并调整了许多俄国的民族主义故事情节——这些故事情节曾在沙皇历史编纂学中颇为出名。[②] 例如，正因如此，在斯大林时期的苏联，如同沙皇俄国那样，（历史学家们）都不可能认为，第一个俄罗斯国家的起源与斯拉夫人无关。事实上，有关第一个俄罗斯国家的起源之争，已经颇为久远。从8世纪以来，亲斯拉夫派坚持俄罗斯的斯拉夫起源说，而诺曼派提出俄罗斯国家可以追溯到维京人。十分有意思的是，一些非俄罗斯人——如古斯塔夫·埃韦斯

[①]　Arthur Rosenberg, *Demokratie und Sozialismus：Zur politischen Geschichte der letzten* 150 *Jahre* (Amsterdam, 1938)；关于罗森贝格，也可以参见 Mario Keßler, *Arthur Rosenberg：Ein Historiker im Zeitalter der Katastrophen* (1889–1943) (Cologne, 2003)。

[②]　关于19世纪的俄罗斯历史编纂学，可参见 Thomas M. Bohn, *Russische Geschichtswissenschaft von 1880 bis 1905：Pavel N. Miljukov und die Moskauer Schule* (Cologne, 1998)；关于斯大林支持传统的俄罗斯民族主义叙事的绝好例证，可参见 Maureen Perrie, *The Cult of Ivan the Terrible in Stalin's Russia* (Basingstoke, 2002)。

（Gustav Ewers，1879～1930）——站在了这场学术争论的亲斯拉夫派一边，而一些俄罗斯人——如米哈伊尔·波戈金（Mikhail Pogodin，1800～1875）——却站在了诺曼派的一边。但是在斯大林时期的苏联，国家与共产党却认可并支持米哈伊尔·罗蒙诺索夫（Mikhail Lomonosov，1711～1765）关于俄罗斯的斯拉夫根基之说。

　　当阶级讨论出现在19世纪时，其支持者总是通过宣称，从社会、文化和政治方面把工人阶级从民族中排斥出去的做法是不公正的，以此努力把阶级讨论与民族讨论结合起来。工人们塑造了真正的民族，因此人们需要重新评估他们的地位。正是那些醉心于"特权"者，不惜牺牲他者，自己却过着寄生般的生活，并阻碍了统一之路。这种关注统一性的核心思想把阶级叙述和民族叙述联系了起来。正如民族叙述那样，阶级叙述也沉迷于寻找民族阶级斗争的起源，创建民族化阶级斗争的一种延续性历史，这种斗争从晦暗遥远的过去一直持续到当下。这两种叙述都致力于消除部分的、"自私的"利益。但是，这种自私性究竟位于哪里呢？在许多国家，它在贵族那里。不过中产阶层也逐渐被塑造为妨碍统一的重要因素。这种讨论总是让人们产生这样一个问题：哪一种社会阶级应该被视作民族观念的主要承载者？在欧洲的不同地区，这一问题的答案明显不同。在波兰，上流社会和许多历史学家——如莱勒维尔——强调的是，对民族建构而言，15～16世纪贵族反对绝对主义的斗争极为重要。在许多工业化的国家里，主要是英国，民族建构主要是中产阶层完成的，他们也建构起民族故事情节的基本框架，其内容包括工业、政治和文化方面的持续性发展。在斯堪的纳维亚半岛和乌克兰，自由农构成了人口中的重要组成部分，它们的民族便是围绕着农民的自由观而建构起来的——这种农民自由观必须被用来抵制一种本土的或者更为常见的"外国的"精英之侵蚀。只要阶级敌人是外国的，那么阶级斗争便会轻易变得种族化。因此，在哈布斯堡帝国里，操德语的精英经常在非德意志人的民族叙述中被刻画为主要的民族敌人和阶级敌人。一些小民族，如捷克人和斯洛伐克人，颇具自我意识地倾向于把他们自己刻画为庶民般的民族，以抵制"外国"精英和拥有贵族特权的阶层。

　　阶级叙述的中心通常会围绕革命和革命事件而展开。革命曾经是民族的奠基时刻（法国1789年，俄国1917年），但它们同样是阶级和民族走向冲突的时刻。即便在那些并不包含自身成功革命的民族故事情节中，革命也常常会成为一个缺位的 "他者"。如英国和德国的民族故事，总是首先强调革命并非必要之举。因此，革命与阶级便经常性地被形容为立足民族传统之外的因素。革命的叙述总是有关民主权利和自由扩展的叙述。正因如此，革命便强化了现存的不统一性和排外主义。假如革命失败，围绕在统一性缺失上的问题仍然会继续存在；假如革命胜利，重建统一的要求便会打下革命经历促成民族起源、重生、恢复活力和统一的革命神话之基础。不过，在每一个地方，我们也可以发现反对革命的叙述。它提供了一幅关于革命的迥异图片。它把革命视作篡夺和摧毁民族传统之举。正因如此，法国共和派的叙述把 1789 年视作统一和力量的源泉，而天主教的叙述则谴责 1789 年造成了法国传统价值与标准的沦落。甚至在支持革命的叙述中，各种阶级的变体可能也为叙述的建构方式增添了完全不同的掩饰。只要希腊革命被呈现为一场反对土耳其人压迫的民族起义，那么这就是一段民族统一的故事。但是，当雅尼斯·考达陶斯 (Yanis Kordatos, 1891 ~ 1961) 把这场革命首先解释为一场社会起义而非民族起义时，那么这场起义所直接反对的目标便是土耳其人和本土希腊人中的压迫者。阶级便以如此重要的方式重构了民族历史。

革命自身也以显著的方式为民族叙述重新定位。在英国，1688 年光荣革命在许多方面是一种历史编纂传统的开端。这种历史编纂传统所开辟的道路造成了立宪主义的、辉格式的、进步主义的民族历史占据主导地位。20世纪 60 年代前，这种凸显 1688 年的叙述都是英国民族历史的主流。1789年标志着法国共和派叙述的起点。其特点是强烈的、普遍主义的雄心壮志。据此，大革命成为一种核心的参照点。同样，在德意志领土上爆发的 1848年革命，成为北德自由民族主义历史学家们的显要的重新定位。他们抛弃了反中央集权的、英国模式的自由主义，转向（普鲁士的）中央集权主义、权力政治和现实政治。许多革命，无论成功与否，它们都产生了民族历史编纂中极为明显的流亡传统。发现自己无法置身于革命斗争之外的历史学家们，被迫流亡。在流亡地，他们继续生产可供选择的民族故事情节。这一点体现在 20 世纪的法西斯主义独裁和共产主义独裁体制之中。在这两种情况下，国家和政党都侵犯了职业历史学的自治权，并试图压制那些与通行的民族历史未能保持一致的历史学家们，让他们保持沉默，甚至对他们进行威胁。但是，德国、意大利、西班牙和葡萄牙的民族历史却是由一大批流亡历史学家完成的。在法西斯主义和极权主义独裁统治期间，他们在各自不同的流亡地，总是在极端艰苦的环境下，继续进行自己的研究。同样，1945 年后，共产主义的中东欧和东欧的民族历史学家们，在冷战期间，也努力在西方发表意见。然而，这些在流亡地出现的民族历史，极少直接延续了被革命击败或由此而保持缄默的那种民族范式。在大多数例子里，流亡地出现的民族历史都以多元而复杂的方式，受到了流亡经历和流亡地所属国家历史文化的影响。正因如此，例如杰出的德国历史学家汉斯·罗斯菲尔斯便受到他在美国流亡经历的影响——当然，在他的个案中，还存在着许多微妙的延续性，使之把两次世界大战期间的激进保守主义同 1945 年后的自由保守主义联系起来。①

据称，阶级得以挑战占据统治地位的民族宏大叙述的潜力，在种族叙述中并不存在。在 19 世纪，文化和语言是民族历史浪漫式的种族化浪潮中的主要关注点。因此，种族叙述总是可以同民族叙述相互交替。到 19 世纪末，社会达尔文主义在欧洲的崛起，促成了"种族"概念出现在民族历史编纂中。现在，文化优越观同种族繁育联系在一起。正因如此，例如中东欧的历史编纂学便不得不对付并回应德国史学，因为后者把一种所谓让东欧文明化的使命同日耳曼种族高于斯拉夫种族（的观念）结合在一起。

特别是在德国和匈牙利那些国家里，由于第一次世界大战后的安排让大量本民族的成员被遗留在民族国家之外，成为其他国家内部的少数民族，因此在两次世界大战期间的岁月里，一种种族化的民族（主义的）历史编纂变得更为流行，而且助长了此前已经占据统治地位的、对于民族的种族主义和国家主义的解释。② 这种历史学宣称，民族有权把具有相同种族背景的人统一起来，以此要求修改边界，并论证了战争、种族清洗和大屠杀的合法性。德国的"民族史"（Volksgeschichte）或许是这种两次世界大战期间种族化历史编纂的最为出名的例证。但它绝不是孤证。③ 例如，若我们观察希腊，那么可以看到，在希腊，"梅加利"（Megali）观念颇受欢迎。这种观念

---

① 关于罗斯菲尔斯，可参见 Johannes Hürter and Hans Woller, eds., *Hans Rothfels und die deutsche Zeitgeschichte* (Munich, 2005)。

② 关于德国和波兰之间的历史之战，可参见 Jan M. Piskorski with Jörg Hackmann and Rudolf Jaworksi, eds., *Deutsche Ostforschung und polnische Westforschung im Spannungsfeld von Wissenschaft und Politik: Disziplinen im Vergleich* (Osnabrück, 2002)。

③ Manfred Hettling, ed., *Volksgeschichte im Europa der Zwischenkriegszeit* (Göttingen, 2003).

假设，前拜占庭帝国的土地都属于希腊，因此都需要从土耳其人手中解放出来。在同一领土空间内，同时建构不同的种族叙述，便会使种族性原则显现出爆炸性的特征，因为它很快便会产生如何处理"其他种族"的问题。一些地区花费更多气力去构建民族国家，并在传统上忽略少数民族，将他们排斥在民族故事之外，例如挪威、瑞典和芬兰的萨米人（Samis），丹麦的因纽特人，匈牙利的罗姆人（Romani）。但是，在第二次世界大战所造成的巨大变化背景下，对于民族的民族性和种族性的界定，导致了史无前例的野蛮形式，其中包括种族大屠杀和大范围的种族清洗。这便对1945年后的数十年间整个欧洲重铸民族故事情节的方式产生了深刻影响。

四　通往后民族的民族历史？第二次世界大战结束至今①

在1939～1945年的战争、占领、（通敌）合作与大屠杀的动荡发生后，整个欧洲的民族历史都经历了重新审视。欧洲的民族故事情节朝着战后世界调整，也意味着同冷战分裂欧洲（的情势）相适应。在1945年后不久，整个欧洲的历史学家在局促不安与真挚反省中，试图竭力保持现存民族叙述的稳定性。并不令人感到惊奇的是，对于民族历史进行最为激进的重新评估，发生在这样一个国家里：它直接造成的混乱曾经使欧洲落入深渊长达6年之久；它必须为这种混乱负责。它就是德国。在这里，亚历山大·阿布什（Alexander Abusch，1902～1982）建构了一种德国民族历史观。当他把德国历史进程形容为一连串的灾难时，这种历史观很快便被总结为"不幸理论"（Miseretheorie）。② 德国民族历史的外部观察者，如英国的泰勒（A. J. P. Taylor，1906～1990）倾向于认为，德国民族历史以极端（变化）而出名，因此几乎完全同英国民族宏大叙述所强调的缓慢改革，形成了截然对立。③

更为让人吃惊的是，那种试图负起责任来修改德国民族宏大叙述的真挚

---

① 这一部分主要参见 Stefan Berger，"A Return to the National Paradigm? National History Writing in Germany, Italy, France and Britain from 1945 to the Present," *Journal of Modern History*，77：3（2005）：629－678。

② Alexander Abusch，*Der Irrweg einer Nation*（Berlin，1946）.

③ A. J. P. Taylor，*The Course of German History*（London，1945）.

反省，却没有维持多久。阿布什的理论很快便不对民主德国共产党人的胃口。后者希望构建一种民族历史，以有助于巩固和维系这个新的共产主义德国。同样，在联邦德国，职业历史学从表面上来看并没有发生变化。面对它曾经广泛支持纳粹主义和战争（这一事实），它要么继续保持，要么寻找理由。民族社会主义被广泛地描绘成一种毫无污点的民族传统的例外现象。

那些曾经同纳粹德国结盟的国家也面临着在民族叙述中去解释这种联盟并找到历史定位的艰难使命。在铁幕的东面，匈牙利和罗马尼亚在官方宣称的反法西斯主义条令中制造了避难所，让绝大多数民众回避了任何罪责。只有那些统治阶级才为本国同德国法西斯主义的邪恶同盟负责，并在战后革命进程中遭到了惩罚。与此同时，这种革命进程又让共产主义者夺得了政权。在罗马尼亚，20世纪50年代初出现过一段在民族历史中增添严格国际主义和严厉批判性视角的时期。但在共产主义领袖齐奥塞斯库（Nicolae Ceaucescu，1918～1989）的支持下，许多传统的民族叙述重获肯定，一段漫长的强烈民族主义时期随后出现。在匈牙利，官方的反法西斯主义讨论十分成功地掩盖了这样一种事实：匈牙利人并非二战中的受害者，而是加害者，并且曾经参与过种族清洗和民族大屠杀。

在西欧，主要是意大利的历史学家承担起把本国法西斯主义运动置于民族延续发展历史中的使命。总体而言，他们为此把法西斯主义界定为"反复兴运动"（anti-Risorgimento），亦即反民族的运动。正如德国历史学家把民族社会主义排斥在德国民族历史之外，意大利的历史学家们以同样的方式处理法西斯主义。他们如同德国同行那样，在总体上强调，（意大利的）民族好传统已经保留在抵抗法西斯主义的运动中，特别是在1943年后反对德国占领的抵抗运动中。这种抵抗运动被描绘为争取民族自由和重生的斗争，其结果体现为第二共和国的建立。

对那些二战期间有过被占经历的国家而言，抵抗运动在1945年后重塑自豪的民族叙述中极为重要。法国便是极好的例证。[①] 历史叙述对普遍存在的同纳粹（通敌）合作的历史轻描淡写，取而代之的是把抵抗运动刻画为代表法兰西民族团结一致、共同追求自由和民族重生（的形象）。在这种叙

---

① H. R. Kedward, "French Resistance: A Few Home Truth," in William Lamont, ed., *Historical Controversies and Historians* (London, 1998), pp. 3 – 14.

述的共产主义变体中，这种抵抗故事还带着一种沉重的阶级变调；相反，在更为重要的戴高乐主义变体中，它则确保所有法国人（无论阶级）都能融入其中，而且得到解脱。在丹麦，民族宏大叙述中的传统反德国导向在二战后再次得到增强。被占时期被理解为本国被一个趾高气扬和扩张主义的邻国欺凌（的历史），它是本国的耻辱，但这个邻国也遭遇到集体抵抗。

唯一从头到尾都在为二战而奋斗、抵抗纳粹德国并免于被占领的国家是英国。在这里，民族叙述同样受到这种经历的深刻影响。这段经历被广泛建构为"英国的最佳时刻"，它使自由主义、立宪主义和自由的原则在抵御暴政和独裁观念的战争中获得了胜利。[1] 不过，所有不列颠人在这场战争中的遭遇，同样被转移到新的观察视角，去关注这一"岛国民族"的许多社会不公现象。而且，有关这场战争的历史被编纂为另一种历史——在这种历史中，人们越来越认识到，社会改革与社会公正必须在战时英雄主义后紧随而至。因此，工党在 1945 年的胜利及其随后建立一个福利国家以及更为公正社会的努力，便直接同战时经历联系起来。但是英国的民族叙述总是缓慢改革中的一部分。1945 年后的工党改革只有被视作一段漫长而持续性的民族历史中的最新一段篇章，才能被编入民族的故事情节中。[2]

对大多数欧陆国家而言，类似（英国）的策略却并非一种可选的对象，因为在那里，稳定传统民族故事情节的尝试都没有持久。从 20 世纪 50 年代末期开始，对于民族叙述的更具批判性的观点出现了，并有助于人们脱离民族范式，而去重新定位历史。在德国，弗里茨·费舍尔（Fritz Fischer，1908~1999）关于一战爆发的著作，便对那种仅把纳粹主义视作德国民族历史中的反常事故的观念提出了质疑。[3] 支持费舍尔的新一代历史学家们开始对纳粹主义在德国民族历史中的问题追根溯源。1871~1945 年的第一个德意志民族国家由更为质疑的目光进行审视。到 20 世纪 80 年代，那些历史学家已经颇具争议性地提出，一个统一的德国只是欧洲的一种临时布局，其经

① Winston Churchill 的 6 卷本 *The Second World War* 是这些建构中的一个绝佳例证，颇为重要。对它进行的精彩分析，可参见 David Reynolds, *In Command of History: Churchill Fighting and Writing the Second World War* (London, 2004)。
② 关于英国，尤其是 1945 年后的英国，可参见 Peter Mandler, *History and National Life* (London, 2002)。
③ John A. Moses, *The Politics of Illusion: The Fischer Controversy in German Historiography* (London, 1975).

历并非数百万德国人和欧洲人所欢迎的对象。（因此），一个统一的德国是不可重复的现象。

在意大利，中间偏左的历史学家追随着丹尼斯·马克·斯密斯（Dennis Mack Smith）的创见，提出意大利的法西斯主义产生于 19 世纪复兴运动中的民族主义，而非这种民族主义的背离产物。[①] 同样，传统的民族叙述变得问题重重。意大利的历史学家们分析了法西斯主义与 19 世纪意大利民族主义之间的多重联系。在欧洲的其他地区，到 20 世纪 70 年代和 80 年代，抵抗运动的神话开始解体。当时，历史学家公之于众的事实是，与纳粹主义占领政权相互合作的现象广泛存在。[②]

即便那些成功地在这场战争中保持中立的国家也在实际上开始面临尴尬的问题。在瑞典和西班牙，这些尴尬的问题集中在战时本国同纳粹德国在经济上的合作程度。在西班牙，问题还牵涉到军事上的合作程度。在瑞士，尴尬的问题聚集于瑞士银行和数百万犹太人的财产之间的关系——这些犹太人是在纳粹灭绝营中被屠杀的。瑞士的伯杰尔委员会（Bergier commission）对瑞士银行在二战期间的行为进行了调查，并在 1996～2001 年递交了 25 份详细研究报告。[③] 直到 21 世纪初，西班牙才开始争辩佛朗哥独裁体制中的一些最为糟糕的表现。[④] 在芬兰，直到 20 世纪 80 年代，历史学家们才开始揭露芬兰将领在苏德战争期间同德国人之间的紧密合作。在此之前，芬兰是纳粹德国盟友的这种角色，是被大多数人拒绝接受的（结论）。

当传统的民族叙述变得问题重重时，当地的历史学家便开始关注其他因素。例如在瑞典，民族历史开始围绕着瑞典是福利国家的一个先驱和模板这种观念来进行建构。在一些欧洲国家中，欧洲观在战后颇为流行，它同时明显是对民族历史和民族认同危机的回应。随着欧盟与北约的形成，关于欧陆统一和西欧国家共同体的问题也出现在讨论议程中。这种诉求把纳粹残暴和亚洲共产主义都排斥在建构欧洲的因素之外。它所关注的历史证据可以证

---

① Dennis Mack Smith, *Italy: A Modern History* (Ann Arbor, MI, 1959).

② 关于并不仅仅聚集于历史编纂学的欧洲发展倾向，可参见 Monika Flacke, ed., *Mythen der Nationen: 1945, Arena der Erinnerungen*, 2 Vols. (Mainz, 2004)。

③ 关于该委员会的工作，可参见：http://www.uek.ch/en/。

④ David Rey, "Erinnern und Vergessen im Post-diktatorischen Spanien," in Martin Sabrow et al., eds., *Zeitgeschichte als Streitgeschichte: Grosse Kontroversen seit 1945* (Munich, 2003), pp. 347 - 369.

明，西欧新出现的冷战联盟体系是建立在普遍理想、价值观和政治实践的基础之上。不过，这种想法只是在 20 世纪 50 年代的欧洲观念史范畴内的灵光一现，没有维持多久。这表明，建构欧陆历史，使其终极目标在一个欧洲统一国家中实现的尝试，是颇为困难的。[①] 欧洲大陆很明显是暴力冲突和战争的产物，以至于历史已经成为欧洲认同的"金杯毒酒"。相反，民族叙述继续苗壮成长，并在二战结束以来影响到当代史。这种发展更有可能已经增强了历史编纂学传统的民族化，甚至让当代史或许比其他任何一段历史都倾向于民族史。[②]

1945 年后，假如西欧历史编纂学努力对传统的民族叙述提出更为批判性的评价，那么东欧共产主义历史编纂学看起来似乎更愿意同那些传统的民族历史中断。有关同纳粹主义及其帮凶做斗争的反法西斯主义这一观念，便是同民族历史包含着两种传统的设想联系在一起。第一种传统囊括了所有抵制进步的因素、事物、事件和个性，而第二种传统则把每一种推动进步的因素综合起来。当前者终结于法西斯主义时，后者便在共产主义的当下和未来中发现了自己的制高点。共产主义的历史学十分小心地把"本民族"建构在支持进步的一边。因此，"本民族"同样反对法西斯主义，欢迎共产主义的转型。在历史学家解释过去的行动中，认同统治者与当下的统治现状，是一种重要的前提。

当然，在所有共产主义的历史编纂学中，最重要的抵抗法西斯主义的国家是苏联。正因如此，反法西斯主义不仅允许共产主义东欧中的民族历史学家们得以拯救本国的民族传统，而且赋予他们把苏联称赞为无产者祖国的机会，并认为，在资本主义邪恶力量面前，苏联必须得到保障。这样一种解释十分容易地同一种对传统民族历史的持续性留恋结合起来——只不过这种民族历史被涂上了红色而已。[③] 尤其是在匈牙利、斯洛伐克和波兰这些国家

---

① Heinz Duchhardt and Andreas Kunz, eds., *Europäische Geschichte als historiographisches Problem* (Mainz, 1997).

② 关于整个欧洲当代史传统的一份颇有意思的比较研究，可参见 Alexander Nützenadel and Wolfgang Schieder, eds., *Zeitgeschichte als Problem: Nationale Traditionen und Perspektiven der Forschung in Europa* (Göttingen, 2004).

③ Frank Hadler, "Drachen und Drachentöter: Das Problem der nationalgeschichtlichen Fixierung in den Historiographien Ostmitteleuropas nach dem zweiten Weltkrieg," in Christoph Conrad and Sebastian Conrad, eds., *Die Nation schreiben: Geschichtswissenschaft im internationalen Vergleich* (Göttingen, 2002), pp. 137 – 164.

里，它们在 1945 年前并没有本土的马克思主义历史编纂学，因而阶级范式与民族范式的统一体时常包含着许多传统的叙述。当然，其中最为出名的仍然是苏联的民族历史。在"伟大爱国战争"（伟大的卫国战争）发生后不久，这种民族历史便以罗斯人为核心，而且从本质上醉心于俄罗斯帝国历史中的所有表现。然而在共产主义东欧的其他国家，历史学家们同样关注从老的、民族的故事情节到共产主义的故事情节，最后再返回到新的民族故事情节中令人着迷的延续性。例如在爱沙尼亚，民族觉醒的主题始终流行于共产主义统治时期。[①] 在其邻国拉脱维亚，一些历史学家甚至称赞拉脱维亚的党卫军部队对拉脱维亚的民族情感做出了十分重要的贡献。[②] 冷战期间，东欧的共产主义历史编纂学出现了强烈的民族化趋向。这有助于解释，这些东欧国家在冷战后时期，何以相对平稳地从共产主义历史学过渡到民族主义历史学。在共产主义崩溃后，整个东欧都可以听到追求新民族历史的呼声。

颇具讽刺意义的是，与西欧多元化的历史编纂学相比，东欧的共产主义历史编纂学时常更好地保留了传统的民族叙述。而在西欧，发生在 20 世纪上半叶的民族大屠杀和许多黑暗阴影，却始终无法被排斥在记忆地图之外。[③] 这些阴影中的最为黑暗的一块，便是犹太大屠杀。它并未成为任何欧洲国家民族历史编写中的核心话题。即便那些试图在民族叙述中围绕"本民族"的建构来帮助保留"其"犹太人的国家，如丹麦或保加利亚，犹太大屠杀也仍然没有成为叙述核心。同样，在主要的侵略国德国，直到 20 世纪 60 年代前，把德国人视作受害者的记忆一直占据着民族叙述的主流地位。德国人是希特勒的受害者，是盟军轰炸的受害者，是种族清洗的受害者，是在苏联战俘营中被劫掠强奸、痛苦折磨和不堪忍受的生活条件的受害者。只有从 20 世纪 70 年代起，犹太大屠杀才成为德国民族历史编纂中的最重要的

---

① Jörg Hackmann, "'Historians as Nation-Builders': Historiographie und Nation in Estland von Hans Kurrs bis Mart Laar," in Markus Krzoska and Hans-Christian Maner, eds., *Beruf und Berufung: Geschichtswissenschaft und Nationsbildung in Ostmittel-und Südosteuropa im 19. Und 20. Jahrhundert* (Münster, 2005), pp. 125 – 142.

② Leo Dribins, "The Historiography of Latvian Nationalism in the Twentieth Century," in Branch, ed., *National History and Identity*, p. 253；关于 1990 年后乌克兰民族史的重新撰写，可参见 Taras Kuzio, *Nation-Building in the Ukraine: The Search for Identity* (London, 1998)。

③ Martin Evans and Ken Lunn, eds., *War and Memory in the Twentieth Century* (Oxford, 1997).

组成部分。同样，也是从此刻开始，西欧其他国家的犹太大屠杀叙述变得更具有自我反思性，并对本国在屠杀欧洲犹太人的行动中表现出来的合作态度进行了批判。

这种趋势同时是20世纪60年代职业历史学的变化所带来的结果。当时，西欧出现了高等教育的扩张，从而导致大学历史学家数量的激增。[①] 当通往职业历史学家的门槛不再那么容易控制时，传统民族叙述的挑战便得以加强。不仅欧洲历史学家的交往圈子变得越来越大，而且欧洲史或者说欧洲民族国家史的编纂，也处在美国大学越来越广泛的影响之下。西欧各国之间以及欧洲与北美之间的交流计划，意味着越来越多的历史学家受到其他民族学术体制的熏陶，从而扩大了视野，并产生了对于跨民族历史和比较历史的兴趣。历史学家们不再受限成为本民族的宣传者，而是逐渐把自己视作不同民族文化之间的协调者。职业历史学日益国际化的趋势同样意味着历史编纂的显性民族形式丧失了重要性。再者，当历史学家们开始转而为编纂历史建构亚民族及超民族的框架时，历史编纂的民族框架自身也成为受到挑战的知识领域。

20世纪60年代，在欧洲范围内，向社会史的突破，极少同放弃民族范式的行动联系起来，费迪南·布罗代尔（Fernand Braudel，1902～1985）和年鉴学派的其他代表退出了民族（讨论），部分是因为他们的研究重点是近代早期历史和中世纪史。西欧和东欧的一些社会史学家，如英国的埃里希·霍布斯鲍姆（Eric Hobsbawm，1917～2012）、联邦德国的于尔根·科卡（Jürgen Kocka，1941～　）或民主德国的于尔根·库岑斯基（Jürgen Kuczynski，1904～1997），都试图把"阶级"置于"民族"之上，以此作为分析的基本框架。但是，真正的跨民族和比较性的历史编纂学仍然极为罕见。大多数社会史继续在一种民族脉络中撰写。二战后，出现了国家性的学术机构，如意大利的葛兰西研究所、法国的法兰西历史社会研究所、德国的弗里德里希－艾伯特基金会等。它们有助于阶级史和劳工史的研究。到20世纪80年代，随着一种新的、后工业时代的到来，民族化的阶级宏大叙述衰落了，它还发现自己

---

① Lutz Raphael, *Geschichtswissenschaft im Zeitalter der Extreme：Theorien，Methoden，Tendenzen von 1900 bis zur Gegenwart*（Munich，2003），尤其是在第215页之后。

处于严重危机中。① 历史编纂学的职业及其方法的真正多元化紧随而至。在历史编纂的旧形式之后，新政治史、新文化史、新国际史、妇女史、性别史、自下而上的历史学、后现代历史学与后结构主义历史学开始出现，并对历史编纂学的旧形式提出了挑战。一些新选题和新方法同样开始挑战民族历史的框架。例如，妇女史学家和性别史学家便争论性地提出，任何关于社会中女性地位与性别关系的讨论，或许不能局限在民族国家中。② 自下而上的历史学所挑战的假设是：民族框架是人们在其日常生活中最有意义的（研究体系）。③ 后现代主义和后结构主义致力于推翻民族认同的本质化构想，并开辟道路，对民族归属进行建构主义和叙事学的解释。④ 在 21 世纪初，几乎没有一位职业历史学家还愿意公开宣称，他对统一的民族叙事抱有无可置疑的信念。

在许多欧洲民族国家里，对于民族历史的更富有质疑性也更显示戏谑的观点逐渐出现。但与此同时，努力把认同与历史再民族化的尝试也随之产生。对撒切尔夫人（Margaret Thatcher）执政时期的英国遗产抱有好感者，也包括职业历史学家，如杰弗里·埃尔顿（Geoffrey Elton，1921 - 1994），他引人关注地号召撰写更多的爱国历史。⑤ 20 世纪 80 年代的德国历史学家之争可以说是由自由 - 保守派历史学家引发的最为出名、影响最久的努力。他们认为，民族历史是加强民族一致感、赋予民众一种民族归属感的必要之举。⑥ 在 80 年代，追求后现代观念，希望不要把联邦德国认同建立在民族历史之上，而是建立在宪法爱国主义的各种变体之上的人，看上去取得了胜

---

① 关于西欧阶级史与劳工史发展的精彩概述，可参见 M. van der Linden and L. Heerma van Voss, "Introduction," in idem, eds., *Class and Other Identities：Entries to West European Labour Historiography* (Amsterdam, 2001)。

② Laura Lee Downs, *Writing Gender History* (London, 2004).

③ Alf Lüdtke, ed., *The History of Everyday Life：Reconstructing Historical Experiences and Ways of Life* (Princeton, 1995).

④ Homi Bhaba, ed., *Nation and Narration* (London, 1990).

⑤ Geoffrey Elton, "The Historian's Social Function," *Transactions of the Royal Historical Society*, 5th series, 27 (1997)：197 - 211.

⑥ Charles Maier, *The Unmasterable Past：History, Holocaust and German National Identity* (Cambridge, MA, 1988); Richard J. Evans, *Forever in Hitler's Schadow：West German Historians and the Attempt to Escape from the Nazi Past* (New York, 1989); Geoff Eley, "Nazism, Politics and the Image of the Past：Thoughts on the West German Historikerstreit 1986 - 87," *Past and Present*, 121 (1988)：171 - 208.

利。但是 1990 年两德出乎意料地重新统一，再次为这场历史学家之争带来了第二幕。历史学家之争成为回归民族历史的引人关注的标志。①

在 20 世纪 90 年代，假如民族国家的回归促使德国叙述出现再民族化的趋势，那么在意大利，激发历史学家团结起来为保卫意大利民族而战的动因是民族国家的危机。② 在法国，年鉴学派的关键代表们，如费德南·布罗代尔，虽然曾经对离开战后时期的民族视角一事表示欢迎，但现在又带着一种乡愁和爱国式的透视镜，重新回归到民族这一主题。③ 同样，整个东欧的共产主义政权之崩溃，见证了各种各样试图重建民族历史的努力。其中一些直接导致种族清洗和大屠杀行为的再现，例如南斯拉夫所发生的事件。④ 一些国家则产生了排外式的反应，并以存在极大问题的方式同民族历史建立起联系，例如波罗的海诸国和斯洛伐克。

不过，冷战结束后，欧洲的民族历史回归并非直截了当的。例如在德国，1990 年后对一种正常民族认同的追求时常产生认同，它以民族认同的西方化形式为核心。正是在这种叙述中，海因里希·奥古斯特·温克勒于 2000 年出版的民族历史著作特别强调指出，联邦德国已经从一种超民族主义的历史中吸取了教训，成为西方化（的国家）。⑤ 在英国，20 世纪 90 年代英国历史中"四种民族"观点的成功，结束了长期以来英格兰人高于苏格兰人、威尔士人和爱尔兰人的历史。⑥ 虽然在黄金时段的电视节目中，大卫·斯塔基（David Starkey）仍然是传统民族叙述的著名宣传者，但是他对丧失强大英格兰民族叙述所抱有的哀悼之情，是今天学院派历史学家中的少

① Stefan Berger, *The Search for Normality*: *National Identity and Historical Consciousness in Germany since 1800* （Oxford，2002）.

② Silvana Patriarca，"Italian Neo-Patriotism: Debating National Identity in the 1990s," *Modern Italy*, 6（2001）.

③ Fernand Braudel, *L'Identité de France*, 2 Vols（Paris, 1986）；对此，一种很好的批评意见，可参见 Julian Jackson，"Historians and the Nation in Contemporary France," in Stefan Berger, eds.，*Writing National Histories*: *Western Europe since 1800*（London, 1999），p. 241。

④ Wolfgang Höpken，"Vergangenheitspolitik im sozialistischen Vielvölkerstaat Jugoslawien 1944 – 1991," in Petra Bock and Edgar Wolfrum, eds.，*Umkämpfte Vergangenheit*（Göttingen, 1999）；更为普遍性的现象，也可参见 Ulf Brunnbauer, ed.，（*Re*）*Writing History in South-East Europe*（Essen, 2004）；Sorin Antohi, ed.，*Narratives Unbound*: *Historical Studies in Post-Communist Eastern Europe*（Budapest, 2006）。

⑤ Heinrich August Winkler, *Der lange Weg nach Western*, 2 Vols（Munich, 2000）.

⑥ Hugh Kearney, *The British Isles*: *A History of Four Nations*（Cambridge, 1989）.

数派。① 在全欧洲的许多国家里，从 20 世纪 90 年代之后，媒体中的历史在使历史叙述再民主化的进程中扮演了重要角色。

在法国，有关维希政权和阿尔及利亚的争辩不允许人们重新回到更为爱国的叙述中。在法国国会通过立法，要求中小学教师和大学研究者致力于描绘法兰西帝国的成就后，最近出现了抗议浪潮。这清楚地表明，试图把历史职业在"伟大祖国"（la grand patrie）中重新民族化，存在着各种限制。② 当然，在欧洲的不同民族历史编纂学中，帝国的历史已经被强烈地民族化了。不过与此同时，至少在历史编纂的后殖民理论的影响下，从表面来看，学院派历史学家们不再有可能把帝国的历史描绘为一部光荣民族历史的延伸之作。后殖民理论有助于击碎欧洲民族国家的民族故事情节。③ 温斯顿·丘吉尔的《英语国家民族史》（*History of the English-Speaking Peoples*）可以说是最后一部试图把盎格鲁－撒克逊种族歌颂为文明的传播者和承担者的帝国历史著作。④ 50 年以来，有关帝国的历史编纂不仅极为关注殖民主义和帝国主义的负面效果，而且首先关注社会、文化和政治实践的文化转移进程——这种转移不仅体现在从欧洲世界到非欧洲世界，还体现在相反的方向，即从被殖民的和附属的边缘地带到宗主国的中心地带。这种研究成功解决了以国家为中心的、针对中心－边缘关系的不变理解——这种理解曾经建构了一种老的世界体系分析法。⑤

这种对转移和跨民族主义的关注，实际上很好地超越了帝国史。从 20 世纪 90 年代到 21 世纪初，年轻的历史学家们经常性地使用比较性和跨民族性的方法，以便超越民族历史。不过，与此同时，其他历史学家们也发出了警告，希望他们不要是非不分地把所有一切都抛弃，而是应该认识到，在研究 19～20 世纪的历史中，民族框架在许多方面仍然拥有其重要性。正因如

① David Starkey, "The English Historian's Role and the Place of History in English National Life," *The Historian*, 71 (2001): 6 – 15.

② Jane Marshall, "Liberté Takes Back Seat as Scholars Told: Think 'Positive'," *The Times Higher Education Supplement* (6 January, 2006): 19.

③ Dipesh Chakrabarty, *Provincialising Europe: Postcolonial Thought and Historical Difference* (Princeton, 2000); Simon Gikandi, *Maps of Englishness: Writing Identity in the Culture of Colonialism* (New York, 1996); Partha Chatterjee, *The Nation and its Fragments: Colonial and Postcolonial Histories* (Princeton, 1993).

④ Winston Churchill, *A History of the English-Speaking People*, 4 Vols (London, 1956 – 1958).

⑤ Imanuel Wallerstein, *The Modern World System*, 3 Vols (London, 1974 – 1988).

此，他们试图建立民族历史编纂的各种形式，以便既在认识论上从方法和理论方面对更为古老的民族历史提出挑战，又能提出关于民族的万花筒式观点，即多视角的、碎裂化的、非本质主义式的观点。① 在 21 世纪初，看起来，一种更为自我反思式的民族历史，将继续同一种愈加普遍性的跨民族和比较视野共存。不过，后者相对降低了民族框架在分析和解释历史中的重要性。欧洲的不少历史学家正在期待一种真正欧洲化，也许甚至是全球化的历史编纂。② 但是，他们正在面对的一种艰难抗争发生在这样的欧洲：在这里，民族国家仍然是认同的最为强大的港湾，同时是历史编纂最为恰当的框架。

五　结论：通往一种快乐的折中主义吗？

民族历史编纂并非 19 世纪的产物。不少民族隐喻更古老，而且可以追溯到中世纪的欧洲或文艺复兴时期。在 18 世纪，启蒙史学家们也编纂过民族历史。不过，直到 19 世纪，随着历史编纂的浪漫形式出现后，民族历史编纂的目标才首先被界定为有关民族特殊性的研究，民族也被理解为拥有自己特征的集体个性。语言、文学、文化和历史被用来界定独一无二民族性的特征，以此来建构民族，并为这些民族创建国家。在 19 世纪，历史编纂的彻底民族化是同历史学科的职业化同步发展的。这种趋势产生的历史学家是整个欧洲民族建构的捍卫者，因为他们可以是有关民族过去的权威。在欧洲的历史编纂学中，历史主义的崛起是一种引导的手段，它让"科学的"威信进入历史编纂这门学科，并使其实践者扮演了解释过去的特殊角色，进而使后者得以通过科学，掌握理解当下、预测未来的钥匙。

在 19 世纪的欧洲，民族的框架存在着完全不同的各种模式。西欧和北

---

① 关于德国，特别参见 Konrad H. Jarausch and Michael Geyer, *Shattered Past: Reconstructing German Histories* (Princeton, 2003)。

② 欧洲当代史学家最近合作成立 EurhistXX。它显然提出了各种把历史编纂欧洲化的方法。参见 http://www.eurhistxx.de/。欧洲的其他历史学家正在积极地为历史编纂的全球化形式努力。例如第一届欧洲世界史和全球史大会所做出的重要贡献。该大会由莱比锡大学组织于 2005 年 9 月在 Matthias Middell 的领导下召开。有关把历史编纂欧洲化的有趣号召，也可参见 Stuart Woolf, "Europe and its Historian," *Contemporary European History*, 12 (2003): 323 - 337。

欧是那些长久存在的民族国家，如西班牙、葡萄牙、英国、法国、荷兰、瑞典和丹麦；在另一些地区，曾经出现过独立的国家实体，但当时没有民族国家，如波兰、立陶宛、匈牙利和捷克；还有一些民族没有为其民族雄心建构起任何的制度基础，因此当时只能用种族－文化的方式来界定它们，例如芬兰、挪威、斯洛伐克、乌克兰、保加利亚、塞尔维亚与克罗地亚；还有一些民族，如希腊、意大利和罗马尼亚，它们发现了自己的远古祖先是古希腊、罗马帝国和达契亚人，并认为，从那些古代先祖到当下，它们的民族性格拥有着本质上的连续性。

　　然而，无论民族框架存在如何醒目的多样性，在整个欧洲，从西部到东部，从北部到南部，浪漫式的民族历史建构仍然是引人注目的。人们追随着赫尔德，把民族的故事情节种族化，更多地关注语言和文学，尤其是包括"普通人"的语言和习俗。这种对文化原初性的关注，导致了一场全欧洲范围内的竞赛。为此，历史学家们不得不承担起论证的使命，来证明其民族的独特文化可以追溯到更为古老的时刻。这种有关原初性的担忧通常还会由于人们对起源的关注而恶化。在这一方面，历史学家彼此竞争，试图证明在那个晦暗而遥远的过去，自己的民族比其他民族拥有着更为长久也更具本质性的源头。起源神话很快在整个欧洲构成了各种民族历史。漫长的历史总是意味着衰落和重生的历史。在这段历史中，颓败期后，出现了复兴期和"黄金年代"。在"黄金年代"中，民族为欧洲文明做出了主要贡献。每一个民族在界定自我时，不仅通过他们各自独特的民族精神，也借助了他们的民族敌人——内部和外部的民族敌人。那些敌人经常被女性化。这一点指出了欧洲民族叙述性别化的重要性。民族敌人们时常被民族英雄们征服。而英雄和敌人这两者肯定都属于浪漫式民族叙述中的众神。

　　随着19世纪的发展以及历史研究制度化的增长，这种英雄般的浪漫式民族叙述受到了实证主义传统的挑战。历史研究的制度化要求更高质量的史料批判和高水平的历史职业化。浪漫式的历史学被重新审视，并被发现了缺陷所在，进而遭到谴责，被认为传播了历史神话和半神话。但是，更为严肃的实证主义式的历史编纂学并未放弃历史编纂的民族方向。正好相反，他们赋予了民族故事情节以更为坚实的"科学"基础。历史学家们自称为职业历史学家国际共同体的一部分成员，努力在建构故事框架中，取得同样高水平的技术工艺。当他们面对足以威胁和挑战民族范式的宗教叙述和阶级叙述的竞争时，便竭力维持民族历史的统一性和单一性。在这些情况下，民族历史引人注目地获得了成功，把那些可做取代的叙述框架纳入自己的类别之下。

当欧洲各民族在第一次世界大战中兵戎相见时，历史学家们及其叙述在从文化上动员民族并为战争行动提供论证方面显得格外重要。然而，十分有趣的是，在一战之后，军事复员并没有带来文化复兴。事实上，两次世界大战期间的岁月见证了民族叙述的激进化现象，尤其在那些由于《凡尔赛和约》和《特里亚农和约》的战后安排中失去了大量领土的民族国家。德国和匈牙利特别发展了民族－文化叙述的种族观，试图修改战后疆界，把他们的民族边疆一直延伸，直到可以囊括所有被视作在种族上属于德意志人和匈牙利人的群体。不过，民族叙述在其他地区同样繁荣发展。当欧洲民族第二次陷入军事冲突，而且这场军事冲突不仅覆盖了欧洲大陆，还延伸到整个地球时，民族叙述及其承载者们仍然站在了论证战争、种族清洗和大屠杀合理性的前沿地带。1945年后，试图重新稳定传统民族叙述的努力是短命的。从20世纪50年代末开始，在整个欧洲民族国家范围内，对民族过去进行更多自我批判和自我反省式的观念开始出现。从60年代开始，历史学家数量的增加、方法论和主题的多元化，都促使民族历史编纂类型相对衰落了。不过，在整个冷战时期，虽然民族已经丧失了早先在职业历史学中所拥有的独一无二性和全权性，但它仍然在东欧和西欧的历史编纂中扮演着重要的框架性角色。

西欧政治框架的欧洲化看起来似乎通过弱化民族框架的重要性，已经稳定了多民族国家（的格局）。正因如此，西班牙、英国或比利时虽然也存在严阵以待的局势，但仍然是民族统一体。相反，在苏联、南斯拉夫和捷克斯洛伐克，当民族故事情节的力量不再束缚于共产主义式的帝国主义时，它们在20世纪90年代都分崩离析了。出于不同的原因，在中欧和西欧，也明显出现了十分类似的趋势。当欧盟试图实现"紧密联盟"的努力可能成为民族认同的威胁时，当分离主义的民族主义运动出现在西欧各民族国家中时，历史学家们团结起来，以共同保卫民族框架。不过，20世纪90年代出现的历史编纂的再民族化，完全不同于19世纪和两次世界大战期间所流行的那种民族化。它们时常被描述为后经典式民族叙述。它们比以往的形式更拥有自我反省的意识，更为关注民族归属的所有形式中被建构的特征。因此，它们也更为活泼，同时对民族认同的其他建构形式拥有更多的容忍性。

有人或许会问：在当今欧洲，民族历史学家们是否已经抹平了民族叙述的危险面目，尤其是它的排他性和本质论？这种民族范式的亚努斯面容是否已经得到克服，因而今天的民族不再是战争和大屠杀的动力，而是解放、政治权利与自由的媒介？我们是否在全球化与后现代主义的影响下，真的通往一种"快乐的折中主义"？显然，在欧洲的不同地区，画面仍然是各有不同的。在笔者看来，现在告别民族范式和民族叙述还为时过早，它们仍有可能证明自己转向糟糕一面的能力。在欧洲内部，民族（意义上）的他者仍然大量存在。甚至欧洲的"他者"正在特别以土耳其和俄罗斯的形式进行建构。20 世纪 90 年代，南斯拉夫和许多南斯拉夫历史学家的命运，应该是一种警告。它提示我们不要忽视一种本质化和激进化的民族历史所拥有的凶猛性。

（原载《学术研究》2013 年第 6 期；后转载于人大《复印报刊资料》

《世界史》2013 年第 9 期）

共同记忆的形成：德法合编历史教科书

——访爱蒂安·弗朗索瓦教授

〔法〕爱蒂安·弗朗索瓦 孟钟捷

爱蒂安·弗朗索瓦（Étienne François），法国人，德国柏林自由大学法国研究中心历史学教授，德法合编历史教科书项目咨询委员会专家。1974年在法国巴黎十大获得历史学博士学位，1986年在斯特拉斯堡大学晋升为历史学教授。先后在法国纳坦二大、巴黎一大、德国柏林工业大学和洪堡大学法国中心任教。2003年荣退。目前在法国和德国多个历史学研究中心担任顾问，并被选为柏林欧洲比较史协会主席。主要研究中世纪末期以来的德法两国及欧洲的社会与文化史、历史与记忆文化等。从1975年到2007年，用法语、德语和英语发表与主编著作18部、论文187篇，其中重要的著作有：《18世纪的科布伦茨，一个德国人驻守城市的社会和人口结构》（德语，1982）、《西欧的移民和城市社会，16～20世纪》（法语，1985）、《法国、德国和瑞士的社交性、一致性及其市民社会，1750～1850》（法语和德语，1987）、《法国大革命期间的德国和法国》（德语和法语，1989）、《不可预见的边界：奥古斯堡的基督教徒和天主教徒，1648～1806》（德语，1991；法语，1993）、《民族与情感，德法比较，19世纪与20世纪》（德语，1995）、《启蒙与政治：德国和法国启蒙运动中的政治文化》（德语，1996）、《记忆的地点》（德语和法语，1996）、《德国的回忆地点》（德语，2001）、《作为空间的局限：经验与建构，17～20世纪的德国、法国和波兰》（德语，2007）等。因其在德法历史研究领域中的突出贡献，他被德法两国政府先后授予联邦德国的联邦服务一等十字勋章、法兰西骑士荣誉军团勋章和法兰西国家功勋奖章。

　　孟：爱蒂安·弗朗索瓦教授，您好！感谢您接受我的访问。您是德法历史学家合编历史教科书项目的负责人之一。这个项目首次在两国寻求建立一种共同记忆。因此，您能为我们简单介绍一下这项工作的情况吗？例如，为什么两国历史学家愿意从事这项工作？谁是合编历史教科书的倡导者？这项工作何时开始？这个项目得到了政府部门还是基金会的资助？

　　弗：首先，简要来说，我并非这个项目的负责人，而只是众多参与者之一。事实上，德法历史教科书项目由众多人和众多机构共同承担，而我仅仅是学术咨询委员会成员之一。

　　这项工作的最初动议可追溯到所谓的德法"青年人议会"（Jungendparlament）。2003 年 1 月，为纪念法德和平协议（《爱丽舍协议》）签订 40 周年，两国组织召开了这个会议。与会青年人提出了一系列建议，以改善并更新德法关系。其中一个建议便是为两国中学生编写具有一致内容的共同历史教科书，以逐步消除偏见，促进欧洲建设。很快，此项建议得到了时任法国总统的雅克·希拉克（Jacques Chirac）与德国总理格哈德·施罗德（Gerhard Schröder）的重视。他们委托两国的教育部门（法国的是教育部官员；在德国，则是由 16 个州的文化部长组成的文化部长联席会议）负责实施该建议。为此，两国成立了一个由历史学家代表和教育部门代表组成的德法咨询委员会。该委员会大约有 20 人，其中 8 名代表是熟知两国历史的学者。它首先针对两国高中生（德国的文法高中和法国的公立中等学校），起草了三卷本教材的大纲。然后，我们找到了两家教科书出版社（德法各一家）。它们愿意冒风险，在没有国家补贴的情况下，共同出版三卷本教材。它们是教科书出版领域中的佼佼者：德国莱比锡的克莱特出版社（Klett）与法国巴黎的南希出版社（Nathan）。每一家出版社随后挑选作者（一般而言是经验丰富的文科中学教师），来共同撰写正文，寻找教学资料（地图、图片、史料、统计数据等）——这些资料十分重要，因为它们占据了教科书内容的 3/4。所有作者都是独立完成撰述工作的。我们的咨询委员会起到了咨询作用：同作者一起，讨论他们撰写的正文和挑选的资料。最后，经过协商，我们决定首先出版第三册（1945 年后）。该书在 2006 年初同时在法德两国上市。在该书的德法两种版本中，封面、正文、教学材料和页码完全一致。第二册（从 1815 年到 1945 年）也已经在 2008 年夏出版。第三册（从古代到 1815 年）将在 2010 年出版。

换言之，这套三卷本教科书的最初动议不是来自政府，而是来自市民社会。德、法两国政府为实现这一动议创造了外部条件，例如授权教育部门为咨询委员会提供财政帮助等。但是，最终这项特别工作是由两家出版社在没有国家补贴的情况下，会同它们独立聘请的作者完成的。

孟：到目前为止，该项目已完成两册教科书的出版工作，第三册也将在明年问世。我们知道，两国有超过 20 名历史学家参与了编写工作。那么，是否有其他组织参与了挑选咨询委员会成员和作者的工作？是否存在挑选程序和原则？

弗：咨询委员会成员名单是由法国的教育部和德国的文化部长联席会议协商决定的。咨询委员会包括两国部门的代表（一般是负责历史课程并参与确定教学大纲的官员）、负责国际联络的官员和 8 名专业学者（4 名法国人和 4 名德国人）。我属于专业学者之一。与我的其他同事一样，我在该咨询委员会中负责提供建议。这是因为近十年来，我主要从事在欧洲背景下研究两国历史的工作。

至于挑选作者这一最重要的工作环节，则是由出版社负责。出版社挑选了经验丰富的并被它们高度评价的作者，其中很多人熟知邻国的历史和文化，并且愿意参加这项尝试。两国教育部门和我们的咨询委员会都没有对挑选工作施加任何影响。

孟：现在，对欧洲人而言，到其他国家工作，已是一件稀松平常之事。例如，您是法国人，却在柏林工作。这是共同合作的一种象征。另外，人们也可以想象，在编写共同教科书过程中，也必然存在关于大纲、用词、评价等方面的争论，因为对来自不同国度与不同文化的历史学家而言，撰写一部共同历史并非易事。因此，作为旁观者，我们十分感兴趣的是，你们是如何来解决这些争议的？您能为我们举一些具体例子吗？

弗：毫无疑问，当然存在分歧。而且这些分歧存在很多，也很重要。法国人不同于德国人，德国人也不同于法国人，即便是同一国家的学者也有许多分歧。这些分歧是一种现实。我们努力用富有创造力和想象力的办法去解

决它们。例如，我们在关于德法历史的各自章节末尾，向中学生们提出一些
问题，以便让他们相互讨论两国之间的相似性与差异性。但是，我们这样做
的出发点是仅仅把这些差异视作真相的一部分。在这些差异之外，我们还拥
有着对于欧洲和世界的归属感——因此，我们也安排了关于欧洲发展和全球
发展基本特征的章节，以便把德法历史置于更宏大的背景中予以考察。最
后，我们也安排了系统比较两国的章节，这种比较不仅针对差异性，也针对
相似性和相互影响。

　　关于大纲问题，我们在编写已经出版的两册教科书中，并没有遇到困
难。首先，我们比较了两国的教学大纲，以确定双方可以达成一致的地方。
例如两国的教学大纲中都包括工业化史、1848 年革命史、殖民扩张与帝国
主义史、第一次和第二次世界大战史、"冷战"史、欧洲重建史，以及 1945
年后经济、社会与文化全球转型史。根据这些一致性，我们确立了自己的目
标。这是大纲的基础。我们所增添的内容是关于邻国历史的比较章节——以
便让法国中学生们更多学习德国历史，德国中学生们更多学习法国历史——
和两国关系史。

　　至于用词和概念问题，我们也寻求在双方语言中找到最好的同义词。事
实上，翻译问题的确扮演着重要角色。为了解决这一问题，我们经常探讨两
国语言中的各种概念。在大章节的结尾，我们都提供了最重要概念的法语、
德语和英语的译词。

　　我们在评价方面根本没有困难。在我们估计会引起争议的地方，如关于
一战的起因问题或者战时合作问题等，都没有出现争议。对于这些问题，两
国的历史学家长期以来已经达成一致。近十年来，德法历史学家又共同致力
于那些针对历史的具有争议的观点。现在，两国已经不存在任何关于历史的
"公开问题"。只有在第三册（1945 年后）中，德法历史学家存在观点分
歧。这种分歧一方面围绕美国的角色展开，另一方面涉及社会主义国家的历
史。我们已经注意到这种分歧，并且在书中把它表达出来。我们指出，为什
么法国人和德国人在美国和社会主义国家的评价方面具有不同的立场。这正
是我们特别重要的使命。通过这种方式，我们为中学生们提供了必要信息，
以便让他们理解，为什么两国对于历史采取了相异的立场，以及这种相异立
场导致了怎样的结果。

　　无论如何，我们没有回避或消弭差异性。相反，我们的目标不是撰写一

种在统一历史意义上的共同历史，而是更多追求共同撰写一段严肃接纳这种差异性、公开讨论历史争议的历史。由此，我们在大章节的结尾也增加了双面内容，冠之以"德国－法国的观点交流"的副标题。在那里，我们表明，如何有助于更好地理解邻国历史和欧洲历史。

孟：在共同教科书中，只有少量正文，却有大量图片和文件。这是不是解决争议的一种方法？教师们是如何在实践中运用这套教科书的？现在是否已经进行过调查，例如两国师生是如何看待这套教科书的？究竟有多少高中运用了这套教科书？

弗：事实上，我们的教科书确实把更多的空间留给了文件，而不是正文。这是有意识的决定。对此，我们有两个理由：一方面，让学生们有可能对历史形成个人观点；另一方面，也让历史课变得更生动。至于通过许多文件的方式更好解决现实争议的想法虽然不错，但在我们的操作中没有影响。

关于运用的问题很重要。因为这取决于这套教科书是否为师生们所接受。可惜，至今未止，我们还没有得到更多的相关信息——这一点，我必须承认。我们知道销售量。第一册书销售了 8 万册，这是一个鼓舞人心的数据。但是第二册书至今为止才销售了 1.5 万册，这个数字少得可怜。我们获悉两国的一些学校把这套教科书作为历史课程的正式课本，但是它们的数量不多。借助交谈等方式，我们也了解到，许多教师把这套教科书作为他们个人备课的工具——特别是这套教科书中包含了大量新文件。事实上，对历史课程而言，这套教科书是教学资料的宝库。这不仅是因为它们包含了大量文件，而且因为它们提供了许多人们在个别国家中所无法找到的文件。由此，我们的教科书也间接地扩大了历史课程的视野和多样性。总之，我的印象是，这套教科书的间接影响比直接影响更大。

孟：这套教科书经过审定吗？谁负责审定，是历史学家还是政府？他们有什么评价或建议吗？

弗：根本不存在任何审定。当然，作为咨询委员会的专业历史学家，我们首先进行了仔细审读，也提出了一些建议，并同作者一起深入探讨。但是这些工作建立在信任基础上，并且是彼此完全平等的。最终，作者们自行做出决定，他们是否愿意接受我们的建议。从法国教育部的角度而言，它也不要求任何审定。在德国，却是另一种情况：在那里，已经完成的教科书原稿需上交不同的州文化部门申请许可证，以便付印和出版。教育部官员们和教育学家对原稿进行了评定。不过，这套德法教科书是例外，作为三卷本教科书，它在所有州中接受了共同审定，而不是一般情况下接受个别州的分别审定。正因如此，这一程序并没有拖延很长时间，仅在几周内便完成了。而且他们提出的修改意见很少：第一册是最少的，只有一些技术性意见，如两张图片的更换；第二册则根本没有任何更换意见。具体而言，我们不需要任何政治性与管理性的审定。咨询委员会和作者们完全自由地工作。当然这并不表明，我们没有竭力地用完全负责的态度工作。

孟：在随后几年中，你们有计划对这套教科书进行修改吗？有什么修改重点吗？

弗：至今，我们只发现了少量需要修正的地方，但是内容无须更改。至于未来是否有可能修改的问题，则取决于这些教科书的成功程度。假如更多学校接受了这套教科书，那么我们肯定会更新它。而且在未来，德法两国都肯定会修改教学大纲。这也会导致教科书的修改工作。但是我无法预测这件事什么时候以何种方式进行。

孟："史如明镜"，但记忆并非如此。记忆是一种主观行为。因此，作为一种记忆模式，教科书通常是民族精神的承载者。但是现在，你们的工作却有着另一种目标，亦即寻找一种共同精神，从而为未来的欧洲奠定基础。对亚洲而言，这种努力值得模仿吗？中国人、韩国人和日本人是否也有机会在教科书中建立一种共同记忆？其中的障碍又是什么？您能为我们提出一些建议吗？

弗：实际上，德法教科书的确想努力为共同欧洲记忆的产生而努力。不过，这种努力并非等同于否认历史争议问题，抹杀各自民族文化间的差异性。这些争议和战争都被提及，并且得到详尽论述。之所以如此，是因为人们希望赋予中学生们一种分析的手段，以帮助他们理解，为什么在大多数情况下战争的双方都认为自己进行的是一场正义之战——例如在第一次世界大战期间，法国和德国一样，都坚定地认为，自己发动的是一场合法的保卫战。我们也清楚地表明，德法两国对第二次世界大战拥有完全不同的记忆——这种记忆文化的差异性同两国的不同发展密切相关。除了一致性记忆外，我们也提到了记忆的差异性。例如，在1945年后的一册中，我们既指出了德法两个社会之间的接近一面，也提到了两国之间明显的区别（政治文化、教会的角色、同移民之间的交往等）。此外，我们还努力把德法历史

（不仅是政治史，还包括经济史、社会史和文化史）总是置于更宏大的背景中，尤其是欧洲历史背景中进行考察。因此，我们的许多章节都描述了整个欧洲、有时也是世界范围内的基本趋向和发展。

我们的教科书是否可以成为其他洲（尤其是亚洲）的范本呢？坦率地说，我并不这样认为。我们的教科书最多是一种有趣的例证，一种有趣的经验而已，而不具有其他更多的意义。因为，从客观上来看，我们的编写工作相对简单。在德法之间，很长时间以来，已经不再有任何争议。相反，两国之间已经缔结了十分友好的关系，它们都是对方的重要伙伴。无论是在政治领域还是在经济和文化领域，情况都是如此。两国相互之间十分紧密地纠结在一起。因此，十多年以来，两国的历史学家才能够深入地相互合作。在两国中，也有不少从事比较研究的历史学家。

亚洲的情况却复杂得多：在这里，人们必须考虑到三个国家的问题（而不仅仅是两个国家）；国家之间的差异性也很大；对于历史的许多观念都存在争议；历史——首先是对历史的解释，成为引发争议的导火索。在目前情况下，对我而言，撰写一部能够同时在中、日、韩三国使用的中学历史教科书等同于乌托邦式的理想。

若要完成这一目标，首要条件在于，这三个国家的历史学家能够经常性地会面，彼此讨论和工作。特别是在关于历史上存在争议的观点上，更应如此。他们应该学会彼此发现对方，倾听对方的意见，彼此理解同一段历史为何在对方国家中采取了完全不同的立场……具有决定性意义的是，这种工作应该是开诚布公的、充满信任的、彼此接受的、充满耐心的。大家应该有愿望去共同工作，以实现一个更美好的未来。因此，我认为，在这一进程中，假如三个国家的历史学家愿意承担这一使命，那么一项重要的工作就是，科学地对待历史，避免把历史作为政治工具——无论是内政还是外交——从而最终改变民族主义的偏见。

假如人们愿意共同工作，达到共同目标，那么他们会进展顺利。从特别的经历出发，我可以说，这样做是值得称赞的。当然，这通常是一种十分棘手的要求。但是它更是一种意义非凡的工作，一种对于未来的最佳投资。

孟：感谢您接受我的访问。

（原载《历史教学问题》2010 年第 3 期）

国际历史教育发展概况及启示

杨　彪

历史教育是人类文明演进的结果，伴随着人类历史的发展与对历史学、教育学的反思，人们对历史教育内涵的把握日益细致深刻，而不同的国家与地区对历史教育的理解也受到自身文化传统与现实关注的双重影响。在国际历史教育发展路径中，我们会深深体会到上述两方面的影响，中国历史教育者可以在其中发现同样从事这一工作与追求历史教育价值的不同人群的经验与智慧。

一　国外基础教育中历史学科课程标准的建设与研究状况

（一）欧洲地区：新的内容选择与学科化深入探讨

欧洲地区是两次世界大战的主要战场，也是现代历史学科的发源地，这两项背景使欧洲历史教育有着明确指向性，即选择以指向未来为重点的历史学习内容与将历史学科思想、方法作为历史教学核心予以表现。

在欧洲地区，历史教育中的一个重要的倾向和趋势是，随着欧洲"一体化"进程的加快，在历史课程标准的制定上也不断追求"历史教育中的欧洲整体观念"，即希望和要求欧洲各国将本国历史作为欧洲历史整体的一部分来进行教学。

由欧洲 36 个成员国家组成的"欧洲委员会"（包括"欧盟"15 个成员

国）从 1953 年即组织历史教育专门论坛，连续在欧洲不同国家内进行历史
学科课程标准的研讨和协调，其中重要和产生实际影响的专题研讨活动有：

（1）1953 年在黑森林地区的卡尔沃研讨有关"历史教学中的欧洲观
念"问题；

（2）1954 年在奥斯陆研讨关于中世纪历史的教学问题；

（3）1955 年在罗马研讨关于 16 世纪历史的教学问题；

（4）1956 年在罗亚蒙特研讨关于 17 世纪和 18 世纪历史的教学问题；

（5）1957 年在斯奇文宁根研讨关于 1789 年和 1871 年历史的教学问题；

（6）1958 年在伊斯坦堡和安卡拉研讨关于 1870～1950 年历史的教学问
题。

这些研讨活动形成的共识推动了战后欧洲各国在历史教学领域中的协调
和改进。

在 20 世纪 60 年代和 70 年代初期，欧洲各国特别关注历史学科在中学
课程设置中的地位。欧洲委员会于 1965 年在埃尔西诺尔专门组织研讨了
"中等教育中的历史教学"问题；1971 年在斯特拉斯堡专门研讨了"高中教
育中的历史教学"问题。

在此期间，欧洲委员会与英国牛津大学合作开展了"课程与考试评估
研究"项目，对十门学科的教学目的、教学内容、教学方法和测评方式进
行研究。其中研究了历史学科的课程标准问题，包括六个方面的内容：历史
课程的地位与前景；教学大纲；方法与手段；历史课程与其他学科的关系；
偏见与错误问题；教师的培训问题。

1973 年，欧洲各国教育部长在瑞士首都伯尔尼举行联席会议，并达成
共识，认为"各学科之间应打破界限以使学生在日常生活中懂得对知识的
解释"。此后，欧洲委员会在基础教育方面的工作开始从关注单一学科转向
跨学科的问题。

在 1972 年至 1983 年，欧洲委员会各成员国主要关注历史教育中具体跨
学科教学专题问题，如 1972 年专题研讨了"欧洲学校历史教科书中的宗
教"问题；1979 年专题研讨了"在中等学校历史、地理和公民课程教学中
表述欧洲的合作"问题；1983 年专题研讨了"葡萄牙地理大发现与欧洲文
艺复兴"教学问题。

90 年代初，在苏联和东欧政权发生剧变后，欧洲许多国家对于历史教

育问题更为关注，欧洲委员会也相应组织研讨工作，1990 年专题研讨了
"历史学与社会研究——教科书分析方法"；1991 年专门研讨了"新欧洲历
史教学"问题；1993 年专门研讨了"欧洲视野中的地方史教学问题"；在
90 年代中后期又专门研讨了"历史教学与欧洲意识"等问题。

　　欧洲各国在多年的合作研究和讨论的基础上，在"冷战"结束后，新
的历史课程标准制定工作进入实质性阶段。1995 年，欧洲各国专家在法国
斯特拉斯堡举行工作会议，专门研讨了如何在新的形势下改进历史学科课程
标准，以此协调欧洲各国的历史课程标准修订工作。其总的精神是指导欧洲
各国在历史教学中不过于倾向于任何一个欧洲国家，而是从欧洲整体的层面
出发建构历史教学体系，以适应欧洲一体化的进程。

　　20 世纪 90 年代中后期，欧洲主要国家都相应在各自的教育部下组织专
家委员会对历史课程标准进行修订。这方面的工作在西欧国家进展较为顺
利，但在中欧、东欧国家，如匈牙利等国，因为制定的几个历史课程标准受
到不同党派的反对，一度出现由教师自由选择标准的状况。

　　绝大多数欧洲国家的新历史学科课程标准共同强调，历史课程要培养和
训练学生的几个方面的能力和技巧，包括：

　　（1）如何在不同的解释中辨别事实；

　　（2）如何评估史实；

　　（3）如何论证某一观点并做出结论；

　　（4）如何批评性地评估各种资料；

　　（5）如何学会独立工作；

　　（6）如何学会解释历史图片、遗迹和地图；

　　（7）如何进行比较；

　　（8）如何区分原因和结果；

　　（9）如何运用原始资料和第二手资料；

　　（10）如何理解对于史实会有多种解释。

　　欧洲大多数国家的历史课程标准是按历史年代顺序排列教学内容的，在
部分国家中，初中阶段和高中阶段所教历史在年代顺序上循环重复，而在教
学内容上加深程度。只有在德国，曾出现过"反年代顺序"的尝试，即不
是按年代顺序，而是按学生的兴趣和需要来排列历史教学的内容。

（二）美国：公民素养教育的意义与能力需求

作为100多年来人类世界举足轻重的力量，美国对其国民有着更高的道德与能力诉求，而美国的历史教育则尝试担负起这一责任。我们会发现美国国家历史教育中古典时代共和国教育与现代自由主义交会的影响，也看到历史学科作为决策能力提升的演练场。

在美国，历史课程从20世纪80年代逐步成为历史教育的核心学科。1987年成立了专门研究全美学校历史教育的机构——布莱德利委员会。1988年该委员会提出了《构建历史课程：学校历史教学指导纲要》，这份纲领强调了历史教育对实现美国教育几项最主要目标的重要作用。美国教育有如下三项目标。

第一，培养和形成完善人格。在这方面，历史教育可以通过帮助学生理解过去与现实事件的联系，促进学生做出正确的人生选择，形成和完善人格。

第二，为参与公众生活做准备。在这方面，历史教育可以使学生了解人类在社会发展中所做出的各种重大贡献与抉择，从而使其形成作为公民的责任感，在日常生活中做出正确的社会选择。

第三，为以后的工作做准备。在这方面，历史教育可以为每一位学生提供人类生活各个领域的丰富背景资料和范例，有助于其分析、判断、比较、思考能力的形成，为以后从事各种领域的职业做好基本能力的准备。

根据1989年布什政府在弗吉尼亚召开的50个州长教育问题会议和1993年克林顿政府的《2000年目标：教育美国法令》，历史课程最终被确认为美国基础教育中的核心课程之一。

20世纪90年代中期，美国颁布了历史课程全国标准，这是美国有史以来第一次颁布全国统一的历史课程指导标准。标准由美国全国学校历史学科中心和加利福尼亚大学洛杉矶分校编制，包括《世界历史课程国家标准：探寻通往现今之路》《美国史课程国家标准：探寻美国的历程》等。美国的历史课程目标主要包括三个方面。

第一方面是对历史的了解，包括人类活动的五个主要方面：社会的、科学（含技术）的、经济的、政治的和哲学（含宗教、美学）的成就与状况。

第二方面是历史的思考能力和技巧，包括年代的概念、对历史的领悟、对历史的分析和理解、历史研究能力、历史的问题分析和决策。

第三方面是对历史的了解与思考的结合，即综合运用上述知识和技能，解析历史，达成更高的理念。美国的历史课程标准尤为强调培养学生的世界意识、多元文化观和西方价值观，同时注重培养学生的历史思维能力和实际运用能力。

（三）东亚地区国家

日本和韩国的历史教育紧紧跟随着世界历史教育潮流，但同时体现着民族国家发展中与东亚古代历史、近代历史所引发的碰撞。

在东亚较发达的国家如韩国和日本，其历史教育中，本国历史和世界历史都是列为两个分科进行教学。

韩国在 20 世纪 90 年代后期重新修订了新的本国历史和世界历史课程标准。韩国新的课程标准比以往更强调"世界化"意识，并要求以历史教育培养学生作为公民的行为意识、对于社会和国家的理解和判断力、对民族使命的自觉意识。

自 2017 年 11 月起，继公务员考试和警察录用考试之后，韩国高考的必考科目当中增加了历史学科。历史学科的重要程度得到了凸显。

日本在 20 世纪 90 年代中期也制定了新的历史课程"学习指导要领"，并为高中阶段历史教学专门设置了两种课程标准，一种是专为以后向文科方面发展的高中生制定的 A 类标准，另一种是专为以后向非文科方向发展的高中生制定的 B 类标准。

日本的"学习指导要领"不仅将历史教学中的世界历史指定为必修课，而且尤为强调"国际化"的主导思想，要求无论是在日本历史教学中还是在世界历史教学中，都要体现"世界之中的日本"和"世界的视角"。

基于政治因素的影响，东亚地区历史教育中一些历史的真相被涂改，日渐失真。在单一的国家视野教育下成长起来的国民，对他国固有的印象可能是正确的，也可能怀有一定的偏差，甚至是一种政治性和文化性的偏见，它将直接影响该国国民在支持政府行动中判断的感情色彩，也必然会影响该国将来在国际交往中所做出的决策。

2017 年 3 月 28 日，新日本初中学习指导要领颁布，进入为期五年的公示阶段。该版历史学习指导要领的出台受到了政治因素的影响。在领土问题和一部分历史问题的见解上更加明确地反映了日本政府的立场。

2018 年 3 月 30 日，新日本高中历史学习指导要领颁布，并且进入为期四年的公示阶段。该版历史学习指导要领对之前的学科设置进行了颠覆性的修改。原先世界史和日本史分别设置 A、B 类标准的做法被废止。取而代之的是历史综合、世界史探究、日本史探究三门，其中历史综合为必修。这次修订回应了日本右翼先前力推的"日本史必修化"，在一定程度上做了让步，而从本质上来看则是将日本史融合到世界史当中的十分聪明的做法。

二　国外历史学科教科书发展状况

各国的历史教科书多有差异、各有特点，但大致可分为三种类型。

第一种类型是西欧式类型。这种类型历史教科书的主要特点有以下几方面。一是本国史和世界史并不严格区分，而是合为一体进行教学。二是时代划分上基本按照古代、中世纪、近现代的传统"三分法"进行区分。三是有的教材是从原始时代、古代、近代到现代历史，形成完整的知识体系，从初级中学到高级中学，用数年时间进行教学，顺序上有所循环；也有的教材是在低年级教远古史、古代史，内容上很简单，部分是讲故事形式，然后按顺序在一年级学习中世纪史、近代史，现代史则在历史教育中的最后一个学年中教学。

第二种类型是东亚式类型。这种类型历史教科书的主要特点是：本国史和世界史分别进行教学，教科书也分别编写，其历史教学的基本特征是本国历史和世界历史的"二本位"形式；在时代划分上，不同国家有不同的划分方法，不像西欧类型教科书那样具有较为共同的划分法；在历史地域界线划分上，基本上是按现在本国的领域，与西欧类型的地域观念有很大差别；在小学阶段、初级中学阶段和高级中学阶段分别进行循环反复的历史教授，只是内容在下一级学校较为简单，每往上一级学校，所教同一时段的历史内容越详细，难度也越高。

第三种类型是新兴独立国家的类型（尤其是在成为独立的统一国家前曾是殖民地的国家，如墨西哥、印度尼西亚、阿尔及利亚等），这一类型历史教科书的主要特点是：在写本国史时，必定包括对本国历史有影响的国家的历史，如原宗主国的历史和邻近国家的历史；在历史年代划分上，最大的特征是采用"传统社会—殖民地时代—独立运动和独立后时代"这样的"三分法"；在历史内容的教学过程上，既有像西欧那样单循环"继续型"的，也有像东亚那样多循环"反复型"的。

三　国外历史教学法的新观念

历史教育是中学教育中的重要组成部分，它是对学生进行公民教育的重要方式，也是培养学生人文精神和思维能力的基本途径，随着时代的发展，国际学术界对历史教育愈益重视，产生了许多新的观念和理论，这对中国的中学历史教育有很大的启示，其中对历史学科本质的认识与历史学习要素的理解达到了新的高度，本文拟就此做一简单论述。

各国在历史教学论领域的新观念发展与以往的旧观念相比，大致可归纳成下列几个方面（见表1）。

表1　各国历史教学论领域新旧观念对比

旧观念	新观念
历史课程是对先已存在并且不可改变的事实的简明叙述	历史课程是以事实依据来构架知识，而这些知识的结构是可变的
历史课程是一门非解释性的描述性学科	历史课程不仅包括描述，而且包括解释
历史课程是一门依靠记忆进行学习的学科	历史课程是解释和解决问题的学科
历史课程是列强、名人和富者的编年史	历史课程是关于像你我一样普通人的学科
历史课程是对过去的一种记录	历史课程是对学生各自种族、文化和社会渊源的记录，并且可看作他们自身经历的延伸
历史课程是与个人无关的学科	历史课程是与个人有关的学科
历史课程比数学课程容易	历史课程比数学课程难度高

在历史教学的任务与目的方面，现今许多国家，尤其是教育事业比较先进的国家所共同强调的主要观点有以下几个方面。

第一，历史课程的基本任务是向学生传授历史知识，使他们觉得他们所生活的世界是在前进的。历史课要激励学生为这个世界的发展做出自己的贡献，有志于创造自由、平等与和平的生活。

第二，历史课程应该使学生理解必须有一个自由、民主和公正的基本制度，要使学生懂得，只有每个公民都承认并为它的实现而努力奋斗，这样的制度才能生存。学生应该通过历史课了解民主生活方式的形成过程，以及它的各种弊端，并积极探讨克服这些弊端的对策。

第三，历史课程的基本目的应该是致力于克服偏见，使学生了解其他人种、其他群体和其他民族的特性和问题，并为被歧视者伸张正义。

第四，历史课程要使学生认识人类在其历史性转折时的生活形态和问题。要引导学生探讨本国及各地区、各地方的历史，以更好地理解自己的国家，同时，要引导学生认识人类共同的遗产。

在历史课程教学大纲的制定问题上，近年来各国也形成了一些较为共同的新观点，主要认为历史教学大纲应该做到：

其一，在地区历史、本国历史和世界历史的比例上保持平衡；

其二，包括学习一些明显有别于当今社会的不同文化；

其三，提供对过去某一短时段历史进行深入学习的机会；

其四，提供对过去某一长时段历史发展主线进行深入学习的机会；

其五，在历史背景的学习中加入当今社会的一些实际问题。

在历史课程的教学方法论上，欧洲国家的研究较为全面和深入，尤其是德国等国学界的观点在国际上较具共识性，主要观点有如下七个方面。

（1）历史课的教学方法应该能使学生通过简单的事例来检验所获得的各种历史信息和知识，并了解其局限性，同时让学生积累从多方面观察和判断人类行为的动机和结果的经验。

（2）历史课的教学应扩大和区分年代的意识，并阐明历史是发生于时间和空间之中的事件。

（3）对低年级学生的教学方法，重点应该放在传授人类过去生活形态的基本形式和基本问题。应该经常向学生提出这样一些问题：在过去的岁月里，人类是如何在当时的气候、地理和文化条件下为自己解决食物、生活用品和住房的；小群体和大群体的集体生活是如何形成和组织的；他们创造出哪些人类文化；他们在宗教和道德上的观点是什么；他们是如何摆脱已有的冲突的。

（4）对高年级学生的教学，除了上述方法外，还应该重点引导学生认识各个历史时期的特点，以及它们对当今世界的现实意义。

（5）在确定教学中的具体学习目的和内容时，历史教师应该主动寻找有针对性的教学课题。由于学生年龄和知识基础的差异，对于复杂的历史情形，在追溯其基本的形态过程和内在的联系时，要考虑到教学课题提出的可行性和学生的兴趣。教学中的提示部分应有助于教师在提供式、获得式和发现式的教和学之间确立一种有价值的、与目标一致的关系，避免方法上的片面性。在教学中描述历史时，应尽可能直观和具体，但不能虚构历史。

（6）许多历史教学课题应通过查阅地方和地区历史材料，运用历史图片和文字的背景资料，以及考察历史文物和参观博物馆等方式，使历史课更加生动形象，并且要鼓励学生自己去查询，以锻炼和提高能力。

（7）在各个年级的历史课程教学过程中，都应建立与其他课程的联系。

四　面向未来的历史教学展望

国际上有关历史教育的观念的发展，对中国的历史教育事业有很大的启示作用，因为在即将过完 21 世纪第二个十年之际，中国的历史教学也面临着新的形势和任务。

首先，21 世纪社会发展的总趋势是国际化和信息化，知识和信息将是社会发展的主要力量，教育的主要任务在于提高受教育者的创造力和学习能力，而历史教育承担着重大的责任。

其次，中国自 20 世纪 80 年代起逐步改变了以农业为中心的社会形态，在 20 世纪 90 年代全面经历了工业化的过程，并在世纪之交开始向信息化社会发展。在未来的中国社会中，对于人力资源的素质要求将较以往有很大改变，历史教育作为公民教育的重要组成部分，也必须有相应的变化和发展。

最后，教育部推出的新历史课程标准对历史教育提出了明确的要求。历史教育的基本理念是：以立德树人为历史课程的根本任务；坚持正确的思想导向和价值判断；以培养和提高学生的历史学科核心素养为目标。这就要求历史教育必须有更加明确的育人价值，在开展国际交流合作的过程当中，保持自身的主体性，宣扬自身的价值观。

面对新的形势和任务，借鉴国际上历史教育的发展状况和新观念，中国面向未来的历史教学应有新的定位。

第一，在全球经济一体化、政治和文化多样化的进程中，各民族、各国家之间的国际性相互理解越来越具有重要的和决定性的意义，而历史教育可以成为国家间相互理解和尊重的基础，因此，必须加强和发挥历史教育在这方面的作用，根本性地改变以往历史教育中的一些狭隘观念和偏见，使历史教育成为加深以平等、公正、和平和自由为基础的世界各国、各民族和各地区间相互理解与合作的重要方式和途径。

第二，在面向未来的历史课程中占据中心位置的应是人，而不是学科本身。强调个性是现代化社会的标志，学生对突出个性的要求也在不断提高，历史教学也应适应这种趋势。传统历史教学法理论重在研究课堂教学中正确历史内容的选择问题，重在关注传授历史知识所需的合适方法，重在追求学科原则上的完整性，遵循学科的系统性，而忽视了人本身。以后的历史教学法理论的核心问题，应该是关注怎样将历史学科的内容与被期待的人的发展合理地结合起来，将学习者置于教学法理论所关注的中心点上，注重研究怎样才能使人成为学习者，学习者借助于历史学习应该发展成怎样的合格的社会成员。

第三，面向未来的历史教学法，应引导学生从记忆性学习过程转向创造性学习过程。要在历史学习中注重发展学习者不同的能力，既要培养学生以记忆方法或运用熟练方法熟记历史的再现过程的能力，更要发展学生以独立思维和操作、分析和判断或以自我价值定向对历史提出创见的创造过程的能力，提升学生的历史学科核心素养。

第四，在历史教学的内容上，应该在相当程度上面向当今社会所面临的紧迫问题和学生的正常愿望及要求，应从对历史的解释中让学生预见社会和个人的未来任务，理解目前存在的现象。历史教学应该展现我们时代的渊源、历程和前途，不应回避人类及自然界所面临的问题和危险，而应鼓励学生把对人类过去活动的学习和寻求未来问题的解决联系在一起，使学生在历史学习中懂得各种可能性和应承担的责任。

第五，在具体教学中，教师应尽量引导学生去思考如何领会历史情景，提出问题和评价历史事件，鼓励学生自己尝试解答历史问题，表述和总结课堂成果。要尽量避免过于抽象的讲解，尽可能让学生运用已经学过的概念和方法去理解史实。历史教学应该成为一种开放性的过程、运用知识和技能的过程和富有交换性的过程。

第六，贯彻新历史课程标准，应适应新的需要。在初中历史教科书已经开始使用部编版之后，全国高中的历史教科书也将会全部统一为部编版。在贯彻历史学科的基本理念这一点上，条件更为有利。三点基本理念的阐述从远、中、近三个角度解释了历史学科教育的基本任务。为了更好地理解基本理念，并且拓宽视野，相应领域的国际交流也是不可或缺的。这不仅是寻求国际交流合作，也能够创造平台对外发声。

分享思想、触动灵感是未来行动的起点。他山之石，可以攻玉，寻找海外同行的长处，反思、调整我们行为；同时关注时代对于历史教育的影响，思考时代的诉求，我们会将中国的历史教育做得更好。新的时代，需要以更加开放包容的姿态来进行历史教育。立足自身，放眼世界，以历史教育的本质来时刻提醒自己不忘初心，以历史教育的交流来促进世界的和谐与和平。我们会努力去做。

各国历史教育的现状与改革

《世界史：大时代》与美国历史教学理念

杨 彪 向胜翔

他山之石，可以攻玉。每当有机会读到海外历史教学资料时，总想寻找所有历史教育工作者共同的思考，我们共同关注的问题；寻找海外同行的长处，反思我们的不足；同时关注时代对于历史教育的影响，思考哪些是时代的诉求，哪些虽暂时无法实现，但指向未来的方向。

美国加利福尼亚大学洛杉矶分校（UCLA）的全国中小学历史教学中心（National Center for History in the Schools）在 20 世纪 90 年代推出《美国历史教学标准》（以下简称《标准》）曾是当代历史教育界最为重要的事件之一，而现在它组织编纂的《世界史：大时代》又向全世界的历史教学工作者展示了美国同行在历史教学方面一些具体的新思考与实践。虽然《标准》的推出经历了与上海二期课改时一些历史教材类似的争议，[①] 美国全国中小学历史教学中心还是在进行了一定调整后推出了《世界史：大时代》。《世界史：大时代》是该中心着力开发的 "我们共同的世界史" 历史教学项目的产物，其发布网址为 http：//worldhistoryforusall. sdsu. edu。网站作为世界历史教学的网上模范课程，向使用者提供电子版教材，教学演示文稿，以及教学资源与学习建议。《世界史：大时代》的中文版已由华东师范大学出版社出版。著者以激励师生们用更广阔的视野思考过去为宗旨，致力于引导学

---

① 20 世纪 90 年代《美国历史教学标准》推出的风风雨雨可参见美国宾州印第安纳大学历史系王希教授发表的《何谓美国历史？——围绕〈美国历史教学标准〉引起的辩论》，初刊于《美国研究》1998 年第 4 期。

生把特定主题和历史变迁的大格局联系起来，以全景的角度去展现世界历史，这将促使学生对世界史形成更深刻的理解，同时在学习中发现更多乐趣。

一 《世界史：大时代》的价值期盼

《世界史：大时代》折射了当代历史教育的基本问题，也反映了美国国家历史对历史教育的影响。教材的背后体现了一系列最核心的问题：价值、能力、公平。而看似简洁的教材内容实质上是为上述核心问题服务的，体现着全国中小学历史教学中心对自身历史教育观念的坚守与在处理教材内容上的日益成熟。

价值 当代历史学习面对全球化与开放的世界，对历史教育中的公民教育提出了新的要求，它更需要人们在一个变化多端的政治、经济与社会环境中深刻领会与分享它所蕴含的信念。什么样的价值观更适合未来公民，是所有历史教育者共同思考的问题。《世界史：大时代》有自己的价值诉求，即随着时代的发展，理解现代社会的多元化，提高创新能力、批判能力，建立价值底线，树立共同愿景。

今天的公民教育是在开放的社会中进行的，忽视社会发展阶段，忽视社会发展现实，忽视未来社会的要求，或者只重视前三者中的一点或两点的行为都被历史证明是错误与无效的，在前述背景下再多的教育资源与行政力量的投入都可能事倍功半。

能力 历史教育的重心在 20 世纪 60～70 年代已经开始了深刻的变化，与历史学科本身特征相结合的能力要求成为各国课程目标的最重要内容。20世纪 60 年代以来，人类的知识大约每 10 年增长 1 倍。这表明进入信息时代的人类知识正以惊人的速度不断增长。这一变化给传统教育带来了新的课题，即要以什么样的方式传授给学生什么样的知识。布鲁纳结构主义教育思潮正是在这样一个历史条件下发展起来的，美国历史课程改革重点放在培养学生研究、分析和解释历史的方法上，不再要求学生去记忆纯粹的历史史实或编年史，而是要求他们表达对一般社会学理论的理解，鼓励学生去怀疑并批判教科书对历史的解释。在国民能力培养方面，美国国家课程最早清晰地提出了历史学习能力培养维度，包括时序思维能力、历史理解能力、历史分析与历史解释能力、历史研究能力和分析历史问题并做出决策的能力等。

但是，课程时间的制约也在客观上使学生不得不放弃对历史学科全面深入的学习，因而不能保证学生在学校中学到现代社会所必需的文化基础知识，导致一部分公民整体文化水平的下降。如何在加强能力诉求的同时加强文化基础知识是当代历史教育的难题。《世界史：大时代》有自己的思考。

公平　自民权运动高涨的 20 世纪 60 年代，教育者发现贫穷、异化和种族歧视对青少年心灵生活有强烈的冲击，单一的认识论训练无法培养一个健全的青年，美国历史教育开始真正注重教育公平问题。今天的信息技术使知识共享日益便捷，《世界史：大时代》为教学内容准备了丰富的演示文稿与教学资源，在互联网上与同学、教师共享，实践着开放课程。

面对价值追求，《世界史：大时代》坚守历史学科教学与时代的发展相伴，增强公民自身的文化兼容力；面对能力与基础内容的问题，《世界史：大时代》没有做知识堆叠，而是提供了当代历史教育需要的一个相对完整但开放而精炼的学习支架，来帮助学习者迅速理解学科本身；面对教育公平问题，《世界史：大时代》将所有的相关教材内容与教育资源，如教学演示文稿，在互联网上发布，尝试借助技术手段弥补教育资源分布不均。下面将具体介绍这些内容。

二　《世界史：大时代》的实践与探索之路

（一）历史教材基本结构的建构——时间线索与三大学习内容的结合

历史教材的结构在一定程度上反映了编者的历史教学思想，《世界史：大时代》保持了以时间为内容排列的基本线索，将历史按照人类活动变迁强度划为九个区间。大时代一：人类在宇宙（130 亿～20 万年前）。大时代二：遍布世界的人类（20 万～1 万年前）。大时代三：农耕和复杂社会的出现（前 10000～前 1000 年）。大时代四：交流与冲突范围的扩大（前 1200～500 年）。大时代五：区域间联合的模式（300～1500 年）。大时代六：全球大联合（1400～1800 年）。大时代七：工业化及其后果（1750～1914 年）。大时代八：半个世纪的危机（1900～1950 年）。大时代九：矛盾中的全球化（1945 年至今）。

在纵向拉出时间线索，避免出现时空缺失的同时，《世界史：大时代》对历史内容进行了总结与概括，用三个学习内容领域来横向归纳这一时空的人类活动，即人类与环境、人类之间、人类与思想，形成了纵横的结构体系，在内容结构上融合了编年结构与内容模块化结构的长处。

把整个世界放到世界历史当中，并不意味着学生必须调查研究"每一件事情"，而且当然也不是每一件事情都一次性学完。其中"人类与环境"介绍这个历史时段中人与自然的相互关系，以及这种关系对于人类历史的影响；"人类之间"介绍人们在这个历史时期的文明发展，人类之间相互关系，民族间、国家间、区域间的政治、经济、文化关系；"人类与思想"介绍了这个时代最为突出的人文与科学成就。就其分类而言简明而有效。

从历史学科培养能力的教学目标而言，可以分为三个不同层次：一是在历史证据之间建立关系；二是在历史事实之间建立联系，主要是对史实与史实、史实与背景的联系进行思辨；三是将史实与观念之间的某种比较固定的联系转化为历史方法，并通过迁移来分析现实历史问题的原因。《世界史：大时代》的结构组成了一系列历史事实的整体模型，由时间、空间（广义环境）与人类活动、人类思想结合，其中前两者构成人类活动舞台，后两者是"人类演员的具体表演"，形成完整的历史叙述，帮助同学们"在历史事实之间建立联系。主要是对史实与史实、史实与背景的联系进行思辨"。

历史结构的构建有时会被具体历史知识的堆叠遮蔽。一个优秀的学科学习设计需要构建一个学习基本支架，用于联系具体的知识与进行深入学习。概念与结构组成学习支架的缺失会导致学习无效性，而一个有效的学习支架可以提高具体知识学习的效率，为深入学习提供支持。历史学习基本叙事结构的搭建可以使大量具体知识的学习所占用的时间相对减少，而建立在研究性学习自我体验上的增加将有助于历史学习目标的完成，特别是情感、态度与价值观目标的达成，在这里纲举目张地构建基本教学内容结构的尝试，是值得历史教育工作者参考的。

（二）历史学习的时代诉求——省思过去，预想未来

历史学家布罗代尔说："一种文明的历史，就是对古代材料中那些对今天仍然行之有效的东西的探索。它有待解决的问题不在于要告诉人们关于希腊文明或中世纪中国我们所知道的一切——而是要告诉人们在西欧或现代中国以前时代与今天仍然相关的东西。"① 所有历史都是当代史，历史教育不但希望孩子们能吸取历史教训，更希望他们通过历史的学习能更好地面对今天的生活。历史学是留给活着的人和未来的人的，在这个维度体现着历史学本体上的价值，这也是《世界史：大时代》背后的史学诉求。

20 世纪人类文明高歌猛进，却经历了历史上最为广泛的暴力与人道主义危机——世界大战、集中营、冷战、核阴云、种族灭绝、大规模饥荒，这些行为并非由"野蛮人"做出，多数的执行者拥有这个时代最强大的物质文明成就。人类为何不选择幸福、知识和智慧的持续增长，而选择为了种种差异挑起战争？历史已经过去近 60 年了，全球化背景下的各种问题形成了当代生活的现实舞台，在新的时代背景下我们应该思考什么？《世界史：大时代》"省思过去，预想未来"的追求和对未来的审慎，将它与今天读者们的距离拉近。书中的这些问题，是 21 世纪的人类所要思考与面对的。

"世界变得矛盾纷繁，陷入两难之中。一方面，经济快速增长与全球化带来了机遇，另一方面它们意味着对人们珍视传统的生活方式的破坏。当很多人财富增长的同时，很大一部分人在生活条件、营养状况与健康水平方面趋于恶化。变革的两重性可以解释为什么这个大时代是一个充满军事、政治与文化冲突的时代。"

"科学成功也导致了新的问题，生物科技的革命已经能让科学家控制基因，从理论上，已经能够从原有生物身上提取基因来克隆动物与人类。这一技术能不能使用，其结果为何？人类是否可以像这样从根本上来改变生与死的平衡？对于这些问题，我们尚在不断探索。同样，今天人类所拥有的巨大能力给我们自身带来了挑战。保护环境、减少消耗是否意味着发达国家降低国民生活水准而发展中国家放慢其发展速度？是否每一个国家都必须用核武器来武装自己，即使它可能会给人类带来无穷灾祸？"

"鼓吹市场机制的新自由主义势不可当。然而，在 21 世纪的前十年中，

---

① 布罗代尔：《文明史纲》，肖昶等译，广西师范大学出版社，2003，第 44 页。

鼓吹新自由主义的经济学家与政治家由于经济的再次严重衰退而陷入困境之中。"①

《世界史：大时代》在历史分析的基础上向人们提出现代与未来的问题，这些问题现实而又深刻，这往往是其他很多历史教材因为种种原因所没有涉及的，却是优秀历史教材所无法回避的，这一做法可能会导致熟悉的课题消失，但是新的重要的课题和问题便会进入我们的视野。今天的世界是演化着的世界，历史学习是帮助孩子们直面人生，而不是仅进入故纸堆中。

更深一步看，历史学习中对时代的敏锐体现着强烈的人文诉求，其中也显现出历史学科的学科追求：史料批判中孕育的是求真的诉求，而深入则帮助学生们学会理解他人，对历史的跨学科解释帮助人们认识我们生活的世界，后现代思潮引发我们关心弱者，注意事物的负面效应与人类行动的边界，以及思考教育与民主的联系。每一项内容背后事实上都指向一个人类期望中更加美好与公正的社会，而对时代的敏锐是可以贯穿上述内容的线索。

（三）深入的历史分析——作为研究性学习的起点

研究性学习是西方教学的强项，《世界史：大时代》并非专门历史研究性学习教材，也没有将重点放在史料学习上。在讨论美国独立战争的意义时，《标准》首次出版时在建议学生分析《独立宣言》宣示的重要原则的同时，要求学生注意《独立宣言》与奴隶制并存的事实，启发学生去思考为什么声称追求自由和平等的殖民者会心安理得地容忍奴隶制的深层原因。在讨论独立战争时期各社会群体的态度时，《标准》建议学生讨论为什么会有一些黑人和印第安人选择站在英国人一边，并指出黑人和印第安人这样的决定也是为了追求自由（因当时英国人曾承诺如奴隶帮助他们，则可在战后获得自由），其政治意义与殖民者追求独立的行动是一致的。通过这样的问题设计，《标准》希望学生了解革命的局限性和多面性。然而这一教学建议

---

① 参见埃德蒙·柏克三世等《世界史：大时代》，杨彪等译，华东师范大学出版社，2012，"大时代九"。

遭到了美国保守派攻击。①《世界史：大时代》的正文没有了《标准》首次出版时的"坦率"，但是字里行间依然体现了其优秀的问题意识与历史教育者的赤诚之心，细读《世界史：大时代》，我们会发现其背后是优秀的历史教育工作者的心声。

比如，《世界史：大时代》并没有在新结构中忽视传统历史学科所关注的重要问题，而是将它们镶嵌到相关框架中。如中国历史学习者熟悉的中国历史，在大时代六（1400～1800 年）一章中"军事力量与财政革命"子目中分析了东、西方差距拉大的原因："军事革命同时也是财政革命，因为它需要改变国家政府机构、税制和会计制度来支付昂贵的战争。在这场财政收入大赛中只有金融制度完善的国家才能最终胜出。……在亚洲，像奥斯曼、莫卧儿和明代中国等帝国也采用了火药武器并扩张了领土，但他们没有进行欧洲人的军事和财政双重改革。到 18 世纪末，军事天平的力量正向欧洲倾斜。"② 大时代七（1750～1914 年）一章中"经济趋势"子目涉及中英鸦片战争："若有必要，欧洲大国们很乐意使用违背自由市场的策略来获得经济优势。……鸦片战争后，英国政府向中国强加了一系列不平等条约，从中获取了其垂涎已久的不平等贸易特权。"③ 大时代八（1900～1950 年）与大时代九（1945 年至今）等章中提及中国民族独立运动与现代化建设。从中我们可以发现作者对于中国历史知识的宏观掌控。虽然这是一部文字量颇少的世界史教材，但其论述显示出编者对世界历史的把握力度，如果展开其中很多精辟论述，可以作为历史拓展性学习。

如《世界史：大时代》提出史学方法的问题：

> 历史学家不断思考人类的过去。他们是不是也该想想未来？
> 未来实际上是不可预测的。
> 我们可以做出相当准确的预测。
> 所有的预测都是百分比的游戏。
> 尽管预测不能完美，我们却离不开它。

---

① 参见王希《何谓美国历史？——围绕〈美国历史教学标准〉引起的辩论》，《美国研究》1998 年第 4 期。
② 参见埃德蒙·柏克三世等《世界史：大时代》中"大时代六"一章。
③ 参见埃德蒙·柏克三世等《世界史：大时代》中"大时代七"一章。

　　这些问题都可以让学生们选择性思考，通过这些问题，学习者开始接近历史学科最为重要的内核部分，很多的学科思想也在进一步思考与学习中向学习者呈现。

　　合起《世界史：大时代》时，我们也感受到中国历史教学需要在未来予以重视的内容：如将以历史基础知识与历史概念为主体的教材作为学习与考试的主要依据，而非以具体细分的历史学习能力时，有没有缺点与遗憾，是否还在强化着教育目标分类中最简单的识别记忆层面？我们在历史教学中有没有关注与尝试解决教育资源公平问题，薄弱学校与重点学校在历史教育资源分配上是否存在着巨大差异？如果历史教育是公民教育的重要组成部分，我们是否应该逐步弥合这一裂痕？为了提高学习与思维效率，在为研究性学习打好基础的问题上，我们的历史学习是否呈现良好组织结构，同时教学中的问题是否有启发性，材料是否有可读可思之处？我们有没有在一个变化与开放的历史背景下进行教学，以爱国主义为主题的社会主体价值观教育始终是各个民族国家历史教育的重点，但我们是否将其与世界历史发展潮流与人文主义精神结合，是否我们在强调本国国情时忽视了时代的前进，或者拿国情搪塞，拒绝应有的历史教育改革方向？

　　历史教育作为一门课程，需要清晰的结构与深入的学科分析；作为学生学习的对象，需要匀出时间让学生有活动的空间与张力，妥善处理研究型学习与接受性学习的关系；作为一门人文学科，需要体现对时代的关切。《世界史：大时代》体现了这些思考，也将这些思考落实到了实践层面。今天，伴随着中国教育改革的深入，共享这些同行的思想与实践是历史教育工作者的心愿与期盼，因为分享思想、触动灵感是未来行动的起点。

（原载《历史教学问题》2012 年第 3 期）

奥地利的历史及其历史教学

〔奥〕艾罗斯·艾克 著 杨 彪 译

本文将从三个方面介绍奥地利的历史教学的发展状况：首先，从历史学的批判性讨论开始；然后，对历史教学进行反思；最后，例证说明在课程开发和教材编写过程中所采取的教育手段。希望通过介绍奥地利民族叙事的一些评判性观点，并举例说明当今历史学家是如何对其进行解构的，向大家呈现奥地利历史教学理念的一些真知灼见。

一 奥地利历史叙事的批判性分析

（一）对奥地利传统历史叙述的反思与变革——1945 年以后的历史范式变化

从历史学的观点来看，之前所讲述的奥地利叙事年代尚不算久远，它是二战后在奥地利的文明与文化遭到种族主义、法西斯主义意识形态破坏之后才建立起来的（据统计，二战期间奥地利将士伤亡 26 万人，有 6.5 万名犹太人在这场浩劫中被杀害，1933 年之后有 12 万名以上的犹太人口离开了奥地利，有些还流落到了上海。不少反对党派——共产党和社会民主党——成员在位于达豪、茅斯奥森、伯根－贝尔森、戴莱津或奥斯维辛的纳粹集中营中遭到迫害）。由于遭受过纳粹的压迫，1945 年之后的第一代政客们对建立民主政治体制颇有好感。而且，负责中小学和大学历史教育的教育界人士同样有摒弃法西斯主义的祈愿。结果，历史学家和课程开发者们备受鼓舞，开始谱写奥地利新的民族历史。

1945 年之后的奥地利民族叙事中混有一个年代更为久远的历史性叙事，它首先与哈布斯堡王室的历史传统及贵族制度有关，也即"奥地利皇室"的历史，尤其是涉及哈布斯堡帝国在 17 ~ 18 世纪的辉煌时期，之前哈布斯堡军队曾联合波兰和普鲁士击退奥斯曼帝国的军队（也即"突厥人"，今天有些人依然用这个蔑称来指 20 世纪 70 年代来到奥地利的移民劳工）。正值这个时期，罗马天主教会在神圣罗马帝国皇帝也即奥地利大公支持之下平息了路德新教的争端问题。因此，奥地利这个小国家，其新民族叙事的基石便是前身哈布斯堡帝国的历史。对这个现代民主国家而言，不论是地域还是政治，这无疑都是个矛盾。

其次，新的叙事可追溯至 18 世纪晚期尤其是 19 世纪资产阶级的崛起，那时中欧开始了工业化和城市化进程。哈布斯堡王室当权之时，商人和受过教育的资产阶级/市民阶层通过参考古代哲学来塑造自己的民族特征，故而教育体制主要沿袭古希腊和古罗马的历史、文化传统推行所谓的人文主义教育。从某种程度上说，这种参照古代体制的方法尽管在实际的课程教学中呈下降趋势，但至今它仍然占据着欧洲历史叙事的部分内容。另外，资产阶级文化也根植于欧洲启蒙时期的哲学和文学传统，它尤其关注通史（席勒、赫德、洪堡）及浪漫主义文学和文化（舒伯特、彼德麦、诺瓦利斯）。

哈布斯堡帝国的贵族资产阶级由于更具跨民族性，因而很难接受 19 世纪的民族概念（被认为是由属于相同种族和语言的多数在教育、法律和管理上支配的一个国家）。另外，他们对于不断涌现的工人运动、小资产阶级及无产阶级民主权利的持续扩张也持矛盾态度。总之，在第一次世界大战爆发之前，奥地利君主制内部的民族矛盾和社会矛盾都尚未得到充分的解决，也正是这场战争最终导致了哈布斯堡王朝的垮台。

1918 年，当哈布斯堡帝国衰败之后，贵族资产阶级不仅丧失了政治权利，也丧失了他们在经济和社会上的有利地位。这时，小资产阶级和工人阶级便接管了国家的政治责任，策划建立了第一共和国。然而，他们面临的挑战却异常艰难，因为他们不仅需要建立新的政治体制——民主代表制，而且需要应对 20 世纪 20 年代爆发的持久性经济危机和生产工业化及资本化引发的社会变迁。

自 1918 年起，社会民主党（工人运动代表）和保守党（小资产阶级和农民/农村人群）之间的对立在 1929 年 "黑色星期五" 和 20 世纪 30 年代早期银行破产时期表现得尤其突出。双方进行的准军事化斗争最终引发了 1934 年 2 月奥地利内战的爆发。奥地利法西斯政权借内战之际，利用军队武力击败了各方的反对势力。二战结束多年，这场社会民主派与基督教民主派之间的冲突所导致的社会政治矛盾依然出现在奥地利议会讨论之中。

因此，如果我们从理性思考的幕后回眸历史，如果我们将情感也作为政治讨论的因素，1945 年后建立起来的奥地利这个国家并没有多少共同的价值观念。

二战之后，这个国家新特征的首个支柱变得明晰起来。奥地利将自己视为不同于德国（和纳粹政权传统）的独立国家。尽管在 1938 年之前没有奥地利人参加国家社会党，但奥地利在 1945 年之后认为自己是希特勒政权的首个牺牲品。

第二个支柱便是信守教育文化传统，这对国民议会中的所有代表政党而言都一律平等。因此，1945 年之后，奥地利这个民族国家的第二个支柱便成了 "教育" 和 "文化"。然而，二战之后的前 20 年，历史教育在很大程度上依旧沿用了历史主义传统，民族历史主要围绕英雄事迹和历史上 "伟大人物" 的业绩展开：亚历山大大帝、恺撒大帝、奥古斯都、查尔斯大帝、哈布斯堡王朝的鲁道夫和马克西米利安、玛丽亚·特蕾西亚、弗朗茨·约瑟夫……还有历史上其他 "伟大人物"，如 "圣徒" 阿西尼的弗朗茨、约翰·胡斯、马丁·路德和罗耀拉的圣伊纳爵。当然，还有包括音乐家、建筑师、小说家、画家等在内的文化 "名人"，而古典音乐和绘画在历史上还是尤其重要的主题。

在 1962/67 之前的学校历史大纲中，我们都可以看到这些伟大人物以及他们的丰功伟绩，而之后大纲则发生了显著的变化。我们稍后马上就回到大纲问题。

此处也出现了一个矛盾：历史上英雄们的暴行可以为奥地利议会民主制下新一代市民们树立典范吗？

奥地利民族叙事的第三个支柱尤其具有浪漫意象：这个国家风景秀美，群山环绕着湖泊，奥地利人民自然、友好而诚实的性格使那里的景色更为鲜活（然而，奥地利是个山地国家，其 60% 以上的领土被阿尔卑斯山脉占据）。奥地利所呈现的这种意象在 20 世纪五六十年代经由当时的媒体、电影、广播和电视强化，可谓盛极一时。尤其是当时电影院放映的所谓"故土电影"① 塑造了人们对于奥地利所具有的浪漫印象，它完全脱离了战后动态工业社会之中诸多的环境问题和社会冲突，其中以茜茜公主为主人公的电影三部曲（1955～1957）和音乐剧《音乐之声》（1965）更将这种印象推向了高潮。

我之所以采用人们对奥地利历史的这些通俗印象开始，是因为它们自 1945 年以来影响了不止一代奥地利人，而且塑造着世人对于奥地利的印象。可以想象，这种印象与历史学家的发现不尽相吻合，也难以反映 1945 年之后奥地利历史学的话语体系。然而，当我们在分析电视新闻、广播中的大众讨论或报纸和杂志之时，也即在分析最通俗、最富影响力的媒体时，我们就会发现类似的意象。例如当你在互联网上查询有关奥地利的信息之时出现的情况（维基百科）。

我们也可以在 1945 年 9 月的课程规划指南和学校教学之中看到类似有关奥地利的印象和对其历史的描绘。于是，我们自然就会想到学校历史课所授内容也不尽和历史学家采用客观数据描绘的相同。这个例子也正好佐证了近年由海顿·怀特、弗兰克·安克施密特、米歇尔·福柯②或其他构建主义者提出的有关历史是个构建物的理论。

（二）历史教学分析——历史的构建和解构：从国别历史走向全球历史

基于第一部分，我们的假设即：

（1）历史不等于过去；

（2）历史是对过去特定方面进行构建而形成的特殊叙事；

（3）通过分析并解构历史叙事，我们可以从构建的特定历史中了解到

① 德文"Heimatfilm"（Homeland Film），20 世纪 60 年代在德国、瑞士和奥地利等国家诞生的一种电影类别，以自然风光、情感和简单说教为主要内容。
② 海顿·怀特（Haydn White），美国历史学家，著作有《Metahistory：19 世纪欧洲的历史想象》；弗兰克·安克施密特（Frank Ankersmit），荷兰著名历史哲学家，著作有《解构历史》（1997）；米歇尔·福柯（Michel Foucault，1926－1984），法国哲学家和思想家，主要著作有《知识考古》（1969）、《性史》（1984）等。

更多的基本观念和理论假设。

"历史"作为报道并反映过去的特殊科学"标签",于 19 世纪和 20 世纪最初发展为民族（有时也称民族主义）叙事——祖先或祖国的光荣历史。将这些民族叙事置于国际视野之下进行比较，有助于我们发现"历史"本身就是个构建物，一个由民族象征符号、神话、传统以及特定选择的历史"事实"构建而成的范畴。历史学类似的概念依然具有很强的影响力，人们审视、调查、讲授历史。国史当然有其价值，但是如果从全球视野来看，这个概念往往就显得有些欠缺且不合乎时代潮流。

从很大程度上来说，历史课堂教学依然根植于国家民族框架之内，而再现民族叙事也依然是中小学历史教学的主要目标之一。现今，当具有了全球视野之后，便可以说我们缺乏跨文化、多文化和全球性的历史概念，这一事实也对课程设置和教材开发具有一定的影响。

全球历史不同于（以前的）世界历史，它是针对全球化的各种进程而出现的一个新历史学概念，其旨在通过对这些进程进行历史性分析、描述以发展出完善的理论与方法。全球历史有望呈现历史尽可能多的方面，包括社会、经济、文化和政治历史。全球化（的影响）不仅开拓了个人作为社会主体的"外在层面"（全球的经济、政治、社会和文化体制），而且发展了其"内在层面"（个人的和心理的体系），因而对于个人发展和/或历史意识、身份和历史文化构建都起着关键性的作用。历史的解构在历史教学中有各种案例。

（1）从解构到多视角是培养跨文化分析能力的一个指标。

（2）通过分析学校科目"历史"如何被撰写和讲授，我们就可以展示历史（的某个特殊层面）被构建的过程。

（3）我们询问特定国别史创造/开始/"发明"的时间，如斯洛伐克、捷克、摩尔多瓦、克罗地亚、北马其顿以及奥地利等国家的历史。

（4）我们详细分析当权阶级对民族象征标志（发明、发现）的讨论和确认过程，其中包括国旗、国歌和国徽，思考哪些标志和历史特征被选定、其原因为何，而哪些又被遗弃、原因为何。

（5）我们比较机构成立过程，比如某个国家的"纹章协会"和历史学会以及它们对象征标记形成过程的影响。

（6）我们比较国家教育部在发生政府激变、政体变化、革命、内战和二战之后有关学校历史教学的不同法规、条令和指南。

（7）早在 20 世纪 50 年代，乔治－艾克特国际教材分析研究所①就启动了比较欧洲邻国（比如德国－波兰、德国－捷克）历史教材的研究。通过比较，研究发现了最具影响力的不公和偏见。

（8）这项工作得到了欧洲历史教育委员会的广泛支持。迄今为止，欧洲委员会在其 47 个成员国的学校历史教学之中发挥着澄清事实的作用。

二　社会科学理论和方法融入历史课程

（一）1945 年之后历史学和学校教材历史教学的发展

作为 21 世纪的历史研究者和历史教师培养者，我们已经学会了批判地接受国别叙事。我们考察其构建的起源、国家形象和谚语背后潜存的概念和动机，由此希望对民族叙事进行解构，并将民族叙事与邻国的类似叙事进行比较。

那么，奥地利历史学研究的发展近况如何？

当然，历史主义和民族历史在奥地利 1945 年以后的历史学研究中发挥了重要作用。然而，奥地利的青年一代历史学者深切感受到，即便民族范式在概念化的过程出发点是好的，而且克服了法西斯主义残余并倡导建立民主社会，这个范式的重建仍然停留在传统研究之中那种强调民族、政治历史并以时代为序的方法之上。这种传统方法认为，当权的伟大人物（包括为数不多的几个女性）是历史的主演，对社会经济发展也仅是轻描淡写几句，这让读者对社会政治矛盾的发展、突现的危机和解决方式都知之甚少。

在欧洲及其他地方，在经历了两次世界大战和犹太人大屠杀的创伤之后，实证主义民族历史受到了广泛的批评。在历史学研究中，我们在 20 世纪后半叶洞察到了一种从历史主义到历史社会科学的范式转移；而到了 80 年代，这个范式又转向文化历史和全球历史。这些新理念对奥地利的历史学

---

① George-Eckert Institute for International Textbook Research，于 1951 年在德国成立的国际教材研究机构。

研究也产生了深远的影响。比如，我在维也纳大学学习期间，就将研究重点放在了经济和社会历史上面。而我们讲述的历史社会科学的概念对学校历史课程和教材编写的影响也逐渐增强。

（二）学校历史教学大纲

奥地利学校历史科目的教学内容在 20 世纪 60 年代发生了彻底的变化。人们意识到社会科学和政治科学对于今后民主社会的发展具有举足轻重的作用，因而政客和科学家对此都表现出了浓厚的兴趣。此外，这也得到了学校管理层中自由派的支持，他们一致认同下面这些方面都应当被列入学校教学大纲：

（1）社会（宏观/中间/微观结构）的发展；

（2）经济结构的发展；

（3）政治制度的分析；

（4）市民在政治和社会中的角色

而历史则被认为是与这些问题紧密相关的科目，因此 1962/67 年的历史教学大纲就被更定为"历史与社会研究"，改动尤其明显。新大纲不仅要求老师讲授政治发展（比如古罗马、任权争端或法国大革命），而且需要考虑古代社会的社会和经济结构，以便深入了解中世纪的封建制度、法国大革命之前的法国社会结构、工业革命的影响等。

随着第二次教改，历史上的伟大人物淡出了历史大纲。自此，历史教学内容的兴趣点就放到了历史的结构层面：这当然包括政治历史，但不是通过认识历史上的伟大人物来完成，其侧重点就是要：

（1）为历史上的政治、社会和经济发展提供系统信息；

（2）让学生们明白社会/政治制度的多样性；

（3）进而让他们意识到政治和社会形势可以按不同方向发展；

（4）不仅政治形势可以发生改变，社会经济形势也可以发生变化，它们都具有可变性。

与此同时，学校历史教材结构在 20 世纪 70 年代迅速发生了变化。此前，历史教材就好比故事荟萃，讲述一个从史前至现代的宏大叙事。自此，历史教材就演变成研习课本，它为学生们提供主题引导，以便他们组织自己的历史学习。

总而言之，20 世纪七八十年代，以教师为中心的历史教学转向以学生为中心的历史学习是奥地利历史与社会研究课程教学的主要特征。

三　过程定向学习概念和近年历史教学中的最新趋势

（一）过程定向型历史教学

我们不仅改变了历史课程大纲的教学内容，而且正如在谈及历史教材时所述，我们也强调课堂管理中的交流结构。教师的角色也相应地发生了变化：新大纲之中，历史老师不仅掌控历史相关信息，对课堂教学信息发挥单极放大传播作用，同时要准备历史课堂功课，让学生们对特定历史主题进行深入探究。

因此，我们懂得了应当将重点放在学习和教学结构本身之上。正如保罗·瓦茨维克（Paul Watzlawick）[1] 所言，在建立交流双方的关系之前，我们不可能进行交流，不论他们是听我们讲授还是在交流中积极与否。因此，在历史教学之中，我们需要投入足够的时间建立、管理并评估交流双方的互动过程，也即交流与历史相关话题的过程。

我们知道，授课形式采用层次交流、团队式对称交流或过程定向型交流，其效果差异将十分明显。下面，我将在论述中对历史学习的概念进行更多的介绍。

（二）历史课程中的公民和市民教育

面对这样一个全球化、多样化和相互交联的世界，要对其有合理的认识并予以行事，个人就必须掌握不断更新的技术并学会利用大量的信息。当然，社会作为集体也面临着挑战，比如平衡经济发展与环境可持续性的关系，促进社会在公正基础上的繁荣等。在这些背景之下，要实现个人志向，就要具备更为复杂的能力，而非简单掌握某种技能。[2]

---

[1]　保罗·瓦茨维克（1921~2007），奥地利裔美国心理学家和哲学家。

[2]　"The Definition and Selection of Key-Competences. Executive Summary," OECD 网站，2012 年 1 月 20 日，http：//www. oecd. org/dataoecd/47/61/35070367. pdf。

　　在开发过程定向历史教学模式时，我们首先考虑加大对核心技能的重视力度。例如，学校历史课承担的任务在过去几十年也发生了变化。在全球化及多元文化社会背景下，历史教学与历史学研究范式（比如社会、经济和文化历史）的相关性也更具系统性。就历史教学法而言，注重分析、比较和反思的教学模式也逐渐得到更为广泛的讨论。

　　此外，如前所述，学校历史课也不得与学校教育的新要求展开竞争，因为学校教育不只针对"历史"进行，学校科目如"历史"、"市民教育"和"公民教育"都有望参与塑造未来公民的社会政治身份。在欧洲公民和历史教育的比较调查中，我们发现不少欧洲国家将这些重要任务赋予其他副科如"政治"、"社会研究"和"文化研究"。然而，公众依然普遍把如何在欧洲和全球视野之下，将下一代培养为有责任感的市民的期望寄托在"历史"和最近出现的"公民和市民教育"科目之上。这些科目的任课教师就需要培养学生的技能，使他们具有公民民主意识，可以进行跨文化对话，并具备相互理解的宽容之心和社会责任感。

　　依据教育体制总体目标，一个社会对如何培养和教育公民都有各种各样的传统可循：要么将重点放在政府知识之上，强调公民的角色、权利和义务；要么将重点放在如何培养积极向上、有责任心（和批判精神）的公民之上。一些新兴概念，如欧洲委员会的"民主公民教育"，就旨在帮助学习者获取知识、技能，提高理解能力并塑造他们的态度和行为，以此来赋予他们在社会上执行并捍卫民主权利的能力，赋予他们评价多样性以及在民主生活中积极参政的能力，借此促进并捍卫民主和法制体系。

　　当前，奥地利教育体系依然在争论我们是应当建立有别于历史教育的单独"市民和公民教育"科目，还是将二者结合起来。不过，这两种模式各有优势：建议分两科的观点反映了当前社会的复杂性，学校培养的学生应该具备更强的分析能力，有能力应对每天大量的信息并对此有意识地进行批判性选择；建议将历史和公民教育两科合并的观点则为学生对政治、社会或经济矛盾进行历史性深层分析提供了机会。

　　在过去的30年中，将历史和公民教育两科合并的观点占据了上风。自2007年起，奥地利政府赋予16岁的青年公民参与议会选举的权利，因而增加市民和公民教育就显得很有必要。这个角色分配给了历史课，故而人们对学校科目进行了重新命名，当前称为"历史、社会研究和公民教育"。

因此，奥地利的历史教学目标不仅是为共和国培养具有历史知识的公民，也要教育公民学会用历史的观点批判性地分析当前的政治、社会、经济形势。下面，笔者将举几个例子来说明我们所采取的做法。

（三）"语言学转向"和"视觉转向"对历史教学的影响

历史现已被发现是对过去的特殊叙述——人们对它所采用的特殊语言形式、风格和结构都必须进行分析，以便能深入地了解其构建过程，也即所谓的历史"语言学转向"。采用历时性视角分析某个历史特征就会引发有关该主题的典型谈话、撰写和/或反映形式，例如有关性别角色/平等、理想家庭的政治范畴、民族身份、人权等。

视觉因素在构建历史意识中的作用业已被认为与语言因素同等重要。图片和/或电影不仅简单地"对我们讲话"，人们需要对其进行分析和阐释。因此，学生必须进行媒体辨别力训练。

目前，媒体、传媒体系和传播过程都越来越被认为是主导历史思维和学习的可见形式，学生的训练体系之中就必须考虑这些实际情况。

初中学校讲授媒体辨别力的例子如下。

（1）Web-Quest①：塞尔维亚、克罗地亚、波西尼亚、黑塞哥维那、土耳其和奥地利的国庆日。

（2）开发一种 Web-Quest，比较学生们来自不同国家的国庆节（Nationalfeiertag）。

（3）采用历时性观点从以下几个方面比较 5 月 1 日的游行庆典活动：

①政治代表们的行为举措；

②当年的主要政治口号；

③游行参与者的组织、模式和着装；

④最近政权（1934 年匈牙利法西斯主义）对"劳动节"的利用和滥用。

训练媒体辨别力之高中学校历史教学中的例子如下。

---

① Web-Quest，即网络探究，一种网络导向性学习系统。

（1）网站为 http：//www. polipedia. at。

（2）建立不同国家的电视－新闻－电影数据库，将同个主题分别采用共时和历时两种视角进行处理，比如柏林、维也纳和巴黎的劳动节，1968年风暴之时奥地利和捷克的电视节目对革命和布拉格的报道等。

（3）采用历时性视角比较首脑的讲话，分析5年、10年、15年、20年间隔之内这些讲话所再现的民族象征符号。

四　结论

奥地利的历史与历史教学经历了从1945年以后奥地利历史叙事的批判性到20世纪六七十年代将社会科学理论和方法融入历史课程，今天出现了过程定向学习概念和近年历史教学中的最新趋势。其中包括多视角分析、积极公民的培育和媒体辨识训练以及历史教学中的核心能力如自我反思、社会交流技巧、分析技能和团队合作能力的培养。

现代日本中等和高等教育中历史教育定位

——困难和改革方略

〔日〕桃木至朗 著 唐剑明 译

序

笔者想在开头部分阐述本文的目的。第一，是想对现代日本高中、大学历史教育的结构及其问题进行解说。第二，是想通过高大协作（高中和大学的协作）最近正在推进的以历史教育改革为目标的活动，介绍一下全国的活动和大阪大学的动向这两个方面。笔者想请中国和世界的读者们注意的是，说起日本历史教育就会想到的带有偏向性的历史教育的扩大蔓延，如果仅关注政治势力动向的话是无法理解的。本文就有关历史教育的偏颇，希望促成各位读者从教育和社会文化等更为广阔的背景出发去理解。所谓社会文化的背景，举出例子就是像这样的：日本人将儒学中的"君子豹变"理解为不好的事情；入唐僧侣最澄①（766/767~822）的"照千一隅，此则国宝"的教诲，表扬信徒一生坚守在一个小领域中不断努力。其中无论哪个例子都看不到"理解世界和国家的大局而改

---

① 他以在唐朝学得的密教为主成立的日本"显密佛教"，以他创建的比叡山延历寺为中心，支配了日本中世（11~16世纪）的宗教界，在政治、经济领域具有较大的影响力。

变自我的生存方式"这样的思考，而是寻求"在既定的结构中将一件小小的工作贯彻始终"的姿态。在宽阔的视野中寻找多件工作，仅仅是能够完美地做好一件小小工作的人的专利。① 就这样产生了"即便是 1945 年 8 月 15 日，（明明车辆和线路被严重破坏，人员和燃料不足）日本铁路系统中任何一列车都是遵守时刻表来运行的"这样的佳话。

一　现代高中历史教育的问题点和改革的讨论

（一）第二次世界大战后学校教育的结构和教科书、教师培训

笔者先来介绍关于现代日本学校教育和教科书的部分吧。根据第二次世界大战后的改革而设立的学制，初等教育（小学 6 年）、中等教育（初中 3 年加高中 3 年）的教育内容、方法是根据文部省（现在是文部科学省）颁布的"学习指导要领"② 的大纲来决定的。第二次世界大战前的那种国定教科书是不存在的，教科书能够自由发行，但是一定要通过文部科学省的"检定"才能使用。"义务教育"虽仅限小学、初中，但随着 20 世纪六七十年代的"经济高速增长"，几乎所有的青年都能读高中。现在日本有 6000 多所高中。公立（市立和县立）、私立占多数，将初中毕业后经过 5 年学习能够获得大专同等学力的工业"高专"（高等专门学校）排除，国立高中只有少数"国立大学附属高中"。最近"完全中学"数量增加了。

经济高速增长的结果是大学生的数量也增加了，高中毕业者半数左右进入大学（4~6 年制）、短期大学（相当于中国的大专，2 年制）学习（日本有约 800 所大学，其中国立大学 86 所）。

根据第二次世界大战后的《教育职员执照法》，即便不是出身于教育大学、教育学部，只要接受文部科学省的"课程认定"即可接受以取得"教师资格"为目的的教育。（开放资格制）在开设"教职课程"的大学取得一

---

① 寻求怎样程度的完美？日本工业制品的品质能够证明。
② 1950 年代，日本政府赋予了其"具有法律约束力"的地位。其后，约每十年修订一次内容。

定的学分，进行"教育实习"，便可获得小学、初中、高中等"教师资格"（资格由各都道府县的"教育委员会"发行，全国有效）。教师资格持有者每十年须接受"更新讲习"，不合格者教师资格无效。"教师招聘考试"，私立、国立学校独自组织进行，公立学校由都道府县、市町村等教育委员会组织，将合格者分配至管辖范围内的学校。

（二）日本的"应试战争""高考地狱"

人的价值是由毕业学校的学历来决定的，学历是由高考成绩来决定的。这样的"信仰"支配着日本社会。不光是"东大""京大"等名校，有名高中（"进学校"）和私立中学的入学考试也是竞争激烈，[①] 许多家长为了准备孩子的应试而负担了巨额费用。此为日本"少子化"的重要原因之一。

高考分为笔试和推荐制/申请制考试。推荐制/申请制考试以高中时期的表现（也包含学校以外的体育、艺术和社会活动等的成绩）和面试为依据选拔合格者。以少子化背景下为了保障入学人数而苦恼的非名校（水准较低）为中心，实施推荐制/申请制考试的大学增加了，但是由于笔试以外的考试办法并不成熟，常有人批评这样"只会让学力低下的学生进入大学"。

在笔试的情况下，由国立机构"高考中心"组织"第一次考试"（统考），各大学自行组织"第二次考试"。两次考试成绩经过合计，选拔合格者。但是一部分大学也允许仅凭第一次考试的成绩，或者仅凭第二次考试的成绩入学。第一次考试当中以哪科成绩为依据？第一次和第二次考试的分数合计权重如何分配？这两个问题由大学、院系各自决定。国立大学一般要求语文、数学、英语、理科、地理历史/公民这5科，称"五教科"（语文、数学、英语的满分为200分，地理历史/公民、理科的满分为100分）。"理科系"考生需选择理科（包含物理、化学、生物、地质学等）中的几门科目，"文化系"考生选择"地理历史/公民"（包含世界史、日本史、地理、

---

① 为了成功考上大学、高中等各类学校和学部，必要的学力"偏差值"（standard score）成为考生和老师、家长最关心的事情。各类学校、学部的序列由偏差值来判断，经常可见众多考生并不是根据"想要学习哪个领域"而是根据"自己的偏差值能够考上哪里"来决定应试的学校、学部。

政治经济、伦理等）中的几门科目。①

顺便一提，日本的教育支出占 GDP 的比重是 OECD 成员国当中最低的。②
虽然全社会重视入学考试，但实际上组织考试以及评分的时间和力量都不充分，
只能进行形式单纯的考试。日本没有科举考试的传统，朱子学的影响也较弱，
在"武士＝军人"和"职人"价值观优先的日本社会中，大家极端地认为"论
述式"（essay test）很难公平评分，大家形成的广泛共识是：一问一答式的，以
知识问答形式来进行的单纯的考试（如计算机阅卷）才是"公正"的。

结果，历史教育和考试大部分重点放在了事件、年代和人名的背诵上面
（教育领域不可进行价值判断和道德评价，第二次世界大战后的"消极中立
主义"影响强大亦为一因），日本青年也不是一定"不知道"侵略战争和殖
民地支配有关的事情，"只是背诵语句和年代，不能解释和讨论"的人很
多，也容易受错误宣传的影响。

（三）"社会科"和"地理历史科"（地历科）

笔者认为有必要介绍一下历史相关科目的结构。近代日本，20 世纪初
期，当时的"中等学校"和大学中有"国史"、"东洋史"（亚洲史）、"西
洋史"三种区分。第二次世界大战后的新制"高等学校"（高中）改为"国史"
（后改称日本史）、"世界史"的两种区分，大学依旧采用三种区分。③

---

① 国立大学的第二次考试在统考之后普遍分为"前期日程"和"后期日程"或录取
（admission）考试两次。笔者供职的大阪大学文学部的"前期日程"考试（2018 年度定员
135 人）中，统考（语文 50 分，地理历史、政经 2 科目分别为 30 分，理科 1 科目 40 分，
数学 50 分，英语 50 分，满分 250 分）和第二次考试（语文 150 分，英语 150 分，地理历
史中的 1 科目或者数学 100 分，满分 400 分）的得分合计合格者认定为合格。"后期日程"
当中统考和"小论文测试"的分数合计，但是从 2017 年起废止，取而代之的是重视体育、
文化、社会活动、面试、小论文成绩的新型录取考试（定员 30 人）。
② 例如 2012 年公共支出占 GDP 比重为 3.2%，这是 OECD 35 国中最低的。反倒是自费负担，
即家长负担比重在 35 国当中排名第八位（1.2%），合计 4.4% 列第 26 位［OECD,
Education at a Glance 2017（Paris，OECD Publishing），p. 189，Table B2. 3.］。
③ 亚洲研究的领域中"东方学"等早已成立，外语学院或国际关系学院等类型的大学依据对象
区域划分专业的情况较为普遍。此外，20 世纪 90 年代开始的英美式"大学改革"中，专业
的名称发生各种变化，人文学科的院系当中也经常出现并非以历史、文学等学问领域来划分，
而是以"亚洲研究""欧美研究"等区域为依据来划分专业的方法。即便是现在，"日本史"
"西洋史"等拥有作为极为稳固的学问领域的独立性和学会组织。其他像"东洋史"虽然传
统上是以中国为中心的学问领域，但是现在中亚史、东南亚史、南亚史、西亚史（中东史、
伊斯兰世界史）等各自发展了起来，其作为学问领域已经瓦解了。

"社会科"和"地历科"：第二次世界大战后的中等教育（初中和高中）导入美国式的"社会科"（social studies）。社会科在初中分为"地理""历史""公民"，高考分为"日本史""世界史""地理""政治经济""伦理"等科目。20 世纪 60 年代至 80 年代，以大学升学为目标的"普通科"高中，大都要求学习全部这些科目。这一时代接受教育的人群，在现在看来是人口最多的，其思维方式也引领着日本社会的发展。但是由于"无法从经济高速增长的记忆当中走出来"，阻碍日本社会改革的因素很多，历史教育也不例外。

"以应试为目的的（内容陈旧的）填鸭式教育"的弊端在 80 年代受到批判，1989 年指导要领（高中于 1994 年度开始实施）提倡面向国际化、反映最新科学成果的教育。这时候，高中社会科分为"地理历史（地历）科"和"公民科"，"地历科"仅含有世界史、日本史、地理，分为"A 水平"2 学分（70 学时）① 和"B 水平"4 学分（140 学时）。世界史/日本史 A 以近现代史为中心，B 为古代到现代的通史。高考一般要求"B 水平"。"世界史、日本史或地理"必修两个科目（世界史必修化）。这是将初中社会科的历史部分设定为几乎不教授世界史而集中教授日本通史的措施。

（四）世界史履修者减少和 2006 年 "未履修问题"

高考竞争和最新领域研究发展（例如东南亚史、环境史），导致世界史"背诵要点"渐渐增加。因此，由于其作为"统考"必修科目"应试困难"，选择世界史 B 的考生减少（大致为日本史 B、地理 B 的一半左右）。② 但是教师都是"世界史 B 背诵高手"，高考出题范围不断扩大，故背诵量不减。他们连只需简单教授近现代史"A 水平"的教法也不懂。并且高中为"充实英语教育""信息处理教育"等导致时间愈加不足，大都只能将需

---

① "1 学时"的课程通常是 50 分钟，公立学校原则上周六、周日休息。

② 统考开始实施的 1990 年度，考生人数分别为世界史 115112 人、日本史 121260 人、地理 118064 人（当时没有 A、B 区分），但是到了 2018 年度，世界史 B 有 92753 人、日本史 B 有 170673 人、地理有 147026 人（世界史 A、日本史 A、地理 A 中的任何一科都是 1000 ~ 2000 人），文科考生选考日本史的占压倒性多数，理科考生几乎集中在地理。参见高考中心 HP 网站，http://www.dnc.ac.jp/center/suii/index.html。

要时间较少的"A"设为必修。但是教师只会教"B"并且高考要求"B"的水平，所以许多高中采用"必修世界史 A 的时间讲一半 B，剩下一半提供给高考选世界史 B 的学生作为选修科目教授"的办法。就是说，高考不选世界史的学生只学了一部分世界史，"与考试无关"的内容马上就忘光了。等于世界史的应考者减少，即全体高中生世界史知识的大幅减少。

在这样的状况下，2006 年报道的日本很多高中用其他科目替换"对应试不利的"必修世界史（未履修问题）。右翼政治家等要求"日本史也要必修"。2014 年文部科学大臣（教育部长）就学习指导要领改定向"中央教育审议会"发出咨问，其中包括要求讨论"日本史必修化"等的内容。

二　大学历史教育的状况与责任

（一）通识教育和专业教育、研究生教育

接下来介绍有关大学教育的结构。第二次世界大战前，通识教育在"高等学校"进行，大学只进行专业教育。但是，前者在第二次世界大战后的"新制大学"改革中替换为美式通识教育（liberal arts/general education）。一般情况下，普通综合性大学的学生在最初两年里接受由"教养部"教师教授的通识教育（包括一外、二外），后两年在各自所属学部接受专业教育。第二次世界大战以后，一次课程的上课时间逐渐缩短，现普遍为 90 分钟。一个科目的课程通常每周只有一次。虽然以前需要花一年时间（一年时间约授课 30 次）① 才能上完的科目很多，但是现在学期制（semester）（一年划分为两个学期，各门课程在一学期时间内授课满 15 次结束）成为普遍的做法。文部科学省最近还在鼓励引进美式的学季制（quarter）。

20 世纪 90 年代，在对通识教育的批评和对提前进行专业教育的要求愈

---

① 日本学校的"学年"和财年一样，每年 4 月开始、次年 3 月结束。因此，入学考试和学年末考试大部分在 1～3 月进行。只是在大学中引进了学期制和学季制的关系，9～10 月入学的学生和 6～7 月结业的学生也增加了。

加强烈的背景下，教养部这一组织被废止，通识课程的课程设置也根据各大学的情况有了多样化发展（课程担当者为各学部教师）。但是高中教育和高考多样化的过程中，各大学轻视通识教育的后果就是最近专业教育进行得不顺利的例子增加了许多。为此，想要重建包括以高年级本科生和研究生为对象的"高度通识教育"的大学很多。理工科顶尖的东京工业大学重建通识教育，就是其中有代表性的案例。

20 世纪 90 年代开始的"大学改革"中，不仅是教养部被废止，各大学被要求组建具有特色的学部/学科——至少在表面上很多大学的"哲学科""史学科"等传统专业——都改变了。高水平国立大学等学校从 90 年代开始推行"研究生大学化"，变成了大学教师的"本职"是研究生教育，本科生和通识课程的教育倒成了"兼职"。研究生定员倍增，在过去只有志愿成为研究者的学生才会进入人文学科，像理工系那样在取得硕士学位后进入企业和政府机关就职（或者成为初、高中教师）的学生不断增加。

只是这些改革的最大目的是减少泡沫经济崩溃后日本政府的财政赤字。由于文部科学省的大学预算减少，大学教师人数也在减少，最近取得博士学位而无法就职的年轻研究者增加。因此，愿意攻读博士学位的日本国内生源减少了。

（二）大学历史教育的欠缺

由于地理教育内容的半数是自然科学，教育组织和教育内容也相对接近自然科学，具有系统性和划一性。与之相对，历史给人留下纯粹人文学科的印象，不少大学教师认为系统的、划一的教育会损害学生的自主性和自发性，[①]并且几乎所有的大学老师都是那种精于背诵世界史 B 和日本史 B 知识点的"秀才"。他们的问题在于无法分清通识教育和专业教育的区别。他们只会本着应试的态度让所有的学生背诵世界史 B 和日本史 B 的知识点。他们知道并且会告知学生这样做是不对的，但是也只能毫无办法地维持这种做法。然而现在是"每个人知识背景各有不同"的状态，"文化人类学""国

---

① 拥有悠久历史的高水平大学（许多大学教师毕业于此）中，存在学生都应该自主学习研究这样的 19 世纪的理想主义。另外，经济高速增长期以来建立的许多大学当中，学生水平较低而需要系统性的教育，但是预算和师资都不足，由于少量教师必须指导大量学生，系统性的教育变得无法实现。

际关系论"等高中未设科目的大学课程颇受学生欢迎，教育成果斐然。这真是颇有讽刺意味。

学生要掌握专业研究，一般通过以下两种经验主义的做法：（1）通过听讲教授的讲义和阅读著作来自己发现；（2）参加 19 世纪从德国引进的"小组讨论"形式的课程，模仿教师/前辈。历史不能如数学和物理/化学那样将思想和方法论以公式的形式教授。作为不具备"背诵知识"这种基础的现在的学生，通过这样的做法很难掌握方法论，因此历史学专业教育的效果明显下降了。一周一次仅 90 分钟，学生同时履修十几种课程的做法对应该一门门学习并掌握知识技能的学科来说是没有效果的，这也是日本大学教育的一大缺陷。①

（三）历史学的危机

前文已经提及，日本的大学里基本不存在"历史系"（当然也不存在法国、俄罗斯、中国那样实力强的理工系学术机构中也有的附属历史学研究所），历史学和哲学、文学一起隶属于文学系（人文系）。历史学专业内部，自 20 世纪初开始的日本史、东洋史、西洋史的三个区分直到现在依然存续着。另外，没有史学理论及史学史方向的专家：讲授历史学概要的讲义（史学理论），以前是由西洋史教师担当，仅介绍西洋的史学理论/历史哲学，现在许多大学已经无人教授历史学或者仅剩下一个空壳。大多数讲义是只关注个别时代或地域/领域的"特殊讲义"。历史学和文学一样，作为一门学问而处于统一性极端低下的状态。

日本史、东洋史、西洋史的三划分，成了以"总是独立/孤立而仅靠内部力量推动的日本史""日本应当学习的作为世界上普适的/模范的西洋史""关注其他（落后的、日本应当指导的）地区的东洋史"这样错误的三区分为依据再生的"日本一国主义"和"西方中心史观"，以及对待亚洲的歧视

---

① 正因为如此，认为日本学校的课堂教学不可以出现不合格者的想法是占据支配地位的。即便如此，高中为止的课堂中认真听讲的学生虽然很多，但是大学生的应试态度除了专业的小班以外，不抱有热情的情况极多（他们相信大学的成绩相比"哪所大学毕业的"对就职的影响很小）。但是 2010 年文部科学省等部门对各大学强烈要求"大学质量保证"。后面要讲到的日本学术会议对应此项要求研究并公布了各学问领域的"参照基准"。（历史学方面：http://www.scj.go.jp/ja/info/kohyo/pdf/kohyo-22-h140909.pdf）

意识（高中世界史也是欧洲中心）的温床。非洲及太平洋的历史不存在，因此想要以此为研究对象的学生不得不进入外语或国际政治专业的院系学习。

现在，历史学在世界上饱受"无用"的批判。日本最近的"大学改革"中，历史学等"人文学科"的预算和教师定员渐渐减少，并且由于同几个邻国的对立和汉字文化的退化，专攻亚洲史（东洋史）的学生锐减（西亚北非的伊斯兰各国研究例外）。因此，基于上述理由，历史学作为学问的系统性是薄弱的。和自然科学、社会科学及地理学/考古学不同，历史学没有统一的学会组织（东京大学的"史学会"、马克思主义的"历史学研究会"等虽然有名但是并非统御整个学界。其他也有诸如以西洋史/东洋史等根据地域/方向及大学来划分的小型学会存在）。① 同教育学相关的学会之间的协作也不充分。因此，学术界整体推进改革而举步维艰这一点，使得日本的历史学所面临的困难更加严峻。

第二次世界大战后流行的马克思主义史学衰退后，没有支配/领导学界的大理论（grand theory）。由于大家执迷于"根据第一手史料的实证"这样的工匠式研究文化，对全球史有强烈的抵触。那样的学者普遍抱有"和高中不同，在大学里不应该教授自己专业领域（能够使用第一手史料进行研究的领域）以外的内容，因为这样做会降低教学质量"的信念。总括性的概论较少，只有包括通识课程在内的个别专题的课程较多，这在很大程度上也是因为历史学缺乏统一性及这样的手艺人文化。

三　通过"高大协作"进行历史教育改革

（一）文部科学省进行的改革

本部分介绍一下针对上述悲观状况而进行改革的动向。针对"日本史必修化"的动向，在虽属于国家机构却独立于政府以外的科学家协议

---

① 作为历史方面各学会的联络机构，有一个"日本历史学协会"，有关历史教育的发言也偶尔会有，但是还存在没有加入"东洋学"和亚洲各区域的"区域研究"的学会等弱点，影响力受限。

组织"日本学术会议"里面，有人提出了反对意见并提议设立新科目
"历史基础"①。内容包括世界史和日本史的统合，以近现代史为中心，施
行不背诵而以培养思考能力为目的的教育。媒体、高中/大学教师之间也
强烈倾向于设立新科目的意见，教师之间对内容进行着讨论。

如此动向的结果是，2016 年 12 月的中央教育审议会答复中公布了要制
定全面使用以培养"能力"为目标的"active learning"（主体式/对话式的
深度学习）的新学习指导要领，对文部科学省提出了要求。2017 年 4 月，
小学、初中的学习指导要领公布；2018 年 3 月，高中的学习指导要领公
布②。高中的要领定于 2022 年度起正式实施。高中地理历史科的方针调整
为新必修科目"地理综合""历史综合"（各 2 学分）和选修科目"地理
探究""世界史探究""日本史探究"（各 3 学分）。与日本学术会议的
"历史基础"提案在内容构成上相近的"历史综合"，被定义为以初中所
学知识为基础，在将近现代世界和日本的历史与现代的各种课题结合起来
的同时，学习历史学习法的科目。并且"探究"不是推翻以往的"应试
背诵科目"，而是在活用历史综合当中掌握学习方法和概念的同时，寻求
一个并非只是理解个别年代和人名，而是到达宏观的历史理解的层次。每
一个科目都不是从一开始教授事实及其解释，而是必须视作从"某某事件
为什么发生"等问题出发引起学生思考，特别是"探究"要求学生自己
建立问题和假说并展开研究。

同时，高考改革的方针也出台了，在高考中心将要从 2020 年度开始施
行的"高考共通测试"（暂称）的方针框架下，2018 年秋季施行"试行测
试"。③ 各大学独立组织的考试也不仅仅考察"背诵"，还被要求进行符合大
学教育目标的"特色高考"，地理历史科正在以早稻田大学政经学部为中心
进行研讨。④ 并不只有论述课题和面试、讨论受到了鼓励。即便是只采用计
算机在短时间内处理大量答案这样阅卷方式的中心高考（大学入学共通测

---

① 除 2011 年提出最初建议而获得巨大反响之外，2014 年、2016 年也分别提议了有关历史基
础（历史综合）的内容。

② 参见 http：//www. mext. go. jp/a_ menu/shotou/new－cs/1384661. htm。

③ 参见 http：//www. dnc. ac. jp/daigakunyugakukibousyagakuryokuhyoka_ test/index. html，并且
每年统考考题都会在高考中心主页公布。

④ 文部科学省大学入学者选拔改革推进委托事业"资助高大接续改革，要求思考力、判断力、
表达力等新入学者选拔"于 2017～2018 年度实施。

试）中被采用的 4~8 个选项中选择正确答案的问题①，也有人提案种种新题型，诸如多选题型、两个以上问题相互关联的题型、并非解释事实而是选择为了证明事实而所需材料的问题（不涉及这些材料是否存在的问题）、让学生回答记述某段历史的记录的文脉和逻辑（其中不符合事实的话则要求回答不符合的理由）等。

（二）"高大协作"（高大接续）改革的动向

　　长期以来的教育当中，高中和大学除了高考以外没有接触也是问题。"历史科学协议会"和"历史教育者协议会"等进步组织在第二次世界大战后早早地进行了合作。20 世纪末，"新历史教科书编撰会"的极右学者和教师的合作也开始活跃了起来。但是任何一方都偏向于日本史（只属于日本国民的历史），轻视高考的作用。"从区域出发思考的世界史"项目等真正想要统一世界史和日本史来进行全新教育的动向依然是微弱的。

　　有鉴于此，日本学术会议（史学委员会中的高中历史教育相关的分科会）进行了上述改革提议（2011 年、2014 年、2016 年），对高中新科目"历史综合"的设立施加了影响。参加日本学术会议的学者中的一部分和高中教师协力创办了高等学校历史教育研究会（以油井大三郎为代表），2014 年针对 680 余名高中和大学教师进行了问卷调查，广泛征集新教科书记述和日本史、世界史的"用语精选"的提议。② 这一组织又邀请了日本的高中、大学教师和教科书编写者，于 2015 年设立针对高中大学历史教育及高考改革进行讨论/提议的全国组织"高大协作历史教育研究会"③，进行"历史

---

　　① 长期以来，所有的问题都只能是思考问题本身来解决问题（某问题的回答成为下一个问题的条件或者某问题的要点包含在其他问题当中的出题方法是不允许的），各个问题的正确答案必须只有一个，有事关考试"公平性"的不可思议的规定，但是在世界史 B 每年 36 个问题里面，由于习惯性认为必须包括世界所有的主要区域和时代，出题内容更加地碎片化了。结果，这理所当然会加剧高中生碎片式记忆知识的倾向。

　　② 高等学校历史教育研究会"在历史教育中寻求高中、大学间接续的根本性改革（第一案）世界史 B、日本史 B 的用语限定和思考力培养型教育法的强化"与"在历史教育中寻求高中、大学间接续的根本性改革"均于 2014 年发布。

　　③ 参见 http://www.kodairen.u‐ryukyu.ac.jp/index.html。含有第 1（教科书记述和历史思维能力）、第 2（教材、教育实践的数据库化）、第 3（历史综合）、第 4（高考改革）、第 5（大学的历史教育）5 个分会。

综合"课程计划的提案、非背诵的"历史思考力"的讨论和与之配套的教科书记述的样本作成等研究及提案活动。特别是 2017 年 11 月提案的世界史 B 和日本史 B 的高考中作为知识所提问的用语和事项（教科书文本中提供的用语）减少至现有的一半，并且其中包含以往没有作为"用语"而被列入清单的用语清单的提案①，被许多报纸和电视节目介绍，引起反响。

（三）"阪大史学的挑战"

笔者供职的大阪大学（大学院文学研究科/文学部）史学系②，在20世纪初开始的高大协作历史教育改革的活动当中受到了全国瞩目。

最初的活动是获得了文部科学省"21 世纪 COE 项目"预算，在 2003 ~ 2006 年暑假邀请全国高中教师参加的为期 3 日的研修会。每次都有 100 位以上的教师参加，学习高中应当教授的新历史学研究成果，就有关其教育方

---

① 参见 http：//www.kodairen.u‑ryukyu.ac.jp/new/new_91.html。长期以来，高中教育和高考所使用的"用语集"（山川出版社的《世界史用语集》《日本史用语集》最为有名）等，几乎都只是提供了人名和事件的名称。历史学的基本用语（例：史料、时代）、表现某时代和区域的特征的概念（例：日本古代的"律令制"、日本中世的"庄园制"等）、表现应当同历史结合起来学习的现代世界的各种课题的概念（例：可持续发展、性别、难民）的三个种类的概念追加了 300 个表现用语。只是这一清单提案除了因为有关日本军国主义的用语受到了右派攻击之外，还删除了许多文学和电视剧中有名但是科学上并不重要的人名（如被认为是明治维新功臣的坂本龙马）也遭到了历史爱好者强烈的反对等，在学界和教育界以外受到了批判。因此，高大协作历史教育研究会在 2018 年 4 月发表的"关于用语精选的调查问卷结果"（http：//www.kodairen.u‑ryukyu.ac.jp/pdf/questionnaire_results.pdf）当中说道："就国民关心的人物和事件，在严格选择的基础上，展示其与史实不同的地方，将其作为引起学生对历史的兴趣的手段"；"历史教科书的用语及其说明，不应当被政治上的考虑歪曲，只应当是基于学问的成果。此外，学问上的评价产生分歧的时候，不仅要展示特定的见解，还要展示多样的见解，要考虑让学生能够基于事实多方面、多角度地理解并进行考查"。基于这些原则重新进行了提案。

② 大阪大学是创立于 1931 年的国立综合大学，拥有 16 个研究生专业和 11 个本科专业（2007年合并了大阪外国语大学）。教师 3196 人，本科生 15479 人，研究生 7892 人。在日本的国立大学当中学生人数最多，医学部和工学部是最有名的，人文社科类专业的地位并不高。历史学除了日本史、东洋史、西洋史三个研究生专业的"专业方向"（本科称"专修"）以外，还有考古学、文学史、美术史、日本学以及经济史、法制史等其他专业领域，院系里面也有历史研究者。历史学的研究中，全球史正在不断发展。大阪大学虽然没有教育学部，但是热心于"高大协作"，成为初高中教师的毕业生也很多。

法进行讨论。① 2005 年 11 月设立"大阪大学历史教育研究会"。以每月召开例会为中心的活动目前还在持续（2018 年 5 月为第 113 次例会）。② 内容基于新历史学研究成果，以刷新历史教育内容（分面向高中/面向大学两方面）为目的的研究发表和授课报告为中心，指定了研究生专业的"演习"科目。③ 也要求研究生以高中/大学教科书及教育内容为对象进行了小组报告。

同各地的高中教师组织（大阪、京都、爱知、神奈川、北海道、熊本等）④ 及其他大学（静冈大学、东京外国语大学、福冈大学、日本大学等）、博物馆（堺市）广泛地建立合作关系。⑤ 此外，在亚洲世界史学会（AAWH）⑥ 的 2009 年、2012 年、2015 年大会上介绍了各种活动，同中国、韩国、美国等国专家进行讨论。

以这些"高大协作"和国际合作为背景，大阪大学内部历史教育的更新也在进行当中。通识教育以未在高中系统学习世界史的学生为对象开展"写给市民的世界史"课程，该课程自 2007 年开设以来，班级数慢慢增加，至 2018 年度开设了 6 个班（semester）。2014 年，为课程编写的教科书《写给市民的世界史》（大阪大学历史教育研究会编，大阪大学出版会出版）出

---

① 这样大规模的教师研修会，在 2010 年夏季以"阪大史学的挑战 Part Ⅱ"为题召开过。此外，2015 年 8 月召开了"教师执照更新讲习"。后者得到了初高中教师的热烈欢迎，但是之后由于大阪大学的内部调整没能再度召开实在非常遗憾。在现在学校教师过于忙碌的状况下，无法再提供令人满意的活动的组织也不在少数。

② "大阪大学历史教育研究会"2018 年 5 月为第 113 次例会，参见 https://sites.google.com/site/ourekikyo/。

③ 因为学生所属不同的"专业领域、课程"，变成了同一科目同时具有"世界史演习""历史教育论演习"两个名称的复杂结构。

④ 有各地"高中社会科研究会"等自发组织和都道府县的教育委员会影响下的组织这两种，也有召集前者的历史科学协议会（历教协）、召集后者的全国历史教育研究协议会（全历研）这样的全国性组织。

⑤ 那些成果的一部分体现在大阪大学历史教育研究会、公益财团法人史学会共同编著的（桃木至朗任责任编辑）《史学会 125 周年系列研讨会——教育开启的新历史学》（山川出版社，2015）。

⑥ 重视全球史和历史教育的学会，第 4 次大会于 2018 年 7 月在中国的东北师范大学召开。会议内容包括高考和教师培训等。有关历史教育的几个板块，来自日本的除了大阪大学以外，也有神奈川、东京等地的高中教师参加和进行报告，参见 https://www.theaawh.com/。

版了。① 专业教育通过日本史、东洋史、西洋史各自展开，严格训练资料解
读及发表技术、史学理论等。相当于新史学概论的"历史学方法论讲义"
面向本科二年级学生，由 3 位教师分担，讲义内容为历史学整体的对象/方
法的变化和各专业方向的研究动向，面向新入学研究生（全球史相关的研
究方法，由 12～13 名教师一人一次讲座），作为"史学系共通科目"要求
学生履修。利用大阪大学历史教育研究会的活动，上述历史学和历史教育相
关的研究生的发表和讨论也可以作为上述研究生院的"演习"科目来处理
（亦欢迎本科生参加）。也有选修过讲义的研究生被邀请到高中教师的研究
会进行讲义的例子。我们推荐以初高中和大学教师为志愿的学生选修全部
《写给市民的世界史》、"历史学方法论讲义"和研究生院的演习科目。从最
新的教师招聘情况来看，这些课程不仅对历史学的研究有帮助，而且对教师
培训也是有效果的。

四　结语

现在日本的政权和社会当中，赦免和赞美过去军国主义的超国家主义
（ultra nationalism）的影响渐渐增强了。这是很危险的事情。只是这样的政
权也好，社会也好，在"对美从属"这种第二次世界大战后的日本国家和
社会的基本结构中并不是自由的。强制推进"领土问题上的政府见解"的
同时，整体强调通过美式"active learning"来强调历史的多方面、多角度考
查的新学习指导要领，充分体现了其两面性。其中，还是有进步派研究者和
教师的活动余地吧。

这样的观点下，为了实现更加进步的改革，从偏向背诵微小事实以及从
一手资料（primary sources）中寻求发现的教育研究出发，在转向关注整体
的同时进行解释、评价、判断、讨论的教育研究，以及与其配套的方法普
及，是"你死我活的课题"。没有这些，即使强制推进高中教育和高考改
革，也会因为多数教师认为"我们没有那样的内容和方法"而消极怠慢，
从而使得改革成为无本之木。在内容方面，从"日本一国史观""西洋中心

---

① 这本教科书除了被东京外国语大学等几所大学作为通识课程采用以外，也被同志社高中
（京都）等一部分高中作为"副教材"使用。

史观"脱离，推广"将亚洲放在正当位置，将日本完全融入的世界史"是必须的。此外，在东亚各国人民的相互理解方面，同语言文学和文化教育一道，重建汉字文化的教育是不可或缺的。因为在现在的对立背景下，不光是日本，无论是哪个相邻国家，对作为区域共同财富的汉字和"汉学"的教育正在衰退的情况都是不能无视的。①

---

① 当然，那无法和现在英语化的要求"两全其美"。此外，过去汉字教育附属的儒学等"封建的""中华主义的"内容也必须经过现代的"文脉转换"。

日本历史学习指导要领中的
全球意识和日本主体

唐剑明

2018 年 3 月 30 日，日本文部科学省颁布了新的高中学习指导要领。上一年的 3 月 30 日，初中学习指导要领也已颁布。这两部学习指导要领将在 2022 年 4 月开始正式实施，目前新、旧学习指导要领正在过渡衔接的时期。为了编纂这两部新学习指导要领，文部科学省做了大量前期调研工作，在收集了广泛意见的前提下，对社会普遍关注的若干问题进行了正式回答，所有回答都集中在《关于幼儿园、小学、初中、高中及特殊学校的学习指导要领等的改善及必要的方略》当中。

新版学习指导要领当中关于世界史教学的理念发生了改变。在日本的学制当中，中学阶段的历史教育归属于"社会科"范畴，包括历史、地理、公民三科，各有侧重。这三门学科均涉及对外关系的部分。尤其是历史和地理学科，由于涉及重大历史认识和领土问题，显得尤为敏感。而这种敏感不仅是对外的，日本国内对这些问题的态度同样敏感。原因在于，日本战后一直以积极的姿态来努力回归国际社会，并且取得了相当大的成果。但是在重大历史认识和领土问题这两点上，日本同相关国家乃至国际社会尚未达成广泛的共识。究其原因，还是日本人的主体意识过于强烈，尤其是在社会科的各门学科当中，这种主体意识表现出越来越强烈的趋势。

一 中学历史学习指导要领中的全球意识和日本主体

历史教育在广义上是一个长时段的过程，包含了国民教育阶段中的历史学科教育和之后的国家层面宣传教育。但是，对绝大多数国民而言，接受集中的且指向明确的历史教育，在国民教育阶段才是可能的。在日本，初中阶段的社会科当中包括地理、历史、公民三科，高中阶段的地历科包括有 A、B 两档要求的日本史和世界史两个科目，真正的历史教育是从初中开始进行的。因此，可以说日本人的历史认识之基础，就是在中学阶段的历史教育过程当中建立起来的。同我国一样，日本的历史教科书也是根据学习指导要领的精神进行编写，之后由文部科学省来审定。学习指导要领在教育过程当中具有最高层次的指导功能，是一切教育行为的出发点。

现行的日本《高等学校学习指导要领》中提出了教育的目标，表述为"深化对我国及世界形成之历史过程和生活、文化之地域特色的理解及认识；培养作为国际社会中具有主体意识的，建设和平的民主国家及社会的日本国民所必要的自觉和素质"。① 其中就已经明确提出了对世界史教育的重视，并且在培养目标当中突出了"国际社会中"这一范围。此表述中的"主体意识"是"主体的に生きる"的意译，直译过来的意思是"主体的生存"。作为超越一切学科的学习指导要领的总目标，这里的主体意识就和上文已经提及的"主权者"概念联系起来了。课程标准目标强调的"主权者"，其范畴已经从单纯的内向主权者，即以面向国内政治生活为主要特征的社会人，向以国际为舞台的日本国民的身份转换了。这一转换所造成的身份认同的叠加并不容易被察觉，那是因为"主体的"这个概念总是使人自然而然地想起学习行为的主体。虽然培养适应国际化全球社会的公民也可将国际社会作为"主体"学习行为的发生场所，但是"日本国民"的这一表述明确地强调并重申了"主权者"的身份标识。在教育目标当中，学习行为的主体可以是教育的对象，而只有"主权者"才是教育的目的，并且

① 日本文部科学省：《高等学校学习指导要领》（现行），2009 年 3 月，第 18 页，http: // www. nier. go. jp/guideline/h20h/index. htm。

"主权"是要通过在国际社会中的表达来实现的。

　　无独有偶，2017年3月公示的《中学校学习指导要领》中的教育目标也首次提及了"全球化国际社会中具有主体意识的建设和平的民主国家及社会的公民所必要的自觉和素质"，① 同样点出了"全球化国际社会"这一概念。而现行的初中学习指导要领仅要求"在使学生思考我国和各国的历史文化相互间深度关联的同时，使学生对其他民族的文化生活等抱持关心，培养国际协作的精神"，即只将日本在国际社会中的定位设定为一个协作者的身份，并没有突出"主体"的意向。初中学习指导要领的这一表述上的变更，一方面与高中学习指导要领的表述趋向一致，另一方面却未能结合学生发展的实际情况，与高中学习指导要领的目标要求保持一定的距离和坡度。我们从中能够看到一种迫切希望改变现状的情绪在教育界蔓延。同高中学习指导要领有所不同的是，初中学习指导要领中作为教育对象的是"公民"而非"日本国民"，在"主体"的强调上并没有高中学习指导要领那么明显。只不过，基于现行初中学习指导要领的教育目标，新公示的学习指导要领已经体现出向高中学习指导要领靠拢的趋势。考虑到公示阶段尚有可能在表述上有所修改，"公民"的表述是否会跟随高中学习指导要领而变更为"日本国民"，仍然是一个未知数。

　　必须先搞清楚的一点是，在学习指导要领当中无论是"公民"还是"日本国民"都是复称概念。在建立了这一观念后，需要考查的就是这两个概念都是具有主权属性的概念。两者区别在于，"公民"这一概念在日本人看来是"拥有参与国家政治或地方公共事务的权利及义务的人"。② 从字面意思上理解，日本人对"公民"的理解是天然地带有主体性的，国家政治和地方公共事务是为公民提供权利及义务的客观性的来源。"日本国民"则不同，虽然按照辞典的释义是"拥有一国国籍并组成了国家的，对国家具有权利及义务的人"，③ 辞典中还表示"国民"和"公民"是近义词，但

---

① 日本文部科学省：《中学校学习指导要领》（2017年3月公示），2017年3月，第26页，http：//www. mext. go. jp/a_ menu/shotou/new – cs/youryou/chu/sya. htm#rekishi。
② 《大辞泉》（数字版，小学馆，2018）中"公民"条目的释意。搜索终端为 Casio EX-Word Dataplus 5 XD-A7300 型电子辞典。
③ 《大辞泉》（数字版，小学馆，2018）中"国民"条目的释意。搜索终端为 Casio EX-Word Dataplus 5 XD-A7300 型电子辞典。

是从构词法上来看，"日本国＋民"的结构，类似"东京都民""福冈县民"这样的通常表达，也类似"首都警察""熊本县警"这样的正式称谓。从词语的构成逻辑上来看，国家或地方的组织在前而人员在后的形式，点出了人员归属于国家或地方的组织这一事实。"日本国民"的概念较"公民"甚至"日本国公民"（日语中基本不使用这一表现说法）更加突出了"日本国家"的存在感，因此更加突出了其全称概念当中"主权"的地位。

从不同学段学习指导要领的要求来看，对初中学生的培养要求是"公民"，对高中学生的培养要求却变成了"日本国民"。从"公民"到"日本国民"，单从日语词语的含义上来看，除了对国家的归属以外，"公民"较之"国民"更多了一层对于地方自治体的归属，"国民"则偏重于强调对国家的归属。因此，"公民"概念的内涵相对"国民"概念更多，而外延却相对较少。在"国民"概念当中，"国"的边界以内即"民"的活动范围。由于日本国家体制的原因，国家层面和地方层面的关系并非十分紧密，地方都是以"自治体"的面貌出现的。虽然政党政治在国家和地方之间建立了权力关系，但是在"国"的概念当中并没有包含"自治体"的形式和内容，这是宪法规定的政治结构所决定的。初中学习指导要领非常多地强调"地元"①设施的利用，对乡土历史教育的重视程度很高。到了高中阶段，"公民"换成了"日本国民"之后，侧重点从乡土历史教育转向国家认同，"主权者教育"的要求上升到精神意识层面的爱国主义。

从"公民"到"日本国民"，完成了一个坡度式的提升，这是从认识角度来讲的。就教育本身而言，这一提升是自然而然的，根据日本国宪法的精神，地方自治体具有主权，"主权者教育"的重点本应当是设定在乡土史的，但是由于日本民族单一且近代以来的举国一致体制，纯粹的乡土史教育不现实也不可行。因此，初中历史教育采用的策略是在国史的框架下引入乡土史学习的案例，由教师和学生共同设计组织乡土史学习的活动，一起参与活动过程和评价。由于对活动重视，学生能够在初中学段增进对乡土历史的了解，增强自己对"公民"身份的认同感。需要说明的是，这一"公民"

---

①　中文意为"当地"。

身份同"国民"身份事实上是重叠的，因为毕竟历史教育的主干是国史。所有的初中历史教科书都以日本历史为主干，当中穿插了世界历史上的大事件和文化成就。尽管如此，基于日本政治结构的特殊性，乡土史的教育确实能够突出"公民"概念当中有别于国家的另外一种形式，这样一来就不会让"国家"的话语力量独占概念了。到了高中学段，由于学习指导要领的基本指向发生改变，"日本国民"的提法成为非常明确的要求，整个学段的培养目标开始转向提升国家层面认同。这样一来，在"日本国民"的概念当中就没有如"公民"概念那样存在"杂质"的可能性了。在意识层面，"国家—自治体"的关系在"日本国民"的概念当中被取消，只剩下"国家"。主权意识的建构通过教育来完成。从初、高中学习指导要领对"主权者教育"要求的坡度设计，再到初、高中学段历史教育的活动设计，从教育逻辑的角度来看，建立"家—国"认同的过程是一个上升的过程，这一过程体现了日本的实际情况。而"家—国"的设计本身也可以被认为是一个稳固结构建立的过程，在这一结构当中，构成基础是以"家国"为建构目标的初中教育，上层是以"国家"为建构目标的高中教育。至高中教育阶段，"家国"观念被纯化为"国家"① 观念。

二　高中历史教育改革的世界史学科建设和主体性问题

日本的学习指导要领同中国的课程标准一样，都是提纲挈领的指导性文件。所有的历史教科书都是根据学习指导要领的精神来编写的，因此所有的教科书在知识内容的结构上都是一致的。不同的是，由于学习指导要领所规定的教育内容之表述较为宽泛，对知识内容的具体构成并没有进一步的详细规定，所以各版教科书在选择素材方面有了更多的自主性。与此同时，立场中立和立场偏右的教科书也就各自区别开来了。

上述对"主体的"概念的两个解释中，第一个解释"学习行为主体发出的动作"在新公示的高中学习指导要领当中已经有所体现。尤其是在历

---

① 在日语当中，"くに"（国家）可以表达为两个汉字，"国"和"邦"。相对于更加倾向于"国家"含义的"国"，"邦"更偏重于乡土家族的概念的阐释。

史学科的部分，相当一部分学生活动的动词表述从"使……做……"① 变更为"做……"。② 这一变化首先改变了表述句子的主语，使用"させる"的时候，教师是主语，学生是宾语，且学生处于使役态的位置；而转换为"する"之后，学生成了主语，同句中教师学生互为主语宾语的情况不再出现。这样一来，确实体现了"主体的"学习的精神。同现行的学习指导要领相比，虽然两者都是以"学生中心"理论为信条的，但是后者的"学生主体"显然更加能够体现这一信条，因而从这一点上来看，"主体的"概念有其合乎教育学规律的一面。

而对"主体的"概念的第二个解释，原本在学习指导要领当中是不会突出地显示出来的。然而日本除了"学习指导要领"以外，通常还有一部"指导要领解说"与之配套，其作用是对"学习指导要领"进行明确的解释。现行日本高中学习指导要领是 2009 年 3 月颁布，并经过了四年公示期，于 2013 年 4 月 1 日正式实施的版本。与之配套的"指导要领解说"经过修改，根据日本文部科学省"25 文科初第 1159 号"通知③的要求，自 2014 年 1 月 28 日起施行。通知当中特别要求涉及领土问题和灾害有关机构的作用的内容时，严格按照修改后的"指导要领解说"执行。事实上，这是一个明确的信号，由于学习指导要领的修订有规定的时间限制，指导要领解说则并不受此限制，所以在指导要领解说接到修订指令之后，应该就能够想象次期学习指导要领会如何变动了。

果不其然，新公示的高中学习指导要领全盘接受了"25 文科初第 1159 号"通知的精神，在相应的位置做出了修订。不可否认，政治因素在其中产生了重要作用。近年来，日本右翼对教育渗透的力度越来越大。文部科学省甚至恢复了取消已久的"道德"科目，令人不得不联想起日本帝国时代的"修身""道德"这类科目。在新公示的学习指导要领当中，日本的主体性不断凸显。

但是日本的一些有识之士还是对来自右翼的压力做出了回应。2014 年 6

---

① 日文是"させる"，使动词。
② 日文是"する"，动词。
③ 日本文部科学省：《有关中学校学习指导要领和高等学校学习指导要领一部分修订的通知》，2014 年 1 月 28 日，http://www.mext.go.jp/a_menu/shotou/new-cs/youryou/1351334.htm。

月 13 日，日本学术会议史学委员会公布了一份提案。提案中明确回应了"日本史必修化"的舆论。提案说："我们要的并不是世界史和日本史的二选一，而是在全球视野下培养能够将置于现代世界中的日本之过去现在未来进行主体的综合的思考的历史认识。这样的高中教育才是当前日本迫切需要的。"① 该提案对右翼势力企图"开倒车"的做法进行了有力的回击。同时，提案也明确提出了高中阶段历史教育的目标。

　　目标分为三个大的方向。第一，要建构人类史的、全球性的历史像，将以往的日本史和世界史科目统一，设立"历史基础"这一新科目是恰当的选择。为了培养被全世界人民信赖并能够得到协助的素质，历史教育必须让学生认识到世界各地历史的基础性事实，将日本历史的要点置于人类历史中并说明其意义。第二，要把以往的日本史和世界史改编为新的选修科目，要以兼具宽度和深度的历史教育为目标。为了达到这一目的，首先要把课堂内容从以背诵为中心的知识传达型教育转换为激发学生学习意愿的思考培养型教育。其次，学习日本史的时候要有全球意识，学习世界史的时候要时刻留意日本在其中的地位。最后，对教科书中使用的历史用语的数量要进行限制。第三，培养思考能力，以质量更高的历史教育为目标，必须探究历史基础的教育方法。高中的历史教育是培养学生作为一个国家主权拥有者和人类一员去发挥作用，以及和不同文化、价值观的人们合作共生的能力的最后阶段，所以统一了日本史和世界史的"历史基础"将重点放在近现代亚太史上面。在方法上，历史教育的形式有必要从以教师讲课为中心的课堂形式，向学生搭配选择课题进行学习的新形式转换。教育方法的改善也是长期以来作为选修科目的日本史和世界史的 B 层次面临的课题，但是对作为必修科目的"历史基础"而言要求更加强烈。②

　　从历史教育目标当中可以看出，日本学术会议的观点是在承认世界史普遍性的基础上，再部分确认日本史的特殊性。也就是说，他们认为世界史和日本史的关系是包含和被包含的关系，在必修科目中，根本没有把日本史单独列出的必要。这一点十分重要，在战后日本的政治话语当中，"同世界人民的关系"一直具有绝对政治正确的地位。就连日本国宪法都强调了"日

---

① 日本学术委员会：《再度就高中历史教育的现状提案》，2014 年 6 月 13 日。

② 日本学术委员会：《再度就高中历史教育的现状提案》，2014 年 6 月 13 日。

本国民期望持久的和平，深知支配人类相互关系的崇高理想，信赖爱好和平的各国人民的公正与信义，决心保持我们的安全与生存"[1] 这样的立场。所以，借国际化这一绝对不可能动摇的标杆应对来自右翼势力的攻击，是日本学术界有识之士在长期的抗争当中经常采用的方式。另外，以往的历史教育注重强记背诵的做法，不利于学生养成自主思考的习惯，反倒是给右翼势力的宣传创造了良好的社会环境，所以在课程改革当中首先要将观念进行转换，加强和提高学生的思维能力。因此，历史基础科目设置了一个基本问题，即如何思考和定位日本史和世界史之间的关系。将这个比较大的问题直接抛给学生，让他们在高中这一人生观、价值观基本形成的阶段能够正确地认识日本和世界也是非常重要的。正因为这样，站在教育者的角度必须更新以往的观念和教法，改变自身的学习习惯以及知识架构，使课堂为思考提供更多的空间。

2018 年 3 月 30 日，新高中历史学习指导要领进行了公示。从内容上看，新的高中历史学习指导要领已经完全按照改革的既定目标完成新课程的设置。新的设置规定，历史综合为 2 学分必修，[2] 相较于改革前的世界史必修，从本质上来说并没有太多的改变。因为新设置的历史综合科目并非简单的世界史 A 和日本史 A 的相加，融为一体的两者在基本面上较之前更加强化了"世界史中的日本史"这一意识。将日本史放置在世界史的框架内进行叙述，这样的话从本质上来看依然是世界史。如果说这样设置的历史综合科目是必修科目的话，那么就等于回应了日本右翼势力有关"日本史必修"的叫嚣。课程标准在历史叙事的过程中时刻关注世界历史同现代人"我们"的关联。这里的"我们"，在课程标准中的表述是"在全球化国际社会中具有主体意识的，以及对和平民主的国家社会有用之人"和"公民"，虽然在这里重申了日本公民的身份，但是也强调了国际人的身份特征。

三 "主体"概念的两个面相

新颁布的"要领"在经过公示期后会正式生效。上一次"要领"修订

---

① 《日本国宪法》序言。
② 文部科学省：《学习指导要领改订答辩》，2016 年。

是在 2009 年，当时借由《教育基本法》修正的契机，教育目的和目标得以明确，"要领"根据《教育基本法》的引导指针进行了调整，要求均衡地培养能够在知识型社会越来越看中的"生力"①。这里的"生力"根据日本中央教育审议会在 2009 年的解释，意思是对于必须应对变化激烈需要不断试错的、艰难的下一个时代的儿童来说，为了担负起生活和工作重任并使自己生存下去的必要力量。② 而 1997 年，这一概念的解释仅仅是为了能够在往后激烈变化的社会中生存下去的能力的总称。③ 其中，"不断试错"④ 内涵的出现是在对"变化激烈"进行深刻理解后再赋予"生力"概念的。试错的目的是发现问题、解决问题，从而创造新的价值，再发现新的问题并解决，不断重复这一过程来推动社会前进。也就是说，随着对未来社会的展望越来越不明朗，"生力"这一概念不断被赋予越来越多的内涵，这些内涵的指向都是针对未来社会的不确定性，这体现了日本教育界乃至整个社会对未来的担忧情绪。

　　"生力"概念提出的背景，是在对上一阶段的"宽松教育"⑤ 进行了一定程度的反思的基础上进行的。其主要内容分为三个方面，一是丰富的心灵（对应德育），包括自律、协调、同理心和同情心等；二是确实的学习能力（对应智育），包括确实地掌握基础和根本，自发寻找课题，自主学习并思考，主动判断并行动，更好地解决问题的素质及能力；三是健康的身体（对应体育），包括为了健康生活的体魄。以上三个方面分别对应了德、智、体全面发展的要求，根据中央教育审议会的说法，这些目标既不是基于"宽松"也不是基于"紧张"的要求而设立的，而是为了所谓"未来社会所需要的德、智、体均衡发展的'生力'"所提出的明确目标。⑥ 其中，德育方面的目标提出的自律和协调，是培育思考和判断能力的重要手段。在学习的过程当中，熟练地运用已有的条件，自主地划定课题的边界，并且协调各方面的资源和力量来完成课题。而完成这一理想目标的物质保障就是健康的

---

① 日语是"生きる力"。
② 文部科学省：《学习指导要领改订答辩》，2009 年。
③ 文部科学省：《学习指导要领改订答辩》，1997 年。
④ 日语是"試行錯誤しながら"。
⑤ 日语是"ゆとり"。
⑥ 中央教育审议会：《学习指导要领改订答辩》，2016 年 12 月 21 日，第 13 页。

身体，只有健康的身体才能在硬件上保证德育和智育的可靠性和持续性。所以，"生力"的三个构成元素是缺一不可的。就"生力"的解释来看，从1997年①到2009年的变化，并没有脱离"生存下去"的基本表述。如果是这样的话，可以认为日本教育界对"生力"的理解停留在社会人的基本能力上面，而这一能力的性格是内向的，发展模式也是内生的。从日文"生きる力"这一表述来看，也能够从日文构词法当中解析出该词所体现的"最为基本"的含义。

然而，经历了"宽松教育"的失败实践，日本社会普遍形成共识，即必须摒弃为了减负而一味降低学习难度的做法，重新将深度学习作为教育的重要手段来使用。在这一背景之下，2016年12月21日，日本中央教育审议会在向文部科学省做出就有关学习指导要领的改订等事项的答辩中指出了"动态学习"②的方法论，其中包含三个要素，即"主体的"、"对话的"和"深度学习"，提出"动态学习"的动因是日本教育界对难以提高学习质量的担忧。答辩中提出：作为学习的成果，灵活的知识技能、能够应对未知状况的思考力、判断力和表现力等，将所学活用到人生中去的求知欲和人性等，为了能够掌握这些能力，儿童们要将"主体地"学习的意思和自己的人生和社会的现状结合起来，要通过和不同的人进行对话来拓展思路。而且不光是停留在单纯记忆的学习当中，还要将已经具备的素质和能力放到各种课题当中去活用，要切身体会到将所学进行深化的感觉，这一点很重要。

作为"动态学习"的三个组成部分，"主体的"、"对话的"和"深度学习"被集合在一起，这三个部分是密不可分的。深度学习在"动态学习"的整体构架当中居于核心地位，"主体的"和"对话的"作为方法论，是最后达成深度学习这一目的的基础和必要手段。此两者进行比较的话，"对话的"更加体现出其方法论的特点，而"主体的"更加体现出其对于学习行为主体的身份确认。自2002年"宽松政策"正式实施以来，一味地为了"减负"而降低课业难度，加之减少学习时间，在一定程度上也模糊了学校

---

① 详情参照中央教育审议会《学习指导要领改订答辩》，2016年12月21日，第11页注释33。

② 日文是"アクティブ・ラーニング"，即"active learning"。

教育的定义，进而对学生的身份认同产生了不良的影响。现在重新提起"主体的"说法，意在重新强调学习行为主体的身份，以顺利地推进对深度学习的要求。

但是"主体的"这一概念的提出并不是说强调的点要停留在学习行为主体上面。日本教育方针同样强调主权教育。在主权者教育的过程当中，不仅让学生在小学和初中阶段的社会科以及高中阶段的公民科当中学习政治和选举的结构，还要通过各学段各学科当中的主权者教育内容，来培养作为国家及社会的构成者能够"主体地"参与的素质和能力。为此，文部科学省设置了一个名为"主权者教育推进相关讨论小组"的组织，并于 2016 年 6 月做了名为"最终结论——为了培育作为主权者所需要的能力"① 的报告。其中明确指出了主权者教育的目的是不仅要让学生习得有关政治结构的必要知识，还要适应学生的成长阶段，让学生掌握作为主权者在社会中自立并同他人协作的同时能够在社会中脱颖而出的能力和作为"主体地"担当地区课题解决的一个社会组成者的能力。

如果说，主权者教育是作为"生力"的一个目的的话，那么作为从"生力"内涵延伸发展而来的"动态学习"也可认为是建立在主权者教育的大前提之上的。其三个组成部分当中，唯有"主体的"部分最有讨论的空间。在日语语法当中"……的"这样的表现形式可以视为副词做定语，在翻译的时候"的"也应当译为"地"，当"主体的"这一日文表述成为"主体地"这一中文表述的时候，是能够等同于"自主地"这一含义的。然而，如果在这里"主体的"强调的并非学习行为的主体，而是作为主权者的主体性，那么在翻译上就无须考虑副词做定语的情况了，这种情况下"主体的"是形容词做定语，所表达的意思是作为包含主权属性的主权者。

这样就能够解释为什么需要从各个学段以及各个学科的不同方面来进行主权者教育了。因为主权者教育作为德育的根本内容，是需要在一个长时间里面通过各种学科知识来潜移默化进行渗透的。主权者作为一个属性是国民生而具有的，但认知和自觉则不是。只有经过长时间的教育过程，学生才能够从外部被赋予一个主权者的属性认知，并且自发地形成作为一个主权者的

---

① 参见 http://www.mext.go.jp/a_menu/sports/ikusei/1372381.htm。

自觉。一个主权者必须包括以下几方面：（1）作为生产和消费等的经济主体；（2）作为参与司法等的法的主体；（3）作为参与政治等的政治主体。而能够做到这些的能力就是一个主权者所要具备的能力了。

作为第二次世界大战的战败国，日本在"主权"问题上的态度一直是非常谨慎的。尤其是在讨论主权的范围时总是强调日本本国的边界。在对主权者的素质和能力提出具体要求的时候，特别强调了日本宪法所规定的日本政治体制是议会制民主主义，国民必须尊重民主主义的原则，抱有责任感参与政治。对于政治参与的范围是有严格限定的，这体现在对主权者所要求的素质和能力的具体内容上。除了关于国家政治经济等的必要知识需要主权者习得以外，基于事实的多方面、多角度的考察也是必需的。最终要达到的培养目的是"以能够实现更好社会为视野的，为国家社会的构成做出贡献的能力"。正是因为如此，才需要培育主权者跨越学科的审视能力，以及要求教育者策划学科之间的相互联系。

"主体的"概念能够引出两个灵活变化的解释，一是以学习行为主体为基准发出动作的模态，二是将主体的属性配置给特定的认识对象。这两个解释之间是不存在矛盾的，正因为如此，可以根据需要在合适的位置将这两个解释反复切换使用。在主权话题容易引发猜疑和尴尬的场合，第一种以学习行主体为基准发出动作的模态的解释，能够巧妙地将"主体的"概念和主权撇清关系，将主权的概念隐藏到学习行为主体后面，从而将一个可能成为政治话题的讨论转向一个不具有任何风险的教育学或是心理学的话题，从而避免遭遇可能的批评。反之，在需要突出主权的场合中，第二种将主体的属性配置给特定的认识对象的解释，则能够容易地在一些自带主权属性的对象身上发挥出凸显主权属性的作用，甚至将主权的属性与自身的概念统一，从而迎合一些持保守观点人士的口味。

作为对"生力"概念的进一步延伸，"主体的"概念至少在形式上突破了"生力"概念的内生成结构，而使学习行为主体不再是被动的教育者，也不再只是国际舞台上的"协作者"或者"协调者"。作为主权者教育理念下的"主体的"概念，其含义无论是就学习行为主体这样的单称概念或复称概念而言，还是就"公民"或者"日本国民"这样的全称概念而言，其自主性发展的个性已经显露出来，在行为逻辑的表现上也显得更加主动和活跃。

四　结语

　　日本的初高中历史学习指导要领基本上每八年进行一次更新，已经形成了定制。每一次要领的更新都会牵动亚洲各国的神经。特别是 2017 年进入公示的初中学习指导要领和新近公示的高中历史学习指导要领，将我国领土钓鱼岛和韩国宣称拥有主权的竹岛明确表述为日本领土，更是引起了中韩两国第一时间的抗议。

　　由于在日本的教育体制下，尚由政府组织制定要领，所以日本的初高中历史学习指导要领体现了日本政府对历史问题的基本看法。而与此同时，日本一直在不懈地推动自身国际化的进程，希望和世界各国尤其是周边国家保持睦邻友好关系。这里产生了一对矛盾。历史问题的现实性也在本次新公示的初高中历史学习指导要领中映射了日本政府的态度。更加引起笔者注意的是这次新公示的初高中学习指导要领中对学生能力的培养要求，具体落实到历史学科方面，在强调"全球化"的背景下，一方面更加强调了培养学生主动研究的能力，而另一方面则提示了培养学生内在的"主体性"。这一"主体性"的内涵究竟是否和日本"公民"乃至"国民"的概念有所关联，目前尚无法定论。对于未来趋势判断的不确定性，反映在日本初高中历史学习指导要领，特别是历史学习指导要领的若干修改上面。要领中基于政治原因的妄言是必须加以批判的，而"主体性"的培养要求，对于我国历史教育建立公民的国家认同感则是值得借鉴的。

20 世纪以来韩国的历史教育研究

禹成旼

中韩建交 20 余年，两国关系实现了全面发展，取得瞩目性成就。20 余年间，两国学术界展开了广泛的对话与交流，不断增进彼此间的认识与理解。近些年，中国学术界的视角开始触及韩国的历史教育，但是远未深入。鉴于此，笔者深入回顾 20 世纪以来韩国的历史教育状况，以期对韩国的历史教育有一个全面而细致的考察，加深中国学界对韩国历史教育的认识。

一　20 世纪以来韩国历史教育的变迁

在韩国近代民族教育领域，首先强调国史教育的是甲申政变的领导人之一——朴泳孝。1888 年，朴泳孝写奏章批评过去只懂得重视中国历史，认为"因为只教授清国的历史和文字，以清为本，以清为重，以致不识本国典故，此乃去本就末"。1894 年全面推行近代改革，其国史观点逐步现实化。

（一）1895～1910 年

1. 近代学校的历史教育
（1）创立初期
19 世纪 80 年代中期，传教士创办了早期近代学校，但是学校的历史教育准备并不充分，教育的主要内容也只是西洋历史。在外势侵略之下，对外国历史的学习反而增强了韩国人的自我反省意识以及对学习自己国家历史的渴望。

（2）历史教育的发展

1894 年初，政府颁布教育立国诏书，设立了官办、公立学校，历史教育开始在学校占据重要位置。

1895 年 3 月，内务大臣朴泳孝推进政治改革，对各道提出了具体的改革内容。在历史教育方面，提出历史教育的主要目的是培养有爱国情操并为实现国家独立贡献力量的公民。

2. 历史教育的扩大

（1）统监部的侵略教育

1906 年 2 月，韩国设立统监部。8 月，统监部开始进行教育侵略。为了摧毁民族教育同时促进殖民地教育，历史教育内容减少，甚至被删除。

（2）民族教育和历史教育的扩张

《乙巳勒约》签订之后，韩国主权受到威胁，发生了义兵战争和救国启蒙运动。1910 年，全国范围内相继建立了 5000 多所的民族私立学校。为弘扬爱国精神和抗日精神，这些学校全面推进了历史教育。①

（二）1910～1945 年

这一时期是韩国历史教育的黑暗时期。韩国历史被殖民地历史观彻底歪曲，这种歪曲的韩国历史被强制性地讲授给学生，一边倒的历史教育，歪曲了韩国人的思想。

（三）1946～2007 年

光复之后，使历史教育与国语教育重新找回民族传统成为最重要的也是最急迫的事情。以诊断学会为中心，各地出现了国史科，并且急促地完成了国史教材。在这种情况下完成的国史教材，成为选定国史教育内容的基准。随后，韩国导入美国式教育制度，将历史教育作为综合教学内的一部分并改

---

① 金兴洙：《21 世纪韩国的历史教育史——性格与展开过程》，《历史教育》1999 年第 70 期，第 153～158 页。

名为社会课，从而迎来了所谓的社会课的历史教育时代。[①] 这一阶段韩国的历史教育又可以细分为以下几个时期。

1. 教学大纲时期（1946～1954 年）

1946 年，在美国军政之下，社会课教学大纲中导入了科罗拉多州的社会生活课（Social Studies，包括历史、地理、公民、失业等内容，这些是在社会生活中谋求生存的最基本要素）。"新时代"时期，社会人被称为民主市民，这一时期树立了美国社会课的教育目标，编制了日本帝国主义时代的分科内容。查看这一时期的历史教育内容可以发现，小学五、六年级学习韩国通史，中学一年级学习东洋史，二年级学习西洋史，三年级学习韩国史，高中再重新学习四至六年级学习过的以文化史为中心的世界史和韩国史。在历史教育中，强调韩国史的目的是重扬被日本帝国主义殖民统治教育政策毁坏的民族文化精神。社会课教育的对象虽然是民主市民，但是历史教育目标是弘扬人性和爱国爱民精神。这一时期，韩国还没有完全进行历史教育的独立研究活动，其历史教育内容的构成也存在许多限制。近代，历史教育主要以贫穷和王朝史为中心，暴露了这一时期历史教育中未能消除的殖民主义历史观。20 世纪 40 年代仅有三篇历史教育论文被发表，正体现了此时历史教育的精神和方向。

2. 第一次教程时期（1954～1963 年）

1953 年，改定版教程开始编著，到 1955 年完成。1954 年的《教程时间分配标准》和 1955 年制定并公布的教程内容，定下了社会课的课时、教育目标以及教育内容。新制定的社会课（社会生活课）教程比起教学大纲来讲，更明显地体现了尊重"课程中心的教程"这一特征。

小学四年级"我们生活的来历"单元介绍了私人生活内容；六年级"我国的发展与世界"单元介绍了韩国的历史和世界历史；初中一年级的"我国生活"单元介绍了韩国人的生活史；二、三年级分别介绍了东洋史和西洋史；职业高中以必修课的形式教授国史与世界史。

20 世纪 60 年代，韩国普通国民仍保持着对国史和国史教育的高度关心，摆脱日本殖民统治的国民意识也一直高涨。学界通过独立研究，在树立

---

① 金汝七：《韩国的历史教育 30 年史》，《韩国社会科教育研究会》1992 年第 25 期，第 133～149 页。

正确的韩国史知识这一点上倾注全部力量。随着研究活动的活跃，发表的论文数达到 24 篇，发表的主要内容是历史教育一般论、教程以及教科书研究等，也有关于历史教育理论的历史典故、历史意识以及相关方面研究的论文。

3. 第二次教程时期（1963～1973 年）

第二次修改教程是在"6·25"动乱之后，1961 年随着军事政府的进入，教育课程在所谓革命层面上经历了全新审查。

1963 年公布的第二次教程，提出"比起教材内容，更注重学生经验"的教育理念，以"注重生活经验，适应生活"为教程重心，在内容上特别强调自主性、生产性、活用性以及组织方面的合理性、教育实施方面的地域性等内容。也就是说，采用了以美国实用性经验哲学为教育重心、以生活中心教育为理论基础的教育方式。

小学三、四年级学习乡土史，六年级学习通史、国史；到了中学，历史课改名为社会Ⅰ、社会Ⅱ、社会Ⅲ，社会Ⅱ合并了国史和世界史；高中阶段则将国史和世界史分开；职业高中定国史为必修课，世界史为选修课。1969年，又把国史分离出来，这一修改成为国史独立授课的起点。

这一阶段的教程改革可以结合 1965 年的韩日会谈去理解。此时，韩国人在本国历史上表达了强烈的民族感情，对光复以后盲目采用西方生活方式、美国教育制度和教育思想的做法进行了批判。传统流失的痛苦，引发韩国人继承和发展固有文化传统，促进民族发展的反思。

1969 年 2 月，历史研究会召开了主题为"历史教育问题"的研讨会，千宽宇就国史学动向和国史教育发表讲演，概括了国史学和国史教育的内容，并指出克服殖民地历史观是历史教育必须正面面对的课题。此外，李廷仁发表了《历史教程》论文，崔贞熙发表了《高中历史教育问题》论文，李敏镐发表了《历史与主体意识》论文，具庆会发表了《中学历史教育问题》论文。研讨会同时对历史教育的具体问题以及解决方案进行了讨论。会议特点可以总结为两点：第一，为了确立新国家观与新民族精神，当务之急是将新民族主义历史观作为大前提，推进历史教育；第二，有关于历史教育与社会生活怎样联系起来的研究。与此同时，由于关于历史教育总体研究问题的急迫性，历史教育一般论的研究成为学界研究的主流。

第二次教程时期召开的第二次历史教育研究会上，发表了关于历史教育课题、方向等方面的六篇论文，针对怎样设定历史教育方向进行了讨论。为了促进历史教育的长期发展，会议首先为历史学的研究趋势和方向提供了哲学性的理论思考。会议认为，为了能讨论实际性问题以促进历史教育的改革与发展，应该设立协商机关或是研究机关，一旦文教政策限制了历史教育，则可以制定新的政策。同时，会议提出应该站在世界史观点上理解韩国史，站在韩国史观点上理解世界史的理念。

4. 第三次教程时期（1973～1980 年）

第三次教程改革，在教育的基本方向上强调国籍性教育，在教育原理上确立了学术性教学法的方式，体现了"国民教育前线"的理念，反映了国家对历史教育的需要及对学术性的重视。为强调社会民主性与国籍国史教育，维新体制下韩国史从社会课中独立出来；小学五、六年级到高中，历史课成为独立的必修课，世界史则编入社会课；小学三、四年级学习以乡土史为中心的地域史；五、六年级学习通史；初中学习生活史；高中则反复学习文化史。

这一时期，历史教育研究取得了重大飞跃，涌现出许多有关历史教育的论文成果，历史教育研讨会开展了九次，研讨会主题分别为国史教育、大学入学考试、世界教育的问题、民族与历史以及历史教育、韩日古代史、历史意识、历史教育形成问题、历史教育与研究生院课程问题、韩国教育的反省和世界史教育问题，这些主题大体可以分为国史教育问题、历史教育制度的改善问题及世界史问题三大部分，其中最引人关注的就是国史教育问题中涌现出来的民族主义和国家主义的问题。两者与政府的强调程度有密切的联系，并深受其影响。

研讨会讨论的具体内容如下。

（1）国史教育应克服殖民地历史观、树立正确的民族史观、稳固国家主义的国民精神，为实现以上目标，大学文教部教师组成了一个协议机构，准备为此进行持续性研究。

（2）大学入学考试的问题，不是单纯的一次性问题，而是与民族主体意识、国家主义精神等教育目标相一致的问题。

（3）探讨了韩日古代历史的相关问题。

（4）世界史内容的组成是世界史教育的主要问题。世界史应该弃绝以大国或高度文明国家为中心，而应以与韩国有密切关系的国家内容为中心。同时，为了调整世界史与国史教育的不均衡，必须高度关注国史与世界史合并形成的小学、初中、高中的教材。比如，我们有必要对现在历史教学中国史与世界史不均衡的现象提出解决方案。这类研究须立足于历史教育中的具体问题，有待更深一步的研究。

5. 第四次教程时期（1981～1987 年）

第四次修改教程在第五共和国成立和一系列的所谓教育改革实施背景下，历史教育内容产生了巨大变化。原本独立的小学国史教科书再次编入社会课，小学历史内容改为乡土史、地域史、客观史；中学历史也根据整编政策，将一年级的公民、地理改为公民，二年级的历史改为地理、历史，三年级的公民改为历史、公民；高中则由独立的国史和世界史改为国史中心体制。

这一时期的小学以生活史为中心，初中以通史为中心，高中以文化史为中心。建立了确立民族主义、培养历史意识、加强近代史学习、摆脱西方文化中心的世界史等方案。因为第五共和国提出的教育、学术没有得到自由保障，导致历史教育研讨会的开展失败。

1985 年 11 月举办的"韩国历史教育回顾与展望"座谈会上，对民主主义与国际主义的问题、历史教科书问题、历史教育政治化问题、"历史教育污染了历史学"的历史学术界与历史教育学界对立的问题、国史教育与世界史教育对立的问题以及现在依旧存在的种种热门话题进行了讨论。1986 年 5 月举办的"历史教育的理念与现实"座谈会中，金禹昌强调了"历史教育应担当国民教育的重要角色"的重要性。李敏镐论述了"世界史教育和教程的问题"，同时针对历史教育正转变为政治工具的问题发表了演讲。站在学界其他历史学研究者的角度，在排斥社会和教育统合的同时，看出了社会与教育相互迎合的模糊性。第四次修正教育课程中，高中社会课改编的内容如下。

首先，社会Ⅰ作为共同的必修科目，在地理Ⅰ和世界史Ⅰ中指定一个科目作为必修科目，在人文社会课中可以学习到社会（第 4 单元）、地理Ⅱ（第 4 单元）和世界史（第 2 单元）等内容。其次，国民伦理和国史也成为必修科目。这一时期高中社会课内容上的改编体现了两个特点。第一，社会Ⅰ、Ⅱ作为新科目登场。它讲述的主要内容是"政治·经济"和"社会·

文化"的统合、调整及结构。第三次修改教育课程中，虽然有了分科的主张，但是再一次强调了统合内容。第二，虽然范围小但选择幅度变宽。社会Ⅰ、Ⅱ，地理Ⅰ、Ⅱ中的Ⅰ为必修，Ⅱ为选修。与旧的教程不同，第四次教程中社会课更加靠近统合，使各领域中相关联的学习内容分配到同一科目中，提高了学习效率。

6. 第五次教程时期（1987～1994 年）

第五次教育课程，基本维持了第四次教育课程的目标、内容、方法，同时试图采用渐进式方法来发展教育、改变教育。这次教程反映了对应对多变的未来社会的人性的培养。课程不标榜特定的思想或者理念，而是以社会技能、学问、人性为中心，追求现代社会与未来的相互融合。

第五次教育课程中社会课改编内容如下。

不论是文科还是理科，国史都作为必修，"政治·经济"和韩国地理共同成为必修，人文社会课程中增添了世界史、"社会·文化"课和社会地理课。

强化社会课和促进改编教程：小学三年级设定"地区单元"，使其符合地区特点，可以自由重组，这样社会课内的成员可以学习乡土史。四年级通过韩国古都或文化遗产来学习韩国史，五年级学习学术、艺术、科学史中的地域史，六年级通过主题式学习韩国通史，初中以政治史的通史为学习中心，高中以文学史为学习中心。这些方面与第四次教程相似，但是世界史因为是第一次试图与地域史接触，所以可以算是一个新的挑战。

第五次修改教育课程时期举办了五次研讨会。1990 年 10 月举办了以"新国史教科书与历史教育"为主题的研讨会，研讨会中对如何才能制定出符合初中、高中的国史教育课程的教科书进行了讨论，并提出了教科书的编撰准则，但与以往并没有明显的区别。

1991 年 12 月举办了以"所谓社会和教育统合问题与历史教育发展方向"为主题的研讨会。会议中批判了政府对社会和教育行使的不当政策，指出了反对历史课与社会课统合的理由，以日、德有过这样的失败经历为例提出政治性教学必然会败落。

1992 年 6 月开办了以"奔向 21 世纪的历史教育"为主题的韩日历史教育研讨会。会上提出，应该确立民族的信念，为民族统一奉献力量。提出要理解民族的个别性和世界的普遍性，综合这两点共同创造人类历史，即为了更好地理解和认识世界，要构成一个培养具有地球村历史观和历史创造能力公民的教育体系。会上，日本东京大学的西川正雄教授提出日本的历史教育政策中存在许多问题。因为受到文部省鉴定调查官和审定调查审议会等方面的压力，教科书编纂者编写出的教材不能面向未来。教授提出，日本的历史教育，应坚持跟随国民主义。西川正雄教授预测日本历史教育将无法从日本帝国主义教育政策中摆脱出来。1993 年 11 月，历史教育研究会召开了以"历史教育面临的课题"为主题的研讨会，对历史教育和数学能力考试、历史教育中的乡土史问题等内容进行了讨论。有参会者认为，为了在考试中取得优异成绩而反复背诵，使学生回避历史课，令本应该开发创造力和探索能力的历史课变得毫无意义。[①]

　　1993 年 12 月，在"韩中关系历史教育的现状与课题"研讨会中，对中国的韩国史教育问题及在韩国的中国史教育现状和课题进行了讨论，特别是中国史和世界史的教科书编写上的问题。其中韩国主张以综合性、普遍性历史内容为编写的中心内容，中国主张以近现代史为重点。可见，参会者对历史叙述存在基本视角上的差异。

7. 第六次教程时期（1994～1997 年）

　　第六次教程强调大力追求社会统合性，在编制方面恢复了国史领域的社会课。高中出现了"共同社会"的统合型科目，内容排列上强化了统合内容，试图选定和构造以实际生活经验和社会问题为中心的学习内容，同时摆脱烦琐的教学体制。各个领域的学习目标更加具体化、详细化，使小学、初中、高中的级别、性质和差异变得更加明显。

　　第六次教程时期社会课的编制出现了很大的变化。包括一般社会、韩国地理和一些世界史方面内容的"共同社会"课，国史作为共同必修科目被分配到十年级，而政治、经济、"社会·文化"，世界史、世界地理的科目则被安排为选修课。

　　第六次教程时期社会课的编制内容如下。第一，出现了"共同社会"的新科目。社会课的基础内容整理后，开发了共同社会课，使之成为一个必修科目，剩下的科目作为选修。但是实行过程中，却改变了原计划，将一般

---

　　①　黄惠淑：《韩国历史教育的变迁》，《社会科教育》2001 年第 5 期，第 11～26 页。

社会领域和韩国地理领域分为两部分。第二，国史重新恢复到社会课，历史科目减少、历史教育课程数量缩减。第三，"政治·经济"分为政治和经济两部分。第四，实质选择的范围扩大。第六次教程除了共同社会、国史以外，所有科目均可按各市、区或者学校性质进行选择教育。所以实质上选择范围被扩大了。

8. 第七次教程时期（1997～2007年）

第七次教育课程与以往的教育课程不同，在教育体制、教育编排、教程的实施上都有了较大的改变。为了应对21世纪的变化以及提高市民素质，实行教育课程双轨制、按水平分班的教育制度与新设的裁断活动成为教育的最大特点。

首先是学习课程双轨化。即10年的国民共同基本教程与2年的以选修为中心的教程的分立。其次是引进不同等级的教程。为了体现以学生为中心的教育，在学生的兴趣取向、学习能力、学习要求上提出了个性化教育的内容、方法和机会。按学生水平分配的教程有包括社会课在内的五个科目。最后，强化学生学习的自主活动。编写学校和教师使用的教材，扩大教学自主权，扩大小学自主活动，这在初高中的教程中可以说是一个创举。

第七次教程中，高中社会课作为国民共同的基础教育课程。以选修课为中心的十年级的课程与十一、十二年级的课程不同，十年级学习国史和社会，十一年级和十二年级安排了多种选修科目，扩大了学生和学校的选择余地。一般社会课包括法律、政治、经济、社会、文化等内容。历史课中包括韩国近现代史、世界史，地理课中包括韩国地理、世界地理、经济地理。

这一时期改编的社会课教程的特征如下。第一，突出科目分化性，社会课中出现了新法与社会学，地理课出现了经济地理学科，历史课出现了与国史分离的韩国近现代史。第二，社会学课的出现代替了共同社会学课。第三，出现众多选择性科目。与第六次教程相同，这些科目也是按学生、学校以及市、区的特点进行划分，扩大了选择范围。①

---

① 在此值得注意的是，中、韩、日三国专家为了东亚历史的一些共识，共同编写《东亚三国近现代史》（2012）。

二　2007 年以后的教程修订情况

这一时期社会课教程的修订内容中提出了与世界化、信息化、开放化、多元化相适应的目标、学习内容、教授—学习以及评价方法，一方面体现了世界化和知识、信息社会的加速发展，另一方面也反映了多元化时代和社会环境的变化。

与此同时，教程提出，为应对韩国周边国家对历史的歪曲这一现状以及面对世界化，需要加强历史教育。在教程内容的构成体系上反映为国史与世界史相结合，并独立为历史课，又提出将同一时代历史并排的方案。①

这一时期，世界化以及开放化的持续发展导致了多样性文化的产生。面向多样性文化社会，教程强调对多样性文化的理解与尊重，即通过对现代社会中出现的多样文化变动地理解来掌握文化变动的过程，以帮助学生了解文化共存、文化同化、文化融合等多种文化变动现象，进而使学生掌握这些现象产生的过程。②

在第七次教程中，十年级的课程体系是国史体系。修正版教程中，却是在世界历史的体系中构建了以韩国近现代历史为中心的教程体系。历史课不仅强调韩国历史和世界历史的基础内容，也强调怎样理解综合历史的内容。

修正版教程提出，高中历史教程"要使学生在世界历史的体系中，以韩国的近现代历史为中心的掌握知识"。据此，在小学教程以人物史、生活史为学习中心，初中教程将中国史与世界史合并成通史重点讲授的基础上，高中把焦点放在学习近现代史与世界史结合形成的国史上。即小学打下对事实和概念理解的基础，初中以近代前史（近代以前的历史）为中心学习国史和世界史，使学生懂得从通史的角度理解历史。高中阶段则以近现代史为中心，进而理解历史的开始到现在的发展过程，同时高中历史课通过课程选修来实现深化知识的目的。这样的课程学习不仅可以使学生站在多样化的角度上分析与人生相关的各种问题，还可以培养他们省察"过去与现在""他

---

①　韩国教育科学技术部：《2009 改定—社会（历史）高等学校教育课程解说书》，2008，第 1～392 页。

②　罗惠心：《脱国境时代的历史教育—世界史教育为中心》，《社会科教育》2010 年第 49 期，第 167～183 页。

人与自我"等问题的能力。

除此之外，社会课修订版教程还考虑到低出生率与人口老龄化的现状，强化了历史教育、多文化教育等国家、社会的需求，从而建立起社会课的学科目标、学科内容、讲授和学习方法以及评价方法。

在历史课中，修正版教程用"韩国文化史"代替了"韩国近现代史"，"世界史"也改名为"世界历史的理解"，同时考虑东亚历史认识差异与领土问题而设立"东亚史"科目。地理课和一般社会课仍保持第七次教程中的修改内容。

教程包含的内容复杂多样，且不断修改，下文拟对这一时期教程的修改进行一次集中且详细的论述。

1997年12月30日，教育部公布自2002年3月1日起，适用于高中一年级的第七次教程将于2007年进行改正，并改名为"2007修订版教程"。第七次教程实行以后，民众对历史教育的关心高涨起来，但是第七次教程强化社会课的统合使得初高中缩减了历史教育，导致学生无法正确理解历史，对此民众感到巨大危机，此时出现了历史应成为独立学科的主张。与此相关的争论还有国史教育问题。历史教育专家们批判统合社会课的同时主张历史、地理、一般社会的分科。另外，世界史教育危机也得到关注。为应对内部矛盾，韩国学界组建了一个以"世界史时代的韩国历史教育方向与课题"为研究项目的机构，研究员全部是历史学术会、韩国史研究会、东洋史学术会、西洋史学术会、历史教育研究会等历史学术界的专家。事实证明将这些专家的想法统合起来，从某种程度上说具有一定说服力，他们的讨论结果在教育部历史教育强化政策中得到了回应。2006年11月发表的《历史教育强化方案》中，大幅度地修改了中学社会课，将其分为社会（地理和一般社会）与历史（韩国史和世界史）两个科目，均占170课时。高中一年级的历史内容主要是韩国近现代史，占整本书的六个单元，与第七次教程相比增加了两个单元。最值得关注的是高中的选修科目，设立了以中、韩、日共同历史知识为中心的"东亚史"科目，可惜的是没有提出东亚史的教程实行方案，也没有充分的教学目标。由此，有学者指出东亚史是在政策下急促编辑而出，存在不少问题。

"2007修订版教程"按照2006年11月的《历史教育强化案》，将"国史"改称为"韩国史"，这是极具意义的变化，因为"国史"一词本身带有一种本国历史中心论的观点，同时选修科目增添了"韩国文化史""东亚史""世界历史的理解"等科目。

"2007 修订版教程"中规定了到高中一年级为止的"国民共同基本教育课程"。国史改为"历史"成为全体一年级的必修科目，主要讲的兴宣大院君执政以前的近代前史（近代以前的历史），韩国近现代史则作为大部分高中的选修科目，几乎全部的高中二、三年级的学生都会选修这部分。

纵观"2007 修订版教程"中韩国史的编辑，可以发现它的一大特点，即考虑到小学、初中、高中之间的连贯性。小学重在理解通史基础，中学以近代前史为学习中心，高中一年级则按照世界史脉络学习近现代韩国史，而韩国史作为高中的选修科目，包括韩国在内的地域史、东亚史和世界史。

"2007 修订版教程"最终被"2009 修订版教程"代替。"2009 修订版教程"中，高中历史被改为韩国史，成为选修科目，删除了"2007 修订版教程"中制定的高中选修科目"韩国文化史"，新增添了"世界历史的理解"科目。

"2010 修订版教程"是为了弥补"2009 修订版教程"中高中的国史课从必修课转变为选修课所出现的问题而产生的。比较初中、高中的韩国史内容，"2007 修订版教程"内容中提到，为了补充本来在九年级教授的近现代历史的内容，增添一个单元，即在大韩民国发展历史的大单元中包括了日治强占期和现代史。"2010 修订版教程"中由包括日治强占期、独立等四个单元。为了补充高中韩国史中近代前史的不足，原来只用一个单元讲述的朝鲜前期之前的历史，分成了两个单元。

国史作为国民共同基本教育课程，至少需要学习到初中三年级。这样即使在高中不选择韩国史作为学习科目，在初中也会学习国史的全部内容。但是如果进行具体分析，就会发现初中的近代前史占十个单元中的七个单元，高中近现代史占九个单元中的七个单元。可以看出，在编制上初中以近代前史为主，而高中则以近现代史为主。

中学国史教程 70% 是以政治为主，30% 是讲论经济、社会、文化。但是高中则将国史定位为以经济文化为主。

由于教程的急剧变化，学校产生了严重的混乱现象，也使国史教育发生了众多变化。再回到"2007 修订版教程"，可以发现其历史教科书的编写标准对现行教科书内容有很大的影响。"2007 修订版教程"的内容中为教科书

的编写制定了标准和依据，例如在民族起源的问题上是以现有的国家面积和
存在的共识为基础，同时以朝鲜半岛及周边地区自然、历史、文化环境为背
景帮助学生理解；在民族的理解问题上，主要考虑血统因素和文化因素。民
族不是在史前时代形成，而是史前时代为民族的形成奠定了基础。而在古朝
鲜历史的编写上，对古朝鲜的历史地理中心地的推测争论仍然存在，如平壤
一带的"平壤中心说""辽东中心说"辽东向大同江移动的"移动说"等，
编写时需要引起注意。

　　历史教科书的发行制度改为审核制度。从 1970 年到第七次修订教程，
发行了国政国史教科书与审定世界教科书。但是国政教科书反映出特定的历
史观，限制了学生们对历史的认识，导致教科书成为政治权利的宣传手段，
因此受到严重批判。国史教科书本来是国政图书，后来被列为审查图书。
2011 年，高中一年级使用不同的检查认定教科书。经过韩国教程评价员的
审议和国史编纂委员会的检查后使用的教科书总共有八本。而整体上来看，
这八本教科书都是明确地叙述了政治史。

　　"2010 修订版教程"虽然对以前的教程进行了修订，但是对"2007 修
订版教程"并没有做出重大修改，只是像从前一样以政治史为主，简单地
叙述历史。"2007 修订版教程"本来要在韩国文化史中介绍经济、社会、文
化内容，也未能付诸实施。这使得国史教育内容范围更小。另外，大学入学
能力考试中韩国史问题的 20 个问题中有 17～18 个问题是关于近现代史的，
只有 2～3 个问题是有关近代前史的。这样看来，整体上国史教育还是受到
很大限制。

　　此外，从 2012 年起，虽然韩国史教育应作为高中必修课的方案被提出
了，但是学校的历史教育的科目、课时反而减少了，使集中进修制度大大萎
缩。

　　"2007 修订版教程"中规定到高中一年级为止，应结束国民共同基本教
育课程。"国史"改为"历史"作为必修科目，国史讲到兴宣大院君执政之
前的近代前史。韩国近现代史大部分是出现在高中二、三年级，作为学生的
选修课。在第七次教程实行期间，大部分高中将国史 6 个单元、近现代史 6
个单元合并为 12 个单元，每个单元的标准课时是 17 个小时，实行总共 204
小时的教学。这可以说是比较正常的国史教育。但是"2009 修订版教程"，
原包含韩国近代史在内的国史，改成韩国史为选修科目。调整为五个基本单

元。这次教程修订使国史教育时间由 204 个小时缩短为 85 个小时。当然这个结果与韩国文化史课程突然中断有很大联系。但这确实导致学校国史教学时间的严重缺乏。另外，"2009 修订版教程"，实行了集中主修制度。以减轻学生压力为由，一个学期的教课数量限制为八门，高中文科科目以国文、英语、数学为基本教学，其他的科目按照学年制，采取集中主修制度，韩国史也作为主修科目。①

与第七次教程相比，现在的韩国史是由两本教科书合并成的，给学生带来了更大的负担。高中一年级使用的八种韩国史教科书平均为 400 页。以一天两个小时课程计算，八个单元的课程一个星期就需要有三次两个小时的课程来完成。期中考试和期末考试的考试范围足有 200 页的内容，这就是导致韩国史成为学生厌烦科目的主要原因。

大学入学考试中，由于课程的变化，国史成为学生不喜欢的学科。在大学入学考试国史科目的出题形式方面，国史科目地位出现了下滑的现象。在 1993 年大学入学能力考试体制确立以后，国史仍然作为必修的科目。可是到了 2004 年大学入学能力考试的新体制中，国史成了选修的科目，并且是只作为文科学生的选修科目，理科学生的大学入学考试中根本不涉及。甚至因为首尔大学要求国史为必考科目，成绩处于中下层的学生故意避开国史，导致选修国史的学生急剧减少。这正是以成绩为中心的相对评价体制造成的。

国史是高中文科一年级学习的内容，到了三年级时对其内容几乎没有任何的记忆。因为比起国史来讲，近现代史的学习量小，所以选择韩国近现代史的学生日渐增长。许多学校将韩国近现代史作为三年级的必修课，这样就可以更有效地应对大学入学考试。现在的高中生就算没有学过国史，约40% 的学生也可以进入大学。

选修近现代史的学生基本上同时选修国史，那么只修现代史的学生大概就是45%，将这个数字换算成为全体学生的比例的话，选修国史的学生仅占全部大学入学能力考试应考生的9%。反过来只选修近现代史的学生就大概占总体考生的27%。根据以上内容可以确认"2010 修订版教程"就是为

① 金汉宗：《中等历史教科书修订的过程与性格》，《韩国古代史研究》2011 年第 64 期，第 6~41 页。

了弥补"2009 修订版教程"中高中国史课从必修课转变为选修课出现的问题的。然而，这样的结构可能会使学校的历史教育变得更混乱。[1]

三　结语

通过对韩国历史教育的回顾和展望，可以看出韩国历史教育的变迁过程以及 20 世纪以来韩国历史教育的内容。直至第七次教程，韩国历史教育的教程还在不断修改。从"2007 修订版教程"开始，三次教程（2007 年教育课程修订，2009 年教育课程修订，2011 年教育课程修订）的变化和性质的改变，带来了一定程度上的混乱。

近期，日本政治领导者再次出现歪曲历史事实的言论，可以预想韩国历史学术界会再次提出强化历史教育的要求。然而，笔者以为，面对历史问题，不应该只是采取随机应变的方式，还要赋予学生自主学习正确历史的思想，并树立掌握实际和面向未来的世界观。为此历史学术界和历史教育学界以及民间团体应积极配合，改善历史教育制度。另外，新设的东亚史也不应只局限在中、韩、日三国，还应包括东亚其他所有国家，各国应彼此增进理解，在克服因历史教材产生的矛盾上贡献各自的力量。

（原载《中学历史教学参考》2015 年第 10 期）

---

[1]　崔俊彩：《2009 年修订版教程与高等学校国史教育》，《历史教育》2001 年第 5 期，第 219～249 页。

泰国历史教学大纲评介

江佩兰

泰国历史上第一个统一国家为 1238 年建立的素可泰王朝，之后经历了大城王朝、吞武里王朝和曼谷王朝。在 1949 年 5 月 11 日以前，泰国的名称是暹罗。之后泰国人用自己民族的名称，把"暹罗"改为"泰"，主要是取其"自由"之意。1932 年，泰国建成君主立宪制国家，此后历代国王都只是国家的象征性元首。在西方列强大规模入侵、周围国家多沦为殖民地的时代，泰国凭借开明的君主政体、灵活的外交政策和务实的发展策略，终免于变成列强的殖民地。

第二次世界大战以前，泰国参考英国的教育制度，将地理课、历史课国民教育课、宗教课作为专门的课程。二战以后改用美国的教育制度，将上述课程合并为"社会科"，并作为社会科的四个单元。现在所谓的"历史课"，是 1902 年起被称为"史记课"，到 1913 年才开始改称"历史课"的。

一 泰国历史教学大纲的过往

17 世纪，泰国开始与西方国家建立外交和商业关系，并受到西方教育体系的影响。1895 年，泰国教育部首次推行泰国教学大纲。然而，当年未编定历史课的教学大纲，历史教育归语文课统辖。其中要求学生阅读古都史记的摘要，让学生知道国家的背景来历。除此之外，还要求学生阅读近现代

史记和杂史，阅读完之后必须学会复述故事。当年的泰国历史教育，学生是
从阅读语文课的文章知道了解本国历史的。①

　　1902年，泰国教育部推行小学、初中以及高中教育的教学大纲，要求
各所学校实行道德和地理学科的教学活动。初中教育教学大纲要求学生学习
地理学科和泰国史记学科。初中一年级要求详细地学习泰国地理，学习画泰
国的地图以及根据泰国史记讲述泰国的重要领域和重要方面。②

　　1909年，教育部推行学前教学大纲（当时的学前教育是指7~9岁的儿童），
开始实行道德学科和泰国常识学科的教学活动。泰国常识学科包括地理课和专
门为儿童开设的泰国史记课。此次编修的新教学大纲之目标是让学生更加了解
母国的情况，了解母国的历史背景，培养学生的爱国精神以及培养保护国家的
观念，做高素质的好国民。当时，教育部规定三门课程：泰国地理课、泰国历
史课和泰国政治课。以下是泰国历史课的主要教学范围。

　　（1）通过学习，让学生知道泰国的国土面积有多大，位于何处，边境
有哪几个国家，国内地势如何，泰国的海域范围，出入境交通方法为何，有
哪些商品可以跟其他国家交换。

　　（2）让学生简单地了解泰国史记与泰族的由来，如何统一国家，又是
如何发展到今天的。

　　（3）使学生知道当代泰国的政治体制，认识国王；知道什么是内政部、
京畿部、法院、郡县制和学校，并了解这些机构负责哪些任务；知道士兵、
府尹、市长、区长和村长的职责，以及国民该怎么服从上述人物的管理。③

　　1909年，教育部推行的小学教学大纲规定将道德学科、地理学科和泰
国史记学科纳入泰国常识学科，开始正式地编撰地理课和史记课的教学大
纲。历史课或称史记课的大纲要求包括相比学前教育阶段更加了解泰国史记
和政治体制，了解邻国的地理和政治体制。

　　1909年，教育部推行的中学教学大纲仍然将道德学科、地理学科和史

①　กรมวิชาการ, กระทรวงศึกษาธิการ.(2513). **เอกสารประกอบการพิจารณาปรับปรุงหลักสูตรในปีการศึกษาระหว่างชาติ
อันดับ1ความเป็นมาของหลักสูตรสามัญศึกษา**. จัดพิมพ์โดยกรมวิชาการ, กระทรวงศึกษาธิการ.

②　กรมวิชาการ, กระทรวงศึกษาธิการ.(2513). **เอกสารประกอบการพิจารณาปรับปรุงหลักสูตรในปีการศึกษาระหว่างชาติ
อันดับ1ความเป็นมาของหลักสูตรสามัญศึกษา**. จัดพิมพ์โดยกรมวิชาการ, กระทรวงศึกษาธิการ.

③　กรมวิชาการ, กระทรวงศึกษาธิการ.(2513). **เอกสารประกอบการพิจารณาปรับปรุงหลักสูตรในปีการศึกษาระหว่างชาติ
อันดับ1ความเป็นมาของหลักสูตรสามัญศึกษา**. จัดพิมพ์โดยกรมวิชาการ, กระทรวงศึกษาธิการ.

记学纳入泰国常识学科。地理课和史记课的内容比小学教育阶段更详细。历史课或当时称史记课的大纲范围包括深入了解泰国史；简单了解世界史，例如希腊、罗马、波斯、中国等文明古国，了解这些国家是如何繁荣强盛起来的，又是如何衰落的，知道当时新兴西方国家的繁荣，并了解那些繁荣是如何传到东方国家的。

为了让学生更加了解其他国家的情况，世界史的教师必须对比上述国家的古代、当代和未来状态。1909年，教育部推行的高中教学大纲（现在称高等教育），并没有把道德课、地理课和泰国史记课纳入泰国常识学科。该时期的地理课和泰国史记课双轨并存但相互间没有联系。泰国史记课（后来称历史课）的教学活动，学生主要的学习内容是泰国历史和世界历史。世界历史的学习重点是了解其他国家繁荣强盛起来的原因，此课程可以使用英语进行教学。1913年，教育部开始使用"公众教学大纲"。小学、初中、高中、高等教育教育的历史课教学范围和重点一如既往。然而，高中阶段的历史教学内容稍有变化，不如之前学习的内容详细，只是简单地了解母国和其他国家的历史。1921年，教育部再次编修教学大纲，但还是根据1913年的教学大纲，仍然存在道德课、地理课和历史课，而且这三门课程的教学活动一直实行到泰国政变时期。1928年，高中历史教学大纲的主要变化是世界史的教学重点改成东方国家的历史和当代情况。此大纲一直使用到1937年。1932年，由于泰国的政治体制从君主专制政体变成议会制君主立宪制，教育部再次编修教学大纲，推行社会学科的教学大纲，以前的道德课改成公民义务与道德课。地理课和历史课仍然存在，但在小学教育阶段仍然叫作泰国常识学科。1937年，小学教育的历史课教学范围和重点照旧。然而，增加了校外研修活动，教师必须带学生到附近参观有名的地方，这是为了补充学生的地理和历史常识，培养学生爱祖国、爱宗教、爱国王、爱宪法的精神。1937年，初中教育的历史课教学范围和重点是要求学生学习十位泰国伟大人物，知道泰族的由来，简单地了解素可泰王朝、阿瑜陀耶王朝（或称大城王朝）、吞武里王朝以及节基王朝（或称曼谷王朝）。除此之外，教师必须带学生到附近参观名胜古迹。

由于从1957年起，共产主义逐渐影响东南亚地区的国家（1975年老挝，1976年柬埔寨），老挝的左派受越南共产主义的支持而渐渐加强对泰国的影响力。泰国南部的国民因宗教信仰与大众泰族不同，而自从泰国实行君主专制政体，泰国南部地区就跟政府有矛盾。到了这段时期，泰国南部的国民与马来西亚人相融合。泰国与柬埔寨因边境著名古迹"柏威夏古寺"的主权归属而发生矛盾。因此，泰国诸多支持保守主义的学者都重视历史课的教学内容，而教育部再次编修教学大纲，究其目的，则是培养学生对母国的自豪感，保留泰国、泰族的特性。

这一年教育部将小学教育分成前四年阶段和后三年阶段，中学教育分成初中和高中阶段。以下为历史课教学大纲。

小学教育前四年阶段，更重视社会学科，历史课成为社会学科的一个单元。

一年级的教学范围和重点是学生知道自己和父母以及亲属的姓名和出生日期。

二年级的教学范围和重点是学生能够了解自己社区和学校的风俗文化。

三年级的教学范围和重点是学生知道泰国历史上的伟大人物：兰甘亨大帝、纳黎萱大帝、素丽瑶泰王后、郑信大帝、拉玛五世朱拉隆功大帝，知道他们生死在哪个朝代，为泰国做出了哪些贡献。

四年级的教学范围和重点是学生简单地知道泰国历史，主要学习国民在各个朝代直到当今的生活方式，以学生对泰族祖先的自豪感和爱国精神。除此之外，规定学生学习泰国历史上的伟大人物：素可泰王朝的第一位国王、乌通王、戴莱洛迦王、孟莱国王、那莱大帝、拉玛一世郑华，知道他们生死在哪个朝代，为泰国做出了哪些贡献。[①]

小学教育后三年阶段，历史课是社会学科的一个单元。

小学后三年教育（小学 5～7 年级）的社会学科包括道德，公民义务，地理，泰族史，泰国王朝史（素可泰、阿瑜陀耶、吞武里及曼谷王朝），泰国与邻国的关系（缅甸、老挝、柬埔寨、马来西亚）等课程。

五年级的教学范围和重点包括以下五个方面。

（1）简单了解泰族历史。泰族源于中国南部，学习泰族迁移到当今泰国土地的原因；学习傣族、佤族、孟族、高棉族融入泰族的因素；知道当今泰国这块土地当前是高棉族统治的；学习柬埔寨真腊王国衰落的原因。

（2）学习素可泰王朝如何建立；兰甘亨国王时代发生的重要事件；如何统一素可泰和阿瑜陀耶的统治。

（3）学习以下伟大人物的传记：素可泰王朝、阿瑜陀耶王朝、曼谷王

---

① กระทรวงศึกษาธิการ.หลักสูตรประโยคประถมศึกษาตอนต้นพุทธศักราช 2503.พระนคร : กระทรวงศึกษาธิการ

朝各朝两位伟大人物以及路易·巴斯德和爱德华·詹纳。

（4）知道大皇宫、佛统大金塔、哈立奔猜塔、洛坤府等名胜古迹位于泰国哪个地方，对泰国人重要性有多大。

（5）知道当时国内外的新闻和重要事件。[1]

六年级的教学范围和重点包括以下四个方面。

（1）学习阿瑜陀耶王朝如何建立；如何统一素可泰和阿瑜陀耶的统治；如何改进国家的统治体制；阿瑜陀耶与柬埔寨、老挝、缅甸、中国、日本、葡萄牙、英国、法国、荷兰等国的外交关系；阿瑜陀耶第一次沦陷；纳黎萱大帝如何率领泰国人民夺回自由；那莱大帝时代的重要事件；阿瑜陀耶第二次沦陷。

（2）学习以下伟大人物的传记：乌通王、纳黎萱大帝、那莱大帝、素丽瑶泰王后、挽拉曾阵营村民英雄、伽利尔摩·马可尼以及莱特兄弟。

（3）知道国家图书馆、国家博物馆、帕南琼安寺以及各种佛像等名胜古迹位于泰国的哪个地方，对泰国人重要性有多大。

（4）知道当时国内外的新闻和重要事件。

七年级的教学范围和重点包括以下四个方面。

（1）学习吞武里王朝和曼谷王朝的历史；郑信国王如何从缅甸权夺回自由；如何建立吞武里王朝；曼谷王朝是从何时开始的。

（2）学习以下大人物的传记：郑信大帝、拉玛一世郑华、拉玛五世朱拉隆功、拉玛六世、曼谷王朝的两位女英雄、泰国最著名诗人——顺吞蒲等、弗洛伦斯·南丁格尔以及托马斯·阿尔瓦·爱迪生。

（3）知道更多的泰国名胜古迹位于哪个地方，对泰国人重要性有多大。

（4）知道当时国内外的新闻和重要事件。

1937 年，高中教育的历史课教学范围和重点是详细地了解泰国历朝历代，知道泰国是位于中南半岛的国家，学习 1834 年（清中期）至今的中国情况，了解日本的历史及其第一次世界大战后的情况。[2] 后来，1948 年和 1950 年，教育部再次编修小学教育和初高中教育的教学大纲。1948 年，小学教学大纲规定，学生应简单地了解泰国历朝的历史，知道泰国历史上的十

① กระทรวงศึกษาธิการ.**หลักสูตรประโยคประถมศึกษาตอนต้นพุทธศักราช** 2503.พระนคร : กระทรวงศึกษาธิการ

② กรมวิชาการ, กระทรวงศึกษาธิการ. (2513) . **เอกสารประกอบการพิจารณาปรับปรุงหลักสูตรในปีการศึกษาระหว่างชาติ อันดับ** 1 **ความเป็นมาของหลักสูตรสามัญศึกษา**. จัดพิมพ์โดยกรมวิชาการ, กระทรวงศึกษาธิการ.

位大英雄，以及了解泰国与中国、英国、美国和法国的外交关系。1948 年，高等教学教育大纲规定历史课教学的范围和重点是泰国历史，尤其是曼谷王朝历史。除此之外，还要求学生简单地了解 1457 年至今的世界史：欧洲史、美国史、亚洲史以及澳大利亚史。1950 年，初中教学大纲规定学生应深刻地了解泰国历史，泰国历史上的伟大人物以及邻国情况。① 1950 年，高中教学大纲规定学生应深刻地了解泰国历史、人类历史、宗教史、新发现的领土及探索过程、交通史与传播史、战争与和平以及世界史上的伟大人物。② 1955 年，高等教育教学大纲，地理课和历史课成为一年级学生的必修课。社会课（下）是二年级学生的必修课。此外，社会课（上）是理科学生的选修课。

1960 年，初中教育教学大纲将历史课纳入社会学科的一单元。历史课教学大纲更重视泰国历史和世界史的内容。③

一年级学习泰国历史：泰族迁移到当今泰国土地的原因；如何建立素可泰王朝；素可泰的政治与文化；如何建立阿瑜陀耶王朝；阿瑜陀耶的政治与文化。

世界史的学习重点：学习泰国和邻国的外交关系：缅甸、柬埔寨、老挝、越南、马来西亚。

二年级学习泰国历史：阿瑜陀耶繁荣强盛的法律、文学及宗教；纳黎萱大帝时期和那莱大帝时期的重要事件；阿瑜陀耶末期的重要事件。

世界史的学习重点：简单地了解 16 世纪至今的中国历史、日本历史以及印度历史。

三年级学习泰国历史：学习吞武里王朝和曼谷王朝的重要事件；政变的起源和结果；外交的发展。

世界史的学习重点：第一次世界大战及战后事件。

1960 年，高中教育历史课教学大纲要求学生学习吞武里王朝、曼谷王朝至今。世界史的学习重点是工业革命、第二次世界大战、联合国的地位和作用。④

由于泰国政治、经济、社会以及科学等方面有所变化及发展，教育部

---

① กระทรวงศึกษาธิการ . (2493). **หลักสูตรมัธยมศึกษาตอนต้นพ.ศ.** 2493 . กรุงเทพฯ :โรงพิมพ์คุรุสภา.

② กระทรวงศึกษาธิการ. (2493). **หลักสูตรมัธยมศึกษาตอนปลายพ.ศ.** 2493 . กรุงเทพฯ :โรงพิมพ์คุรุสภา.

③ กระทรวงศึกษาธิการ.(2508). **หลักสูตรประถมศึกษาตอนต้นพุทธศักราช** 2503 . กรุงเทพฯ:โรงพิมพ์คุรุสภา.

④ กระทรวงศึกษาธิการ. (2515).**หลักสูตรมัธยมศึกษาตอนปลาย (ม.ศ. 4-5) พุทธศักราช** 2503 .กรุงเทพฯ : โรงพิมพ์คุรุสภา.

再次编修教学大纲。1978 年，先编修小学教育和初中教育教学大纲。1981
年，再编修高中教育教学大纲。① 1978 年，小学教育社会学科变成"人生
经历学科"的一部分，历史课是社会学科的一单元。人生经历学科包括社
会课、科学课、健康教育与卫生课。小学一到六年级社会学科中的历史教
学重点是泰国通史、当代新闻、重要节日及事件。② 1978 年，初中教育教
学大纲规定，社会学科是基本学科之一，而历史课是社会学科的一个单
元。初中教育将泰国史和邻国史的教科书分开：初中一年级泰国史课（必
修课）、初中二年级邻国史课（必修课）、初中三年级世界史课（必修
课）。除此之外，还有三门选修课：通史、泰国历史（上）、泰国历史
（下）。③

　　教育部推行的这套教科书使泰国学生对邻国的印象不如之前那么偏袒，
各个国家的地位都是平等的，因这套历史教科书不仅涉及邻国的历史，还涉
及邻国的地理、人民、文化、自然资源、经济以及政治方面，让学生了解邻
国是如何发展的。1981 年，高中教育教学大纲规定，社会学科是基本学科
之一，而历史课是社会学科的一个单元。历史课教学大纲只要求学生选 1 门
必修课程，另外 11 门历史课程则为选修课。④ 1990 年，教育部再次修改初
中教育的历史教学内容。由于这段时期是冷战后的时期，诸多国家实行经济
方面的合作，泰国的经济也逐渐发展，进出口商品非常受外国人的欢迎。泰
国政府开始实行"知己知彼，百战百胜"的政策。因此，历史教学内容有
些变化。1978 年，初中教育的"泰国史课"变成初中一至三年级的必修课，
因为政府希望学生更加了解自己国家的情况，也了解其他国家的情况。初中
二年级的邻国史课改成亚洲史课，同时要学泰国史（第 3 册）；初中三年级
仍然存在世界史课，而增加了泰国史课。邻国史课则变成选修课。2001 年，
历史课程成为社会、宗教及文化学科的一个单元，但教育部安排历史课程有

① กระทรวงศึกษาธิการ. (2521).**หลักสูตรประถมศึกษาพุทธศักราช 2521**. กรุงเทพฯ : โรงพิมพ์คุรุสภา.

② กระทรวงศึกษาธิการ. (2533).**หลักสูตรประถมศึกษาพุทธศักราช 2521 （ฉบับปรับปรุงพ.ศ.2533）**. กรุงเทพฯ : โรง โรงพิมพ์คุรุสภา.

③ กระทรวงศึกษาธิการ. (2533).**หลักสูตรมัธยมศึกษาตอนต้นพุทธศักราช 2521 (ฉบับปรับปรุงพ.ศ. 2533)**. กรุงเทพฯ : โรง พิมพ์คุรุสภา.

④ กระทรวงศึกษาธิการ. (2524).**หลักสูตรมัธยมศึกษาตอนปลายพุทธศักราช 2524**. กรุงเทพฯ :โรงพิมพ์คุรุสภา.

固定上课时间（一星期占一节课），不像往年与其他属于社会学科的课程一起上。分开的原因是为了支持泰国特性，培养公民义务教育。历史课程成为小学阶段和初高中阶段的必修课程。这个时期的泰国有一股民族主义的潮流，因1997年泰国面对"冬阴功"经济危机，经济极速衰退。政府倡导"泰国特性"的观念，并支持娱乐圈制作许多有关泰国史的电视剧和电影，从而培养国民的爱国精神，同时能恢复泰国的经济。这些电视剧和电影都很受欢迎。

　　2001年，泰国基础教育大纲指定每所学校的基础必须按照八组学习本质的学习内容进行教学活动。这八组学习本质其中一组是"社会、宗教及文化学科"，此学科的教学内容包括宗教、道德、伦理课，人民义务、文化、经济、历史以及地理课。历史教学范围和重点：了解历史的基本思路；知道时间单位；了解泰国历史和世界历史的进展演变；培养学生对母国的自豪感；了解人类史、哲学史、社会史以及考古。教学目标：了解人类及社会的演变；古代人如何面对当时所发生的事件；古代人如何解决问题；古代人的行为对今日社会、对后人有哪些影响。[①]

二　泰国历史教育大纲的现状

　　目前，泰国全国正在使用2008年教育部推出"新基础教育核心大纲"。历史课再次被纳入社会、宗教及文化学科的一个单元。

　　2008年12月11日，泰国王后在一个会议上发言："现任的泰国总理不允许我们学习历史了，我真不明白这是怎么回事，因为当我在瑞士上学的时候，虽然他们国家历史并不悠久，也没有动荡，但我还是要学瑞士历史。回头来看泰国的历史教育，我们祖先付出了多少，牺牲了多少才能把这块土地统一成当今的泰国，若不是前人的付出，我们现在怎么能有土地来生活。但现在的泰国教育却不让我们学泰国历史，泰国人都不知道我们祖先是从哪里来，付出了些什么，我个人觉得这个想法太不正常了。世界上各个国家都会

---

① กระทรวงศึกษาธิการ. (2545). **คู่มือการจัดการเรียนรู้กลุ่มสาระการเรียนรู้สังคมศึกษาศาสนาและวัฒนธรรม**. กรุงเทพมหานคร : โรงพิมพ์องค์การรับส่งสินค้าและพัสดุภัณฑ์ (ร.ส.พ.).

有历史教育，就我们泰国没有。"① 王后此次发言使教育部不得不重视历史教育，因此，2008 年决定再次编修教学大纲。

历史课程的教学重点：历史年代和阶段；从古至今人类的演变；泰族史，泰国人的文化习俗；亚洲史；世界史。教学目标是掌握历史分析法和研究法；能够分析人类演变产生了哪些成果；培养爱国精神。②

目前泰国历史教育的现状是，小学、初中阶段将历史课纳入社会科。高中阶段将历史课作为专门的课程。小学、初中阶段主要是学泰国史。高中一、二年级主要是学泰国史，初中三年级学世界史。历史教科书在全国范围，过去是"一纲一本"，由教育部出版；目前的历史教科书是"一纲多本"，由出版单位组织专家学者按照教育部的要求编纂而成。根据泰国基础教育委员会的要求，每所学校将历史课教学时间安排为：小学阶段每周 1 课时，进行 40 周教学活动，一个学期共 40 课时；初中阶段的历史课算 1 学分，共 40 课时，可分两学期上课；高中阶段的历史课算 2 学分，共 80 课时，可分两个学期或四个学期上课。2008 年泰国新基础教育核心大纲社会宗教及文化学科之第四项学习的核心为历史课程。

历史课程的第一个学习标准：学生理解各段历史时代及历史时期，能够运用历史方法系统地分析各类事件（见表 1）。③

表 1　泰国各年级历史课程第一个学习标准

阶段	年级	学习指标
小学	一年级	运用日历、掌握日常生活中的年、月、日算法 把生活中发生的各个事件根据时间顺序排列 能够通过询问调查相关人物并陈述自己及家人的背景来历

---

① ไพเราะสุตธรรมและลัดดาศิลาน้อย.(2555) . การพัฒนากิจกรรมการเรียนการสอนวิชาประวัติศาสตร์โดยใช้ปัญหาเป็นฐานสำหรับนักเรียนชั้นประถมศึกษาปีที่ 4 โรงเรียนบ้านโนนสำนักอำเภอมัญจาคีรีจังหวัดขอนแก่น.วารสารศึกษาศาสตร์ฉบับวิจัยบัณฑิตศึกษามหาวิทยาลัยขอนแก่น, 2555(4), 85 .

② กรมวิชาการ, กระทรวงศึกษาธิการ. (2551) .หลักสูตรแกนกลางการศึกษาขั้นพื้นฐานพุทธศักราช 2551. สำนักงานคณะกรรมการการศึกษาขั้นพื้นฐาน,กรุงเทพมหานคร:โรงพิมพ์ชุมนุมสหกรณ์การเกษตรแห่งประเทศไทยจำกัด.

③ กรมวิชาการ, กระทรวงศึกษาธิการ.(2551).ตัวชี้วัดและสาระการเรียนรู้แกนกลางกลุ่มสาระการเรียนรู้สังคมศึกษาศาสนาและ วัฒนธรรมตามหลักสูตรแกนกลางการศึกษาขั้นพื้นฐานพุทธศักราช 2551.สำนักวิชาการและมาตรฐานการศึกษาสำนักงานคณะกรรมการการศึกษาขั้นพื้นฐาน,กรุงเทพมหานคร:โรงพิมพ์ชุมนุมสหกรณ์การเกษตรแห่งประเทศไทยจำกัด.

续表

阶段	年级	学习指标
小学	二年级	掌握与过去、现在以及未来的事件相关的时间用语 能够通过相关的证据将与自己及家人发生的事件排序
	三年级	掌握纪元用词，小历、大历、佛历以及公历对比 展示社区及学校的重要事件的顺序，指出相关的证据及资料来源
	四年级	掌握"千禧年""世纪""半世纪"的用法 简单解释各时代的人类史学 分析当地历史中的各种类史料及证据
	五年级	运用各种史料及证据探索当地历史的起源 为合理地回答历史事件中的问题搜集各种史料 解释当地历史中的"事实"和"真理"不同之处
	六年级	简单地解释历史学中的历史方法的重要性 为理解过去的重要事件而从不同的史料和证据中提取出相关的材料
初中	一年级	分析历史学中的时代与时间的重要性 对比历史学中的各种日历及时代用词 运用历史方法来学习并了解历史事件
	二年级	评估各类史料及证据的可靠性 分析历史事件中的"事实"和"真理"不同之处 重视考证具有可靠性的史料及历史证据
	三年级	运用历史方法通过充分的理由分析历史上的重要事件 运用历史方法学习个人感兴趣的事件
高中	一年级至 三年级	理解历史中的时代与时间如何影响人类的演变 运用历史方法系统的树立历史学的新知识体系

　　第二个学习标准：了解从古至今的人类关系发展以及不断演变的事件，并意识到其影响的重要性，掌握分析其影响（见表2）。[1]

---

① กรมวิชาการ, กระทรวงศึกษาธิการ. (2551).**ตัวชี้วัดและสาระการเรียนรู้แกนกลางกลุ่มสาระการเรียนรู้สังคมศึกษาศาสนาและวัฒนธรรมตามหลักสูตรแกนกลางการศึกษาขั้นพื้นฐานพุทธศักราช 2551**.สำนักวิชาการและมาตรฐานการศึกษาสำนักงานคณะกรรมการการศึกษาขั้นพื้นฐาน, กรุงเทพมหานคร: โรงพิมพ์ชุมนุมสหกรณ์การเกษตรแห่งประเทศไทยจำกัด.

表2　泰国各年级历史课程第二个学习标准

阶段	年级	学习指标
小学	一年级	指出周围环境、物品以及自己与家人生活方式的变化 指出过去发生的事件如何影响到个人至今的生活
	二年级	探索社区成员的过去至今的生活方式之变化 解释社区成员的生活方式变化之影响
	三年级	指出对社区建邦及演变的影响之因素 总结社区中重要的文化习俗之特性 对比自己所生活的社区与其他社区的异同之处
	四年级	简单地解释史前时代和历史时代的类建国立邦因素以及人类演变 举例在社区发现的史料和历史证据,展示在泰国生活的各民族的演变
	五年级	简单地解释印度文明、中国文明对泰国以及东南亚国家的影响 简单地探讨外国文化对当今泰国社会的影响
	六年级	解释当今邻国的社会、经济以及政治的状况 简单地指出东盟国家之间的关系
初中	一年级	解释东南亚国家的社会、经济以及政治之演变及发展状况 指出东南亚国家文明的重要性
	二年级	解释亚洲国家的社会、经济以及政治方面发展状况 指出亚洲的古代文明
	三年级	简单地解释世界各洲的社会、经济以及政治发展状况 分析各种变化如何影响到20世纪各国的合作与冲突以及试图解决冲突问题的方法
高中	一年级至高中三	分析古代文明和东方西方国家的合作交流对世界各国的变化和发展之影响 分析历史上的重要事件如何影响世界各国当今的社会、经济以及政治方面的变化 分析欧洲国家的威力对美洲、非洲及亚洲国家的影响 分析世界各国进入21世纪后的现状

第三个学习标准：了解泰国的历史、文化以及泰国人的智慧，培养国民的爱国心与自豪感（见表3）。①

① กรมวิชาการ, กระทรวงศึกษาธิการ. (2551).**ตัวชี้วัดและสาระการเรียนรู้แกนกลางกลุ่มสาระการเรียนรู้สังคมศึกษาศาสนาและวัฒนธรรมตามหลักสูตรแกนกลางการศึกษาขั้นพื้นฐานพุทธศักราช 2551**. สำนักวิชาการและมาตรฐานการศึกษาสำนักงานคณะกรรมการการศึกษาขั้นพื้นฐาน, กรุงเทพมหานคร: โรงพิมพ์ชุมนุมสหกรณ์การเกษตรแห่งประเทศไทยจำกัด.

表3　泰国各年级历史课程第三个学习标准

阶段	年级	学习指标
小学	一年级	解释泰国民族的重要特征，并遵守国家的纪律 指出社区里重要的地点以及文化发源地 指出自己为社区感到骄傲之处
	二年级	指出对国家或社区有贡献的人物 举例值得保留的泰国文化习俗以及泰国人的智慧
	三年级	指出建立泰王国的国王名字及其贡献 精简地陈述现任国王的来历及其贡献 陈述泰国祖先守护国家的故事
	四年级	精简地解释素可泰王朝的状况 陈述素可泰王朝时代重要人物的来历及其贡献 解释素可泰王朝时代值得保留的泰国人重要智慧
	五年级	精简地解释大城王朝及吞武里王朝的演变 陈述促进大城王朝政治经济发展之因素 陈述大城王朝及吞武里王朝时代重要人物的来历及其贡献 解释大城王朝及吞武里王朝时代值得保留的泰国人重要智慧
	六年级	精简地解释曼谷王朝的演变 陈述促进曼谷王朝政治经济发展之因素 举例曼谷王朝时代重要人物的来历及其贡献 解释曼谷王朝时代值得保留的泰国人重要智慧
初中	一年级	精简地解释素可泰王朝之前的泰国土地历史 分析素可泰王朝的各方面之演变 分析素可泰所取得的智慧及文化对当今泰国社会的影响
	二年级	分析大城王朝及吞武里王朝的各方面之演变 分析大城王朝繁荣兴起的影响因素 指出大城王朝及吞武里王朝时代泰国人的智慧及文化如何影响到当今泰国的发展状况
	三年级	分析曼谷王朝的各方面之演变 分析曼谷王朝繁荣兴起的影响因素 分析曼谷王朝时代所取得的智慧及文化如何影响到当今泰国的发展状况 分析民族主义时期的泰国立场
高中	一年级至 高中三	分析泰国史中的重要问题 分析泰国国王及王室对泰国人民的重要性 分析促进与创造泰国智慧及文化之因素如何影响到当今泰国社会 分析对泰国历史文化有影响的泰国及外国重要人物及其贡献 计划保留泰国文化及智慧的路径并参与活动

从以上的三个学习标准可见，第一个学习标准仿佛是学生自学历史的工具。第二个学习标准将带领学生认识世界及社会，先了解母国的变化与发展情况，再去了解亚洲国家与邻国，最后才能了解全世界各国的变化和发展状况。此外，第二个学习标准的目标也是培养学生能够分析对社区、国家、世界变化状况的影响。第三个学习标准的目标便是培养学生爱国精神。首先是让学生认识自己所在社区的历史，随后了解泰国社会、文化以及泰国特征。

关于第三个学习标准，基础教育委员会指出，学生必须通过学习历史课，了解泰国历史、文化以及泰国人的智慧，培养爱国精神，为泰国而自豪。教师为符合此教学标准的要求，则其教学内容也必须涉及泰族起源问题之说、泰国历代各方面的发展状况、泰国文化及泰国人智慧、泰国历史人物的履历和贡献等内容。学生在学习此内容时，可以练习检索一手材料和探索历史事实的能力。

三　结语

目前的历史教育大纲，世界史的内容仅放在高中阶段。学生到高中三年级才能学到古希腊、古罗马、文艺复兴时期、启蒙时代、工业革命、古印度、中国史、明治维新、两次世界大战等，导致泰国学生对其他国家基本情况了解得很浅薄，尤其是对中西各国的了解。与中国教学大纲相比，中国学生从初中阶段已知道这些内容。此外，大部分教师只是把需要考试的内容让学生死记硬背，没有课堂讨论活动，学生们并没有真正了解学历史知识的意义，没能达到"从历史看未来"的目标，更没有把历史教育与国家现况相结合。

有关编写教案的问题，目前泰国一些学校缺乏为教师培训编写教案方法的专家，只能邀请校外专家来为教师培训。再加上社会学科的教师任务较多，可能会影响编写教案的时间，导致教案的内容不是很丰富。对于已编写完成的教案来说，教师也不一定能按照教案里所编写的教学内容进行教学活动，因为上课的时间有限。

2014年，泰国基础教育委员会新编辑了高中阶段《历史教科书》。泰国军政府教育部在2015年8月要求全国公立高中全面采用新版历史教科书，书中完全没有提到两位前任总理他信及其胞妹英拉的名字。在 2014 年 5 月政变之前，泰国学校可自行决定采用哪个版本的历史教科书。2015 年，由泰国艺术厅编辑并出版了《泰国史教科书》，一些学者认为这版历史教科书忽略泰国近代史的内容，教科书中政变之后的事情太简略。关于第二次世界大战时泰国政府的立场其实很复杂，但历史教科书中教给学生的却是泰国属于同盟国阵营，是战胜国。

泰国教育部颁发的历史教学大纲，要求全国学校统一用此大纲。尽管泰国各个区域的环境不同，一些区域的文化历史差别很大，例如北部和南部，但也要求统一使用。泰国史的教学内容大部分是讲历代泰国国王的生平及贡献，平民的历史则甚少。此外，重视国史，忽视各地方志，例如兰那史、泰南史、东北史等。泰国古代史的内容长期以来叙述缅甸入侵泰国，火烧大城王朝，容易导致学生对缅甸的仇视。[1]

泰国的历史教科书虽然是以民主制的要求来编写的，但近十几年来泰国社会动荡不安，政府也屡遭变动，长期以来在泰国政治当中军人的力量对政治有很大的影响，所以现实生活的实际情况跟教科书中所体现的历史精神并不完全相符。

---

[1]　วันเพ็ญอินทรอักษร.(2537).**พฤติกรรมการสอนวิชาประวัติศาสตร์ในระดับมัธยมศึกษา**.(น.466). สงขลา: สำนักพิมพ์ สถาบันราชภัฏสงขลา.

中法新一轮高考改革对比

叶希蓓

高考的影响力和重要性在中法两国都得到了社会的高度认可。对中等教育而言，高考是最具导向性的指挥棒，高考的指导方向与侧重决定了中学教育的重心；对高等教育而言，高考是最有效的人才选拔机制，高考的难度和区分度决定了未来接受高等教育学生的能力和水平。而近年来，两国几乎同时开始的高考改革虽然各有特点，却又有很大的相似性，从一定程度上反映出这一时代的需求，在比较过程中，也希望能够相互借鉴对方的有效经验，为未来的改革提供一定思考和启示。

一 法国高考改革

法国高考改革之前，高一年级主要学习公共课程，包括法语、历史与地理、第一和第二外语、数学、物理与化学、地球科学、体育和公民法制社会教育，此外还包括个人辅导和探究性课程，各个科目平均每周总课时之和为28 小时 30 分钟。① 从高二年级开始，学生可以根据自身兴趣和特长从文学方向、经济与社会方向和科学方向中选择一个方向学习。每个方向都有规定的相关科目的课程学习。同时，他们还要继续进行公共课程的学习。只是公

---

① Ministère de L'education Nationale et de la Jeunesse, *Les enseignements de la classe des seconde*, http://www.education.gouv.fr/cid52692/les – enseignements – nouvelle – seconde.html [réf. de Septembre 2016]".

共课程在每周的课时安排上会有所减少，高二年级公共课程占每周总课时安排的 60% 左右，而到了高三年级，减少到 30% 左右。① 在完成学业后，学生需要参加高考，以进入大学或其他高等学校学习。在改革前的高考中，无论选择哪个方向，法国学生都需要在 6 月中旬的短短 1 周之内完成 13 门学科的考试任务，可见其中教学负担之重、考试内容之多。根据 2018 年法国政府统计，2017 年高考中所有科目的试题共涉及 2900 个话题，收到超过400 万份论述答案。② 尽管有如此之重的中学教学任务和如此之复杂的高考考试要求，通过法国高考的高中毕业生在大学中的表现却不尽如人意。根据法国政府统计，每年有约 61% 的大学生无法获得学士学位，只有 27% 的大学生能在大学三年内获得学位。③ 此外，法国高中的选修方向和高中生的职业规划并不能够与大学接轨。在高中毕业生中，约有 52% 的学生选择了科学方向，但根据大学展开的调查，在科学专业的学生中，有 40% 并不想学习科学方向的课程，在未来也不希望从事科学研究。④ 法国高考"一考定终身"的设置也引发各界的诟病。因此，法国高考的改革长期以来都是法国历任总统重视的议题。

现任法国总统在 2017 年 5 月的演讲中就承诺进行高考改革，此后，法国总理就这一承诺再次进行了强调。2017 年 11 月，法国教育部长和法国大学教授皮埃尔·马提奥（Pierre Mathiot）通过通信往来探讨未来的高考改革。从 2017 年 11 月到 2018 年 1 月，在皮埃尔·马提奥教授的主持下，针对高考改革问题，对 100 名受访者进行了访谈，又在网络上完成 4 万份调查问卷。在此基础上，政府于 2018 年 2 月出台新高考改革方案，从 2018 级新高一学生开始实行。

高考改革后，2018 级高一学生的高中学习生活也发生了变化。从入学

---

① Ministère de L'éducation Nationale et de la Jeunesse, *La voie génétale au lycée*, http：// www. education. gouv. fr/cid2570/la – voie – generale – au – lycee. html［réf. de Juin 2016］"．

② Ministère de L'éducation Nationale et de la Jeunesse, *Baccalauréat 2021*, http：// www. education. gouv. fr/cid52692/les – enseignements – nouvelle – seconde. html［réf. de Février 2018］"．

③ 法国大学学制为三年制。

④ Ministère de L'éducation Nationale et de la Jeunesse, *Baccalauréat 2021*, http：// www. education. gouv. fr/cid52692/les – enseignements – nouvelle – seconde. html［réf. de Février 2018］"．

之初，他们即要完成一次关于法语水平和数学水平的测试，针对测试结果，学校为每位学生安排老师，负责每周 2 小时的专门辅导。同时，学生们可以根据测试结果，认识自身的优势与劣势，开始未来的选科方向规划和职业规划。在高一结束之后，学生们可以选择技术方向的高考或普通高考。而在普通高考的框架中，原本的科学方向、经济与社会方向和文学方向被取消了，学生可以任意选择选修范围内的课程，完成符合自身发展特点的科目搭配。①

改革后的课程选择也有变化。哲学被列为公共科目，所有学生必修，但到高三才开课。编程、人工智能、生物伦理学、重大环境问题等被归入科学教育一科，成为必修课程。在选修课程方面，除了艺术、历史地理、外国文学、拉丁文学、地球科学、工程科学、经济与社会科学、物理化学等传统选修科目之外，数学从原本的必修变为选修，此外，还增加了人文哲学和信息数字科学这两科。高二学生可以从以上选修科目中任选三门进行学习。选修课程的自由组合旨在使中学的学习更加个性化，也促使学生更早开始思考个人人生方向，更加慎重地对待未来职业规划。②

针对过去高考出现的问题，改革后的新高考出现了全面的变化。针对以往社会各界对"一考定终身"的批评，改革后的新高考将平时成绩纳入高考最终成绩，并且平时成绩占 40%。在高二第二、第三学期和高三第二学期会举行考试，这三个学期期末公共课的考试成绩和一门选修课的考试成绩成为高考最终平时成绩的重要组成部分。为保证公平公正，这三个学期的考试范围将在国家制定的考试大纲中规定，所有的答卷被匿名装订，由他校教师批改。剩下 60% 的高考最终成绩将由四项高考考试决定，其中包括一次法语书写和口语的考试、两门选修课的笔试、一次哲学科目的笔试和一次新增的 20 分钟的面试。面试分为两部分，第一部分为关于

---

① Ministère de L'éducation Nationale et de la Jeunsse, *Découvrez ce qui va changer en 2nde dès la rentrée 2018*, http：//quandjepasselebac. education. fr/en－2nde－2018－quest－ce－qui－change/［réf. de Avril 2018］".

② Ministère de L'éducation Nationale et de la Jeunesse, *Bac générale：Qu'est－ce qui change?* http：//quandjepasselebac. education. fr/en－2nde－2018－quest－ce－qui－change/［réf. de Avril 2018］".

高中学习阶段某一研究项目的介绍，并就此发表自己的看法。第二部分为考官的答辩环节。为减轻学生学习负担，这四次考试被安排在不同高中学习阶段完成。关于法语书写和口语的考试被安排在高二年级；两门选修课考试被安排在高三春假结束的时候；哲学科目的笔试和新增的面试被安排在高三的6月。[①] 由此，学生可以有更多的时间准备他们在下一阶段需要完成的考试，原本较为繁重的考试任务通过分期设置，减轻了学生们的学习负担。

二　中国高考改革——以上海、浙江为例

中国的高考改革从2014年就开始在上海和浙江两地进行试点。两地改革前的高考制度就有很大差异，在进行试点时，两地的规则也略有不同。

2014年上海高考改革之前，上海实行的是"3+1"的高考模式，即语文、数学、外语三门为必考，从物理、化学、生命科学、思想政治、历史和地理六门科目中任选一门参加高考。每门科目均为150分，高考总分为600分。改革之后，上海实行的是"3+3"模式的高考，即除了语文、数学、外语三门必考之外，从上述六门科目中选择三门进行高考。在语、数、外三门必考科目中，外语考试共有两次，分别在每年的1月和6月进行，其余科目的考试机会均为一次，在每年的6月进行。"3+3"模式的高考包括合格性考试和等级性考试。合格性考试的成绩分为"合格"与"不合格"，考试科目包括物理、化学、生命科学、思想政治、历史、地理和信息基础七门，合格性考试的成绩合格为高中毕业的必要条件。而等级性考试的科目是从物、化、生、政、史、地等六门科目中选择其中三门进行考试。等级性考试的成绩并不是以卷面分数计入高考，而是根据这一门科目中获得有效成绩的考生总数，按照排名比例划分等级，依照相对应的等级赋分，计入高考总分。等级性考试中的等级被划分为11等，包括A+、A、B+、B、B-、C+、C、C-、D+、D、E，分别占有效成绩考生总数的5%、10%、

① Ministère de L'éducation Nationale et de la Jeunesse, *Contôle continu et épreuves finales : comment fonctionne le bac* 2021? http：//quandjepasselebac. education. fr/controle - continu - epreuves - finales - les - epreuves - du - bac - 2021/［réf. de Avril 2018］".

10%、10%、10%、10%、10%、10%、10%、10%、5%。其中 A + 为满分 70 分，E 计 40 分，相邻两级之间相差 3 分。[①] 加上每门分值均为 150 分的语、数、外，改革后的高考总分为 660 分。

高考改革要求高中课程的安排和教学同样发生变化。为应对改革后的高考，在高考总成绩中占绝大部分分值的语文、数学、外语成为高中教学中极为重要的三门学科，进一步巩固了这三门必修学科的地位。合格性考试的设置旨在强化学生对各门学科的重视，避免出现过度偏科。而在等级性考试中，选修科目的增多和每门科目在高考中分值的下降，间接导致了选修科目难度的下降，使这些科目在高中教学中的地位进一步边缘化。此外，"6 选 3"的等级性考试选修科目的自由选择，打破了传统意义上文理分科，出现了 20 种选科组合，对学生而言，增强了高中学习的个性化选择，但对学校的课时安排与课程设置而言无疑是一个巨大的挑战。

对高校而言，高中科目选修要求的变化使高校对本校一些专业的招生录取要求，也要进行相应的调整。根据《上海市深化高等学校考试招生综合改革实施方案的通知》，普通本科院校可根据办学特色和定位，以及不同学科专业人才培养需要，从思想政治、历史、地理、物理、化学、生命科学六门普通高中学业水平等级性考试科目中，分学科大类（或专业）自主提出选考科目范围，但最多不超过三门。学生满足其中任何一门，即符合报考条件。对于没有提出选考科目要求的高等学校，学生在报考该校时无科目限制。[②] 在各高校专业录取要求中，物理学科成了能够覆盖最多专业要求的学科。

浙江的新高考改革与上海总体上相同，但也有一些差别。浙江高考同样采用"3 + 3"的模式，语文、数学、外语三门为必考科目，在高考中每门科目的总分为 150 分。浙江高考包括学业水平考试（学考）和选考科目考试（选考），类似上海的合格性考试和等级性考试。与上海高考不同的是，

---

① Ministère de L'éducation Nationale et de la Jeunesse, Controle continu et épreuves finales：comment fonctionne le bac 2021？http：//quandjepasselebac. education. fr/controle – continu – epreuves – finales – les – epreuves – du – bac – 2021/〔réf. de Avril 2018〕.

② 《上海市深化高等学校考试招生综合改革实施方案的通知》，上海市人民政府网站，http：//www. shanghai. gov. cn/nw2/nw2314/nw2319/nw10800/nw11407/nw31810/u26aw40261. html.

选修科目从思想政治、历史、地理、物理、化学、生物、技术（含通用技术和信息技术）七门科目中选择三门参加选考，每门选修科目在高考中总分为100分，但在计分时同样按等级赋分，而不是计卷面成绩。浙江的等级赋分比上海更为复杂，分为21个等级。

在浙江高考中，语文、数学的考试安排在每年6月进行，外语考试每年安排两次，一次在6月，与语文、数学高考同期进行，另一次在10月，与选考科目考试同期进行。选考科目的考试同样每年安排两次，分别在4月和10月进行。外语考试和选考科目在高考计分中自动选择成绩更佳的一次计入高考成绩。①

和上海的"6选3"不同，浙江高考采取的是"7选3"，意味着浙江选考科目的选择会出现35种组合，学生会面临更多的选择，而且各门选修科目的分值在高考中的比重与传统高考相比并没有弱化，这也就意味着浙江高中的课程计划对这些科目不能轻易忽视，由此在课程安排中也将面临比上海更重的压力。浙江的高考改革更侧重学生选择的个性化，也给了各个高中权限内的充分自由来安排和尽可能提供更多合适的选课方案。一年两次的外语和选考虽然在一定程度上打破了"一考定终身"的缺陷，但给学校各年级的正常教学和备考都会造成一定的影响和干扰。

对高校而言，在浙江地区的招生同样需要根据各高校专业要求，对一些专业的报考限制选科，高校根据自身办学定位和专业培养目标，分专业类或专业确定选考科目范围，但不超过三门，并在招生两年前向社会公布；考生选考科目只需一门在高校选考科目范围之内，就能报考该专业（类）。高校没有确定选考科目范围的，考生在报考时无科目限制。考生报考的志愿由"专业＋学校"组成。录取不分批次，实行专业平行投档。填报志愿与投档按考生成绩分段进行。②

---

① 《浙江省普通高校招生选考科目考试实施办法》，浙江省人民政府网站，2014年11月13日，http://zfxxgk.zj.gov.cn/xxgk/jcms_files/jcms1/web11/site/art/2014/11/19/art_3742_1103521.html。

② 胡晓红：《选择性——浙江高考改革和高中新课程改革的共同目标》，《中国考试》2017年第5期，第35～38页。

三　中法高考改革对比

通过上述的对比，我们发现中法两国这一轮的高考改革，存在一些相同之处。首先，出于打破"一考定终身"的目的，两国对新高考的各科考试时间安排做出了调整。将四门高考科目设置在不同时间，意味着学生从高二开始就需要准备高考了。同样，在上海高考中，生命科学和地理这两门学科也将在高二即将结束的时候完成等级性考试（高考）的任务。浙江高考更是允许所有选修性课程进行两次高考，取较高一次的成绩计入高考总分。这样的设置从表面上看似乎确实满足了打破"一考定终身"的需要，但对高中学生而言，意味着高考战线被拉长，原本可能只需要在高三一年奋力冲刺，完成最终的考试任务，而在改革之后，他们需要在高二即准备迎战高考。虽然在某一时间段内，他们只需要准备某一门科目的考试，但两年内多次高考，会让学生们无时无刻不保持着迎战高考的准备状态，在这种高压的状态之下，原本旨在"减负"的高考设置可能会适得其反，使学生们从高二开始就疲于应付各门学科的高考。对学校而言，每年的教学进度安排需要为多次高考所占用的时间让路，对于各科教学任务的安排，无疑也是一次不小的冲击。在本科目高考结束之后，学生将不再继续这一科目的学习，意味着从这一科目的高考结束之后到他们被大学录取开始高等教育的学习之前的很长一段时间内，学生们可能已经完全忘记了这一科目所学的相关知识，这也是高等教育需要面对的一个问题。

其次，两国在高考改革中，都倡导高中科目选择的多样化和个性化。法国取消了原本文学方向、经济与社会方向和科学方向的分科，学生可以任意从 11 门科目中选修三门。中国取消了文科和理科的分科，学生可以从六门或者七门科目中任意选修三门。这种选择的多样化和任意组合从理论上确实有利于实现学生的个性化发展，但在实践过程中，也遇到了一定的难度。上海的"6 选 3"意味着将出现 20 种选科组合，浙江的"7 选 3"意味着将出现 35 种选科组合，而法国的"11 选 3"意味着将出现 165 种选科组合。这对学校而言，走班制成为大势所趋。哪怕是在走班制的基础上，如果要满足所有学生按照自身意愿的选课需求，无疑是天方夜谭，大多数学校只能够根据自身师资能力，为学生提供尽可能多的选择，而长此以往，是否会造成教育资源不公的问题也是需要注意的。对那些师资力量比较弱的学校而言，这样的设置会给学校造成更为沉重的负担，也使得他们在学校与学校的竞争中处于完全劣势。

当然，两国在各自的高考改革中也呈现不同的特色。在法国方面，为打破"一考定终身"的局面，新一轮高考改革将平时成绩纳入高考总分，并且占40%。在高考中还加入了面试部分。的确，从高考的公平性和选拔人才的出发点来看，增加平时成绩和面试环节确实能够更加直观地反映出学生的高中学习历程和综合素质水平。但在平时成绩纳入高考的过程中，如何保障公平？高二两个学期和高三一个学期平时成绩应该如何衡量？衡量这一成绩的试卷由国家统一命题还是学校自主命题？若是学校自主命题，如何保证各校命题试卷难度的统一？如何防止考试前学校泄题的情况发生？若是国家统一命题，会不会演化成一次变相的高考？在改卷过程中，如何保证评分的统一标准？如何防止各学校之间出现相互包庇、拔高分数的情况？在实施的过程中，这一系列问题都需要解决，而在面对这一系列问题过程中，又将出现新的关于保障高考公平性的讨论。高考中的面试更是一场极具主观性的考试。面试的评分标准该如何设定？各面试教师在实际面试中如何统一面试的得分标准？同一场面试中，若出现各考官意见差异过大该如何解决？在极具主观性的面试中，如何保障公平又将成为法国本轮高考改革新的讨论。此外，法国的高考改革一大新的特色为对高中学习与高校接轨的重视，这也就意味着从高中开始，学生就需要重视并确定未来的职业规划。从高一入学开始，学校就对所有学生进行水平测试，分析每位学生的优势与劣势，并为他们安排辅导教师，帮助其进行职业规划，在高中学习阶段，还会在高二阶段安排每周1.5小时的就业指导课。[①] 在改革后高考新增设的课程中，如人工智能、生物伦理学等都涉及当下的前瞻领域，可见这一轮改革旨在使高中教育与高校接轨，与时代接轨。

与法国的高考改革相比，中国的高考改革更加侧重公平。除了语文、数学、外语三门，选修科目的考试全部采用等级赋分。这种等级以人数的百分比划分，尤其是浙江高考，其百分比的设置基本符合标准正态分布，这样的

---

① 海喵：《贫富差距加重 法国高考趋向"精英化"》，《青少年学刊》2018年第1期，第63～64页。

赋分方式有效规避了不同考试年份中，同一科目的不同试卷难易程度差异造成的分数差距过大或过小的问题，在保障公平的情况下选拔人才，从理论上看，不失为一种有效的选拔机制。但在实践操作中，这种等级赋分带来的是科目之间的不公平，在以物理、化学为代表的理科科目中尤为明显。根据2017年上海和浙江的高考结果，选择物理、化学等科目的学生普遍为一些重点学校的学生，基础知识更为扎实，在同一科目中的竞争也更为激烈。为避免与这些学校的学生同科竞争，普通中学的学生更乐意选择如思想政治、历史等文科方向的科目，以此来获得更高的赋分。而在上海，由于生命科学和地理两科都是在高二完成等级性考试，绝大多数学生会选择这两门课程，而大多数学校也乐于鼓励本校学生选择这两门科目。因此，在科目选择中，投机的现象频频发生。这种科目的选择并不是出于兴趣或者职业规划的目的，而是站在利益的角度进行选择，在等级性考试结束之后，关于两门科目的相关知识内容很可能就此被丢弃，学生转而全力以赴进行其他科目的学习。在完成高中学业，进入高等学校学习的时候，学生极有可能造成知识的脱轨，这又给了高等学校的教育一个很重的教学负担和科研压力。

对比中国和法国新一轮高考改革，我们发现，高考改革牵一发而动全身，改革初期的困难不可避免，两国的高考改革方案在践行的过程中，在各个层面都可能出现各种各样的问题，未来的改革依然是任重而道远，需要我们不断地进行探索和借鉴。对法国而言，如何保证高考的有效和公平，避免阶层固化，是亟须解决的一大问题。对中国而言，如何使高中教育与高校接轨，成为职业生涯规划的重要起点也是未来需要纳入考虑的方向。无论最终的改革结果如何，我们都希望，中法两国这一轮高考改革能够满足自身社会发展的需求，改善现存的高考环境，符合时代发展的潮流。

民汉双语教育的历程与启示

阿米莉亚·肉孜

由于具体的国情，世界上许多国家在不同的范围内采用双语教育作为国民教育的手段，如新加坡、马来西亚、加拿大、美国等。我国幅员辽阔、民族众多，但各地区经济发展水平存在差异，在教育资源的分配上差距也较大。正因为如此，为了使民族地区的广大适龄学生能够享有受教育权，国家在一部分地区推行了民族语言教育。随着民族地区经济水平的不断提高、各民族间交流的不断深入，民汉双语教育开始作为一项政策工作得到贯彻和推广。新疆维吾尔自治区是我国面积最大的少数民族自治区，在执行民汉双语教育的过程当中取得了较好成绩，也总结了许多经验。尤其是历史教育，在各民族团结这一关键点上起着至关重要的作用。在现今全面推行普通话教学之际，回顾新疆的双语历史教育的历程和经验，在中国乃至世界范围内都是非常有价值的，不仅为历史教育中的双语教学工作积累了宝贵的经验，更为世界范围内的双语教学提供了有益的参照。

一 新疆民汉双语教育历程

(一) 新疆维吾尔族教育历程

新疆自古以来是丝绸之路上最璀璨的明珠，也是东西方文明交流的枢纽地带，在这里有多元文化擦出的火花，有西方文明的华丽和东方文明的雍容。维吾尔族在这里生产、生活和贸易的过程中形成了属于自己的科技和文化成就，这些成就涉及天文、地理、医学、数学、宗教和文艺等各个领域。维吾尔人很早开始就有语言和文字。先人以经验传授、著书传播的方式让后人继承了维吾尔文化。

因为地区部落战争和游牧生活的不稳定性，维吾尔族教育发展并不是一帆风顺的。尽管如此，族人却一直未曾放弃教育后人的使命。维吾尔族的教育也富有东西方文明融合并加入本民族文化历史的民族特色。早在新石器时代，由于新疆盆地绿洲有良好的生活条件，塔里木盆地边缘的绿洲上就有了人类活动，开始形成诸多部落、部族或民族，这些聚合对后期维吾尔人和文化的形成产生了重要影响。到了汉朝，中原文化经丝绸之路传入新疆，西方文化也随着各路商队影响新疆。

6世纪前后，高昌国和后期的回纥兴起后，佛教在原有的基础上更加繁荣，在此影响下出现了大批的佛教课堂和讲堂，这一时期宗教形式的教育培养了诸多佛教高人，均以鸠摩罗什为先师。同时，回纥和唐朝建立密切合作关系，各种文化与本地文化高度融合。8世纪，回纥酋长药罗葛骨力裴罗大败突厥，于744年建立汗国，曾助唐朝平定安史之乱。虽然相对新疆悠久的历史而言，鄂尔浑回纥汗国只有一个世纪，但这一个世纪为现代维吾尔族的最终形成奠定了基础，维吾尔历史、文化、教育全面升级。10世纪，喀喇汗王朝建立并且统一了新疆大部分疆域，为文化和教育的发展奠定了社会基础。940年，喀喇汗王朝皈依伊斯兰教，国教由佛教变为伊斯兰教，不仅社会结构有了非常大的改变，同时开始了长达数世纪的伊斯兰教体系下的教育，为近代维吾尔教育历史带来了大转折。

19世纪对新疆甚至整个世界而言都是一个历史性的时代。40年代，英国人率先完成了工业革命，凭借坚船利炮轰开了清王朝的大门，其余西方国家也相继完成工业革命，走上了对外扩张的帝国主义道路。当清王朝正与西方各国交涉沿海地区的各种不平等条约时，沙皇俄国也把矛头指向了中国的西北和东北地区，新疆因在中亚商贸活动上的优越地理位置，成为沙俄争夺的最重要的一个地区。

随着鸦片战争的爆发，列强开始瓜分中国，于是沙俄在1851年针对新疆塔尔巴哈台地区，签订了《中俄伊犁塔尔巴哈台通商章程》。① 这款不平等条约导致新疆塔尔巴哈台的新型民族资本主义遭到沙俄的压迫和不平等竞争。民族危机空前激化，有一批思想进步的维吾尔商人开始探索出路，发现教育是民族觉醒和壮大、与外来侵略者抗衡的重要助力，便把目光投向当时同被沙俄侵占了家园、被驱逐到边远地区的塔塔尔人（也谓鞑靼人）。当文字、语言、文化都遇到危机时，塔塔尔人内部掀起了一场规模浩大的新式教育思潮——贾迪孜幕（Jaddizim，塔塔尔语，意为"新式"）教育。贾迪孜幕教育类似清政府主持的洋务运动，提倡学新的科学科技知识、学外语，虽然在当时部分塔塔尔人认为贾迪孜幕教育有文化侵略的嫌疑，不过为大部分人所接受，影响波及整个中亚各民族人群。1883 年，克里米亚塔塔尔人伊斯马伊力·加斯普罗斯基（Esmail Gasporuski）创办了名为《翻译家》的报刊，在塔塔尔族中大力推广传播贾迪孜幕教育，被称为"贾迪孜幕之法"（Usuli Jaddid，塔塔尔语）。这种新式教育理念很快被活跃在中亚商贸活动中的维吾尔资产阶级吸收，有不少先进思想家开始投入大量资金支持新式教育和学校，其中最为著名的就是维吾尔先进思想家和商业人士穆萨巴曰夫兄弟两人，在他们的筹办和大力推广下，新疆的新式教育迎来了近代以来最辉煌的一段时期。

1883 年，在穆萨巴曰夫兄弟的全资支持下，伊犁的伊科萨克建立了第一所新式学堂，设立了波斯语、阿拉伯语、语文、语法、天文学、地理、数学、经学和体育课程。招生 105 名，其中有 25 名女学生。在校教师 5 名，均由中亚地区著名师院毕业，其中女教师一名，被人们尊称为热依拉女士。②

几乎与此同时，1884 年清政府在新疆设省。受中原地区洋务运动影响的官员和避难的知识分子来到新疆或任官，或生活，为新疆传播了"师夷长技以制夷"的思想潮流。因新疆省的设立，清政府也重视新疆的教育和文化建设，在新疆设立为省之后没多久，清廷设立的新式学堂便首先在阿图什、喀什、伊犁等地区以贾迪孜幕教育为基础框架相继建立，新疆的新式教育有如雨后春笋般呈现出新的面貌。孙培青指出"洋

---

① 塔尔巴哈台地区是指塔城、伊犁、喀什噶尔等三个地区的总称。

② 依不拉音·阿尤普：《阿图什教育者》，新疆人民出版社，2004，第 10~32 页。

务运动中为了培养洋务活动所需的翻译、外交等人才大力开办新式教育的学堂，大致分为'方言'学堂、军事'武备'学堂和科技实业学堂三类"。① 其中 1862 年的京师同文馆是"方言"学堂的代表。除此之外，清政府 1887 年按新疆巡抚刘襄勤的奏请在新疆开办俄文馆，拉开了新疆近代史中官办双语学校的序幕。当时新疆的学校形式分为三大类：地方资助的新式学堂、朝廷设立的汉语言类学堂、西方传教士设立的西式学堂。

19 世纪末，在维吾尔教育家艾合麦德·达尼什（Ahmat Danish）的影响下，新疆普遍推广了以宗教和科学科目为一体的新式学校。新式学堂的相继成立带来了师资短缺的问题，穆萨巴曰夫兄弟资助一批有才能的少年前往中亚地区学习系统的教育方式，培养了新疆近代历史上第一支新式教学师资队伍，所有外派学习的老师全部回到新疆，投入教育前线，解决了新式教育的师资问题。1889 年，伊犁设立了玉塞尼亚学校；1898 年，喀什设立了爱迦木玛扎学校。1907~1909 年，伊犁伊科萨克设立艾比扎德学校，并且外派了 40 余名少年去中亚留学。

民国时期，战乱和新疆局势的不稳定给新疆教育造成重创。盛世才独裁时期，新疆知识分子、无产阶级和资产阶级先进革命人士遭受迫害，文化发展受到影响。新中国成立以后，新疆的地方教育通过中央政府的支持和帮助重新进入一个全新时期，双语教育的必要性也日益凸显。新疆的教育模式开始进入一个新的时代，英汉双语教育在沿海开放城市的开展也拉开了新疆民汉双语教育的序幕。

（二）新疆民汉双语教育的历程

1. 新疆民汉双语教育的萌芽期（20 世纪五六十年代）

在新疆解放初期，政府制定了一系列专门针对少数民族自治区域的法律和政策，为日后新疆双语教育的起步提供了基本的法律保障。1950 年颁布的《关于目前新疆教育改革的指示》提出少数民族的学生需选学汉语，汉族的学生也需选学维语，着重提出少数民族和汉族学生之间要互相学习对方的常用语言。不过当时的维吾尔族学校未设置汉语课程，汉族学

---

① 孙培青：《中国教育史》，华东师范大学出版社，2008，第 311~312 页。

校也未设置维吾尔语课程，主要因为两个方面：一是当初没有专门针对少数民族学生或者汉族学生而编写的民汉语言教材，二是当初几乎没有民汉兼通的师资。

在1956年举行的新疆维吾尔自治区第二届中等教育会议上，对于各级民汉双语教育提出了明确的要求，规定各少数民族中学每周设4~6课时的汉语课，不仅要掌握一般常用语言技能，能阅览普通的简化书籍，还要求学生的识字量达到2500个上下；在高中毕业之前识字量要提升到4500个上下，运用汉字记述普通事物，能够识别和懂得普通的科技用词和科学术语；到了高校阶段则要听懂汉语授课以及看懂汉语的教材。这完全可以看作新疆解放后双语教育的真正起点。

20世纪60年代，自治区教育厅提出要提高各少数民族学生说、听、写、读等综合技能，直至他们升入高校之后能够听懂汉语授课，用汉语记录上课内容。自治区教育部门总结了之前在乌鲁木齐开办过的两所实验中学里汉语言的强化班检验结果，决定在喀什二中、博州二中、伊犁六中和新大附中等四所中学创办自治区民汉教育实验班。

在这个阶段，尽管各地民族中学里的汉语言课渐渐形成，也在不断探索，可是没能达到政府所要求的最佳教学结果，各少数民族的学生所能运用的汉语言各类知识内容虽能达到日常基本沟通的要求，但与发达地区高校改善自我知识结构的要求还相距甚远。因汉语运用技能达不到要求，每年到发达地区院校学习和提高的少数民族学生在求学道路上阻碍重重，明显制约了自身能力的提高。

2. 新疆民汉双语教育的再次探索和恢复阶段（20世纪70年代至90年代）

随着"文革"的结束，新疆各地教育再次恢复正常秩序。20世纪70年代末，自治区教育厅规定汉语课程不应限制于初高中阶段，要从小学三年级开始到高中毕业为止，将其列为必修主课，每个年级周课时恢复为4课时，正式恢复了汉语学科在少数民族教育系统里的重要位置，汉语课从而进入一个相对而言有规模的推广阶段。针对少数民族学校里汉语教师极度缺乏的问题，通过设立各个级别的教师短训班、特训班的方式进行少数民族学校师资队伍建设，少数民族学校里汉语教师匮乏的情况在一定程度上得到了缓解，但因为短训的质量未必能够保证，个体基础知识和专业知识的薄弱导致了之后一大批非专业的双语教师进入教师团队的问题。

1980 年起，自治区再次统一了全疆通用的汉语教材，改良了几十年以来的汉语教材，在当时起到关键性的作用。1982 年，新疆维吾尔自治区副主席巴岱要求在未来十年之内帮助少数民族群众通过"汉语关"，把"民汉兼通"作为民汉双语教育的重点方针。"民汉兼通"即让各少数民族学生在中学毕业时能具备汉语的写、读、听、说等能力，要达到升入大学后能直接接受汉语授课的程度。这是地方人民政府对民汉双语教育第一次提出"民汉兼通"的概念和少数民族教育中汉语课程目标。在考核制度方面，同年 5 月，各少数民族的毕业考生在高考时需加试汉语，并且逐步提升考核分数在最终成绩里的占比，更加确立了汉语课程在民族学校里的重要性。

到了 20 世纪 90 年代，自治区教育部门着重打造师资队伍的建设工作，陆续配齐了城镇和农民、牧民地区少数民族各学段学校里专业汉语课教师。开展选修科目升级为常用副学科目，副学科目升级为主学科目，再成为高考科目等一系列恢复和尝试发展改革工作，这一系列紧密的工作和大胆的尝试为新疆双语教育大力发展奠定了坚实的基础。

3. 新疆民汉双语教育的全面发展阶段（2000 年至今）

经过长期的坚持和大力推广，民汉双语教育在新疆逐步普及。2004 年，自治区党委及人民政府发布了《关于大力推进"双语"教学工作的决定》，此文件在新疆的民汉双语教育当中具有里程碑意义，它让长期以来处于实验阶段的民汉双语教育发展到了实践阶段；文件中也是首次明确了新疆的民汉双语教育最终要实现的形式是在母语授教母语言的语文课之外所有的课程学习都用全汉语模式授课。尝试了用各类方式促进各少数民族教师的汉语运用技能和综合水平，对高中阶段的少数民族汉语课老师提出 HSK[①] 要求为八级，初中阶段为七级，小学阶段是六级，而对于非汉语课程高中、初中、小学老师的标准依次为七级、六级和五级，全面落实了民汉双语教育的大环境下对各少数民族教师自我提升的工作要求，也为后来民汉双语教育的全面推行提供了雄厚的师资保障。

随着党的各项教育政策在新疆逐步落实，当地各少数民族的双语教

---

① 汉语水平考试，母语非汉语群体的汉语水平测试考试。

育也见证了60多年的风雨，实现起步、尝试和发展，从未停止探究的步伐。2009年，自治区范围内大部分少数民族中小学与当地汉校成为一体，称为"民汉双语学校"，在这些学校中设有民语班①，该班学生理科用汉语，文科用母语授课和考试。2015年9月，大部分双语学校开始完成混合编班②，完成全科与汉族学生一致授课和考试，母语语文课集中授课，校内统一用国家通用语言，逐步完成高考全科汉语考核。民汉双语教育从实验改革阶段再到全面推广，从最初的中学阶段再到小学阶段，直至如今的学前教育，极大地影响了传统少数民族的社会生活和教育，在新疆新时代发展过程中有非同凡响的意义。

二 双语教育实践过程中的问题和解决方法

（一）文化背景问题和解决方法

1. 文化背景

自古以来，维吾尔族的文化概念中"教育""求学"的分量比任何东西的地位都高，世界非物质文化遗产《福乐智慧》③ 当中几乎80%都是关于教育子女如何做一个有学问又有美好品质的人、如何勤奋好学等内容。阿布都卡德尔·加拉里丁在《认同、自我与视野》中写道"在接触到我们古典文学时能体会得到我们的文化和语言有许多类似的对象"④。元朝就有很多用汉语作诗的维吾尔族诗人，比如贯运石⑤等人。

从中不难看出维吾尔先人在他们的文化背景当中对教育和求学的热情，在社会上关于新式教育、子女教育题材的研究书籍也非常多。在《维吾尔族的子女教育》一书中，作者亚尔买买提·塔伊尔（Yarmamat Tayir）认

---

① 由少数民族学生组成的班级。
② 民语班学生混编进汉族学生的班级。
③ 作者是玉素甫·哈斯·哈吉甫，11世纪喀喇汗维吾尔王朝维吾尔族诗人、思想家、政治活动家。
④ 阿不都卡德尔·加拉里丁：《认同、自我与视野》，新疆科学技术出版社，2012，第266~267页。
⑤ 贯运石（1286~1324），元代著名诗人，初号疏仙，后号酸斋，芦花道人，祖籍北庭（别失八里，今新疆吉木萨尔县）。

为，"关于学前和刚入学子女教育和学校教育的关系中需要注重以下几个观点：1. 孩子入学以前就应该树立准确的学习习惯和态度。为孩子准备书桌、书架，让孩子认识到自己长大了，可以拥有自己的书桌学习知识，这是一件非常幸福的事情，鼓励孩子提前培养爱学习的思想基础。2. 入学前就启蒙基本学科知识。不需要牺牲孩子所有自由时间，不过每天定时为孩子准备一些轻松愉快的入门知识，包括母语的启蒙。3. 入学时要亲自带孩子去学校，与老师详谈孩子的习性，基础等信息给老师作为日后的教育方法的参考。4. 刚入学的孩子还没完全玩够，平日在学校学了一天，回家后作业和复习适当完成后允许他们玩耍、轻松，免得很早开始就有了厌学心态，对以后的长远计划的落实埋下一个不利的伏笔。5. 要时常记得适当地表扬孩子，不过要注意表扬的程度，当孩子在学校失去自信时父母的表扬或许就是最好的动力。"① 这些几乎是每一个维吾尔家庭中最常见的现象，维吾尔族重视教育的意识实际上从学前甚至孕期就开始，在这方面笔者认为并不落后于其他地方。不过真正进入教育阶段问题开始出现了，关于教育问题，太来提·卡德尔（Talat Kadir）在《教育与教学研究探讨》中提到："人是教育的核心。所以不是人围着教育转，而是教育应该围着人的意愿去转。可是很遗憾，我们的教育没有做到这一点，学校的核心任务也仅仅限制于传授知识内容，这也是我们教育当中以学校为核心的弊端。"② 可以看出维吾尔社会中对教育的关注度很高。

2. 解决方法

就像《存在与文化》中谈及"……教育和社会成为两个阵营就代表了教育没能顺应社会发展的具体要求，这种反方向的结构只会引起教育的失败"③，"教育的内容应该是反应社会需要的……"④ 针对此类社会舆论问题，我们可以参考新加坡的双语教育模式。

众所周知，新加坡是多种语言并存的国家，其中也有很多历史因素。1955 年，新加坡有了自治政府之后，高度重视民声当中对教育的期望。于是在第二年颁布了《教育政策白皮书》，决定施行各语言平等的

---

① 亚尔买买提·塔伊尔：《维吾尔族的子女教育》，新疆教育出版社，2001，第 52 页。
② 太来提·卡德尔：《教育与教学研究探讨》，新疆大学出版社，2009，第 76 ~ 78 页。
③ 阿布都热依木·达吾来提：《存在与文化》，新疆人民出版社，2003，第 228 页。
④ 阿布都热依木·达吾来提：《存在与文化》，第 229 页。

双语教育，要求学校至少教授各民族学生英语和母语的两种语文课程，肯定了在新加坡新式教育中母语的重要地位。此阶段的新加坡双语教育还是引起了社会上不少民族的反对，他们认为英语作为第一语言很可能导致将来民族文化无法被继承，新加坡现如今都已经独立了，就应该把各民族母语作为第一语言。尽管当时的新加坡社会和政治还未呈现稳定局面，新加坡政府还是出于长远发展和教育接轨国际的考虑坚持了以英语为主的双语教育，与此同时平等对待了民族语言。小学阶段的母语教育受到了高度重视，母语语文课程加设了纯母语教授的公民道德课程，不但有助于保存各民族的传统文化，还为日后的以英语为主导的教学培养了学生的基础理解能力，解决了社会和家长们对双语教育的顾虑问题。

新疆教育系统在维吾尔社会中选取优秀教师、教育家为少数民族家长解读政策、答疑顾虑，并承担小学阶段教育的母语课程质量监督责任，再利用媒体和教育教学报刊对双语教育进行权威解读。这些不仅为新疆民汉双语教育的顺利推行扫清了障碍，还为后来的完全通用语言教育的过渡换来了社会和家长的支持和肯定。

（二）师资问题和解决方法

1. 师资问题

在双语教育启动之时，全疆 16 万少数民族教师队伍中能符合双语教学标准的只有 3 万余人，尤其是南疆地区双语教育教师资源匮乏，历史学科这类难度高的文科学科更甚。

在民汉两个学校还未合并时，大多数维吾尔语老师跟笔者一样，所有学段都是用维吾尔语学成毕业的，当然也包括大部分高等教育文凭的老师，虽然也有定期的出疆或者疆内汉校之间的学习或者教学研讨交流，不过实行下来总体没有太大的成效，所以教学内容和方法都没有较大程度的拓展，给学生的长远发展造成一定程度的障碍。例如，学生无法得知除了母语之外许多学科专业术语的称呼，所以就算有汉语工具书或者读物，学生也无法正常使用和理解；笔者在读高中时，所有学科教材和学习材料都使用维吾尔语，老师的讲授也是。对于已经习惯于母语模式之下进行教学活动的老师们而言，让他们进入双语模式并不是一件简单的事情。2009 年，全疆各地州的学校合并为双语学校时，教育部门对维吾尔语教师进行了汉语能力检测，并且进行了短期汉语培训，未被选上的老师则被安排到各个事业单位或者学校的后勤工作中。不过留下来的双语教师基础团队还不能完全达到双语教育要求，所以学校就让汉族老师来承担双语教育，不过这个就引起了课堂管理不当、学生理解能力达不到、老师无法了解学生具体情况及无法给学生有效讲解教学内容等诸多问题。双语教育中教师团队如何建设的问题也成为双语教育顺利进行和发展的最根本问题之一。

2. 解决方法

双语教育的师资问题要在多方面同时改善，以内源性发展为主，用原有师资队伍的改善作为基础驱动力，吸收新的双语人才，解决双语师资的质量和数量问题。具体应从以下两个方面着力。

一是职前教育。在各个师范院校设立了专门针对双语教育的师范类专业，重点培养全新的双语教育师资队伍，广纳双语人才。首先从入学的考核把好关，定向定点培养双语教育专业人员，重视双语教师队伍。针对南疆双语师资比北疆地区更为薄弱的特点，重点壮大南疆地区的民汉双语师资力量，不仅要从全国师范类大学招大量"特岗教师"，还应重视教育方法的平稳过渡，使民汉双语教育有质的提高，调整民汉双语教育中各地教师综合能力失衡的现象。

与此同时，改革本地师范院校的教学和培养模式，用全新的概念，从全球化发展和国家长远计划的角度，大力培养合格的民汉双语师资，提高少数民族老师的汉语专业水平，这不仅能为民汉双语教学更有力的传播打下坚实的基础，更能为后期的全科汉语教学培养师资队伍。

二是职后培训。在双语教师上岗工作的前三年，工作单位和地方教育局给予其密切的关注，安排提升学习的机会，除了专业知识的提高之外，还要在教学实践中用和汉族老师搭档学习的方法让双语老师更快地融入新的教育模式。

（三）教材的问题和解决方法

1. 教材问题

受限于地域、语言和近期维吾尔学校和教育的不断改革等因素，维吾尔语的教学材料研发更新比较缓慢，基本上还是停留在 20 世纪 90 年代的程度。以笔者所工作的民汉合校为例，双语教育起步年级双语班学生使用的历史维吾尔文练习册是喀什维吾尔出版社在 20 世纪 90 年代编著的，存在很多的知识点已过时、印刷有误等问题，而且同样的问题在每一年的册子中重复出现，更新的只是封面。而比较合适的材料都是纯汉语的，以当时学生的能力无法适用于教学。

同时，九年级毕业升学考试开卷的性质，让学生除了教材还得备有一本整合性的材料，这个对于汉语言学生一点都不是问题，有各种出版社各种版本的整合材料琳琅满目，可让师生自行选择适合自己的；而少数民族的维吾尔文整合材料一本都没有，所以从 2011 年起带的三届九年级毕业班几乎都用了笔者从汉语翻译过来的一些简易民汉双语历史整合材料，最后的结果是，自从用了翻译的双语历史整合材料，双语班平均成绩从 32.6 分提高到 61.8 分，这种迅速的提高更是令笔者认识到教育教学活动中有效材料的重要性。

双语教育不仅需要双语材料，更需要学生的汉语能力进一步提高到可适应全汉语授课水平。若双语班维吾尔学生的理科类学科材料均与汉语言班学生一样是全汉语材料、汉语授课、全汉语考试，这些教材和教辅材料的问题自然就解决了。民汉双语教育实施之初，有些地区不考虑自身情况就把教材统一换成全汉语的，并且学生语言能力还未跟上就用全汉语的教材和资料，从而导致少数民族学生学习困难、学习不快乐、考试压力大，双语教育在学生和家长乃至社会中争议较大。

2. 解决方法

（1）在强调全面推广双语教育的同时注重课堂教学质量的提高，用更多的双语教师在教学过程中体现"双语"的特征，专业术语、地方历史、人物名称等内容有民汉两种语言的注解，让学生便利地切换民汉双语历史知识。长远来看，也有利于与全国学术接轨，为后来的通用语言教学奠定基础。

（2）地方史教材的作用在历史学教育工作中不容忽视。除了历史教材和辅助材料之外，还应研发一本体现地方历史的教材，这将使历史学科的双语教育如虎添翼，更能让少数民族学生全面了解地方历史，培养其正确的民族观、历史观和爱国情怀。

（四）课程设置的问题和解决方法

1. 课程设置问题

2011 年 3 月，新疆维吾尔自治区教育厅颁布了关于新疆普通高中和义务教育阶段的《双语教育课程设置方案》，该方案根据受教育对象的学习阶段和自身教育语言条件进行了详细分类。课程设置主要分义务教育阶段和普通高中两个部分，义务教育阶段和普通高中的双语教育均由两种模式组成。

双语教育教学模式一：小学汉语、数学、科学、信息技术，初中汉语、生物、化学、物理、英语、数学及信息技术课程都使用国家标准统一语言授课，其余课程使用本民族语言授课。模式二：全部课程使用国家通用语言文字授课，除此之外再设立一门民语言语文课程，无论是义务教育阶段还是普通高中都是该两种课程设置，可按照本身条件进行选择。另外，方案中明确规定模式二当中的英语课程从小学三年级开始设立，民语言语文课程则要在小学一年级就开始。

双语教育课程安排方案是按照社会呼吁人才多样化发展的需求，在各课程必修的基础上再按课程标准分为不同的类型，分层次设置若干种选修方式，供学生自行选择。如我们的历史学科完全可以按照学生的自身语言条件分层次。

2015 年 9 月，以克拉玛依市第十三中学代表的大部分民汉合校开始进入模式二阶段，这一届初一新生已经统一编班，民汉学生全部课程统一用汉语言授课，少数民族学生利用活动课时间多设置一门民语言语文课。历史课程已经由汉语言老师统一授课，教材也已经完全与汉语言班一致，不过在必修课的基础上进一步研发辅助类、拓展类的选修课还未开始，所以课程设置和安排也是双语教育中非常直观的一个因素。

2. 解决方法

历史学科的课程设置问题很重要，从学科特性的角度去考虑的话，历史课是培养学生人文精神、承古通今的重要课程。教育改革对新疆未来发展而言是必然之路，而双语教育更是完全汉语教育的关键桥梁。在历史学科民汉双语教育的课程设置方面，笔者结合自身工作经验得出以下几种方法。

（1）重视语文课的质量提高，在语文课的基础上再推行双语历史教学和后面的完全汉语历史教学对学生而言是可"消化"的，如果在理解、阅读、书写等能力上达不到要求的话，少数民族学生的文科类学习都寸步难行。

（2）在前文中也提到新疆民汉双语教育中地方史的内容尤为重要，它不应该仅限于初中毕业考试前一个月的"贯入式"教学中，所以双语教学推行到完全汉语教学阶段后，地方史课程在每个中学、每个年级安排了固定的一周一节课的课程，尤其是针对初中低年级的学生。在《香港地方历史》一书中，类似的案例在香港的双语历史教学中也有体现，不仅教会学生基础历史专业术语，也重视地方史内容的学习。① 笔者认为，双语历史教育帮助完全汉语地方史教育完成了专业能力的夯实工作，而地方史的固定式课程设置不仅能帮助少数民族学生巩固历史知识结构，更能让他们了解本民族的历史，再贯穿国家的历史乃至世界的历史。

（五）民汉双语模式为传统民族教育解决的问题

关于维吾尔族传统教育模式，安尼瓦尔·吾斯曼认为："我们的教育用的是灌入式，强调记忆力的训练，追求考试高分；不过欧洲和美式的教育用的是启发式教育，注重培养理解能力和思考能力以及创新力。启发式教育已经在其他地区很普遍，这也是 21 世纪教育发展的新取向……"② 从中可以了解到作者不仅认识到了传统教育已经受到新式教育的冲击，还提到新式教育的重要性。对于新疆而言，新式教育首先得从民汉双语教育开始，那以民汉双语为手段的素质教育能为传统教育模式带来怎样的变化呢？

1. 解决教育落后问题

以历史学科为例，教材虽然有过更新，不过教学方法依然以"划重

---

① G. B. Endacott et al. , *A Short History of Hong Kong*（ Oxford：Oxford University Press，1964）.

② 安尼瓦尔·吾斯曼：《打开二十一世纪的金钥匙——教育》，新疆人民出版社，2001，第 18 页。

点，背写知识点"为主要形式，这对学生实际运用能力没有帮助。"满堂灌"的教学方式已成为大多数少数民族传统历史课堂的常态，教师本身对教学目标和课程标准的认识也存在一定程度的偏差，所以从教学材料的落后到教学手段的落后均造成了传统少数民族教学质量的低下。双语教学一方面可以冲破原本材料不通用的局限，在基本材料的引导下可灵活运用民汉双语的材料源，丰富课堂知识，辅佐有效教学。另一方面，通过民汉双语教育的形式，让更多的教师接触到新的教学手段，一手抓教学水平的提高，一手抓自身专业知识的提升，双管齐下解决少数民族传统教学方式存在的问题。

2. 能解决各民族的史学研究者和使用汉语的历史学家之间学术交流受限的问题

教育改革的目的就是让未来社会的新一代能有更宽领域的发展，目前无论是从世界的角度还是全国的角度看，历史学的发展速度很快，诸多原本有争议性的史学内容的更新也非常频繁，而少数民族史学因为语言障碍，无法及时跟上史料史观的更新，更无法发挥自身知识储备参与史学争论，所以通过双语教学的方式培养出来的新一代史学家将不会受语言障碍的困扰，可促进少数民族历史学发展。

3. 为过渡到完全汉语教学奠定了语言和专业基础

完全通用语言教育是新疆教育的大趋势，也是社会所需，因此双语教育显得格外重要，若没有双语教育的铺垫作用，学生的各项水平不可能在第一时间跟上完全汉语教学，从传统纯民语言教育到完全通用语言教育的转变也会十分艰难。

三　民汉双语教育的启示和展望

（一）对我国教育的启示

对沿海地区英汉双语教育的启示。随着经济全球化的发展，科技和学术交流日益密切，对各领域人才的需求量也日益高涨，而人才的培养靠教育。一个个学校为了成为出类拔萃的名校，开始形成属于本校特色的各种教学模式，双语教育也就成为其中最有发展空间的模式。我们从新疆这几年的民汉双语教育的实施过程中不难发现，双语教育从幼儿园到高中形成完整的教育链是效果最好的。不是因为双语而双语，而是在培养学科知识的过程中"润万物于无声"，让学生把重心不是放在语言上，而是在学知识的过程中培养语言能力，主次地位不能乱。

对各少数民族地区教育的启示。对于新疆这样的内陆地区而言，社会发展比内地发达城市慢，所以双语教育的引进和普及也比发达城市晚一些。新疆这样的少数民族地区而言，双语教学的服务对象是少数民族学生，把提高少数民族教育的综合质量作为主要目标，为新疆未来的社会发展储备拥有多种语言技能的少数民族人才。笔者了解到，西藏、内蒙古、云南、广西、吉林等省区有民汉双语教育。随着新疆这段时间民汉双语教学政策的逐步落实，双语教育模式逐层递进，如今短短10年内从幼教到高等教育已经基本实现了完全汉语教学，在此过程中有以下几个方面可以与各少数民族地区教育共享经验。

一是双语教育的实施必须先有师资队伍。新疆在各师范类大学专门设置课程培养具备双语教学能力的新教师，保障了双语教学更有效地全面推广。

二是各地方教育局专门设置双语教育办公室牵头工作、落实政策，重视双语教学课堂的质量，定期组织师生技能比赛，进一步提高师生双语技能和专业技能，大力支持双语教学，当双语水平达到普遍化时开始过渡到完全汉语模式。

三是形成学双语的氛围，更要形成对完全汉语教学的向往。例如，笔者所在的民汉合校在实施双语教育过程中，从双语班学生中选择汉语水平达到要求的学生直接进入汉语班，与汉族同学一起听课、学习。被选出来的这些孩子一开始有点吃力，可在老师们悉心帮助下慢慢适应，最后考试成绩普遍比普通双语班的孩子高出很多。这些成功案例形成了大家都向往完全汉语教学的氛围，为后来模式一的实施奠定了思想基础。

四是在双语教学实施过程中务必重视教师的教案、教材和辅助材料的内容结构和核心素养。学校、出版社、教育部门层层把关，勿要使陈旧、过时甚至错误的历史知识出现在教材和教辅上。

总之，新疆的民汉双语教育不仅是新疆教育史上的大转折，也是全国教育史中比较特别的案例。我国作为一个多民族国家，在很多少数民族聚居地区也有与新疆类似的教育问题，民汉双语教育成功过渡到如今全方位、多层次的完全汉语教学可以成为一个典型案例，供更多少数民族聚居地区做参考。而从历史学科的完全民语言教学到双语教学，再到普及完全汉语教学，让少数民族学生有了更全面的知识体系、更好的教学资源，相信在不久的将来能解决历史学科领域中少数民族研究者因语言障碍无法有效参与史学研究的问题。

（二）从世界各地教育模式的角度展望

双语教育实际上在世界范围已经成为一个多语言环境社会的重要方式，是多元文化在教育中的体现，初期的双语教育虽然经历过诸多变革和质疑，不过依然是世界很多多语种国家坚持的教育策略，我们站在世界教育发展的角度可以发现双语教育成功和不成功的众多案例。例如，加拿大、新加坡、德国、美国等国家和中国香港等地区都采取过双语教育，在不同程度上取得了成果。

随着教育改革的推进，主动掌握除母语之外的第二甚至第三语言已经成为促进国家未来经济发展的重要途径。这让双语言的教育模式升级到了一个全新的发展界面，不会只限于我国这种多语言环境的国度。例如，法国本是统一用语为法语的国家，而法国教育中不乏双语教育，绝大多数人都学英语；加拿大从 20 世纪 60 年代末实行英法双语制度之后，取得了连续性的进步；辛辛那提是美国重要的多语言地区，也有德英两种语言的教育模式，卡罗琳·托斯（Carolyn R. Toth）写道："在美国辛辛那提的 75 个公共初级学校中不间断地进行着德语教学。实际上，双语学校系统早在 1840 年就已经开始是个事实，可以说辛辛那提是俄亥俄州第一个公立双语学校系统的起步。"① 德国因二战之后大批土耳其劳动力的引进也有过土耳其语 – 德语的双语教育。这些案例日益证明双语言教学早已变成未来世界教育体系中重要的一部分。

从经济全球化的发展角度而言，全国各地教育领域一体化发展对未来社

---

① Carolyn R. Toth，*German – English Bilingual Schools in America：The Cincinnati Tradition in Historical Context*，Vol. 2（New York：Peter Lang Publisher，1990），p. 55.

会建设人才的需求呈现国际性特点。随着内地发达地区在教育上开启"世界语言"和汉语的双语教育模式，新疆维吾尔自治区也开启了民汉双语教育，原有的维吾尔教育与全国主流教育共同发展。期待有朝一日新疆也能开启多语模式，在双语教育前提下还可以供教育对象有选择性地必修第三语言，把汉语教育作为主导，不仅能提高学生的少数民族语言能力，也能启发维吾尔族学生的语言天分。重视英语的培养，能与全国发达地区教育接轨，一起挑战全新的社会竞争与发展。我们国家目前面临人口老龄化的问题，劳动力老化不仅要靠二胎政策来调整，也要在教育上像双语教育政策一样培养更多无障碍劳动力资源。以新式教育为手段推动民族教育发展，让我们更多的民族人才走上更大的舞台。

四　结语

　　历史教育是建立国民认同纽带的基本保障，其重要性对民族地区而言显得更为突出。我国的通用语言是汉语，因此国家认同的建立需要汉语教学的导入，尤其是历史课程。而作为通用语的汉语，承载着民族间交流的重要职责，因此民汉双语教育的最终方向是提高少数民族学生的汉语能力，使其更多地参与国家建设，从而加深各民族之间的友谊。在世界范围内，双语教育的初衷亦是增进交流。语言本身的功能是创造沟通，而不是制造隔阂。世界人民自然不应当由于语言的千差万别而强调各自的特殊性，却忽略作为人类的普遍性。人类是一个命运共同体，只有和谐相处才是未来发展之道。在迈向这条康庄大道的途中，语言教育起着很大的作用。我国的民汉双语教育也许在世界范围内仅是一例，但具有非常重要的启示作用。

各国历史教学课程标准和教科书

如何培育健康的历史意识?[*]

——试论德国历史教科书中的二战历史叙述

孟钟捷

20 世纪 80 年代以来,"历史意识"已经成为德国历史教学中的核心理念。它把解释过去、感觉当下与期待未来联系起来,从而不仅使青年一代接受既定的知识,而且为他们提供身份认同、理解变迁与发现意义的导向。[①] 在这种回忆文化的塑造中,历史教科书反映了历史学与社会之间的相互作用,[②] 并被视作"传授普遍认可价值的常见媒介"和一种"社会仪式的时代文档"。[③]

[*] 感谢国际历史教育协会主席苏珊·波普(Susanne Popp)教授,中国德国史研究会会长邢来顺教授、副会长王亚平教授和《世界历史》编辑部的诸位老师在本文修改过程中提出的宝贵意见。

① 博多·冯·博里斯"历史意识",弗里德里希·耶格尔"历史教学",参见斯特凡·约尔丹主编《历史科学基本概念辞典》,孟钟捷译,北京大学出版社,2012,第 82~88 页。关于德国历史教学中的"历史意识",可参见孟钟捷《历史思维素质培养的深度与广度:来自德国的经验》,《历史教学》(中学版)2011 年第 19 期;孟钟捷《德国中学历史教学实践中的"历史意识"》,《中学历史教学参考》2012 年第 3 期。

② 贝恩德·缪特:《作为历史科学维度的历史教学:来自教科书研究的例证》[Bernd Mütter, "Geschichtsdidaktik als Dimension der Geschichtswissenschaft. Ein Beispiel aus der Lehrbucharbeit (Geschichtsbuch 4)"],《国际教科书研究》(Internationale Schulbuchforschung)1992 年第 14 卷,第 255 页。

③ 理查德·奥勒肖维斯基主编《教科书研究》(Richard Olechowski, Hrsg., Schulbuchforschung),法兰克福,1995,第 184 页。

对德国而言，二战既无法回避，又是"不可征服的过去"①（unmasterable past）。这一页"令人难堪"的历史究竟如何呈现在德国当代历史教科书中呢？它希望为德国青年人提供怎样的历史意识呢？历史教科书中的二战历史叙述怎样反映当代德国政治文化的变迁呢？这些问题曾引起一些历史研究者的兴趣，但实证性的个案研究仍然不多。② 这主要是由于德国实行联邦体制，历史教学大纲与教科书均由各州自行决定和编写，以至于可供研究的文本太多，难以穷尽。然而，笔者也发现，各州历史教科书尽管各有千秋，但也保留着一些共同的特征，尤其是在二战历史叙述方面，似乎有惊人的共识。鉴于此，本文以20世纪90年代的5种历史教科书为例，③ 以管窥豹，尝试解答上述问题，并由此反思当代德国二战历史教育的一些特点。

一　历史教科书中二战历史叙述的演进与分歧

1945年后，二战历史叙述逐渐成为德国历史教科书中的重要内容。但

---

① 参见查理斯·S.迈尔《不可征服的过去：历史、犹太大屠杀与德国的民族认同》（Charles S. Maier, *The Unmasterable Past*: *History*, *Holocaust*, *and German National Identity*），马萨诸塞，1997，第121～159页。

② 针对德国历史教科书中的回忆文化，笔者所见的主要研究成果有托马斯·贝尔格尔 - v. d. 海德：《从慕尼黑协议到二战结束：第一、二阶段的新历史教科书概览》（Thomas Berger-v. d. Heider, "Vom Münchener Abkommen bis zum Ende des Zweiten Weltkrieges: Ein Blick in neuere Geschichtsschulbücher der Sek. I. und II."），载罗伯特·迈尔主编《捷克人、德国人和第二次世界大战：痛苦的历史体验及其加工的困难》（Robert Maier, Hrsg., *Tschechen, Deutsche und der Zweite Weltkrieg*: *Von der Schwere Geschichtlicher Erfahrung und der Schwierigkeit ihrer Aufarbeitung*），汉诺威，1997，第161～181页；博多·冯·博里斯：《1949年以来在两个德国教科书中记录的毁灭性战争与犹太大屠杀》，邓白桦、孟钟捷译，载《新史学》第5辑，大象出版社，2006，第305～328页；刘向：《看德国历史教科书如何"反纳粹"》，《环球》2005年第7期。

③ 参见《回忆与评价》第10册（Ludwig Bernlochner u. s. w., Hrsg., *Erinnern und Urteilen*. 10. *Geschichte für Bayern*, Stuttgart: Ernst Klett Schulbuchverlag, 1992）；奥登伯格教科书第10册（Bernhard Heinloth u. s. w., Hrsg., *Oldenbourg Geschichte für Gymnasien 10*, München: Oldenbourg, 1992）；奥登伯格教科书第13册（Manfred Treml u. s. w., Hrsg., *Oldenbourg Geschichte für Gymnasien 13*, München: Oldenbourg, 1994）；《概览》第9、10册（Burghild Denecke u. s. w., Hrsg., *Durchblick. GSW Geschichte / Politik9/10 Realschule Niedersachsen*, Braunschweig: Westermann Schulbuchverlag, 1998）；《年代》第4册（Bernhard Askani und Elmar Wagener, Hrsg., *ANNO. 4 Das 20. Jahrhundert*, Braunschweig: Westermann Schulbuchverlag, 1997）。这5种教材兼顾了德国南北地区，以下简称"回10""奥10""奥13""概9/10""年4"。

在不同的历史时期，它的呈现方式与叙事重心各有不同。

在被占领时期，盟军的再教育政策产生了绝对性的影响。所有的历史教科书都被没收，而新教科书则必须首先得到盟军管理部门的许可。在此氛围中，纳粹主义及其反思开始成为历史课程的核心内容。1946 年，艾里希·维尼格（Erich Weniger）出版《历史课程中的新道路》（*Neue Wege im Geschichtsunterricht*）一书，旗帜鲜明地主张在历史教科书中呈现集中营的恐怖景象，以加强青年一代的历史批判意识。战后的第一批历史教科书便沿循着上述思路，如 1949 年的《民族的道路》（*Wege der Völker*）就打破了以政治和人物为中心的叙事传统，详细论述了屠犹历史，并对其中存在的责任问题进行了讨论。①

然而，随着冷战的开启和两德分裂局面的定型，历史教科书不再被视作民族历史的反省文本，反而成为为本阵营合理性的历史辩护。② 于是，二战历史叙述出现了完全不同的倾向和发展历程。

在联邦德国，二战历史叙述大致经历过三次重大变化。

第一次发生在 20 世纪 50 年代，二战历史叙述颇为模糊，目的在于减轻民众的罪责感。此前旗帜鲜明的反思教学消融在两种趋势中：一方面，大多数历史课程结束于一战或魏玛共和国时期，即便涉及二战，也主要局限于教师的个人战争经历或军事史视野下的纳粹主义；另一方面，纳粹主义被纳入当时方兴未艾的极权主义理论，借以讽喻共产主义对手，完成"融入西方"的政治教育目标。1953 年 12 月，文化部长会议通过了新的《历史课程标准》，建议把纳粹主义作为"独裁与二战"中的一部分，而不应视之为一种独特的政治体制。③

在这种思想的指导下，该时期的历史教科书通常只用 20 页左右的篇幅

---

① 《课堂中的纳粹主义》（"Nationalsozialismus im Schulunterricht"），载陶尔宾·菲舍尔、马蒂亚斯·N. 洛伦茨主编《德国"征服过去"辞典：1945 年后纳粹主义的争辩和讨论史》（Torben Fischer, Matthias N. Lorenz, Hrsg., *Lexikon der "Vergangenheitsbewältigung" in Deutschland: Debatten und Diskursgeschichte des Nationalsozialismus nach 1945*），比勒菲尔德，2007，第 172 页。

② 参见马克·M. 克鲁格《在冷战中心教授历史：东西德国的历史教科书》（Mark M. Krug, "The Teaching of History at the Center of the Cold War: History Textbooks in East and West Germany"），《学校评论》（*The School Review*）1961 年第 4 期，第 461～487 页。

③ 《课堂中的纳粹主义》，第 173 页。

来描述二战，其中既把所有罪责推到希特勒一人身上，又对德军的各种恶行避而不谈或尽量少谈，例如，1957 年出版的《历史课程》（*Geschichtliches Unterrichtswerk*）一方面明确评论说"希特勒承认失败的责任"，另一方面又用极为模棱两可的话告诉学生们，"在纽伦堡……一个后来是美国法官的人这样说过：'有计划的大规模屠杀之事表明，其中有很大可能是超过上百人参与的事件。'"相反，一些历史教科书更愿意描述苏联士兵的"冷酷无情"，如指责苏联人"发动了可怕的复仇行动，他们侵入德国领土，这一切埋没了另一方面对民族之间达成谅解的希望"。与此同时，战后德国人被驱逐的历史还成为凸显德国人作为受害者角色的重要内容。书中用极富感染力的语言来描述那段历史："上百万的德国人被卷入可怕的痛苦之中，人们无法想象 20 世纪还会出现这样可怕的痛苦。成千上万的老人、妇女与儿童在波罗的海中沉没，望不到尽头的难民迁徙队被饿死、冻死。在德国两千年充满苦难艰辛的历史上，德国人民从未遭受过像 1945 年那样的苦难，无论是敌人复仇行动中的逃难者，还是留下的人，都无法忍受这次苦难。"①

第二次发生在 20 世纪 60 年代初，二战历史叙述再次得到重视，但仅仅被视作政治任务而缺乏明晰的历史教育目标。1959～1960 年，德国各地发生了涂抹纳粹标志和破坏犹太教堂的新纳粹主义事件。一些历史教师开始主动讨论德国人的罪责问题。在此影响下，1960 年 2 月，文化部长会议通过决议，要求"在历史课与社会文化课上教授当代史"，其中讨论纳粹主义成为政治教育的主要任务。1962 年 7 月，文化部长会议又建议为"当代史编修教科书"，以统合历史认识与政治行动。三天后，《课堂中教授极权主义的原则》得到通过。尽管如此，根据 1964 年对青年人历史观的调查，许多青年人仍然没有关于"第三帝国"的确切认知。新版的历史教科书继续把责任缩减到希特勒个人身上，希特勒与党卫军的恶魔般行径被揭露，而关于犹太大屠杀的恐怖场面仍然成为历史课的禁忌。②

第三次发生在 20 世纪 60 年代中后期，二战历史叙述变得更具批判性。这种转变来源于两种动力：其一是 1963～1965 年奥斯维辛审判，哲学家阿

---

① 博多·冯·博里斯：《1949 年以来在两个德国教科书中记录的毁灭性战争与犹太大屠杀》，第 311～315 页。

② 《课堂中的纳粹主义》，第 174 页。

多诺（Theodor W. Adono）特意做了极富感染力的广播谈话《根据奥斯维辛的教育》（*Erziehung nach Auschwitz*），"杜绝奥斯维辛" 再现成为历史教育的主要目标；① 其二，1968 年的学生运动强化了代际争议，青年一代的历史教育者"有意识地从反面同纳粹主义划清界限"，更具批判性地看待所谓"道德肿块"。② 1978 年 4 月，文化部长会议顺应时势，要求"课堂中的纳粹主义教学"让学生们获得政治判断的能力，并充分展示第三帝国的独裁、大屠杀和非人性的一面。次年，联邦德国与以色列召开联合教科书会议，屠犹问题被重点提出。③ 由此，联邦德国的历史教科书进入一个崭新的发展时期。

在该时期，历史教科书已经把视野扩大到整个二战，并清楚描述了屠犹的惨象。如 1973 年的《历史》（*Geschichte*）提到了追捕犹太人的开端，并把它定性为"东方的恐怖"；1982 年的《为了明天的历史》（*Geschichte für Morgen*）用大约 8 页的篇幅来论述"对犹太人的迫害"，而且对种族灭绝的过程与方法都进行了清晰详细的叙述。纳粹迫害的对象也不局限于犹太人，斯拉夫人、吉卜赛人、外籍劳工与游击队员都被纳入教科书。当然，历史教科书编写者仍然不愿意让罪责大众化，纳粹党与党卫队继续成为以上罪行的主要承担者。如 1971 年出版的一本教材特别引用了华沙驻军将领的一封来信，以强调所谓"清白国防军的神话"。该信用下划线注明："那些少数从事屠杀、抢劫的人玷污了德意志人的名称，假如我们不能立即停止他们的恶劣行径的话，这将成为整个德意志民族的灾难。"④

相对联邦德国而言，民主德国的历史教科书修订少、版本不多，而且在二战历史叙述中保持了明显的延续性。在其历史观中，民主德国的合法性源

① 关于奥斯维辛审判的进程及其影响，可参见瑞贝克·伊丽莎白·维特曼《接受审判的犹太大屠杀？历史视野中的法兰克福奥斯维辛审判》（Rebecca Elizabeth Wittmann, Holocaust on Trial? The Frankfurt Auschwitz Trial in Historical Perspective），博士学位论文，加拿大多伦多大学，2001；有关奥斯维辛在德国回忆文化中的接受史，可参见彼得·赖歇尔《奥斯维辛》（Peter Reichel, "Auschwitz"），载艾蒂安·弗朗索瓦、哈根·舒尔策主编《德国的记忆场所》（Etienne François, Hagen Schulze, Hrsg., *Deutsche Erinnerungsorte*），波恩，2005，第 309～331 页。

② 耶尔恩·吕森：《纳粹大屠杀、回忆、认同——代际回忆实践的三种形式》，载哈拉尔德·韦尔策《社会记忆：历史、回忆、传承》，季斌等译，北京大学出版社，2007，第 185～186 页。

③ 《课堂中的纳粹主义》，第 174 页。

④ 博多·冯·博里斯：《1949 年以来在两个德国教科书中记录的毁灭性战争与犹太大屠杀》，第 315～318 页。

自纳粹时期的抵抗运动与苏联红军的解放行为，因而关于二战历史的回忆属于胜利者的叙事。在大约 50 页的篇幅中，二战历史叙述包含三大要素：纳粹政权的专制与扩张；抵抗运动的英勇；苏联红军受到的巨大损失及其重大功绩。

纳粹政权的特征叙述是为揭示战争源于帝国主义与社会主义之间生死斗争这一理论而服务的。在这种诠释框架中，西班牙战争、慕尼黑会议和吞并捷克斯洛伐克等事件都充分显示出纳粹政权的疯狂与西方国家"祸水东引"的阴谋。战争中的各种罪行得以详细列举，如反社会主义的攻击、剥削、抢劫、毁灭和反斯拉夫民族的大屠杀等。纳粹官员、党卫军与国防军都被统称为"法西斯的屠杀部队"。此外，民众的责任问题也被略带提及："我们的民众必须惭愧地被告知，不少纳粹国防军的士兵掠夺沦陷国家居民的财产而大发横财，纳粹主义有意识地使最广大的人民群众堕落。"就这一点而言，民主德国历史教科书的反省力度远远大于同时期的联邦德国。

在民主德国历史教科书中，犹太人并非受迫害最严重的群体。1979 年出版的一本教科书中这样写道："共产党的所有成员、苏军的政治委员会、苏联国家机关的工作人员、所有反抗者和游击队员都受到死亡的威胁。"令人感动的抵抗行动随处可见，尤其是 19 岁女游击队员索娅的照片与临终口号都被特意渲染。抵抗运动是值得纪念的事件，因此，教科书自豪地告诉学生们："共产党、社会党、资产阶级、宗教界、军界和贵族圈子在德国的代表，全都为拒绝服从希特勒付出了代价：牺牲了自由乃至生命。"①

苏联是民主德国二战历史叙述中的拯救者。1939 年《苏德互不侵犯条约》被视作斯大林的备战手段。苏联在波兰的行动则是为了解放西部白俄罗斯和乌克兰，以便在法西斯的大屠杀中保护它们。苏联卫国战争中的死亡人数得到了精确计算。而对于苏联的指责仅仅保留在一个隐晦的事实中，即苏联曾使用不必要的恐怖方式空袭德国普通民众。②

总体而言，在 1991 年再统一之前，两德历史教科书各自形成了不同的二战历史叙述重点：联邦德国偏重于屠犹，民主德国偏重于纳粹政权的内外政

---

① 布衣：《罪孽的报应：日本和德国的战争记忆与反思（1945～1993）》，戴晴译，社会科学文献出版社，2006，第 191 页。

② 博多·冯·博里斯：《1949 年以来在两个德国教科书中记录的毁灭性战争与犹太大屠杀》，第 307～310 页。

策与苏德战争。对于这种模式化的叙述风格，两地都曾有过争论。在联邦德国，人们担忧屠犹及其背后的"罪恶情结"会让青年一代迷失前进动力。1975 年，时任联邦总统的谢尔（Walter Scheel）直言不讳地提到，"我们面临着变成一个没有历史的国家的危险"。10 年后，历史学家米夏埃尔·施图姆尔（Miachel Strümer）为联邦德国有可能发生精神真空和失去民族方向而发愁。① 在民主德国，一些历史教师也曾偷偷地反思屠犹问题。20 世纪 70 年代末，美国纪录片《大屠杀》在联邦德国公映，边境上的民主德国人可以私自收看。一位教师承认，尽管历史教育回避了屠犹问题，但是该剧仍然在青年人中产生了心照不宣的效果。至于苏德密约和卡廷事件，更让教师们感到无法自圆其说。②

两德统一后，历史教科书在面临重新整合时也获得了进一步修正与反思的契机。关于二战前因后果与犹太大屠杀问题的叙述出现了一些新现象，值得我们关注。

二 关于二战前因后果的叙述

20 世纪 90 年代后的历史教科书普遍拉长了对二战历史的叙述。一些教材的二战篇幅多达 60 页，如果加上战争后期对德国的处理，则接近 80 页。其他教材也在 60 页以上。

在对二战爆发的原因分析中，新教科书着力突出三个要素。

第一，希特勒的个人责任不可推卸。奥登伯格教科书详细列举了希特勒上台前后的政治目标，以论证战争被视作纳粹政治的合法手段，并为学生呈现了三份重要的原始资料：希特勒在《第二本书》中的外交政策论述、1936 年希特勒关于四年计划的"秘密备忘录"和 1937 年 11 月 5 日的"霍斯巴赫备忘录"（奥 13，第 11、17 ~ 20 页）。不少教科书特意选择了希特勒伪装和平卫士的讽刺画：希特勒身上长着和平鸽的翅膀，手里拿着象征着和平的橄榄枝，背后却掩藏着飞机、大炮和军人（如奥 13，第 12 页；年 4，第 93 页；概 9/10，第 36 页）。

第二，希特勒的外交扩张政策得到了社会各阶层的支持。奥登伯格教科

① 布衣：《罪孽的报应：日本和德国的战争记忆与反思（1945 ~ 1993）》，第 189 页。
② 布衣：《罪孽的报应：日本和德国的战争记忆与反思（1945 ~ 1993）》，第 91、183 页。

书在正文中没有谈论集体罪责问题，但附录 4 用《历史学家评论中的纳粹外交政策》来引导学生们进行讨论。针对"谁应该为战争政策负责"的问题，一位历史学家提出，那些"代表着民族国家传统延续性的资产阶级民族阶层以及他们在外交部、国防军、经济和科学界的代表"应该承担责任，因为他们有意识地复活了军国主义与霸权政治，为战争做好了准备，支持了纳粹政权的扩张政策（奥 13，第 21～22 页）。与此不同，年 4 在正文中就明确地写道，希特勒修改《凡尔赛和约》的各种举动都得到了"普遍支持"，并进一步鼓励了他的冒险心理（年 4，第 93 页）。

第三，欧洲大国的绥靖政策也是不可回避的因素。各书都提到了"绥靖政策"（Appeasementpolitik）一词。概 9/10 在问题设计中这样写道："外国针对希特勒政策的行为被称作绥靖。请讨论，你们是否认为欧洲国家的行为是正确的？为什么？"为配合学生思考，该书还提供了三张不同场面的照片：德国进驻莱茵区、德国吞并奥地利、德国占领苏台德地区（概 9/10，第 35 页）。年 4 在客观叙述了慕尼黑会议后——"1938 年 9 月 29 日，为了避免战争，英、法、意、德在没有布拉格政府的参与下，在《慕尼黑协议》中割让了苏台德地区"——也提到了"绥靖政策"："这种绥靖政策把希特勒的要求容忍地视作合理修正《凡尔赛和约》的举动，它受到了英国反对派丘吉尔 1938 年 10 月 5 日在下院中的批评。"在该页上，张伯伦回到伦敦时发表演说的照片、丘吉尔的下院演说和德军占领苏台德地区受到欢迎的照片被放在一起。然而由于没有设计相应的问题，我们并不清楚编者的最终意图。奥登伯格教科书是把纳粹外交政策的发展置于国际政治的背景中进行讨论的。在论述完纳粹外交举动后，该书专列一目讲述"对于希特勒外交政策的国际举动"，其中不仅提到英国的绥靖政策，还涉及美国的中立政策与苏联态度（奥 13，第 15 页）。不过，值得注意的是，这三本教科书对大国责任的认识并不完全相同。概 9/10 插图和照片颇多，但在绥靖政策部分，却没有一张照片；年 4 延续了多呈现、少评价的风格，既放上了张伯伦的照片，也包括苏德签订密约的照片和当时最为流行的"希特勒与斯大林互相致礼的漫画"；奥登伯格教科书只放上了苏德签订密约的漫画，并且用更多篇幅来论述苏德密约的后果。

在走向战争的进程中，特别值得一提的是德国对捷克斯洛伐克的侵犯。这是当时最为严重的国际事件，也是反映纳粹对外扩张政策最不合理的历史事实。但是在 20 世纪 90 年代以来的历史教科书中，该事件尚未得到特别关注。大部分教科书只是把捷克斯洛伐克的命运视作纳粹政权一连串外交行动的一个阶段而已。年 4 使用了一张德军占领布拉格时的照片。《发现与理解》（*Entdenken und Verstehen*）则提到了苏台德地区的德意志人作为少数民族受到了捷克斯洛伐克政府的不公待遇。这虽然是事实，但在上下文的逻辑关系中，这种叙述内容似乎有为希特勒吞并行动做辩护的嫌疑。编者或许为了弥补这种写法可能会带来的负面后果，又在同一页加上了当时捷克斯洛伐克人对于德国入侵的感受。① 只有概 9/10 的编排颇有深虑。它引用了德国前总统赫尔佐格（Roman Herzog）于 1997 年在捷克国会的公开演讲，以表示德国政府对捷克人民的愧疚之情："今天，我们德国人都认识到历史的责任……这种责任就是去关注如 1938 年《慕尼黑协议》以及摧毁和占领捷克斯洛伐克共和国等政策不能再次发生。这种责任就是去反对暴力统治与不公正。"（概览 9/10，第 36 页）

　　在关于二战后果的叙述中，新教科书的最大变化在于强化了德国难民与被驱逐者的内容。作为战后国际边界调整的结果，大约有 400 万名难民和 550 万名被驱逐的德意志人从东欧集中回国。在战后初期的历史教科书中，该内容曾被特别突出，以显示德意志人也是战争受害者的一面。然而在此后的修订中，这一部分被有意识地缩减了。1979 年出版的《历史性的世界课程》（*Geschichtliche Weltkunde*）第 3 册仅用一张图片来呈现当时的难民（第 183 页）。但在 20 世纪 90 年代后，新教科书无一例外地详细描述了德国人的战后命运，只不过方式各有不同。

　　第一种是多呈现事实、少做评述，如概 9/10 和年 4。概 9/10 最为简单，它只用了八行字和一张照片来叙述（概 9/10，第 141 页）。年 4 把该问题列为一目，只使用了六行字进行叙述，却围绕这一问题，提供了四种不同角度的事实：《波茨坦公告》关于领土调整和德意志人归属的内容；1944～1950 年德国的难民和被驱逐者数据表；1945 年 2 月 18 日难民迁徙的照片；两份见证者的回忆（年 4，第 143 页）。

　　第二种做法类似于第一种，但在附录的呈现中，负面评价的色彩更为浓

---

① 托马斯·贝尔格尔－v. d. 海德：《从慕尼黑协议到二战结束：第一、二阶段的新历史教科书概览》，第 165 页。

烈，如奥 13 的做法。它甚至没有把该问题列为单独一目，而是融在 "'零点'的德国" 一目中，用 25 行文字和一张驱逐图来说明 "撤离：流浪与驱逐"。但是在两份附录中，该书讨论了德意志人被驱逐的合理性问题。附录 1.4 提出了这样的问题："德意志人被驱逐——这是一种'违反人性'的罪行吗？" 附录 1.5 则通过一座难民城市的建设历史来反映这些 "无家可归者" 的痛苦往事（奥 13，第 75 ~ 76、83 ~ 84 页）。

第三种做法最为普遍，即直截了当地讨论那些难民和被驱逐者的合法权益问题，如奥 10 和回 10 的做法。两本教科书都把该问题单独列为一节，用了三页篇幅。前者的叙述相对简单，用了四张图片：难民与被驱逐出家园者（Heimatvertriebene，这是该书所特有的词语）的回家路线、苏台德地区德意志人等待回家的照片、难民家庭照片和一座难民新城。在附录中，值得关注的是对 1950 年《被驱逐出家园者宪章》和让学生比较 20 世纪暴力性驱逐事件同二战结束时德国人被驱逐事件的提问（奥 10，第 10 ~ 12 页）。回 10 的叙述更为细致，从不同年龄层、社会阶层、来源地分别讨论了难民和被驱逐者的情况，而且介绍了他们的现状。该书编者在课后提问中这样写道："（a）请比较……《波茨坦公告》所确定的'应该有秩序地、人道地运走（德意志人）'同实际报告中的区别。你们如何解释计划与执行之间的差别？"（回 10，第 12 ~ 14 页）无论是叙述结构的安排还是问题意识，都能够体现两本书编者的价值观。

三　关于犹太大屠杀的叙述

犹太大屠杀是德国历史叙述必须面对的过去。正如德国历史学家克里斯汀·梅厄曾坦承的那样，"（德国人）必须自省、必须从骨子里反观的，就是奥斯维辛"。波兰导演安德兹·瓦达也提醒着德国人："奥斯维辛，和别的事物一道，对德国而言，是无法规避的。也就是说，歌德和有计划的种族灭绝；贝多芬和毒气室；康德和铁血统治，所有这些，都无可磨灭地属于德国遗产。"[1] 德国的历史教育不得不向青年人解释这样的难题："为什么无法

---

[1] 布衣：《罪孽的报应：日本和德国的战争记忆与反思（1945 ~ 1993）》，第 72 页。

阻止希特勒？为什么暴力罪行恰好发生在德国？"①

　　自20世纪70年代起，关于犹太大屠杀的叙述已经成为德国历史教科书中的重要内容，问题在于如何在叙述该问题时，既突出大众的责任，又避免产生所谓"罪恶情结"的后果。这既是对以往历史叙述的反省，又是面对东部历史教育40年影响的必要反省。在这一方面，新时代各版教科书的做法相互交叉，综合起来，可以概括为两大特点。

　　首先，更为细节化地叙述犹太大屠杀的前因后果，但是把犹太大屠杀放在一个更大的罪行背景中进行分析。

　　几乎所有教科书都增加了屠犹的叙述比重：1979年教科书仅有半目两页是关于"民族屠杀"问题的（《世界历史文化》第3册，第160、162页）；90年代教科书则扩展到一节四页（年4，第116～119页），或一节四页外加延伸阅读"安妮日记"和一段关于最后解决的档案材料（奥13，第42～47、50～55页），甚至一章26页来谈论"带着黄色五角星的人"（概9/10，第46～71页）。

　　屠犹的细节被进一步公开呈现：年4高密度地使用了八张照片、一张宣传画和一张地图，分别展示了纳粹政权对犹太人的污蔑（犹太人与苏联的关系）、禁锢（犹太人区）、奴役（犹太工人）、杀戮（欧洲屠犹地图、奥斯维辛牺牲者）等行动；奥13特意选择了"安妮日记"来呈现屠犹问题；概9/10先用两张触目惊心的照片——一张是写着"犹太人"的黄色五角星，一张是奥斯维辛牺牲者——配合着纳粹政府对犹太人的定义和希特勒预言屠犹的演讲等两段史料，随后分别详述了犹太人被污蔑（各种宣传画）、隔离（各种照片和法令原件）、驱逐（各种照片）、屠杀（超过10张照片），最后该书还联系到战后犹太人的回忆文化与新纳粹主义行径。在所有教科书中，国防军的"清白形象"已经不复存在，军队在屠犹中的责任被凸显出来。

　　屠犹罪责被精心安排在不同的叙述结构中，以表示该行动只是众多纳粹罪行的一种而已。1998年的《具体的历史》在提到屠杀犹太人的同时，列举了吉卜赛人、同性恋、强制劳工、游击队员等其他受害的社会群体，"这种事情在1949年或1959年不可能被提到，当时只有对基督徒与精神病患者

---

① 彼得·赖歇尔：《奥斯维辛》，第331页。

的迫害才有回忆的价值"。① 奥 13 把屠犹现象放在"纳粹的占领政策和人类屠杀"一章中，把屠犹限定在东方行动的范围内，并且将之同纳粹的占领行动与"消灭无生存价值的生命"及少数民族相提并论。1997 年的《历史与事实》首先简单平实地叙说德军"遵照上级的命令，屠杀了上百万的战俘与平民——在 570 万苏联战俘中，有 330 万没能熬过强制劳动、瘟疫和德国集中营中恶劣的饮食条件的考验，他们'死亡'了。仅苏联就总共有 2200 万人在战争中失去生命"——这是战后教科书第一次出现如此详细的数据——然后才谈到"大屠杀"。②

其次，增加正面形象的塑造，以减轻屠犹给学生们带来的负面冲击。这主要通过两种手段：改变抵抗运动的叙述模式和强调战后集体记忆的消化过程。

为显示德意志人未被泯灭的良知，抵抗运动是抗衡屠犹等非人性行为的最好事例。新教科书一改以往相关叙述的缺失或晦暗不清，从篇幅、结构与论述三方面入手做了较大修改。奥 13 可谓抵抗运动叙述中篇幅最多的一本书，它专列一节六页、一个主题链接和四段原始资料（奥 13，第 56~67 页）。年 4 的相关论述虽然篇幅不大（四页），但它别出心裁地把"犹太人被驱逐和屠杀"与"反对纳粹主义的抵抗运动"共同列入"恐怖与抵抗"一节中，在叙述结构上，给人留下了"屠犹—抵抗"逻辑的印象（年 4，第 120~123 页）。在论述中，两本教科书都有意识地划分抵抗运动的不同类别，如德国内外、学生、犹太人、宗教人士和保守派等，并分别讨论他们的目标、行动方式及其结果。一个很有意思的细节是，奥 13 在关于二战历史的叙述中，抵抗运动的篇幅虽然不是最大的，但关于抵抗运动的提问是最多的（有 7 个），可见编者有意识地引导学生们在此处停留和反思。

战后集体记忆的消化过程也可以减轻屠犹问题带来的冲击，以显示当代德国社会已经付出的各种努力。在这一方面，做得较好的教科书是集历史学和政治学为一身的概 9/10。它在论述屠犹的章节（"带着黄色五角星的

---

① 博多·冯·博里斯：《1949 年以来在两个德国教科书中记录的毁灭性战争与犹太大屠杀》，第 320 页。

② 博多·冯·博里斯：《1949 年以来在两个德国教科书中记录的毁灭性战争与犹太大屠杀》，第 321 页。

人"）中，便已穿插了两页的实践栏目"从过去中学习"。该栏目很有意识地列举了 1997 年两个访谈的调查结果：您如何看待 1945 年尚未出生的德意志人必须为希特勒的暴行负责，德国人是否应该彻底停止对纳粹主义的研究。这两个问题涉及记忆、责任和遗忘的复杂关联。该书还刊登了两张当代反犹主义的照片和新纳粹政党德意志国家党（NPD）的言论，引导学生反思和确认自己的立场（概 9/10，第 68～69 页）。在接下去一章中，又进一步分析右翼极端主义的表现、产生根源和危害，引导学生理解战后身份认知政策的重要性，以及在这种政策之下德以关系的特殊性（概 9/10，第 70～101 页）。除此之外，任何一本教科书都会在此后关于 20 世纪 70 年代联邦德国外交政策的章节上使用勃兰特（Willy Brandt）总理的下跪照片，以显示国家层面的认罪努力。

四　当代德国政治文化变迁视野下的历史教科书

毋庸置疑，历史教科书中的二战叙述是德国政治文化变迁的产物，它反映的是一种"装载着规范的期待"的回忆文化。[①] 进一步而言，国家层面的历史政策与社会层面的历史意识之间的交往，决定着历史教科书的价值取向。

在 20 世纪五六十年代的联邦德国，基民盟/基社盟政府借朝鲜战争和"融入西方"之机，大赦纳粹罪犯，甚至让原纳粹官员恢复职位。这种试图掩盖历史的国家举动恰好满足了抵制"非纳粹化"的民众们的期待。在此背景下，以归罪于希特勒和党卫军、推卸大众罪责为主要特征的所谓"受骗论"大行其道。[②] 由此，在历史教科书的叙事结构中，"清白国防军"神话得以渲染，东部的毁灭性战争与犹太大屠杀问题被含糊其词，战后德意志人被驱逐和流放的历史反倒成为渲染受害者身份的绝佳事例。

20 世纪 60 年代中期，联邦德国的政治文化开始进入所谓"转折与突破阶段"。1963～1965 年的奥斯维辛审判与联邦议院关于纳粹罪行追诉时效的

---

① 这一概念来自弗里德里希·耶格尔、约恩·吕森：《德国历史中的回忆文化》，孙立新译，载《书写历史》第 1 辑，上海三联书店，2003，第 144 页。

② 景德祥：《二战后德国反思纳粹历史的曲折过程》，《学习月刊》2005 年第 7 期。

三次大辩论，在联邦德国掀起了一阵规模浩大的反省浪潮，奥斯维辛连同背后的"集体罪责"意识从此进入德国人的历史意识。这种变化带来了充满代际冲突特征的 1968 年学生运动，而后者又反过来加强了一种"原罪"式的历史意识。勃兰特总理的谢罪举动和美国纪录片《大屠杀》的公映，反映了联邦德国官方立场与主流媒体的价值观。[1] 由此，在历史教科书的叙事结构中，凸显犹太大屠杀、全面检讨屠犹的集体罪责成为最重要的内容，其他罪行乃至德意志人的战后命运则被归咎于自食其果。

在 20 世纪 50 年代以来的民主德国，抵抗运动一直被视作"另一个德国"的象征，而苏联红军则是德国重生的唯一保证。由此，历史教科书需要凸显英雄主义的回忆文化，并致力于培养青年一代对于苏联红军的感恩心理。至于纳粹的一切罪行，它们都是第三帝国的"坏德国人"所为，并不属于民主德国公民们需要反省的对象。[2]

以上三种历史教科书的编写模式显现出战后世界意识形态对立的鲜明影响，也蕴含着两个德国社会颇为纠结的复杂心理，即一方面希望用记忆来构建当下的民族精神，另一方面又希望用忘却来抹去历史的伤疤，并最终为政治文化服务。

20 世纪 80 年代初开始的联邦德国新一轮政治文化变迁持续到两德统一后。当政治和经济地位发生巨大变化时，德国人对历史身份重新定位的渴望也愈加明显。新总理科尔（Helmut Kohl）在 1982 年上台时便宣称将实现"政治与道德上的转折"，两年后又在以色列表明自己同纳粹历史毫无关系，说这是"上帝让其晚生的恩赐"。让历史"正常化"、告别罪责感的观念开始得到一大批学者的响应。历史学家希尔格鲁伯（Andreas Hillgruber）重新提起二战结束时东部德意志人被迫西迁的悲惨历史，以此指责盟国的德国政策；诺尔特（Ernst Nolte）把屠犹与苏联大清洗相提并论，以降低那些"罪责狂"的心态。前文提及的施都姆尔呼吁创造一种全新的历史意识，来同联邦德国的责任相匹配。

这种修正历史的尝试遭到了以哈贝马斯（Jürgen Habermas）为首的左翼

---

① 李乐曾：《战后对纳粹罪行的审判与德国反省历史的自觉意识》，《德国研究》2005 年第 2 期。

② 于尔根·科卡：《现代德国历史中的公民社会与独裁》（Jürgen Kocka, *Civil Societz and Dicatatorship in Modern German History*），汉诺威与伦敦，2010，第 74～75 页。

知识分子的坚决抵制。他认为，"意识形态的策划者想要创造一种就民族意识之复苏达成一致的意见"，但"唯一使我们不与西方疏远的爱国主义是宪法爱国主义。遗憾的是，在德意志文化民族中，一种根植于信念中的、与普遍宪法原则之间的联系，只能在奥斯维辛之后——并且通过它——得以形成。谁若想用诸如'罪责迷恋'（施都姆尔和奥本海默语）这种空洞的辞藻来驱除对这一事实的赧颜，谁若想要使德意志人召回他们民族认同的传统形式，谁就摧毁了我们与西方相连的唯一可靠的基础"。这场所谓"历史学家之争"最终超越了学术领域，成为一场政治信念的斗争。[①] 1985 年 5 月 8 日，时任联邦总统的魏茨泽克（Richad von Weizsäcker）在国会发言中再次强调，德国人不记恨盟国，而应把自己的不幸遭遇归咎于罪恶的纳粹统治。[②] 他的表态重新强调了官方历史政策的不可动摇性。

这种围绕在历史身份上的左右之争，随着两德统一而变得显性化。[③] 一方面，有关集体罪责的历史研究得以推进，如美国历史学家格德哈根（Daniel Goldhagen）揭示了普通德国人是屠犹的"心甘情愿的刽子手"；另一方面，强调德国人作为受害者角色的努力也引起了人们的关注，尤其是战争结束前德累斯顿遭到盟军的轰炸一事不断成为极端右翼分子的借口。[④]

政治文化中的纠结色彩不可避免地反映在 20 世纪 90 年代的历史教科书中。通过前文对教科书中有关二战前因后果和犹太大屠杀的调查，我们发现，二战叙述在承认集体罪责的前提下，出现了以下四种变化。

首先，罪责的分层化。早在战后初期，德国哲学家雅思贝尔斯（Karl Jaspers）就已经提出了罪责分层的思想。但是在历史教科书中，该思想直到 20 世纪 90 年代后才有比较完整的体现。例如在走向二战的进程中，希特勒的蛊惑人心、德国社会的复仇心理与西方大国的绥靖政策都扮演着不同角色。

其次，罪责的消融化。罪责的消融并不意味着对于罪责的否定，而是

---

① 上述引文及"历史学家之争"，可参见范丁梁《事件与记忆之间的德国"历史学家之争"》，硕士学位论文，浙江大学，2008，第 1 ~ 7 页。

② 景德祥：《二战后德国反思纳粹历史的曲折过程》，《学习月刊》2005 年第 7 期。

③ 相关情况可参见扬 - 维尔纳·米勒《另一个国度：德国知识分子、两德统一及民族认同》，马俊、谢青译，新星出版社，2008，第 344 ~ 369 页。

④ 参见扬 - 维尔纳·米勒《另一个国度：德国知识分子、两德统一及民族认同》，第 344 ~ 369 页。

"制造"历史场景来让学生们"理解"受害者的处境。尽管新版教科书提到了战后德国人被驱逐的历史，但并不忘记引导学生们历史地反思这一命运的渊源所在。

再次，罪责的当下化。新版历史教科书总是有意识地引导学生对照历史上的反犹主义与当下身边的反犹行为，提醒学生们警惕右翼极端主义思想的影响。

最后，罪责的立体化。新版历史教科书最终上升到人的层面来反思二战的历史。它们总是赋予学生们多种角度的原始资料，展示人性的多面性，例如屠犹者与抵抗者共存、绥靖者与抗战者同在等复杂现象。

五　结语

根据实证性的调查，二战后德国民众对于过去时代的怀念之情被慢慢削弱了，民主制度获得了普遍且更为坚定的支持。[①] 同样，在经验性的比较研究中，人们普遍赞同德国对二战的认罪态度远远好于日本。[②] 就本文所关注的对象而言，德国历史教科书中的二战叙述的确符合德国政治文化变迁的上述趋势，从而被视为60年来德国二战回忆文化的一扇小窗。

正如德国政治文化变迁带有强烈"融入西方"的政治导向那样，历史教科书的叙事模式也有明显的政治教育色彩。一方面，当代历史教科书对于"奥斯维辛"所进行的符号化渲染，凸显它的屠犹色彩，而忽略其他受害者群体（如苏共游击战士等），无疑是违背历史真实且拥有过多政治负担的结果。这表明，德国的二战回忆还未形成所谓"特定的历史距离"，以致"跟民族的过去彻底和解"的希望依然十分渺茫。[③] 另一方面，历史教科书对二战的反思并没有延伸到德国历史上的所有战争行为。正因如此，有关殖民战争（如八国联军侵华）的描述依然带着明显的西方中心主义式的优越感，对于相关国家的歉意也付之阙如，而对于冷战期间的各种战争却继续遵循着极为明显的冷战思维。很显然，教科书的编写者并不认为德国需要为这些战

---

① 马超、娄亚：《塑造公民文化——联邦德国的政治文化变迁》，《德国研究》2005年第1期。
② 李乐曾：《评德国和日本不同的二战史观》，《德国研究》1997年第2期。
③ 耶尔恩·吕森：《纳粹大屠杀、回忆、认同——代际回忆实践的三种形式》，第188～189页。

争承担责任。这是未来德国历史教科书改革中值得深思的地方。

　　当然，另一个值得讨论问题是，历史教科书反过来又在多大程度上影响着德国政治文化的变迁呢？二战前，所谓"课堂的权力"是不可动摇的，教科书成为"特定时期历史画面或时代精神"的主要塑造者。① 二战后，历史教科书仍然是一段时间内德国历史教育的重要手段之一，有益于青年一代形成健康的历史意识，从而巩固德国与周边国家的关系，为德国赢得了国际美誉。不过，随着历史教育手段的多样化，再加上历史教科书的编写原则逐渐从"被动学习"转变为"探索发现"，② 教科书的直接影响力不可避免地下降许多。正因如此，关于历史教科书在二战后德国公民成长中的作用，仍然需要学界投入更多的关注和实证性研究。

（原载《世界历史》2013 年第 3 期）

---

① 希尔德·寇克尔贝斯：《作为历史研究史料的教科书：方法论思考》（Hilde Coeckelberghs, "Das Schulbuch als Quelle der Geschichtsforschung. Methodologische Überlegungen."），《历史与地理课程国际年鉴》（*Internationales Jahrbuch für Geschichts-und Geographie-Unterricht*）第 13 卷，1977、1978，第 8~9 页。
② 孙智昌：《德国中学历史课程、教科书和教学》，《历史教学》2000 年第 2 期。

美国社会科中的历史教育探析

杨 彪　　何千忠

在社会科教育中通过历史教育促进社会个体的完善和公民性形成，是各国共同的目标，但各国的社会科中历史教育要素有不同安排方式。解析美国社会科中的历史要素和历史学习内容的编排，有助于我们获得他者视角，从而更为有效地改进我国的历史教育以及综合社会课程。

一　社会科与历史教育*

全美社会科教育协会（NCSS）在《全美社会科课程标准》中对社会科的正式

定义是："社会科①是社会科学和人文科学的综合，意在提升公民的能力。在学校的课程计划中，社会科提供同等的系统的研究方法，它吸收了人类学、考古学、经济学、地理学、历史学、法学、哲学、政治学、心理学、宗教学和社会学等学科，并从人文科学、数学和自然科学中选取适当的内容。社会科教育的主要目标是，帮助年轻人形成这样一种能力，即作为生存于文化多元的、民主的社会中的公民能在这个相互依存的世界中做出有利于公众利益的、有见地的、明智的选择。"② 上述对社会科的定义指明了社会科的课程目标和课程内容。

社会科的课程内容是对人文科学、社会科学、自然科学等相关内容的有机整合。虽然社会科包含多方面的内容，但是它们所关注的共同问题是人类行为——包括过去的行为和现在的行为，社会科的所有组成部分（以这种形式或那种形式）都要涉及我们如何与他人互动、我们如何与我们的环境互动这一问题，③ 故而其重点还是放在历史和地理学科上面，其中尤以历史教育为特别的组成部分，这源自历史的内容通常包含一个或更多的社会科涉及的主题，在历史课堂上，统一的主线即漫漫历史长河中人类的行为。

历史在社会科中占有重要地位，不仅是因为历史教育长久以来被视为一般公民教育的重要组成部分，更是因为历史教学有助于社会个体"个体意识"的完善和"公民性"的发展。也就是说，开展历史教育能够有效地达成"培养有知识、有责任感以及积极参与社会事务的公民"的目标，通过内化价值观、社会道德等，让社会个体按主流观念的期望行动和思考，积极有效地帮助个体实现"社会化"。

对于社会科中历史教育的重要作用，美国学者有比较全面和客观的认识，他们认为通过社会科中的历史教育，可以达成以下目标，积极有效地促进学生"个人意识"的完善和"公民性"的发展。（1）判断（judgment）。

---

① "Social Studies"通常译作"社会科"或"社会课"，但也有译者将其译成"社会科学"，这容易曲解"Social Studies"，因为"社会科（课）"包含"社会科学""人文科学""自然科学""行为科学"等诸多领域的研究成果，而非仅仅指"社会科学"这一个领域。而且作为学校教育中的一门课程，它所包含的学习内容不等同于各类科学领域的研究成果之总和。

② National Council for the Social Studies, *Expectations of Excellence：Curriculum Standards for Social Studies*, NCSS Bulletin, 1994, p. vii.

③ 大卫·A.威尔顿：《美国中小学社会科教学策略》，吴玉君等译，华夏出版社，2004，第17页。

历史知识和技能有助于人们形成更好的判断，特别是"政治判断"，这主要从别人的经历中习得。（2）同情和自知之明（empathy and self-knowledge）。对学生进行历史教育，使学生了解世界各民族，理解他们进行的斗争并欣赏他们的人性；通过学习不同社会的历史，学生可以认识到许多民族的生活方式与自己不同，也能够加深对自己的了解——了解他人和了解自己是并行发展的。（3）想象（imagination）。通过历史学习扩大并刺激学生的想象力，给他们以从未实际有过的体验。有些情况下，学生会对没有这样的真实的体验而感到庆幸；另一些情况下，学生则会渴望身临其境。（4）力量（agency）。力量指对个人或公众问题采取行动的能量。历史表明，人是由所处的环境塑造的，他们受到自己无法控制的社会力量的作用。然而，历史也让我们明白，是人起了作用，是人创造了历史。通过历史学习，学生能够认识到，他们是由过去塑造的，同样，他们将为别人塑造未来；不论是否采取行动，他们都会做到这点。（5）远见（the long view）。通过对人类历史前后贯通联系的体味、感悟、理解，并将它渗透学生的判断力——这就是远见，长远思维。[①] 历史教育的目的不仅是使学生对历史知识有一个比较好的了解，促进其人文素养的提高，同时更为重要的是，希望通过对以历史理解能力为核心的历史思维能力的整合，培养学生的时序思维能力、历史理解能力、历史分析与解释能力、历史研究能力、分析历史问题并做出决策的能力。在向学生呈现前人所写或所说的历史记述的时候，也要帮助学生自己写和记述历史，即通过对学生进行历史教育实现知识和能力的双轨发展。

正是因为历史教育在"个体意识"完善和"公民性"发展方面的重要作用，关系着个体成长、发展和国家稳定、进步，它比社会科中包含的其他学科受到了更多的关注。这可以从两个角度反映出来，即学生对于历史的重视程度和历史学科的知识内容在社会科中所占的比重。

据统计，美国很多中学6~8年级的社会科把主要精力放在历史学习上。到高中历史阶段，一般来讲学生还要再花两年时间学习美国历史和世界历史。根据对学生成绩报告单的分析，全美95%的高中生会选修一年的美国历史，另有超过60%的学生选修一年的世界史。如果把全球和地区学习包

---

① 参见沃尔特·C.帕克：《美国小学社会与公民教育》，谢竹艳译，江苏教育出版社，2006，第97~100页。

括在内，这一统计数字将会更高。① 每年约有来自8000所学校的20万名学生参加日益受到欢迎的美国历史高级分级考试。美国历史是最受欢迎的高级分级考试科目。② 这些数据可以相当清晰地表明历史教育在社会个体心中有比较高的地位，一方面是某些学校要求的功利性产物（如同中国高考中文科考生大多需要参加历史考试），但另一方面，不能不说是社会对接受历史教育的重要性有比较清醒的认识，这一点在中国尚不普遍。

社会科中各学科知识内容的多寡，在很大程度上决定了该学科在社会科中的地位。20世纪初，社会科诞生之初，全美教育协会（National Education Association，NEA）1916年的委员会就设定了全美社会科课程各个阶段应教内容（1916年的文献中没有包含4～6年级）的推荐方案。之后，全美社会科教育协会在全美教育协会的基础上确立了社会科的十大主题轴和每个年级的社会科课程内容范围以及顺序安排。表1展示了全美教育协会1916年制定的推荐方案，并综合了来自全美教育进展评估（National Assessment of Educational Progress，NAEP）提供的学生现行教学范畴及次序。

表1　各年级的社会科课程教学主题

年级	1916年的推荐方案	现行教学范畴及次序
4	—	所在州的历史和地理区域
5	—	美国历史（偏重于早期历史）、美国地理
6	—	世界历史、世界地理，不重视世界文化
7	地理学/欧洲历史	主要按年代讲授的世界历史、世界地理
8	美国历史	美国历史（偏重于19世纪）
9	公民学	公民学（高中生选修此课程人数在增加，达50%）
10	欧洲历史	世界/全球历史（在教学方法上更注重年代次序而非地域或文化）
11	美国历史	美国历史（偏重于20世纪和21世纪）
12	民主国家所面临的社会、经济和政治问题	公民学、经济学、心理学（选修）、社会学（选修）

资料来源：琼·R. 蔡平：《中学社会科学课程实用指南》，第14页。

① 琼·R. 蔡平：《中学社会科学课程实用指南》，朱墨主译，江苏教育出版社，2006，第119页。
② 琼·R. 蔡平：《中学社会科学课程实用指南》，第10～11页。

从表 1 中我们可以发现，不管是在 1916 年全美教育协会的推荐方案中，还是在现行教学范畴及次序中，历史教学所占的比重是相当高的。当然，全美教育协会和全美社会科教育协会制定的推荐标准和课程标准，对美国社会科教育的开展只能起到一个指导性、指南性的作用，各州有权力决定其社会科教育的开展，所以指南性纲领只能反映出社会科教育开展的主观安排。主观意愿的实现程度则受制于现实中的社会科教育的开展状况。全美教育进展评估对历史学课程的调查发现，当 8 年级学生被问及现在是否上美国历史课时，有 83% 的学生回答"是"，17% 的学生回答"否"；在被问及 11 年级学生是否上美国历史课时，有 79% 的学生回答"是"，18% 的学生回答"否"。不论学生是否上过这门课，一份文献表明，1994 年，95% 的高中毕业生曾上过一年的美国历史课。排名第二、最普遍的高中一年社会科学习内容是世界历史。60% 的学生学了一年的历史学课程。如果将世界文化或地域学课程包括在内，这个数字会更高。① 很明显，历史教学在美国社会科课程中占主导地位。

二　美国社会科历史教育要素递进

如何科学合理地安排社会科教育中历史教育要素的递进，是达成社会科教育既定目标的重要途径。在美国，自 1916 年历史学科成为"综合学科"社会科的一部分始，就引发了"分科设置"和"综合科设置"之间的争论，但争论是在学术界内进行的，大多数老师发现其对他们的教学影响不是很大，故而在相当长的一个历史时段内，"综合科设置"即社会科占据了优势地位。但 20 世纪 90 年代，针对社会科中历史地位的不断下降，以及由此学生在学校中不能学到现代社会所必需的文化基础知识、公民整体文化水平下降的问题，"分科设置"的言论又占据了上风，美国教育部提议建立一个机构以便为美国学校讲授的诸多科目创建一些全国性的标准，历史便是国会批准设立国家课程标准诸多学科中的一门，由此出现了美国历史上第一部《全美历史课程标准》（1994 年版由于相关原因未获通过，1996 年修正版获得通过）。受历史领域产生全国版课程标准的刺激，全美社会科教育协会觉

---

① 琼·R．蔡平：《中学社会科学课程实用指南》，第 14 页。

得社会科也有必要创建全国版课程标准，一方面使国会意识到社会科本身就是一门独立的学科，另一方面可以积极有效地指导全国的社会科教学，全美社会科教育协会便在历史、地理、公民/政府、经济等领域的课程标准的基础上，编撰了《全美社会科课程标准》。① 值得注意的是，美国出现上述分科的全国版课程标准，并不意味学校会相应设置专门的学科。上述课程标准包含了从幼儿班到 12 年级的学习内容和要求，而小学阶段并没有独立开设的历史、地理、公民/政府、经济等学科，而是在综合社会科中实施历史教育、地理教育、公民教育和经济教育，所以实际上这些领域的课程标准都被社会科课程标准吸收，成为社会科的课程设计者和教师参考的指南。

（一）《全美社会科课程标准》中历史教育要素的递进

全美社会科教育协会在《全美社会科课程标准》中提出构建社会科课程的十大主题轴，并在此之前提出了社会科的课程范围和顺序规划（见表 2）

表 2　社会科课程十大主题轴、课程范围和顺序规划

分类	内容
十大主题轴	文化 时间、连贯性与变迁 人、地点与环境 个体发展与认同 个体、群体与机构 权力、权威与控制 生产、分配与消费 科学、技术与社会 全球性联系 公民意识与实践
范围和顺序规划	幼儿班——社会背景中的自我意识 1 年级——小学社会群体中的个人：理解学校和家庭生活 2 年级——满足近邻的社会群体——街坊——的基本需求 3 年级——与他人分享的地球和空间：社区 4 年级——多姿多彩环境下的人类生活：宗教

① National Council for the Social Studies, *Expectations of Excellence*: *Curriculum Standards for Social Studies*, NCSS Bulletin, 1994, pp. ⅷ - ⅸ.

分类	内容
范围和顺序规划	5 年级——南北美洲人民：美国和邻国 6 年级——人类和各种文化：东半球 7 年级——一个拥有许多国家处于不断变化中的世界：全球观 8 年级——建造一个强大、自由的国家：美国 9 年级——构建民主社会的各系统：法律、正义和经济 10 年级——主要文化的起源：世界历史 11 年级——美国的成长：美国历史 12 年级——一门或多门一年课程，从下列内容中选取：现代社会的大事和问题；社会科学的入门；人类社会的人文学科；国际地域研究；有人指导下的社区事务经验

资料来源：National Council for the Social Studies, *Expectations of Excellence: Curriculum Standards for Social Studies*, NCSS Bulletin, pp. 15, 33 - 45；〔美〕沃尔特·C. 帕克：《美国小学社会与公民教育》，第 9 页。

这里所列的主题轴是为了指导每个年级（从幼儿班到 12 年级）的社会科教学而提出的，也就是说，每个年级社会科的教学内容都可以根据这十个主题来安排，可以从中选择几个，也可以全部涉及。社会科课程范围和顺序则主要是指每个阶段的社会科教学中所涉及的重点内容以及各内容的安排顺序。将两者有机整合之后，可以形成一个比较完整的中小学一体化社会科内容体系。这些主题轴贯穿小学低年级至高中的全部年级，随着学生的年龄增长，其目标和内容逐渐加深，结合各年级的重点学习内容，在每个年级细化为相应的知识和学习活动，从而构成具体的学习课题。[①]

在《全美社会科课程标准》中划定的十大主题轴中，第二条主题轴"时间、连贯性与变迁"就是从历史学的角度来阐发的：个体需要理解事件在时间上发生的先后顺序，也要懂得人的存在虽然有连续性，但变化是不可避免的。我们周围的世界在不停地变化，我们本身也在变化，学会如何理解和面对变化是我们要应对的最大的挑战之一。按照"时间、连贯性与变迁"这一主题轴，均可以就每一个年级的重点内容整理出其在时间上的连贯性和渐变性，最后掌握一个复杂的时间概念，这是历史学科在十大主题轴中最直接的反映。当然其他的主题轴也包含着历史要素，比如第一条主题轴"文化"，我们时常要面对新的环境和观念，

① 沈晓敏：《在社会中成长——社会主题的研究性学习》，广东教育出版社，2006，第 13 页。

故而文化也是动态的、变化的。① 在十大主题轴中或多或少地涉及历史学科的知识，因为组成人类过往社会的一切都是历史。

再从课程范围和顺序来看，美国社会科中 K～4 年级中的内容主要是综合科，而 5～12 年级中的内容则是比较专门、系统的分科学习。在内容安排上采取"逐步扩展视野"（expanding horizon）的结构，即"由近及远""由具体而抽象"的编排原则：学生先接触和关注的是自己的生活环境，习得具体形象、感性的知识，之后随着年龄和学识的增长，逐渐关注地域较远、时间较久的主题，对抽象、理性的知识进行学习。美国很多社会科教材大体采用此种编写模式，如"美国 HM 社会科中 K～8 年级历史教育内容安排"② 就是其中比较典型的一例。

（二）《全美历史课程标准》中历史教育要素的递进

如前文所述《全美社会科课程标准》是在参考《全美历史课程标准》等课程标准的基础上制定而成的，历史课程标准对历史学习内容范围和顺序的设计在一定程度上也影响了《全美社会科课程标准》中历史学习内容的设计。《全美历史课程标准》根据学生认知水平的差异将学生所要接受的历史学习内容划分成前后两个阶段，即 K～4 年级学生历史学习内容标准（见表 3）和 5～12 年级学生历史学习内容标准（见表 4）③。

表 3　K～4 年级学生历史学习内容标准

主题 1:现在和历史上各种家庭和各类社区中人们的生活和工作	标准 1:现代和近代人们的家庭生活;很久以前不同地区人们的家庭生活 标准 2:学生所在社区的历史以及北美地区各类社区的历史变化
主题 2:学生所在州或地区的历史	标准 3:对本州历史做出创造性贡献的人物、事件、难题和观念

---

① Tom V. Savage, David G. Armstrong:《小学社会课的有效教学》，廖珊、罗静等译，中国轻工业出版社，2003，第 11 页。

② 赵亚夫主编《国外历史课程标准评价》，人民教育出版社，2005，第 26 页。

③ 5～12 年级学生历史学习内容标准涉及美国历史学习内容标准和世界历史学习内容标准。本文主要探讨的是美国历史学习内容标准。

续表

主题3:美国的历史,包括民主制度和价值观,以及那种来自多种文化的,对美国文化传统、经济遗产和政治遗产做出过贡献的人物	标准4:从人物、事件和各种象征所反映出来的民主价值观的形成过程 标注5:现在和以前大规模移居美国的人们和美国内部人们多种运动的起源和本质 标准6:对我国文化遗产做出贡献的地域性民间传说和各自的文化贡献
主题4:世界各地多种文化中人们的历史	标准7:非洲、美洲、亚洲各种社会特征和历史发展 标准8:主要的科学和技术发明,它们对社会和经济的影响,以及发明它们的科学家和发明家

资料来源:*Houghton Mifflin Social Studies*, Houghton Mifflin School, 1997,转引自沈晓敏《在社会中成长:社会主题的研究性学习》,广东教育出版社,2006,第16~17页。

表4　5~12年级学生历史学习内容标准

时代	要点
时代1	三个世界交会(从人类起源到1620年)
时代2	殖民地和殖民地化(1585~1763年)
时代3	革命和新国家(1754年至19世纪20年代)
时代4	扩张和改革(1801~1861年)
时代5	内战与战后重建(1850~1877年)
时代6	美国工业化的发展(1870~1900年)
时代7	现代美国的出现(1890~1930年)
时代8	大萧条与二战(1929~1945年)
时代9	战后美国(1945年至20世纪70年代)
时代10	当代美国(1968年至今)

资料来源:赵亚夫主编《国外历史课程标准评价》,第26页。

　　如表3、表4所示,《国家历史课程标准》将历史学习分成两个阶段,即K~4年级和5~12年级。第一阶段中历史教育内容呈现的顺序是"由近及远",也就是说,K~4年级的学生所接触的历史是发生在其周边的,而且学习这些历史的起点是和他的记忆紧密相连的,基于学生的自身记忆、生活经验,以学生自我为圆心,历史呈同心圆扩大。这样的训练对于培养学生的历史观念,抑或是低层次的历史思维是比较有利的,可以为下一阶段的学习奠定良好的基础。这一过程在《全美社会科课程标准》中也有体现。

第二阶段，也就是 5～12 年级的历史教育内容要素的呈现顺序则是"从古至今"。通过前一阶段的学习，学生对历史已经有了具体客观的初步的了解，有了一定的基础，方便了该阶段相对抽象的历史内容的学习。从第一阶段发展到第二阶段，历史教育不断呈螺旋状上升，而不是对历史知识进行简单的重复，使学生通过不断深化的历史教育，掌握相当的知识，在这个过程中建立正确的观念并找到解决问题的方法。

三　美国社会科历史教育要素递进安排对我们的启示

历史作为美国社会科最为重要的领域之一，贯穿整个中小学的课程，只是在课程设置形式上，小学阶段采取了综合形式，中学逐步系统化、分科化。与中国的安排方式相比，美国历史教育内容安排方式有多处值得借鉴。

（一）重视历史教育并形成中小学一体化的历史学习体系

美国社会科历史教育中小学一体化设计，即历史内容前后相续，并呈螺旋状上升的连续性，及其背后教育目标的渐进性。美国社会科在历史内容安排过程中，遵循"由近及远""由具体到抽象""从古到今"等原则，以学生已有的生活经验为基础，并以学生自身所处空间、时间的交点为圆心，历史教育内容要素呈同心圆不断扩散。从幼儿班开始，就对学生进行历史教育，并对中小学社会科中的历史教育进行了大量的理论研究，这为学生的历史理解能力和历史思维能力的发展创造了极为有利的条件。在中国，目前对小学阶段如何进行历史教育的研究较少，历史教学研究仅限于中学阶段。虽然在品德与社会课程中加入了历史方面的学习，但是由于没有理论研究的支撑，所选内容常常缺乏科学性。在我国历史教育内容安排方面，双循环制占了很大的比重，① 学生缺少早期历史学习的铺垫，这对于学生历史思维的形成是存在一定障碍的。

---

① 关于清季以来中国历史学科课时设置情况可以参见杨彪《基础教育历史课程发展的现状与趋势》，载钟启泉、张华主编《世界课程改革趋势研究》，北京师范大学出版社，2001，第866～870 页。在文中，杨老师对清季以来中国历史学科课时设置情况做了比较全面的回顾。

（二）重视历史思维能力和历史研究方法的早期培养

美国小学阶段的历史教学让学生认识到历史并非只是国家历史和世界历史，人类过往发生的一切均可成为历史，小学阶段就很注重历史思维、历史研究能力等方面的指导。历史教学不是简单地教学生过去发生了什么事情，而是帮助学生通过推理来断定过去发生了什么，注重历史思维能力和历史研究方法的培养。与之对比，在小学历史教学内容的选择上，我国历史教学仅限于讲授一些历史上的英雄人物或具有高尚品质的人物的故事，历史思维和历史研究方法基本不受重视，与现实生活的距离相对较远，历史教育的目的缺少对学生"个体意识"完善的关注，主要关注历史对培养学生爱国情感和道德品质的作用，只要求学生对历史进行简单的识记，未关注历史思维和历史方法方面的早期教育。

总体而言，美国社会科中的历史教学是建立在对学生认知水平充分了解的基础之上，通过学习内容的一体化建设，不仅关注学生人文素养的增长，也关注学生以历史理解为核心的历史思维能力的发展，注重学生"个人意识"和"公民性"的双轨发展。这对我国的历史课程改革，尤其是解决综合社会课程中的历史内容的编排和中小学历史教学内容的衔接等问题，具有很大的参考价值。

（原载《全球教育展望》2008 年第 7 期）

评 2014 年版英国中学历史课程标准

陆旻红

一 2014 年版英国中学历史课程标准出台的背景

(一) 第二次世界大战之后的英国历史课程改革

第二次世界大战后，英国地位的衰弱、教育理念的改变（"学习如何去学"）与平等主义教育思潮的兴起，都使固守传统教学方式的历史学科面临前所未有的威胁。1966 年，在"学校委员会"的一项调查中，历史被认为是一门"无趣且无用"的学科，并且没有什么实际作用。1968 年，玛丽·普林斯（Mary Prince）的文章《危机中的历史》（"History in Danger"），更是指出了历史被从学校课程中淡化的可能性。面对历史学科的这种困境，英国"学校委员会"在 1972 年开始了一项影响英国历史教学长达数十年的研究计划——"学校委员会历史学科计划"（Schools Council History 13 – 16 project，以下简称 SCHP13 – 16）。SCHP13 – 16 的核心理念是"将历史作为一门知识类型来学习，也就是习得这一门知识的结构，认识知识内在的概念和技能"。① 这一项目的最大贡献在于，在历史教学内容方面，它增强了历史与现实生活的联系，大家开始意识到学习者需要为了自己的利益而接触世

---

① 余伟民：《历史教育展望》，华东师范大学出版社，2001，第 164 页。

界历史，而不仅仅是因为它与英国历史的关系；在历史教学的本质方面，学习历史的能力开始被重视，并与历史知识一起成为历史教学的核心，探究式教学开始取代填鸭式教学成为主要的历史教学方式，有力地反驳了有关历史"无趣且无用"的言论。

SCHP13－16 计划虽然成功地将历史学科从危机中解救了出来，但对于教育标准下降的忧虑仍然引发了对教学进行更严格的政府控制的呼吁。1979年，玛格丽特·撒切尔率领的保守党上台，决定由国家制定课程标准，以阻止"腐烂的国家衰落"，并希望再次将英国变成一个伟大的国家，因此，历史课程再一次被寄予重望。1988 年英国《教育改革法案》的通过，在确立英语、数学、科学三门核心科目和包括历史在内的七门基础科目的同时，将国家历史课程的编写正式提上日程。

1991 年，第一部国家历史课程正式颁布。它的出台是负责课程编写的历史工作组（History Working Group）与保守党相互妥协的产物。在时任教育部长贝克对历史教学的时序性表示肯定但对历史技能表示怀疑的压力下，历史工作组在最终草案中最大范围地包括了时序性重点，并提高了英国历史与世界历史的比例，但坚决拒绝了让特定内容成为历史评估的主要目标，代之以历史理解与技能。然而在贝克的继任者克拉克的坚持下，这部课程标准中的英国史还是占据了绝对中心的地位。

1995 年版的课程标准是对 1991 年版的修正，主要是将关键阶段 4 的历史科目从必修改为选修。为了满足新时代对人才的需求，1999 年的课程标准在"追求卓越"的目标指引下，在课标结构上增加了对于理论基础的阐释，使结构更趋严密与完整，而在内容上则通过世界史分量的增加反映出日益多样化的英国移民的影响和时任政府对"少数民族和弱势群体"的关注。

2007 年，鉴于英国国家课程委员会及学校考试与评价委员会调查认为英格兰 11 岁以上学生的学业成绩多年来停滞不前，[①] 国家课程标准再次被修改。这次的历史课标修改，在历史知识方面除了继续关注不列颠群岛及来自不列颠群岛的移民的历史影响，还注意到了欧洲和国际机构的冲突解决作

---

① 李稚勇：《历史教育学新论——国际视野中的我国历史教育改革》，人民教育出版社，2010，第 73 页。

用，并将"文化、种族和宗教多样性"纳入课程开发；在历史技能方面，着重加强了学生对于史料的运用能力，鼓励学生"像历史学家一样思考"，以促使历史真正成为一门"知识类型"。

（二）2014 年版英国中学历史课程的出台

1988 年以来，国家历史课程标准虽然经过不断的改革，试图满足不同时期社会的需求与民众的呼吁，但就事实而言，英国课程改革的成果并不尽如人意。正如时任英国教育部长戈夫在宣布对现行国家课程展开调查评述的讲话中所指出的，根据 2010 年度 PISA 发布的全球排行榜数据，在过去的十年中，英国的排名直线下降，科学素养从第 4 位下降到第 16 位，阅读能力从第 7 位下降到第 25 位，数学能力更是从第 8 位跌落至第 28 位。与此同时，贫富差距导致的教育机会不均问题也越发严重。[①] 事实上，为解决英国教育质量下降的问题，早在 2009 年和 2010 年，英国教育部就接连发布《你的孩子，你的学校，我们的未来：建立 21 世纪的学校制度》《教学的重要性：学校 2010》两部教育白皮书，主张让教师在教学中拥有更多的自由，"在英格兰，最需要的是将我们的教师从约束和提高自己的专业水平和权威中解放出来的决定性的行动，……是让我们的学校从外部的控制中解脱出来，充分有效地为它们所造成的结果负责。……政府应该支持教师的努力，帮助他们互相学习，从被证明了的最佳实践中学习，而不是不停地让他们遵循政府的意思"[②]，并且减少国家对课程的强制性指令，"重新审视目前的国家课程，目的是减少指令，允许学校自行决定教学的方式，并且重新关注每一个孩子在每一个阶段所应该获得的核心科目知识"。[③] 促使英国政府做出这一决定的是全球环境的变化。其同期发布的《教学的重要性：改变的例子》中的数据显示，在过去 30 年中，制造业的岗位减少了一半还多，与基于经验的工作相比，基于专业、科学和技术的工作岗位从 1978 年以来增长了 3 倍。因此，"当今天的年轻人

---

① Department for Education, *Michael Gove to Twyford Church of England High School*, 2011.

② Department for Education, *The Importance of Teaching*: *The Schools White Paper 2010*, 2010, p. 8.

③ Department for Education, *The Importance of Teaching*: *The Schools White Paper 2010*, 2010, p. 11.

成年的时候，对于我们经济未来技能需求的预测表明，对那些低技能或是没有技能的人来说，就业机会将会非常少"[1]，并且"随着变化的加快，更广泛的技能和素质——比如思考、学习、团队合作、创造力和适应力——变得更加重要"。[2]

2011 年 1 月 20 日，英国教育部长戈夫下令对现行国家课程展开调查评述。同年 12 月，教育部公布了《国家课程框架：一份来自专家团队的报告》，强调国家课程不是教学内容的全部，国家课程应以基础教育过程中的意识为框架，避免对课程细节的过度关注。除此之外，学科知识对个人发展的作用也应该被特别关注。报告明确提出了要精简学校的法定课程的要求。英国教育部对此做出了积极回应。但在 2013 年 2 月英国教育部发布的《英国国家课程：协商文件》中，在追求"严谨"的目标的指引下，这部新国家历史课程草案几乎完全以英国史为重点，并且在成就目标方面更偏向于以传统的历史知识为评价标准，而不是长期以来课改的核心要素——历史技能。如此的课改草案理所当然地引起了民众及相关专业人士的激烈反对。在这种情况下，2013 年 7～8 月，英国教育部就社会对课改草案的意见做出了回应，并再次就修改过的草案公开发起为期 1 个月的意见征询。新的草案将48 项法定内容更改为可选择的案例，允许老师自由发挥，增加了世界史比重，尽管还有些人对部分内容存有质疑，比如社会史部分的缺失，但大多数人对这份修改过的草案表示欢迎。

2014 年 12 月，在《英国国家课程：关键阶段 1 和 2 框架文件》颁布一年多之后，《英国国家课程：关键阶段 3 和 4 框架文件》颁布，英国中学历史课程标准正式出台。

二　2014 年版英国中学历史课程的特点

2014 年版英国中学历史课程标准包含三个部分：学习目的、目标及

---

[1]　Department for Children, Schools, Families, *Your Child, Your Schools, Our Future: Building a 21st Century Schools System*, Jun. , 2009, p. 5.

[2]　Department for Children, Schools, Families, *Your Child, Your Schools, Our Future: Building a 21st Century Schools System*, Jun. , 2009, p. 14.

成就目标。其中成就目标又根据英国义务教育学制①分为三个递进式的关键阶段,关键阶段 3 是中学历史课程标准。2014 年版课标在结构设计与目的、学科内容以及成就目标方面较以往几个版本有较大幅度的改变。

(一) 结构设计与目的

与之前四版课标相比,2014 年版的课标结构大幅简化。之前几版课标基本都有的课程目的、历史的重要性被学习目的、目标取代,2007 年版课标中的关键要素、关键过程(即 1999 年版中的知识、技能与理解)被成就目标取代,长期以来被视为英国课标改革重要组成部分的课程评估体系完全消失,针对教师的教学基本要求也被删减至仅具指导性作用。简化后的课标更为凸显了此次改革的目的,减少政府的强制性指令,增加教师授课的自由度,让课标更加清晰明了。

尽管如此,精简后的课标仍然体现出了对之前一系列课标的继承与发展。"学习如何学习"是英国课改数十年以来一直坚持并发展着的理念,让学生的历史"知识与能力"并重也始终是英国历史课标改革的核心。在2014 年版历史课标"学习目的"的表述中,"高质量的历史教育能够帮助学生对英国乃至更广阔世界的过去有更清晰的理解和认识,促使学生对历史学习产生兴趣",阐释的是学习历史知识的原因;"历史教育应该培养学生洞察问题的能力,促进批判性思维的发展,对论据进行权衡,对论点进行详查,增强学生感知和判断的能力"则强调历史技能的重要性;而"学习历史有助于学生理解人类活动的复杂性,发展变化的过程,不同社会和不同群体间的关系的多样性,同一群体间的一致性以及每个时代所面临的挑战"②的表述则进一步体现了历史这门学科的实用性。"知识、技能与理解"的思想,始终贯穿英国历史课标的制定过程。

---

① 英国的义务教育阶段从 5 岁开始,一直持续到 16 岁。5 岁前为学前教育;5~7 岁进入幼儿学校接受教育,即 Key stage 1;7~11 岁进入初级学校接受教育,即 Key stage 2;11~18 岁进入中级学校接受教育,其中 11~14 岁即 Key stage 3,14~16 岁为 Key stage 4;16~18 岁为 A-Level school 阶段。其中历史学科只在 Key stage1~3 阶段为必修,拥有课程标准。

② Department for Education, *The National Curriculum in England: Key Stage 3 and 4 Framework Document*, Dec., 2014.

（二）学科内容

1. 回归编年式叙述

长久以来，英国的历史课程大都采取"编年式"的叙述方式，即以王朝兴替与时代更替为纲叙述历史，这种叙述方式的好处在于方便学生的时序性记忆与理解，但问题在于"编年式"以政治为纲的叙事组织方式决定了其对政治、军事史的偏重，而失之于对经济、文化、社会史着墨不多，除此之外，编年史庞大的体量也绝非中学历史课堂所能容纳，由此引发的一系列问题一直困扰着历史课程改革。因此，2007 年的历史课程改革做出了颠覆性的尝试，抛弃"编年式"，采用"主题式"编排方式，在关键阶段 3 中，将中世纪之后的历史划分为不同主题的单元。例如，中世纪到 20 世纪政治权利的发展，英格兰、爱尔兰、苏格兰和威尔士人民不同的历史和关系的变化，历史上的运动和不同人的迁徙的影响，等等。但经过几年的实践，主题史叙述所导致的历史知识的零碎化、不连贯问题日益突出。考虑到"学生还需透过历史获得认知人类过去的概观，一个可以观照过去的心智骨架，学生得借此串联各部分史事，并在综观中体会历史的变迁"，[1] 2014 年版的历史课标再次回归 1995 年版、1999 年版的"编年式"叙述方式，并在此基础上针对 2007 年版主题式叙述模糊的问题，在时间节点上更为具体。例如，1999 年版的第二单元是"1500～1750 年的英国（王权、议会和影响政治、宗教变革的人物）"[2]，在 2014 年版中则更确切地表述为"1509～1745 年英国教会、国家和社会的发展"。[3]

2. 继承 2007 年版课标对英国地区史的研究，并将主题史纳入"编年式"大纲，增加教学内容的丰富性，弥补"编年式"的不足

2007 年版课标的一大挑战性尝试就是将地区史作为单独一个单元纳入教学，其初衷是希望通过让学生从自己最熟悉的生活入手，一方面增进学生对自己所在地区历史以及不同地区之间相互联系的有关认识，另一方面让学生在研究过程中更好地提升历史探究的能力，如事件的因果分析、证据的寻

---

① 林慈淑：《"编年"或"主题"？——英国历史课纲的争论》，《历史教学》2011 年第 19 期。
② Department for Education and Employment, *The National Curriculum for England：History*, 1999.
③ Department for Education, *The National Curriculum in England：Key Stage 3 and 4 Framework Document*, Dec., 2014.

找与考证等。2014 年版课标在将整体结构调整为"编年式"的同时，保留了地区史与主题史的模块，在培养学生的历史思维方式与能力的同时，帮助学生形成历史的"宏观图像"意识。正如教育学家施密特和李彼得所主张的，以长时段、涵盖范围更广的新形态"编年史"为课纲架构，辅以培养学生思考的"主题取向"课程，有如"骨架"和"血肉"，是发展"宏观图像"的历史意识所不可或缺的门径。[①] 新课标中的地区史、主题史单元分布，不仅纵向贯通 2、3 两个关键阶段，而且都与所属阶段历史知识密切联系，互为补充。例如，关键阶段 3 中的主题史研究要求"对英国历史的一个方面或一个主题进行研究以巩固和拓展学生 1066 年前后阶段的按时间顺序排列的知识体系"，就不仅与所属阶段主要讲述的 1066 年以后的历史相互补充，还与关键阶段 2 中的主题史研究"对英国历史的一个方面或一个主题进行研究以将学生按时间顺序排列的知识体系拓展至 1066 年以后"前后联系，有利于学生思维的开拓与历史图像构建的完善。

3. 坚持以英国史为核心，增加英国史比重，强调英国与世界的联系

2014 年版课标在中学（关键阶段 3）阶段共设七个单元，前三个单元继承了 20 世纪 90 年代两版课标的编写理念，分述了 1066～1509 年、1509～1745 年、1745～1901 年三个阶段的英国历史。但与前两版三个英国史单元加三个世界史、欧洲史单元的设计不同，2014 年版课标增加了地区史与主题史两个单元，而将世界史、欧洲史单元压缩至两个。因为地区史与主题史的内容实质上也是英国历史，所以实际上在新版课标中，英国史的比重是有所增加的。除此之外，在仅剩的两个世界史、欧洲史单元中，其中一个单元名为"1901 年至今英国、欧洲和世界面临的挑战"，仍然有涉及英国史的部分。在课标给出的八个教学建议中，至少有三个直接提到了英国（第二次世界大战和战时领导人温斯顿·丘吉尔，战后英国社会的社会、文化和科技变化，1945 年以来英国的国际地位），另有两个实质上也与英国有密切直接的联系（福利国家的创建、印度独立和帝国的终结）。这一编排除了包含英国政府增进学生对英国的认识和认同的目的之外，也带有编写者希望学生认识到英国与世界的联系的目的，正如课标"目的"部分所说，学

---

① 林慈淑：《"编年"或"主题"？——英国历史课纲的争论》，《历史教学》2011 年第 19 期。

生需要理解人类生活是如何塑造这个国家的，英国又是如何影响世界以及被世界影响的。

（三）成就目标

1. 取消课标的课程评估体系

课程评估体系一直是 20 世纪 90 年代以来英国历史课程改革的一个重要组成部分。它由九个等级组成，包括八个水平级别和一个超水平，分别对应不同的关键阶段。但 2011 年颁布的《国家课程框架：一份来自专家团队的报告》指出，"我们强调那些'要被教导和学习'的内容与对它们的评估之间清晰、直接的关系，不精确的成就目标和抽象的、描述性的水平等级降低了这种关系的清晰度。因此，我们认为目前建立的成就目标和水平评估体系不应该被保留"。[1] 专家小组对这种评估方式会影响整个课标的使用效果的担心促使 2014 年版课标彻底废除了这种方式。新课标决定不设置任何评估体系，而将对学生学习情况的评估交由对他们更为了解的学校进行。编写者认为这样做"对那些落后的学生或者说那些被认为落后的学生"更有益处。[2]

2. 重视能力培养，精简成就目标，使能力要求更为明确且具有连续性

能力培养仍然是 2014 年版课标的重要组成部分。2007 年版课标将能力培养分为关键要素、关键过程与成就目标三个部分，分别是历史学习的基本概念、历史学习的基本技能以及评定学生历史学习能力的依据。但关键要素与关键过程叙述的不精确和烦琐使 2014 年版课标将这三个部分合并为成就目标，通过与具体阶段相结合的方式直接展现对学生的具体要求。例如，关键阶段 3 的成就目标是"学生应该拓展和强化他们按照时间顺序排列的知识体系和对于英国、地区和世界历史的理解，因此这一阶段为学生们更广泛地学习提供了良好的环境，以使他们能够识别重大事件、建立联系、形成对比，并能在一个阶段内或一个长时间段内分析趋势。他们要能够以日渐复杂的方式使用历史术语与概念。他们要追求使用有历史依据的包括他们自己构

---

[1] Department for Education, *The Framework of the National Curriculum*: *A Report by the Expert Panel for the National Curriculum View*, Dec., 2011, p. 9.

[2] Department for Education, *The Framework of the National Curriculum*: *A Report by the Expert Panel for the National Curriculum View*, Dec., 2011, p. 9.

建的问询方式，并给出相关的、结构化的、有证据支持的解释以做回应。他们应该理解不同种类的史料是如何被严格使用以提出历史主张的，并领悟到差异巨大的论点与解释是如何以及因何被构建出来的"。① 就其蕴含的能力要求而言，仍然与传统的五项能力（编年式理解，关于历史事件、人物及变化的知识和理解，历史探究，历史解释及组织与交流）无异，但在语言表述上由于结合了具体阶段的内容而增强了可操作性，并与关键阶段 1 和 2 的成就目标形成了完美呼应。

3. 加强口语表达能力的培养

2011 年颁布的《国家课程框架：一份来自专家团队的报告》特别提到了口语的重要性，并希望将口语陈述及其发展纳入所有核心和基础学科的学习计划。因此，尽管此前几版课标也一直强调历史学习的"组织与交流"能力，但 2014 年版课标无疑更为强调口语的运用，在关键阶段 2 的成就目标中，更是首次提出了"定期演讲"的要求。将学生对历史知识的组织能力以口语的形式加以展现，既是对学生历史理解的考验，也是对其口语能力的要求。

三　2014 年版英国中学历史课程的教育理念

（一）国家统一课程下的自由教学

尽管英国一直被视为欧洲的一个重要组成部分，其教育思想看似与欧洲大部分国家的教育思想同源，但与此同时，英国一直在极力保持着自身特色。在 19 世纪的主要国家中，英国是最后一个建立全国性教育体系的，在大部分时间里，其主流教育传统仍然是自愿捐助制，即一种基于个人的自愿捐助并且拥有独立控制权的学校组织形式。② 国家力量迟迟无法介入教育领域，这一方面是因为英国教育领域强大的宗教势力和阶级势力的反对，另一方面则是出于自由主义国家对中央集权的政治上的抵触。直到 1944 年教育

---

① Department for Education, *The National Curriculum in England: Key Stage 3 and 4 Framework Document*, Dec., 2014.

② 安迪·格林:《教育与国家形成: 英、法、美教育体系起源之比较》, 王春华译, 教育科学出版社, 2004, 第 224 页。

法颁布，英国公立中等教育制度才真正建立起来。但由于此法在课程方面未做规定，中学课程名义上由地方教育当局和学校董事会负责，但实际上是由实际教学的老师决定的。这种自由而散漫的教学方式遂成为 20 世纪 70 年代之后课程改革运动的重点。

1988 年英国国家课程的通过标志着国家开始接手课程的制定权，之后的历次课程改革也都以加强国家对教育的控制为目标，但在 2014 年版课标的制定过程中，教师的教学自由再一次被提出并受到重视。2013 年 7 月，英国教育部公布的意见征询草案之所以能在 2 月草案遭遇反对后重获民众的欢迎，很大程度上就是源于新草案对教师自由教学权力的肯定。修改过的新课标将原定的 48 项强制性指令改为教学建议，意味着国家将一定的课程制定权力重新交回教师手中。事实上，教师作为真正战斗在教育第一线的实践者，在对学生的了解以及课程的实际效果方面拥有无可置疑的权威性。由国家制定教育大纲，而由一线教师决定教学的具体内容及方式，既能增加课程内容的丰富性，方便教师因地制宜、因人而异地引导教学，也更有利于国家课程制定目标的达成。新课标更是取消了沿用多年的课程评价体系，将评估学生学习情况的权力充分赋予了学校与教师，以与更为自由的教学设计相适应，全面增加了教师的教学自由度。

（二）着重于现代史与地区史，增加历史教育与生活的相关性

有关历史"无趣亦无用"的看法曾使 20 世纪 60 年代的历史学科陷入危机。为了证明历史学科"有趣亦有用"，教育者们进行了大量的思考与尝试。伯斯顿和格林在 1962 年提出"历史学家和历史教师的问题是如何充分、有力地展示历史和现实的关系，以此赢得学生的兴趣"。[1] 事实上，在课标改革中，编写者们也是按照这样的理念进行设计的。为激发学生对历史的兴趣，新课标从身边入手，通过增加距离他们时间更短的现代史、地区史的学习，引导学生从生活中认识历史，进而产生对历史的兴味。这也符合20 世纪以来新史学的发展趋向，即从单纯的政治史、精英史中摆脱出来，重视社会下层民众的历史，开拓史学新领域。在年鉴学派"历史无界限"口号的推动下，城市史、家庭史、地区史等一系列新的史学领域被开辟出

---

[1]　海顿等：《欧美学科教学法译丛：历史教学法》，重庆大学出版社，2015，第 13 页。

来，被教育工作者们注意到并将其带入课堂教学，丰富了以编年史为纲的课程内容。2007 年版课标尽管因为太过零碎而遭非议，但其将英国地区史编入课标的尝试仍然是成功的。

　　20 世纪 60 年代以来英国平等主义教育思潮的兴起，使一向为精英阶级所推崇的历史学科陷入实用性的质疑声中。如何让培养人文素养的历史学科与现实联系得更紧密，并能为学生提供实际的利益呢？时值二战后，英国地位动摇、帝国荣光不再之际，那些原本只是英国殖民地，或被英国打败时才会出现在课本里的第三世界国家以及中国、日本等遥远国家地位的上升为历史教育者们提供了一个崭新的思路，学生需要认识其他国家的过去才能更好地认识自己的国家。① 当时间跨入 21 世纪，全球化的浪潮汹涌袭来，世界变得越来越小，单纯认识英国或者欧洲已不能满足当代年轻人的需求的时候，认识世界就变成了一项无比实用的能力。只有当学生们意识到世界史不是历史课上被迫记诵的内容，而是来源于他们自己的切身需要时，历史才真正成为一门基础学科。但是，只是单纯地了解世界史知识并没有意义，能够运用这些知识分析当前世界局势，理解英国与世界的联系才是教授世界史的目的所在。正如 2014 年版课标的"目标"所言，学生们不仅需要了解自己国家的历史，更要知道"英国又是如何影响世界以及被世界影响的"，② 这会是他们未来就业时的重要的知识背景。

（三）深入发展"探究式"学习，注重历史学习能力的培养

　　1972 年的"SCHP13 – 16"计划将历史设计成一门"以探究为基础"的知识类型课，并为其规划了证据使用、提问与回答等课程内容和"发展史""主题探究""现代世界史或地方史"等课程单元。这一设计深深影响了英国的课程改革。尽管在 2014 年版课标的修订过程中，教育部长戈夫曾经为历史教育"知识与能力"的"知识"面辩护，质疑"能力"学习的结果，但大量反对的声音使其无法将此转化为行动。2014 年版课标虽然减少了以往课标对能力目标的阐释，并删除了课程评价体系，但这并不代表新课标抛

---

① 余伟民：《历史教育展望》，第 164 页。
② Department for Education, *The National Curriculum in England: Key Stage 3 and 4 Framework Document*, Dec., 2014.

弃了能力体系。事实上，在保留下来的课标内容中，有完整的一段"成就目标"用来阐述课标对能力的要求，而对于知识的强制规定却只剩下七个单元的标题。新课标在"学习目的"中写道"历史教育应该培养学生洞察问题的能力，促进批判性思维的发展，对论据进行权衡，对论点进行详查，增强学生感知和判断的能力"①，而要践行这种教育理念，则需要在教学中引导学生"像历史学家一样"寻找史料、分析史料，从史料中提出问题，再从史料中寻找问题的答案，并能够对不同的历史解释做出批判性的理解，掌握真正"探究式"学习的方法。但编年史大纲之下，对所有历史都进行"探究式"学习并不现实，因此新课标在以往课标的经验基础上，在每个阶段中都安排了专门的一个地区史和一个主题史单元进行"探究式"学习，在弥补编年史缺陷的基础上，深入培养学生历史学习的能力，帮助学生构建整体性的历史意识。

四 英国中学历史课程改革的经验

英国中学历史课程改革近半个世纪以来的历史，基本就是一个不断尝试、不断试错的过程。在这个过程中，有时常在变的部分，也有恒久不变的东西。

从2014年版课标看来，变化的部分有二。一是教学设计的变化。英国中学历史课标改革就是一个不断尝试新的教学设计，然后取其精华、去其糟粕的过程。SCHP13-16计划在制订的过程中包容了大部分教学设计类型，此后的历版课标基本就是在不断试验它们。2014年版课标在2007年版的基础上，摒弃了其以主题史为纲的做法，重拾编年史。这是在前两次改革所得的经验基础上做出的新的尝试。既解决了主题史所导致的历史知识零碎化问题，也吸取了主题史的优点，在以编年史为纲的基础上结合主题史和地区史，可以缓解编年史带来的冗余问题，从而兼顾教学的广度与深度。二是课程决定权的移转。1988年英国教育改革，意味着课程制定权开始从学校和教师手中转移到国家，这是国家力量在教育领域的胜利。此后几十年，课改

① Department for Education, *The National Curriculum in England: Key Stage 3 and 4 Framework Document*, Dec., 2014.

也都坚持这一原则。但在 2014 年版课标中，由国家制定大纲方向，而由教师决定具体的教学内容，我们看到了权力从国家流转回一线教师的倾向。作为对学生了解最多的群体，教师权力的增强将有助于更为丰富的课堂教学方式的实现和更为适合学生的课堂教学内容的呈现，也更符合英国当下让每个孩子都受到最适合的教育的理念。

　　不变的是，2014 年版课标继承了课程改革长期以来对于能力培养的重视。尽管删除了课程评价体系，但新课标在学习目的、目标以及成就目标多处强调了对能力的要求，并在课程编排上，通过增加地区史、主题史单元，更进一步地帮助学生提升学习能力，锻炼批判性思维，提高口语表达能力，充分体现了英国历史课程改革以能力目标为主线的原则基础和"学习如何去学"的课标改革精神。

南非"结果本位教育"系列高中历史课程标准评介

周向东

南非在历史上长期遭受欧洲殖民，种族成分复杂、社会发展内部失调使其历经数百年的黑暗统治，1994 年南非废除种族隔离制度后迎来其历史发展新的春天。由此，后种族隔离时期①（post-apartheid）的南非着手构建国家发展战略体系，教育战略承载着新南非经济发展、社会融合等期望。

废除种族隔离制度后，南非在基础教育领域引入结果本位教育（Outcomes-based Education，OBE）课程改革。结果本位教育作为课程改革的指导理念，课程设计、教学内容、学业评价、学业成就证书等都是围绕明确的学业结果组织实施。在结果本位主导下的高中历史课程表现出南非对历史教育的有益探索及其独具特色的历史学科课程观，为当今中学历史教育展现出课程与教学的新向度。

一　概念界定

"结果本位教育"源自英文"Outcomes-based Education"，既然本文以他

---

①　这一说法特指 1994 年南非共和国成立以后的历史时期。参见艾周昌、舒运国等《南非现代化研究》，华东师范大学出版社，2000；王琳璞、毛锡龙等《南非教育战略研究》，浙江教育出版社，2014。

国教育历程中的专有词语为探究视角，故对"结果本位教育"自身进行概念上的源流界定就尤为重要。

学术界对"Outcomes-based Education"的意译莫衷一是，本文取"结果本位教育"的译文。就笔者目前在国内所见文献研究而言，对"Outcomes-based Education"的翻译以"结果本位教育""以结果为本位""以结果为基础""成果本位教育""基于成果的教育"为多见。国内较早涉足南非教育研究领域的文献中多出现"成果本位教育"，[①] 然而单从英文"outcome"的词典解释来看，其表示"结果""后果""战果"，表现出"结果"是一种能够看得到的影响，[②] 这同汉语语境下的"结果"的词义似乎更为贴近。"结果"在汉语词典中与此处相关的释义为"在一定阶段，事物发展所达到的最后状态"，[③] 而"成果"倾向于表示"工作成事业的收获"。[④] 显然，二者在词义上的侧重点不同，"结果"强调过程对终了状态的影响，终了状态受所施加措施的过程的影响，而"成果"注重最终的成绩和成效，故近来所见对"Outcomes-based Education"的翻译中"成果"越来越少。另外，"结果本位教育"一词的出现多少有参照其他相关词语译介之嫌。相较于教育理念"Outcomes-based Education"，"Competency Based Education"更早进入国人视野，长时间以来其在我国学界被译为"能力本位教育"，故"结果本位教育"的说法逐渐在相关研究中成形[⑤]并被大多数人接受就不难理解了。以上同样是本文取"结果本位教育"释义的缘由所在。

"结果本位教育"理论由美国教育家威廉姆·斯巴迪（William Spady）博士于20世纪七八十年代提出，旨在关注教育活动中个体能力的提升。作为一种教育理论，它将教育系统的各个部分建立在目标（结果）的基础上，

---

① 参见李旭《南非新政府的课程改革及其启示》，《外国教育研究》2004年第6期，第49～52页。

② 参见 Della Thompson《牛津简明英语词典》，外语教学与研究出版社，2001，第968页；吕志士、袁锡兴主编《英语惯用法大辞典》，中国科学技术出版社，1994，第1370页。

③ 《现代汉语词典》第7版，商务印书馆，2017，第666页。

④ 《现代汉语词典》第7版，第165页。

⑤ 国内相关研究中较早出现"结果本位教育"的说法见于张军《南非以结果为本位的教育改革》，《比较教育研究》2008年第6期，第45～49页。近来相关研究大多表述为"结果本位教育"，此处不再一一列举。

在教育活动结束时，每个学生都应该达到目标。威廉姆·斯巴迪本人认为传统的教育教学强加给全体学生以同一种学习模式，以同一种学习模式应对普遍存在的学习者个人能力差异的教育活动，势必使教育成果大打折扣。而在结果本位教育理念下，通过高期望所预设普遍存在的学习结果、评估标准，学习者最终都能获得成功。简言之，这是一种将学生表现与学生应该知道，以及能够在教学活动结束时所要达成的结果提前预设并辅之以分类评估的方法。① 正如威廉姆·斯巴迪本人所说："结果本位教育是持续的、创造性的协调四个关键原则的运用系统，即清晰地关注学习者重要的学习结果、增加学生成功的机会、高期望鼓舞下的高水平表现、向前或者延迟实施你所希望学习者最终要达成的结果，而结果本位教育只不过是一种驱动方式。"②

结果本位教育在 20 世纪 90 年代得到了充分发展，并在世界范围内引发关注。在 20 世纪末期教育改革浪潮中，结果本位教育被美国、澳大利亚、马来西亚等国引入教育教学实践，而南非更是在 1997 年将其引入国家课程改革。数十年来，各国学者对结果本位教育的研究不断，评价褒贬不一，但作为一种有代表性的教育理论，其在世界教育发展历程中留下了浓墨重彩的一笔。

二　南非国家课程标准出台的背景与原则

南非民族团结政府成立以来，相继出台、启动了在结果本位教育理念指导下的《2005 课程：二十一世纪的终身教育》《R–9 年级国家课程标准》课程改革，2006 年以来作为国家课程的结果本位教育延伸至高中阶段（10～12 年级）③，课程标准阐明本次课程改革是建立在南非共和国成立后通过的《南非共和国宪法》（1996 年第 108 号法令）精神之上，以"人人有权接受

---

① William F. Cox Jr. et al. , "Outcome-Based Education: A Critique of the Theory, Philosophy, and Practice," *Journal of Research on Christian Education*, 1997 (6): 79–94.

② James A. Tucker, "The Ideology of Outcome-based Education An Interview with William Spady," *Journal of Research on Christian Education*, 1998 (7): 5–18.

③ 本文涉及的"高中"阶段（10～12 年级）在南非被称为"继续教育与培训阶段"（further education and training phase）。

进一步的教育，国家必须通过合理的措施逐步提供和获得这些教育"① 为出发点，通过国家课程的建设，"来弥合种族隔离制度带来的分裂，建立以民主价值、社会正义和人权至上为基础的社会体系；提高全体公民的生活质量，激发每个人的潜能；为民主、开放的南非奠定基础，政府立足于人民的意志，使每个公民都能受到法律的平等保护；建立一个能够在国际大社会中占据主权国家地位的统一和民主的南非"。② 这是结果本位课程改革在南非结束种族隔离制度后的诉求目标，同样反映出此次课程改革的社会背景和意义。

此次课标的制定基于多元化、全方位的原则。课标表明"社会转型、结果本位教育，高知识、高技能；整合和应用能力，持续进步，衔接与转换，人权，包容性，环境和社会正义，重视本土知识体系，信誉、质量、效益"③ 是课程遵循的原则导向。仔细分解课标所遵循的原则可以得出以下启示。

第一，对课程与教学理论的阐述。譬如"结果本位教育""持续进步""衔接与转换"，课标强调"结果本位教育是南非课程的基础，致力于通过设定在教育过程结束时达到的学习结果，激发所有学习者最大的学习潜力"。④ "持续进步"指设计课程在高低不同年级之间在知识深度及学后达成结果之间的梯度变化，本着循序渐进、由简到繁的思路编排课程。"衔接与转换"侧重 10～12 年级课程改革，一方面要基于学生在普通教育与培训阶段的学习成果，另一方面还要放眼高等教育阶段的质量要求，把不同阶段的教育系统贯穿起来，兼顾国家资格认证框架的要求，可以通过不同的学习途径顺利取得相应的国家学历层次证书。结果本位教育理论不仅是此次课程标准制定的原则，同样是此次南非课程改革最大的特征。

第二，课标所体现出的课改原则还凸显了南非对基础教育质量的目标要

---

① Department of Basic Education, Republic of South Africa, *National Curriculum Statement Grade 10 - 12 (General) History*, Sol Plaatje House, 2003, p. 1.

② Department of Basic Education, Republic of South Africa, *National Curriculum Statement Grade 10 - 12 (General) History*, p. 1.

③ Department of Basic Education, Republic of South Africa, *National Curriculum Statement Grade 10 - 12 (General) History*, p. 1.

④ Department of Basic Education, Republic of South Africa, *National Curriculum Statement Grade 10 - 12 (General) History*, p. 1.

求。例如，"高知识、高技能""信誉、质量、效益""整合和应用能力"，高水平的知识与技能糅合在不同年级与学科当中，是结果本位教育理念指导下的南非期望教育塑造高素质人才的高标准要求，为达成这样高标准的人才设计，课标认为教育所涉及的学科领域应是相通的，在各个学科领域的融通培养下，力求学习者整合对于基础知识能力、实践能力以及反思能力的构建。

　　第三，课标制定的原则同样渗透着浓厚的国家意志。课标原则首先指向"社会转型"这一时代背景，承载国家职能的教育课程"将为南非所有公民提供接受高质量教育的权利，以此来克服种族隔离时期的教育缺陷"。[①] 放眼世界不同国家的教育改革，不难发现或多或少都有国家意志的背影，但就南非而言，在民族团结政府成立之前相当长的时间里，课程教育是集一小部分殖民当局利益的"国家意志"体现，所带来的消极影响深远。南非民族团结政府成立之后面对国内多种族、种族隔离消极影响遗留等错综复杂的国情及国际局势瞬息万变的压力，谋求本国不单是在政治形式上走向民主，同时实现国家教育发展同国际接轨，基于此所制定的国家课程标准原则的确给世人耳目一新的振奋，如"人权，包容性，环境和社会正义"，这些字眼不单是新宪法赋予国家的政治使命，而且将落实在覆盖全南非的国家课程中，这在新南非的课程改革史上具有深远意义。

　　此外值得一提的是，课标将"重视本土知识体系"作为制定原则之一，而使本土知识之所以得到重视的原因是20世纪60年代以来的"多元智能理论"。[②]"多元智能理论"促使"人们认识到知识系统的广泛多样性，人们通过这些系统来认识和赋予他们所居住的世界的意义。南非背景下的本土知识体系是指嵌入非洲哲学思想和社会实践的知识体系，这些知识体系已经发展了数千年"。[③] 重视自身文化，并将其泛化到整个非洲文化的背景下，对自身文化因子的挖掘开发不仅能够增强南非本国人民的国家认同感，也致力

[①] Department of Basic Education, Republic of South Africa, *National Curriculum Statement Grade 10 - 12 (General) History*, p. 2.

[②] "多元智能理论"由美国心理发展学家霍华德·加德纳（Howard Gardner）提出。该理论强调传统学校所重视学生逻辑 - 数学和语文两方面的能力并不能科学地观照人类不同的智能组合，应该认识到不同群体的多元智能组合。

[③] Department of Basic Education, Republic of South Africa, *National Curriculum Statement Grade 10 - 12 (General) History*, p. 4.

于服务自身发展，这是课标建构下的课程承载爱国主义教育的印记，也是南非新课标制定原则的一个亮点。

综上，后种族隔离时期的南非所出台的结果本位教育的课程在很大意义上跳出了传统上"知识体系框架的集合"的学科定位，"学科之间的界限模糊。学科被认为是动态的，总是对新的多样化的知识做出反应，包括传统上被排除在正式课程之外的知识"。①

三 历史学科的定义与学习目的

课程标准对学科的定义与学习目的往往体现出课标对于该学科的课程观与价值观。对于历史学科的课程观，长期以来人们游离于以历史知识内容为主干的学科中心体系与以学生个性需求为核心的学科体系之间。历史是过去发生的事情，过去发生的事情浩瀚无际，究竟过去发生的哪些事情能够被定义为可供学习的"历史"，学习掌握过去发生的事情同学生的未来发展有何内在的联系，这是课程标准首要阐释的问题，背后实质体现出课标对于该学科的课程观与价值诉求。

课标对于历史学科的定义为"历史就是研究社会在时间和空间上的变化与发展。它还借鉴考古学、古生物学、遗传学和口述历史来审问过去。历史的研究使我们能够理解和评估过去的人类行为如何影响现在并影响未来"。② 相较于通常人们把历史定义为"过去发生的事情的记录"，南非此次课标对历史的定义似乎更加直观地强调了历史的时空感，而且用历史研究的意义把过去、现在和未来串联起来，使"历史"的概念清晰而不失饱满。

课标进一步阐释学习历史的目的在于帮助人们理解权力，提升做出选择的能力，从而促进社会民主的发展进程。历史作为一门学科于南非而言被视作"人权的载体"，通过进一步学习历史，"让人们更深入地了解和理解社

---

① Department of Basic Education, Republic of South Africa, *National Curriculum Statement Grade 10 – 12（General）History*, p. 6.

② Department of Basic Education, Republic of South Africa, *National Curriculum Statement Grade 10 – 12（General）History*, p. 9.

会上仍然存在的种族、阶级、性别、种族和仇外心理等偏见"。① 之所以学习历史会促进南非的民主化进程，是因为如课标所述，通过严谨的历史调研过程，可以让学生体味"历史真相是由多种声音组成的，这些声音表达了对同一历史现象的不同甚至是相互矛盾的版本"，② 不难理解这是历史教育中见之于"客观"发生的历史史实之上的"主观"解释，如此一来，"历史"作为后人对于已然发生的史实的研究成果，依据不同的历史遗存、不同的研究视角等都不可回避地掺杂了书写"历史"的人的理解。同时，"历史"作为研究者对于过去发生的史实的合理推理、解释、建构，要经受不同时期的不同研究者对其审问和考订，并不是恒定的真理存在，这是探究"历史"的方式方法所展现出的"包容性"。除此，通过学习历史，"引起人们对"宪法"中民主价值的理解和认同；鼓励担负责任；促进人权、和平与民主；培育公民对身份的认同理解，为地方、地区、国家、大陆和未来全球公民做好准备"。③ 课标中关于历史学习的目的出现"人权"与"民主"等字眼的高频率反映了课标制定的时代背景。诚然，任何一个国家在不同时期的课程标准都有时代发展的印记，故"人权"与"民主"作为《南非共和国宪法》（1996 年第 108 号法令）的价值追求被反复强调，同时被历史课程承载实现，从侧面道出了种族隔离制度对于南非社会发展的深远影响。课标认为通过历史的学习可以进一步培育公民的身份认同，从而可以促进公民由点及面的发展，这是课标所体现出来的关于"公民教育"的一个方面。西方很多国家把培育未来合格公民作为历史教育目的之一，④ 历史课程中的公民教育在基础教育阶段的意义深刻，相较于以往传统历史教育提供给学生更为全面的历史知识，公民教育则力求结合时代发展的进程，"把历史知识学习同现代公民认知世界的需求接合起来"，⑤ 公民教育赋予历史教育新的

---

① Department of Basic Education, Republic of South Africa, *National Curriculum Statement Grade 10 – 12* (General) *History*, p. 9.

② Department of Basic Education, Republic of South Africa, *National Curriculum Statement Grade 10 – 12* (General) *History*, p. 9.

③ Department of Basic Education, Republic of South Africa, *National Curriculum Statement Grade 10 – 12* (General) *History*, p. 9.

④ "公民教育"被视作传统历史课程区别于新历史课程的一个标识。传统历史课程强调历史专业教育，而新历史课程强调人文素养教育和公民教育。具体参见黄牧航《中学历史教材研究》，长春出版社，2013，第 20 页。

⑤ 黄牧航：《中学历史教材研究》，第 20 页。

时代意义。

　　中国自古就有"史外无学"的说法，强调的是历史作为一门学科，其研究对象具有包罗万象的广度。课标中对于历史学习的范围如是记述："历史是一个包含人类经验总体的研究领域。这是一个有自己的方法、语言和知识生产的独特和充满希望的学科。"① 这样的表述更能体现出历史对于社会发展"经世致用"的一个方面，学习者将他们所学的基础概念知识作为分析框架，利用这个框架，被鼓励以各种方式进行沟通，然后理解和构建历史知识。前文已经谈及南非的本土知识体系已融入此次结果本位的课程改革，历史学科更能体现这一原则。南非的本土知识体系被认为是嵌入本土人民的哲学思想和社会实践的知识体系，这些知识体系已经发展了数千年，并不断演变。"历史学科把南非丰富的历史和遗产作为塑造学习者价值观的原材料，尽可能多地以不同视角呈现，有助于解决各个领域的问题。"② 实际上，这也为学习者日后走向职业岗位提供了帮助。课标认为"历史学习提供超越狭隘的学科专业的广度，培养有效的沟通能力，这是当代世界必不可少的生活和职业技能。因此，合格的历史学习将有益于未来的管理和行政工作以及市场营销、公共关系和媒体事业。由于它们对这些技能的需求，历史学科应该受到高度重视"。③ 显然，此处课标所设定的高中阶段的历史学习同学习者未来的职业发展息息相关。

四　学习结果

　　学习结果是结果本位理念课程最具代表性的要素。学习结果直接表明学生在历经学习过程后所要达成的具体能力，直接指导教师的教学和学生的学习。在历史课程标准中，综合学生知识、技能、情感态度价值观三个维度，分为四个相辅相成的能力层次（见表1）。

---

① Department of Basic Education, Republic of South Africa, *National Curriculum Statement Grade 10 – 12（General）History*, p. 10.

② Department of Basic Education, Republic of South Africa, *National Curriculum Statement Grade 10 – 12（General）History*, p. 10.

③ Department of Basic Education, Republic of South Africa, *National Curriculum Statement Grade 10 – 12（General）History*, p. 11.

表 1 高中阶段的四个学习结果层次

学习结果 1 探究技能 （实用能力）	在继续教育和培训阶段中,期望学习者能够提出有关过去的问题,并能够甄别与过去相关的问题,使用一系列探究技巧,以便从各种史料信息来源中提取和组织证据 到该阶段结束时,学习者将被期望展现出独立工作的能力,制定探究问题并能够收集、分析、解释和评估相关证据来回答问题
学习结果 2 历史概念 （基础能力）	学习者将被期望对关键历史概念逐步获得有根据的理解,并将此作为分析过去的方式。期望他们能够理解和解释在社会中运作的权力关系变化。他们也将被期望比较和对比过去的观点,并根据证据得出自己的结论
学习结果 3 知识建构与沟通 （反思能力）	在继续教育和培训阶段中,学习者将被期望从各种形式的数据中得出结论,综合关于过去的信息,以坚持一条独立的历史论证路线。希望他们能够以书面和口头方式可靠、准确地交流和提供信息
学习结果 4 历史遗产 （反思能力）	这一学习结果将向学习者介绍有关遗产和公众陈述的问题和争论,并期望他们逐步地接触。在不同的知识体系之间建立联系,了解记录过去的各种方式。学习者还需要调查古生物学、考古学和遗传学之间的关系,了解人类的起源,以及如何改变人类的观念

资料来源：Department of Basic Education, Republic of South Africa, *National Curriculum Statement Grade 10 – 12（General）History*, pp. 11 – 14.

高中阶段的四个学习结果层次分明、清晰明了。"前三个学习结果着重体现历史学家（学习者们）调查过去的历程，第四个学习结果让学习者了解遗产问题，并提出分析、解释和表达的关键问题。"[1] 值得注意的是第四个学习结果"历史遗产"，这是南非高中历史课标中的一个亮点，作为历史课程的一个教与学的指向，在学习者知道"历史"生成的基础并有了一定的"历史概念"的基础上，让学生参与能够触碰到的身旁的历史遗存，并且结合考古学、人类学等其他学科知识，让"历史"知识更加生动、学科体系更为饱满。

课标针对高中学生在不同年级所能取得的不同学习结果也做了具体的评估标准。为了达成评估标准，课标同时对学习内容做了进一步的选取。如同前文所述学习结果，课标预设的每个年级的评估标准也是分别建立在前一个阶段的评估标准之上，由低至高。因为篇幅所限，此处以高中阶段最后一个

---

[1] Department of Basic Education, Republic of South Africa, *National Curriculum Statement Grade 10 – 12（General）History*, p. 11.

学年即 12 年级结束时为例，列表叙述其对四个学习结果的具体评估标准
（见表 2）

表 2　12 年级学习结果评估标准

学习结果 1 探究技能 （实用能力）	在正在研究的内容（如全球化）的背景下，制定问题来分析调查概念 查阅各种相关信息来进行调查 解释并评估来源中的信息和数据 专注于信息来源，同时评估信息来源对于所完成任务的实用性，包括固定的思想传统、主观性及其与现有证据之间的差距
学习结果 2 历史概念 （基础能力）	分析一些历史概念，例如后殖民主义、全球化及作为社会建构的社会主义 研究和解释所研究社会中权力关系变化的动态因素 比较对事件、人类行动和改变的解释和观点，以便得出有关行动或事件的独立结论
学习结果 3 知识建构与沟通 （反思能力）	统计数据的解释万一有争议时要能够辨别，并批判性地与数据所提供的结论联系起来 综合信息来构建一个原始的论点，在这个过程中要独立使用并获取所提供来源中的证据来支持这个论点 通过独立使用并获取所提供来源中的证据，维持一个具有连贯性和平衡性的论点 以多种方式交流知识和见解，包括讨论（书面和口头）、辩论、使用各种主题进行历史写作、研究任务、图表和口头陈述
学习结果 4 历史遗产 （反思能力）	解释有关遗产问题和公众代表的意识形态和争辩 比较不同知识体系建造纪念碑的方式（例如纪念碑、仪式遗址，包括墓地） 调查考古学、古生物学和其他知识体系在理解遗产问题时的关系

资料来源：Department of Basic Education, Republic of South Africa, *National Curriculum Statement Grade 10 - 12 （General） History*, pp. 16 - 23.

　　由表 2 可以看出，当学习者在结束高中阶段的历史学习后，被期望的四个学习结果的评估标准，基本是前文所提到的课标对学习者接受高中历史教育后的学习结果的具体化评估要求。

　　学习结果的达成依赖历史课程内容的学习。课标声明高中阶段的历史教学内容是建立在之前普通教育阶段基础之上的，并且为达成学习者的学习结果服务。高中阶段的历史教育整体的内容主旨是"我们如何理解当今的世界？过去的遗产是如何塑造当今社会的？在理解我们当今世界和塑造我们现在社会的遗产时，权力的调整、人权等问题和全球化这些广泛的学科被引用到本教材所涉及的领域。每个年级内容的伊始，都

会对对应研究阶段开始的时间段进行一次世界范围内的广泛研究，最后以总结所研究时期内的变化结尾"。[1] 这是内容选取的总体主旨，在一定程度上反映出南非结果本位历史教育的课程观，跳出了传统意义上的学科中心课程观，用"世界""遗产""人权""全球化"等字眼凸显历史课程在内容选取上的价值追求，即区别于以往，充分发挥历史教育在培育合格的现代公民教育[2]方面的功用。在对具体研究主题进行研究前，反观世界范围内的背景信息，把视角放得更为长远，把自身同外部环境的发展联动考查，这是课程编排在内容选取上较为前卫的一种手段。为此，课标所述的高中历史内容选取自 15 世纪至南非民族团结政府成立前后南非同世界范围内影响较大的史实，具体以专题探究的模式展开教学。例如，文本选取 19 世纪末 20 世纪初对人类社会产生重大影响的"帝国主义"作为学习主题，具体探究"帝国主义：19 世纪和 20 世纪初帝国主义的性质是什么？帝国主义在权力关系和贸易方面对非洲和亚洲的影响后果是什么？帝国主义与第一次世界大战之间的有怎样的联系？帝国主义和殖民主义如何在种族隔离、同化、长辈作风等方面固化？帝国主义是如何主宰本土知识生产的？"[3]

由上可见，以"帝国主义"为原点，内容辐射由点及面，既有"帝国主义"的定性判断，也有"帝国主义"在世界范围内的影响，同时观照了帝国主义在南非本土对于种族隔离与土著文化的影响。教材以这样的探究性问题展开，一方面在形式上突破了传统意义上历史教学本国史与世界史的界限，另一方面在内容设置上巧妙地把学习主题同南非本土的历史与文化糅合在一起，拉近了学习者探究历史的距离。

---

① Department of Basic Education, Republic of South Africa, *National Curriculum Statement Grade 10 - 12 (General) History*, p. 24.

② 此处"公民教育"的概念参见黄牧航《中学历史教材研究》，第 30 页，转引自徐方《大学人文十四讲》，广西师范大学出版社，2006，第 144 ~ 147 页。徐方认为公民教育的内容包括人权意识教育、规则意识教育、生态意识教育、公德意识教育和民主、自由与平等意识教育等。

③ Department of Basic Education, Republic of South Africa, *National Curriculum Statement Grade 10 - 12 (General) History*, p. 29.

五　课程评估

　　课程评估是课程标准不可或缺的一个组成部分。评估往往被视为使用各种方法、手段等督察学习者的学习进度，并对学习者的表现做出判断。课标所阐明的历史课程中，学习和评估是紧密相连的。通过评估过程所生成的评估结果是学习者监测学习成就的指向，评估结果可以显示学习者在一定阶段的学业信息，使他们能够控制和制订下一阶段的学习计划。从这个意义上说，评估提供了教与学是否成功接近指定学习结果的信息。当评估显示未取得进步时，就应该相应地改变教与学的计划。[①] 不难发现，课程评估实际在围绕课程所指定的"学习结果"开展，并为下一阶段的教与学提供指导意见。具体的评估类型分为四类（见表3）。

表3　课程评估类型

基线评估	基线评估在年级开始时非常重要，但可以在任何学习周期开始时进行。它被用来建立学习者已经知道和可以做的事情。它有助于规划活动和学习计划的开展。基线评估的记录通常是非正式的
诊断性评估	任何评估都可以用于诊断目的，即发现学习障碍的原因。诊断评估有助于决定支持策略或确定是否需要专业帮助或补救。它作为一个检查点来帮助重新定义学习计划的目标，或者发现缺乏哪一种学习从而实施干预策略
形成性评估	用于向学习者提供反馈的任何形式的评估，都在实现形成性目的。形成性评估是教与学的关键因素。它监视和支持学习过程。所有利益相关主体都使用这种评估来知晓学习者的学业进展信息。构建性的反馈是形成性目的中反馈的重要组成部分
总结性评估	当评估用来记录对学习者能力或表现的判断时，它就是一个总结性评估。总结性评估给出了学习者在任何特定时刻的能力或进步情况。它可以发生在单一的学习活动、单元、周期、一学期、阶段或学习年底。应该进行总结性评估，并应使用各种评估手段和策略，使学习者能够表现出能力

　　资料来源：Department of Basic Education, Republic of South Africa, *National Curriculum Statement Grade 10 – 12（General）History*, p. 36.

---

① Department of Basic Education, Republic of South Africa, *National Curriculum Statement Grade 10 – 12（General）History*, p. 35.

　　从表 3 可以看出，课标所倡导的评估类型以美国教育评价专家本杰明·布鲁姆（Benjamin Bloom）所提出的教学评价三段论为主体，[1] 所添加的一处"基线评估"通常在学年开始之时进行，为掌握学习者的现有知识储备及更好地开展教学计划和活动开展提供参考，其具体实施往往是非正式的。而布鲁姆在其教学评价中测定学习者是否具备达成已经设定好的教学目标的知识与技能时，通常在学习活动开始前进行正式的"诊断性评估"，目的即根据被评价者的不同学习储备，实施不同的教学手段，最终达成教学目标。[2] 从这个角度看，"基线评估"可以笼统地理解为"诊断性评估"的前奏，"诊断性评估"注明其目的是"重新定义学习目标"，或者以查漏补缺的形式进行学习目标的干预。整个评估系统都是持续进行的，散布在不同的学年和评估手段当中。而整个评估过程，教师成为至关重要的角色。"持续评估既是以课堂为基础的，也是以学校为基础的，侧重于评估融入教学过程的持续评估方式。教师通过他们的日常教学、提问、观察，通过与学习者互动并观察彼此之间的互动来了解他们的学习者。"[3] 因为学习结果是既定的，除了在教师主导下的课程评估外，学习者同样可以以学习结果为目标，从自我出发，实施不同方位的自主评估。具体的自主评估方法见表 4。

表 4　自主评估方法

自我评估	所有的学习结果和评估标准都是透明的。学习者知道对他们的期望是什么。因此,在老师进行最终评估之前,学习者可以通过自我评估在"预评估"工作中发挥重要作用。反思自己的学习是学习的重要组成部分
同伴评估	使用清单或标题,帮助正在进行评估工作的学习者。分享评估标准使学习者能够评估自己和他人的表现

---

[1]　本杰明·布鲁姆以教学目标为依据，把教与学的评价过程分为诊断性评估、形成性评估、总结性评估三个阶段。

[2]　参见杨小峻《布鲁姆的教学评价理论及其现实意义》,《咸阳师专学报》（文科版）1995 年第 5 期，第 52 页。

[3]　Department of Basic Education, Republic of South Africa, *National Curriculum Statement Grade 10 - 12 (General) History*, *Sol Plaatje House*, p. 37.

续表

小组评估	团队有效的工作能力是关键结果之一。评估小组工作涉及寻找证据表明学习者合作，彼此协助、分工，并将个人贡献合并为一个的综合评估产品。团队评估既考虑流程，也考虑产品。它涉及评估社交技能、时间管理、资源管理和群体动态以及群体的产出

资料来源：Department of Basic Education, Republic of South Africa, *National Curriculum Statement Grade 10－12（General）History*, Sol Plaatje House, p. 38.

表 4 从学习者自身出发所设计的评估方法正好印证了前文"评估基于课堂展开"的论述。自我、同伴、小组评估都可以在课堂之上开展，而且从不同的维度展开可使评估更加立体、更具可信度。

按照评估类型和方法生成的评估结果会被教师及时记录下来，并按不同层次分等级评估。课标将学习者的成绩评定分为六个程度不同的等级（见表 5）。①

表 5　评估结果等级

等级代码	能力描述	分数
6	杰出的	80～100
5	值得称赞的	60～79
4	满意的	50～59
3	勉强符合要求的	40～49
2	初级的	30～39
1	不足的	0～29

结果本位的课程理念下，学生成绩评定最终以等级代码的形式呈现，成绩等级代码是 1 和 2 被视作不及格，往往会面临留级。而学习者的学习成绩最后会被记录在学习者个人的报告卡中，报告卡是反映学习者一段学习周期内学习总体进度的信息卡，在申请大学入学时会接受大学的录取考量。除了学业成绩，出现在学习者最终报告卡上的内容还有学习者的长处、在相关情况下需要或提供的支持、对学习者之前的表现和学科要求的表现给予建设性

---

① Department of Basic Education, Republic of South Africa, *National Curriculum Statement Grade 10－12（General）History*, Sol Plaatje House, p. 41.

的反馈评论，以及学习者学习的进展等。

　　形式同前文"学习结果"一样，不同的年级对学习成绩的能力结果要求也不同。此处列举评估成绩为"杰出的"12年级的学习者应有的表现："评估和分析历史问题的形成对历史知识产生的影响；评估知识系统如何影响历史知识产生；批判性地调查性别、种族和阶级等问题如何影响并继续影响在历史中所使用的资源；分析由历史观念所体现出的局限与机会；认识并解释历史观念受制于争议、辩论、提炼和纠正；评估见解和观点，并解释他们同样受制于争议、辩论、提炼和纠正；将历史观念、知识系统、观点以及由此产生的意识形态联系起来；根据历史演讲的观众和惯例掌握历史演讲；对证据所展现出来的观点能够展示出有效的处理和安排；利用并展示知识意识，以及从多样的知识系统、观点、意识形态和方法中所提取出的技能；对技能的认识；应对运用在遗产和公共代表方面多样化的历史信息。"①

　　这是对于接受了三年高中历史教育之后的学习成绩最为优异的学生的评估要求，在一定程度上代表了其高中历史课程评估的目标追求。对于12年级杰出的学习者的评估标准至少体现出其三个方面的特质。首先，评估目标在一定程度上跳离了作为"知识"载体的评估观念，试图让学习者历经"历史"学习后能够学会历史"生成"的过程，从而提炼出"技能"方面的能力，用以指导和认识当下诸如种族和阶级的问题，这是评估要求观照历史学习同生活指导联动的反映。其次，对成绩杰出的历史学习者的整体评估要求蕴含了对学习者知识、技能、情感态度与价值观的诉求。例如，要求提出分析历史概念，从而能够更为全面地解释、辩论、纠正它，能够批判性地调查性别、种族与阶级等问题……这个过程即学习者对历史知识的再认识以及转化为应对现实技能的过程。而把历史概念、知识体系和发展的意识形态联系起来，应对遗产和丰富多样的历史信息即糅合了学习者关于知识、技能与价值观的问题。最后，评估目标同样显现出其失之偏颇的一面。评估目标直观地表述了其对"杰出的"历史学习者的能力期望，仔细品味不难意识到这些评估目标多倾向于对学习者应对现实技能的达成期望，或言之，目标

---

① Department of Basic Education, Republic of South Africa, *National Curriculum Statement Grade 10－12 (General) History*, p. 45.

流露出的功利色彩略显浓重，当然这同课程理念——结果本位明确的指向性紧密相关。可我们又不得不说，历史教育的本质，尤其是在基础教育阶段的历史教育，其本质还是人文素质教育，这是历来公认的说法。① 我们不可否认历史作为一门学科同样具备工具性的作用，但作为一门人文学科，其在涵育公民素养方面的理性价值则体现得更为直接。此处评估目标倾向于历史学习"工具性"的目的还有待商榷。

综上，课程标准从背景、遵循原则、学科定义与目的、学习结果、课程评估等主要方面力图刻画出南非结果本位理念指导下的历史课程。学者赵亚夫曾表示"课程标准是规定学习者所要达成的知识、能力以及情感态度的教学内容和相应的学业水平标准"。② 从这个角度来看，南非国家历史课程标准详尽地勾勒出本国高中历史课程的形象，国家课程标准所透射出的历史学科学习结果层次鲜明、内容全面，对历史课程的开展具有先行的指导意义。通过历史课程的学习，不仅能够丰富学生个人对历史发展脉络的知识层次，更能内化为学生应对社会的能力，促进国家公正、民主化的进程。然而，本研究同样透射出该课程标准存在的诸多不足之处，如世界古代史部分缺失、教材体量过大、学生学业任务繁重导致的学业质量水平欠佳、③ 过度依赖教师在历史教学中的作用发挥、教材反殖民反歧视色彩浓厚等均是需要进一步补足的地方。

六　结语

南非结果本位的课程改革在南非教育改革历史中具有里程碑式的意义。长期遭受殖民统治和种族隔离制度荼毒的历史成为南非难以挥去的阴霾，民族团结政府成立后，教育被寄予厚望。历史学科作为新南非基础教育领域的一门学科，在结果本位理念国家课程标准中被赋予较高的价值定位。高中阶段学生通过学习历史要求达成四个学习结果，四个学习结果逐次把探究历史

---

① 此说法参阅余伟民主编《历史教育展望》，华东师范大学出版社，2002，第 263~269 页。
② 赵亚夫主编《国外历史课程标准评介》，人民教育出版社，2005，第 1 页。
③ 南非国家基础教育部相关数据显示，2009 年高中毕业生参加高级证书考试通过率仅为 60.6%。Department of Basic Education, Republic of South Africa, *National Examinations and Assessment Report on the National Senior Certificate Examination Results Part 2*, 2009, p. 41.

的过程、掌握历史核心概念、建构和交流历史知识、运用历史的方式看待遗产串联起来，学习结果在层次上清晰而明确，是学生和教师展开历史教学的原点。课程标准所阐释的学习历史的目的在于洞悉过去、现在与将来的关系，从而为个体独立的社会生活做出更好的选择。当然，课标认为历史学习的目标远不仅此，历史知识所观照的社会发展的方方面面，是涵育学生公民素养的养料。通过历史学习还应明确南非本土曲折的历史进程、权力运行的机制，从而促进社会民主化的发展进程是课程实施的目标诉求。

从《发现美国的过去》看现代史料
教学的发展方向

向胜翔

"除了前代留下的史料可供我们思索之外，没有其他办法能使时光倒转。"[①] 为了帮助师生进行史料学习活动，各国的历史工作者都在尝试新的探索，《发现美国的过去：从史料中进行探究》（以下简称《发现美国的过去》）的发行成为这一领域的亮点，全书共有 13 章，涵盖了美国（美洲）16 世纪初至当代的历史，采用年代顺序结构和专题内容结构相结合的主题呈现方式（全书章节标题请参看文后附录），其中每一个学习案例由问题、背景、方法、史料、思考问题组成，篇幅的大部分由各种史料构成，体现出如下特点。

一 通过探寻真相体验学科求真方法

人们经常采取的判断事实真伪的方法，是由不同渠道、不同目击者汇聚相关事件的史料来帮助人们发现真相。该书第三章"波士顿大屠杀的真相——对托马斯·普雷斯顿上尉的审判"尝试汇集各方史料并在史料冲突中让学生们探索真实情况。1770 年 3 月 5 日寒冷的晚上，一小群男孩嘲弄

---

① 马克·布洛赫：《为历史学辩护》，张和声、程郁译，中国人民大学出版社，2006，第 49 页。

在波士顿海关门前站岗的英国哨兵，被激怒的哨兵用滑膛枪刺戳一名惹恼他的男孩，结果将事态推到了爆发点。不久，五六十人云集而来围住了惊恐的哨兵促使其呼叫援助。当日值日军官托马斯·普雷斯顿上尉和七名英国士兵火速赶到海关来保护这名哨兵。聚集的人群已经超过百人，一些人急切地想大干一场，一些人仅仅是好奇者，还有一些人被教堂的钟声从家中呼唤而来，种种迹象表明冲突已经被引发。接下来的变故使事情变成了悲剧，一名士兵用滑膛枪朝人群开火，其他士兵紧接着也扣动了扳机。居民四散而逃，留下了五具尸体和六名伤员。托马斯·普雷斯顿和他手下的士兵迅速回到了军营并在那里被拘留。随后他们被投入监狱并被控告为谋杀犯。对托马斯·普雷斯顿上尉是否有罪这一问题，法庭争议的焦点是他是不是开火命令的下达者。书中提供了一张示意图（略）及以下材料。[1]

（1）波士顿大屠杀场所，市政厅区域，1770 年（略）

（2）被告托马斯·普雷斯顿上尉的证言，1770 年 3 月 12 日（摘录）

　　暴徒们仍然在不断聚集中，而他们的行为令人无法容忍，他们一个接一个地敲打着棍子与大棒并叫嚣着：来吧你们这些流氓，你们这些红背混蛋、龙虾无赖（英军制服为大红色——笔者注），如果你们胆敢开火上帝会诅咒你们，开火即被诅咒，我们知道你们不敢说这类话。在这一时刻我位于士兵与暴徒之间，与暴徒们交涉，尽全力试图说服他们平静地散开，但没有成效。暴徒们压向了刺刀警戒线，敲打士兵们的刺刀甚至枪口，看上去想极力靠近士兵们。此刻，一些举动克制的人问我火枪是否装过药，我说是的，他们接着问我是否试图下达命令向他们开火，我说：不，绝无此意。为了信守我的诺言，我向前站在了枪口与人群之间，如果士兵们开火，我必将成为牺牲品。士兵们将步枪击铁半开并在枪膛前部安好刺刀，而可以下达命令开枪的军官在这样的环境中变得没有权威性。正当我交涉的时候，一名士兵遭到了棍子的一计重击，他向一侧移动了一下随即开火了……这一击是那些拿大棒与雪球攻击士兵们的人干的，他们将士兵们逼入险境。与此同时，一些在后边的人叫

---

①　William Bruce Wheeler et al. , *Discovering the American Past: A Look at the Evidence* (Houghton Mifflin Company, 2000), pp. 76 – 86.

道"为什么不开火"。瞬时三四名士兵开火了……当我问士兵们为什么没有我命令就开火时，他们回答他们听到了"开火"这个词并以为是我发出的命令。这可能是暴徒们喊的，我发誓我并没有发出过"开火"的命令，我的命令是"不要开火，停火"……

(3) 对托马斯·普雷斯顿上尉的审判，1770 年 10 月 24~29 日（摘录）

指控方证人证词（提供 8 位证人证词）

……

本杰明·本迪克（第 6 位）

　　当我 9 点来到国王大街时，我看到士兵们环绕在岗亭的周围。我问其中一名士兵火枪是否装过药，他说是的。我问他是否会开火时，他说以全能的上帝的名义他会开火的，并把刺刀指向我。当第一次开火后上尉来到了士兵前面抬起他们的枪管说：停止开火，不要再开火了。我准确地听到了"开火"这个词，它发自士兵们的后方。我看到一个人急速地在士兵后走过。我认为他是一名军官。在枪响后我看到一些人倒下了。在开枪前我看到一根棍子击中了一名士兵。我认为我听到"开火"的喊声是一道命令。我手中拿着从家中带出的苏格兰高地宽刃剑。在我从家中出发之时，我听说这是一场士兵和人们间的争执，所以我回家拿了我的剑。外出后我没有把它作为伤人的武器。直至士兵们开火之前我并没有拔出我的剑。当他再次离开列队向我攻击时，我本该砍下他的头。当第一枪响起时，人们主要集中在皇家交易所大街，街上大概有 50 人。当开火后我走近士兵们，对他们说我想看清他们的脸庞，也许某一天我会在法庭上作证时，哨兵用一种忧郁的口气说：先生也许会有这样一天的。

……

辩护方证人证词（提供 8 位证人证词）

……

牛顿·普林斯（黑人，南部教区成员，第 6 位）

当听到钟声响起，我走出礼拜堂。我被告知没有开火但有更精彩的事发生。一些人拿着桶和包，另一些拿着棍子。我来到市政厅的西侧，那儿有一群人。我看到士兵们带着枪从警卫室中列队跑出来，来到海关前。一些人说让我们攻击核心卫兵或国王大街上的哨兵吧。一些人说以上帝的名义不要去碰卫兵。我往北边走，看到士兵们排列在海关边。人们骂他们龙虾兵，说如果他们开火的话上帝会诅咒他们，耻笑他们为什么不敢开火。我看到上尉站在士兵们前面的右侧和一些人讲话。上尉站在士兵和排水沟之间靠排水沟两码远的地方。我看到人们用棍子击打士兵们的枪管两三次。当我往士兵们的西侧走时我听到了枪声，看到了人们死去。不久我听到了军鼓声，鼓声信号的含义是自卫。当人们再拨枪管并喊着"诅咒你"并开火的时候，我没有听见"开火"的命令下达，"开火"这个词只是来自人群。

……

（4）步枪上刺刀后状态（早期刺刀直接插入枪膛）（图片略）

（5）滑膛枪的细节（图片略）

（6）来自国会图书馆保罗·若维尔关于波士顿大屠杀的雕版画（图片略）

在同学们阅读相关史料时作者提出了以下问题：

"证人们当时站在哪里？哪一个人说的更可能是事实？哪些证人可能说谎？当处理证人证词时不要忘记比对什么是真实的以及证人的观点。一个粗略的事实图景被勾勒出来后对你有什么帮助呢？

"证据中包括保罗·若维尔的关于波士顿大屠杀的著名雕版画，这幅画可能抄袭自艺术家亨利·佩勒姆。虽然若维尔与佩勒姆未必是波士顿大屠杀的直接目击者，但是若维尔的雕版画得到了广泛的传播。1770年至今，很多人一想起波士顿大屠杀脑海中自然会浮现出这幅雕版画。请不要一开始就审视这幅作品，当细心地读完法庭记录后问一下自己，若维尔的作品是否帮助你澄清当晚的事实。画作和证词一致吗？如果不同，那么为什么？

"在阅读时请牢记关键的问题：波士顿大屠杀的真实情况是什么？

通过这次练习，你将试图明晰开火的命令是否下达，如果下达了，那么是谁下达的？如果没有人下达命令，你将如何解释士兵们的开火行动。作为军事长官托马斯·普雷斯顿将承担这一责任并被指控为谋杀犯。你可以假想自己既是控方律师又是辩护方律师，哪一方的材料更有力？"①

丰富的一手史料、史料间比较、史料冲突、不同证人隐含的政治倾向，宣传版画与证词以及当时常识的冲突（早期步枪刺刀尾部直接插入枪管，在没有卸下刺刀的情况下无法开枪）在案例中得到了展示。

当学生们开始接触以不同立场、不同视角针对同一问题的历史记录，特别是饱含冲突的史料后，他们会尝试思考史料冲突说明了什么，怎样来汲取真相，以及一般历史认识是如何建构起来的。

二　从包含偏见的史料中思考历史学科的性质

史料教学的一个目标是能够让学生们逐步了解历史知识的由来，思考历史学科的性质。在《发现美国的过去》的第 1 章 "初次相遇：科特斯与蒙特祖玛之间的对抗（1519～1521）" 中，编者提供了科特斯写给西班牙国王查理五世的信件选录和一些欧洲艺术家绘制的美洲土著人画像。材料反映了西班牙殖民者与美洲土著对对方的看法。编者提醒学生们 "要找出被统称为印第安人的各个族群的真实形象，你将不得不参考考古学家、文化人类学家、文化地理学家的成果。然而我们想确定当时欧洲人如何感知印第安人，科特斯的信和欧洲艺术作品则能提供绝佳的线索"。② 同时在该章背景部分介绍了美洲印第安人的文明成就，人们在此能够发现对于同一民族的不同历史记录间的巨大反差。科特斯笔下的印第安人是怪异、淫荡、痴迷于邪教的，对待他们的态度是 "将这些邪恶和难以管制的人作为我们天主教信仰的敌人予以惩罚。那么这将是一个惩罚与震慑那些不愿接受真理的人们的机会"。③ 史料中还包括早期欧洲艺术家绘制的反映印第安人的艺术作品。

---

① William Bruce Wheeler et al. , *Discovering the American Past*：*A Look at the Evidence*，pp. 75 – 76.

② William Bruce Wheeler et al. , *Discovering the American Past*：*A Look at the Evidence*，p. 2.

③ William Bruce Wheeler et al. , *Discovering the American Past*：*A Look at the Evidence*，p. 9.

今天人们对于包含偏见的史料非常小心，不再对它表示完全信任，然而正是这样的史料中的描绘帮助我们与其他史料进行对比互证，也正是这样的史料让人们了解在历史描述背后的不同主观意见的影响，以及因此所造成的叙述不同。"史家在自己对待历史世界的态度上，也必须是入乎其内而又出乎其外，即既需入乎其内深入探索史实的真相，又能出乎其外随时反思并批判自己是如何理解历史的，亦即它的有效性的范围和程度究竟如何。"① 何兆武先生提醒人们思考对历史认识的自我反思，当学生们开始接触以不同时代、不同立场、不同视角针对同一问题的历史记录，特别是包含冲突的史料后，他们将开始了解历史知识是如何建构起来，以及历史不但是过去事实本身，也包含人们由主观立场出发对过去的认识与解读。《发现美国的过去》不仅仅是一本史料汇编，在整理这些提供给美国中学生的史料时，编者已准备开启学生们了解历史学科本质的大门。

三　通过丰富、多角度的史料加深对人类行为理解

"理解虽不能构成一种方法，却是方法的灵魂。"② 法国学者保罗·利科在《法国史学对史学理论的贡献》一书中记录了历史学家马鲁提及的理解在历史学习中的重要性，同时指出："更确切地说，理解今人与理解古人有着同样的辩证法。这是指一种似是而非的现象：一方面，我们能理解与我们相像的东西，但另一方面，理解'其他'却要我们抛弃个人好恶，以便把其他作为其他来理解。"③ 任何历史的理解活动都需要理解与思考的材料，否则历史理解无从谈起。

在《发现美国的过去》一书中，编者提供了丰富的史料来帮助同学们理解人们的行为，明确提出"当我们分析一个历史人物的言行时，我们尝试理解为什么他或她在所在的那一时刻与空间做出了如此言行。如我们前几章所学习的个人的参考架构（独特的个人背景）与生活时代对人们的价值判断体系有重要的影响力。"④ 在第 11 章"权力的负担：投掷原子弹的决定

---

① 张耕华：《历史哲学引论》，复旦大学出版社，2004，"序言"第 3 页。
② 保罗·利科：《法国史学对史学理论的贡献》，王建华译，上海社会科学院出版社，1992，第 45 页。
③ 保罗·利科：《法国史学对史学理论的贡献》，第 44 页。
④ William Bruce Wheeler et al. , *Discovering the American Past*: *A Look at the Evidence*, p. 351.

（1945）"中提供了总统杜鲁门、战争部长斯蒂姆森与欧洲盟军指挥官艾森豪威尔将军等人的回忆录，比如艾森豪威尔将军是如此书写自己对待投掷原子弹的决定的："我认为日本已经战败，投掷原子弹完全没有必要；我认为我们的国家应当避免采取使用原子弹这一强力行为来挽救美国人生命的想法，因为它将给战后的世界带来动荡。我相信当时日本正在寻求一种尽力保留其颜面的投降方式。"①

战争部长斯蒂姆森的回忆："没有迹象表明日本有任何弱化战斗、选择无条件投降的企图。如果日本坚持战斗到底，它还是拥有相当军事力量的……使用原子弹的决定是一项给十万日本人带去死亡的决定。没有解释可以改变这一事实，我不希望曲解它。但是这一人为并预先计划的摧毁性行为是我们所有令人憎恶的选择中最轻的。对广岛与长崎的摧毁使战争结束，它终止了火拼和窒息般的封锁，终结了庞大军队冲突的幽灵。"②

同时，《发现美国的过去》提供了一个分析人物行为的表格，主要包括作者、地位、作者期望他的哪些观点被人了解、有没有偏见、与其他人物回忆录一致或不相符（遗漏）的地方等，来支持学生们对历史人物行为的理解。③

通过对史料的阅读与对人物背景的了解，同学们会发现人们的行为往往和他们所处的位置有关。是否向日本投掷原子弹对已经胜利结束对德战争的欧洲盟军指挥官艾森豪威尔将军来说，他是某种程度上的局外人，而战争部长斯蒂姆森则完全两样。在杜鲁门的回忆录中，指挥登陆日本军队的阿德米勒·金与阿诺德将军则恳请向日本投掷原子弹。"我们不想谴责中世纪的人，理由很简单，因为他们缺少18世纪巴黎起义的知识分子的道德标准或思想标准，也不想谴责后者，因为他们也遭到了19世纪英国或20世纪美国道德顽固派的谴责。"④ 作为一门研究与理解人类行为的学科，其基础是建立在史料之上，而《发现美国的过去》正是通过丰富与具体的史料为学生们理解历史人物的行为提供了支持与帮助，让强有力的历史感深入课堂。

---

① William Bruce Wheeler et al. , *Discovering the American Past*：*A Look at the Evidence*, p. 293.

② William Bruce Wheeler et al. , *Discovering the American Past*：*A Look at the Evidence*, pp. 289 – 292.

③ William Bruce Wheeler et al. , *Discovering the American Past*：*A Look at the Evidence*, p. 284.

④ 以赛亚·伯林：《决定论、相对主义和历史的判断》，陈荣生译，载汤因比等著、张文杰编《历史的话语——现代西方历史哲学译文集》，广西师范大学出版社，2002，第245页。

四　在冲突的观念中寻求统一的价值

不同种族、不同职业与社会阶层的人们往往对历史的看法差距颇大，在这样一种实然状态下如何在历史教育中既反映事实又能表现一个国家或民族统一的价值观，是一个棘手的问题，历史相对主义和历史保守主义成为反复交锋的两股力量。

中学历史教科书《发现美国的过去》第 13 章 "民主与多元化：肯定性行动在加州"（肯定性行动是美国历史上致力于纠正长期存在的种族、性别等诸方面歧视现象的一项重要的政策，为少数族群与妇女在入学与就业领域提供帮助与保留一定的名额，但其自诞生之日起，遇到的挑战不断，被一部分美国公民视为对白人的逆向歧视与对少数民族 "低能" 的怜悯。1996 年，加利福尼亚州通过公决，中止了在本州内的肯定性行动）则通过整理与选择提供给学生的史料比较好地回应了这一问题。

该章的史料由历史文件、演说、数据调查、司法案例组成，分为三个部分：①平等概念的变迁（史料 1~5）；②加利福尼亚州对肯定性行动的挑战（史料 6）；③对于肯定性行动的支持与反对的讨论（史料 7~15）。史料 1~3 是美国经典宣言。史料 4 阐明了林肯总统在内战前夕所理解的平等概念。史料 5 是关于大约 100 年后约翰逊总统对他所思考的平等概念的阐述。史料 6 即呼吁中止加利福尼亚州肯定性行动的 209 提案。史料 7 是来自美国最高法院的一个具有里程碑意义的判例，判例双方为加利福尼亚大学校务委员会和艾伦·贝克。贝克是一名航空工程师，他渴望成为一名内科医生，两次申请进入加利福尼亚大学设在戴维斯的医学院且两次被拒，当他发现加利福尼亚大学在 100 个入学位置中为少数族群保留了 16 个位置后提出了起诉，控告加利福尼亚大学 "逆向歧视"，在入学中让素质较差的少数族群取代素质较好的白人。史料 8~11 是来自四位杰出美国黑人对于肯定性行动的不同态度与建议。史料 12 是一份关于不同族群与家庭收入学生的学能测验（SAT）平均分统计表（见表 1）。①

---

① William Bruce Wheeler et al. , *Discovering the American Past: A Look at the Evidence*, p. 359.

表 1　不同族群与家庭收入学生的学能测验平均分

单位：分

家族收入	黑人		亚裔		白人	
	语言	数学	语言	数学	语言	数学
少于 10000 美元	321	358	340	485	407	452
10000～20000 美元	334	370	353	499	416	457
20000～30000 美元	348	381	393	512	423	466
30000～40000 美元	361	392	414	523	429	474
40000～50000 美元	371	403	435	535	437	484
50000～60000 美元	376	408	449	546	445	494
60000～70000 美元	386	417	456	556	454	502
70000 美元以上	413	447	482	590	471	526

最后呈现相关的盖洛普民意调查结果（史料 14）与两次关于肯定性行动不同态度的演说的摘要：1996 年美国总统候选人鲍勃·多尔在加利福尼亚圣地亚哥发表的演说（史料 13）与 1997 年美国总统克林顿在同一城市的演说（史料 15）。

仔细阅读这些史料，人们会发现其中暗含价值观。在第一部分史料"平等概念的变迁"中所出现的各项材料几乎构成了一部特别的美国建国史，史料让学生们了解先辈对平等的理解与追求，虽然每个时代对平等的理解并不相同，但是对平等的追寻贯穿了整个历史进程。平等概念的变迁①体现在以下五个方面。

（1）美国《独立宣言》（1776 年）的摘录。我们认为下述真理是不言而喻的：人人生而平等，造物主赋予他们若干不可剥夺的权利，其中包括生存权、自由权和追求幸福的权利……

（2）美国格言。E Pluribus Unum（拉丁文，含意为"众皆为一"）。

（3）忠诚誓言（1942 年）。我谨宣誓忠诚于美利坚合众国国旗，忠诚于这个国家的立国原则：在上帝庇佑下，一个国家不容分割，人人享有自由与正义。

---

① William Bruce Wheeler et al., *Discovering the American Past: A Look at the Evidence*, pp. 353 - 354.

（4）亚伯拉罕·林肯与斯蒂芬。A. 道格拉伊的第四次辩论（伊利诺伊州查尔斯顿，1858 年）的摘录。我毫不犹豫地说，直到此刻我也毫不犹豫地说：白人与黑人的人种区别可能永远阻碍这两个种族在同一个社会中共同生活与共享政治平等。这种情况不能再存在下去了，因为它必与把人区分为优越与低级的制度共在……

（5）林登·约翰逊总统在哈佛大学演讲（1965 年）的摘录。你不能认为这样的行为已成就完全的公平：将一个因被锁链捆绑长期蹒跚而行的人解放，并将其带到起跑线上，说你现在已可以自由和别人竞争了。

平等机会是首要的，但不是全部。不同种族的男人与女人在出生时有相似的能力。然而能力并不是天然的产物，一个人的才能受到其生活的家庭、周围的邻居、所进入的学校以及周围人贫困与富裕程度的制约与限制。在从婴儿到儿童再到成人的成长过程中，有百种看不见的力量在起着作用。

第 15 项史料是《发现美国的过去》为这一章选择的最后一项史料：来自 1997 年 7 月 14 日克林顿总统在加利福尼亚大学圣地亚哥分校毕业典礼上的演说，它用更高的愿景为这一争端开辟新的希望："……对于反对肯定性行动的人们，我恳请你们再一次做出选择。如果有更好的方法，我会采取它。对于我们中支持肯定性行动的人们，我要说的是我们将坚守这一行动。对于那些不赞成肯定性行动或不能决定自己选择以及谈论这些问题实际影响的人们，我们将依然伸出友善之手，我们从没有表示不愿与那些不同意我们但寻求新方法来促使我们社会前进与和解的人共事的意愿……"①

正如教材所指出的，人们都认同一个政府应为所有成员提供公平与正义，然而公民时常在理解这些目标的内涵与如何更好达成这些目标的问题上产生分歧。在帮助学生们更真实地了解美国社会存在问题、人群间冲突的同时，教材所蕴含的对价值观的追寻与对未来美好前景的追求依然醒目。正如学者所云：历史并不保证宽容，但它能提供宽容所需要的武器。而事实上肯定性行动在加州全民公决的最终失败也说明历史有可能产生倒退，历史的进步并非永远存在。

---

① William Bruce Wheeler et al., *Discovering the American Past: A Look at the Evidence*, p. 352.

五　重视为具体史料提供背景描述

"历史程序性的概念和技能事实上是具有层次性的。"[1] 英国历史教育学者对历史教育中过于重视历史技能的培养而忽略教育对象的现象产生了担忧。

在不了解相关历史背景知识的情况下，学生们无法对史料进行理解与分析。《发现美国的过去》在每一章用描述的方式提供了相关背景材料，背景材料一般要占一章内容的 1/4 左右，在"民主与多元化：肯定性行动在加州"一章中，背景材料涉及加利福尼亚州的诞生、淘金热与丰富自然资源带来的开发热潮、美洲与亚洲移民的涌入、排华法、20 世纪的新发展、大萧条时期对少数族群的歧视、二战中对日侨的集中安置与管理、冷战中当地国防工业的崛起、20 世纪 60 年代的黄金时代、信息时代蓝领工作岗位的减少与教育对就业的重要性、美国各族裔人口比例的变化、贯穿整个加利福尼亚州历史的持续种族骚乱与族群间矛盾，这些描述帮助学生随后理解具体的史料的学习。学生的历史思维与理解活动是一个动态过程，思考需要一个宽广背景的支持，故事般的背景介绍为历史学习者提供了历史思考的时空感与对相关历史的熟悉感。

今天我国的史料教学在众多历史教育工作者的努力下呈现蓬勃的生气，《发现美国的过去》向我们展示了美国同行们在史料教学领域的实践，带给我们启发与思考。"历史教育"的思考绝无法脱离"历史学"而独立；"历史如何教"是"历史是什么"问题的延伸。翻看各种历史教育的争论不难发现，人们坚持学校中的历史教育应该如何时，背后隐藏的是他们对于"历史"的不同认知。[2] 历史学科的本质特点与教育的要求将不断地深入影响中学史料教学，使其日益发展。

本文的完成要感谢上海师范大学人文学院李稚勇教授提供的原文材料与对该书的首先介绍与翻译。

---

[1]　转引自陈冠华《历史教学中的史料运用》，台湾《清华历史教学》1999 年第 9 期，第 64 页。

[2]　林慈淑：《历史要教什么？——英美历史教育的争议》，台北：学生书局，2012，第 8 页。

【附录】《发现美国的过去》目录

章序	主题	史料
1	初次相遇：科特斯与蒙特祖玛之间的对抗（1519～1521）	·科特斯致西班牙国王查理五世的信 ·阿兹特克人与欧洲人的艺术作品 ·阿兹特克人对科特斯的印象的文字表述
2	殖民地生活的节奏：马萨诸塞殖民地的统计资料	·人口、死亡率、土地、婚姻、迁徙、财产分布、税收和贫穷救济金的统计资料
3	波士顿大屠杀的真相——对托马斯·普雷斯顿上尉的审判	·波士顿大屠杀遗址的地图 ·证人的证词节录 ·"被指控的刺刀"位置的素描 ·一支滑膛枪的示意图 ·保罗·若维尔对波士顿大屠杀所做的雕版画
4	远离家园：劳威尔的女童工	·《波士顿季度评论》对奴隶劳工与自由劳工的报道的节录 ·《劳威尔，它的过去，它的现在》的节录 ·劳威尔工厂的时间表 ·《工业之声》节录 ·"纺纱工人之歌" ·《一个新英格兰少女》节录 ·妇女工厂女工的照片 ·妇女工厂女工的信
5	特别风俗：奴隶讲述他们的故事	·原来奴隶的回忆和叙述 ·奴隶的歌曲 ·奴隶们的自传节录
6	胜利的代价：决定启用非洲裔美国军队	·来自北方的材料： 北方黑人致林肯总统的请愿 回忆录和报纸文章的节录 林肯的《解放黑人奴隶宣言》节录 林肯总统的著述与信件的选录 ·来自南方的材料： 报纸文章和社论、通信、法律文件和公告的节录
7	重建南方各州：政治漫画家和民族情感	·托马斯·纳斯德的政治漫画
8	他们如何生活：中产阶级的生活（1870～1917）	·服装、美容品和保健品、枪支、书籍和家庭学习课程、打字机、保险、自行车、汽车、家庭用具和家具的广告 ·房屋的建筑草图和素描
9	20世纪20年代的"新"女性：形象与现实	·通俗小说与20世纪20年代女性的非小说景象 ·玛丽·比克福特和克拉拉·波尔的静物摄影照片

章序	主题	史料
10	记录大萧条:农场安全管理部门的摄影师和农业的贫困	·作为变革见证的纪实照片
11	权力的负担:投掷原子弹的决定(1945)	·杜鲁门、斯蒂姆森、艾森豪威尔和其他当事人的回忆节录
12	战争与骚动中的一代:越南的极度痛苦	·口述历史采访的建议发行形式 ·参加越战的五男二女的回答 ·家庭照
13	民主与多元化:肯定性行动在加州	·与美国人的"平等"理念相关的材料节录 ·209条建议的节录 ·支持和反对反歧视行动的演讲、文章、统计资料和民意调查

以色列中学阶段历史教育的特点

赵建成

犹太大流散以降，犹太民族在异国他乡传承其民族思想与文化，"流而不亡"是犹太文化的表征之一。当中，教育是维系犹太民族凝聚力的重要手段之一。犹太拉比、智者约书亚·本·迪马（Judah ben Tema）曾言："五岁之后学习米卡拉（Mikra），十岁学习密西那（Mishna），十三岁学习戒律，十五岁学习塔木德。"《申命记》中写道："你当追想上古之日、思念历代之年。问你的父亲，他必指示你；问你的长者，他必告诉你。"① 立国后，以色列政府愈加注重青少年教育，投入大量资金与精力。尤为突出的是，以色列政府将中学历史教育嘱以重要的位置，塑造学生完整的人格，培养其爱国主义情怀。②

与中国教育政策相同，当代以色列施行义务教育，将其划分为小学、初中、高中三个不同时段。犹太复国主义运动以来，流散世界各地的犹太人移民以色列，他们的语言、文化、宗教背景存在或多或少的差异。以色列政府通过《公平教育法》，依据不同族群之间犹太人的信仰状况，分为宗教学校、公立学校及东方犹太人学校。以色列的少数民族同样享有教育权，阿拉伯人"同样享有教育权利，其教学语言为阿拉伯语，德鲁兹人的学校中，

---

① 《申命记》第 32 章，第 7 节。

② 国内外学术界就以色列中学历史教育的主要研究成果参见张倩红《论以色列教育的特征》，《西北大学学报》2000 年第 1 期，第 153～158 页；胡茹萍《以色列教育初探》，《台湾国际研究季刊》2012 年第 2 期，第 149～172 页；Ami Volansky, *The Israeli Education System*（Tel-Aviv University, 2007）.

宗教考试出自伊斯兰经典，学生不必学习犹太圣经"。① 为了保证学生不因种族、信仰而受到歧视，以色列政府在 2000 年颁布《学生权利保障法》（*Pupils' Rights Law*）②。迄今，以色列政府颁布及修订了三部教育法：1949 年《义务教育法》（*Compulsory Education Law*，1949）、1960 年《义务教育法》修订、2000 年《义务教育法》修订。

高中升学阶段，学生申请大学需要提供 10～12 年级历史学科的巴古鲁特会考成绩，如果申请具有自主招生权的高校，学生还需要参加该大学举办的考试。大学入学资格考试（也称巴古鲁特会考）包括希伯来语（或阿拉伯语）、英语、数学、民族与国家知识、世界史、希伯来文学（或阿拉伯文学）、选修课程、体育。③ 按照新修订的义务教育法规定，中学生需要掌握不同时期的历史知识，不能仅局限于犹太民族史。学校开设了世界史和民族与国家知识两大主要体系，除此之外，犹太教课程属于小学教育范畴，不是中学教育的必修课程。2000 年以来，为了顺应时代发展，以色列政府因时而异对教育做出重大改革，实施了"新视界课程计划"（New Horizon Project），减少课程数量，增加核心课程课时比重；增加教育拨款经费，提升中学教师薪酬，并严格要求教师提高教学能力，旨在提升学生创新能力。

另外，中东地区为了推进中东和平进程，成立了"巡察影响地区和平中心"（the Center for Monitoring the Impact of Peace，CMIP）。这是一个非政府组织性质的教育检察机构，创立于 1998 年，其工作任务之一是审查中东地区尤其是以色列中学历史教材是否含有歧视内容，并对有违其宗旨的内容提出修改意见。例如，该机构在 2000～2001 年度发布了《以色列教科书中的阿拉伯人、巴勒斯坦人，伊斯兰与和平》（Arabs, Palestinians, Islam and Peace in Israeli School Textbooks）。

---

① The Israeli Matriculation Certificate, January 1996, Retrieved 5 August 2007, United States-Israel Educational Foundation via the University of Szeged University Library.

② 参见 http：//cms. education. gov. il/EducationCMS/Units/Zchuyot/ChukimVeamanot/Chukim/PupilsRightsLaw。

③ 参见 http：//www. jewishvirtuallibrary. org/quot－bagrut－quot－matriculation－exams。

一　极端正统派犹太教历史教育特征

以色列极端正统派所创办的中学（Israeli Haredi Schools）① 数量不多，一些学校未能获得政府认可，其开展的历史教育具有浓厚的宗教色彩。极端正统派学校依据其特征分为四类：第一，政府开办学校（State Haredi），学校接受政府全额财政补贴，但是受到极端正统派教育部门（Ministry of Education's Haredi Department）的监管，在课程教学方面具有浓厚宗教背景；第二，机构附属的中学（Exempt Institutions），接受政府财政补贴，不隶属于任何教育部门，而是隶属于各个独立机构；第三，男子学校以及女子学校，采取男女分开办学方式，只在极端正统派社区招收特定的学生；第四，在私塾里开设的简易课堂，一般不能得到政府的认可。

2017 年的最新报告《以色列极端正统派教材：摩擦升级》（*Haredi Textbooks in Israel：Reinforcing the Barricades*）②，陈述以色列极端正统派的历史观，包括但不限于极端正统派对阿拉伯人的偏见，以及他们试图通过重新诠释犹太史，维护当今以色列右翼党派对巴勒斯坦人的举措的合法性。例如，中学阶段的教科书《社会学》中一个篇章"成为一名新公民"讲述："上帝应许犹太人获得巴勒斯坦土地，上帝多次允诺以色列人先祖亚伯拉罕及以撒、雅格，允诺他们的后代居住于此。"③ 厄尔达·帕多（Eldad J. Pardo）认为，"通过凸显犹太传统律法，极端正统派试图将巴以冲突的灾难仅仅归结于阿拉伯人的侵略及战争造成的苦难，并未提及以色列对中东战争所应承担的责任"。④

中学阶段历史课程开设"当代人历史"（History of Recent Generations），叙述了 18 世纪犹太启蒙运动以来的犹太历史，编订教材的作者持有中立、

---

① Eldad J. Pardo et al. , *Haredi Textbooks in Israel：Reinforcing the Barricades* （Jerusalem：Hebrew University, 2017）, p. 23.

② Eldad J. Pardo et al. , *Haredi Textbooks in Israel：Reinforcing the Barricades*.

③ Ostery M. Hacohen, *As a New Citizen, Civics Textbook for Haredi Secondary Schools* （Jerusalem：OhrMeir, 2009）, p. 10, 转引自 Eldad J. Pardo et al. , *Haredi Textbooks in Israel：Reinforcing the Barricades*, p. 39。

④ Ostery M. Hacohen, *As a New Citizen, Civics Textbook for Haredi Secondary Schools*, p. 10, 转引自 Eldad J. Pardo et al. , *Haredi Textbooks in Israel：Reinforcing the Barricades*, p. 39。

客观、科学的态度，从以下所列示例可以窥见其一斑。以犹太启蒙运动章节（Jewish Enlightenment）为例，首先论及德、法启蒙运动对犹太知识界的影响，作者力陈犹太启蒙运动对犹太文化改革、现代化，乃至犹太复国主义运动有举足轻重的作用。然而在编订教材过程中，极端正统派犹太人诠释并夸大犹太启蒙运动对犹太人同化的作用，消极认为"马斯基尔的追随者放弃对《托拉》及其他犹太经典的学习，鄙弃犹太人固有的传统精神与美德"。① 犹太解放运动亦称哈斯卡拉（Haskalah）运动，是犹太启蒙运动的结果——犹太人走出"隔都"。教材陈述了在哈斯卡拉运动的影响下，西欧犹太人获得公民权，包括财产权与选举权。不可否认的是，哈斯卡拉与犹太复国主义运动引起外界对犹太人的抵制，激化了欧洲反犹主义。②

值得商榷的是，极端正统派犹太人对犹太复国主义持不同意见，认为犹太人履行上帝的约，虔诚地服侍上帝，上帝必将让犹太人回归故土；"犹太人自我救赎，是犹太国再现的基石；一位犹太人如果不能抵制非犹太思想的淫浸并进行精神救赎，那么他是不能够踏入犹太国境的"。③ 极端正统派犹太人在耶路撒冷的委员会严格依据犹太律法，抵制那些抛弃《托拉》、《密西那》及其他犹太经典的言论，认为当前犹太国的建立违背了上帝的约，甚至抱怨政府的宗教政策。正统派犹太人强烈抵制大量世俗派犹太人移民巴勒斯坦。同样的，在教材《当代人历史》中，极端正统派犹太人举了一个例子，"雷布·哈依姆·贝里斯克的父亲是一位热情的犹太复国主义者，然而发现自己所在的卡哈尔科夫市周围的同学对上帝不敬的行为，这让作者感到失望"。④ 世俗派犹太人认为，发源于 19 世纪末的犹太复国主义运动已经规划了未来的国度是犹太民族的共同体。犹太复国主义的先驱利奥波特·平斯克、西奥多·赫茨尔、哈依姆·魏兹曼等，都希望能够与奥斯曼土耳其帝国达成某种协议，使流散世界的犹太人与其他民族一样获得建立犹太国家的权力。⑤

初中阶段，极端正统派犹太中学生学习世界历史与地理学。极端正统派

---

① Y. Fridner, *History of Recent Generations*, Vol. 1 (Jerusalem: Yeshurun Publishing, 2008), pp. 84 – 85.

② Y. Fridner, *History of Recent Generations*, Vol. 1, pp. 79 – 85.

③ Ostery M. Hacohen, *As a New Citizen*, *Civics Textbook for Haredi Secondary Schools*, pp. 13 – 15.

④ Y. Fridner, *History of Recent Generations*, Vol. 1, p. 15.

⑤ Walter Laqueur, *A History of Zionism* (New York: Rinehart and Winston, 1972).

强化学生对上帝与博爱之间的关联，虽然不失赞美犹太传统美德的作用，但是人为地污蔑那些偶像崇拜的人脱离了人类基本伦理美德，如有关美国奴隶制度的起因，8 年级必修历史学科所用教材《美国地理》（*Geography in American*）中写道："盛行黑奴贸易，一些城市及城镇中不定期召开集市公开售卖奴隶，最为常见的是白人奴隶主掰开奴隶们的嘴检查牙齿是否健康、检查肌肉确认是否购买……奴隶生活贫苦，庄园主非常恶劣地对待他们……"

应该注意到，书中所举的奴隶制的例子来源于非犹太人，如同摩西·迈蒙尼德所言，"残忍对待同胞只存在于偶像崇拜的人中，犹太民族是亚伯拉罕的后裔，受到上帝的律法指导，对世上所有人存有仁厚的心"。①

与之相比，世俗派犹太人的学校所使用的人文地理学课本《美国的地理》（*Geography of the United States*）叙述美国奴隶制更加科学、理性，将美国黑人奴隶的人身权与政治权力作为权衡奴隶制的一个方面，"支持奴隶制的观点认为大部分生活在美国的黑奴尽管生活条件好于西非，生活更有纪律及社会性，但是废奴主义者承认物质层面的有利之处，黑人奴隶失去了自由的权力，无法左右自己的命运"。②

一方面，极端正统派的教科书歌颂上帝对犹太人的爱，以及犹太人美德与历史传统，将犹太人的成就归结于信仰上帝、遵从律法、勤劳努力等；积极回应灾难，认为历史上犹太人几经非难，多次受到反犹主义者的排斥甚至纳粹屠杀，但依然遵行上帝美德，希望上帝能够让犹太人摆脱困境，长久地保持信赖上帝。无疑，宗教因素通过历史与民族支撑犹太复国主义运动、以色列建国及其疆域的合法性。

另一方面，极端正统派的教科书保留浓厚宗教色彩，缺乏现实因素的考虑，在一些重大事件上歪曲事实，憎恶非犹太人，以及误解性地议论，造成正统派犹太学生很难融入主流社会。宗教史观降低人的主观能动性，强烈的宿命论无法形成积极的人生观念；对于以色列国的态度模棱两可，拒绝其合法性，试图回归犹太传统社会，认为《托拉》及律法书是以色列的基石。经历了纳粹屠犹以及第一次中东战争的东欧移民后，以色列的极端正统派犹

---

① B. Ordentlich, *Geography in America*, *Grade 8* (Jerusalem: Yeshurun Publishing), pp. 81 – 82.

② Z. Klein, *Geography of the United States*, *Grade 8* (Jerusalem: Yeshurun Publishing), p. 26.

太人改变传统立场，否认上帝全能的力量，否认极端正统派的做法，在一定程度上动摇了极端正统派阵营。

二　世俗派犹太中学历史教育特征

1990 年，以色列国内外形势发生重大变化，和平主义与地区经济发展成为以色列社会关注的主题。尤其是 20 世纪 70 年代、80 年代以来，中东犹太人与埃塞俄比亚犹太人移民以色列，造成以色列的多元文化现象。以色列教育部权衡过去教育存在的利弊，对大部分公立中学实施改革方案。2000 年，面对大学教育系统、少数族群如米兹拉希（Mizrahi）犹太人的压力，以色列教育部起草计划："大幅度降低非核心必修课程的数目，提升中学历史教育的地位，增强中学教师教研的自主性，提高世界史在历史教育中的比重以适应全球化带来的挑战。"①

中学教育改革目的之一是制定中学生升学考试制度。初中阶段的 8 年级需要参加麦扎弗考试（Meizav exam）；在高中阶段最后两年及 10～12 年级，需要参加巴古鲁特会考并取得高中毕业证书，以会考成绩作为申请大学的依据。历史学作为核心科目之一，包含了民族国家与国家知识、世界史两个考试科目，其高成绩无疑能够帮助学生取得大学敲门砖。

徐新认为，"犹太文化底蕴浓厚，自犹太大流散以降，犹太人陆续在希腊化时期的亚历山大里亚，中世纪伊斯兰时期的巴格达、西班牙地区，近代早期的西欧地区繁荣其文化，形成不同的犹太文化中心"。② 那么作为一个流散世界民族的犹太人，相应的，历史学课程目标主要论述犹太文化的形成和犹太人与其他民族之间的往来，世界史在历史学科中占据较高的比重。诚如张倩红所言："犹太文化是一种典型的民族文化，但这一文化并不意味着否定自身所具有的'世界性内涵'……"③ 犹太人在与外界交往过程中，在保留其民族特色的同时，一次次打破局限性，汲取

---

① 参见 http://cms.education.gov.il/EducationCMS/Units/Owl/English/Organization/Secondary。
② 徐新：《犹太文化史》，北京大学出版社，2011。
③ 张倩红：《犹太文化的几个特征》，《西亚非洲》2003 年第 4 期，第 18～23 页。

基督教、伊斯兰教文明的精华，形成独立的犹太文明，这一切离不开世界性的犹太人。

长期以来，挑战权威、长于辩论是犹太文化一项重要的传统，拉比犹太教时期，犹太学者对口传律法持有不同的观点。① 中学历史的课程教学中，教师对一些历史事件不表达特定的看法，鼓励学生多方面、多角度地观察该段历史，鼓励学生们交流、互论。付英凯作为《环球》杂志记者，就有关以色列中学历史教育的内容进行了报道："学生亚丝明选修了《十九世纪欧洲民族主义史》的课程，每周三个小时，亚丝明认为民族主义思想促使希腊民族主义运动，老师认为该答案不尽完善，鼓励亚丝明考虑得更加全面；亚丝明父亲对阿以关系秉持温和偏左态度，然而他为年轻学生受到以色列右翼主义思想的侵袭而感到担忧，尽管多数以色列教师属于左派，但是学生受到教材、媒体宣称等因素干扰不自觉走向极端主义。"②

以色列政治环境的变迁，使以色列课程标准发生变化。以色列所处的国际环境与政府实施的政策，对以色列中学历史教育的课程标准产生巨大的影响。以色列建国之后很长一段时间处于战备或交战状态，英雄主义与民族主义为中学教育所弘扬，神话了马喀比起义、星辰之子反抗罗马等。艾仁贵在《"马萨达神话"的建构与解构——一项集体记忆研究》中，叙述了以色列政府为缔造民族认同、激励前线将士，乃至创造现代国家，而神话马萨达事迹，将马萨达精神社会化，不遗余力地在教科书中推崇马萨达精神。③ 纳粹屠杀犹太人的历史事件在以色列社会中没有得到重视，在教科书中被寥寥提及，根本原因在于纳粹屠杀犹太人塑造了悲观主义层面，直至 20 世纪 90 年代重启中东和平之后，以色列政府转变立场，刻意塑造纳粹屠犹，塑造犹太人的民族认同与国家记忆。费驰、李文君在《独特性与反思性：以色列高中历史"犹太大屠杀"内容的构建》一文中论述："从以色列（9～12 年级）课程标准所见，以色列高中对于'犹太大屠杀'历史记忆的重构也正

---

① 张倩红：《犹太文化》，人民出版社，2013。
② 《以色列历史教科书最好立场暧昧 日本两种史观纠结》，搜狐网，2013 年 1 月 31 日，http://news.sohu.com/20130131/n365153032.shtml。
③ 艾仁贵：《"马萨达神话"的建构与解构——一项集体记忆研究》，硕士学位论文，南京大学，2011。

式从追问其原因说起；将大量与'犹太大屠杀'相关的艺术作品、影视、非学术刊物等在课上给学生讲解。"①

对中学阶段的学生而言，以色列教学大纲的目的是培养其扎实的历史基础、正确的价值观。有关犹太复国主义以及 20 世纪 50 年代以来的中东和平进程的内容无疑是衡量教材编委的历史观。2012 年的 CMIP 报告，谢珂（Yael Teff-Seker）在《以色列教科书中的和平、宽容与阿拉伯人》（*Peace, Tolerance and Palestinians "Other" in Israel Textbooks*）中指出，"以色列教材对阿以冲突原因及过程描述客观，并无偏见，旨在引导学生独立思考"。②书中描述了 2000 年以来的中东和平进程，认为这段时间"阿以双方之间沟通更为频繁，双方之间的利益冲突能够及时得到化解，尤其是 2000 年前后以色列前总理沙龙推行的右翼政策，在以色列普通民众间激起强烈的反抗情绪，并认为冲突的根源在于犹太人与阿拉伯人双方没有深入了解；历史上的隔阂与矛盾没有得到解决，以及全球化所面临的压力是今后中东和平的障碍之一。"③

有史以来，尽管犹太人不乏一些杰出女性，如辛西娅·奥兹克（Cynthia Ozick），但从历史纵向角度而言，杰出女性所占比例较低。犹太传统中的女性扮演着母亲的角色。④ 犹太启蒙运动后，犹太女性开拓进取意识萌芽，积极学习主流思想。19 世纪柏林犹太社团的富裕妇女，通过开设沙龙方式赞助德国知识分子，也改变他们宗教与文化的态度，例如摩西·门德尔松的女儿嫁给一位信仰基督教的银行家。1945 年，以色列政府制定《义务教育法》，保障女性教育权。

有数据表明，女性在中学高年级的退学率是男性的三倍。近年来该趋势得到逆转，自 2011 年开始，更多犹太女性选择接受教育而不是弃学。"2011 年，男性的退学率为 4.5%，同时期女性退学率为 1.7%。从升学会考情况来看，2011 年，62% 的女性参加巴古鲁特会考，而男

---

① 费驰、李文君：《独特性与反思性：以色列高中历史"犹太大屠杀"内容的构建》，《中学历史教学参考》2016 年第 8 期，第 20～24 页。

② Yael Teff-Seker, *Peace, Tolerance and Palestinians "Other" in Israel Textbook*（Jerusalem：Hebrew University, 2012）.

③ Yael Teff-Seker, *Peace, Tolerance and Palestinians "Other" in Israel Textbook*.

④ 至今，正统派犹太教仍潜意识认为妇女应该扮演母亲的角色。M. Pnina, *In Good Time, Grade* 4（Jerusalem：TLT Institute）, pp. 33–34.

性的比例为 51%；2011 年共有 30 多万名考生考入高校，其中女性超过 17 万人，占 56.7%。其中，犹太女性学生倾向于选修人文历史学科。"①

三　结语

各国制定不同的教育政策与课程标准的原因是不同的历史背景和传统习俗。以色列政府将历史学科作为"核心学科"（core curriculum）。以色列《义务教育法》第 11 条和教育部长事件备忘录（Ministry of Education Director-General memoranda）中要求以色列所有中学生必须修核心课程学分（阿拉伯人与正统派犹太人除外），选择不同比例的核心课程，必须保证一定学时。② 政府强制推行核心教程，尤其是 2000 年实施了"新视界课程计划"，监督私立中学与正统派犹太教中学开设核心课程。以色列社会普遍认为，历史教育是犹太民族凝聚力的重要手段之一，阿以双方相互增进历史与传统认识有利于中东和平进程的发展。以纳粹屠犹的历史课程内容为例，费驰、李文君认为，"《课标》从自由世界的角度看他们的兄弟姐妹在大屠杀中的命运，这对于唤起整个世界犹太人的命运共同体具有重要的意义"。③

依据以色列的 9~12 年级课程标准，历史学科被分为两大类，其中世界史占据主要地位，涵盖了西欧犹太启蒙运动以来的犹太历史。将本国历史放在世界范围内，一方面培养学生广阔的视角，另一方面将世界民族之间的联系作为前提，摒弃狭隘的民族主义倾向，有助于巴以和解。当前以色列中学历史教育中仍存有若干缺陷，一些内容的描述具有种族歧视与宗教色彩。总而言之，2000 年之后历史学课程标准的改革折射了社会环境的变迁与以色列政策制定的变化。

---

① Shahar Chai, "2012: More Women than Men in Academia; Fewer Female Professors," *Jerusalem*: *Ynetnews* (March 8, 2018), https://www.ynetnews.com/articles/0.7340.L-4353968.00.html.

② Central Bureau of Statistics Ministry of Education, *Education and Social Services Survey for Primary and Secondary Schools*: *Hebrew and Arab Education* (December 2011), http://www.cbs.gov.il/webpub/pub/text_page.html?publ=84&CYear=2008&CMonth=1.

③ 费驰、李文君：《独特性与反思性：以色列高中历史"犹太大屠杀"内容的构建》，《中学历史教学参考》2016 年第 8 期，第 20~24 页。

巴基斯坦中学历史教科书研究

——以旁遮普省为例

甘倪萍

当前，在教育研究尤其是历史教育研究这一方面，中国研究者关注的国家大多是英国、美国、澳大利亚、加拿大等发达国家，发展中国家甚少，而巴基斯坦历史教育研究几乎为空白。旁遮普省是巴基斯坦人口最多、工业最发达的省份，在巴基斯坦以相对繁荣著称，它也是改革的先驱。21世纪，旁遮普省制定了2030年发展愿景，"教育"是其2030年发展愿景的重点。[①] 因此，本研究以巴基斯坦旁遮普省为例，以目前正在使用的六至八年级的《历史》和九至十年级的《巴基斯坦研究》两套英文版[②]教材为研究对象，从其国家意志、民族认同等角度分析其课程标准与内容，力图做到多方位思考。从而认识巴基斯坦独特的教育系统，以期能启发更多的人去关注教育本质的内容。

一 巴基斯坦教育系统简介

巴基斯坦教育系统包括教育机构、教育基本政策、课程设置等。以下将对其中内容做简要概述。

---

① B. M. Allah, "Policy Analysis of Education in Punjab Province," Nov. 29, 2011, http://unesco.org.pk/education/documents/situationanalysis/Education _ Policy _ Analysis _ for _ Punjab.pdf.

② 目前，巴基斯坦基础教育中使用乌尔都语和英语进行教学，但是越来越多的学校和老师被要求使用英语进行教学。

（一） 巴基斯坦教育系统和基本政策介绍

《巴基斯坦宪法》规定教育系统[①]应向 5 ~ 16 岁[②]的所有儿童提供免费的义务教育。据统计，当前巴基斯坦（截至 2015 年数据）教育系统[③]内有 260903 个机构，其中私立机构约占 31%，公立机构约占 69%。

巴基斯坦教育分为初等教育、中等教育、高等教育和大学教育。初等教育是一年级到五年级，中等教育分为六至八年级和九至十年级两个阶段。十年级学习结束后，所有学生必须参加毕业考试，然后根据十年级毕业考试成绩高低进入高等教育学校学习，即十一至十二年级，也有人称其为预科学校。大学教育入学需要根据高等教育阶段预科分数的高低来划分，学制两年，考试一年一次，即期末考试。读完两年大学后，可获得学士学位。本文研究主体则选自中等教育阶段六至十年级的教科书。

（二） 巴基斯坦课程设置

1973 年以来，巴基斯坦将教育收归联邦统一管辖。在课程方面，要求遵循国家课程标准，教学内容与国家课程一致，但是也允许个别课程内容反映相应省份特点。

1. 基本课程设置概况

基本课程设置上，巴基斯坦初等教育阶段分为两个时期：一至三年级和四至五年级。一至三年级学习基础的科目为通识教育，包括科学、社会研究和伊斯兰教义。四至五年级增加了数学科目，并且开始乌尔都语和英语的学习。

中等教育学校课程比初等教育阶段要复杂许多，不仅增加许多课程，还加大课程难度（见表1）。

---

① "教育系统"包括所有参与提供正规教育的机构（公立和私立、营利性和非营利性、现场教学和虚拟教学）及其师资、学生、有形基础设施、资源和规则。在更广泛的定义中，该系统还包括直接参与资助、管理、运营或监管此类机构的机构（如政府部门和监管机构、中央考试机构、教材委员会和认证委员会）。指导个人和机构之间相互作用的规章制度也是教育系统的一部分。参见 A. Hussain， "Education System of Pakistan: Issues, Problems and Solutions," 2015, http://www.ipripak.org/education – system – of – pakistan – issues – problems – and – solutions/。

② 按照巴基斯坦小学入学年龄以及年级设置，5 ~ 16 岁即一至十年级的年级段。

③ B. M. Allah, "Policy Analysis of Education in Punjab Province," Nov. 29, 2011.

表 1　六至十年级开设基本科目

年级	伊斯兰教义	科学	乌尔都语	英语	数学	阿拉伯语	巴基斯坦研究	地理	历史	生物	化学	物理	通用科学/数学
六年级	√	√	√	√	√	√		√	√				
七年级	√	√	√	√	√	√		√	√				
八年级	√	√	√	√	√			√	√				
九年级	√	√	√	√	√		√			√	√	√	
十年级	√		√	√		√	√			√	√	√	√

资料来源：根据巴基斯坦教育部官网数据统计（2018 年）。

首先，在科目设置上，开设历史、地理单科，九、十年级则开设了《巴基斯坦研究》。增加了基础课程如阿拉伯语、旁遮普语①、计算机教育、化学、生物等，职业课程如农业、家政、沟通技巧、图形艺术与设计等。一至十年级开设科目数见表 2。

表 2　一至十年级与科目数（科目数含选修）

年级	科目数	年级	科目数
一至三	3	八	16
四至五	6	九	22
六	11	十	11
七	10		

其次，在课时设置上，专业类课程以数量多占据绝对优势。六至八年级一周 45 课时②，其中课时较多的是乌尔都语课为 10 课时，英语、数学各 6 课时，科学、伊斯兰教义、历史和地理 5 课时，职业相关课程如家政、沟通

---

① 本文所取信息均来自旁遮普省教育系统，其他省份一般会选择本省民族语言为学习科目。

② 王斌华：《巴基斯坦中学普通教育与职业教育的一体化趋势》，《外国教育资料》1996 年第 2 期。

技巧、英语教学等占 6 课时。九至十年级在巴基斯坦教育系统中地位非常突出，一部分学生在十年级毕业后直接进入社会工作，因此不仅增加课程种类，还增加课时数量。九、十年级共 72 课时，其中家政、农业、图形艺术与设计、商业基础等职业课程达 10 课时。

最后，在分数要求上，每门科目分数为 50～250 分不等，总分达 900 以上，才能获得毕业证书，以进入更高等级学校就读。

高等教育阶段包括普通高等教育学校、职业技术学校等。巴基斯坦旁遮普省的学院主要有四类：理学院（Faculty of Science，FSC）、计算机科学学院（Intermediate in Computer Science，ICS）、商学院（Intermediate of Commerce，ICOM）和文学院（Faculty of Arts，FA）。

2. 课程设置特色

巴基斯坦课程设置有以下几大特色。

第一，带有伊斯兰教和民族文化特征。如一至十二年级都设置必修课程伊斯兰教义，有 9 个年级都必须学习乌尔都语和英语。

第二，重视实践学科和学生基础，如有 11 个年级设置科学，7 个年级设置数学。还有其他课程，如农业、家政、沟通技巧、美术等，另外还对实践打分。

第三，在课程设置上，考虑到学生考试、毕业、身心发展规律等要素。如一至三年级仅 3 门课，八年级达到 16 门，九年级甚至达到 22 门。当然，巴基斯坦也将这些课程分为选修和必修两种，在一定程度上减轻学生负担。而且多样化的课程选择有利于学生学习进步，也可以使学生不断自我丰富和成长，使其能够掌握有用的技术和实际知识，能够充分理解技术进步，关注社会变化，积极参与社会生产和国家建设。

二　国家课程标准

2006 年穆沙拉夫执政期间，教育部发布《历史》国家课程标准（六至八年级）和《巴基斯坦研究》课程标准（9～10 年级）。2010 年，依据 2006 年国家课程标准（以下简称"课标"）编写的《历史》和《巴基斯坦研究》教科书出版。课标围绕课程内容本身、课程目标、教学策略、评估标准、学习资源指南等进行叙述，明确指出希望通过历史课标的变化带来积极影响，尤其是确立历史作为身份界定的载体和传播政治、社会意识的认知工具的重要地位。

（一）国家课程标准内容概况

课标主要分为前言、正文、教学策略、评估、后置部分几部分。正文部分介绍了六至十年级每章节具体目录。

1. 前言

课标前言①介绍了课标内容和课程目标。六年级，讲述从印度河流域文明到德里苏丹国（前2500~1526）结束的整个古代史。七年级，讲述莫卧儿帝国（1526~1857）形成的基础、兼并统一、贡献、解体的历史。八年级，讲述英国统治、自由运动和巴基斯坦斗争等（1858~1947）事件。

六至八年级课程目标如下：

·培育和提高对南亚几个世纪以来各种文明的认识，尤其是组成当前巴基斯坦地区的认识；

·理解南亚各王朝的兴亡过程，建立时间和鼎盛时期；

·重申几个世纪以来穆斯林统治在印度－穆斯林复合型文化演变过程中的重要性；

·强调南亚历史的各阶段政治结构、经济、社会和文化生活；

·描绘穆斯林统治衰落时期，知道这为英国在南亚建立统治铺平道路的事实；

·重视英国统治期间南亚各项事业的发展；

·概述政治觉醒和随之而来的争取自由的斗争，特别是影响巴基斯坦建立的巴基斯坦运动。

九至十年级课程目标如下：

·向全能的安拉表达感恩之情，感谢安拉为我们带来了一个独立主权国家；

---

① Government of Pakistan, *National Curriculum for History Grades* VI – VIII (Islamabad：Government of Pakistan Ministry of Education, 2006), p. 1.

·强调民族融合、凝聚力和爱国主义重要性；鼓励学生形成观察、创造、分析和反思等特质；

·促进学生对巴基斯坦意识形态、穆斯林争取独立的斗争以及建立现代伊斯兰福利国家的努力的理解；

·培养学生对巴基斯坦多元文化遗产的认识，使学生更好地了解巴基斯坦的社会文化多样性，并在国家背景下习惯这种多样性统一；

·加深对巴基斯坦物质和人力资源的了解；提高对从国家层面出发的各项社会经济活动各方面的认识以及巴基斯坦人在社会发展中所起的作用；

·强调巴基斯坦在国际政治中的战略地位，尤其是与邻国和伊斯兰国家的关系；

·重视独立和主权国家公民的权利和义务。

仔细分析其六至八年级和九至十年级课程目标，可总结出以下几点。

第一，注重基本史实的掌握。学生要知道南亚地区相关历史事实，包括兴亡时间、政治、经济等，也要对一些基本历史人物有所了解，如真纳、赛义德等。

第二，注重对巴基斯坦中学生史实的要求。课标的"目标"要求学生能在基本史实上理解历史材料，辨析历史现象，感悟历史规律，结合现实进行思考。

第三，注重公民的培育。不管是《历史》还是《巴基斯坦研究》，都有对巴基斯坦国情的要求，并且希望学生能够在此基础上，明确公民义务，主动承担公民责任。

2. 正文

课标正文部分，按照单元的形式对课程内容进行详细的规定。同时相对应的，还有对学习成果的要求。

九至十年级由《历史》科改为《巴基斯坦研究》，在课标中，九年级和十年级的内容目录没有明显的区分。

在正文中，按照左侧为学习内容、右侧为学习成果的形式进行书写。例如，七年级历史课标中"第三章莫卧儿帝国：社会文化"（见表3）。

表 3　七年级历史课标第三章

第三章　莫卧儿帝国:社会文化	
学习内容	学习成果
1. 宗教宽容 2. 苏菲主义 3. 复兴运动和融合运动:巴克提和锡克教 4. 社会文化 5. 科学、艺术、建筑和教育 6. 管理	·描述莫卧儿王朝的社会政策和宗教宽容政策 ·简要描述巴克提运动、Din－e－Ilahi、奥拉夫萨尼(Mujadid Alaf Sani)教义的显著特征 ·描述锡克教特点 ·分析莫卧儿王朝时期的社会文化状况和社会转型 ·描述莫卧儿王朝时期科学、意识、建筑的发展 ·描述莫卧儿王朝时期的教育制度 ·了解莫卧儿王朝的中央和省级行政机构 ·讨论莫卧儿王朝的史学

资料来源:《巴基斯坦研究》国家课程标准（2006 年）。

3. 教学策略

巴基斯坦普遍采用传统的历史教学方法，即教师通过参与式①的讲解将教科书中的内容传授给学生，并且用考试的手段使学生能够记忆并且复述这些事实。除此以外，课标还提供了一些教学策略，如演讲、讨论、合作学习、调查等。

例如演讲，必须精心策划，以问题为导向，并且带有适当的图表、图片、图形等。有条件支持的话，还可以用多媒体。这种演讲不是单方面的。为了使学生参与互动，教师应该不时提问，也可鼓励学生提出问题并由教师解答，或邀请其他学生互相回答。

4. 评估

评估"表示在课程结束之前或之后，学期末或学期开始时，测量学生

---

① "参与式"在 20 世纪 90 年代以来被频繁用于经济、政治、教育等方面。"参与式教学"是指在自由、民主、平等的教学氛围中，教师采用灵活多样的教学手段和教学方法，以学生为中心而学生也自愿地、主动地、积极地介入教学的各个环节，与教师共同推进教学的一种教学模式。通过这种方式，学生将会对教学内容有选择的机会、对教学进度提出建议、与教师一同设计教学方法、积极参与并对教学过程进行适当的调控、干预以及对教学结果进行评价等。与以教师、教材为中心，以黑板、粉笔为媒介的传统教学模式（非参与式教学）相比，参与式教学努力创设一种能使学生真正成为教学的中心、以学生为主体的教学氛围。"参与式教学"还具有全体性、全面性、开放性等特点。此处概念以及特点参见孙自辉主编《外语教学模式创新实践》，四川大学出版社，2014，第 95 页。

学习成果的过程"，① 一般为考试形式。

课标对各年级考试评分标准、试卷模板等进行了介绍，如六至八年级各科目评分标准及语言见表4。②

表4　六至八年级各科目评分标准及语言

科目	分值	语言
乌尔都语	100	
英语	100	
数学	100	英语
伊斯兰教义	100	乌尔都语/英语
科学	100	英语
地理	50	乌尔都语/英语
历史	50	乌尔都语/英语
计算机教育	100	乌尔都语/英语
必修科目总分	700	

另外，2006年国家课标中还提及了一些评估类型，如选择的响应，即选择正确答案、教师观察、自我评估等。

5. 后置部分

后置部分简要介绍了教学学习资源开发指南和课程开发小组成员，如学习资源包括地图、地球仪、百科全书、纪录片、报纸、互联网、博物馆等。其中尤其强调了教科书作为一种重要教学资源的作用，它是巴基斯坦课堂中运用最广泛的资源之一。它还规定了教科书应具备的基本特征：教科书作为全年教学框架，所有细节必须与课程规定相匹配；必须具备准确、真实和最新的材料；这些材料必须足以为学生提供理解概念、培养技能和参与更高层次思考所需知识；这些材料应该帮助学生了解他们生活的世界，为考试做准备，为生活做准备，提高他们的标准并促进独立思考；叙事语言简单、清晰且符合逻辑，不应该加载不必要的细节和赘述；材料必须没有错误，值得信任；材料必须公正、无争议；书籍中必须有备注和说明；应在教科书中推荐一些课堂、课

---

① Government of Pakistan, *National Education Policy* (Islamabad：Government of Pakistan Ministry of Education, 2017), pp. 129 – 132.

② 参见 http://www.bisep.com.pk/page – 10040.html#ModelPapers。

外活动；章末练习应鼓励学生思考、培养自身技能，并发挥书本中各种信息的实用性；教科书必须有索引和词汇表；教材内容必须与上下文相关。

依据巴基斯坦此课标描述的教科书基本特征，其教科书是作为学本存在的。而依据课标开发的教科书究竟如何，还待下文详析。

（二）课标评价

综上，从课标本身可以总结出几大特色。

第一，课标具有浓厚的伊斯兰宗教文化特色。仅"意识形态"概念的解释就在评估考试中有七分分值。

第二，课标在教学要求上，注重教师引导作用。课标后置部分提供了详细的课程指南和评估指引，教师可根据学生课堂表现实时进行课堂内容的修订，也可以根据学生不同表现提出合适的课后问题，实行评估活动。教师在学生合作学习中起到了参与和总结的作用。

第三，知识和能力并重。课程标准中，各年级有不同的学习和技能要求，注重横纵向发展。

第四，评估系统不够完善。一方面，该评估很难考核学生情感态度、个人素养；另一方面，"评估"缺乏问责机制。当考核结束以后，对于学校和教师谁应该关注及怎么关注考核结果、谁该对结果负责等问题，课标中没有相关规定。笔者认为，应该设立整体调控、负责机制，学校、教师、社会、家庭等多方面一同承担起提高教育水平的责任。除此以外，还可以评选出一部分优秀评估机构作为典范，也可以引进西方先进的评估机制，如国际上的各种测试项目等。

国家颁布的课程标准是中学进行教学的纲领性文件，是教科书编写、教学实践、学业评价等的依据。巴基斯坦意识形态的形成、国家荣誉的塑造等在课程标准规范下的中学历史教科将会如何呈现，笔者在下文进行探讨。

三　《历史》和《巴基斯坦研究》教科书分析

（一）教科书出台背景

2005 年 12 月 6 日，巴基斯坦第九届省级教育部长会议上提出了"国家教科书和学习材料政策行动计划"。其中要求，"新的教科书和学习材料的选择"应该从"引入已经修订的国家课程标准"入手。① 2007 年 1 月 22 日，巴基斯坦教育部第十一届省级教育部长会议②通过并公布的《国家课程纲要》里规定，基于 2006 年国家课程标准和 2007 年国家教科书学习材料政策编写的教科书将于 2010 ~ 2011 学年正式实施。2007 年 9 月开始教科书分阶段开发工作。2010 年，新教材出台。

文章选取旁遮普省教科书委员会出版的《历史》③ 六至八年级的教科书和《巴基斯坦研究》④ 九至十年级的教科书。在教科书与课程标准之间建立联系，进行交叉分析。

（二）《历史》和《巴基斯坦研究》编写体例简述

从教材的结构编排视角来分析，教科书分为出版说明、目录、词汇表等内容。目录按照单元形式划分，并标明页码。词汇表位于教科书最后，按照字母正序排列。如表 5 八年级《历史》教科书目录。

表 5　八年级《历史》教科书目录

章节	主题	页码
1	英国统治的巩固	1
2	赛义德·艾哈迈德·汗爵士和阿里格尔运动	13
3	英属印度的政治觉醒	24
4	寻求政治解决	37
5	为巴基斯坦而斗争	53
☆	词汇表	69

---

① B. R. Jamil, "Curriculum Reforms in Pakistan: A Glass Half Full or Half Empty?" in *School Curriculum Policies and Practices in South Asian Countries* (Delhi: South Asia Forum for Education Development, Inc. , 2009), pp. 6 – 7.

② 参见 http://www.moe.gov.pk。

③ Punjab Curriculum and Textbook Board, *History for English Medium Schools* (Lahore: Punjab Curriculum and Textbook Board, 2018).

④ M. H. Choudhary, U. Azam, *Pakistan Studies* (*textbook*, *class* 9) (Lahore, Punjab: G. F. H, 2014).

1. 单元设置特色介绍

教科书内容分为正文和副文。容纳教科书主题的文本内容为"正文",而其余的如前言、课后练习、课文注释等称为"副文"。巴基斯坦历史教科书与中国或欧美国家不同的是,其教科书主体部分是单元为正文,副文只有单元标题之下的"学习成果"栏目和单元练习,没有章节、课时形式。

单元是按照国家课程标准要求设置,以八年级历史教科书中第二章"赛义德·艾哈迈德·汗爵士和阿里格尔运动"① 为例,"正文"部分是教科书每单元的主体部分,没有数字、分栏、问题等明显的区分标志,一般是以历史人物、大事件为小标题,字体加大加粗、颜色鲜明。内容上,用"主题+时间"的形式进行编排,将课文各部分内容联系在一起。在正文之后、单元练习之前,还有一个"重要观点"栏目。该部分用一句话简要概括本单元学习成果要求的内容,学生通过此部分学习,可回顾本单元内容,并且能对该单元"重点"有一定程度的把握。

2. 单元练习特色概况

在每单元正文后有本单元相关练习。练习基本分为两个部分(见表6)。

表6　六至十年级教科书中单元练习题型统计

第一部分	第二部分
单项选择题(5~10个)	
简要回答问题(4~15个)	
分析题(4~10个)	题型1:根据原文回答问题(4~5个)
填空题(5~10个)	题型2:实践活动题(1~2个)
判断题(5个)	
信息匹配题(5个)	

---

① Punjab Curriculum and Textbook Board, *History Class 8th for English Medium Schools*, pp. 13 – 15.

六至八年级练习均为课文提及的时间、人物、与重要人物有关的重要历史事件。活动题一般为两个，一个是针对学生个人，需要自己做出一份演讲材料或照片提升自我；一个是团队合作形式，全班制作表格、小型情景剧或辩论等。九至十年级"练习"考核基本史实，即使是分析题，也是一些基本概念和历史事件的概述。没有图片、表格类题型，活动实践主要是校内活动，形式上比较单一。

3. 启示与不足

总的来讲，根据六至十年级教科书编写体例可以总结出几点启示。

第一，便于课前预习。教师授课之前提供本单元能力要求标准，学生可将其与单元具体内容和学习成果要求进行对照，便于教师在上新课时能够真正使学生掌握相关能力。

第二，内容紧密。可根据每单元内部的每个主题相关性具体阐述历史。教科书此种编写体例将学习成果和学习内容紧密结合一起，每个单元所有内容又被框定在大主题之下，因此教科书内容之间具有逻辑性，符合历史教科书编写逻辑。

第三，图文结合更直观。在描述重要历史人物、大事件相关的建筑、文学作品时附有图片，有利于学生更直观地感受教科书文本内容，提高了学生的专注性和教科书本身的趣味性。

第四，词汇表的安排给了学生较多自主学习的空间。

当然，该种教科书编写方式缺陷也很明显。

首先，不利于授课进度安排。未按课时、章节划分内容，教师虽然在授课时可能有较大自由度，容易开展演讲、讲座、知识论坛类授课形式，但是在一定程度上，可能会影响教师备课、授课计划，影响授课进度。词汇表的设置很引人注目，但是没有标注索引，因此学生在实际运用过程中可能会食如鸡肋了。

其次，容量大，教学压力和学习压力大。六至十年级共五本书，时间从前 2050 年到 2006 年，要求学生学习的是从印度河流域文明到穆沙拉夫政府时期整个巴基斯坦有关的历史。如此庞大的教科书内容体量，尽管有学习成果要求和能力要求作为导向，但是学生在实际学习、复习的时候，或许难以取得预期学习效果。

最后，插图虽多，但缺少出处。六至十年级历史部分共 441 页，图片

197 张。仅从数量上看，图片数量较为可观（见表 7），较为可观。但是仔细分析其图片具体信息，会发现大量图片为简单展示某些君王、军事家、政治领袖相貌的画像或照片。如此简单粗糙的插图，对教学的辅助作用大小还待商榷。另外，图片来源和出处未能备注清楚，课文中也没有相关注释去解释插图内容。这样设置，或许会给教师授课和学生自学过程造成疑惑。

表 7　六至十年级历史教科书插图统计

单位：张，页

年级	插图						教科书总页数
	历史人物	地图	历史建筑	历史事件	其他	小计	
六	21	11	30	—	18	80	80
七	28	2	9	1	5	45	144
八	19	—	3	2	—	24	70
九	13	1	—	14	5	33	93
十	8	—	—	—	7	15	54
总计	89	14	42	17	35	197	441

（三）《历史》与《巴基斯坦研究》内容分析

下文选取教科书中具体内容作为案例，对教科书内容进行整体性分析。

1. 教科书内容呈现

教科书内容主要分为巴基斯坦建国之前、巴基斯坦建国之后两个阶段，建国之前叙述的历史如表 8 所示。

表 8　六至十年级《历史》教科书目录

六年级：古代文明到德里苏丹国的瓦解（前 2500～1526）

印度河流域文明
雅利安时代
南亚穆斯林 - I
南亚穆斯林 - II
社会文化发展（711～1526）

续表

七年级：莫卧儿帝国：建立、巩固、贡献和解体（1526～1857）
莫卧儿帝国：建立 莫卧儿帝国：巩固 莫卧儿帝国：社会文化 莫卧儿帝国：解体 莫卧儿帝国：英国支配地位
八年级：英国统治与自由运动（1858～1947）
英国统治的巩固 赛义德·艾哈迈德·汗爵士和阿里格尔运动 英属印度的政治觉醒 寻求政治解决 为巴基斯坦而斗争

1947 年巴基斯坦建国之后的历史是从九年级《巴基斯坦研究》开始学习。《巴基斯坦研究》教科书目录如表 9 所示。

表 9　九至十年级《巴基斯坦研究》教科书目录

九年级	巴基斯坦意识形态基础
	巴基斯坦的建立
	土地与环境
	巴基斯坦历史 - I
十年级	巴基斯坦历史 - II
	巴基斯坦外交关系
	巴基斯坦经济发展
	巴基斯坦人口、社会与文化

《巴基斯坦研究》囊括了政治、经济、历史、国家关系、社会等多方面的知识，接下来笔者选取九年级"巴基斯坦历史 - I"一章，分析其教科书叙事方式、体现的史学观念、涵盖的话题等方面。

首先是分析其学习成果要求，位于本单元标题之下，具体内容包括：

（1）叙述巴基斯坦早期问题；

（2）了解伟大领袖阿扎姆作为巴基斯坦第一任总督和阿里·汗作为第一任巴基斯坦总理的角色；

（3）了解 1957 年和 1962 年宪法的主要方面；

（4）解释阿尤布·汗时代重要事件；

（5）讨论叶海亚·汗政权时期关键政策；

（6）分析造成东巴基斯坦分裂的原因。

该部分学习要求与课程标准中学习要求一致，只是课程标准中更详细。

在正文内容编排上，"巴基斯坦历史 - Ⅰ"正文主要内容包括国家巩固和宪法建设（1947～1958）、阿尤布·汗时代（1958～1969）、叶海亚·汗政权（1969～1971）。

正文基本按照时间顺序结合重要历史事件这样的方式进行编排。多是基本史实的介绍，有个别影响类、原因类知识。

在单元练习中，本单元的单元练习题型分为选择题、简要回答问题、信息匹配题、分析题、填空题等题型。考核的内容主要为时间、人物、地点、基本事件、概念等。题量相对较大，简要回答问题有 15 个，分析题也有 10 个。通过此单元练习，学生可以自主对本单元内容进行基本回顾和总结了。

2. 教科书内容分析

笔者通过阅读六至十年级教科书，根据其具体内容总结出如下几个特征。

第一，教科书主要将斗争和军队作为中心主题，选择相关历史人物作为国家偶像。

关于选取的历史人物，在教科书中，有许多人，或者说"英雄"，因参与斗争或动员与敌人作战而受到称赞。代表人物有穆罕默德·本·卡西姆①（695～715）在 712 年击败拉贾·达希尔并征服德巴尔（信德省），"穆斯林从海盗的监狱里获得了自由"。在对木尔坦的征服过程中，拉贾·达希尔"面临英勇的伊斯兰军队"不得不"逃跑来保全性命"。而后穆罕默德·本·卡西姆在当地建立起了"平等、正义的统治"。

第二，教科书中过度地塑造英雄，忽视女性形象。

---

① Punjab Curriculum and Textbook Board, *History Class 6th for English Medium Schools* (Lahore：Punjab Curriculum and Textbook Board, 2018）, pp. 32 - 33.

　　六年级历史中仅详细叙述一名女性：德里苏丹王朝皇帝伊勒图特米什（Iltutmish）的女儿拉兹亚特丁·苏丹娜①（Razia Sultana）。她是德里苏丹王朝的第一位女苏丹，于1236～1240年掌握王朝政权。七年级历史中详细描写的仅有两名女性：干预朝政的莫卧儿帝国贾汉吉尔（Jahangir）皇帝的皇后努尔·贾汉（Noor Jahan）②、积极反抗英国殖民统治并且英勇牺牲的章西女王（Rani of Jhansi）。③ 八年级历史中仅在第一章寥寥数语提及英国维多利亚女王生卒年。④《巴基斯坦研究》中九年级没有对女性进行详细介绍，仅在十年级书中介绍了一名女性，即巴基斯坦第一位女总理贝娜齐尔·布托⑤，并且介绍了她在任期间的各项教育、行政、社会福利政策。

　　就算是介绍这类出类拔萃、做出突出贡献的女性，也常常将其放在男性角色的从属地位，例如总会介绍她是谁的妻子、女儿等。女性形象的叙述非常单一。相反，男性角色的形象在教科书中的叙述是多种多样的，比如介绍其无惧生死的大无畏的精神、聪明才智、高超的政治手腕、对国家做出的重大决策等。在教科书中，女性是一种服务形象，处于国家生活的边缘。女性角色在教科书中的缺失，与现实生活中女性角色对家庭的贡献对比，引起了一部分人的注意，并且用实际行动致力于女性角色地位的提高。不管是对女性的关注还是对男女平等概念的普及，教科书都应该承担起相应的责任。

　　第三，"小人物"身影难见其踪。

　　综观巴基斯坦教科书，无论是《历史》还是《巴基斯坦研究》，详细介绍的永远只是历史上的帝王、巴基斯坦领导精英。从插图上看，5本教科书共197张插图，历史人物插图有89张，约占46%，建筑类42张，约20%。人物形象均为统治者、政治精英、军事精英此类"大人物"。只有统治者才创造了历史，"小人物"的身影消失不见。他们的发言权、表达权被默默地剥夺，在历史叙述和社会生活中，很难占据一席之地。从另一种意义上说，

① Punjab Curriculum and Textbook Board, *History Class 6th for English Medium Schools*, p.39.
② Punjab Curriculum and Textbook Board, *History Class 7th for English Medium Schools*（Lahore：Punjab Curriculum and Textbook Board, 2018）, p.41.
③ Punjab Curriculum and Textbook Board, *History Class 7th for English Medium Schools*, p.132.
④ Punjab Curriculum and Textbook Board, *History Class 8th for English Medium Schools*, p.2.
⑤ M. H. Choudhary, U. Azam, *Pakistan Studies*（textbook, class 10）（Lahore, Punjab：G. F. H, 2014）, p.16.

这是一种"专制"。而《历史》和《巴基斯坦研究》这两种教科书是巴基斯坦学生必修科目，在塑造其思想和价值观、世界观方面发挥着核心作用。但是他们学习的这种历史，却很有可能使年轻人有一定程度的误解，使他们很难认清历史真面目。

第四，忽视了历史的系统连贯性。

当然，考虑到教科书的特殊性，对历史完全客观、公正和完全准确的叙述是不存在的。[①] 毕竟历史是"被选中的历史"。而教科书的特殊性，也就注定了其身份为"被选中的历史中被选中的历史"。在确切意义上，当课程标准以及教科书编订由国家规定之后，那么带有国家色彩的"偏见"便自然而然地产生了。国家往往希望按照他们那种特殊的方式来"造人"——这些人是符合国家要求的、"守法"公民。六年级历史的叙事顺序是印度河流域文明发展、雅利安人时代，随后是穆罕默德·本·卡西姆入侵信德，穆斯林在南亚大陆的统治历史就开始了。但是事实上，巴基斯坦在公元前6世纪一度是居鲁士大帝的阿契美尼德王朝的一部分，也曾是大流士大帝征服之地。贵霜帝国的辉煌历史也被忽略。

另以"巴基斯坦历史–I"这一单元为例，该单元主要讲述了从1947年印巴分治到1971年东巴基斯坦独立的历史。[②] 在描述印巴分治时，行文间可见摆脱印度教统治获得自由的骄傲和欢快。首先是描述印巴分治之前的"悲惨现状"，然后强调提出分治的重要人物如赛义德·贾迈勒·丁·阿富汗尼、穆罕默德·阿里·真纳、阿拉马·伊克巴尔等人。随后强调正是由于穆罕默德·阿里·真纳的无私领导，实现了建立巴基斯坦的愿景。在印巴分治之后，教科书讲述了巴基斯坦面临的许多问题，如难民问题。随后各州和各民族地区加入巴基斯坦，其中提到了克什米尔争端[③]："印度统治者和军队入侵克什米尔山谷，克什米尔人民开始争取自由的斗争。印度军队试图粉碎人民的意愿，但最终失败……印度没有执行公民投票结果，人民的自决权被完全忽视。到目前为止，印度和巴基斯坦两国已经进行了三场战争（1948年、1965年和1971年），克什米尔争端仍然没有解决。"战争结束

---

① A. Jalal, "Conjuring Pakistan: History as Official Imagining," *International Journal of Middle East Studies*, Vol. 27 (1995): 73 – 89.

② M. H. Choudhary, U. Azam, *Pakistan Studies* (*textbook, class* 9), pp. 92 – 128.

③ M. H. Choudhary, U. Azam, *Pakistan Studies* (*textbook, class* 9), p. 102.

了，教科书还总结了胜利的几点影响，其中提到了中国："中国在这个关键时刻支持和帮助了巴基斯坦。"巴基斯坦将东巴基斯坦的分裂大部分归因于印度从中作祟，甚至归结于教育的问题。但具体的叙述当中缺乏原始史料证明，它只是将历史解释作为事实讲述给学生，只是历史事实的简单线性的描绘。教科书中这些看似言之凿凿的话语，缺乏最重要的史料支撑。

第五，教科书中基本是对其本国史的书写，而对他国史的书写非常之少。

在《巴基斯坦研究》中有与外国外交关系的介绍，但是其余部分鲜少提及南亚大陆以外的历史。巴基斯坦教科书中有几处提及中国的部分。在六年级历史中，讲述"耆那教"（Jainism）① 时，"耆那教的追随者在印度不断拓展，到达斯里兰卡、缅甸、中国、日本和韩国"。② 随后是阿育王时期（前272～前232），大力宣传佛教，"在他的统治时期，佛教传播到中国、曼陀罗和日本"。③ 戒日王（Raja Harsh）④ 统治时期（606～647）与中国官方进行交往："他是一位非常明智的统治者。他与邻国特别是中国保持着友好关系。"⑤ 蒙古曾对印度斯坦进行过猛烈攻击，但是蒙古军队被狠狠打败了，而且很多蒙古人开始信奉伊斯兰教⑥……《巴基斯坦研究》中介绍巴基斯坦建国后与中国的外交交往，其描述中多用"亲密的、真诚的、和谐、可信赖"⑦ 等词语。在古代与南亚交往历史中的记载，多是体现南亚地区"友好的"的态度。就算是战争，也体现了本国军队的英勇无畏和胜利。但是事实上，戒日帝国时期有对中国唐朝使者进行屠杀的史实；在蒙古进攻南

---

① 耆那教创始人是马哈维娜（Mahaveer），重视精神生活，强调人们只有通过控制自己的欲望才能得到满足。

② Punjab Curriculum and Textbook Board, *History Class 6th for English Medium Schools*, p. 20.

③ Punjab Curriculum and Textbook Board, *History Class 6th for English Medium Schools*, p. 25.

④ Raja Harsh 即中国唐朝玄奘西游访印时期的国王，人称"戒日王"。他是继笈多王朝之后统一印度的著名国王、印度古典文化集大成者。曾多次派遣使臣与中国唐朝通好，唐太宗亦派王玄策等人多次使印报聘。在他统治的40余年间，北印度相对稳定繁荣。其死后，帝国开始分裂，出现了王朝林立的局面。

⑤ Punjab Curriculum and Textbook Board, *History Class 6th for English Medium Schools*, p. 28.

⑥ Punjab Curriculum and Textbook Board, *History Class 6th for English Medium Schools*, p. 46.

⑦ M. H. Choudhary, U. Azam, *Pakistan Studies* (textbook, class 10), p. 32.

亚的历史中，应是多次进攻南亚地区，在 1241 年甚至将拉合尔①夷为平地。历史书中记载的这场战役，结果是以双方和谈告终。姑且不讨论教科书中如何记载，但从其记载的相关内容来看，主要是宗教文化交流、外交、军事斗争等。对于外国如与古印度文明齐名的其他文明、数次踏平印度的蒙古帝国、欧美国家发展历程等，均没有相关叙述。不管是历史学科本身的知识连贯性，还是对于培养学生自身历史素养，都有待改进。

四　结语

21 世纪以来，全球化进程加快，巴基斯坦知识阶层认识到排他性课程不利于国家公民之间的和谐友好。因此，穆沙拉夫执政时期开始提倡民主改革，旨在建立一个宽容、温和、开明的社会。课程标准要求教科书应该保有叙事语言简单、清晰、符合逻辑、材料无争议、注重学生理解、发挥书本实用性等内涵，但是在分析了教科书后发现，教科书在编写和内容设置上存在许多问题。例如，每章内部知识区分不够明显、文字部分与辅助系统不够协调、辅助系统作用不够明显等；具体内容上，过度强调英雄和斗争事件，在教科书中的历史也出现了一些语意含糊的表述和某些遗漏。可喜的是，伴随着学者批判的进程，巴基斯坦联邦政府也不断进行改革。在 2017 年开启的新一轮教育改革当中，重新书写《历史》和《巴基斯坦研究》以及课程标准的建议不断被提及，新一轮课程标准也已经普及小学阶段五年级。相信在不久的将来，巴基斯坦教科书会更加面向世界。

---

① 　拉合尔，今巴基斯坦旁遮普省拉合尔市，巴基斯坦第二大城市。也是玄奘 630 年访问之地。

"生存力"视域下日本初中历史教科书学科能力培育透析

陈雅婷

一 日本《学习指导要领》修订与"生存力"内涵演变

日本《学习指导要领》(以下简称《要领》)自 1947 年诞生至今,平均每十年修订一次。依其教育指导理念的变化,清晰地勾勒出一条变迁轨迹,具体可划归为四阶段:

"(1)'二战'后新教育时期(1947 版、1951 版);

(2)学科中心时期(1958 版、1968 版);

(3)'宽松教育'时期(1977 版、1989 版、1998 版);

(4)'扎实的学力'时期(2008 版、2017 版)。"①

由此,日本《要领》的变迁史,实质便如一巨大钟摆,在"学科中心"还是"儿童中心"、"知识"还是"能力"两个极端间往返游荡。如若仅从字义推断,从"宽松教育"到"扎实的学力"再到 2017 版《要领》提出的"资质与能力",似乎 21 世纪之交的日本基础教育改革具有明显的"对立"与"回复"特征。但要注意,在跨世纪的教改中,有一个概念贯穿始终,

---

① 田慧生、田中耕治主编《21 世纪的日本教育改革——中日学者的观点》,教育科学出版社,2009,第 52 页;张方鼎:《近四十年来日本历史学习指导要领的变迁及其分析》,硕士学位论文,首都师范大学,2011。

那便是"生存力"。"生存力"已然成为日本 21 世纪基础教育改革的核心目标。但"生存力"在不同时代被赋予了不同的内涵，因此无论是要了解日本的教育偏向，抑或是追踪本文之论题，都有必要复归对"生存力"的理解，探索其在不同时期内涵的演变过程，展现日本基础教育改革的实质与对历史学科能力培育的时代要求。

（一）1998 版《要领》——明确"生存力"教育基本目标

20 世纪 70 年代，日本基础教育中存在令人担忧的"教育荒废"现象，表现为"考试地狱"、灌输教育、划一主义等。由此，1996 年"第 15 届中央教育审议会的咨询报告以《面向 21 世纪我国教育的发展方向——让孩子拥有'生存力'和'轻松宽裕'》为题"①，提出今后需要培养的是"学生在激烈变化的社会中生存发展的能力"②，也是要将"在宽松中孕育生存力"作为日本 21 世纪基础教育发展方向。此"生存力"概念，指"（1）自己发现课题、自己学习、自己思考，自主地判断、行动，更好地解决问题的能力；（2）在自我约束的同时，与他人共同合作，为他人着想的心灵和感动的心等丰富的人性；（3）为了生存的健康和体力"。③

至 1998 年，文部省制定了初中《要领》。本回修订正式将"谋求学生丰富的人性和自我思考的能力"等"生存力"的培养作为基本目标。其中强调在未来学校教育中，重要的是改变倾向于教授大量知识的教育基调，注重学生主动学习并发展自己的思维能力，通过宽松教育活动以及学校特色活动的开展，培育学生丰富的个性。

（二）2008 版《要领》——以"扎实的学力"为核心的"生存力"再定义

21 世纪日本步入"知识基盘型社会"，新的知识、信息、技术发展成为所有领域活动的基础。由此，日益呼唤"生存力"教育做出变革，知识与

---

① 王长纯：《比较初等教育》，首都师范大学出版社，2004。
② 田慧生、田中耕治主编《21 世纪的日本教育改革——中日学者的观点》，第 81 页。
③ 文部省：《21 世紀を展望した我が國の教育の在り方について（中央教育審議會 第一次答申）》，1996 年 7 月，http：//www. mext. go. jp/b_ menu/shingi/old_ chukyo/old_ chukyo. _ index/toushin/attach/1309590. htm。

技能于学生"生存力"的发展愈加重要。

2002 年远山敦子的《劝学》中首现"扎实的学力"（确かな学力）概念。2003 年日本文部科学省又明示，"学习指导要领是教育教学的最低标准"①。"这实质上悄然推动以态度和能力为中心的扎实的新学力观的宽松教育，向重视基础学力的'扎实的学力观'转轨。"②

紧接着，2005 年中央教育审议会《创造新时代的义务教育》出台。该报告指出："培养基础知识和技能与培养自学及独立思考能力之间既不是对立的，也不是两者取一的……应当注重让学生掌握扎实的基础知识和技能，并能在运用知识和技能的过程中形成独立的思考能力，即'扎实的学力'。"③

为此，文部科学省在 2008 年的新《要领》中给予"生存力"教育理念以新时代内涵。具体而言，新时期的"生存力"由"知、德、体"三方面协调构成："（1）'知'指的是'扎实的学力'，要求学生掌握基本的知识和技能，并学会活用，且具备自己思考、判断与表达，能积极应对各种问题、解决问题的能力；（2）'德'指要具备'丰富的心灵'，即学会自律，学会与他人合作，具有体谅他人的同情之心与感动之心；（3）'体'指的是'健康的体魄'，坚强生存所需的健康与体力。"④

由此，"生存力"的教育内涵发生了第一次转变，由原本"宽松教育"时期对个性与自主的关注开始转向对"知识、能力、情感"三方面的关注，打破了游走于"学科中心"或"儿童中心"、"知识"或"能力"两极的壁垒，寻得"知、德、体"三者的平衡。

当然，此时日本的"生存力"教育重心已经明显过渡至以基本的知识与技能为主的"扎实的学力"（见图 1）。而对于"生存力"与"扎实的学力"的关系，文部科学省更偏向于将其作为包含关系——全方位的发展与知育的关系。在"扎实的学力"内部，又以"基础知识和基本技

---

① 田慧生、田中耕治主编《21 世纪的日本教育改革——中日学者的观点》，第 85 页。
② 田慧生、田中耕治主编《21 世纪的日本教育改革——中日学者的观点》，第 85 页。
③ 陈秀珍：《〈创造新时代的义务教育〉的咨询报告（节译）》，2013 年 5 月 2 日，http://www.doc88.com/p-6502904380803.html。
④ 文部科学省：《学习指导要领「生きる力」》，2008 年 3 月，http://www.mext.go.jp/a_menu/shotou/new-cs/youryou/chu/sou.htm。

能为最核心部分，学习意愿和学习方法以及其他能力在其基础上并行发展"①。也就是说，只有夯实与活用学科基础、基本的知识与技能，才能纵向深入发展各学科的专业能力，而能力的提高又反向助推知识与技能的掌握。

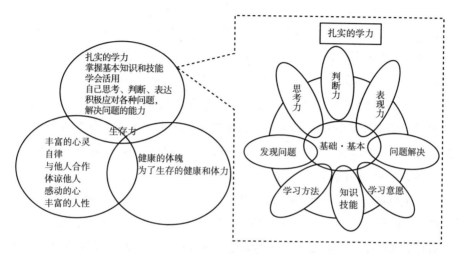

图1　"生存力"与"扎实的学力"模型①

（三）2017 版《要领》——"资质③与能力"育成下"生存力"新表述

日本政府预测其将在 21 世纪 20 年代迎来严峻挑战。对此，提出在发展"扎实的学力"的基础上将"资质与能力"作为新时代"生存力"教育的核心。进而"生存力"的教育内涵再一次发生了转向。

2017 版《要领》强调"重视掌握基础知识与技能的学习和思考力、判

---

① 文部科学省：《学习指导要领「生きる力」》，2008 年 3 月，http：//www. mext. go. jp/a_menu/shotou/new – cs/youryou/chu/sou. htm。

② 中央教育审议会：《初等中等教育における当面の教育课程及び指导の充实・改善方策について（答申）》，2003 年 10 月 7 日，http：//www. doc88. com/p – 9592708851391. html，2019 年 1 月 19 日；阙百华：《日本对"PISA 型学力"的定位——探讨与"生存力"的关联性》，新北《淡江日本论丛》2013 年第 28 期，第 25 页。

③ 如同中文所说的"素质"或"素养"。

断力、表现力等的培养"①，在 2008 版《要领》的框架和内容的基础上，进一步提升知识的理解质量，培养"扎实的学力"。由此可见，2017 版《要领》中"资质与能力"的提出，是对"生存力"教育理念深化后的新表述。那么"资质与能力"强调的是什么？它主要解决三个问题："（1）你懂得了什么？学会了什么？——习得了生存的知识与技能；（2）如何使用你所理解的、学会的？——训练思维力、判断力、表现力等，以应对未知情况；（3）如何与社会接触，度过更好的人生？——充实"向学力"与人性的涵养。"② 也即将"知识和技能""思考力、判断力、表现力等""向学力和人性"作为新时期"生存力"的三大支柱。在这其中，更侧重的是"关键能力"的涵育，即对学生能够灵活运用基础知识与技能解决问题的思考力、判断力与表现力的培养。这实际上是日本对国际社会中日益崛起的"关键能力""核心素养"呼声的顺应与本土化应对。

以上可见，尽管 1998 版、2008 版、2017 版《要领》都主张对"生存力"的培育，但"生存力"教育理念自提出以来，随着日本国内教育状况以及国际教育形势的变化，不断发生内涵的演变。1998 版《要领》注重儿童个性发展、主张"宽松化"的教育，因而基础知识与技能被忽视；2008 年《要领》提出后凸显基础知识与基本技能对能力培育的奠基与推动作用，转向强调"扎实的学力"；2017 版《要领》修订后进而注重"资质与能力"的塑造，侧重于深化灵活运用基础知识与技能解决问题的思考力、判断力与表现力的培养。当然这种演变不是毫无根源，而是在继承与发展基础上的重新定位与建构。

不过，尽管 2017 版《要领》已发布，但其完全实施要至 2021 年，现行日本初中历史教科书仍然是以 2008 版《要领》为修订依据。因此本文所做论述，以 2008 版《要领》为主、以 2017 版为辅。

二　日本"生存力"理念下的"历史学科能力"理解

以上提及，在 2008 版《要领》中，"生存力"涵括"知、德、体"三

---

① 文部科学省：《中学校学习指导要领（平成 29 年告示）解说 社会编》，株式会社东洋馆出版社，2018，第 30 ~ 31 页。

② 文部科学省：《中学校学习指导要领（平成 29 年告示）解说社会编》，第 31 页。

个维度,本文意在搁置其中"丰富的心灵"(德育)与"健康的体魄"(体育),单独考察"生存力"视域下历史领域中的能力培育,即"扎实的学力"这一"知育"目标。另因,在中国有同样聚焦历史领域能力培育的专有名词——"历史学科能力",为便于中国读者理解和借鉴,笔者将日本历史领域中"知育"目标的培育以"历史学科能力"为名进行叙述。

当然,如此一来,"历史学科能力"在中日两国的内容构成及其理解必然存在差异。为此,以下将基于"生存力"建构视域对日本"历史学科能力"的层次与所含内容进行阐释。

(一)历史领域"生存力"教育阐释

"生存力"包含"扎实的学力""丰富的心灵""健康的体魄",其中"健康的体魄"更偏向于从体育领域加以阐释,在此不予考虑。而本文又侧重"知育"目标,因此若结合《要领》,我们又该如何从历史领域视角出发,理解"生存力"中"扎实的学力"的内涵呢?

历史领域中"扎实的学力"要求学生以厘清世界背景中日本历史的演变脉络,了解地域历史事实与典型历史人物、文化遗产等基本知识,深入挖掘生存力教育素材为基础;充分利用在诸如博物馆、图书馆、资料馆、历史遗迹、互联网调查的过程中搜集的年表、文献、照片、地图等各种资料,掌握从中有效提取、解读、归纳历史信息的技能;在此基础上活用学习内容和所学技能,着眼于与历史有密切关联的社会现象,从多方面、多维度思考诸如传统文化与时代特色、地域与国家文化关系等历史问题,学会辩证地考察、判断与分析历史事件,并用自己的语言表述思考、判断结果。

(二)"生存力"下的"历史学科能力"理解

本文中"历史学科能力"实指历史领域"生存力"中的"知育"部分,因而可从"扎实的学力"出发,结合"历史领域'生存力'教育阐释"、日本2013年"21世纪型能力"的提出与"社会科技能要求"等对其进行解读。

其一,"扎实的学力"指"学生掌握基本的知识和技能,并学会活用,且具备自己思考、判断与表达，能积极应对各种问题、解决问题的能力"。①
这也就间接反映了历史学科能力的培育与基础知识和基本技能之间的关系密
不可分，"双基"的牢固掌握是能力养成的前提，并且强调在能力的育成中
有所侧重，将历史思考力、判断力与表现力的发展视为重心。

其二，2013年，为适应培养全球化人才的趋势，日本提出"21世纪型
能力"。② 其以"能力"的育成为中心，以"生存力"的培养为根本目的，涵括
基础能力、思考能力、实践能力三个层次（见图2）。其中基础能力方面使用的
是技能（スキル）的说法，也即再次强调了"能力"与"技能"间既有区
别又相联系，是上位概念与下位概念的关系，也是包含与被包含的关系。而
且从图2中可看出，在此能力框架中"基础能力"是底层支撑，"思考力"
是核心，而"实践能力是综合运用基础能力、思维能力应对社会现实问题、
解决实际问题的能力"③，最终成为"21世纪型能力"培育的落脚点。

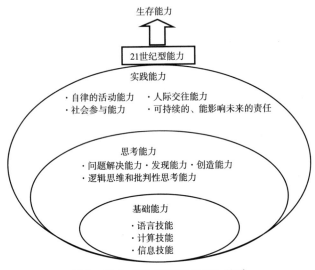

图2 日本"21世纪型能力"构造

资料来源：文部科学省：《中学校学习指导要领（平成29年
告示）解说社会编》，株式会社东洋馆出版社，2018，第186页。

---

① 文部科学省：《学习指导要领「生きる力」》，2008年3月，http://www.mext.go.jp/a_
menu/shotou/new-cs/youryou/chu/sou.htm。
② 这里的"能力"即中文"素养"之意，"21世纪型能力"恰如中国所言"核心素养"概念。
③ 赵长林、孙海生、陈国华：《核心素养的结构和社会文化性分析》，《湖南师范大学教育科
学学报》2016年第5期。

所以再次印证了，历史学科能力也必然以"双基"的育成为底层支撑，要寻得"能力"与"技能"的联系与发展关系；而能力的培育要紧抓"思考力"这一核心，并将"表现力"作为考查学生历史学科能力是否育成的最后落脚点。

其三，既然能力的培育以技能的养成为基础，那历史领域的技能究竟应包括哪些？日本的地理、历史、公民三科统一于社会科的总目标之下，因此本文借鉴社会科的技能培育对历史技能的涵括类型进行理解与分类。从2017版《要领》中可看出社会科技能主要包括"收集信息的技能、读取信息的技能、总结信息的技能"。① 当然，如若从历史领域入手，其技能的具体类型会有些微差异。

由此，笔者初步将日本基础教育中的历史学科能力归纳为注重基础能力的"历史技能"，与注重高阶能力的"历史认知与表现能力"。但其基础能力与高阶能力究竟涵括哪些内容，需具体结合《要领》要求及其变化展开分析。

（三）《要领》历史学科能力要求体现

1977 版以来《要领》② 中，有关历史学科能力的要求主见于"历史分野"，本部分以 2008 版《要领》为主，分析其对历史学科能力的培育要求，结合各版的异同对比，从中窥见历年来日本历史学科能力培育要求的变化与沿袭，并解构其涵括的历史技能与历史认知、表现能力的具体内容。

1. "目标"中的历史学科能力要求

从 1989 版《要领》开始，增添了"实际利用各种资料"③ 这一项，到 2008 版变为"培养灵活运用资料"④ 的技能，2017 版则要求"掌握从各种

---

① 文部科学省：《中学校学习指导要领（平成 29 年告示）解说社会编》，株式会社东洋馆出版社，2018，第 186 页。

② 1977 版、1989 版参照张方鼎《近四十年来日本历史学习指导要领的变迁及其分析》，硕士学位论文，首都师范大学，2011；1998 版参照赵亚夫《日本最新历史教学大纲》，《中学历史教学参考》2000 年第 4 期，第 20~23 页；2008 版参照赵亚夫、张汉林《国外历史课程标准评介》，第 202~207 页；2017 版参照张方鼎、赵亚夫《最新颁布的日本初中历史学习指导要领》，《中学历史教学参考》2017 年第 23 期，第 17~21 页。

③ 张方鼎：《近四十年来日本历史学习指导要领的变迁及其分析》，硕士学位论文，首都师范大学，2011。

④ 赵亚夫、张汉林：《国外历史课程标准评介》，第 202~207 页。

资料中有效地考察历史信息的技能"①。从中可看出，其一，越发强调史料的重要性，要求学生从多视角接近历史真实。其二，由"实际利用"到"灵活运用"再到"有效考察"，可看出其中对资料的运用技能要求越发严格与深化。

此外，2008 版由"多角度地考察历史事项"变为"多方面、多角度地考察历史事项"②，不仅在微观，更在宏观层面强调历史视野的开阔性。并且在 1998 版增添了"恰当地表现"③ 的基础上，改为"适切地表现学习成果"④。要求学生综合运用获取与解读历史信息、表述与阐释历史现象、辨析与解决历史问题等能力，对学生的发展提出了更高的要求。

2. "内容"中的历史学科能力要求

日本《要领》中内容的设置原本多按"古代—近代—现代"的顺序编排，但自 1996 年"生存力"教育理念提出后，便在正式教授史实前新增"历史技能与历史学习方法"的主题，如 1998 版的"历史线索与地域历史"、2008 版的"把握历史的方法"、2017 版的"与历史对话"。由此说明，不只是知识，技能与能力的培育也得到重视。

2008 版《要领》相较 1998 版更希冀学生掌握年代的表示方法与时代的划分技巧；再者，尤重学生表现力的育成，要求学生在搜集相关史实的基础上，有效表述各时代的基本面貌，继而掌握时代特征。

而 2017 版《要领》要求学生活用"年表"进行总结与归纳，形成正确的时空观念。能力养成方面则意在学生学会"比较与联系"，着重从多方面、多角度考查和表现与时代划分相关联的内容以及地区的历史特征。

3. "内容处理"中的历史学科能力要求

2008 版《要领》明确要求"重点选择与时代变化相关的基础的、基本的历史知识"指导学习，正切合了"扎实的学力"的实质。再者，要"养成探究时代特色的课题意识"，也是提倡以学习专题的形式完成对学生能力

---

① 张方鼎、赵亚夫：《最新颁布的日本初中历史学习指导要领》，《中学历史教学参考》2017年第 23 期，第 17~21 页。
② 赵亚夫、张汉林：《国外历史课程标准评介》，第 202~207 页。
③ 赵亚夫：《日本最新历史教学大纲》，《中学历史教学参考》2000 年第 4 期，第 20~23 页。
④ 文部科学省：《中学校学习指导要领（平成 29 年告示）解说社会编》，第 186 页。

的培育。最后，明确能力类型，涵括"思考力、判断力和表现力"三方面，具体而言需学会思考知识间的联系、懂得考查与关联各时代人物的作用、关联各时代的政治与社会活动、挖掘不同时代的异同。

2017版《要领》进一步重视调查活动和充分运用文献、图片、地图等相关资料，明晰历史技能包含"收集、解读、归纳各种信息"等内容。具体揭示应从"说明历史现象的价值、意义、特征以及历史现象之间的联系"①等方面训练学生的思考、判断和表现力。

基于以上分析，可发现日本对学生历史学科能力的培育提倡在"掌握时代与年代划分方式"的基础上，以学习专题培养学生灵活运用博物馆等相关场所搜集与分析各种资料的能力，进而形塑学生多方面、多角度的思考力与判断力，且尤重学生适切表述历史调查结果、还原历史本貌的表现力的育成。具体而言，日本历史学科能力中的"历史技能"的培养可归纳为"调查与获取历史资料的技能""编制与使用历史图表的技能""提取与解读历史信息的技能""总结与表述历史结果的技能"，而历史认知与表现能力则涵括了从多方面、多角度考查和把握历史问题的"历史思考力"，基于不同立场与见解公正地进行选择与判断的"历史判断力"，基于独立思考和判断说明与展开论述的"历史表现力"。

三　日本现行初中历史教科书能力培育分析

2017～2018年，日本文部科学省发布《中学校用教科书目录（平成30、31年度使用)》②。其中，初中历史领域共有8版，分别是东京书籍的《新编新的社会历史》、教育出版的《中学社会历史开拓未来》、清永书院的《中学历史日本的历史与世界》、帝国书院的《社会科中学生的历史日本的步伐和世界的动向》、日本文教出版的《中学社会历史的领域》、自由社的

---

① 张方鼎、赵亚夫：《最新颁布的日本初中历史学习指导要领》，《中学历史教学参考》2017年第23期，第17～21页。

② 文部科学省：《中学校用教科书目录（平成30年度使用)》，2017年4月26日，http：//www.mext.go.jp/a_menu/shotou/kyoukasho/__icsFiles/afieldfile/2017/04/26/1384989_002.pdf；文部科学省：《中学校用教科书目录（平成31年度使用)》，2018年4月26日，http：//www.mext.go.jp/a_menu/shotou/kyoukasho/__icsFiles/afieldfile/2018/04/26/1404281_002.pdf。

《新版新历史教科书》、育鹏社的《［新编］新日本的历史》、学习舍的《共同学习人类历史》。①

对此，必须选取最具代表性，也能展现全面性的各个版本进行综合分析。笔者通过"日本全国教科书供给协会"官网搜集了2018年各地区、各出版社教科书版本采用资料（见表1），经统计，东书版、帝国版、教出版在采用率上分列第1~3名，育鹏社版、清水版、学习舍版与自由社版分列第5~7名。因此，考虑到代表性，选取了东书、帝国、教出3版，在全面性上，选取了育鹏社、学习舍与自由社3版，共计6版教科书。②

表1　2018年日本各地区（出版社）部分初中历史教科书版本采用情况

地区（出版社）版本	东书版	教出版	清水版	帝国版	日文版	自由社版	育鹏社版	学习舍版
东京教科书供给株式会社	105	28	15	59	16	2	15	15
宫崎县教科图书贩卖株式会社	5				1			
大阪府教科书株式会社	10	5		10	10		3	
静冈教科书株式会社	22	9		11	1			
株式会社　石川县教科书贩卖所	7	1		1			4	
群马县教科书贩卖株式会社	12	1		5			1	
冲绳县教科书供给株式会社	1	1	1	14				
株式会社　福井县教科书供给所	7							

① 分别简称为"东书版""教出版""清水版""帝国版""日文版""自由社版""育鹏社版""学习舍版"。

② 具体版本为：坂上康俊·戸波江二·矢ケ崎典隆等：『新編　新しい社会　歴史』，東京、東京書籍株式会社、2018；黒田日出男、小和田哲男、阿部恒久等『社会科　中学生の歴史 日本の歩みと世界の動き』東京、帝国書院株式会社、2018；深谷克己等『中学社会　歴史 未来をひらく』東京、教育出版株式会社、2018；伊藤隆，川上和久等『新編 新しい日本 の歴史』東京、育鹏社株式会社、2018；安井俊夫他等『ともに学ぶ人間の歴史』東京、株式会社学び舎、2018；杉原誠四郎，飯鳩七生等『新しい歴史教科書』東京、株式会社 自由社、2018。

续表

地区(出版社)版本	东书版	教出版	清水版	帝国版	日文版	自由社版	育鹏社版	学习舍版
和歌山县教科书贩卖株式会社	14	1		2	4			
奈良县教科书株式会社	4			1	6			
株式会社　新潟县教科书供给所	3	8		1				
株式会社　长野县教科书供给所	15		1	7			1	
株式会社　福岛县教科用图书贩卖所	17			3				
株式会社　山形县教科书供给所	4	2		6				
株式会社　宫城县教科书供给所	12	2		5	1		2	
株式会社　埼玉县教科书供给所	39	5	1	5	1		2	3
神奈川县教科书贩卖株式会社	6	2		3			2	
岐阜县教贩株式会社	8	1			1		2	
总计	291	66	18	133	41	2	32	18
排名	1	3	6	2	4	7	5	6

资料来源：日本全国教科书供给协会，http：//www.text-kyoukyuu.or.jp/link/link00.html。

(一) 教科书整体编排能力培育分析

日本历史教科书各版本，在整体编排上都以日本史为主轴，但眼光又不局限于此，而在其中反映世界史的发展轨迹。尤其是在叙述近现代日本史时，各版本不约而同地将世界历史发展历程作为日本近代史的大背景。由此，有利于学生以宏观视角把握全局，从多方面、多角度考查历史事件，发展共时性历史思考能力。

在体裁方面，六版教科书都以"章节体"搭建教科书整体框架。具体表现为基本以时代变迁为本：第1章为绪论，阐述历史学习的要义和方法；第2~4章是"原始与古代日本""中世日本""近世日本"；第5章为日本近代史（前半，约至 1914 年）；第 6 章为"两次世界大战与日本"（日本近代史，后半，约至 1945 年）；第 7 章为日本与世界现代史（约 1945 年至今）。采用这种体裁的优势是能够在时间发展逻辑顺序下，通过章、节、子目展示历史事件的发展线索，区分历史知识的不同层次，以形成学生系统的知识体系，为"扎实的学力"培育奠定基础。

（二）教科书相关专栏能力培育分析

教科书能否第一时间获得学生的青睐，往往取决于卷头页与章导入的丰富性与引导性。如若在总结中能有针对性地培育、巩固学生的技巧和能力，那更是锦上添花。如果再"以主题研究的方式来构架课程，并通过对本地区历史的调查活动，促进学生理解并掌握学习历史的方法"①，那么学生历史学科能力的涵育可以事半功倍。因此，各版教科书中的"学前导入""学习总结""地域历史调查"三个专栏的设计对学科能力的培育至关重要，以下将举例分析。

1. 开始历史之旅——"学前导入"专栏

东书版各章扉页都辅以"日、中、朝年代对照表"，将政治、经济、社会、文化下的历史事件、历史人物、历史现象精准定位于特定的时代与环境下进行观察、分析，明确把握三者在同一空间不同时间的纵向联系，抑或是同一时间不同空间上的横向联系，搭建"时空框架"，增强学生的共时性与历时性思考力。育鹏社版各章扉页则将宏观和微观视角结合，通过"鸟之眼"来大观日本历史潮流——设置了展现时代全貌的"历史画卷"。又以"虫之眼"来把握时代特色——设置聚焦历史细节的"欢迎各位来到××世纪"，用详细的解说促进学生对微观时代的思考与理解。

2. 抓住时代特色，回顾历史学习——"学习总结"专栏

教出、育鹏社与学习舍三版根据正文的学习，都设置了与学习课题对应的"学习总结和表达"栏目。首先都是运用时间轴与地图对日本与世界的动态与相关历史人物、历史地点等基本事项进行确认和整理，以厘清相关时代的历史变迁问题，其后加入了以资料为基础并用自己的语言来说明那个时代的事情和动向的活动。由此，更加看重学生在对历史事件的正确判断、对

---

① 李稚勇、方明生编《社会科教育展望》，华东师范大学出版社，2001，第 158 页。

因果关系的逻辑推理、对历史实质的深层次剖析基础上所展现出的历史解释与表现能力，这里更加指向学生知识的深度建构与活用。

3. 探索身边的历史——"地域历史调查"专栏

此专栏设置了诸如"调查的达人""技能学习""地域调查指南"等栏目，丰富地介绍了看待历史资料和调查学习时的方法。且其呈现方式，多是以学生为主体的"历史探险队"探究地区历史的情景，以与学生同龄的真实的或虚拟的人物活动、与地域相关现实场景的设置，展现完整的讨论、调查、分析、总结、汇报的问题解决过程。每个步骤都给予学生调查研究方法与历史技能的提示，以期学生在问题情境的模仿中掌握资料搜集、分析与课题解决的相关技能与能力。

（三）教科书具体历史学科能力培育分析

此外，通过表格梳理可发现（见表2），日本各版教科书中对于历史技能中"调查与获取历史资料技能"的培养，主要从相关场馆考察、野外实地调查、互联网资料搜寻等方式着手；"编制与使用历史图表技能"的培养从年代与时代区分及年表制作，世系图、组织图使用，历史地图绘制与利用，历史人物 Q&A 卡制作等出发；"提取与解读历史信息技能"的培养从以绘卷物为基础解读历史、从古今立场把握历史、设立假说捕捉历史等入手；"总结与表述历史结果技能"的培养从角色扮演、历史新闻报编辑与绘制、多媒体使用与网页编制等入手。其中又以博物馆、图书馆与资料馆考察，年代与时代区分，年表制作，以绘卷物为基础解读历史，历史地图绘制与利用等技能的培育最受重视。

表2　六版历史教科书历史技能培育统计

技能类型 版本	东书版	帝国版	教出版	育鹏社版	学习舍版	自由社版	各技能出现次数
博物馆、图书馆与资料馆考察	√	√	√	√	√	√	6
互联网资料搜寻	√	√	√	√	√	√	6
野外实地调查	√	√	√			√	4
年代与时代区分	√	√	√	√	√	√	6

续表

技能类型 版本	东书版	帝国版	教出版	育鹏 社版	学习 舍版	自由 社版	各技能出 现次数
年表制作	√	√	√	√		√	6
历史单位辨别			√				1
插图绘制	√	√					2
世系图、组织图使用	√	√					3
以绘卷物为基础解读历史	√	√		√	√	√	6
历史地图绘制与利用	√	√					6
信息意图解读		√	√		√		3
从古今立场把握历史		√					1
以资料为基础捕捉历史		√					1
设立假说捕捉历史		√					1
总结报告编制	√	√					2
多媒体使用与网页编制	√						1
历史新闻报编辑与绘制	√		√	√	√		4
历史人物 Q&A 卡制作			√	√		√	3
角色扮演				√			1
各版本技能使用数	12	14	12	9	8	8	

　　日本"生存力"培育的最终目标是学生形成积极应对并解决问题的能力。如若学生想要掌握此种能力，除了要掌握基本的知识和技能，还需具备思考力、判断力与表现力。经研究发现，日本历史教科书对于学生能力的培育设计，也正因此而并非仅局限于低标准的基本技能的自如运用。其技能培育的最终目的是思考力、判断力、表现力等高阶能力的发展。

　　具体体现在各版教科书中，要求学生从"有效配置学习资料""呈现'社会现象多样性'与'观察视角多样性'的考察专栏'"等出发，摒弃单方面捕捉历史现象的习惯，而要发展多方面、多角度地考察事项间关联性的历史思考力；以"探究性主题调查学习"为基础，以"丰富的原始史料"呈现为根本，在"从古今立场把握历史""角色扮演"等技能的习得上，要求学生基于不同立场与见解公正地进行选择与判断，发展历史判断力；并且依靠"语言活动的充实""反思场景的建立"，基于独立思考和判断展开说明与辩论，发展历史表现力。

四　日本历史学科能力培育特点与不足

以现行六版初中历史教科书为主，结合对"生存力"的教育理解及历年《要领》的剖析，本文得以系统展现日本历史学科能力培育路径。最终从目标设置、学段衔接、领域整合、体系构建、教科书编排等归结出日本历史学科能力培育的几个特点。

（一）日本历史学科能力培育特点

1. "生存力"视域下重视知识与能力培育综合化、目标陈述弹性化

随着社会发展，"生存力"的时代内涵历经多次演变。2008版《要领》提出后注重"扎实的学力"，2017版《要领》修订后进而转向"资质与能力"的塑造。其都要求未来的学校教育由注重知识获取量的多少转向对知识掌握过程与方式的关注，由单纯的知识注入型转向"基本知识与技能获取""思考力、判断力、表现力等能力习得"并重的综合型。至此，革除以往偏重知识教养功能、忽视能力培育的痼疾，亦杜绝"唯能力、轻知识"的片面性，寻得了两端间的平衡。

且需强调的是，《要领》所展现的历史领域课程目标并未做出具体的维度区分，其目标表述方式是整合式的。此种表述更弹性化，为教科书编制提供自由空间，也有利于展现学校的教育特色、发挥能力培养中教师的能动性和学生的自主性。

2. "生存力"视域下重视能力培育的纵向衔接化与横向整合性

"生存力"的培育并非历史领域所独有，其涵括并适用于各个学科、各个学段的教育理念。因此，"生存力"的养成有赖于学科间、学段间知识与技能的融会贯通。因而日本历史学科教授内容与能力培育亦十分重视各学段间的纵向联系，在具体课程设置中体现了衔接性。如东书版与帝国版序章中的"历史的潮流"与"追寻历史"栏目都在导览式页面的引领下形象地回顾小学已学的历史人物与文化遗产，从而回溯历史发展进程，顺利过渡至初中阶段的学习。

另外，虽然日本初中历史领域有独立的授课体系，但统一于社会科之下，保留着社会科的综合特性，因此历史领域的教学注重与其他学科领域的有机联系，导致在培育历史学科能力的过程中也不可避免地带有跨学科视角与方法的整合。

3. "生存力"视域下重视基础技能与高阶能力培育有机体系构建

日本基础教育中的历史学科能力培育贯穿基础技能与高阶能力两个层面的系统训练。其中的历史技能属于基本能力，涵括四个维度，包括"调查与获取历史资料的技能""编制与使用历史图表的技能""提取与解读历史信息的技能""总结与表述历史结果的技能"，它们的指向各有侧重，培育方式也不尽相同。另外，历史认知、表现能力属于较高层次的学科能力，包含"多方面、多角度考察和把握历史问题的历史思考力""基于不同立场与见解公正地选择与判断的历史判断力""基于独立思考和判断说明与展开辩论的历史表现力"。

但须知，此两个层面非单向发展的两条平行线，而是相互渗透与联系的两条交叉线。其一，认知、表现能力的培育并非一蹴而就，其以知识的日渐累积与历史技能的反复训练、习得为基础和前提；其二，历史技能的习得有赖于历史认知能力的发展与迁移；其三，在高阶能力内部，表现力是思考力与判断力水平的呈现工具，表现力的提高又依托思考力与判断力的进步。由此构建起交互式的、立体的、有机联系的历史学科能力培育体系（见图3）。

（1）着重强调时代区分，年代尺形塑"时空观"

在各项技能的培育中，日本初中历史最注重引导学生掌握"年代的表示方法和时代划分"方面的技能，凸显时间因素在历史学习中的鲜明作用。各版教科书都有意识地帮助学生理解"西历年""世纪""元号"等相关的纪年标准与方法，令其形成初步的时间观念；教予学生根据"社会结构特征""政治中心""时代特征""年号"划分时代的四种方式，更提及中国的"天干地支法"，奠定学生更好地学习与理解历史知识的基础与前提。

除此之外，更将"年代尺"作为培育学生时空观的有效载体。各版教科书中随处可见"链式年代尺"与"网式年代尺"的使用，意在帮助学生从纵向与横向双重维度构筑宏观的时空框架，更能展现其间的因果联系、延

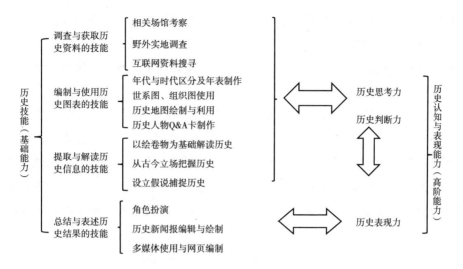

图3　日本历史学科能力培育体系

续与变化。

（2）充实丰富语言活动，凸显"表现力"重要性

日本历史学科能力培育不仅强调知识的内化过程，更期待学生能综合调动思考力、判断力与各项技能，育成能恰当展现思维加工成果、澄清各种历史概念与事实、说明事象的特色和关联的历史表现力，从而达成信息的输出、完成知识的外显过程。

由此，在每课、每章甚至是整册书的末尾总结中增设各种语言活动，根据学习内容建立诸如"角色扮演""辩论会""历史新闻报制作"等反思情境，除了得以让学生在回顾中深化课题印象、把握时代特色，亦设法唤起他们用口头语言或书面语言表达自身观点的意愿，从而凸显历史表现力育成的重要性。

4. "生存力"视域下重视合理编排教科书，打造能力培育"学材"

日本各版历史教科书不仅是"教材"，更是培育学生能力的"学材"。它们是学生"生存力"与学科能力育成的重要载体与特殊脚本，教师依其扣准教学活动设计的脉搏，学生凭其助力历史技能与认知、表现能力的发展。

（1）辅助栏目，巧妙设置，助能力培育"多样性"

日本历史学科能力的培育多是借助各种功能性栏目得以实现的。其中，最能直接展现日本历史学科能力培育的理论与实施路径、体现培育特色的便是东书版的"历史技能提高""调查达人"与帝国版的"技能学习"，这些特色专栏往往针对各种调查、解读、总结与发表相关要点进行指导，由此满足学生历史技能、与能力提高的各种需求。

而在几版教科书共有的"学前导入"与"学习总结"专栏中，或充分运用时代标尺与年表、历史地图或"历史画卷"等，育成学生的共时性与历时性思考能力；抑或设计学生依据材料对时代特色予以"说明"、选取感兴趣的人物进行话题讨论、比较不同时期之间的共性和差异的专栏，深度建构与活用历史知识，形塑历史表现力……由此为能力培育整体功能的实现做出了贡献。

（2）地域调查，范例教学，促能力培育"能动性"

日本各版教科书中都特设有"地域历史调查"① 专栏的学习。在呈现方式上是开放式的范例教学，以期学生在模仿中学会举一反三，却又点到为止，给予其充分想象与操作的空间，使其从中学会自主思考、自主判断与自主表达。清晰的结构脉络，意在使学生在问题情境的体验中循序渐进地完成基础历史技能的训练与能力的建构。而其中，"生存力"教育并不提倡对探究主题的预设，而是鼓励学生在发挥自身能动性的基础上觅得课题。由此在"确定调查主题"与"产生新问题"环节，亦提示学生从身边人、事、物、风俗、传说等多方面、多角度出发，敏锐地发现与提出问题，而非刻意向其灌输某种调查内容，再次深化对自主思考力的培育。

（3）以图释史，绘声绘色，增能力培育"形象性"

日本历史教科书不局限于文字的简单陈述，因之受传统绘画艺术的影响，书中由卷首页到各章首页、正文插图多处采用"绘卷物""浮世绘"等精美双联页式彩色绘图，更将组织图、世系图、历史地图等交替使用。这些图像材料除遵循初中生身心发展规律、激发学习兴趣外，也使教科书一改程式化与呆板的形象，增添多变感与可读性。

当然，图像的使用在对学生历史学科能力的培育上亦是点睛之笔。图像在有限的版面空间中相较文字材料可传递更加丰富的历史信息，而且学生对

_____

① 东书版名为"地域历史调查"；帝国版名为"历史探索"；教出版名为"乡土历史探索"、"地域历史探索"；育鹏社版名为"课题学习"；学习舍版名为"历史的体验"。

图像的信息接收比文字更快，多样的图文搭配加之读取资料视点的暗示，实际便拓展了学生的观察视角与思考维度。学生可以在图片信息的撷取与剪裁中，提高信息搜集、处理、分析与判断的能力。

（4）多元情境，神入历史，蕴能力培育"真实性"

日本初中历史课程内容纵贯古今、横跨内外，如若仅凭借概括性、结论化的语言描述来展现历史发展过程，学生难免存在认知鸿沟，更勿论能力的培育。为此，各版教科书不约而同地采取了"神入"历史的设计，由此创设历史认知与能力培育的真实情境。

以帝国版为例，其中强调了一种体悟历史的技能的学习——"从古今立场把握历史"，这实际也是"神入"历史的体现。学生需在充分搜集与整理资料的基础上，将自己投射于特定的历史语境中，置身相关人物立场探究历史，感受其中观点的多样性与互异性。由此深刻分析因果联系，做出合理的选择与判断。此外，"神入"历史也恰是建立反思情景、表述与展示历史调查结果、鼓励学生自我展现和表达的最佳平台。各版教科书或由角色扮演"神入"历史情境，使学生体悟历史人物心境；抑或在历史新闻报编制的过程中"神入"历史，使学生的书面表现力与口语表现力得到双重锻炼。

（5）现代技术，深度融合，创能力培育"智慧性"

"生存力"教育明确在应对信息化、国际化的现代社会时，为提升社会成员的"资质与能力"，必须提高对现代科技的重视。由此，各版教科书尤其倡导以多媒体演示与网页制作等方式总结与发表历史成果。意在整合图片、文字、视频等多样史料，突破时空限制，搭建了学生尽情展现历史表现力的平台，将学生的调查成果以情境再现的方式呈现，从而调动学生多感官发展，触发"共情"感。最终得以在多媒体技术和网络资源的深度融合中，创造能力培育的"智慧课堂"，将学生思考力、判断力和表现力的训练寓于其中。

（二）日本历史教科书能力培育设计不足

虽说日本六版初中历史教科书共同展现了能力培育的众多特点，但其部分教科书中，亦存在能力培育设计的不足与缺陷。

1. 教科书中缺乏能力培育的检测与评价机制

检测与评价是历史教学的关键环节，亦是对学生能力培育成果的有效检验。但遗憾的是，在日本各版初中历史教科书中并未呈现明确的能力培养结果的检验、评价机制，既无评价方式的参考建议，也无评价标准的设计，更不用提对各项技能与能力习得与否展开检验的评价依据的细致划分。由此提倡通过问题情境创设下的质性评价，完成对学生思考力、判断力与表现力这般内隐性能力的考查。而在评价标准与评价维度上，可以分水平、分层次实现对学生历史学科能力的逐级测评、全方位考查与深层次检测；借助双向细目表的制定，进行多种能力的交叉测评，从而衍生出评价某种特定能力的多重路径。

2. 教科书能力栏目呈现无序化，缺乏层次性

尽管日本历史教科书的能力培育在总体设计上呈现了基础技能与高阶能力结合的有机体系，但是若聚焦某一本教科书，其能力培育的栏目编排呈现无序性、混杂性，无法体现螺旋上升式的、由浅入深的能力培育特点，抑或是多次在不同位置或阶段重复同一技能的训练，由此容易使学生感觉混乱，无法厘清历史调查的应有程序。为此，教科书可以由浅入深地清晰地划分能力训练单元，在单元中明确每个课时或每个栏目的能力目标；在每单元围绕同一技能或能力的不同角度或不同培育方式展开，以集中化代替原先分散化的训练模式。

五　对我国"历史学科核心素养"培育的启示

与日本有一水之隔的中国，为适应国际课改的新趋势，近年来对学生学科核心素养的培育成为热门话题。所谓学科核心素养，依朱汉国所言："是指学生在接受某一学科教育过程中，以学科知识技能为基础，整合了情感、态度或价值观在内的，逐步形成的适应个人终生发展和社会发展需要的正确的价值观念、必备品格和关键能力。"[1] 2017 版普通高中历史课程标准出台，明确了历史学科核心素养包含唯物史观、史料实证、时空观念、历史解释、

---

[1] 朱汉国：《历史学科核心素养释义》，新浪博客，2018 年 12 月 27 日，http://blog. sina. com. cn/s/blog_ 7f9a9c5f0102ycp7. html，2019 年 2 月 3 日。

家国情怀五方面。从相关定义中可看出，无论是历史学科核心素养还是他科核心素养，其培养实际上也是基于各项技能与能力的养成的前提。为此，在历史教学中，能力的涵养是学生核心素养育成的一个很好的切入点。只有重视对学生能力的养成，重视学生在此过程中的思维成长与态度生成，才能真正将所学所得内化为受益终身的素养。因此，探索日本初中历史学科能力的培育特点也对中国历史学科核心素养相关理论研究与实施提供了国际参考与借鉴。

（一）有机孵化素养培育探究性课题，深度融合信息技术构建"智慧课堂"

在培育学生核心素养时，教师要引导其在地域历史现象的捕捉中激发问题意识，在现实生活经验的回眸中引发好奇，从而自主孵化有效的探究性课题。除此之外，需深度融合、灵活运用网络资源与多媒体信息体技术，促进探究方式的变革。进而达到静态成果的动态化呈现，使学生身处"智慧课堂"，感悟历史魅力。

（二）明确纪年标准，学会"年代尺"与地图使用，育成时空观念

时间是联结历史现象、历史事件、历史人物的必要因素。教师在日常教学中应教予学生"西历纪年""干支纪年""年号""谥号"等时间计算标准与方法，为学生时空观念的形成奠定基础。此外，学会"链式年代尺"、"网式年代尺"（年表）以及历史地图、历史世系图等的制作与运用也必不可少，其可帮助学生形成完整的、全面的时空框架，增强时序观与空间感，丰富与加深学生对历史的理解。

（三）以"古今思通""假说思辨"形塑历史解释双翼

历史教学，无外乎为"今人"与"古人"搭设对话的桥梁。如若在阐释一定的历史现象、做出一定的历史论证时剥离对"古人"情境与立场之同情与理解，那么这种历史解释就是了无生趣甚至是与历史真实相背离的。当然，在阐发历史的过程中难免遭遇困顿，假说设立的重要性由此体现，然其非毫无根据的主观臆断，亦非片面化的单向思维，依据大量真实材料多方地合理推衍与思辨，才是利用假说做出正确的历史解释的前提与基础。

（四）结合地域特色，捕捉典型图文材料，涵育史料实证意识

正如日本教科书中多以"浮世绘""绘卷物"生动再现历史场景，以地域历史出发探索历史奥秘，生活中我们所见所及的每一样事物，都是历史的"见证者"与"记述者"。所以说，历史教学不仅要"追往事""寻往物"，更应回归生活，结合地域特色，捕捉身边典型的文字或音像影音材料，充分将地方教学资源物尽其用，在潜移默化中培育学生"论从史出"的史料实证意识。

（五）以角色扮演与新闻报编辑体味"共情"，深化家国情怀

历史画卷波澜壮阔、宽广无际，历史人物鲜活生动、有血有肉，历史事件真切可感，或曲折离奇，或婉约迷人。利用角色扮演或新闻报编辑可以充分运用这些历史素材，在课堂上还原千百年历史面貌，更容易把那些最能反映生命价值、人性光辉的精彩故事展现给学生，引导学生在历史中感受生命的厚重、体味家国的情怀，从而引发其个体内在驱动力，达成历史教学长远的"育人"目标。

日本右翼历史教科书中战争
记述问题评析

杨　彪

　　一段时期以来，有关日本中学历史教科书的问题激起了各国各界人士的强烈关注。中学教育是一个国家公民教育的最重要阶段，在教科书中向学生传授怎样的历史知识，不仅是日本社会如何认识过去的问题，更是日本如何面对未来的关键。在此，就日本新历史教科书中对第二次世界大战时期历史的记述问题及其背景做一评析，以供同人参考。

一　战争历史记述问题事态

　　日本的中学历史教科书按惯例是每隔四年修订一次。上次日本中学（初中）历史教科书审定是在 2009 年，2017 年重新审定，教科书将于 2022 年 4 月起采用（新学年于 4 月开学）。目前，日本共有东京书籍、教育出版、清水书院、帝国书院、日本文教、自由社、育鹏社、学习舍这 8 家出版社拥有初中教科书发行权。最近由日本文部科学省再次审定通过并准备发行的 8 种初中历史教科书内容虽然有所差别，但总的倾向仍然是把日本对中国、韩国等的侵略战争历史简略化。其中最引起关注的还是育鹏社和自由社出版的由日本右翼"新历史教科书编纂会"编写的初中历史教科书。

　　"新历史教科书编纂会"属于日本专事美化侵略战争的右翼文人"自由主义史观派"。这个组织近年来十分活跃，不仅大力宣扬其"皇国史观"和美化侵略战争的观点，而且专门编写"新历史教科书"，其目的是把日本社会右翼的历史观通过教科书传授给日本的青少年学生。尤为突出的是这种教科书中关于第二次世界大战期间日本战争责任的记述，集中体现了其右翼史观和特征。

2017年自由社版历史教科书的第五章"近代日本与世界Ⅱ"中，在记述日本全面进攻中国的历史时，在"中国的排日运动与协调外交的挫折"标题下称："随着中国国内统一的进行，排外运动也跟着高涨。中国人对于根据不平等条约在中国享有优惠的列强十分排斥，除了民族的反感之外，受到以武装革命成功的苏联共产党思想的影响，运动有急进的倾向。对势力日益扩大的日本，除了拒买日本商品之外，也时常出现攻击日本人的排日运动……然而，中国的排日运动却仍然无法有效地控制。因此以日本军部为首，开始有人认为对中国内政的不干涉政策不足以解决问题，批评币原外交为软弱外交的声音逐渐高涨。"① 这样的表述，似乎是说日本的进攻是由于中国的"排外"，为其开脱随后的帝国主义侵略罪责做好了铺垫。

接着这本历史教科书在"日中战争"标题下称："在外国人权益集中的上海发生的两名日本人将兵被射杀事件，成为中日之间的冲突一发不可收拾的导火线。日本军原来以为只要攻陷国民党政府的首都南京，蒋介石便会降伏，于是于12月占领南京。然而蒋介石却迁都到后方的重庆，持续抗战。"② 其荒谬逻辑是如果中国不抵抗，就没有战争了。

关于南京大屠杀，2017年育鹏社版历史教科书在第229页右下角处说明中称："日本军造成了中国军民多数的伤亡（南京事件）。此外，此事件的牺牲人数资料受到质疑，并且有许多不同的见解，至今仍在争论中。"③

在关于第二次世界大战历史的记述上，育鹏社和自由社的"新历史教科书"刻意美化侵略，甚至反复强调日本的进攻有助于亚洲各国的独立。自由社版历史教科书在第五章第二节"第二次世界大战的时代"中，以"大东亚会议与亚洲各国"为标题宣称："扩展到亚洲的独立希望与日本首战的胜利，带给了东南亚及印度人民独立的梦想与希望。如果没有当地人

---

① 《新版中学社会新历史教科书》，自由社，2017，第228～229页。
② 《新版中学社会新历史教科书》，第233页。
③ 《新版新日本历史》，育鹏社，2017，第229页。

民的协助，日本军在东南亚不可能有势如破竹的进展。更有被日本军俘虏的士兵结成印度国民兵，协助日本军进攻印度。不论是印度尼西亚或缅甸的军队都是在日本军的指导下组织而成的。"并称 1943 年 11 月"大东亚会议"的历史地位在于"会议中发表了和同盟国大西洋宪章对抗的大东亚共同宣言，宣扬各国的自主独立，相互提携相互发展，消除人种的差别。会议之后，日本以排除欧美势力、建立亚洲人的大东亚共荣圈作为战争更明确的目的"。①

　　该历史教科书进而更在"亚洲各国与日本"标题下强调："日本战败撤退之后，这些殖民地在十数年间相继以自己的力量完成独立，当中也有留在当地参与独立战争的日本士兵。日本往南方的进出，原先是为了获得资源，却成为加速亚洲各国独立的契机之一。"② 按照该历史教科书中的逻辑，几乎等于说希特勒侵略波兰是为了帮助其独立于苏联。

二　日本教科书问题的历史和社会背景

　　日本出现篡改历史的教科书问题绝不是偶然的，它有深刻的历史和社会背景。第二次世界大战结束后，占领日本的美国对日本教育进行了改造，采取了修改教育内容、禁止传播军国主义思想，实行政教分离、禁止教育单位参与祭祀和参拜活动等措施。这些措施限制了日本军国主义教育的发展。但是，随着冷战的开始，以及美国实施利用日本牵制苏联和中国的战略，其对日本的控制改造政策发生逆转，右翼史观在战后日本教育领域内重新滋长。

　　朝鲜战争时期，在日本右翼势力影响下，日本文部省在 1951 年将历史教科书审定标准《学习指导要领》中的"日本对中国的侵略"改成了"日本对中国的进出"，直至 2002 年 4 月。1956 年，日本政府废除了原来的《教育委员会法》，实施《地方教育行政组织和管理法》，把教育委员民选制改为任命制，又向战前的教育制度靠拢，致使 20 世纪 60 年代和 70 年代右翼思潮在日本教育界进一步抬头。

---

① 《新版中学社会新历史教科书》，第 240 页。
② 《新版中学社会新历史教科书》，第 240 页。

20 世纪 70 年代中期，日本文部省对《文部省设置法》第五条（文部省权限）做出重大修改，明确规定文部省具有对教科书的审定权和对义务教育学校所用教科书的发行权，同时规定文部省拥有学校教科书的著作权，教科书出版单位也须由文部省指定。这样，文部省由战后初期的"指导、建议、助成机构"变成了全面控制教育体系和教学内容的垄断机构。

1982 年，日本文部省在对历史教科书的审定中，要求删改对亚洲邻国的侵略史实，南京大屠杀、731 部队、"慰安妇"等也被淡化成战争时期由于混乱而发生的行为。这激起亚洲邻国和日本国内的强烈批评。中国和韩国政府向日本政府提出了正式交涉。日本政府在当时的形势下表示愿意倾听意见、改善与亚洲邻国关系，并随后在相关的教科书审定条例中增加了"邻国条款"，但这并不能解决教科书中的历史观问题。

此外，日本政界也不断出现为侵略历史翻案的言论。一些高级阁僚如藤尾正行、奥野诚亮、永野茂门、樱井新、岛村宜伸、江藤隆美等人纷纷因就历史问题"失言"受到谴责而离职。1993 年 8 月，日本细川内阁成立后，才公开承认以前的战争是侵略战争。1995 年再度审定中学历史教科书时，正值第二次世界大战及反法西斯战争胜利 50 周年纪念期间，也是社民党委员长村山富士出任首相期间，对侵略战争的历史有反省表示。但随后日本社会和政界便出现了声称反对"自虐"史观的"国民运动"，并在 20 世纪 90 年代中期陆续组建了"新历史教科书编纂会"等团体，正式编写贯彻右翼史观的中学历史教科书。

21 世纪以来，随着国际形势的变化和中国的崛起，日本社会特别是日本政界右翼势力上升。日本执政者刻意以历史问题来刺激因多年经济不振而消沉的国民情绪，并达到修宪、强兵、走向国际事务的目的。日本决策层内，小泉及其未来的继任者，在历史问题上会更强硬。自安倍第二次担任日本首相之后，右翼势力在日本的活动更加频繁。日本很可能因历史观问题与亚洲邻国陷入新的政治冷战和对立。日本国内的历史教育中，也会在有关战争历史的内容上，更加右倾。与此相应，中韩两国的反日情绪可能增长。针锋相对的历史观，可能成为东亚和平、和谐格局的死结。

日本历史教科书中有关战争历史的记述及其所反映的各种观念是战后日本社会变化发展的产物，这些内容和观念既受日本社会历史观和价值观的直接影响，产生了许多扭曲的历史记述和教育方式，同时反过来影响了日本社会对历史的集体记忆。日本历史教学中有关战争历史内容所形成的各种历史观念和政治意图，会融入日本的社会意识和理论思维，并在相当程度上成为日本意识形态和战略思考中的要素，进而影响未来东亚地区的国际关系和历史进程。联系当今日本在对华战略乃至国际政治上日趋强硬政策的思想背景和渊源，日本历史教科书问题使人们愈益关切。

三　日本战争历史观问题产生的思想原因

第一，日本在政治上并没有与旧时代完全割裂。将日本与德国进行比较可见，德国旧国家机器完全被粉碎，其战后的政治与纳粹时代完全划清了界限，德国人可以超脱于旧时代之外而对其战争历史加以无保留的反省和批判。而日本旧时代的一些成分在战后仍在一定程度上维续了下来，战时的天皇在战后失去了权力，但对其战争责任并没有追究。日本人不可能像德国人将战争责任归咎于希特勒那样将罪责归于天皇，不能与旧时代完全划清界限，旧历史仍是日本人现在所生活时代的一部分，这样日本人就一直背负着历史的重压和罪责。德国人批判过去的历史不等于批评现在的国家，而日本人批判历史则意味着批评国家本身。与旧时代无法割断的联系使日本人难以对仍然与他们现在生活相关联的历史加以彻底的批判。

第二，在对战争历史的认识上，日本右翼史观的理念是认为日本不是加害者而是受害者、不是侵略者而是解放者，这样的观念必然导致对战争历史的歪曲。与德国对战争历史的反省相比，诚然，并非每个德国人都感到对战争有罪，但作为一个民族，它感到有责任。日本右翼人物的史观则表明他们既不觉得有罪，也不觉得有责任，而没有责任感便不可能对历史进行深刻反省。

第三，在历史观念上，由于欧洲一体化思想的影响，欧洲国家更倾向于将本民族的历史看作欧洲历史的一部分。而亚洲一些国家，有时则倾向于将亚洲历史看作本民族历史的一部分。如同日本对于亚洲近现代历史的观念也倾向于以本国为中心，强调日本本位文化的确立。以这样从本民族角度而不是从整个地区大历史角度出发的观念去回顾和看待历史，自然会导致民族主义倾向等偏差和错误认识。

第四，在对亚洲大陆的观念上，自近代以来，日本社会就一直存在"脱亚论"的潜意识，认为就像欧洲历史发展有脱离伊斯兰文明影响的"脱亚"过程一样，日本历史发展也有脱离中国文明影响的"脱亚"过程，认为日本应追求欧洲文明而脱离亚洲文明。"脱亚入欧"的意识使日本思想界摇摆于欧洲文化与亚洲文化之间。而事实上日本既不可能融入西方文明，也不可能割断与亚洲传统的联系。现代日本科学很发达，文学也发达，而哲学却不发达，原因可能就在于其文化没有明确的定位，彷徨于东方文明与西文明之间。更为重要的是，"脱亚论"的思想导致了日本岛国思维和与亚洲大陆的对立意识，导致了日本对亚洲邻国的蔑视、敌视和敌对。这样的潜意识过去是引发日本侵略亚洲国家的思想因素之一，现在也是日本保守势力歪曲侵略亚洲历史的重要原因。

四　我们如何面对

首先，面对历史教科书问题，我们应该超越民族的仇恨，而从整个东亚未来的和平与发展大业的高度来看待。应坚持理性的原则，如果是以一种极端去取代另一种极端，那么东亚只会在思想上变成另一个中东。对战争历史的认识，需要在观念上冲破民族的限制和人性的狭隘，现在东亚各国在历史问题上的相互态度，除了政治和社会因素，更需要面对很多人性的弱点，这对中国、日本都是一个挑战。如果能勇敢面对这一挑战，而不是继续在人性的旋涡中怨天尤人，那么通过这一问题在理智上胜利的民族是一个智慧的文明的民族。历史问题应该也能够促进两国走向更加文明之路。

其次，应将少数日本右翼势力与日本主流学术界区别开来，增强交流和合作。应深入了解和理解日本学术界的真实状况和理念，厘清问题的根源，并构筑亚洲学术界相互支持和信赖的关系。在这方面，日本也确有责任努力取得邻国的信任，日本对于自己的战争历史，必须通过诚意向亚洲各国和世界人民展现自己的道义感和责任心，这是最首要的。对过去的历史做深刻的反思，不会是一个时代的结束，而只会是一个时代的开始。

最后，在历史教科书问题上，各方争论的是过去，但其实真正担忧的是将来。因此，我们的批判与争论不应只重于一时一事，而更重要的应是找到面向未来的解决之道。不能让过去的历史撕裂未来的亚洲。应努力建立有关教科书问题磋商和交流的正常渠道和机制，致力于建立亚洲共同的历史记忆和历史认识。如果在未来亚洲国家要像欧盟国家一样走向一体化以求共同的更大发展，那共同的历史认识就是最重要的思想基础。

大夏世界史文丛

国际
历史教育比较研究

下册

杨彪

主编

社会科学文献出版社
SOCIAL SCIENCES ACADEMIC PRESS (CHINA)

公共历史教育的探索

多维视角下的公众史学

沈辰成　孟钟捷

国内学界对公众史学和公共历史①的讨论日益深入。学科建设成为焦点议题。② 学科化或专业化不但是公众史学内部的深入挖掘，而且是公众史学和公共史学的融合。在现有研究中，两种范式的地位突出：其一，归纳和移植海外公众史学的学科模式；③ 其二，概括和组织国内公共历史的实践形式。④ 由此，国内相关研究成果既包括多种公众史学体系，也涵盖多种公共历史现象，呈现多元化趋势。

---

① 本文有意识地使用两个意思相近的术语：公众史学和公共历史。二者都对应西方国家的"Public History"。这样处理的目的是强调论述对象间的差异：公众史学侧重学术学科和研究；公共历史侧重社会现象和实践。这种用法参见《国外公众史学观察·编者按》，《历史教学问题》2014 年第 2 期。

② 公众史学学科化、专业化或学科建设的讨论，参见姚霏、苏智良《公共历史学与高校史学人才的培养》，《历史教学（高校版）》2008 年第 10 期；陈仲丹《公共历史的概念与学科定位》，《甘肃社会科学》2014 年第 1 期；徐善伟《公共史学在中国高校发展的可行性及目前存在的问题》，《史学理论研究》2014 年第 4 期；李娜《连接学生与历史实践——公众史学在中国的教育体系建构》，《学术研究》2014 年第 8 期；孟钟捷《中国大学公众史学培养方案刍议——以德国柏林自由大学为参照》，《辽宁大学学报（哲学社会科学版）》2015 年第 4 期；周俊超《公众史学学科推广的理论与方法》，《中国史研究动态》2016 年第 3 期。

③ 例如李娜对英语国家公众史学的系统性介绍，可参见李娜《美国模式之公众史学在中国是否可行——中国公众史学的学科建构》，《江海学刊》2014 年第 2 期；李娜《公众史学在英语国家的发展路径——兼论对中国公众史学发展的借鉴意义》，《历史教学问题》2015 年第 3 期。

④ 例如钱茂伟《中国公众史学通论》，中国社会科学出版社，2015。基于人人都写历史的理念，书中归纳了大量的公共历史实践活动，包括个人史、家族史、社区史、影像史学、公众档案、文化遗产、历史的通俗再现、历史的影视再现和公众的通俗写史等。

在此背景下，系统梳理多元模式和多种经验成为学科建设进程的迫切需求。全面的整合需要通用的参考坐标。坐标从何而来？史学理论进入了我们的视野。在国内公众史学研究初期，陈新教授根据后现代史学理论的解构和文本等要素，曾规划过公众史学的特征，特别是作者、受众和媒体的多元化和互动性。显然，这证明史学理论的概念对公众史学的研究具有宏观的指南作用。①

在此基础上，本文借助史学理论的概念，建构系统化的多维视角。这些多元视角既需要具备普遍性，成为观察各种模式和现象共通的"切入点"；又需要兼顾基准性，充当比较不同模式和现象异同的"参照系"。它既是研究的分析工具，也是教学的能力类型。如何为公众史学建构参考坐标？本文使用了基于"历史文化"概念的四种视角：组织、政治、知识和审美。

一　历史文化和多维视角的理论基础

在学术发展脉络上，历史文化（Geschichtskultur）的概念出自德国历史教育学（Geshichtsdidaktik）。20世纪70年代，德国历史教育学发生范式转型，② 研究对象不再局限于课堂教学，研究的视野对内深化到历史思维的诸多形式，对外伸展到历史呈现的各种现象。根据德国学者的比较研究，德国的历史教育学与美国的公众史学可谓殊途同归。二者克服封闭的专业史学，让史学重返开放的社会空间。③

在历史教育学中，历史文化的定义是"历史意识在社会生活实践中的总和"。历史意识是涉及历史的内在精神活动，其所对应的历史文化是有关历史的外在物质活动。历史文化有两大功能：其一，划定研究范围，即五花

---

① 陈新教授对公众史学的理论论述，参见黄红霞、陈新《后现代主义史学到公众史学》，《学术交流》2007年第10期；陈新《从后现代主义史学到公众史学》，《史学理论研究》2010年第1期；陈新《"公众史学"的理论基础与学科框架》，《学术月刊》2012年第2期；陈新《自媒体时代的公众史学》，《天津社会科学》2013年第3期。

② 德国历史教育学及其发展概况，参见斯特凡·约尔丹主编《历史科学基本概念辞典》，北京大学出版社，2012，第85~88页，"历史教学"词条；孟钟捷《公众史学学科建设的可行路径——从德国历史教育学改革模式谈起》，《天津社会科学》2013年第3期。

③ 参见 Simone Rauthe, *Public History in den USA und der Bundesrepublik Deutschland*（Essen：Klartext-Verl., 2001）。

八门的涉及历史的客观存在，都是史学研究的对象；其二，启发理论反思，即形形色色的关于历史的具体实践，都能进行抽象的诠释。①

根据历史文化的定义，无论公众史学还是公共历史，都属于历史文化的范畴。而且，在历史文化的框架下，研究者需要对公众史学和公共历史进行抽象反思。此外，相比后现代史学理论，历史文化的特点是超越了学术语境，进入了社会场域。两相结合，这种范式概括为：通过学术史学的方法，研究超越学术史学的对象。

基于历史文化，德国学者提出了两种理论模型。

一是吕森模型（见表1）。约恩·吕森（Jörn Rüsen）指出：历史文化是文化现象。历史文化分为三种维度：政治维度、知识维度和美学维度。任何历史文化现象中，三种维度都不可或缺，不同维度有主次之分。② 以人民英雄纪念碑为例：在政治维度上，纪念碑歌颂民族解放和人民革命；在知识维度上，纪念碑刻画了中国近代的九件大事；在美学维度上，纪念碑呈现了建筑和雕塑等多种艺术形式。相对而言，政治维度占据主导地位。

二是舍内曼模型（见表2）。贝恩德·舍内曼（Bernd Schönemann）认为：历史文化是交往系统。历史文化可分为四种因素：机构、专业、媒体以及受众。在各种历史文化系统中，四种因素彼此互动，构成动态的历史传播。③ 仍以人民英雄纪念碑为例：首都纪念碑兴建委员会等机构（机构）组织政界、学界和艺术界（职业），通过纪念碑的形式（传播），建设人民英雄纪念碑，以面向人民群众（受众）。

在公众史学领域，吕森模型的三种维度和舍内曼模型的组织结构普遍存在。公共历史实践的动态过程可以归纳为机构、专业、媒体和受众四种介质及其互动；公众史学研究的静态现象可以可分为政治、知识和审美三方面，且有主次之分。相对而言，舍内曼模型的四种因素联动性较强，吕森模型的

---

① "历史文化"的定义，参见斯特凡·约尔丹主编《历史科学基本概念辞典》，第90～92页，"历史文化"词条；约恩·吕森《历史思考的新途径》，綦甲福、来炯等译，世纪出版集团，2005，第86～101页。

② 吕森的历史文化理论体系，参见 Jörn Rüsen, Historik, *Theorie der Geschichtswissenschaft* (Köln: Böhlau, 2013), S. 221－252。三个维度的定义参见表1。

③ 舍内曼的历史文化理论体系，参见 Bernd Schönemann, Marko Demantowsky, *Bausteineeiner Geschichtsdidaktik*, *Bernd Schönemannzum 60* (Geburtstag, Schwalbach: Wochenschau., 2014), S. 57－112。

三个维度独立性较强。

在下文中，笔者分别从组织视角、政治视角、知识视角以及审美视角入手，对多元化的公众史学模式和公共历史现象进行系统化的归纳和比较。

表1　吕森模型：历史文化的三种维度

维度	基本内容	相关概念
美学维度	美,过去作为一种艺术再现	再现和叙述图像和符号
政治维度	权力,过去作为一种权力斗争	合法性建构赞同和批判
知识维度	真相,历史作为一种学术知识	学术知识和学术规范理论研究和实证研究

表2　舍内曼模型：历史文化的四种因素

因素	特征	案例
机构	谁在处理过去？有持续性和体系性	官方机构和非官方机构、营利机构和非营利机构、学术机构和非学术机构。其中,学术机构包括大学、博物馆、纪念馆等
专业	如何处理过去？形成教和学的循环	非史学专业:政治界、新闻界、艺术界和娱乐界等。史学专业:教授、教师、博物馆员和纪念馆员等
媒体	谁存储和传递历史？	学术论著和学校教材、纪念仪式和纪念场所、政治主张、商业媒体
受众	谁是历史传播的对象？	前现代:等级社会的精英 近现代:民族国家的公民 后现代:大众社会的消费者

二　组织视角下的公众史学

在组织视角下，公众史学和专业史学的特点迥然不同。

专业史学的特点可以归纳为同质化和封闭性。专业史学研究者立足专业机构，规范相对严格，专注学术刊物，以同行为受众。专业学者拒斥学术圈外的影响，例如政治影响和经济操作。公众史学的特点可以归纳为异质化和开放性。公共历史实践者沟通多种机构，门槛相对宽松，拥抱多元媒体，受众超越同行。公众史学经常"跨界"，既可以拥抱"大众"，也可以坚守

"小众"。

在公众史学研究层面，组织视角揭示问题意识，可以概括为"公"和"众"。"公"是开放性的体现，在公众史学的互动过程中，总是跨越异质的不同场域。"众"是异质化的表征，在公众史学的互动过程中，总是涉及多元的各类节点。跨越介质和多元节点及其相互关系构成相关研究的重要问题之一。

具体而言，要明确特定的公共历史现象，主要涉及哪些机构、专业、媒体和受众。第一，公共历史涉及哪些机构：官方或非官方；营利或非营利；学术或非学术？第二，公共历史涉及哪些专业：历史学科或其他学科；专业为主或非专业为主？第三，公共传播通过哪些媒体：单一媒体或多媒体；传统媒体或新媒体？第四，相关互动面向哪些受众：小众、大众或跨群体？

与此同时，除了确定单一因素的属性以外，还需要梳理各环节之间是如何互动的。一个极端是独立自主的个别历史作者通过网络自媒体面向全体公众书写的历史，另一极端是学术机构的专业历史学家借助学术期刊面向学术共同体撰述的历史。通常情况下，上述二者之间存在各种复合式的交往系统。在复杂交往的进程中，历史信息的哪些属性保持不变？哪些属性发生变化？

在公共历史实践层面，组织视角可以帮助设计者收集和应用相对应的资源。目前，国内许多大专院校开设有公众史学课程，许多社会机构也组织了公共历史活动。不过，当前既有的课程和实践基本限于个别性的"点"，没有形成群体性的"面"。可见，"由点到面"将是未来公共历史实践面临的课题。

借助组织视角，实践设计者可以对全国各地区各领域的资源进行分类归纳：机构类，如企业史，2014 年华东师范大学设立了国内第一所银行史研究所；[1] 专业类，如城市公众史学，重庆大学开设的相关课程，涉及城市规划学科；[2] 媒体类，如大众历史杂志，新历史合作社创办了电子杂志《我们的历史》；[3] 受众类，如中学生，华东师范大学举办的"青史杯"高中生历史剧本大赛。[4]

---

[1]　华东师范大学的银行史研究所，参见 http//www. ecnu. edu. cn/_ s64/9d/d7/c1833a40407/page. psp（2017 年 8 月 20 日）。

[2]　城市公众史学，参见李娜《城市公众史学》，《复旦学报（社会科学版）》2015 年第 6 期。

[3]　新历史合作社，参见 https：//read. douban. com/provider/63688399/（2016 年 8 月 20 日）。

[4]　"青史杯"全国高中生历史剧本大赛，参见 http：//history. ecnu. edu. cn/new s_ view. asp?id = 957（2017 年 8 月 20 日）。

在此基础上，活动规划者可以思考如何"由点到面"，实现全面资源共享：例如，涉及金融机构历史遗产时，重庆大学的城市公众史学课程可以借鉴华东师范大学银行史研究的经验；涉及中学生的历史书写时，组织者可以联合新历史合作社或借鉴其经验（2010 年，新历史合作社前身《看历史》杂志团队发起过中学生历史写作大赛①）。此外，还有更复杂的结合形式。

在公众史学学科建设层面，在组织视角下，美英法德四国的公众史学模式，可以进一步归类为分散和集中两种趋向。

在美国，公众史学的组织体系呈分散化趋势。② 在早期，公众史学指向有限的机构和专业的扩展。典型的体现是 1978 年，罗伯特·凯利（Robert Kelley）对公众史学进行了初步定义：公众史学指的是历史学家的就业方式以及在学术界以外，如政府部门、私有企业、新闻媒体、地方历史协会、各种历史机构……运用史学方法与技能。③ 在当代，公众史学指向多元的媒体和广大的受众，主流范式是"共享权威"（sharing authority），④ 标志性表征是全国公众历史学会对公众史学的定义：公众史学是一场运动、一种方法论和一种途径或方式，能够推动历史合作和研究，公众史学家的任务是将自己特殊的见解以浅显易懂的方式传递给公众。⑤

在欧洲，虽然受到美国模式的影响，但是英、法、德三国公众史学都聚焦在专业要素。

---

① "发现身边的历史"——首届全国中学生历史写作大赛公告，主办单位为《中学历史教学参考》杂志社、《看历史》杂志社，参见 http：//news. qq. com/a/20110519/001064. htm（2017 年 8 月 20 日）。

② 关于公众史学的美国模式，除了上述李娜的论著以外，亦可参见王希《谁拥有历史——美国公共史学的起源、发展与挑战》，《历史研究》2010 年第 3 期。

③ 参见 Robert Kelley, "Public History: Its Origins, Nature, and Prospects," *The Public Historian*, Vol. 1, No. 1 (Fall 1978, pp. 16 - 28)；李娜《美国模式之公众史学在中国是否可行——中国公众史学的学科建构》，《江海学刊》2014 年第 2 期。

④ 参见 Michael Frisch, *A Shared Authority*, *Essays on the Craft and Meaning of Oral and Public History* (State University of New York Press, 1990), Introduction；介绍参见李娜《美国模式之公众史学在中国是否可行——中国公众史学的学科建构》，《江海学刊》2014 年第 2 期；王希《把史学还给人民——关于创建"公共史学"学科的若干想法》，《史学理论研究》2014 年第 4 期。

⑤ 译文参见王希《谁拥有历史：美国公共史学的起源、发展与挑战》，《历史研究》2010 年第 3 期；李娜《美国模式之公众史学在中国是否可行——中国公众史学的学科建构》，《江海学刊》2014 年第 2 期。

在英国，专业的地位极为突出——"非学术和非专业的历史就是公众史学"。相关学者强调："走向公共领域的史学必须带有专业历史研究推理的方法。"①

在法国，专业的角色相当显著——人们强调的是"历史学家的公共责任"。与此相应，法国史学专业分别设置了不同的学位，以对应基础研究和实际应用。②

在德国，历史教育学本身就体现出专业因素在公众史学中的核心地位。无论是学校的历史教育还是社会的历史传播，全都属于历史教育学的研究范围，需要受到抽象化的研究，进行反思性的审视。③

通过上述比较可见，欧美各国的公众史学的学科建设存在相似性和差异性。其中，相似性主要是指在发展前期，各国公众史学都侧重专业。差异性主要是：在美国，公众史学更加关注媒体和受众，侧重公共历史中多元群体的"分享"；在欧洲，公众史学更加关注机构和专业，侧重学术史学和公众史学的"贯通"。

笔者认为：究其实质，问题的症结依然是前述的"公"与"众"及其互动关系。强调"兼听则明"——传播过程的跨越性，则走向相对立体的德国及欧洲模式；强调"百花齐放"——传播因素的异质性，则走向相对扁平的美国模式。④

三 政治视角下的公众史学

在历史文化理论下，政治维度是指：各种涉及历史的社会实践或客观事物，总是包含权力及其关系。历史呈现带有某种政治立场、观念或价值。⑤

---

① 英国模式，参见朱联璧《英国的公众史学》，《历史教学问题》2014 年第 2 期；李娜《公众史学在英语国家的发展路径——兼论对中国公众史学发展的借鉴意义》，《历史教学问题》2015 年第 3 期。

② 法国模式，参见肖琦《法国的公众史学》，《历史教学问题》2014 年第 4 期；赖国栋《谁拥有过去——兼谈法国公众史学的发展》，《江海学刊》2014 年第 2 期。

③ 德国模式，参见孟钟捷《公众史学学科建设的可行路径：从德国历史教育学改革模式谈起》，《天津社会科学》2013 年第 3 期；孟钟捷《德国的公众史学》，《历史教学问题》2014 年第 3 期。

④ 美国的公众史学和德国的历史教育学的异同，参见 Simone Rauthe, *Public History in den USA und der Bundesrepublik Deutschland*。

⑤ 相关论述参见约恩·吕森《历史思考的新途径》，第 99~100 页。

典型案例是国家纪念日、历史之战（history war）或公众史学争议。①

在公众史学的领域，无论是学界，还是民间，公众史学日益引起人们的关注，重要原因是公共历史现象往往伴随政治争议。政治视角成为公众史学重要问题：如何应对围绕历史的政治角逐？其中的重要指标是话语权②和身份认同。

在公众史学的研究上，问题是如何学术地剖析作为研究对象的历史之战？

一切历史议题都有"当下化"的可能，多数公共历史热点涉及立场问题。关于过去的议题不是天然存在的，而是依附于当下特定的制造者、回应者和讨论者。这里不强调制造者、回应者和讨论者的结构不同，而强调它们立场的差异。

在分析公众史学争议时，不但要注意事实之争，而且必须注意话语权之争。简而言之，要明确谁在发声。相关研究需要关注三个"谁"：谁制造议题？谁回应议题？谁在讨论（拥有）这一段历史？三者构成分析历史之战的框架。

例如，二战后德国的历史争议，特别是发生在 1986 年的"历史学家之争"：史学家诺尔特质疑纳粹大屠杀的唯一性；哲学家哈贝马斯炮轰诺尔特粉饰纳粹。左翼支持哈贝马斯，而右翼支持诺尔特。结果是诺尔特及其学术观点遭到压制。专业学者抛出议题（制造者）；政治立场强烈的德国"公知"介入争论（回应者）；讨论蔓延到政界和公众（讨论者）。因此，纳粹大屠杀的唯一性问题，在学术上可以讨论，在政治上存在禁忌。③

吕森强调：政治维度中的重要现象是身份认同。简而言之，即"我们是谁？"问题的答案不是固定不变的，而是流动多变的，不但涉及"我们"，而且涉及"他者"，历史之战中常见的身份认同主要包括族群、国族和人类

①　公众史学争议，参见孟钟捷《从德国范式看公众史学争议的起因、进程与影响》，《江海学刊》2014 年第 2 期。

②　"话语权"对应当代美国公众史学的重要概念"sharing authority"，国内出现过几种翻译，王希诠释为"共享权威"，李娜诠释为"分享话语权"。身份认同（identity）和历史建构的关系，参见斯坦凡·贝格尔《通往民族历史编纂学的全球史》，孟钟捷译，《学海》2013 年第 3 期。

③　参见孟钟捷《从德国范式看公众史学争议的起因、进程与影响》，《江海学刊》2014 年第 2 期。

共同体等。

在全球化背景下，身份认同的复杂性加剧，形形色色的历史之战由此产生。在国家内部，存在国内的历史之战；在国家之间，存在国际的历史之战。对此，身份认同是基本的分析工具。

美国、加拿大和澳大利亚是典型的移民社会，认同问题的焦点是多元族群，裂痕存在于同一时代的不同的族群之间，"我们的历史"和"他者的历史"发生对立。在美国，"熔炉神话"遭到"白人至上论"的挑战；在澳大利亚，获得政治认同后，土著对土地归属问题提出质疑。[①]

德国和印度是典型的非移民社会，认同问题的焦点是处理特定的历史负担，裂痕存在于同一共同体的不同时代之间，"那些年的我们"和"当下的我们"发生对立。在德国，症结是如何"克服"纳粹历史负担，建构今天的"好的"德国的认同；在印度，症结是怎样"调和"前现代穆斯林影响和近现代印度教认同。[②]

国际性的历史之战主要是国家之间的历史争议，例如二战衍生的历史议题：东亚的争议很激烈，包括靖国神社问题、历史教科书问题和韩日慰安妇雕像冲突；欧洲的争议也很激烈，特别是中东欧国家的苏联红军纪念碑问题。[③]

在国际性历史之战中，虽然出现过一些解决途径，例如合编历史教科书等，[④] 但是历史之战不断爆发，规模日益扩大，影响日益增强，特别是反全球化运动，民族认同和普世认同发生激烈冲撞，使得公共历史沦为民族主义者进行历史煽动的工具。

---

① Mark Hearn, "Writing the Nation in Australia: Australian Historians and Narrative Myths of Nation," in Stefan Berger, ed., *Writing the Nation: A Global Perspective* (New York: Palgrave Macmillan, 2007), pp. 103 – 125.

② Radhika Seshan, "Writing the Nation in India: Communalism and Historiography," in Stefan Berger, ed., *Writing the Nation: A Global Perspective*, pp. 155 – 178.

③ 中日历史争议问题，参见已故著名学者步平的一系列著述：步平《关于日本历史教科书问题》，《抗日战争研究》2000 年第 4 期；步平《日本靖国神社问题的历史考察》，《抗日战争研究》2001 年第 4 期；步平《对中日历史问题基本状况的分析》，《中国社会科学院院报》2006 年 12 月 14 日。

④ 德法合编历史课本，参见爱蒂安·弗朗索瓦、孟钟捷《共同记忆的形成：德法合编历史教科书——访爱蒂安·弗朗索瓦教授》，《历史教学问题》2010 年第 3 期，第 36～39 页。目前国内学术界对欧洲二战历史记忆的研究存在一些盲点，注意力只局限于法德和解，而没有注意到东欧、南欧国家之间广泛和严重的历史之战。

在公共历史的实践中，问题是如何理性地管理历史议题的政治性因素。

在政治视角下，公共历史实践者要减少传统学术史学存在的去政治化倾向：通常，专业史学主张排除政治的影响，澄清历史的真相，达成共识，消除争议；反之，公众史学天然带有政治的因素，首要人物是面对历史和政治的结合。

在中国的公共历史运动中，"历史书写"① 的 "再分配"成为旗帜性的指标。相关诉求遍及主要范式，如城市历史保护②、小历史书写③和历史自媒体。④ 其中最简单的表述来自 "公众性历史杂志"⑤ ——《看历史》的发刊词：

> 这是一个 "公民写史"的时代，它给了我们每个人一支笔，以打破几千年来被官史和史官垄断的历史书写权和解释权。……
>
> 社会的进步赋予了公民写史的可能，而记录和传播技术的演进，则给了每个人书写历史的手段。在这个时代，权力或知识的垄断者不再是历史的垄断者。……
>
> 因此，让我们一起来书写历史。⑥

由此可见，在中国的公共历史实践中，核心的议题是历史话语权的分散

---

① 历史书写的概念，参见孟钟捷《后真相与历史书写》，《探索与争鸣》2017 年第 4 期。

② 城市公众史学，参见李娜《城市公众史学》，《复旦学报》（社会科学版）2015 年第 6 期；李娜：《谁拥有过去？——探索普通人的历史感知》，孙逊、陈恒主编《城市史与城市研究》，上海三联书店，2015。

③ 小历史书写，参见钱茂伟《小历史书写理论与方法的研究》，《学术研究》2013 年第 11 期；亦可参见钱茂伟《中国公众史学通论》，中国社会科学出版社，2015，第二章 "人人的历史都是历史"和第三章 "人人都是历史记录者"。

④ 自媒体和公众史学，参见陈新《自媒体时代的公众史学》，《天津社会科学》2013 年第 3 期；相关问题，亦可参见马勇《 "自媒体时代"的历史研究和史学表达》，《史学理论研究》2011 年第 4 期。

⑤ 公众性历史杂志的概念，参见陈新《自媒体时代的公众史学》，《天津社会科学》2013 年第 3 期。

⑥ 《看历史》杂志及其发刊词，参见 https://www.douban.com/group/topic/1969835/（2017 年 8 月 20 日）。2007～2013 年，《看历史》杂志编辑团队由著名出版人唐建光领导，深入参与中国公共历史运动。2013 年后，《看历史》团队转为 "新历史合作社"，出版数字化杂志 "我们的历史"。《看历史》杂志的相关介绍，参见李鹏《历史杂志如何经得起历史考验》，《中国图书商报》2011 年 9 月 9 日。

化，相应的身份认同的基本格局是：一边是"我们"——分散化的新兴历史话语者；另一边是"他者"——"权力或知识的垄断者"——中心化的传统历史话语者。我们又必须注意到：中心化的传统历史话语者仍然在历史文化中扮演着不可或缺的角色。

在政治视角下，作为研究对象的历史之战和作为实践进程的公共历史相通。通过对前者的研究，可以总结话语权和身份认同的模式，以应用于后者的实践中。在此基础上，学生将思考：如何凭借、分析公共历史争议，建设公共历史文化，成为有能力、有意愿、勤于思考、善于实践的公共阐释者。①

四　知识视角下的公众史学

在历史文化理论下，知识维度是指：各种涉及历史的社会实践或客观事物，总是包含学术知识。简单而言，历史知识即"历史真相"；复杂而言，作为学术研究的门类，历史知识符合特定的"范式"，例如概念体系、方法系统和呈现途径。②

在知识视角下，公众史学遵循什么范式？公众史学和学术史学二者有共性，也有差异：就共性而言，公众史学共享其他史学分支部分范式，如史料基础；就差异而言，公众史学强调把历史呈现的生成和传播视为统一整体。

舍内曼对此进行了概括。在不同时代，历史文化形态发生整体变化，兼及形式和功能：前现代，历史呈现的形式是"范例"，历史传播的功能是指导等级社会的精英；近现代，历史呈现的形式是"知识"，历史传播的功能是教化民族国家的公民；在后现代，历史呈现的形式是"体验"，历史传播的功能是满足消费者的需求。③

舍内曼的概括相对简化。事实上，在同一时代，历史文化可能存在多种范式。例如：人们通常认为，近现代的德国的历史文化的主要范式是专业性

①　张江：《公共阐释论纲》，《学术研究》2017年第6期。

②　相关论述参见约恩·吕森《历史思考的新途径》，第101页。

③　Cf. Bernd Schönemann, "Geschichtsdidaktik und Geschichtskultur," in Bernd Mütter, Bernd Schönemann, Uwe Uffelmann, Hrsg., *Geschichtskultur Theorie-Empirie-Pragmatik* (Weinheim: Deutscher Studien Verlag, 2000), S. 26 – 59.

历史研究和民族国家历史叙述。不过，哈特维格（Wolfgang Hardtwig）提出：当时存在至少三种"历史书写"（Geschichtsschreibung）：第一，历史小说、传记以及绘画，由非专业的作者生产，向非专业的受众传播；第二，科普性简史、史话和讲座，由专业性的学者生产，向非专业的受众传播；第三，学术性论文、专著和专论，由专业性的学者生产，在学术界的内部传播。此外，还有两种不常见的方式：其一，专业的著作受到非专业的受众广泛欢迎；其二，非专业的著作受到学术界的接受。[①]

在学术史学研究中，学者主要关注专业学者的成果及其在学术界内的影响；在公众史学的研究中，需要关注不同历史呈现和历史传播途径的范式及其互动。以学术史学的范式为标准，可以通过比较揭示不同形式的公共历史实践的范式。简单的归类方法如表3所示。

表3　简单的归类方法

非专业作者——专业受众 学术史学的范式严格(某些公众史学门类)	专业作者——专业受众 学术史学的范式严格(学术期刊)
非专业作者——非专业受众 学术史学的范式宽松(历史小说等)	专业作者——非专业受众 学术史学的范式宽松(历史科普)

在公众史学的领域，知识视角的应用主要立足于公众史学的学术研究层面。培养公众史学的研究者时，主要的任务是培养其以反思性的视角审视公共历史现象。他们需要意识到，不应只是简单地呈现"历史真相"，而是要追问真相成立的过程，包括史料基础、因果关系、共识和争议，包括历史呈现中相关要件的静态分布，兼及历史传播中相关要件的动态损益，例如论文如何成为"帖子"。

五　审美视角下的公众史学

在历史文化理论下，审美维度是指：各种涉及历史的社会实践或客观事物，总是包含艺术、美学或情感的因素。美学因素的主要功能是让历史变得

---

① 参见 Wolfgang Hardtwig, *Geschichte fürLeser*, *populäreGeschichtsschreibung in Deutschland im 20. Jahrhundert*（Stuttgart：Steiner，2005）。

可感知，典型案例是叙述、符号以及仪式等。

目前，国内外史学理论界对美学因素和史学整体的关系还存在较大的争议。相应的，在公众史学的领域，审美视角的应用主要立足于公共历史的社会实践，特别是其中的实用性考虑。[①]

理论上，审美视角与感知属性相关；实践上，历史传播受到历史呈现的影响。当历史传播的媒体是大众媒体、对象是社会大众时，审美维度的影响就会更加显著。一个简单的案例是：在大众历史杂志中，对相同的历史事件不考虑使用图片等其他因素，如何生成引人注目的题目？实践中就需要运用文学手法或者艺术加工。简单对比如表4所示。

表4　大众历史杂志的标题

主题	标题
清华大学百年校庆	《看历史》："毕业生：百年清华的中国年轮" 《文史参考》："抉择与考验：百年清华的六大拐点"
太平天国百年纪念	《看历史》："出天国记：太平天国160年祭" 《国家人文历史》："天国陷落"

资料来源：《毕业生：百年清华的中国年轮》，《看历史》2011年第4期；《抉择与考验：百年清华的六大拐点》，《文史参考》2011年第8期；《出天国记：太平天国160年祭》，《看历史》2011年第8期；《天国陷落》，《国家人文历史》2014年第12期。

显然，大众历史杂志采取了各种艺术手法，特别是其中的《看历史》杂志："年轮"是比喻；"出天国记"是用典。可见，出于实用目标，在公众史学教学中，有必要帮助实践者认识到艺术元素的作用，进而有意识地利用艺术元素。

事实上，人们对公共历史传播中运用艺术元素或审美途径的做法并不陌生，此处简单罗列具象化和符号化两种现象。

在前现代，具象化呈现是常见的公共历史的表现形式，如图像和雕像等。例如英国宗教改革后，亨利八世借助圣经插图，传播"国王是最高宗

---

① 如海登·怀特提出的元史学概念，相关讨论参见彭刚《叙事、虚构与历史——海登·怀特与当代西方历史哲学的转型》，《历史研究》2006年第3期；陈新：《历史·比喻·想象——海登·怀特历史哲学述评》，《史学理论研究》2005年第2期。

教领袖"；① 又如，凡尔赛宫有关"太阳王"的雕塑作品，无一不反映了当时的"制造"成果。② 当下，图像历史呈现又在某种程度上迎合了"读图时代"受众的习惯。

近现代，符号化呈现是常见的公共历史的表现形式，例如符号和仪式等。负面的案例如 20 世纪 30 年代随着万字符与"嗨，希特勒！"口号的泛滥，"德意志民族共同体"的历史观，包括种族主义和个人崇拜，得以不断强化；③ 正面的案例如南宋灭亡 800 年后，杭州宋城打出口号"给我一天，还我千年！"

此外，"新闻式标题"的出现，虽然不准确，但是满足了现代人的猎奇心态，在网络时代成为"历史热"的另一种助推剂。④

公众史学并不否认史学研究对于"真实性"的追求，但主张历史专业的学生们同时拥有一对"艺术的眼光"，学会用跨学科的方法，用联想、隐喻、对比、具象化等方式，更为通俗化地叙述历史。为此，在课程体系中，我们需要安排社会学、艺术史、人类学、传播学、文学、哲学等多学科通识课程。

六　结语

理论上，历史文化有两大功能：一方面，历史文化旨在划定研究的范围，包罗万象的涉及历史的社会实践或者客观存在都是学者研究的对象；另一方面，历史文化的作用是启发理论反思，形形色色的关于历史的社会实践或客观存在，都需要进行抽象化的理论诠释，如形式上的多种节点和内容上的不同维度。

前者可概括为"博"——归纳现象；而后者可概括为"约"——探索规律。在我国的公众史学学科建设中，既有成果集中在"博"，未来潜力集

---

① 参见赵博文《图像证史：亨利八世形象塑造与宗教改革政治》，《历史教学问题》2017 年第 4 期。

② 参见彼得·伯克《制造路易十四》，郝名玮译，商务印书馆，2007。

③ 参见提尔曼·阿勒特《德意志问候——关于一个灾难性姿势的历史》，孟翰译，江苏人民出版社，2008。

④ 参见王记录《近十年来"通俗历史热"现象探析》，《四川师范大学学报》（社会科学版）2012 年第 1 期。

中在"约"。过去，公众史学的开拓者致力于展现的问题是——"公众史学可以包括哪些可能？"未来，公众史学的后继者致力于探索的问题是——"公众史学呈现了哪些规律？"

在探索这些问题时，欧美系统化的公众史学理论体系是值得借鉴的分析工具，例如德国历史文化理论研究提供的组织视角、政治视角、知识视角和审美视角，研究对象既包括正在进行的公共历史实践，也涵盖已经过去的公共历史现象。关键是对具体现象进行系统剖析，归纳抽象模型再次投入实践。由此，我们可以发现适合公众史学的"中国特色"、"中国模式"甚至"中国震撼"。

（原载《公众史学》第 1 辑）

法国的公众史学

肖　琦

Public History 跨越大西洋来到法国是在 20 世纪 80 年代初。与它进入汉语学界一样，这个美国的舶来品在法语学界首先也遇到了一个翻译上的难题。学者们在"Histoire Publique""Histoire Appliquée""Application de l'Histoire""Histoire Pratique""Vulgarisation Historique"这些译名面前举棋不定。[①] 法国第一家公众史学事务所 Public Histoire，在命名时就违反了法语的习惯，直接沿用了英语的结构。产生这一现象的原因，主要是英语中的"public"一词主要有两个层面的意思，一方面是指这种研究是面向公众、大众的，另一方面是指这种研究选择的主题是有偏向性的，即主要是针对国家或政府的实践、公共决策等。且在美国，Public History 的实践大部分又都是私底下进行的（并非是公开或公共的进行）。所以如果按照法语的习惯，翻译成"Histoire Publique"的话，就有了太多公共的（在公共空间意义上）意味。但是如果译成"Histoire Appliquée"的话，似乎又过于狭隘了。当然以上所说这些翻译上的问题主要是考虑了该词在美国的含义。联系到汉语学界目前倾向于用"公众史学"这一提法，笔者今天想着重谈谈法国的"公众史学"。

[①] "Histoire Publique""Histoire Appliquée""Application de l'Histoire""Histoire Pratique""Vulgarisation Historique"直译成中文分别是公共史学、应用史学、历史的应用、实践史学、历史学的普及。

一

1978 年，美国加州大学历史系教授罗伯特·凯利（Robert Kelly）撰写的《关于公众史学的起源和发展》一文标志着公众史学在美国的创立。1982 年 9 月，在欧洲范围内，关于公众史学的第一次研讨会在荷兰鹿特丹召开。会上唯一一位法国代表是法国国家科研中心下属的"当下历史研究所"（l'Institut d'histoire du temps présent）所长弗朗索瓦·贝达里达（François Bédarida）教授。"当下历史研究所"本身是一个严格意义上的基础研究机构，但在它的协调委员会委员当中，不乏一些商界和政界人士。该机构所关注的研究也有着明确的中短期目标诉求，诸如皮埃尔·孟戴斯－弗朗斯（Pierre Mendès-France）的政治战略、[①] 经济规划史或 20 世纪妇女史这样的研究课题更容易受到他们的青睐。这就不难解释贝达里达教授何以成为法国公众史学的重要拓荒人了。在他看来，公众史学就应该促进过去或当下的决策者与历史学家之间的对话；应该大规模地开展对最近的历史即历史学家本人生活的"当下"的历史的研究，而摒弃那些所谓的历史研究不能研究当代的原则；应该为政治和社会生活的某些部门提供一种看问题的历史视角。[②] 也正是在贝达里达教授的主持下，名为"当下史及其应用：基础研究和应用历史"的研讨班在 1982～1983 年举行，并于次年移师巴黎高师。研讨班的举行极大地促进了法国史学界对公众史学的深入了解和认识。

随后，学者们也就公众史学的方法论问题及学术与市场化的关系问题做出了富有价值的反思。如菲利克斯·托雷斯（Félix Torres）认为，"企业的历史就是将历史应用到当下，它联系于那个催生其自身的社会需求，它是历史学家伸向相关的集体或企业的一面清晰的镜子，一面可以根据收货人的要求而调整的镜子：这些收货人可以是决策者、干部或者是广大的公众。通过关注当下，历史恢复了其调查研究的独特功能：重新组织一些已有的知识，

---

① 皮埃尔·孟戴斯－弗朗斯，法国社会党国务活动家、法兰西第四共和国总理兼外交部长、经济学家。
② Wesley Johnson, "Public History in Europe：Maiden Voyage," *Newsletter of the National Council on Public History*, 2（4），3（1），1982，p.115.

再现事实的真实，并帮助理解这些真实"。[1] 亨利·罗索（Henry Rousso）撰
文系统探讨了美国的公众史学运动所引申出来的问题，即历史学的基础研究
与应用型研究之间的关系。在他看来，该问题早在 19 世纪就为人所提及。
当时关于历史学的功用问题，存在一种争论，争论的一方是传统的历史学
家，他们认为历史学是一门纯粹的知识，是一种精神（morale）；争论的另
一方以孔德为代表，他们认为历史学是一门关心社会变革的实证主义的科
学，应该预见社会的发展方向。然而，该争论发展到现代，或者说历史的
应用到了现代，则遭遇了一个现实问题，即一方面是经济、文化市场的急
速扩张导致的对历史的需求量之激增，另一方则是历史行业日益自我封闭
和学院化。公众史学研究的出现则为解决这一矛盾提供了一种可行的解决
办法。当然，罗索教授也指出，法国与美国的国情差异，使得公众史学在
法国的发展呈现很多不同的特点。例如，它可能更多地倚赖于国家，而非
私人机构；较之美国而言，实用主义从来没有成为法兰西民族的一个特
点，在法国，话语永远优先于行动。在此基础上，罗索教授还就历史学的
应用与经济学、社会学等其他学科的社会应用的不同之处做了细致的分
析，也指出了应用史学的相对危险主要在于研究的客观性问题。[2] 对此，
2003 年，奥利维耶·杜摩林（Olivier Dumoulin）在《历史学家的社会角色》
一书中探讨美国的公众史学运动在法国的发展情况时，也有所涉及。他认
为，从如何保持历史研究的公正性和客观性的角度来看，与纳税人（国家）
签订研究合同，也许比与私人基金会签订合同展开研究要更加有益于保证历
史学家理想中的自由。[3] 魁北克历史学家马克·里奥皮勒（Marc Riopel）则
坚持采用"历史的应用"这一概念。他认为，该概念既表明了历史是需要
扎实基础训练的学科，同时也表明了其步骤是依据结果在公众中的应用而展

---

[1]　Félix Torres, "Retour vers l'avenir: l'histoire dans l'entreprise," *Mémoire d'Avenir: L'histoire dans l'entreprise: Actes du 1er colloque d'histoire appliquée aux entreprises organisé par Saint-Gobain et Public Histoire, Blois, 21 - 22 mai 1985* (Economica, 1987), pp. 38 - 39.

[2]　Henry Rousso, "L'histoire appliquée ou les historiens thaumaturges," *Vingtième Siècle, Revue D'histoire*, No. 1 (janvier, 1984), pp. 105 - 122.

[3]　Olivier Dumoulin, *Le Rôle social de l'historien. De la chaire au prétoire* (Paris: Albin Michel, 2003), pp. 91 - 123.

开的。^① 比利时历史学家盖·泽里斯（Guy Zelis）在 2013 年第 5 期的《辩论》（*le Débat*）杂志上发表了一篇题为"关于公众史学"的文章，文中提出了公众史学如何与数字化的时代潮流相结合的问题，发人深思。

除了以上这些理论方面的发掘之外，公众史学在实践上也取得了一些成绩。1983 年夏，法国第一家公众史学事务所 Public Histoire 在巴黎十三区创办。该事务所的主要业务是帮助私人、政府、企业或一些公共机构等撰写传记和历史作品等。这些作品的作者都是获得大学历史系教职的职业历史学家。圣戈班集团、法国国家电力公司、达能集团等知名企业近年来都在进行一系列企业档案和历史甚至是口述史的整理工作。当然，这些研究除了受到企业的资助外，也受到了法国国家科研中心（CNRS）等公共机构的支持和资助。

在学科建设方面，与美国在高校开设公众史学专业不同，在法国的大学中，并没有相应的学科和课程设置。但是，法国的硕士有研究型硕士和职业型硕士两种。研究型硕士主要是以培养科学研究型人才为目的导向，与国内目前的硕士设置相类似。职业型硕士则更注重专业化的培训、应用与实践。学生们一般需要到企业或公共机构中进行实习，撰写实习报告，通常获得硕士文凭后工作的方向是比较明确的。以巴黎一大历史系为例，硕士第一年和第二年都设有职业型硕士，^② 主要有国际关系、与塞尔奇－蓬图瓦兹（Cergy-Pontoise）大学合办的国际事务与欧洲建设、知识传播、认知技术与信息管理方向、文化遗产历史与管理五个方向。在某种程度上，这样的学科设置也在试图回应历史的基础研究与历史的应用之间的矛盾。

总体而言，公众史学运动并没有在法兰西国土上得到蓬勃发展。其中原因，除了以上我们说到的法国本身已有的制度设计之外，另外还有两个传统，即法国史学的公共传统和法国史学的年鉴传统，这二者是我们在反思法国公众史学发展状况时所不得不考虑的重要因素。

---

① Marc Riopel, "Réflexions sur l'application de l'histoire," *Revue d'histoire de l'Amérique française*, Vol. 57, No. 1, 2003, pp. 5–21.

② 法国硕士教育读完第一年和第二年分别会获得一个相应的文凭，但是硕士只有获得第二年文凭才能申请继续攻读博士学位。

二

　　法国史学的公共传统主要有两层意思：一是"公共空间"的"公"，即历史学家在公共空间里探讨历史问题，或就某一历史问题展开争论；二是"公家"的"公"，这里指的是法国国家主义的传统，即由国家资助和主导历史研究计划的制定和开展。

　　首先是公共空间的传统。这里又可以在职业历史学家和非职业历史学家之间做一个划分。对于在公共空间讨论历史问题的非职业历史学家而言，在一个有着德雷福斯传统的国度，这个问题是无需更多论证的。我们看到，许多大学本科毕业于历史系或者其他专业的记者、编辑、出版商、作家们都热衷于发表自己对历史的看法，并用自己的方式（写作畅销历史书）去引导大众对历史的认知，他们身上天然地具备着法兰西知识分子的神圣使命感。

　　值得注意的是，在职业历史学家领域，也就是在我们认为的学院派历史学发展中，也经历了一个由私走向公的阶段，即职业历史学家们从学院当中走出来，在公共空间中探讨历史问题。众所周知，从 19 世纪末开始，学院派历史学经历了一个专业化的过程。要成为一位职业历史学家，就意味着要拥有一个大学的历史学位，被其他同事所认可，并拥有一部客观、严肃的学术著作。但这样的历史研究相对来说是在象牙塔里的，历史学家们严格地恪守着学院派的学术标准和原则，缺乏对于学院之外的热点和公共话题的研究兴趣。从 20 世纪 80 年代开始，法国的历史学家开始利用自己的专业知识，围绕事件的周年纪念，或历史上著名人物的周年纪念，尤其是历史的罪责等问题在公共领域展开探讨。① 历史学家甚至进入法庭，利用自己的专业知识，提供咨询和证词。最著名的一个例子是 1998 年在莫里斯·帕庞（Maurice Papon）一案的审判中，② 历史学家马克·奥利维耶·巴鲁赫（Marc Olivier Baruch）作为证人提供证词。而他出任证人，并非因为他自己与该案存在直接联系，而是因为他的历史学博士论文研究的恰恰是维希政

---

① 　在这方面，比较著名的有皮埃尔·诺拉（Pierre Nora）和他关于记忆史的研究。

② 　莫里斯·帕庞被指控二战期间他在担任波尔多警察局秘书长的时候，曾经将超过 1600 名犹太人送入集中营。

权时期的法国公共机构的历史。此后，又陆续有许多历史学家加入对该案件的讨论中来。此案使学院派历史学在大学校园之外、在公共领域中产生了相当影响。① 由此，学界也纷纷开始就历史学家的公共责任问题重新进行反思。②

其次是法国的国家主义传统对于史学研究的影响。在美国，私人基金会资助学术研究的力度非常大。美国的公共史学项目就得到了来自洛克菲勒基金会的大力支持。这就在学术与市场之间建立了比较完善的产学研机制。此外，美国的学术机构与政府决策部门的关系也是非常紧密的，许多著名学者同时也是政府决策部门乃至国家元首的重要智囊。但法国是一个有着极强的国家主义传统的国度，常常是由国家和一些公共机构来主导一些研究计划的立项和开展。例如，法国国家科研中心（CNRS）是法国最大的科学技术研究机构，隶属于法国国民教育、研究与技术部。该中心的主要任务是从事自然科学、人文科学和社会科学等各个领域的基础研究和应用研究，此外还参与法国国家科技发展总政策的制定。它同 190 所高等学校及大学保持着非常密切的对口协作关系，其 3/4 的实验室设在这些大学和高校内。科研中心为这些协作实验室或协作课题组或协作个人提供科研经费，许多有影响力的研究计划几乎无一例外得到该中心的经费赞助。科研中心试图规范科研经费和科研项目管理，实行研究项目的合同制改革，但同时也碰到了一个问题，即虽然人文科学研究的主要"顾客"是国家，但国家毕竟不是一个无欲无求的赞助人。国家资助的研究不可避免地有其特定的政治和意识形态的倾向，或者说至少有其鼓励和不鼓励的研究方向、有其鼓励和不鼓励的学科。一项研究政策的制定意味着国家的一种选择、一种偏好。③ 这也是基础学科在应用维度上的目的论。

① 详见 Marc Olivier Baruch, "L'histoire dans le prétoire. Le procès Papon," in *L'Histoire dans l'espace public. L'histoire face à la mémoire, à la justice et au politique* (sous la dir. De Guy Zelis) (Bruxelles: Labor, 2005), pp. 57 – 65; Henry Rousso, "L'expertise des historiens dans les procès pour crimes contre l'humanité," in *Barbie, Touvier, Papon. Des procès pour la mémoire* (Paris: Autrement, 2002), pp. 58 – 69。

② 详见 François Bédarida, Maurice Aymard, *L'histoire et le métier d'historien en France 1945 – 1995* (Paris: Les éditions de la Maison des sciences de l'homme, 1995)。

③ Henry Rousso, "L'histoire appliquée ou les historiens thaumaturges," *Vingtième Siècle, Revue D'histoire*, No. 1 (janvier, 1984), p. 114.

正因为有了以上的公共领域的传统，在法国的史学界，人们谈论更多的是历史学家的公共责任，而非公众史学；在国家主义传统的影响下，法国的历史研究更加倚赖于国家层面的赞助和扶持，而非企业或私人基金会的帮助。在法国政治谱系中，历史学家们整体上处于中间偏左的位置，他们对资本"入侵"学术有着非常高的警惕。至于政治权力（或国家）对学术的"入侵"，法国这个以自由、平等、博爱为其立国之本的国家却仍然要努力维持其政治正确性。

三

法国史学中的另一个重要传统是年鉴的传统。1929 年，一些志同道合的法国历史学家共同创办了《经济与社会史年鉴》杂志。他们反对以兰克为代表的旧的史学传统，主张把新的观念和新的方法引入历史研究领域。年鉴学派对法国乃至整个西方史学界都产生了深远的影响。年鉴学派主张拓宽历史研究的领域，历史学家不仅要注意政治史、军事史，也要注意社会其他方面的历史。他们提倡历史学家打破过分专门化所造成的历史研究的狭隘性，主动同其他学科的专家进行合作，运用历史学、历史哲学、社会学、心理学等多学科的方法解释历史。这其中又以与经济和社会学的联姻最为频繁。在这方面的代表作有吕西安·费弗尔（Lucien Febvre）的《腓力二世与孔德省：政治、宗教和社会史研究》（1911），马克·布洛赫（Marc Bloch）的《法国农村史》（1931），乔治·勒费弗尔（George Lefebvre）的《法国大革命期间北方省的农民》（1924）、《恐怖时期农业问题》（1932），西米昂（François Simiand）的《工资、社会演进和货币：工资的实证理论研究》（1932）、《世界危机和长阶段中的经济变动》（1932）等。

进入 20 世纪 70 年代后期，法国史学又开始了其"新文化史"（又称"社会文化史"）的转向。这次转向在年鉴学派将史学研究的领域加以拓宽的基础上，走得更远，社会文化中的饮食、服装、日常语言、身体等都可以作为一种文化的符号和象征来展开历史的演绎，以此揭示人类社会结构的整体关系及其各个侧面。新文化史的主要代表作有埃马纽埃尔·勒华拉杜里（Emmanuel Le Roy Ladurie）1975 年出版的《蒙塔尤：1294—1324 年奥克西坦尼的一个山村》、阿兰·科尔班的（Alain Corbin）《大地的钟声：19 世纪法国乡村的音响状况和感官文化》和《污秽与芳香：气味与法国的社会想象》。20 世纪 90 年代末 21 世纪初，书籍的传播、影像的历史、博物馆史等研究渐渐成了史学研究领域的新宠儿。可见，在这样的语境下，美国公众史学的研究范围本已是法国从年鉴到新文化史这一史学发展脉络的题中之一。这也是为何公众史学运动没有在法国得到更大反响的第二个重要的原因。

美国的公众史学运动与法国的年鉴和新文化史的传统，从各自的立场出发，同时关注到了将史学的研究对象推广到与社会生活息息相关的各个方面。如果说在美国，这个选择更多体现了美国实用主义精神实质的话，那么在法国，与社会学和经济学不同，这一选择可能更多的是一种价值判断。同样，在历史学的公共化这一问题上，法国史学的公共传统的出发点是历史学家的责任、知识分子的使命感，甚至是国家主义传统的"惯习"。这也更多是一种价值的抉择。

公共传统和年鉴－新史学传统是法国史学的独特积累。甚至可以说，20世纪法国史学的发展已经达到了一个很高的高度。这就对任何想在这片土地上扎根的外来史学学派或思潮提出了更加严苛的要求。而法国在研究生教育上将职业型硕士和研究型硕士分开培养的制度设计，也在某种程度上解决了历史学的"应用之围"。这些都是影响法国公众史学发展的重要因素。

（原载《历史教学问题》2014 年第 4 期）

英国的公众史学

朱联璧

进入 21 世纪后，有关公众史学的实践和讨论在英国日益涌现。2006年，伦敦大学历史研究中心（IHR）首次举办了名为"历史与公众"的年会，讨论公众史学议题。① 2008 年，该中心与利物浦大学、利物浦国家博物馆合办了"公众史学"学术会议。② 2010 年，美国最具影响力的公众史学期刊《公共历史学家》（*The Public Historian*）出版了"英国公众史学专刊"，收录了两年前利物浦会议上的 8 篇论文。专刊引言由原在利物浦大学工作的霍格·胡克（Holger Hoock）教授撰写，清晰梳理了过去十多年来英国公众史学的发展脉络，认为其尚处发展期，仍有很多问题等待厘清。③

反观国内，对英国公众史学的情况鲜有介绍。因此，本文将在胡克一文的基础上，整理英国语境下公众史学的大致脉络，从其引入英国的过程及实践、课程建设和主要成果三个方面展开。

---

① IHR Newsletter, Summer 2006, http：//www. history. ac. uk/sites/history. ac. uk/files/newsletters/ IHR-Newsletter – 2006 – summer. pdf, （Accessed on 26 December 2013）. 其他几次会议的情况，见 Holger Hoock, "Introduction," *The Public Historian*, Vol. 32, No. 3, 2010, p. 10, footnote 9。

② "Public History Conference, Liverpool, 10 – 12 April 2008," http：//www. sas. ac. uk/about – us/news/public – history – conference – liverpool – 10 – 12 – april – 2008 （Accessed on 29 December 2013）.

③ Hoock, "Introduction," *The Public Historian*, Vol. 32, No. 3, 2010, pp. 7 – 24.

一

要回答英国公众史学的起点在何时，并不容易。英国学者从隔岸观花，到引入美国公众史学的概念，再到以此为名开始实践，过程迂回曲折。美国公众史学肇始之时就经历了专业化（professionalisation）、概念化（conceptualisation）和制度化（insitutionalisation），^① 伴有明确的方法论解说和"使公众受惠"的意识形态偏向。^② 但英国公众史学在这三个方面进展缓慢，并与遗产保护、博物馆学等历史悠久的学科领域重叠，要辨认其面貌并非易事。

1981 年，美国公众史学家小 G. 卫斯里·约翰逊（G. Wesley Johnson, Jr.）曾受伦敦大学迈克尔·汤普森（Michael Thompson）之邀在该校演讲，介绍美国的公众史学。讲座后有听众戏谑道："要是三年前你来演讲这个，我们大概会把你丢出去，可现在却迫切想听听。"^③ 此后，约翰逊还造访了谢菲尔德、牛津和剑桥的几所大学，推广公众史学，并在谢菲尔德大学得到最积极的反馈。时任经济史系主任的安东尼·沙克里夫（Anthony Sutcliffe）有意沿用美国卡内基－梅隆大学应用史学（applied history）项目的内容，开设英国第一门公众史学课程。沙克里夫还在 1982 年参与组织了欧洲第一次公众史学会议。1983 年，伦敦金斯顿大学的彼得·J. 贝克（Peter J. Beck）受邀造访美国，了解公众史学的发展情况，并在《泰晤士报教育增刊》上撰文介绍。^④ 约翰逊后来将此行见闻写成论文，1984 年发表在《公共历史学家》上。他发现当时对公众史学最感兴趣的多为经济史学者，他们看出其与正在推行的应用史学之间有共通之处，^⑤ 但他也发现这个概念会引起论

---

① 三者分别指设立公众史学学位并组织相关实践，进行术语解释（包括本体论、方法论和价值论三个层面），建立全国性组织、研究机构和期刊增进交流。

② 关于美国公众史学的内涵与特征回顾，参见王希《谁拥有历史：美国公共史学的起源、发展与挑战》，《历史研究》2010 年第 3 期。

③ Jr. G. Wesley Johnson, "An American Impression of Public History in Europe," *The Public Historian*, Vol. 6, No. 4, 1984, p. 87.

④ "An American Impression of Pubilc History in Europe," *The Public Historian*, Vol. 6, No. 4, 1984, pp. 89–93.

⑤ 同一时期经济史学者和应用史学之间的互动，参见 Avner Offer, "Using the Past in Britain: Retrospect and Prospect," *The Pubic Historian*, Vol. 6, No. 4, 1984, pp. 17–36.

争，担心公众史学在英国落地后能否生根发芽。① 最终，谢菲尔德大学的公众史学课程不了了之。可见，尽管 20 世纪 80 年代英国高校已有接纳美国公众史学课程的迹象，走出了专业化的第一步，且是公众史学发展最重要的一步，② 但并未取得成功。胡克在 2010 年撰写引言时，约翰逊的见闻被完全忽略。

实际上，在约翰逊造访的时代，英国已有很多面向公众的历史产品和大众史学实践，③ 包括历史遗产保护、电视电台的历史节目、畅销历史读物等，视公众为受众。1895 年成立的国家信托组织（National Trust）就以保护和修缮历史古迹来向公众开放为最主要目的。④ 20 世纪初，乔治·麦考莱·屈威廉（George Macaulay Trevelyan）已积极为大英博物馆服务；⑤ 20 世纪中期，呼吁缔造人民史的 A. J. P. 泰勒（Taylor）曾为英国广播公司（BBC）主持电视节目。⑥ 20 世纪 70 年代起，以拉斐尔·塞缪尔（Raphael Samuel）为代表的专业历史学者，开始鼓励民众和学者书写大众史，创造新的历史文本。⑦ 为大众记录历史的口述史学者，也是英国引介和推动公众史学发展的一支力量。《口述史》（Oral History）杂志在 1997 年辟出专题讨论公众史学，并奉塞缪尔为英国公众史学的先驱。⑧

公共历史在英国真正成为一种现象要到 2000 年。当年，在英国出生、在美国任教的历史学家西蒙·夏玛（Simon Schama）撰稿并主持的 15 集纪

---

① Johnson, "An American Impression of Public History in Europe," *The Public Historian*, Vol. 6, No. 4, 1984, pp. 88 – 89, 94 – 95.

② G. Wesley Johnson, "Professionalism: Foundation of Public History Instruction," *The Public Historian*, Vol. 9, No. 3, 1987, pp. 96 – 110.

③ Hoock, "Introduction," *The Public Historian*, Vol. 32, No. 3, 2010, p. 9. 有关英国面向公共/公众，但未明确以"公众史学"为名目的实践，可参考 Priscilla Boniface, "History and the Public in the UK," *The Public Historian*, Vol. 17, No. 2, 1995, pp. 21 – 37。

④ "Who We Are," http://www.nationaltrust.org.uk/what – we – do/who – we – are/（Accessed on 26 December 2013）. 该机构全称为"国家历史古迹和自然景观信托"（National Trust forPlaces of Historic Interest or Natural Beauty）。

⑤ Hoock, "Introduction," *The Public Historian*, Vol. 32, No. 3, 2010, p. 15.

⑥ "Taylor, A. J. P. (1906 – 1990)," http://www.screenonline.org.uk/people/id/838462/, accessed on 27 December 2013.

⑦ 王希：《西方学术与政治语境下的公共史学：兼论公共史学在中国发展的可行性》，《天津社会科学》2013 年第 3 期。

⑧ Jill Liddington, "What Is Public History? Publics and Their Pasts, Meanings and Practices," *Oral History*, Vol. 30, No. 1, 2002, p. 88.

录片《英国史》(*A History of Britain*) 在 BBC 第一频道首播，引起了巨大的社会反响。时任首相托尼·布莱尔 (Tony Blair) 甚至和夏玛一起录制参观首相官邸的短片，将其放在唐宁街 10 号的网站上用作宣传。①

伦敦大学皇家霍洛威学院的贾斯汀·钱宾 (Justin Champion) 在评论《英国史》时有过一个微妙的转变。他在 2002 年底撰文评论时，标题中未有"公众史学"；几乎同题的论文数月后在另一期刊上发表时，多出了"公众史学"一词。② 此举不禁让人猜想，公众史学成为英国学术和日常话语中的词汇，或许就在此时。钱宾后来也成了公众史学的重要推手，号召历史学家走出书斋，书写面向大众的史学。③ 2009 年，他在自己工作的学校推出了公众史学授课型硕士学位项目。④

英国在 21 世纪初接受公众史学，或许是受到变迁的文化和政治（政策）环境的影响。当时，英国面临多个重大历史事件或人物的纪念日，如伊丽莎白一世去世 400 周年、英苏合并 300 周年等，需要重提有关的过去。对民众开放的电子档案数量不断增加，让更多人能通过网络获取史料，也激发了他们对历史的兴趣。工党政府对博物馆等呈现历史的公共机构给予了较多的资金支持。⑤ 历任财政大臣和首相的戈登·布朗 (Gordon Brown) 甚至希望为公众提供一种基于历史的主流的不列颠性 (Britishness) 解说，以此为核心建设多元文化社会。⑥ 但钱宾认为布朗的实践并不成功。⑦

---

① Jerome de Groot, *Consuming History: Historians and Heritage in Contemporary Popular Culture* (Oxford: Routledge, 2009), pp. 17 – 18.

② Justin Champion, "Seeing the Past: Simon Schama's 'A History of Britain' and Public History," *History Workshop Journal*, Vol. 56, 2003, pp. 153 – 174. "Professor Justin Champion: Publications," http://pure. rhul. ac. uk/portal/en/persons/justin – champion (bc6b0767 – 61c5 – 407a – aadb – 578e3330dd06)/publications. html, accessed on 26 December 2013).

③ Justin Champion, "What Are Historians For," *Historical Research*, Vol. 81, Issue 211, 2008.

④ Matthew Reisz, "Learn to Tell History with a Popular Touch," http://www. timeshighereducation. co. uk/407127. article, accessed on 26 December 2013.

⑤ Hoock, "Introduction," *The public Historian*, Vol. 32, No. 3, 2010, pp. 11 – 13. 有关电子资料的讨论，见 Champion, "What Are Historians For," *Historical Research*, Vol. 81, No. 211, 2008, pp. 170。

⑥ Gordon Brown, "The Golden Thread That Runs through Our History: Liberty, Tolerance, Fair Play—These Are the Core Values of Britishness," *The Guardian*, http://www. theguardian. com/politics/2004/jul/08/britishidentity. economy, accessed on 27 December 2013.

⑦ Champion, "What Are Historians For," *Historical Research*, Vol. 81, No. 211, 2008, p. 172.

玛丽·史蒂文斯（Mary Stevens）认为布朗作为历史系毕业生还如此鼓吹单一的历史叙事，有蒙蔽历史复杂性之嫌。[①] 尽管如此，过去十年公众史学在英国的蓬勃发展，无疑已经在丰富的实践和专业化的过程中清晰地显现出来。

二

专业化作为美国公众史学发展的起点，源自历史系研究生的"就业难"。但为何同时代的英国并未出现类似情况？原因或许来自三方面。一是过去几十年来英国历史学者都潜心书斋，较少考虑历史的实用性问题，[②] 没有专门培养将历史技能运用于社会服务的学生。二是英国高等教育学制较短，博士生集中在 25~28 岁毕业。毕业生一旦在学术界就业遇阻，在学校完善的就业指导体系的帮助下，较容易转向其他对历史专业技能要求不高的管理类、金融类和政府服务类工作。三是英国的博士生能申请到的奖学金和资助较美国少，学生人数整体较少，毕业生积压也较少。

作为英国最早开设公众史学授课型硕士学位项目的学校，牛津大学鲁斯金学院以成人和职业教育为主，向来强调课程的实用性。1996 年开始的公共历史项目中，学员多半有在公共机构从业的经历。[③] 拉斐尔·塞缪尔在设计项目时明确指出，其以写作大众史为导向，强调人类是书写历史活跃的施为者（active agents），主张以过程为中心，由经历来确认的历史写作手法，课程内容涵盖公共领域中的修复工作、口述史和遗产保护。[④] 在该校公众史

---

① Mary Stevens, "Public Policy and the Public Historian: The Changing Place of Historians in Public Life in France and the UK," *The PublicHistorian*, Vol. 32, No. 3, 2010, pp. 130 – 131. 关于工党这一时期利用历史推动"不列颠性"政策之有效性评估，亦可见 Rhys Andrews, Catherine McGlynn and Andrew Mycock, "National Pride and Students' Attitudes towards History: An Exploratory Study," *Educational Studies*, Vol. 36, No. 3, 2010, pp. 299 – 309。

② Champion, "What Are Historians For," *Historical Research*, Vol. 81, No. 211, 2008, pp. 168 – 175.

③ Hilda Kean, "People, Historians, and Public History: Demystifying the Process of History Making," *The Public Historian*, Vol. 32, No. 3, 2010, pp. 31, 34 – 35.

④ Hilda Kean, "People, Historians and Public History: Demystifying the Process of History Making," *The Public Historian*, Vol. 32, No. 3, 2010, pp. 27 – 28, 30 – 31, 34. 有关塞缪尔对公众史学的贡献，参见 Hilda Kean, "Public History and Raphael Samuel: A Forgotten Radical Pedagogy?" *Public History Review* 11 (2004): 51 – 62。

学课程负责人希尔达·卡恩（Hilda Kean）多年的努力下，出版了第一本展现英国公众史学（尤其是大众史书写）发展成果的著作。[①] 该校同时还组织了许多有关公众史学的学术研讨会，但均未以公众史学为名。[②]

　　进入 21 世纪后，英国三个重要的学术团体都为公众史学项目提供了支持。2005 年以来，专为人文学科提供资助的人文研究会（Arts & Humanities Research Council），为各类遗产保护项目提供支持，对象包括大英图书馆和博物馆等。[③] 皇家历史学会（The Royal Historical Society）的协会目标中，就包括推动公共领域中的史学实践，还在 2001 年和约克大学历史系合办了"历史学家和他们的公众"学术研讨会。英国历史学会（The Historical Association）在 2009 年设立了公众史学委员会并开通了网站，为中学教师和学者提供介绍和信息。[④] 前文提到的 IHR 除举办以公众史学为主题的学术会议外，也定期举办有关讲座，并建立了名为"制造历史"的网站，尽管内容不限于公众史学。[⑤]

　　约克大学为进一步推动与博物馆、展览馆、历史遗迹和媒体的合作研究，以探寻过去的日常生活，在 2006 年建立了有公众史学性质的研究中心，[⑥] 并在 2012 年 10 月推出了公众史学硕士课程项目。约克大学与皇家汉霍威学院的硕士课程颇为相似。首先，二者均依托本校相关研究机构。[⑦] 其次，课程设置都由三部分组成，一是历史系授课型硕士的通修课，即各类史学研究方法的训练，这部分在鲁斯金学院相对较弱；二是公共历史的专业课，都强调课程由公共机构中的专业人士而非大学教员讲授，且鼓励学生前

---

① Hilda Kean, Paul Martin and Sally J. Morgan, eds., *Seeing History: Public History in Britain Now* (London: Francis Boutle, 2000).

② Hilda Kean and Paul Ashton, "Introduction: People and Their Pasts and Public History Today," in Paul Ashton and Hilda Kean, eds., *People and Their Pasts: Public History Today* (Basingstoke: Palgrave MacMillan, 2009), p. 1.

③ Hoock, "Introduction," *The Public Historian*, Vol. 32, No. 3, 2010, p. 16.

④ Hoock, "Introduction," *The Public Historian*, Vol. 32, No. 3, 2010, pp. 10 - 11. 英国历史学会公众史学子站参见 http://www.history.org.uk/resources/public.html。

⑤ 参见 http://www.history.ac.uk/makinghistory/index.html。

⑥ *Institute for the Public Understanding of the Past*, http://www.york.ac.uk/ipup/（Accessed on 27 December 2013）.

⑦ 皇家汉霍威学院的机构名为公众史学、遗产与历史参与研究中心（Centre for Public History, Heritage and Engagement with the Past）。钱宾等人还设立了专门网站，介绍公共历史的研究资料和方法，参见 http://www.doingpublichistory.org/index.html。

往感兴趣的机构实践，获得感性认识；三是毕业课题，即学生利用实践经验
撰写的论文或项目报告书。由于皇家霍洛威学院身处伦敦，有地缘优势，与
其合作的机构从数量和类型来说都比约克大学多，课程设置面也比约克大学
更广。

美国全国公众史学委员会（National Council of Public History）曾对英国
高校开设公众史学课程的情况进行了统计，[①] 结果表明涉及的高校共10所。
笔者按图索骥发现，统计结果与现状不符，故罗列2014年初的情况：

> 博士研究方向：布里斯托大学、赫德斯菲尔德大学、赫福德大学。
> 授课型硕士学位：鲁斯金学院、皇家霍洛威学院、约克大学、中央
> 兰开夏大学。
> 授课型硕士研究方向：艾塞克斯大学、布莱顿大学、布里斯托大
> 学、金斯顿大学、利物浦希望大学、曼彻斯特都会大学、诺丁汉特伦特
> 大学。
> 授课型硕士课程：贝尔法斯特女王大学、曼彻斯特大学、南安普顿
> 大学、普利茅斯大学、谢菲尔德大学、亚伯大学（未用公共历史之
> 名）；剑桥大学专题研讨会。
> 本科学位：赫福德大学。
> 本科课程：埃克塞特大学、曼彻斯特都会大学、诺丁汉特伦特大
> 学、普利茅斯大学。[②]

除上述大学外，还有些大学开设的方向不在历史系内，却有公众史学之
实，如纽卡斯尔大学的遗产管理、旅游及遗产研究专业，东伦敦大学的遗产
研究专业，邓迪大学的档案与记录管理专业。也有大学将公众史学实践纳入
历史系研究生培养目标，但未有专门课程或学位，如威尔士的斯旺西大学、
南威尔士大学。爱丁堡大学历史系虽然未开设课程，但组织了讨论活动。

可见，英国高校公众史学的专业化主要集中在英格兰和威尔士，苏格兰

---

① 统计结果参见 http：//ncph. org/cms/education/graduate – and – undergraduate/guide – to –
　public – history – programs/。

② 由于过去两三年间，公众史学课程在英国高校发展迅猛，加之每个学校在公开网络公布的
　资料深度不同，笔者之归纳整理难免有所遗漏，恳请读者指正。

和北爱尔兰的进展略为缓慢。各校专业化的程度和方式各异，多是在应用类课程或学位的基础上增加该项或调整培养方案，并谨慎使用"公众史学"之名。教员的足迹遍布各类公共机构和媒体。研究型大学和职业培训型大学均参与其中，地理分布均匀，在英格兰中部、南部相对集中。

相比美国公众史学在专业化后不到十年就开始了制度化进程，建立了有全国影响力的从业者网络、机构和期刊，英国制度化进程缓慢，甚至尚未开始。虽有很多全国性机构鼓励公众史学实践，但未出现专门机构，也没有相对明确、有足够接受度的概念性或意识形态解释。此外，由于英国公众史学的发展与就业压力缺乏直接关联，各类项目出现的时间尚短，眼下还不足以评价其对英国学术界生态的影响，也不足以评估其对公共事务影响的程度，须留待未来探索。

三

专业化进程的深入，让外来的概念在本土化过程中滑移，新兴研究中便有了新的概念化。英国公众史学的概念化与大众史书写相互牵绊，和历史本身的功用牵绊，也和历史学家应以怎样的角色参与公众史学的问题牵绊。

英国历史学会的网站上，有三篇介绍公众史学的短文，[①] 分别表现出"公共"对"历史"的修饰涉及受众、创造者和所在场域三个方面，但都没有美国公众史学中的公共政策或"使公众受惠"的维度，也没有特别强调要表现社会多样性，或为失语的少数群体发声。读者回看前文不难发现，约克大学 2001 年主办的公众史学会议的名称、2006 年设立的机构的名称，以及同年 IHR 组织的会议名称中，并未出现"公众史学"字样，只标出了"公共"这个要素。再看《公共历史学家》1995 年刊登的有关英国公众史学的论文，标题为"英国的历史和公众"。[②] 可见，"公众史学"一词中的定语成分及其衍生名词（the public），似乎在英国公众史学活动的标题里唱了主角，而非"公众史学"这个整体。这表明英国学术界引入公众史学的接入点在"公共"，且本土化

① http：//www.history.org.uk/resources/public_ resources_ 75.html, accessed on 26 December 2013.

② Boniface, "History and the Public in the UK," *The Pubilc Historian*, Vol.17, No.2, 1995, pp.21 - 37.

过程中对原有概念加以分割，未将公众史学作为一个整体的、有价值导向的概念来接受。

那英国学术界谈论的公众史学是什么？杰罗姆·德·古鲁特（Jerome de Groot）的说法颇有代表性，即"非学术和非专业化的历史就是公众史学"，[1] 如此一来似乎将公众史学和职业历史学家及学术研究对立了起来，但事实并非如此。《公共历史学家》2010 年的专刊里，包括引言在内的 6 篇长文，都力图表明专业学者求真的目标和更好地为公众提供史学产品的追求非但没有矛盾，反而可以相互促进。[2]

相比保罗·阿什顿（Paul Ashton）和希尔达·卡恩合编的《人民和他们的过去：今日公众史学》，会发现专刊的选题带着美国视角，着意公共政策、公共福祉和少数族群的问题。[3]《人民和他们的过去：今日公众史学》预设读者身处英国学术界，所以第一部分引介了别国公众史学理论和实践，第二、三部分回顾了英国实践。若将这些实践置于诸如博物馆学、地方史的研究框架内，似乎也无不可，且不关心公共政策、少数族群等问题。可见，美国公众史学的价值导向，并非英国公众史学家甄选研究成书的主要考虑。他们选择的是更能展现英国学术界自身积淀的研究。[4]

从专刊和阿什顿与卡恩的编著中，也能看到英国公众史学依傍的本国源头。例如引领了英国遗产研究的伦敦大学学院教授大卫·洛文塔尔（David

① Groot, *Consuming History: Historians and Heritage in Contemporary Popular Culture* (Oxford: Routledge, 2009) p. 4.

② 这 6 篇文章依次为：Hoock, "Introduction," *The Public Historian*, Vol. 32, No. 3, 2010, pp. 7 - 24; Kean, "People, Historians, and Public History," *The Public Historian*, Vol. 32, No. 3, 2010, pp. 25 - 38; Madge Dresser, "Politics, Populism, and Professionalism: Reflections on the Role of the Academic Historian in the Production of Public History," *The Public Historian*, Vol. 32, No. 3, 2010, pp. 39 - 63; Robert Lee and Karen Tucker, " 'It's My Park': Reinterpreting the History of Birkenhead Park within the Context of an Education Outreach Project," *The Public Historian*, Vol. 32, No. 3, 2010, pp. 64 - 97; Suzannah Lipscomb, "Historical Authenticity and Interpretive Strategy at Hampton Court Palace," *The Public Historian*, Vol. 32, No. 3, 2010, pp. 98 - 119; Stevens, "Public Policy and the Public Historian," *The Public Historian*, Vol. 32, No. 3, 2010, pp. 120 - 138。

③ Hoock, "Introduction," *The Public Historian*, Vol. 32, No. 3, 2010, p. 24.

④ 此外，二者均未提及有关电视节目中的历史呈现和历史学家的作用，下列研究可作为补充：Erin Bell and Anny Gray, "History on Television: Charisma, Narrative and Knowledge," *European Journal of Cultural Studies*, Vol. 10, No. 1, 2007, pp. 113 - 133; Tristram Hunt, "Reality, Identity and Empathy: The Changing Face of Social History Television," *Journal of Social History*, Vol. 39, No. 3, 2006, pp. 843 - 858. 以及 Groot, *Consuming History* 中的第四部分。

Lowenthal）的《过去即为异邦》一书，① 又如讨论了记忆和历史书写的名作、拉斐尔·塞缪尔的《记忆的剧场》一书。② 罗汉普顿大学的约翰·托什（John Tosh）与柳德米拉·乔丹诺娃（Ludmilla Jordanova）的名字也在专刊和编著中被反复提及，原因是这两位在英国都颇具影响力的学者，近年来着力倡导公众史学。③ 胡克在引言中提到，英国的历史学者一直都很担心写作通俗化的历史会牺牲历史本身的复杂性，故质疑大众史或非专业学者的研究。④ 这种精英主义论调，说明英国公众史学在业内仍面临阻滞，需要一个适宜本土语境的解释。这就是托什与乔丹诺娃为公众史学背书的背景。

　　二人认为，走向公共领域的史学必须带有专业历史研究推理的方法，托什称之为"实践性历史主义"（practical historicism）。这是应用史学的一种，早在维多利亚时代就已有人提出类似说法。他认为，公众史学可以增强公众和决策者的历史批判意识，公众历史学家应在重要的公共议题上发声，增加学科的重要性，让普通人拥有历史。⑤ 乔丹诺娃更明确地指出，公众史学中的定语就是指"大规模受众、流行和非专业……指向所有人或让所有人都能看到"。⑥ 她反对过分专业化的历史学科，也不支持精英主义的观点，认为公众史学的核心与历史学并无二致，必须保有批判性和警惕，不能变成简单化的大众娱乐产品。她还认为，托什低估了历史影响决策及走向公众的难度，实践中应考虑受众在不同情况下接受历史时的可能差异。⑦

---

① David Lowenthal, *The Past Is a Foreign Country* (New York：Cambridge University Press, 1995). 亦可阅读 David Lowenthal, *The Heritage Crusade and the Spoils of History* (Cambridge：Cambridge University Press, 1997)。其他有关遗产研究的讨论，参见 Hoock, "Introduction" *The Pubiic Historian*, Vol. 32, No. 3, 2010, p. 9, footnote 4。

② Raphael Samuel, *Theatres of Memory：Past and Present in Contemporary Culture* (London：Verso, 1994).

③ John Tosh, *Why History Matters* (Basingstoke：Palgrave Macmillan, 2008); Ludmilla Jordanova, *History in Practice*, 2nd revised and expanded (London：Arnold Publishing, 2006). 由于乔丹诺娃任职过的学校较多，此处不将她的身份限定在某一学校教员。

④ Hoock, "Introduction", *The Pubiic Historian*, Vol. 32, No. 3, 2010, pp. 13 – 14. 胡克对此引述了彼得·曼德勒的观点（Peter Mandler），认为无需有此担心。

⑤ John Tosh, "In Defence of Applied History：The History and Policy Website," *History & Policy*, http：//www. historyandpolicy. org/papers/policy – paper – 37. html, accessed on 6 January 2014); Tosh, *Why History Matters* (Basingstoke：Palgrave Macmillan, 2008), pp. 142 – 143.

⑥ Jordanova, *History in Practice* (London：Arnold Publishing, 2006), p. 149.

⑦ Ludmilla Jordanova, "How History Matters Now," *History & Policy*, http：//www. historyandpolicy. org/papers/policy – paper –80. html, 2014 – 01 –06.

　　乔丹诺娃的担忧并非没有原因。尽管专刊中提到了历史学家和其他专业人士如何各展所长推动公众史学项目发展，假设历史学家的专业性被充分考虑的情况下，公众史学就不会受到民粹主义、利益或政治正确的影响，但也有人陷入困境。这些困境的核心是：若公众史学预设了史学方法论因有益于探寻真相而有了更高的优先级和权威性，成为公众史学中史学的落脚点，那与公众历史学家合作的专家必须有此共识。这种共识的取得显然不能靠历史学家向合作者灌输自己高人一等的地位，或者坚称即便自己只能给出相对的"真相"，历史学的方法论也具有足够的优先性。对此，钱宾将历史的价值归到了美学和道德的真相，而非经验和客观的真相，[1] 以赋予历史学天然的权威。这种解说是否足以说服来自其他机构和学科的合作者？尚待未来给出答案。

　　除了前文已经提到的研究，笔者认为以下作品对了解英国公众史学亦有裨益。第一类是回顾性著作。较早对公众史学文献进行梳理的，有吉尔·林丁顿（Jill Liddington）和西蒙·迪奇菲尔德（Simon Ditchfield），他们以国别和文献类型分野做过简单介绍。[2] 彼得·J. 贝克对英国历史学家和有史学训练背景的畅销小说家在非学术领域的贡献有过专门回顾。[3] 希尔达·卡恩和保罗·马丁（Paul Martin）合编的《公众史学读本》，算得上英国视角下对公众史学文献的总回顾，话题丰富，视野广阔，涵括史观、史料和史作三方面，是一本上乘的基础性教材。[4]

　　第二类是个案研究。卡恩的《伦敦故事》以大众史的视角将 19 ~ 20 世纪伦敦工人阶级的历史呈现给读者，算得上是有意义的公众史学实践。[5] 也有些新研究表现出了对少数群体的关怀。[6] 此外，《劳工史评论》（*Labour History Review*）、《国际遗产研究期刊》（*International Journal of Heritage Studies*）、《历史工作坊期刊》（*History Workshop Journal*）和前文提到的《口

---

[1] Champion, "What Are Historians For," *Historical Research*, Vol. 81, No. 211, 2008, p. 168.

[2] Jill Liddington and Simon Ditchfield, "Public History: A Critical Bibliography," *Oral History*, Vol. 33, No. 1, 2005, pp. 40 – 45.

[3] Peter J. Beck, *Presenting History: Past and Present* (Basingstoke: Palgrave Macmillan, 2011).

[4] Hilda Kean and Paul Martin, eds., *The Public History Reader* (Oxford: Routledge, 2013).

[5] Hilda Kean, *London Stories: Personal Lives, Public History* (London: Rivers Oram Press, 2004).

[6] Alison Oram, "Going on an Outing: The Historic House and Queer Public History," *Rethinking History*, Vol. 15, No. 2, 2011, pp. 189 – 207。

述史》，都是了解英国公众史学动态的入口。①

美国以外的公众史学，多以舶来品形态出现，于是也在不同情境下经历了本土化过程。在英国，公众史学遇到的是整体安于书斋的史学家群体、形式多样且历史悠久的各类面向公众或处于公共领域的史学实践、有一定学术影响力的大众史传统、较为灵活的高校课程体系。要让历史学者不必担忧公众史学会贬损本学科的价值，不必担忧公众史学产品是为了讨好观众或特定机构，抑或出于特定政治目的而生，鼓励他们同与自己的学术背景完全不同的人群对话、合作、相互学习，在高校开设公众史学课程，开展专业化，至少对英国而言，只是第一步。

迈出第一步的目的，是让更多人接纳、理解公众史学的意义和价值。意在寻求对历史的开放阐释以及学科外合作的英国公众史学，一方面要走出课室，进入公共机构和公共空间，另一方面要把观众和其他业者带入课室，介绍历史学方法的价值，并获得听众的肯认。后者就需要一种基于本土的概念化，让公众史学站住脚。

在概念化的过程中，公众史学产品的受众同样是公共历史的施为者。创作者和受众同时在历史内，也在历史外。受众的多样性，注定了他们在对历史的解读，更确切说是"再创作"的过程中，会加入自己的经验和认知。这让公众史学走向开放，走向公众，也让公众史学走向不确定。要让不确定的解释保持合理性，观众和创作者就要共享历史学的方法论。这或许就是对英国公众史学的核心最简略的概括。

(原载《历史教学问题》2014 年第 2 期)

---

① Ashton and Kean, eds., *People and Their Pasts: Public History Today* (Basingstoke: Palgrave MacMillan, 2009), p. 13.

德国的公众史学[*]

孟钟捷

在美法等国的公众史学方兴未艾之时，在现代历史学专业化的发源地——德国，同样上演着历史的通俗化与大众化的一幕戏剧。在这里，职业历史学家也经历了从抵制到参与再到积极投入的转变历程。我们关心的问题是：这种转变是为何以及如何出现的？德国公众史学的学术关怀又在何处？

一

在西方，历史学家的"职业"与"业余"之间的界分直到 19 世纪末 20世纪初才出现，[①] 而且即便在兰克学派的鼎盛时期，德国学界依旧产生了如蒙森（Theodor Mommsen）这样一位获得诺贝尔文学奖的"低劣的科学主义史学家"、"叙述派"大师。[②] 从这一点而言，德国职业历史学家并不是一开始便把公众拒之以千里之外的。

与此同时，德国公众对史学的敬畏虽然与日俱增，但对历史的热情却未

---

[*] 本文是 2012 年度国家社科基金重大项目"当代国际史学研究及其发展趋势"（12&ZD186）和 2012 年度教育部人文社会科学重点研究基地重大项目"联邦德国史学研究——以关于纳粹问题的史学争论为中心"（12JJD770015）的阶段性成果。

[①] Stefan Berger, "Professional and Popular Historians. 1800 – 1900 – 2000," in Barbara Korte et al., eds, *Popular History Now and Then*：*International Perspectives* （Bielefeld：transcript Verlag, 2012）, pp. 13 – 29. 此处是第 13 页。

[②] 安托万·基扬：《近代德国及其历史学家》，黄艳红译，北京大学出版社，2010，第 163 页。

曾消退。一本历史小说《争夺罗马》（*Ein Kampf um Rom*）在 40 多年间（1876～1918）居然印刷了 110 版；一位日耳曼学研究者的种族主义小册子《德意志民族的种族学》（*Rassenkunde des deutschen Volkes*）在书市上也大受欢迎，销售量逼近 30 万册。[①]　到 20 世纪 20 年代，历史传记大行其道，路德维希（Emil Ludwig）的作品销售量更是高达 130 万册。[②]

　　然而，学界重视读者的潜在意识却随着"古典历史主义"的强化而消融在一种所谓"精雕细琢的学院派文风"之中。德国历史学家越来越有别于法国、英国或美国的同行，不再愿意"为广大的读众而写作"。[③]　不仅如此，自觉捍卫历史研究的职业特性，拒斥"跨界逾越者"，成为接下去几乎整整一个世纪内的学界共识。正因如此，职业历史学家或者对公共历史的发展视而不见，或者自觉自愿地充当批判者，指摘那些"业余爱好与毫无功底的、无考证特性的五彩斑斓的混合物"，[④]　抵制"非历史学家"的那些"缺乏新意的""毫无一手资料的""三级好莱坞电影"。[⑤]

　　由此，职业历史学家事实上放弃了自己在历史通俗化与大众化中的使命，把公共历史领域让给了他们眼中的"业余历史学家"。进一步而言，他们虽然不断留意到各时代中出现的"历史热"，但仅仅纠结于历史研究"合法性"的固定思维，或只是含蓄地承认业余历史学家们"在德语表达上的能力"，[⑥]　却忽视了"古典历史主义"自身存在的学科危机，而且还对大众社会的出现、后现代史学潮流的前赴后继以及传播媒体的更新换代缺乏清醒的认识。对于前者，尼采早已颇具讽刺性地指出："客观这个名词，就是给

---

①　Wolfgang Hardtwig, "Die Krise des Geschichtsbewußtseins in Kaiserreich und Weimarer Republik und der Aufstieg des Nationalsozialismus," *Jahrbuch des Historischen Kollegs*, 2011, pp. 47 - 76. 此处是第 48～49 页。

②　Niels Hansen, *Der Fall Emil Ludwig* (Oldenburg: Gerhard Stalling, 1930), p. 9.

③　伊格尔斯：《二十世纪的历史学——从科学的客观性到后现代的挑战》，何兆武译，辽宁教育出版社，2003，第 29 页。

④　这是 20 世纪 20 年代批判"历史小说"的辞藻，引自 Schriftleitung der Historischen Zeitschrift, Hrsg., *Historische Belletristik. Ein kritischer Literaturbericht* (München und Berlin: Oldenbourg, 1928), p. 7.

⑤　这是 20 世纪 90 年代批判美国政治学家格德哈根（Daniel Jonah Goldhagen）著作 *Hitler's Willing Executioners: Ordinary Germans and the Holocaust* (New York: Knopf, 1996) 中的辞藻，分别引自 *Der Spiegel*（1996 年 4 月 15 日）、*Die Zeit*（1996 年 4 月 13 日）。

⑥　参见 Wilhelm Mommsen, "*Legitime*" und "*Illegitime*" *Geschichtsschreibung. Eine Auseinandersetzung mit Emil Ludwig* (München, Berlin: Verlag von R. Oldenbourg, 1930).

它一个最高的解释时，恐怕也不免潜伏着一个幻觉罢？"① 而后面三个因素则真正刺激了公共历史如脱缰野马般迅猛增长。

当公众的发言权从政治领域迅速延伸到学术领域，当学界在大众时代不得不一再丧失边界时，职业历史学家突然发现，公共历史的作品已经占领了书市，甚至更大程度上影响着公众的历史意识。在 1964 年柏林历史学家大会上，揭露德国一战罪责的费舍尔（Fritz Fischer）被正统史学家视作叛逆，却获得了在场 1000 多名观众的支持，"在某种意义上，这本著作连同观众的出场，都证明了（这次辩论）同旧观念和旧信条的割裂"。②

当"人人都是他自己的历史学家"（卡尔·贝克尔语）这一信条伴随语言学转向日益被学界接受时，"业余历史学家们"的自信心同样大增。19 世纪末，一位历史小说家还小心谨慎地遵循史学研究的"科学性原则"，特别强调自己的描述拥有过硬的"科学性凭据"；③ 到 20 世纪 20 年代，他们已经在思考创建"新学派"的可能性，如路德维希便直言不讳地谈论自己的历史传记是一种拥有"精神"的历史研究新方式；④ 这种自立门户的趋势几乎延续到 20 世纪末，特别是在自媒体时代到来之后。

当历史知识传播的媒介从文本走向视觉载体（电影、电视、纪录片），通过更易体验的渠道（博物馆、旅游），乃至借助网络等新媒体（维基百科、电脑游戏）时，公共历史的影响面显著扩大。1991 年的一次访谈表明，在喜欢历史的德国人中，67% 通过电视接触，38% 通过电影感受。2008 年，德国电视二台播放的《德意志人》（Die Deutschen）赢得了多达 500 万观众的追捧。⑤

公共历史的发展与兴盛，终于引起了职业历史学家的关注。以应对公共

---

①　尼采：《历史对于人生的利弊》，姚可昆译，商务印书馆，1998，第 38 页。

②　Fritz Stern, *The Failure of Illiberalism. Essays on the Political Culture of Modern Germany*（New York：Columbia University Press Morningside, 1992），p. 149.

③　参见 Martin Nissen, *Populäre Geschichtsschreibung：Historiker, Verleger und die deutsche Öffentlichkeit*（1848 – 1900）（Köln：Böhlau, 2009），pp. 269 – 316。

④　Emil Ludwig, "Historie und Dichtung," *Die Neue Rundschau*, Jahrgang 40, Band 1（1929）：358 – 381. 此处是第 379 页。

⑤　Barbara Korte, Sylvia Paletschke, "Geschichte in populären Medien und Genres, Vom Historischen Roman zum Computerspiel," in Barbara Korte et al., *History Goes Pop. Zur Repräsentation von Geschichte in populären Medien und Genres*（Bielfeld：tramscript, 2009），pp. 9 – 60. 此处是第 36 页及第 9 页。

历史发展为己任的新学科——公众史学，便是在这样的背景中开启了学科化之路。

二

如美国公众史学的发展那样，德国公众史学的学科化起点同样出现在20世纪70年代末80年代初，也同样受到社会急剧转型、历史编纂学的后现代转向以及历史学毕业生就业形势紧张的促动。不过，德国的特殊性在于，其公众史学不是另起炉灶，而是在一门颇有历史传统的学科内部发展起来的，即"历史教育学"（Geschichtsdidaktik）。就这一点而言，德国公众史学的学科化发展与历史教育学的改革实践密不可分。笔者已从历时性的角度介绍过不同阶段中的两者联动关系，此处不再赘述。① 以下，笔者从类型学的角度，着重讨论把公众史学学科化的两种做法。

第一种做法以特定职业为导向，把公众史学框定在应用学科的层面上。夸恩特（Siegfried Quandt）提倡跨学科合作，以便"在社会中以及在社会各团体之间，分析和组织历史信息、交往与经验建构"。为此，他组建了一个名为"历史学与大众媒体"（Geschichtswissenschaft und Massenmedien）的工作团队。该团队由25名来自历史学和媒体的代表组成，目的是通过历史学家和记者们的系统合作，来改善各类媒介中的历史呈现。② 吉森大学历史系从1984年开始招生的"历史专业记者学"（Fachjournalistik Geschichte）正是上述合作的重要成果。该项目旨在"传授不同的媒体形式、它们的文化受限性及其历史发展"，使学生"得以用批判性的眼光审视文本、照片、档案和电影，认识采访行动在媒体历史与文化上的受限性，拥有以学术研究（的成果）进行反思性争辩的能力，获得记者职业所需要的特殊知识"。③

若从解决毕业生就业问题的角度来看，这种类型的公众史学显然目的明

---

① 参见拙文《公众史学学科建设的可行路径：从德国历史教育学改革模式谈起》，《天津社会科学》2013年第3期。

② Simone Rauthe, *Public History in den USA und der Bundesrepublik Deutschland*（Essen：Klartext Verlag, 2001），pp. 186 – 187.

③ http://www.uni-giessen.de/cms/kultur/universum/universitaet1/fachjournalistik/Studienschwerpunk t. 2014 – 01 – 19.

确、成效斐然，否则绝不会存在长达 30 年之久。不过，若从历史学的专业性而论，它的学术内涵较低，而且主要偏向于传媒学。换言之，它重视的是传授技巧，而非内容本身。

第二种做法以各种项目为导向，把公众史学建立在研究和实践的二元基础上。奥格斯堡大学人文历史系与外语系及艺术系合作，创设了"专业教育传授学"（Fachdidaktische Vermittlungswissenschaften）硕士生项目。[①] 该项目结合理论教学，把学生实践活动整合到项目设计中。在 2012～2013 年冬季学期中，学生在完成历史教育学、艺术史和巴伐利亚史的学习后，便被安排去参加一个主题为"狩猎：欧洲史视野下的地区历史"的博物馆布展活动。这项活动源于专业教师所承担的欧盟课题"博物馆的欧洲视野研究"。此后，教师又安排同一批学生介入另一课题"欧洲公众历史学杂志研究"。[②] 21 世纪以来，柏林自由大学、海德堡大学和曼海姆大学相继设立的"公众史学硕士生项目"也大抵属于这种类型。[③] 柏林项目便开宗明义地强调："本项目从专业学术问题出发，但比以往更为强烈地关注到（学术界）同历史争辩的美学、政治与商业维度……旨在传授诸如呈现技巧、组织规划和项目管理之类的实践能力。"

同第一种做法相比，这种类型的公众史学更体现出历史学的特性，尤其表现了历史教育学的革新成果和新文化史发展的趋向。正因如此，它是目前德国公众史学学科建设浪潮中的主流。但是，它的问题在于，以项目为导向的教学活动往往受限于不稳定的教师队伍。柏林自由大学公众史学硕士生项目负责人吕克（Martin Lücke）教授在接受笔者的访谈时，也坦率地承认了这一点。[④] 每一次项目更新都会带来不同的教师组合，导致培养方案不得不经常变动，进而有可能影响到理论教学板块的设计。对此，连力主推动德国公众史学学科化的波茨坦当代史研究中心教授楚道夫（Irmgard Zündorf）也

---

① http：//www. philhist. uni－augsburg. de/lehrstuehle/geschichte/didaktik/ma＿ fachdidaktik＿ vermittlung/2014－01－18.

② http：//www. european－crossroads. de/2014－01－19.

③ http：//www. geschkult. fu－berlin. de/e/phm/studium/gegenstand/index. html 2014－01－15. http：//www. uni－heidelberg. de/fakultaeten/philosophie/zegk/histsem/forschung/HPH＿ Profil. html 2014－01－03. http：//www. geschichte. uni－mannheim. de/studium/studiengaenge/invisible/master＿ geschichte＿ wissenschaft＿ und＿ oeffentlichkeit/index. html 2013－12－18.

④ 访谈时间：2012 年 11 月 18 日；地点：柏林自由大学梅尼克研究所。

十分遗憾地写道："总体而言，在德语区，还没有出现独立的制度化的公众史学，而是更多受到公众史学影响的，却在完全不同的方案中进行的一些实践活动。"①

三

除了培养机制的探索外，学科化还应体现在问题意识的提炼中。倘若公众史学成为一种以公共历史为研究对象的学科，那么它主要研究哪些问题？在德国这个向来以历史思辨享誉学界的国度中，这一点显然是题中应有之义，而且事实上成为德国公众史学有别于其他国家的特性之一。

简言之，德国公众史学的主要研究问题首先集中在"历史文化"（Geschichtskultur）这一概念中。20世纪80年代，历史哲学家约恩·吕森（Jörn Rüsen）曾讨论过历史学习的四种策略（传统、举例、批判和溯源），以此总结各类历史学习者掌握历史意识的必要过程。② 到了90年代，他进一步提出，"历史文化"作为"历史意识在社会生命中具有实践作用的表达"，体现出审美、政治和认知三种维度的不同组合形式。③ 公共历史正是其中的一种组合。公众史学旨在"研究不同文化、商业、国家和社会机构（如大学、中学、博物馆、管理部门、历史协会）以及媒体如何解释历史，如何让训导、消遣、证明、批判、引导、启蒙和其他记忆模式在无所不包的历史记忆统一体中相互影响"。④ 它关注的是主体间的互动关系，特别是交流和争议。在这一方

① Irmgard Zündorf, " Zeitgeschichte und Publilc History," https：//docupedia. de/zg/Public _ History？ oldid = 75534 2012 – 09 – 12.

② Jörn Rüsen, "Historisches Lernen," in Klaus Bergmann etc. , eds. , *Handbuch der Geschichtsdidaktik* (Düsseldorf：Schwann, 1985）, pp. 224 – 229；ders, "Die vier Typen des historischen Erzählen," in Reinhart Koselleck etc. , eds. , *Formen der Geschichtsschreibung：Traditionen der Geschichtsschreibung und ihrer Reflexion；Fallstudien, systematische Rekonstruktionen；Diskussion und Kritik* (München：Deutschland Taschenbuch, 1982）, pp. 514 – 605.

③ Jörn Rüsen, " Geschichtskultur," in *Geschichte in Wissenschaft und Unterricht*, 46 (1995）, pp. 513 – 521；ders, "Geschichtskultur als Forschungsproblem," in Klaus Fröhlich etc. , eds. , *Geschichtskultur* (Pfaffenweiler：Centaurus, 1992）, pp. 39 – 50.

④ Barbara Korte, Sylvia Paletschke, " Geschichte in populären Medien und Genres, Vom Historischen Roman zum Computerspiel," p. 11.

面，公众史学争议成为颇受欢迎的选题。[①]

　　与"历史文化"概念息息相关的是 90 年代末出现的有关"文化记忆"的跨学科研究。自从法国学者哈布瓦赫（Maurice Halbwachs）提出"集体记忆"的构想后，记忆话题在德国学界长盛不衰。阿斯曼夫妇（Jan Assmann，Aleida Assmann）在文化学和历史人类学的框架下展开了"文化记忆"（kulturelles Gedächtnis）研究。这种问题意识"致力于发现过去联系与同一性之间的关系"。[②] 换言之，它更关注各种文化符号（图片、塑像、仪式等）如何在权力的运作下达到巩固共同体的目的。例如德国社会对犹太大屠杀的记忆便是在历次公众史学争议中被扭转、加深和固化的；相反，把德国人视作二战受害者的那些叙述（如德累斯顿大轰炸、二战后的东部被驱逐者等）则受到压制，被排挤出主流历史意识之外。[③] 在这一方面，德国历史学家们继续紧随法国同行之后，致力于讨论公众历史意识中的"回忆场所"（Erinnerungsorte），如作为革命场所的"圣保罗大教堂"，作为自由象征的"瓦特堡"，或作为身份认同符号的"浮士德"等。[④]

　　全球视野下的公众史学比较研究早已成为德国学界的一种方向。2001年，劳特（Simone Rauthe）在杜塞尔多夫大学完成了《美国和联邦德国的公众史学》（*Public History in den USA und der Bundesrepublik Deutschland*）一文，[⑤] 开创了公众史学领域中国际比较研究的先河。在劳特看来，美国的公众史学缺少理论维度，而德国的公众史学是以专业历史学为导向的，拥有着历史文化研究的理论追求。2010年，楚道夫撰写了长文《当代史与公众史学》（Zeitgeschichte und Public History），[⑥] 针对当代史专题，讨论了不同国

---

① Klaus Große Kracht, *Die zankende Zunft: Historische Kontroversen in Deutschland nach* 1945（Göttingen: Vandenhoeck & Ruprecht, 2005）; Frank Bösch, Constantin Goschler, Hg., *Public History: Öffentliche Darstellungen des Nationalsozialismus jenseits der Geschichtswissenschaft*（Frankfurt, New York: Campus Verlag, 2009）。

② 扬·阿斯曼："记忆"词条，斯特凡·约尔丹主编《历史科学基本概念辞典》，孟钟捷译，北京大学出版社，2012，第 77 页。

③ Aleida Assmann, *Der lange Schatten der Vergangenheit. Erinnerungskultur und Geschichtspolitik*（Bonn: bpd, 2007）, pp. 183 – 249.

④ Etienne François, Hagen Schulze, Hrsg., *Deutsche Erinnerungsorte*（München: C. H. Beck, 2001）.

⑤ Simone Rauthe, *Public History in den USA und der Bundesrepublik Deutschland.*

⑥ Irmgard Zündorf, "Zeitgeschichte und Publile History".

度中公众史学发展的情况。两人不约而同地看到了公众史学在全球范围内兴起的共同趋势，都承认公众史学尽快实现学科化的必要性。

2009 年，德国出现了第一本公众史学教科书《历史与公域：场所－媒介－机构》（*Geschichte und Öffentlichkeit. Orte-Medien-Institutionen*）。[1] 该书主编在导言中指出，编纂该书的目的在于"让学习者不仅在内容上获悉（公众史学）最大程度上的各种表现，而且还获得激励去反思和讨论它"。据此，该书内容事实上反映了 21 世纪德国公众史学所关注的主要对象。全书分为三部分，共 19 章。第一部分"回忆的缘由和形式"包括历史争议、纪念日和周年庆、神话与传说和再现/生活史等 4 章；第二部分"地点与机构"包括纪念像、街道命名、博物馆、纪念馆、历史代理处、历史旅游和历史工作室等 7 章；第三部分"媒介"包括历史娱乐片、电视纪录片、公众杂志、报刊、历史专业著作、历史小说、历史青少年文学和电脑游戏等 8 章。

2012 年 9 月，第 49 届德国历史学家大会专设一个分会场，由"应用史学工作组"（Arbeitsgruppe für angewandte Geschichte）组织论坛，涵盖吉森大学的"历史专业记者学"、海德堡大学公众史学硕士生项目、关于应用史学的利弊之争、国际一战历史资源项目和"处在市民社会与学术之间的应用史学"等 5 场演讲，讨论主题为"变化中的历史职业领域"。[2] 这是历史学家大会这一德国最重要的学术机构首次举办公众史学专题讨论会。在某种程度上，这或许是德国职业历史学家终于转变立场的信号。

在德国，公共历史已经不是新鲜事，公众史学也走上了学科化的道路。不过，即便如此，德国学界仍然未能找到一个合适的概念来称呼这一学术新秀。劳特曾在结语中写道："'公众史学'这一概念是多样性的，它既指一种学习过程，也指对于历史学的公众交往。因此，它缺少精确性，欧洲并没有接受这样的概念。"[3] 来自美国的"公众史学"或"应用史学"（Angewandte Geschichte）虽有市场，但"通俗历史"（Populäre Geschichte）也不乏支持

① Sabine Horn, Michael Sauer, Hg., *Geschichte und Öffentlichkeit. Orte-Medien-Institutionen* (Göttingen: Vandenhoeck & Ruprecht, 2009).

② http://www.historikertag.de/Mainz2012/en/programme/special - events/thursday - september - 27th. html 2014 - 01 - 19.

③ Simone Rauthe, *Public History in den USA und der Bundesrepublik Deutschland*, p. 247.

者，如 2012 年 6 月德国研究协会（DFG）所资助的一场会议便取名为"在进步乐观主义和文化悲观主义之间的通俗历史和媒介变迁"。① 再者，"历史的传授"（Vermittlung der Geschichte）或"中学之外的历史学"（außerschulische Geschichte）是"公众史学"的另一个德国名字，特别是在历史教育学比较鼎盛的学府，如奥格斯堡大学。就这一点而言，德国的公众史学仍然处在学科化的初级阶段。

（原载《历史教学问题》2014 年第 3 期）

---

① http：//hsozkult. geschichte. hu－berlin. de/tagungsberichte/id＝4344 2014－01－17.

中美博物馆历史教育功能的比较研究

——以中美"馆校合作"模式为例

王康茜

  漫长的岁月中，无数凝聚先民智慧的遗存共同累积成了丰厚的历史底蕴和多样的文化资源，而迄今已发现的这些国之瑰宝，则又往往被收藏于博物馆中。在过去很长的一段时间里，博物馆扮演的往往是文物"收藏者和研究者"的角色，许多文物被束之高阁，普通民众难以一窥真容，其教育功能大大减弱。然而，实际上博物馆是"一家为教育、研究、欣赏的目的而征集、保护、研究、传播并展出人类及人类环境的物质及非物质文化遗产"的文化教育机构，[①] 承担着有意识地建构历史的使命，发挥教育功能是其义不容辞的社会责任。评价一座博物馆价值的标准不仅要衡量其藏品的数量与质量，更要看其在实际运作中是否履行了作为博物馆的使命：尽可能多地为公众创造参与学习的机会并为公众提供良好的教育体验。

  近年来，为更好发挥博物馆的教育功能，"馆校合作"模式悄然兴起，这种模式以博物馆和学校主动调整自身的行为策略为前提，以两者的互相结合为基础，以有机整合馆校双方资源为手段，以促使学习者获得良好的教育体验为共同目标。简而言之，"馆校合作"是一种馆校双方基于各自的实际需求，主动调整行为策略，进而采取的共建共享的互利行为。[②] 它有着悠久

---

① 孔伟：《社会教育视域下的公共文化服务研究》，山东人民出版社，2014，第197页。
② 宋娴：《博物馆与学校的合作机制研究》，上海科技教育出版社，2016，第10页。

的历史渊源，在特定的条件下，它也可以成为一种创新教育活动。在"馆校合作"模式下，博物馆不再是只居于辅助者的地位，而是成了实际教育活动的参与者和承担者，在与学校的深度合作之中发挥着重要作用。

一　"馆校合作"模式兴起的渊源

博物馆的教育功能正日益受到政府和学界的重视。当今国际博物馆界的发展趋势已表明，博物馆的职能正在从"收藏和研究"为主逐渐向"教育和服务"为主转变。然而尽管如此，我国博物馆的理念和方法依旧滞后，存在着一些亟待解决的问题：博物馆在教育活动的开展中时常将教育活动与展览简单挂钩；展品更新缓慢；缺少配合展览的延伸拓展活动；等等。因而常常造成博物馆的展览期热度一过，民众就不再愿意前去参观和学习，博物馆的生命力也就慢慢消逝，颇为可惜。2013年中国博物馆协会发布的《2011年度国家一级博物馆运行评估报告》就明确提出，我国博物馆"仍须进一步强化社会责任意识及社会教育职能，加强藏品保护与管理的规范化、专业化，亟待提高陈列展览和科学研究的创新意识与能力"。[①] 因此，如何为民众呈现多元化且广度与深度兼具的教育活动，进一步增强博物馆的教育功能，为其注入旺盛的生命力就成了当务之急。

实际上，拥有"丰富实物资源和多样种类划分"的博物馆作为国民教育体系中的重要组成部分，其教育作用是不可估量的。如果能够充分发掘展品的价值、打造多样化的教育活动并将之呈现给民众，便能让博物馆充分实现其教育功能：或是提升民众的人文素养，或是引导民众厘清历史的发展脉络，或是激发民众的科技创新意识……抑或是多种兼顾。而在这其中，博物馆历史教育功能的重要性毋庸置疑。将博物馆打造成一所能够实现历史教育功能的场所，不仅能够引导民众对国家历史和文明的发展脉络有更加清晰和直观的了解，而且能在此基础上"润物细无声"地培育民众的爱国情怀，增强民众对国家文化的自豪感和认同感。

在这一过程中，"馆校合作"成了大多数博物馆进行历史教育的首选。

---

① 《2011年度国家一级博物馆运行评估报告发布》，《中国文化报》2013年5月23日，第8版。

上海科技馆馆长王小明在《博物馆与学校的合作机制研究》中就明确指出：博物馆和学校都属于具有教育功能的公共机构，两者之间不应该存在壁垒森严的教育角色之分，两者之间的理想状态应是一个共生发展的形态。[①] 博物馆教育与学校教育之间可以取长补短、互相补充，二者加强合作不仅有助于学校教育的内容更加丰富生动，也可以推动博物馆实现教育职能的完善。

事实上，"馆校合作"有着悠久的历史渊源。世界范围内有明确记载的"馆校合作"最早可以追溯至19世纪晚期的英国。从19世纪开始，在英国曼彻斯特艺术博物馆委员会的推动下，英国开始将学生到馆参观纳入教育体系并计入学生的学时，博物馆开始涉足学校教育。1985年发表的《走向伙伴关系：馆校关系的发展》一文就零星记载了英国19世纪初馆校合作的情况。[②] 但这一阶段的馆校合作往往停留在到馆参观、资源出借等初级阶段，并未有深度交流。进入20世纪后，随着博物馆公众教育意识的觉醒，馆校合作的形式开始渐渐在世界范围内应用于博物馆教育功能的实现。这一阶段，馆校合作的形式打破了初级阶段的藩篱，合作不再停留于学生到馆、资源外借等单一形式，日趋多样化，如博物馆相关人员也开始到校提供教育服务等。20世纪的美国博物馆教育实现了飞跃式发展，《美国博物馆报告》（*Mesuems USA*，1974）中提到20世纪美国已有90%的博物馆面向学校设计了专门的教育互动项目。尽管博物馆的教育意识开始觉醒，但在这一阶段的馆校合作中，博物馆依旧处于次要和辅助的地位，直到20世纪中后期，这一状况才慢慢发生变化。馆校之间的隔阂被打破，国家和第三方机构的介入推动了馆校合作的密切化，不仅合作的途径更加多样，馆校双方关系更加密切和主动，各类研讨会、交流会的出现也助推馆校合作向更加专业化、成熟化的阶段迈进。[③]

在世界范围内，美国作为世界上拥有博物馆和学校数量最多，也是当前博物馆教育最为发达的国家之一，其在馆校合作方面已累积了一定经验。对中美两国的馆校合作模式进行比较，有利于从美国馆校合作的运行过程中汲

① 宋娴：《博物馆与学校的合作机制研究》，上海科技教育出版社，2016，第3页。

② M Harrison，B Naef，"Toward a Partnership：Developing the Museum-School Relationship," *Journal of Museum Education*（1985）.

③ *Data Report from the* 1989 *National Museum Survey*（American Association of Museums，1992）.

取经验和教训，从而探索出一条适应中国国情的馆校合作道路，为中国博物馆更好地发挥历史教育功能提供新思路、新方法。

二　中美"馆校合作"的历史变迁

（一）第一阶段：尝试合作阶段——博物馆教育附属于学校教育

美国是当前世界范围内最早出现博物馆学校的国家，也是拥有博物馆数量最多的国家，其开启馆校合作最早可以追溯到 20 世纪初。早在 20 年代时美国学者丹纳（John Cotton Dana）就在《新博物馆计划》中提及博物馆最重要的使命应是教育。[①] 20 世纪以来，在杜威实用主义教育思想的影响下，馆校双方开始尝试合作，但这一阶段博物馆教育在学校教育中基本处于附属地位。尽管在这一时期，美国教师渐渐挣脱了空间禁锢，尝试带领学生到博物馆开展教学活动，开始了馆校最初的合作，但这一阶段的合作还主要停留在简单的参观访问与资源外借阶段，形式比较单一，效果并不显著。

中国博物馆与学校合作与美国相比起步较晚，其源头可追溯至 20 世纪后期全国博物馆"中小学爱国主义教育基地"的建立。自 1997 年 7 月中宣部向社会公布了首批百个爱国主义教育示范基地开始，中国馆校双方便开始了合作。但与美国馆校合作的情况类似，在很长一段时间里，中国的馆校合作也从属于学校教育，在活动设计和教育理念上比较被动和落后。即使馆校双方存在实地参观、介绍讲解等形式的合作，也往往停留于浅层次，且交互性比较低。

（二）第二阶段：角色重新定位——博物馆教育与学校教学平等互动

1. 美国交互式的馆校合作："博物馆学校"模式

实际上，美国很早就意识到博物馆与学校之间存在无限的合作可能，并对探索馆校合作非常重视。从一开始的简单合作，到 20 世纪 90 年代末发展出来的馆校合作新模式——博物馆学校，美国的博物馆界和教育界的合作愈加紧密，并逐渐摸索出一套更具系统性和长久性的机制。20 世纪中后期，

---

① John Cotton Dana, *A Plan for a New Museum* (Elm Tree Press, 1920).

政府和博物馆界对博物馆的教育职能渐渐重视起来，开始组织更多的实质性教育项目，"交互式学习"渐渐成了馆校合作的主流。许多博物馆不仅和学校正式确立了合作伙伴关系，还相应出台了一些合作方案予以保障。1984年的《构建馆校合作》一书中将"终身教育"与"非正规教育"作为博物馆区别于其他教育机构的主要特征，并明确说道："博物馆和学校之间其实还有着很大的合作空间，尤其是在学校急需教育伙伴来加强科学、艺术、人文等方面教育的这种情况之下。"①

在社会各界的呼吁和馆校双方的推动下，从 20 世纪 90 年代开始，纽约州布达罗科学博物馆、明尼苏达州科技馆、纽约市博物馆等相继开始运行博物馆学校这种新的学校形式。为实现共同的合作目标，博物馆针对学校课程进行了专门的教育设计，并与学校一起完善相关课程，以打造具有多样特色课程的博物馆学校。

进入 21 世纪后，在国家与第三方机构的介入下，美国博物馆学校的运行逐渐步入了正轨。例如，美国政府 1995 年颁布的《国家科学教育标准》（NSES）和 2002 年颁布的《有教无类法案》（NCLB），就以法律的手段激励和保障了博物馆学校的发展。近年来，美国的馆校合作重点逐渐倾向于探索进一步落实课程目标和满足师生需求的新途径。

2. 中国课程化的馆校合作："课外活动"模式

与此同时，在全民教育和素质教育的大背景下，中国博物馆的教育功能也开始受到重视。近几年来，各级政府从实现中华民族伟大复兴中国梦的战略高度出发，相继出台了一系列政策和指导意见，为馆校合作开启新局面创造了良好的新环境。如 2011 年教育部出台的新版《全日制义务教育历史课程标准》就在第四部分"实施建议"中指出：历史教学需要"提倡教学方式方法、手段的多样化"，"积极探索多种教学途径，组织丰富多彩的教学活动，例如：……进行历史方面的社会调查，参观历史博物馆、纪念馆及爱国主义教育基地，考察历史遗址和遗迹，采访历史见证人……"强调了历史博物馆在历史教育中的重要作用。2017 年中共中央办公厅、国务院办公厅印发的《关于实施中华优秀传统文化传承发展工程的意见》更进一步指

---

① Eric, *A Report of the Commission on Museums for a New Century* (Washington: AAO Museums, 1984).

出："充分发挥图书馆、文化馆、博物馆、群艺馆、美术馆等公共文化机构在传承发展中华优秀传统文化中的作用。"

在教育部门的推动和支持下，中国的博物馆渐渐从学校教育的附庸地位发展成为独立的社会教育部门，不仅组织了种类多样且富有教育意义的展览，还进一步加强了与学校的合作，共同设计了一系列的教学课程与实践课程，使得更多的中小学学习者可以有目的、有计划地进入博物馆进行学习，同时也促进了博物馆的课程建设和教育资源补充。简单说来，现阶段中国的馆校合作主要是博物馆作为学校的教育实践基地，在课程资源、专家辅导、教师培训、教学设计、材料选择利用及学生的体验学习等方面为学校提供帮助；学校则通过发掘社会教育资源使历史教育走出校门、走向社会，努力达到把学生培养成为"具有创新精神、创造能力，具有竞争精神、竞争能力以及与他人合作共同发展的一代新人"的目的。[1] 以上海市延安初级中学为例，其就在馆校合作方面获得了一定的经验，馆校双方共同设计了"上海简史""中国古钱币""走进唐三彩"等实践课程，以辅助学校历史教学。但总的说来，馆校双方的合作还停留在以课外活动为主的阶段，重点放在"拓展课"上。近阶段中国的馆校合作还有待进一步学习西方先进的馆校合作经验，探索馆校合作的新思路，以充分发挥馆校双方的优势，实现优势互补。

三　中美馆校合作的运行模式

若要对美国馆校合作的经验有所借鉴，首先便要对中美馆校合作的运行模式进行一番对比。

美国的馆校之间联系非常密切，双方都非常主动地与对方合作，营造了良好的合作氛围，在探索中渐渐形成了稳定的合作关系：学校主动与博物馆沟通以便参与馆方活动；馆校双方共同商议以更好地满足师生需求；共同设立常设组织，形成稳定的伙伴关系。此外，还有教育部门和第三方机构的介入保障。在这样的基础之上，美国博物馆得以通过提前调研，精心打造

---

[1]　姚锦祥、赵亚夫：《历史课程与教学研究（1979—2009）》，南京师范大学出版社，2014，第107页。

"分层次、多样式、系统化"的教育活动项目和教师职业发展项目，由"粗放式、一般性、简单化"的浅层次服务升级成为"深入式、针对性、多元化"的精细服务，提升了其历史教育的效果。

而对于中国而言，由于博物馆尚未制度化纳入国民教育体系和博物馆资源地区性不平衡，馆校双方的合作意识不够强，馆校双方的合作未形成常态化的关系。博物馆教育往往依附于学校教育，以拓展活动为主要合作形式，其历史教育的潜能未被完全激发出来。加之政府未设立馆校合作的专项资金，也缺乏第三方监管，这些都制约了馆校合作的进一步加强与完善。往往活动时有所联系，活动结束便少有联系，难以形成双向互动的状态。

实际上，由于两国馆校合作的基础不同，因而在实际运行过程中也体现出明显的区别。

1. 馆校合作的前提不同

馆校合作若要达到良好的教育效果，其前提一定是馆方的教育人员和校方的教师通力合作，这不仅需要馆方人员掌握教育教学的理论知识，熟悉学校历史教育的要求和目标，而且需要教师对博物馆的藏品情况和相关资源有一定了解。美国诸多博物馆在活动正式开展之前，会为教师提供种类丰富的职业发展项目（如研习班、研讨会、驻馆实习、上岗培训等），让博物馆专业人员与教师增进对彼此专业和需求的了解、取长补短，同时还会邀请专家学者为教师释疑解惑，或是为其提供丰富的教学参考资料。例如，史密森教育和博物馆研究中心就设计开发了包含"在线网上论坛""教师沙龙""教师咨询委员会"等在内的网上互动交流平台，方便教师与博物馆教育专家及时沟通。此外，许多博物馆学校还配备了全天驻校的博物馆教育者，配合支持教师开展工作。当然，这种合作并非仅停留于博物馆教育者与教师之间的联系层面，馆方人员还会和教师一同参与到学习者的学习中来。美国博物馆不仅鼓励学习者到馆学习，还鼓励学习者在思考和分析的基础上以个人或团队的形式自主策划历史展览，将"正式教育"与"非正式教育"相结合，融素质教育与历史教育为一体，从而达到全面育人的目的。为了保障学习者自主探究的学习质量，博物馆的专业人员、考古学家等专家还会到课堂上指导学习者制定研究计划，并和师生一起布置展览，共同完成探究任务。

然而我国博物馆教育人员主要是由馆中讲解员组成，大多数讲解员的学历背景、知识储备、年龄结构、教学水平无法完全胜任历史教育的要求。对于大多数历史教师而言，平常的教学任务已经比较繁重，如何激励教师主动了解博物馆资源相关内容，加强对博物馆资源的运用，还需要各部门配合出台相关政策，共同打造教师职业发展项目。馆校合作若要发挥出良好的教育效果，那么培养既具备教育教学理论知识，又熟知博物馆资源信息的复合型人才则非常重要。现阶段中国的馆校合作还有待双方主动形成稳定的合作关系，让博物馆与学校实现相互补充，营造良好的合作氛围，在馆校双方积极主动的基础上，共同为提升教育水平而努力。

2. 馆校合作的形式不同

美国的博物馆学校通过博物馆与学校之间的合作伙伴关系，根据国家课程计划共同设计和实施灵活多样的教育活动，合作的途径也丰富多样。美国的博物馆学校每年会将 3/4 的教育资源提供给基础教育阶段的学习者，根据国家与地方的教学大纲制定各项特色教育活动，并结合学校历史教学要求和学习者的特点打造约 1800 万小时的特色课程。各所博物馆学校都把合作博物馆中有关历史、科学、艺术等方面丰富的藏品资源与学校教育相结合，为学习者创造亲身体验和实践的机会，让学习者在"做中学"，从而达到育人目标。为配合学校的历史教学，许多博物馆还会与教师一起准备包括教具、图片、手册等的课程资料，以更好地达到历史教育的效果。

与中国馆校合作中最常见的"学习者到馆，参观展览，聆听讲解"的模式不同，美国馆校合作中有许多独特的做法。简单来说，美国的馆校合作主要有以下几种形式：提供到馆参观、教育资源出借、特色课程研发、教师专业培训、网络资源共享等。

以美国国家历史博物馆为例，它不仅藏品资源丰富，拥有达 1700 万件的藏品，收藏了许多美国国家历史发展和社会演变过程中留存的重要文物，生动展现了美国从独立战争到当代的历史演变，而且通过馆校合作的模式，利用藏品资源为学习者创造历史情境，打造教育展览和体验课程。对馆藏的绝大多数资源，美国国家历史博物馆还会在官网上把珍贵的资源以线上展览的形式常年免费提供给学习者，以实现资源共享与全民教育。此外，为了提高合作的质量，美国绝大多数的博物馆还会和学校一起组织相关知识的专业培训。丰富多样的合作途径开发了博物馆资源，也推动了博物馆历史教育功能更好地实现。

中国馆校合作虽起步较晚，但近年来在教育界和博物馆界的共同推动之下，馆校双方的合作也渐渐密切起来。不过若对中国馆校合作的形式进行梳理，会发现这些合作相对美国而言还是停留在一个相对比较浅的层次上，形式往往以"学生到馆"为主，与国家课程计划的结合不紧密，博物馆丰富的藏品资源并未得到充分利用，在履行历史教育职能方面还有很大的提升空间。现阶段中国的馆校合作或是由校方以社会实践活动的方式让教师带领学生前往博物馆进行参观，博物馆工作人员对展品加以解说；或是由校方组织学生前往博物馆参与馆方不定期组织的专家讲座和体验活动。虽然部分博物馆也利用官网共享活动资源，但往往都是短期的，一旦活动结束，学习者就难以参与线上学习，且这些体验活动也往往只集中在假期，颇为可惜。

以上海博物馆为例，其始建于 1952 年，距今已有六十余年的历史。该馆基本定位是中国古代艺术博物馆，以中国古代的艺术品为收藏、展览和研究的重点，素来享有文物界"半壁江山"的美誉。在和学校的合作中，除各校日常组织的学生到馆参观活动之外，上海博物馆主要是以开展不定期的专题教育活动为主。

2016 年 1 月以来博物馆方面向中小学生共设计了 41 次特色课程、学生讲座、手工体验、影视鉴赏等活动，丰富了学生的课余生活。特色课程包含"古代玉器馆观前导览课""古代青铜器馆观前导览课""古代明清家居馆观前导览课"等展馆导览课；学生讲座主要有"对比文明的基因"系列讲座，包括"神话与帝国""设计与传播""文字与线条""生死与献祭"等；手工体验包括"青花的故事""印刻生肖""趣味墨拓""剪纸贺卡""国画神韵手绘纨扇"等；影视鉴赏包括"艺匠古今"系列，如"和篇""水篇""火篇""土篇"等。

可以说，上海博物馆虽然可以用多种手段帮助学生更好地理解藏品背后的历史故事，感受历史演变的过程，也为学校历史教学提供了宝贵的教学资源，但这些课程往往都是作为课外活动来展开，与国家课程计划的结合并不紧密，对学校教育的作用不大，形式上还是以"学生到馆"的参观为主，在开发丰富多样的合作途径方面还需要进一步探索。

3. 馆校合作的效果不同

美国的博物馆学校打破了传统学校教育中对于空间和手段的禁锢，将学习环境从学校拓展到了广阔的博物馆中，学习者成了学习主体，而教师和博物馆讲解员则成为学习者自主学习的辅助者。博物馆学校注重为学习者创造历史情境，让学习者置身历史情境中触摸历史的温度，潜移默化中了解历史的真相，感受历史演变的脉络，增进爱国主义情感。与中国博物馆大多将展品重重保护起来、只能让参观者隔着一定距离参观的做法不同，美国博物馆非常注重让参观者真正参与进来，即为参观者提供"一个事物的完整体验"，通过实物造景和情景塑造等手段使遥远时空的历史得以重现，让学习者有身临其境般的震撼与感动。这种将正式教育与非正式教育结合在一起的模式不仅可以有效地利用丰富的博物馆资源，而且也有利于更好地达成课程目标，创新学习方式，激发学习者的学习兴趣。

如美国麻省博物馆就不仅运用模型或实物来再现历史，还运用现代多媒体技术来让学习者亲身体验历史。学习者踩下木制纺车的踏板之后，屏幕中便会同步播放从麻到纺织品的过程，旁边的屏幕则会配套播放时人日常生活状态的视频。当然，美国的博物馆不仅关注青少年的历史教育，而且关注学龄前儿童的历史教育。为此美国国家历史博物馆除了在为参观者提供真实的、具有历史感的展品之外，还打造了可以让孩子玩耍的仿制品。在Wonderplace 儿童区域，就随处可见真实的展品与模拟玩具的结合。这种在亲身体验中自己建构认知的学习方式既尊重历史，又活灵活现。

美国博物馆对资源的充分开发也提升了馆校合作的效果。美国几乎所有的博物馆都设有教育部门，而这些教育部门不仅可以为学习者提供专业指导和相关配套资料，还专门设计和开放有教室、实验室、展示厅等，不仅能够让学习者身临其境感受历史，更为其提供了一个可以及时交流的场所。为克服空间短缺的问题，美国博物馆还在场地上创建了"即兴教育空间"，如美国国家历史博物馆教育项目中有一个重要组成部分就是展厅内随处可见的"互动活动小推车"。"小推车"上会摆放教育模具，用于实时的互动体验学习。譬如参观学习技术革新的内容时，学习者就可以从展厅中"小贩的推车"里拿起模具，观察推车里的老式扫帚、水桶、黄油搅拌棒和长柄勺等，与现今厨具做比较，进而思考并讨论这些东西随着时间的推移都发生了哪些变化，认识到技术革新的历史意义。[①] 除了硬件设施基础良好之外，美国博

---

① 美国史密森政策与分析办公室：《为了明天的课程：史密森教育研究》，暨南大学出版社，2014，第275～276页。

物馆也依托其藏品资源精心设计教育活动，以充足的线下资源为基础，将其与信息化手段相结合为学习者的自主探究提供可能，从而实现其教育职能。以美国国家历史博物馆（National Museum of American History）为例，它的官网中就有一个专门的栏目"Teachers & Students"，并针对不同身份的教育者和学习者设置了五个子版块："Resources for Educators""Fun Stuff for Kids""FAQ for Educators""FAQ for Parents""Plan a Field Trip"。① 在该栏目中，美国国家历史博物馆为教师辅助教学和学习者自主学习提供了充足的学习资料，还为学习者线下学习提供了细致的"学习建议"，以便学习者自主设计"学习指南"。在博物馆资源支持下，学习者可以自主学习"Latino History""Religion in America""Women's History"等历史主题，深入探究美国历史，也可以在每季的特色展览"America on the Move""American Democracy：A Great Leap of Faith"等基础之上根据兴趣，以个人或小组合作的形式选定一个主题制订计划、搜集史料、整合资源，在校园内举办原创的历史展览。

此外，美国博物馆还会推出特色历史课程，形式一般由教育人员向学习者提供写有课程所需探究问题的"学习卡片"，让学生分组前往展厅通过自行探究寻找答案，最后再由学生分享探究结果，教师予以补充。在这个自主探究的过程中，馆方不仅配合学校达成了历史教学的目的，也让学习者增进了对美国历史和美国精神的认识，培养了爱国主义情感，同时锻炼了学习者的分析能力和探究能力，可谓一举多得。

与美国博物馆学校基于学校教学大纲，利用博物馆资源来设计主题丰富、形式多样的历史类特色课程与活动进行辅助教学的做法不同，中国博物馆在设计课程与活动时往往不太考虑学校教学的要求和师生的需求，其开设的课程和组织的活动的主题主要是结合馆内的藏品特点或展览来设定。课程与活动之间本身缺乏内在联系，难以形成系统的教学模块，更与学校的教育目标存在着一定的出入，因而很难起到对学校历史教学的提升和补充作用。再加上博物馆开设课程和组织活动的时间也不确定，尤其是针对中小学学生的特色活动主要集中在寒暑假，日常活动主要以学生到馆参观为主，因此学习过程存在割裂，未能形成系统、常态的教学模式。

---

① 参见美国国家历史博物馆网站，https：//americanhistory. si. edu/。

尽管上海博物馆为了更好地实现其社会职能，开展了诸如专题讲座、中小学生假期拓展、文化考察、体验工坊等活动，实际上由于这些活动的开展往往不定期，持续时间比较短，参与的人数相对于总参观人数而言还是少数，大多数参观者又仅停留于"走马观花"的阶段，对藏品背后的故事缺乏系统的了解，更谈不上亲身体验和参与其中，因而难以实现博物馆的历史教育功能。

四　提升中国博物馆历史教育功能的策略

博物馆提升教育服务意识和强化教育工作能力不仅是其社会责任，也是其丰富自身内涵的有效途径。而对于学校来说，在基础教育改革和课程改革的背景下，积极开发博物馆丰富的教育资源，充分发挥馆校双方的优势进行教育合作也是势在必行。尤其是历史博物馆，其历史教育功能不可估量。

对比中美馆校合作运行的历史发展便可发现，中国的馆校合作因其起步较晚，经验较少，目前较美国而言还停留在相对浅层次的合作状态，同时在实际运行过程中也暴露出了一些亟待解决的问题，如合作前缺乏系统设计，合作中途径较为单一、资源开发不充分，合作后评价体系匮乏等，若要提升中国博物馆的历史教育水平，首先便要找寻到解决之策。

结合美国馆校合作的经验，在现阶段中国馆校合作中可以借鉴其有效做法，进一步提升博物馆的历史教育水平。

1. 开发资源，形成体系

馆校合作中需要注意的是，博物馆的资源虽然非常丰富，但并不是所有的藏品资源都适合用于历史教育。如何选择资源、整合资源、利用资源，创新教学形式以充分发挥博物馆资源的历史教育功能，让其与历史教学形成有益互补的关系是馆校合作的关键。

（1）依据课标，整合资源

博物馆资源的选择，首先需要与《普通高中历史课程标准（实验）》（以下简称《课标》）的要求相符合，脱离《课标》的历史教育难以发掘馆校合作的价值。可先由博物馆根据《课标》的要求对丰富的藏品资源进行归类，再让教师根据教学需求挑选出相应的资源进行方案设计，最后由博物馆对方案设计提出进一步的修改意见，完善设计的理念和流程，在此基础上拟定学习任务单。馆校双方都参与到设计的过程中来，才能优势互补、有机整合资源，制定出科学合理的计划。

（2）创新形式，注重体验

不断创新形式让学习者真正参与到学习过程中来，最大限度发挥其主体作用是提升馆校合作教育效果的关键。若是简单地采取教师引入博物馆资源到课堂，或是组织学习者前往博物馆参观展览，那么这与传统历史课堂相比无非只是学习资料新颖而已，实际并无太大不同，容易流于形式，走马观花地参观，无法实现历史教育的育人目标。新课改提倡"体验、探究、参与、合作、调查、社会实践等多种学习方式"，强调了创新学习方式的重要性。亲身体验和参与到学习过程中来，以"发现之旅""动手体验"等方式让博物馆也成为颇有趣味的"历史课堂"，打破空间和方式的束缚，由学习者直观地体验历史、感受历史，不仅能提高学习者的学习兴趣，而且效果比传统历史课堂好得多。

（3）探究学习，提供辅助

当然，让学习者到博物馆中亲身体验并不是简单意义上的到馆参观，而是应该带着学习任务进行的有计划、有目标的探究式学习。历史教育不仅仅要让学习者掌握历史知识，更重要的是在了解史实的基础上，锻炼其分析历史和解释历史的能力，养成探究和反思历史的思维，正确地认识中华民族优秀文化传统的历史价值和意义，进而激发爱国主义情感，形成科学的历史观。① 因而在这一学习过程中，可借鉴美国馆校合作的做法，让学习者在进馆前先领取馆校双方共同设计的学习任务单，根据提示以个人或小组的方式在馆中开展探究式的学习，最后根据探究结果进行总结汇报，或是让学习者在学习基础上自行设计一次展览，而博物馆教育人员和教师可从旁提供辅助。如此一来，既能激发学习者的学习兴趣，也能最大限度发挥其主体能动性。

实际上，正如美国著名历史学家卡尔所言，"人人都是他自己的历史学

---

① 田嘉楠：《中学历史教学中博物馆资源的开发与运用——以西安地区为例》，硕士学位论文，陕西师范大学，2016，第11页。

家"。在不断革新的博物馆面前，学习者在进行身份重新定位——由参观者向研究者转型的同时，也能够在当前博物馆历史教育水平的提升中释放巨大潜力。在探究学习中，他们能够有意识地"参与博物馆历史认识的建构行动，以批判性的视角去发现博物馆在历史时间、历史空间、历史个体、历史解释以及历史书写方面的各种问题"，并通过博物馆的建议簿和官网中的交流区来提出自己的意见，助推博物馆历史教育水平的提升。①

2. 加强沟通，构成合作

馆校双方要想加强合作效果，增进彼此之间的沟通非常重要。现阶段中国的馆校双方沟通交流较少，往往只有学生到馆参观或馆方人员到校讲座时才会短暂交流，联系并不密切，也未形成稳定的合作关系。实际上，馆校双方各有优势，要让博物馆资源在最大程度上得到开发利用，不仅需要博物馆向学校开放丰富的藏品资源和提供专家专业的释疑解惑，还需要教师积极主动地将资源纳入教学设计中，并在馆校双方的商讨中弥补不足。日常中馆校双方可以一同拟定教学计划，以特色课程、体验活动、课题探究等不同形式进行历史教育，并将这一流程常态化。与此同时，馆校双方也需要积极搭建交流互动的平台，定期举办研讨会、沙龙等。为及时沟通和解决教育过程中出现的问题，教师可利用节假日等机会参与到博物馆教育的培训中，馆方也可成立专门的教育部门安排专员进修历史教育的基础理论，了解学校历史教学的要求。只有馆校双方积极主动地形成密切稳定的合作关系，才能确保馆校合作模式的稳步推进和教育效果。

3. 完善评估，达成合力

当然，推进馆校合作不仅需要馆校双方的共同努力，还需要构建机制予以保障。首先，需要构建一套评估机制，为合作提供参考指导意见，以提升馆校合作的水平。评估的主体不仅是馆校双方，还需邀请教师、学习者、家长等共同参与进来，也可以美国为参考将社区也纳入评估机制中，广泛聆听社会意见。其次，需要由政府出面来给予国家层面的支持。可由政府出台相关政策或指导意见对馆校合作予以保障，进而将博物馆教育纳入国民教育体系中来。目前虽有《关于将博物馆教育纳入国民教育体系的实施意见》（2007）、《关于全国博物馆、纪念馆免费开放的通知》（2008）等政策性文

---

① 上海博物馆：《公共历史教育手册》，华东师范大学出版社，2018，第201页。

件鼓励博物馆履行其教育职能，但馆校合作在实际操作中还缺乏政策参考和资金保障，有待政府加强统筹规划和经济扶持。最后，需要优化博物馆教育的环境，加强设施建设与资源共享。博物馆可以在馆内布置教室、讨论室、模型厅等场所供学习者交流学习成果，开展自主探究。与此同时，还可以进一步开发线上功能，将藏品资源分门别类地进行整理，挑选部分资源以文档、图片、视频等方式提供给学习者，方便学习者利用碎片化时间进行学习，实现优质资源的共享，也为全民教育提供了可能。

总的说来，馆校合作是一项互利共赢的举动。推进馆校合作既是博物馆深化并拓展其教育职能、履行其社会责任的有效途径，也是学校最大限度地整合资源、提升其教育质量的方式。博物馆教育历经从无到有的探索和发展，如今的博物馆正悄悄实现着从文物的"收藏者和研究者"向"教育者和研究者"的身份转变。如何结合中国国情，取长补短地借鉴西方先进的经验和做法，适应全社会日益增长的文化需求，让博物馆更好地向学习者讲述社会沿革与历史记忆，使之真正成为凝聚人心的精神纽带和弘扬传统文化与民族精神的场所，为全民教育和终身教育提供可能，或许是博物馆在下阶段进一步探索履行其历史教育功能的新途径要思考的。

对国家性和地区性历史博物馆
"欧洲化"的反思和建议[*]

〔德〕苏珊·波普　尤塔·舒曼[**]　著

陈洪运　魏婷婷　译　孟钟捷　校

假如你已把博物馆视为增进人们认同的机构，那么在回顾它们的展览时，这些博物馆在民族建构与认同塑造过程中的作用便一目了然了。即便在今天，人们仍然期待历史博物馆，尤其是国家历史博物馆，能够有助于增强欧洲人的欧洲意识。本文从历史教育研究的角度对此进行了适当的探讨和论述，其目的是：一方面指出如何对博物馆里的现存展品提供一个以欧洲为中心的新视角，另一方面指出博物馆是如何在走向一体化的欧洲教育机构新角色中展示自我的。

一　引言

在欧洲"国家建构"的历史背景中，国家博物馆经常令人瞩目地成为

[*]　原文为：Susanne Popp，Jutta Schumann，"Reflections and Suggestions for the 'Europeanization' of National and Regional History Museums," in *Jahrbuch-yearbook-annals 32* (2011)，pp. 203 - 216. 作者授权中译文首次发表。本文是由苏珊·波普教授领衔的大型研究项目"欧洲视角——欧洲的博物馆展览"的初期成果，该项目得到了欧盟议会和巴伐利亚州的资助，经费总额达到 300 万欧元，多国历史学家共同参与——译者注。

[**]　苏珊·波普（Susanne Popp），国际历史教育协会（ISHD）主席、德国奥格斯堡大学历史教育学教授；尤塔·舒曼（Jutta Schumann），历史学博士，德国奥格斯堡大学历史教育研究室学术助手。

政治与社会变迁的展示所。在以往的任何地方，国家博物馆在推动该国的自我成就展现的同时，也创造了一个游客能够走到一起来共享国民权利的社交场所。在博物馆里，游客受到了享有盛誉的本国和欧洲文化遗产及其历史认同感的教育。如今，对于博物馆是否能够在欧洲认同的形成过程中有效地突出"欧洲化"这一主题，人们的看法并不一致。鉴于此，今天的研究正致力于讨论 19 世纪民族国家的形成与作为"认同工厂"和有意普及"国家精神"的国家博物馆发展之间的关联性问题。①

鉴于 19 世纪的情况，关键问题是今天的博物馆——它们毕竟是欧洲文艺品的保存者——能够在多大程度上有助于实现欧洲认同？许多围绕这一主题举行的会议，都倾向于集中讨论塑造博物馆"欧洲化"的可能性，其中在巴塞尔大学举行的会议便是一例。② 虽然研究者普遍认可博物馆在欧洲认同的塑造过程中起着重要作用，然而如何将这一观念付诸实施的问题，却在很大程度上尚未得到解决。③ 围绕何种类型的博物馆可以最有效地促进欧洲意识增强的争论，便反映了这一问题。在这一过程中，人们有可能去区分不同类型和不同设计风格的博物馆在其中所起到的作用。例如，在布鲁塞尔的

---

① 参见 J. Benes, "Museology and Identity," in *Papers in Museology I* (Umea: Umea University, 1986), pp. 55 - 77; A. Desvallées, "Museology and Cultural Identity," in *Papers in Museology I* (Umea: Umea University, 1992), pp. 55 - 77; S. MacDonald, "Museums, National, Postnational and Transcultural Identities," in *Museum and Society*, Vol. 1, No. 1, 2003, pp. 1 - 16; A. Grigoleit, "Europa im Museum. Zur sozialen Konstruktion transnationaler Identität," in P. -U. Merz-Benz and G. Wagner, eds, *Kultur in Zeiten der Globalisierung*: *Neue Aspekte einer soziologischen Kategorie* (Frankfurt am Main: Humanities online, 2005), pp. 163 - 184; M. Colardello, "Des musées de l'Europe pour une conscience européenne," in *Comparare*, Vol. 2, 2002, pp. 228 - 237; G. Korff, M. Roth, eds., *Das Historische Museum*: *Labor, Schaubühne, Identitätsfabrik* (Frankfurt am Main: Campus Verlag, 1990); R. Johler, "Local Europa. The Production of Cultural Heritage and the Europeanisation of Places," in *Ethnologia Europaea. Journal of European Ethnology*, Vol. 32, No. 2, 2002, pp. 7 - 18; F. Kaplan, *Museums and the Making of 'Ourselves'. The Role of Objects in National Identity* (London: Leicester University Press, 1994); G. Korff, "Europa Exposé: Fragen an eine geplante Einrichtung in Berlin," in D. Neuland-Kitzerow, eds., *Wege nach Europa. Ansätze und Problemfelder in den Museen* (Berlin, 1995), pp. 7 - 14。

② 参见 G. Kreis, ed., *Europa als Museumsobjekt* (Basel: Europainstitut der Universität Basel, 2008)。

③ 参见 S. De Jong, *Europe on Show*: *Exhibiting European Cultures and History in Museums*, MA Thesis: Krakau (Maastricht: Center for European Studies at Jagiellonian University in Krakow and Maastricht University, 2008); C. Ballé, D. Poulot, *Musées en Europe*: *Une mutation inachevée* (Paris: Documentation française, 2004)。

欧洲博物馆，人们不仅强调了自 1946 年以来（欧洲）统一的过程，而且试图建立一个日常生活史的参照。[1] 相比之下，马赛的地中海欧洲文明博物馆采用了人类学的设计风格，并将文化交融的问题考虑在内。[2] 在亚琛，人们曾设想建立一个以讨论欧洲历史上重大事件和运动为主题的欧洲博物馆，但付诸实践时却由于全民公决而未能实现。除上述博物馆外，完全以注重跨国发展和促进当代欧洲发展（如移民、融合、文化交往）为重心的"特殊兴趣博物馆"的出现则是另一种趋势。这些博物馆将是保存老展品的新基础和新设施。[3]

除此之外，本文还涉及了博物馆增强欧洲共识的最佳策略问题。例如，哈尔姆特·凯尔贝勒（Hartmut Kaelble，1940 - ）[4] 反对建立一个自上而下的指令性的身份认同，因为身份认同试图用一个完全的欧洲身份来替代地区或国家身份。[5] 在他看来，博物馆应该成为一个激励游客解决自身认同问题并鼓励其自我反思的场所。基于这种认识，凯尔贝勒十分赞同德国历史教育学[6]的研究成果，即强烈反对自上而下的模式，并提出了一种针对该问题的包含许多不同见解和视角的教育理念，以便通过多重身份的参照体系来鼓励自我反思。

在本文中，我们希望基于历史教育学的思考，提出一种构想，以响应上述讨论。我们认为，现存的博物馆是否以及如何能够拥有一个欧洲视角，其方法是改变感知和理解的结构框架，而在展品呈现时只需进行略微调整即可。这一新观念着重于对现有展品进行重新诠释。这一策略不仅不需要耗费巨资去建造新的博物馆，而且还能为游客提供一个机会，使其以欧洲观念去看待任何现存的传统历史博物馆——无论它是地区性的还是国家性的。

---

① K. Pomian, "Das Brüsseler Projekt," in G. Kreis, ed., *Europa als Museumsobjekt*, pp. 18 – 22.

② 参见 G. Kreis, ed., *Europa als Museumsobjekt*。

③ C. Mazé, "Von Nationalmuseen zu Museen der europäischen Kulturen. Eine sozio-historische und ethnographische Annäherung an den Prozess eine 'Europäisierung'der ethnologischen und historischen Nationalmuseen," in *Museumskunde*, Vol. 73, 2008, pp. 110 – 126.

④ 现为德国柏林洪堡大学社会史荣退教授——译者注。

⑤ H. Kaelble, "Europamuseen. Die Situation 2007 aus der Sicht eines Historikers," in G. Kreis, ed., *Europa als Museumsobjekt*, pp. 62 – 67.

⑥ S. Popp, B. Schönemann, eds., *Historische Kompetenzen und Museen* (Idstein: Schulz-Kirchner, 2009).

二　"欧洲化"——"国家博物馆"的新挑战

国家博物馆作为保护共有的欧洲遗产的机构，常常被期待能够重新诠释现存馆藏展品，并将之作为欧洲公民遗产的代表展示出来。为此，人们希望它们能够为游客提供社交场所，以便游客在接受共有的欧洲文化遗产教育的同时，通过积极面对政治、社会和文化问题，来体会他们作为欧盟公民的归属感。

显然，欧洲联合面临着一个重大的问题：在"国家构建"的过程中，一方面，国家的自我形象在把国内的许多群体排除在外的同时，过于依赖受过教育的精英阶层；另一方面，普遍民主参与原则的实行以及社会凝聚力的增强，确实有利于欧洲的联合。这意味着所有期待认同欧盟的群体，都拥有这样一个目标，即他们应该与共有的欧洲文化遗产的重新诠释保持一致，即便它们不能满足传统游客对国家博物馆的要求。这对于展品内容的选择、展品自身的呈现、国家博物馆的社会意义以及游客与博物馆设计之间的关系都有着重大的影响。

因此，国家博物馆若不顾游客人数的减少而保持既往的精英主义取向，将不得不面临巨大的挑战。与此同时，欧盟文化和教育政策的制定者们也不得不考虑如何支持这些保存着欧洲文化遗产的机构——特别是在考虑预计中的人口变化问题时。关于国家博物馆未来角色的定位问题，已经出现了许多得到认同的构想，但是传统博物馆按照设定方式加以改变的意义，却极少得到验证。国家博物馆通常以不同的方式构建，而且它们确实面临着不同的机遇和挑战，因此为不同的博物馆提供不同的支持也在情理之中。

在国际博物馆协会和联合国教科文组织的问卷（ICOM/UNESCO-Questionnaire）中，"国家博物馆"被定义为"中央政府或者联邦政府拥有或管理的博物馆"。这一简单的定义体现了一种典型的政府对于一般文化遗产的主导性。由于这层原因及博物馆的一般特性，[①] 这种类型的博物馆展现了完全矛盾的图景。鉴于国家建构史和 19～20 世纪欧洲国家史上的巨大变化，这是不足为奇的。欧洲纳姆方案（the European NaMu-programme）"确

---

① 参见 ICOM statutes，Article 3。

立框架"会议论文集①明确阐述了这种类型的博物馆是如何难以定义和急需理论反思的现状。不过，这种情况对于研究者而言，也是最令人振奋的。

1983 年，当《欧洲联盟神圣宣言》（斯图加特，1983 年 6 月 19 日）为加强欧洲一体化，使其不仅仅作为经济联盟而采取政治措施来推进欧洲认同时，欧洲国家博物馆才首次真正面对欧洲认同政策。该宣言提及了"共同欧洲文化遗产"的观念，同时假定了欧洲公民在增强共同的政治认同之前，首先应该增强文化认同。这样一来，高度鲜明的欧洲文化多样性便被视作具有极大的价值，非常值得保存。共同欧洲文化遗产的观念预示着参与和民主，因为有着独立文化背景的每一个欧盟成员，都对共同欧洲文化遗产享有民主权利。博物馆尤其是国家博物馆保存着公民所托付的共同欧洲文化遗产，因此，显而易见的是，它们必须对公民群体开放，并尽可能多地使之受益。换言之，只有当负责任的博物馆成为以社会包容和民众参与为基本原则的活动场所时，共同文化遗产创造共同欧洲身份方面的潜力才可得以完全发挥。

因此，共同欧洲文化遗产的理念赋予了国家博物馆以重要的功能，即推进欧洲认同与欧洲融合以及民主文化的发展，但同时它也要求其从根本上改变极端传统，即只关注受过良好教育的游客，关注"展品本身"的纯粹性，关注科学研究，而无视"博物馆教育"面临的挑战。它也要求博物馆要更多地将展品为普通人所利用，向新游客群体开放，重新诠释博物馆的展品，以此使民众能够清楚地了解欧洲文化遗产的多样性。

三　新观念和新举措

在全球化、跨国家一体化、新媒体、英美博物馆学和相关学科发展的背景下，对国家博物馆功用问题的分析达成了广泛共识。这也涉及拥有影响力的国际组织——联合国教科文组织（UNESCO）、欧洲理事会（The European Council）、美国博物馆协会（AAM）、国际博物馆协会（ICOM）、欧洲博物馆组织网络（NEMO）、国际货币基金组织（IMF）以及欧盟（EU）——的文化政策。在变化的必要过程中的目标设置问题上，人们也达成了共识。因

---

① P. Aronsson, M. Hillström, eds., *Setting the Frames：NaMu Conference Proceedings I* (Linköping, 2007).
参见 http：//www. ep. liu. se/ecp/022/ecp07022。

此，博物馆，尤其是未来的国家博物馆，被赋予了类似于古老民主集会场所的"公域"的功能。在那里，游客被视为共同体的公民，他们与来自不同社会背景的公民进行交流，以便讨论共同的文化遗产所面临的挑战。

传统国家博物馆因下列背景而应被赋予新的社会功能：

·适合不同性别、种族、民族、年龄和社会经济发展水平的所有公民使用的城市公共活动空间正在日益萎缩。[①]

·人们之间的数字和虚拟通信方式增加，直接交流减少。

·欧洲潜在的人口变化导致具有移民背景的公民数量激增，这是博物馆应该积极接纳这一游客群体的主要原因之一。[②]

·在一个动态变化的多元文化社会，增强社会凝聚力和民主参与的社会及政治努力，却使得社会显示出一种个人生活更加细密和隐私、不平等越来越严重的明显倾向，从而使民主观念和公民的社会参与濒临危险。[③]

·公民都拥有一种坚定的民主信念：所有公民都有权从共同的欧洲文化遗产中获益。这使得人们期待博物馆能够开办他们所关心的展览会，举办相关活动，以便人们能够在其中找到认同感。

这一调整需要在博物馆的各种工作领域中出现新观念和新举措，尤其是：

·主题和展览内容的选择（如涵盖移民或文化传播等跨国性主题）。

---

① 参见奥尔登堡的"第三空间"的理论，R. Oldenburg, *Celebrating the Third Place: Inspiring Stories about the "Great Good Places" at the Heart of Our Communities* (New York: Marlowe & Co., 2000)。

② 参见 D. Kramer, "Sozialer Wandel und kulturelle Identitäten im Museum," in U. Gößwald and R. Klages, eds., *Stadtkultur im Museum: Ein Haus in Europa* (Leverkusen: Leske und Budrich, 1996), pp. 22 – 34; B. Rogan, "Towards a Post-colonial and a Post-national Museum. The Transformation of a French Museum Landscape," in *Ethnologia Europaea*, Vol. 33, 2003, pp. 37 – 50; R. Sandell, ed., *Museums, Society, Inequality* (London, New York: Routledge, 2003)。

③ 参见 V. Golding, "Learning at the museum frontiers. Democracy, identity and difference," in S. J. Knell et al., *Museums Revolutions: How Museums Change and Are Changed*, 2nd ed (New York, London: Routledge, 2009), pp. 315 – 329; L. Kelly, "Visitors and Learning: Adult Museum Visitors' Learning Identities," in S. J. Knell et al., *Museums Revolutions: How Museums Change and Are Changed*, pp. 276 – 290; S. MacDonald, "Museums, National, Postnational and Transcultural Identities," in *Museum and Society*, Vol. 1, No. 1, 2003, pp. 1 – 16。

·展览会的设计、沟通的创新发展以及辅助媒体的运用，主要目的是使那些不能理解传统博物馆展览的游客能够理解其中的内容。

对此，可以采取以下措施：

·运用展品及展品说明来帮助游客理解以及将之作为意义建构的基础。

·从审美、智力和激发积极性等方面出发，设计展品，使参观博物馆成为一次富有价值的全面体验。

·运用新的视觉技术和媒体技术。

·包含互动和参与体验，如让游客创建自己的博客或管理他们自己的展品。

·与其他博物馆在特定领域内进行合作（如开展系统性的游客研究、进行馆员培训、共谋博物馆可持续发展等）。

四　历史教育学指引下的创新方式

（一）主题层面

在主题层面，创新过程务必应致力于对现存展品进行重新诠释，以便呈现欧洲公民身份和欧洲文化遗产，这其中包含一个对现有的国家和欧洲意识形态的批判性评价。

（1）我们有许多可行的方法来判断共同欧洲文化遗产这一新的重要工作，如展品自身是否显示了多国起源或是否经历了国家之间的流传；在全面收集和博物馆的展览品中（特别是那些民族志方面的收展品），是否同样包含着欧洲自我分析概念的信息。一般而言，一件展品，不管它的起源或国家性意义如何，满足以上条件均可被视为欧洲文化遗产。因此，这些展品必须以多种方式按体系地进行收集和展示：它们既可以作为跨国交流和构建的物品、相互作用和交流的文物以及随迁移和相互影响的交换和传播的结果来呈现，也可以在欧洲作为地方性、区域性和国家性的代表展品来进行展示。

（2）转换视角的原则，即对代表共同欧洲文化遗产的现存展品进行重新诠释。这种诠释不仅要有明确的主题和内容，更应以不同的方式为基础，即"视角转换"（change of perspective）。这一观念借助历史教育以及在历史教育过程中国家叙述的转变而得到发展。如果一件展品能让游客体验到它的国家意义和欧洲意义之间的转变，并以一种类似逆转的形象展示出来，那么，集中于展品自身的国家性而不是建构行为的解构观念便呼之欲出了。尽管存在着这种概念性的转变，游客们往往还是认为只有不改变这种民族性的概念，才能为他们熟知，反之亦然。这样一来，游客完全能积极地参与到两个意义层面上的构建，并将两者为己所用。这种"转换视角"的方法表明，不是国家的法律或政策而是公民能够通过他们自己的思维方式、视角及态度的改变，来创建一个"欧洲"的观念。这样，公民才能同时把地区、国家和其他因素融入他们的欧洲观之中。

（3）与当下相关的原则，同样来自历史教育。当人们在教授历史并试图与过去发生碰撞时，这种原则是极为重要的。此外，非历史专业的学生或游客只有在展品的内涵与其自身发生联系时，才会对历史感兴趣。不忽视对非专业学生进行历史教育是明智的，关心自己的过去本身并不重要，但对于塑造和培养有责任心的公民来说却是关键因素。只有他们懂得历史，才会欣赏基本的民主观念。如果国家博物馆想要把游客视作欧洲公民，并希望进一步吸引新游客，就必须在展品本身和游客之间建立联系。为此，我们应该从多视角观察、比较、认知调整，提出重要的社会问题以及涉及展览的具有争议的话题，从而把游客也纳入展览中来。

（4）社会包容的原则。以欧洲为导向的博物馆与传统博物馆有着显著的不同。包容原则认为，只有当每个合格成员认可它是共同遗产时，一个欧洲文化遗产才能形成具有影响力的认同。博物馆不能在介绍多样的欧洲文化遗产时，继续把那些社会团体的观点及其相关的话题排除在外，而事实上这一现象仍然很常见。许多观点依然在无形中被人排斥，依然存在着一条不可消除的界线，使它们至今只能停留在口头言说层面，并用以反衬国家精英的卓越思想。一个关于人口改变的研究使我们思考：年轻一代将会拥有更多的移民背景，人们将需要理解，在欧洲化的博物馆展品中，先前被解释为"他者"和"陌生事物"的物品为什么在很久以前会成为博物馆不可或缺的一部分？为了更好地诠释超出传统游客想象、拥有多元文化的欧洲历史，国家博物馆将不得不重新诠释它的展品，并探索更多的视角，以便去吸引更多有着移民背景的年轻人。

（二）展览层面

在把创新与转变过程付诸实践时，我们很难找到一个能够囊括"视角转换"（change of perspective）、"当下相关"（present-day relevance）和"社会包容"（social inclusion）原则的合理主题。如果国家博物馆想要消除社会障碍，同其他媒体和新博物馆开展竞争，就必须转变自己的展览方式。

（1）通向娱乐。博物馆尤其是国家博物馆的功能，绝不能等同于一座庙宇，绝不是仅仅保存只有受过良好教育的精英阶层才能理解的珍品。为了使欧洲文化遗产的展览能够为绝大多数欧盟民众所接受，博物馆应更多地采用生动的图片展览，以及与此相关的不同文化和认知方法，来帮助游客克服认知障碍。为了实现这一目标，博物馆需要以一种更易为游客所接受的方式来展示展品。例如，结合多媒体讲解，能够通过提供场景描述来消除语言和阅读障碍，从而开启新的描述和认知途径。借助多媒体和"可视展品"将会产生一种新的思维推动力，能够提供更多的需求信息（IOD），从而引起观念变革。所有这些都将有助于缓解游客在参观博物馆时的焦虑感。

（2）激发游客积极性。借助新的电子媒体如电脑和数字电视从任何图书馆搜集信息都是轻而易举的，这为民众积极参与自我教育活动创造了条件。进一步而言，易于获取的海量信息改变了我们的接受方式。变化了的媒体技术要求将创新的观念以更加积极的方式提供给游客，即在需求信息技术（IOD-technology）的帮助下提供问题和面向行动的指引，展示更多的信息获取渠道以及同其他游客的交流机会。除此之外，借激励游客来支持或扩大博物馆的作用，增进游客的理解力，以便他们理解不同的概念，并使他们消除对新媒体技术的恐惧，同时尊重不同游客的多样化背景，代替强行灌输的方式。科学和技术博物馆的成功，促进了"自己动手"的观念，表明游客在积极参与中将会获得更多的娱乐，同时提升了游客的兴趣，吸引了新的目标群体。

（3）对展品背景等进行描述和介绍。艺术博物馆倾向于依赖其展品的艺术观赏性，而完全忽视对展品的描述。然而，仅以一个单纯的目的来保存展品，将会使其失去历史性与合理性。如果一件展品被确定为共同欧洲文化遗产，人们便有必要为需要了解其背景和叙事参考的游客提供这一方面的准确信息。同时，他们也将能从转换视角的观念中受益。

（三） 国家博物馆的社会承诺

博物馆肩负着繁重的任务，如搜集和保存藏品以教育大众、从事科学实验、以令人满意的方式展示藏品等。欧盟和一体化的欧洲在加速发展的全球化过程中，正经历着一场深刻的社会和政治变迁。英美学者的讨论特别强调了博物馆尤其是国家博物馆在当今建立文化共同体时所起到的主导作用。这些讨论同时强调了欧洲的统一模式来自文化和文化遗产的多样性。今天的博物馆面临的问题是：如何消除那些排斥某一部分游客的文化壁垒以吸引新的游客，使其成为一个社交性场所、一个避免许多公民被孤立的"第三空间"（third place）。

（1）作为"社会活动场所"（social arenas）的博物馆。博物馆应该成为一个能够进行公共讨论的场所。来自不同文化背景的人在那里聚集，探讨共同关心的政治和社会问题及挑战。博物馆使人们认真思考文化遗产，进而思考集体身份，使他们不再置身于当今的主要社会问题之外。此举可以结合上文所述，让所有公民能够完全参与其中并彼此公开交流。

（2）作为"第三空间"（third place）的博物馆。新的媒体（如电视、游戏机、电脑）正在改变着就业和教育的方式。越来越多的人在自己的私人空间里生活，随之而来的是个人的孤独感。由于公共活动空间在城市社区中日益减少，因而公共和半公共空间（如购物中心）的重要性日益凸显。除去这些背景外，事实上，人们还将日益意识到博物馆代表着一种急剧减少的中性公域，人们可以在那里体验真正意义上的个人邂逅；可以以平等的欧洲公民的身份一起讨论重要的政治、社会和经济问题。正因如此，博物馆的重要性也在增强。

五 结语

在德国，历史教育学的学术原则连同它的主要类型"历史意识"和"历史文化"是"历史认同"主题的中心科学。历史教育不是把历史认同视为其自身的一个基本类型，而仅是一个在不同的参照系统之间灵活发展的维度，正如在不同的背景及变动计划中的地方观、区域观、国家观和欧洲观。这样，"欧洲认同"的观念和国家身份的观念并不相互排斥。由此，学习的过程将使人们能够更好地理解欧洲维度和共同欧洲文化遗产，加强欧洲认同的过程将成为（共同体的）建构的过程。这样一来，博物馆游客可以重塑和理解历史。上文所探讨的视角改变及建构性的学习理论将会有助于博物馆教育使命的实现。除欧洲历史上一些冲突的时期外，我们坚信它将有助于博物馆认真反思有关"多样性统一"及历史认同的多样性建构的历史教育学理念。

（原载陈恒、耿相新主编《新史学》第 11 辑，大象出版社，2013）

以色列社会对"犹太大屠杀"的
记忆（1945~2000）

〔以〕吉迪恩·格雷夫 著

任小奇 译　王志华 校

一　引言

对于有过从集中营和灭绝营中被解救出来经历的犹太人而言，大屠杀并没有随着纳粹德国的投降而结束。他们不得不孤零零、充满疼痛与羞耻地试图开启生活的新篇章。

而生活在"加沙以色列"①的犹太人（所谓的"伊休夫"②）在当时却面临着完全不同的问题。这个小型的伊休夫群体很晚才意识到欧洲发生的灾祸的恐怖程度。他们直到战争结束才开始同情饱受纳粹摧残的受害者。他们为那时在欧洲被害犹太人做得不够而自责。然而，巴勒斯坦托管地的犹太居民并没有太多时间来回顾历史，因为在20世纪40年代他们面临着诸多生存方面的问题。1945年后，大屠杀幸存者大规模移民进入日常生活业已惶恐的"加沙以色列"。在这个熔炉里，幸存者不得不一起尝试治愈自己的伤口并开始新的生活。

---

① 当今以色列国家建立之前的范围。——译者注
② "Yishuv"在希伯来语中的意思是"居住""定居"，后来引申为"犹太社团"。——译者注

时至今日，虽然有关大屠杀的研究已经历了几个阶段，但以色列的犹太人尚不能摆脱他们的精神负担和恐怖回忆。幸存者与他们的兄弟姐妹在祖国的漫长重逢并没有人们想象中的那么和谐。大屠杀过后的好多年，即将重聚的人们相互之间充斥着距离感，误会和冲突主导着他们的相互交往。

造成这一现象的一个原因是：幸存者逃出地狱般的欧洲并且移居以色列后，就立即发现自己卷入了一场的新战争。一些人甚至参与了 1948 年的独立战争，尽管以前从未有持枪作战的经历，他们也必须参加战斗。许多人在战争中阵亡或者身负重伤，这是因为他们听不懂指挥部给定的语言——希伯来语。

这个可怕的续篇反映了是 20 世纪欧洲犹太人特殊的命运——他们刚刚结束了一场生存斗争，就马不停蹄地进入了下一个战场，没有时间来恢复和积聚力量。但对于幸存者来说，相比欧洲这个"死亡之地"而言，以色列意味着生存。

二　大屠杀议题的处理及其对以色列社会的意义

在这里有一个核心观点应该被人们质疑，即在二战结束后的头 20 年内，以色列几乎没有产生一场关于大屠杀的公开讨论。只要翻阅史学与文学书籍的话，人们绝对会产生这样的印象：大屠杀这一主题在四五十年代完全被压制。[①]

以色列第一任总理戴维·本－古里安，作为埋没纳粹历史的操盘手，也被指责对欧洲犹太人的遭遇毫无同情之心。[②] 以色列新闻界把本土以色列人与七八十年代迁入的幸存者群体的历史性会面描述得充满了敌意，并把整个时期按其特征划定为"沉默时期"。[③] 这种做法使大屠杀幸存者感到痛苦与失意。

---

① 有关以色列大屠杀的历史研究进程参见 Dan Michman, *Die Historiographie der Shoah aus jüdischer Sicht：Konzeptualisierungen, Terminologie, Anschauungen, Grundfragen* (Hamburg, 2002).

② Dina Porat, *Israeli Society：The Holocaust and its Survivors* (Norfolk, 2008), p. 11.

③ 对于此种沉默的探讨，可参见 Tom Segev et al., *Der Holocaust und Israel Politik der Erinnerung* (Hamburg, 1995), S. 251.

大屠杀研究作为一个相对偏颇与禁忌的话题，其主题发生转折是在以民族认同为基础的以色列国家建立以后，在一个新的历史背景下才首次取得进展并开始被正确（尽管是部分正确）地得到研究。事实上，这场浩劫自建国前就一直伴随并且影响着以色列社会。大屠杀的直接结果及其历史纪念都一再影响着公共生活，并为以色列社会打上了深刻的印记，直到今天。大屠杀一再被纳入最为多样的争论与研讨中，并且往往在社会上引发不小的骚动。

随着时间的推移，大屠杀已经成为以色列身份的一个中心要素与标志。在40年代，有关大屠杀的记忆就已经成了以色列国家"创始神话"的重要成分。然而，发生各种变化的，则是纪念的类型与方式。

（一）第二次世界大战结束后初期

二战结束后首批抵达"加沙以色列"的幸存者，多是在纳粹时代各种抵抗运动的领导者。他们组织了在犹太人区和林地的战斗。例如，来自维尔纽斯的鲁扎·科尔恰克（Ruzha Korczak）和阿巴·考纳（Abba Kowner）[①]，以及来自华沙犹太区的茨娃·卢贝克（Zivia Lubetki）[②] 和伊扎克·楚克曼（Yitzhak Zuckermann）。[③]

首批幸存者移民以色列不久后，他们在社会上就享有很高的声望，并且在以色列各处都被赞为英雄。他们周游全国，向伊休夫议会述说他们的事迹，并且在50年代出版了一套丛书，包括《犹太战士之书》（1954）[④]、《青年卫士之书》（1956）（青年卫士是一个左翼社会主义党派，它对反抗纳粹的斗争贡献良多）[⑤] 以及《犹太游击队之书》（1958）[⑥]。从标题就可以推断其阐述的重心在武装反抗德国纳粹上。

这些书的作者受到热烈欢迎，以色列的公众喜欢听这些作者讲故事，这

---

① 1918年生于塞瓦斯托波尔。二战期间他从维尔纽斯犹太聚居区出逃并参加了游击队。二战结束以后创建了名为"Nokmim"的犹太复仇小组以伺复仇。——译者注

② 纳粹占领华沙期间的犹太地下领导人之一，并且是抵抗团体"ydowska Organizacja Bojowa"高层中的唯一女性。——译者注

③ 参见 Dina Porat, *Israeli Society: The Holocaust and its Survivors*, p. 114.

④ *Sefer Milhemet Hagetaot* (Tel Aviv, 1953, 1956).

⑤ *Sefer Hashomer Hatzair*, Band 1 – 3 (Merhavia', 1956).

⑥ *Sefer Hapartizanim Hayehudim* (Tel Aviv, 1959).

是不足为奇的。因为反抗纳粹的起义被视为大屠杀中最重要的时刻。这些斗争有助于维持犹太民族在那段黑暗时期的自我认同观。此外，非常重要的是，以色列人可以很容易地把这样的自我认同和当时尤为重视的重大事件（比如国防、独立战争以及建设祖国）联系起来。[①]

与此同时，以色列社会对绝大多数来自欧洲的犹太人也展现出另一种不认同的姿态，因为他们对纳粹的暴行没有做出反抗，这种消极、懦弱又胆怯的行为在当时受到轻视，有人甚至把欧洲来的犹太人称为"待宰的羔羊"。[②]这种怯懦与虚弱的特点与当时以色列社会的基本价值观相矛盾，一种新的犹太人的典范将在"既古老又崭新的祖国"萌生，这种典范宣扬勇气、坚韧的美德以及军人般的英勇。人们总是把负面特征归咎于那些所谓典型的"散居犹太人"，并把这些特征视为犹太民族遭遇无妄之灾的罪魁祸首。这种对幸存者的轻蔑态度部分基于犹太社会中一些人的负罪感——他们未能在大屠杀期间帮助自己的兄弟姐妹。大屠杀被普遍解释为一种错误——缺少以色列社会参与的一个错误。[③]

社会除了对于幸存者持有这种批判态度以外，也有对犹太人委员会（Judenräten）和纳粹政权下的其他犹太社团的过度犀利的攻击和指责。这种批评直到20世纪80年代末才沉寂下来，并逐渐地被另一种缓和的态度替代。

为了了解当时的记忆实践，人们必须要明确的是：早期犹太人的抵抗领袖巧妙地利用他们的群众来支持自己的政党——左翼的"青年卫士"。他们以团体的形式出现，并随时模范般地对抗纳粹威胁。与此相对的是右翼和宗教抵抗团体，例如华沙犹太人英勇地对抗并成功赶走德军。可悲的是，恰恰是在纳粹政权下，各团体之间存在很大的分歧。即使在华沙犹太

[①] 有关犹太士兵在以色列对于大屠杀的态度中所起的作用的研究，参见 Cohen Boaz, "Holocaust Heroics: Ghetto Fighers and Partisans in Israeli Society and Historiography," *Journal of Political and Military Sociology*, Vol. 31, Vol. 2, 2003, pp. 197 – 203。

[②] 参见 Yehuda Bauer, *Jewish Reactions to the Holocaus* (Tel Aviv, 1989), S. 217ff。

[③] 关于大屠杀以及伊休夫的反应的首次报道，参见 Dina Porat, "First Testimonies on the Holocaust: The Problematic Nature of Conveying and Absorbing them, and the Reaction int he Yishuv," in David Bankier and Dan Michman, Hrsg., *Holocaust Historiography in Context: Emergences Challenges Poelmics & Achievements* (Jerusalem, 2008), S. 437 – 460。犹太人反应的相关内容，可参见 David Bankier and Dan Michman, Hrsg., *Holocaust Historiography in Context: Emergences Challenges Poelmics & Achievements*。

区起义期间的激烈战斗中，这些团体也没能团结起来。因此，左翼团体的书籍与演讲对右翼和宗教团体的抵抗行为只字不提，后者的早期成员被忽略，长年沉寂。

如今人们如何解释此种沉寂？一个显而易见的原因是，较坚定的右翼抵抗团体首领在大屠杀中并没有幸存下来，而他们的基层成员又不清楚组织的重要性。此外，他们也没有资金让他们通过媒体来组织相关的纪念活动，因为他们虽然是反对派，但在以色列社会中仅处于次要地位。

部分战后的历史书写极为扭曲，这种曲笔出于两种原因。

一方面，史家过于片面地描述和夸大犹太人在抵抗过程中的英勇，而被忽略的事实是，大屠杀期间的大部分犹太人不抱任何为生存而抗争的希望。此外，这种片面强调抵抗运动的表述是非常有选择性的，因为史家首先强调了左翼政党、青年运动和地下组织的事迹，而忽略了其他抵抗组织的行动。

另一方面，犹太人委员会受到的指控也是有违历史真实性的。当时人们认为，犹太人委员会在大屠杀中完全是 "通敌者"。人们在严厉指责犹太人委员会时却没有人能够领会到，在当时那种复杂的、几乎绝望的处境下，纳粹政权下的犹太团体机构中没有人是非黑即白的。

这些成见与肤浅的观点在当时之所以成为可能，是因为在伊休夫中的人对于大屠杀的了解还相对较少，也没有产生更密切关注这个大灾难的巨大动力。

正如已经提到的，从 1948 年 5 月绵延至 1949 年春的漫长的独立战争进一步强化了这一趋势。这场战争在使人们对武装斗争更加尊重的同时，也招致了更多对所谓的 "散居犹太人" 的老套的批评。① 更不利的是欧洲流离失所者（displaced-persons）中有关犹太人的负面报道，那些难民营都是盟军在德国国土上为大屠杀幸存者建造的。这些报道关注犹太人从事黑市交易，并借此渲染欧洲犹太人不独立、不参与生产的负面形象。然而，这种偏见仅存在于臆想当中，即认为流离失所者中的幸存者不可能是彬彬有礼和品行端正的，因为在以色列，人们潜意识里认为，除少数英雄外，实际上只有腐败、自私、奸诈又卑鄙的人才能够在屠杀中幸存，只要是高尚、体面和道德的人就必须死去。纳粹暴政下的幸存已成为道德

---

① 参见 Tom Segev, *Die siebte Million: Der Holocaust und Israel Politik der Erinnerung*, S. 244。

缺失的标志。

当"加沙以色列"的大门为来自欧洲的大规模犹太移民打开时，大部分幸存者在伊休夫那里公开遭遇极大的不信任。这种态度基本上出于以下三部分原因：首先，伊休夫对散居各地的犹太人的态度一直是有所保留的；其次，人们歧视大多数欧洲犹太人在大屠杀期间所谓的不抵抗行为；第三，人们对幸存者（这些幸存者对大屠杀的恐惧几乎无止境）产生了一种新的偏见。

（二）建国后

20 世纪 40 年代下半叶，大屠杀的总体研究维度逐渐深入。

巴勒斯坦犹太人认识到，不再有来自欧洲的犹太人愿意向这个局势动荡的犹太国家移民。现在连他们自己都不再惦记着实现犹太复国主义的梦想。

在 1948 年和 1949 年，有大量大屠杀幸存者移民以色列。社会舆论谴责他们懦弱、不抵抗与胆怯，据说这些性格是幸存者在欧洲时就已经表现出来的。这里的军队征募制度也使幸存者面临严峻的考验。一方面，他们想要证明自己的反抗精神；另一方面，大多数人是家族的唯一幸存者。更痛苦的是，很多人又在独立战争中丧生。在独立战争中阵亡的以色列士兵中约一半是大屠杀的幸存者。

虽然幸存者参与战争对他们融入以色列社会是有积极影响的，但他们在军队中实属不易，（因为）他们不仅失去了家园、缺乏必要的语言技能，而且完全处于一种和伊休夫早期居民截然不同的心理状态。大屠杀幸存者与以色列早期居民并肩作战，这至少可以部分地帮助他们建立起对以色列的归属感，并且补偿他们失去了家庭与故乡的创伤感。许多人由此带着新的勇气和向前看的新力量，期待在未来几年里能够将这种复仇情绪转化为重建家园的动力。他们把生活中每一个新的篇章都视为针对对抗纳粹灭犹计划的胜利。然而，独立战争结束后，早期的犹太居民又一次开始只关注自己的日常生活，这阻碍了他们开始倾听并理解幸存者创伤的历史。

（三）20 世纪 50 年代初

关于探讨大屠杀的活动、项目计划和公共讨论到 20 世纪 50 年代初才开始变得频繁，这些活动、计划和公共讨论是由不同的幸存者组织和机构发起并举行的。当时，大屠杀幸存者给新成立的国家施加了更多的压力。大屠杀应该被授予一种"官方"地位，并在公众意识中占据中心地位。幸存者不再只处于社会的边缘，他们不但发挥了自己的作用，而且获得了更多的政治权利和社会影响力。此外，不少幸存者成了新以色列议会（Knesset）的议员。他们将大屠杀纪念制度化的努力转化成了一些法律条文，要是没有幸存者参与政治生活的话，这些是根本不可能的。

1950 年，《纳粹及其合作者惩罚法》（*Gesetz zur Bestrafung der Nazis und ihrer Kollaborateure*）开始生效。① 此后，以色列法院借助该法判决了艾希曼和德米扬鲁克（后者接受了一个德国法庭的审判后不久就去世了）。

1953 年接着出台了《纪念大屠杀及其英雄法》（*Gesetz zur Erinnerung an die Shoah und das Heldentum*）。② 根据该法案建立了大屠杀纪念馆。③

1954 年实施了《扶助伤残军人法》（*Gesetz zur Unterstützung von Kriegsverletzten und Invaliden*），并且在 1959 年追加实施了《大屠杀及其英雄纪念日法》。④

在 1950 年代，两个问题影响并撕裂了以色列社会。一方面，1952 年开始讨论关于接受联邦德国所谓的"战后赔偿金"问题。此讨论首次将大屠杀带入政治争论中。其背景是戴维·本－古里安总理试图与联邦德国达成一项协议，该协议承诺这一尚在建设中的国家的经济发展。由于这项尝试，他在以色列遭到了严厉批评。大多数民众强烈反对同德国的任何亲善政策，其中最令他们担心的就是德国的"缓慢和解"和"战后赔偿"。他们组织了广泛的宣传活动，几个月内，这个话题一直是公众舆论的焦点。反对与德国签署协议是由贝京及其自由党领导。他们在以色列许多城市举行游行示威活动，并将戴维·本－古里安和他的"马帕伊"政党妖魔化。据自由党的控诉，"马帕伊"为了德国人的钱而准备出卖被害者的灵魂。类似于"我们不能因为钱出卖兄弟姐妹的鲜血"和"你的兄弟的血在地下呼喊"的标语在

---

① 这项法律在 1950 年 8 月 9 日被议会通过，并且在 1963 年 8 月 15 日得到重新确立与补充。
② 该法规于 1953 年 8 月 28 日被议会通过。
③ 关于大屠杀纪念馆，参见 Boaz Cohen，"Setting the Agenda of Holocaust Research：Discord at Yad Vashem in the 1950s，"in David Bankier and Dan Michman，Hrsg.，*Holocaust Historiography in Context：Emergences Challenges Poelmics & Achievements*，S. 255 – 192。
④ 该法规于 1959 年 4 月 8 日被以色列议会通过。

当时不绝于耳。① 这种十分情绪化的讨论在犹太社会掀起巨浪。这表明，对所有以色列人而言，与德国进行官方交往在当时还是有争议的。重点在于近现代的核心问题：真的有一个"新德国"吗?②

支持与联邦德国交涉的人指责梅纳赫姆·贝京，认为他阻碍谈判是将大屠杀按照自身意图工具化。然而这种指责是不合理的，因为对于贝京来说，大屠杀不仅仅是书本上的内容，更是他自己的亲身经历。贝京曾目睹了纳粹是如何杀害他的父母并把他们的尸体投河的。他一生负载了整个兴盛的波兰犹太族群及其家庭被摧毁的记忆。③ 贝京不仅仅是简单地出于政治机会主义而把大屠杀当一个议题加以讨论，他的整个人格都是与欧洲犹太人被灭绝的创伤经历相联系的。时至今日，虽然贝京的声誉已经有所改善，但还是被称为"Galutti"，即一个守旧的"流散的犹太人"。④

这些早期的事件首次表明，大屠杀已经成为以色列身份的重要组成部分，并且对以色列公众生活和政治结构产生了巨大影响。

在有关赔偿政策讨论之后的 1955 年，著名的"卡斯特纳诉讼案"引发了激烈的辩论。雷若·卡斯特纳（Reszö Kasztner）是来自匈牙利的前犹太复国主义者，曾由于一篇无关紧要的评论控告一名记者诽谤自己。然而这名记者的律师断然地把卡斯特纳由原告变成了被告，并控告卡斯特纳勾结纳粹党卫队对匈牙利犹太人造成了巨大伤害。这场诉讼带来的有关卡斯特纳可能营救犹太人而与纳粹合作的问题震惊了全国。这场诉讼以卡斯特纳之死达到高潮。他在特拉维夫的住所门前遇刺后，谋杀者的身份至今不明。多年后公众依然在讨论主审法官在诉讼中所持的观点，即卡斯特纳之前的行为是"向魔鬼出卖了自己的灵魂"。这种观点也许能代表 1957 年那个谋杀犯的立场。卡斯特纳的死震惊了以色列社会，就像哈伊姆·阿罗索洛夫（Chaim Arlozorov）谋杀案——阿罗索洛夫在 1933 年特拉维夫海滨

---

① 《创世记》4：10～12。

② 有关以色列社会的分裂，可参见 Tom Segev, *Die siebte Million：Der Holocaust und Israel Politik der Erinnerung*, S. 257。

③ 1942 年 10 月 15 日，贝京的父母泽埃夫－多夫、母亲哈西娅和哥哥赫茨尔被德军杀害。贝京在抵达加沙以色列后才得知，他的父亲在河中被溺死之前仍高唱《希望曲》来鼓励其他犹太同胞。参见 Menachem Begin, "Three Things," in Brisk de-Litta, *Encyclopedia of Diaspora* (Tel Aviv, 1954), S. 249－252。

④ 参见 Tom Segev, *Die siebte Million：Der Holocaust und Israel Politik der Erinnerung*, S. 284。

遇刺身亡，凶手也还未知——一样。关于阿罗索洛夫之死，存在许多猜测，如他与约瑟夫·戈培尔的妻子曾发生过一段恋情，并且在 1933 年同德国政府经济部就移居海外的德国犹太人的资产问题进行过协商。第三桩比较出名的政治谋杀案就是伊扎克·拉宾遇刺，他被指控勾结以色列的敌人。

通过卡斯特纳诉讼案，通敌问题第一次进入公共讨论，在那时，这一主题还在非黑即白的思维模式中被讨论。有两家以色列报刊在此事件中扮演了重要角色——《晚祷报》（*Maariv*）和《哈拉姆哈泽》（*Haolam Hase*）。两家报刊的许多文章都对通敌问题提出了批评。它们的民粹主义与攻击性笔调从根本上加剧了以色列的紧张气氛。

有关赔偿金的讨论和卡斯特纳诉讼案的讨论最终奠定了大屠杀在以色列公共生活的中心地位。[①]

然而，关于大屠杀的分析与阐释，不论是在新闻界的政治修辞方面还是在教育学上，在当时还处于相当浅薄的层面。起义与游击战被强调。然而，社会却不愿意纪念那些所谓的未参加战斗以及未殊死反抗的那部分群众。在一些地方，这些不抵抗的受害者甚至还受到批评。当时的以色列社会并不了解纳粹统治下人们真实的生活状况。

在 50 年代又出现了一些清算历史的诉讼，针对的是所谓的犹太"有职务囚犯"（Funktionshäftlinge）。大多数被告都是偶然在街上被之前的受害者认出。在当时以色列社会还没有准备好沉思历史的时候，这些诉讼就很快结束了。[②] 围绕有职囚犯或者完全通敌这种沉重主题的讨论很快就结束了，人们把注意力从当时所认为的琐事上转移开。人们想要铭记被杀戮的牺牲者并帮助幸存者，使他们不但能谱写新的生命篇章，并且可以在以色列建立新的犹太人家园。

---

① 关于卡斯特纳诉讼案对以色列对大屠杀态度的影响，参见 Yechiam Weitz, "The Holocaust on Trial: The Impact of the Kasztner and Eichmann Trials on Israeli Society," *Israel Studies*, Vol. 1, No. 2, 1996, pp. 1 - 26; Tom Segev, *Die siebte Million: Der Holocaust und Israel Politik der Erinnerung*, S. 341ff.

② Levin Itamar, *Kapo in Allenby* (Jerusalem, 2015), SS. 23 -40, 529 - 543.

（四）20 世纪 50 年代末到 60 年代初

一般而言，直到 1961 年，以色列早期居民对待幸存者并不总是心存耐心的，他们没有一双倾听幸存者私人故事的"开放的耳朵"。这些幸存者的故事通常被认为是令人不适且令人生厌的。然而，说幸存者在他们移居后的10～15 年里根本没有可能讲述他们可怕经历也是不正确的，史学上称这段时期为"伟大的沉默时期"更是不恰当的。大屠杀期间的记忆一定会被讲述出来，但不是作为自传体的经历，而是以保持相对距离的、"客观中立"的形式被加以书写的。有关大屠杀的口述与写作更容易有虚构成分。（因为）较亲密交流的层面尚未达到。有关大屠杀的叙事尚未达到流畅的水平，在随后几年里，有关大屠杀的叙事要么匿名，要么漏洞百出。社会对大屠杀幸存者私人记忆兴趣的逐步增加，使人们有可能全面理解大屠杀（这一历史事件）。

如何解释 20 世纪 50 年代以来的集体记忆可以如此概念化？一方面，漫长而血腥的独立战争和新国家的成立十分需要这个既"新"又"老"的以色列的精神力量；另一方面，当时还没有形成强烈的哀悼的文化氛围。个体的哀悼也得偷偷摸摸的。"咬紧牙关，加快建设"是当时的口号。或许，悲伤的个体可以自我安慰，毕竟他的命运有普遍性。而被抑制的公开哀悼涉及的不仅有大屠杀的受害者，也有独立战争的牺牲者，后者带走了上万牺牲者——占当时犹太人口的比例是相当高的。面对失去家属及之后充满痛苦的岁月，向前看似乎是最明智的应对方式。

对于最初日常生活异常艰难的大屠杀幸存者而言，他们的主要目标就是融入与适应。[①] 他们不得不寻找一份工作和一处住所，以便去完成他们的教育培训与学业，又或组建家庭。他们求生的意志与治愈伤痛的愿望是无比强烈的。在某种程度上存在的沉默，有两个原因：早期居民倾向于缄口不提，对他们而言，谈论纳粹时代总是令人不适与不安的；新移民亦不愿解释，因为那些在灾难中遭受的创伤依然鲜活，任何不经心的触摸都会延长伤口的愈合过程，新生即延续生命目前是更重要的。不能忘记的是，每当幸存者想要

---

① 有关这种情景的描述，参见 Tom Segev, *Die siebte Million: Der Holocaust und Israel Politik der Erinnerung*, S. 211。

诉说他们的经历时，他们身体上的虚弱、无力和经历的痛苦与屈辱又使自己感到不堪。怜悯和同情对幸存者来说是非常重要的，然而当他们想要获得此种怜悯与同情，却没能像他们所希望的那样表现得建立起自信时，他们就会再次感到自卑，他们甚至在孩子面前也绝口不提那段经历。

幸存者想要快速融入以色列社会，就以一堵高墙来取代通往欧洲回忆的桥梁。以色列社会曾非常明确地告诫他们，哪些是可取的，哪些不是，其中就包括没有口音的希伯来语。围绕新移民的还有大量多少充斥着恶意的笑话。

然而，以色列劳工运动的美德被高度赞扬，因为这些美德值得学习。受到赞扬的还有在以色列边境的集体农庄生活的人和其他具有开拓精神的人。被关注的人都得到了快速融入的机会。

（五）一个重大的转折点：1961 年艾希曼审判

1961 年标志着以色列社会对大屠杀态度根本的转变。这一年，在耶路撒冷召开了对犹太人问题最终解决方案的 "总设计师" ——阿道夫·艾希曼（Adolf Eichmann）的审判。艾希曼审判的影响是巨大的：不但广大社会公众通过媒体了解到审判过程，而且 "大屠杀" 成了当时社会最受关注的话题。许多以色列人第一次听说大屠杀受害者的个人故事。当时一名知名记者写道："我们之前就知道这些事情吗？是的，我们知道此事。早在艾希曼审判之前就已知道……但当这些证据被控诉者摆上桌面，并且成为起诉书与沉默档案的一部分，因为这是第一次让这些档案开口说话，并且这些信息是人们以前闻所未闻的。"①

艾希曼审判同样激起了一场关于人们在前几年中如何对待幸存者的讨论。内森·奥尔特曼（Nathan Altermann）——一个有名的以色列诗人——用下面的话概括了这一态度的转变："我们应该给予这些人更多的关注，可实际上我们已经给了吗？无论如何，这一阶段的学习宣告了一个对话历史的新时代到来。以后，针对欧洲纳粹统治下受难犹太人的批评，将不会被人们

---

① 这位记者是哈伊姆·古里（Haim Gouri），参见 Der Journalist ist Haim Gouri, *Siehe dazu*: *Hannah Yablonka*, *The State of Israel against Adolf Eichmann*（Tel Aviv, 2000）, S. 180 – 181.

容忍。"①

审判进程通过收音机进行了实况转播。各行各业的人都中断了手头的工作，双眼含泪地倾听受害者的证词。艾希曼审判给整整一代人的成长打上了深刻的烙印。1963 年，随着艾希曼审判的结束，人们可以发现，有关大屠杀的公众意识变得敏锐，幸存者在社会上的声誉也显著改善。

艾希曼审判后，以色列社会立即开启了一个国家计划，即在学校实施题为"社区接受计划"的项目。此计划要求对来自欧洲的犹太人在大屠杀之前和期间的生活进行具体的回忆与思考，以强化对大屠杀幸存者的纪念。"大屠杀"的话题从此越来越深入地被纳入课程计划，并且和教育问题相联结。

此外，艾希曼审判影响了有关大屠杀的学术研究和机构建设。以色列犹太大屠杀纪念馆突然获得了前所未有的关注，在艾希曼审判之前，犹太大屠杀纪念馆还不那么出名。此外，大屠杀研究的热度也逐步攀升，这一主题在大学中也得到讲授。由此，当时整个年轻一代的以色列历史学家，都开始投身于这一主题。这就使有关大屠杀的史学研究不论是在数量上还是在质量上都有了很大转变。人们开始重视保护被无情迫害的受害者的人性尊严，不论他是否用手中的武器战斗过。基于这种见解，人们创造了一个新概念——"犹太式抵抗"（jüdischen Wehrhaftigkeit）。②

（六）20 世纪 70 年代：以色列现况变迁

随着时间的推移，以色列人的生活方式进一步改变，变得更适应西方的社会结构。这种变化发生在以色列社会经济文化变迁的背景下。怀揣着"以色列热土"意识形态的早期犹太复国主义的移民团体，逐渐失去他们在以色列社会的霸权地位。对比工人阶级、集体农庄和社会党力量的消退，新兴中产阶级的地位日益提高。

促成这种改变的政治事件被称为"1977 年的转向"。政治上发生了政府

---

① Der Journalist ist Haim Gouri, *Siehe dazu*: *Hannah Yablonka, The State of Israel against Adolf Eichmann*, S. 180 – 181.

② 关于艾希曼审判的影响，参见 Yechiam Weitz, "The Holocaust on Trial: The Impact of the Kasztner and Eichmann Trials on Israeli Society," *Israel Studies*, Vol. 1, No. 2, 1996, 1 – 26; Tom Segev, *Die siebte Million: Der Holocaust und Israel Politik der Erinnerung*, S. 427。

的更迭，利库德集团取代了工党。经过"六天战争"和"赎罪日战争"的军事胜利，以色列人大大增强了自信心，并有助于个人记忆文化的合法化。因此很多新书在 20 世纪 70 年代出版并不令人惊讶，这些书不再仅仅关注少数抵抗派的战斗，而是描写关于数百万平凡的受害者的生存经历、关于他们终日的生存斗争、他们所陷入的道德困境和不可言说的屈辱以及他们的痛苦经历。

对于幸存者的新态度就是去倾听他们的遭遇，一个因素是，犹太新移民，特别是塞法迪犹太人——来自阿拉伯国家的犹太人——日益强烈地批评早期以色列居民所施加的适应压力。幸存者群体也加入批评当中，他们也如同塞法迪犹太人，在移民时被迫接受了一种由早期居民指定的、却与新移民无法相称的认同。他们必须无条件地摆脱自己的历史，以及他们失落家园的文化习俗、规范和价值观。在成功融入以色列社会多年以后，幸存者回忆起这些，他们感觉自己终于有资格以及足够强大地公开强调，他们一开始是如何被以色列社会排斥的。他们自信地解释，为什么以色列不能够为这些过失早点提供一个替代方案。

到目前为止，占主导地位的纪念实践活动（往往）利用浮夸的修辞来维持，并站在传统以色列历史的角度替受害者发声，但这些纪念活动会忽略令人不舒服的细节、暴力行为，以及受害者的日常生活。个体记忆新发展出来的实践与之相比则相当温和，人们开始说出痛处，并且揭示人们之前出于羞耻心而回避的内容。大屠杀记忆散落在多元化的个体记忆的万花筒中，于是人与人之间截然不同的经历都得到了正确的评价。对幸存者的包容态度开始取代前些年占主流的、对幸存者的批评立场，幸存者不想成为一般的或者是绝对理想的典型的以色列人，而是想做一个被尊重的个体，（显然）这一需求越来越能被社会大众接受。[1] 开始的几年中，大屠杀的证据不涉及个体经历，几乎没有被注入明显的情感色彩，"大屠杀"还是一个抽象的概念，它不属于单一个体，而是属于一个匿名的群体。这样的回忆实践可能会造成不理解与不尊重。个体记忆的揭秘给历史研究带来了一种新的动力。越来越多的以色列人开始参与到大屠杀的记忆中，并且这种记忆将会更加个体化。这最终为幸存者获得一种更加个体化的以色列身份铺平了道路。

---

① Dina Porat, *Israeli Society: The Holocaust and Its Survivors*, p. 356.

三 重大事件

历史显示，以色列事实上并不存在较长时间无大屠杀纠葛的时间段，大屠杀的命题总是以这样或那样的方式影响着大众的观点。其中，有四个事件尤其突出，可以被认为是以色列社会自我意识发展的转折点。

（一）1961 年艾希曼审判

艾希曼审判可以被认为是忽视个体命运时期的终结。经过充斥审讯过程的证人证词以及集中的新闻跟踪报道，艾希曼审判在以色列史上第一次将大屠杀带入公众认知。

（二）1967 年六天战争

人们普遍将六天战争看作社会处理大屠杀问题的转折点，强调以色列在这段时间所经历与忍受的集体恐惧。1967 年，有一些人担心，以色列一定会输掉战争并最终被彻底消灭。至今为止仅仅存在于大屠杀中的无助感与绝望感，第一次被普遍感知，大家都寄希望于一个确定信赖的国家。这时，看似来自过去时代与遥远地方的这种感觉，突然变成所有以色列人的一种集体经历。

生存危机带来一种意识的转变。1967 年的战争胜利在一段时间内增强了国民的坚韧与自信，因此人们对国家的生存明显不再感到焦虑。人们不再害怕对以色列有敌意的邻邦，因为他们的军队被打败过。在军人在六天战争之中和之后撰写的书面证词里，可以读到对胜利的一种释然和生存危机的克服。令人惊奇的是，他们开始在危机时刻，把自己现在的处境与当年华沙犹太人的遭遇做比较，（因为）他们都被敌人包围并且必须为生存而抗争。所以这也就不奇怪，士兵在他们的证词中总是提到华沙犹太区时代的一本著名的书《战士的谈话》，[①] 这本书甚至被当成一种信条。由此，大屠杀对于集体意识的巨大意义在此再次得到体现。[②]

---

① Das Zitat von Nathan Alterman ist zu finden in: op. cit, S. 181 – 182.

② Tom Segev, *Die siebte Million: Der Holocaust und Israel Politik der Erinnerung*, S. 509.

然而，这种在六天战争后的普遍狂热，引起了一种隐性的自大和一种对于外交危险的轻视。这两点造成了 1973 年战争中的重大损失。那种认为阿拉伯人胆小蒙昧、只能通过暴力对话的刻板成见在那时显现出来。

（三）1973 年赎罪日战争

在赎罪日战争时期出现了一种全新视角：无助的和受辱的以色列士兵占据了媒体，一幅与此前以色列自我形象截然不同的图景。事实上，这些特点以前只属于散居的犹太人，现在却成了以色列的现状——恰恰由不可战胜的军队来体现。以色列通过六天战争积累起来的自信出现裂痕，人们开始谨慎评估自身实力。很明显，以色列也可以是脆弱和无助的，也可能输掉战争。赎罪日战争因此让很多人想起了近百年来的迫害，尤其是大屠杀期间的那些日子。当时的国防部部长摩西·达扬（Moshe Dayan）于战争结束第一天时在国会同僚面前展现出深切的担心。他担心"Churban Bayit Schlichi"（第三圣殿的毁灭）——那将与以色列的毁灭具有同等意义。[1]

历经风暴和充斥暴力的历史所形成的国民意识，在以色列犹太民族的集体记忆中总是处在中心地位，时刻像噩梦一样地影响着他们。[2]

（四）1977 年的政治转折

工党输掉了议会选举，以色列历史上第一次出现了由利库德集团组阁的情形。通过这次政治转折，国家精英得到换血。在此之前，工党议员主宰以色列政治，并由此影响了此前历史记忆的方式。新的政府建立起另一种思维形式，即具体的大屠杀认知和幸存者自身成了以色列身份认同的一个构成要素。梅纳赫姆·贝京对这种意识形态的转变起了本质上的作用。他是欧洲大屠杀幸存者中的第一位政府首脑。

每一个这样的事件都与大屠杀的记忆直接相关，它们都在本质上改变了以色列社会的自我认知。

---

[1]　参见 Naftali Lau-Lavie, *A Nation as a Lion*（Jerusalem, 1993）, p. 279；Rafi Mann, *Absolutely Impossible*（Ramat Gan, 1998）, p. 81。

[2]　Idith Zertal, *Nation und Tod: Der Holocaust in der israelischen Öffentlichkeit*（Göttingen, 2003）, S. 283 ff.

四　1995 年伊扎克·拉宾遇刺案

大屠杀在以色列社会意识中有多么重要的地位，可以通过拉宾总理被谋杀这件事情来说明。

拉宾和巴勒斯坦人的谈判，以及用以色列人在六天战争中占领的土地交换和平条约的努力，在以色列社会之中造成了巨大分歧。他的妥协做法首先被右翼政客认为是不负责任和危险的：一来他违反了以色列"从海洋到约旦"的国家构想，二来也违反了传统上的安全政策，即将约旦河西岸作为防范敌国攻击的战略缓冲地带。拉宾的尝试被右翼政治家看作背叛，这种背叛意味着给以色列带来巨大的风险并把自己的命运交给敌人。在拉宾被杀之前，出现过很多游行，人们高举着拉宾穿着纳粹制服的宣传画，试图通过"拉宾 = 叛徒 = 纳粹"这样的联系，否定拉宾的政治合法性。这里需要特别指出的是，"纳粹"这个称呼在以色列很少被使用，人们只有感受到很严重的威胁，甚至生存威胁的时候才会使用这一表述。事实上，极右翼阵营和扩张运动的支持者都把拉宾的政策看作对人身和生命的威胁。①

这场政治宣传战终结于一个极右翼的犹太人对拉宾的刺杀。惨剧揭示了对大屠杀的记忆和研究的各种后果与影响。

五　大屠杀作为集体创伤

大屠杀被以色列社会认定为集体创伤，这种观点一再引发争议。例如，就有这样的观点：以色列在大屠杀记忆范畴内进一步强调自身一直以来的受害者角色，并且有意无意地将其作为政治上对抗巴勒斯坦的回旋余地。这种呼声批评了一种危险的倾向，即出于持续唤起的对大屠杀再现的集体恐惧，把来自国际或以色列内部的批评"条件反射般地"看作反犹主义。

被唤起的大屠杀记忆无疑强化了生活在以色列的人们对长期稳定生存的危机感。这种长期的焦虑可能阻碍其与邻国进行更灵活和开放的交流，最重要的是给和平解决巴以冲突增加了难度。不过，危机最终在于，只要不是基

---

①　参见 Idith Zertal, *Nation und Tod：Der Holocaust in der israelischen Öffentlichkeit*, S. 315ff。

于现实主义标准的政策，政策就极有可能既不能适应新局势，又对现实毫无帮助。批评家指出，对大屠杀认同的过分凸显会强烈影响到以色列社会对现实情况的评价和感知。

同样不能忘记的是：大屠杀不是一个普通平常的、类似建国日的历史事件纪念活动。对大屠杀的纪念，让人们想起对600万犹太人的系统性谋杀和对欧洲犹太人的灭绝。这段历史承载了对潜在危机的特别关注和警觉。

持续受威胁的感觉会通过战争和危机而不断被唤醒。一些邻国对以色列的态度成为（以色列）恐惧的充分理由，灭亡的恐惧不断地得到确认。世界其他地方反犹主义的宣传和煽动加剧了这个趋势。大屠杀会经常被以色列的邻国忽视甚至否认，并且被认为是以色列人奠定政治合法性的工具。由于这个背景，上面提到的批评更加成为问题，因为它将实际的危险和真正有威胁的反犹太主义弱化为历史背景前的毫无遮掩的幻觉。

大屠杀研究的多方面结果（恐惧及其余波）显示，集体创伤的社会处理严重影响了人们对当前的社会和政治现实的感悟与评估。如何处理创伤在以色列社会引起的积极或者消极的伴生现象？这个问题引发了长时间的辩论。然而，伴随着对该问题的批判和评论，人们必须注意一点，即对过往历史的细致深入的研究会产生多方面复杂的后果。如今，人们在匆忙地给以色列政治下定义前应该深思熟虑，因为大屠杀记忆作为一种历史的创伤，它对以色列公众的影响往往是潜移默化的，多半不是有意为之的。[1]

六　当今以色列的纪念行动实践

在官方纪念中，大屠杀是以色列建国合法性的一个主要原因。因此，带领外国政府代表参观大屠杀纪念馆是个既定项目。官方的纪念行动旨在唤起犹太人或以色列人所共有的身份认同感。

官方记忆文化的重要组成部分，包括组织以色列青少年前往波兰参观实施"对犹太人问题的最终解决方案"的地点。青少年的东欧之行显示了他们对大屠杀的浓厚兴趣。98%的以色列高校和职业学校组织过这样的出游。尽管在教育学的意义上，社会拥有广泛的共识，但这个项目也遭到了批评。

---

[1]　Dina Porat, *Israeli Society: The Holocaust and its Survivors*, p.356.

当时的教育部部长舒拉米特·阿洛尼（Shulamit Aloni）指出，在波兰的纪念仪式上，人们经常使用以色列国旗，这过分强调了以色列人的民族感情，使得对大屠杀的纪念充斥着过度的民族主义。辩论不止一次地表明，该主题在以色列的重要价值，以及用旗帜表明自己"以色列公民"身份的以色列人是如何与大屠杀紧密相连的。最终，部长因为他的立场不得不宣布辞职。

耶路撒冷西蒙·维森塔尔中心的活动，使拖延许久的重要事件得以被重提：对纳粹战犯的刑事侦查及追诉。最新的行动风潮被称为"最后机会"，[①]其目标是发现纳粹罪犯，把他们送上法庭，这些战犯散布在至今不易被找到的国家，比如立陶宛、拉脱维亚、波兰和乌克兰。给出线索将他们绳之以法者将得到奖励。该行动非常成功。最终，西蒙·维森塔尔中心通过在德国的宣传使他们的行动风潮受到关注。此次行动风潮推动了犹太人在刑事追诉领域——该领域一度被认为是缺乏活力的——的进步，因为至今以色列只把两个凶手送上了法庭，即艾希曼和德米扬鲁克。在国外，对纳粹罪犯的刑事侦查和追诉进展也总是相当缓慢。

幸存者的个人口述在有关大屠杀的社会讨论中变得越来越重要。幸存者把拜访学校和军营视作义务，旨在让青年一代了解他们的情感和经历，近距离接触大屠杀这一主题。值得注意的是，比起 20 年前，在今天有更多的幸存者做好了去讲述他们可怕的过去的准备，这基于大量最新出版的有关幸存者的书籍。

个人记忆的二次传播随着时间的推移变得不再可能。比起原来的谨慎保守，现在很多幸存者的愿望是，在还不算晚的时候，通过报告记录留下他们在大屠杀中的个人经历。世界上的很多纪念馆也认识到了这一行动的紧迫性，并且努力通过文字和图像将最后一批幸存者的经历记录下来。例如斯皮尔伯格基金会就收集了大约 53000 段影像资料。[②] 为了方便，采访大多在幸存者的家里进行。也有些与幸存者的交谈是在纪念馆的组织下录制完成的。青少年团体参观纳粹犯罪地点往往会有幸存者陪同，而幸存者可以当场提供可靠的讲解以生动地还原灾难现场。

同样，在与波兰的论辩中，大屠杀也在以色列公众中产生了重大影响。

---

① 此次风潮可参见 http：//www. operationlastchance. org/。

② 参见 http：//www. vha. fu-berlin. de/。

对于许多以色列人来说，美籍波兰犹太人作家扬·格罗斯（Jerzy Jan Gross）的作品并不令人感到陌生。在他有名的著作《邻人》中，[①] 格罗斯力图证明在一些地方，不是德国人而是其邻居波兰人应该为二战中犹太人被谋杀负责。在耶德瓦布内事件中，1600 个犹太人被波兰村民活活烧死于谷仓中。这本书的出版在波兰遭到了抵制，而以色列人却并不感到惊讶地接受了格罗斯的发现。格罗斯不久之前又出了一本书，报道除此之外发生在凯尔采的屠犹事件，在 1946 年，有超过 40 名大屠杀幸存者被人（用斧子）杀害。依格罗斯所言，在战争结束后又有超过 1000 名犹太人被波兰人杀害。

波兰人在以色列的形象由于格罗斯的书而变得非常糟糕，但在另一方面，两国之间的政治关系最终有所缓和。波兰已经成为以色列的最亲密的伙伴之一，在国际场合也一向支持以色列。在波兰的报刊上以色列的形象也基本上都是正面的。在这个过程中，只在 2006~2007 年雅罗斯瓦夫·卡钦斯基（Jaroslaw Kaczynski）担任波兰总理时期两国关系产生了倒退。这个政府联合了两个极端反犹（即使不算反犹太主义）政党以及一个支持家庭政策的党派。除此之外，干扰两国关系的因素还有反犹电台，波兰电台“玛利亚广播”（Radio Maria）和教育部部长盖尔提赫（Giertich）发布了反对以色列青少年来波兰的公开声明。在最近的选举中，这些问题得到了最大程度的解决，两国关系也再度缓和。

最新有关大屠杀的事件是，人们发现超过一半的大屠杀幸存者在以色列过着贫困线以下的生活，这使得以色列社会非常恼火。[②] 造成这一问题的原因在于政府数十年的忽视和一些救济组织内部的腐败，如索赔联合会（Claims Conference）。由于巨大的舆论压力，政府已经批准了在幸存者生前给予帮助的项目，但这些帮助往往都太少或是太迟了。到目前为止，政府还没有付清这笔款项。甚至有批评者担心，政府就是在等所有幸存者的离世。由此可见，让大屠杀幸存者在以色列社会中享有受人尊敬的地位，虽然理所当然，但实际上很难做到。

① Jan Gross, *Neighbors: The Destruction of the Jewish Community in Jedwabne* (Poland: Princeton Unviersity Press, 2001).

② 参见 Gisela Dachs, "Nach KZ und Vertreibung die Armut," in *Die Zeit* 24, April 2008, http://www.zeit.de/2007/43/Nach_ KZ_ und_ Vertreibung_ die, 2016 - 2 - 19。

事实上，根据统计学家的计算，每天有 35～60 名大屠杀幸存者去世。[①]然而，不可避免的损失伴随着事实上可喜的收获：大屠杀之后出生的越来越多的第二代、第三代表现出他们对过往的心绪。他们越来越多地出版传记和参加被称作"Jahrzeiten"的活动，该活动每一年都为纪念受害者而举办。它之前由于大屠杀幸存者一代的去世而变得越来越冷清，而且直到几年之前，年轻人还由于其"老土"而对其敬而远之。不过，今天很多子孙辈的青年人都去那里，并表现出对其父辈、祖辈历史的兴趣。他们自己开始跟有兴趣的人讲述父祖辈的故事，就像是自己的经历一样。

最后，当人们读以色列新闻的时候，会有一种不同寻常的感觉：每一天的消息都与大屠杀有直接或间接联系。大屠杀一方面是以色列历史的一部分，另一方面也是当今以色列现实的一部分，作为被公众讨论的新闻出现在媒体上。

（原载《历史教学问题》2017 年第 1 期）

[①] 参见 "30 Holocaust Survivors Die Every Day in Israel," in *Maariv*, January 5, 2011; "37 Holocaust Survivors die daily in Israel," in *Globs*, April 3, 2013.

以色列公共历史与大屠杀记忆

——以大屠杀教育为中心的考察

高　霞

公众史学是近年来史学界的研究热点。它源于美国历史学遭遇的职业危机，以及高校历史专业毕业生面临就业难的议题。1976 年，加州大学圣塔芭芭拉分校为化解就业危机，首次开设公众史学研究项目，从此开启了解读与反思历史在公共领域的新实践。对于公众史学的定义，国内学界有诸多争议，主要源自对 "public history" 的不同翻译。① 而美国国家公众史学委员会的定义是：公众史学是以多种多样的形式发挥效用并应用于现实世界的历史。② 公众史学创始人之一的罗伯特·克里（Robert Kelly）认为，公众史学是 "历史学者在学术界外的就业及历史学方法在学界外的应用，如在政府、私人企业、媒体、历史社会与博物馆，甚至在个人的实践中"。③ 顾名思义，公共历史是由专业历史学家或受过历史思维训练的人介入、服务于公众的历

---

①　"public" 有公众、公共之意，"history" 可译为历史或史学，由此出现了 "公共史学" "公众史学" "公共历史" 的称谓，但其侧重点不同，公共史学强调历史的公共空间，而公众史学注重公众在公共历史领域传播的角色。研究者与实践者为便于传播，在实践领域称 "公共历史"，在学术领域称 "公众史学"。详情参见陈新《公众史学的中国式境遇》，《社会科学报》2014 年 1 月 2 日；钱茂伟《公众史学的定义及学科框架》，《浙江学刊》2014 年第 1 期。

②　http：//ncph. org/what－is－public－history/about－the－field.

③　Robert Kelly， "Public History：It's Origins， Nature and Prospects，" *The Public Historian*， Vol. 1， No. 1， 1978， p. 16.

史实践，公共空间则是传播公共历史、激励公众参与的必不可少的平台。

以色列公共空间是多向度存在的，也是承载大屠杀记忆的重要载体，其空间大致可分为以下几种。第一，实在性的场所，如充分利用以亚德·瓦谢姆大屠杀纪念馆为核心的纪念空间，建造大屠杀纪念性建筑。建筑是承载民族身份认同的重要载体，也是历来战争要毁灭的首选对象。纪念性建筑能为公众提供铭记历史、缅怀先人的场域，唤起公众的身份认同感。第二，象征性的载体，如设立大屠杀纪念日、规定各种纪念仪式、推行纪念物品等，将民族身份与历史记忆融入公众的日常生活中。第三，功能性的工具，如借助教科书、历史书籍等传统媒介对公众进行历史教育，代代传承民族记忆。第四，互动性的媒介，如今在互联网的推动下，各种自媒体应运而生，为公众参与历史拓宽了渠道。本文拟从公众与历史互动的视阈来探讨大屠杀历史与记忆是如何循序渐进地融入以色列公共领域的。

一　以亚德·瓦谢姆大屠杀纪念馆为核心的
大屠杀纪念场所的建立

以色列塑造与传递大屠杀公共记忆的主要场所是亚德·瓦谢姆大屠杀纪念馆。最早提出建立纪念馆的提议是在以色列建国前。1945 年 6 月，犹太民族委员会建议在耶路撒冷建立纪念机构，包括受害者的永恒焰火、受害者名单、丧失犹太社区的纪念碑、隔都抵抗者的纪念碑、参与盟军的犹太抵抗者的纪念塔、关于集中营与灭绝营的永久性展览、悼念拯救犹太人的外族人。1947 年 6 月 1 日，犹太民族委员会在亚德·瓦谢姆召开第一次全体会议，向公众推出了名为"流散时期的亚德·瓦谢姆"计划。[1]

耶路撒冷的大屠杀纪念场所选址充分体现了城市公众史学的表征："城市公众史学本质上是连接时间和空间的历史叙事与物质表述，包括四个基本概念：地域、记忆、身份认同、历史呈现与保护。"[2] 以耶路撒冷为核心塑造历史记忆与身份认同，从犹太民族史中追源溯流，可以拉近公众对以色列

---

[1] James E. Young, *The Texture of Memory: Holocaust Memorials and Meaning* (New Haven: Yale University, 1993), p. 244.

[2] 李娜：《城市公众史学》，《复旦学报》2015 年第 6 期，第 51 页。

的归属感。

然而，大屠杀纪念提议在以色列建国后并未马上获得官方认可。1949年，宗教当局首先在锡安山设立了纪念受害者的大屠杀纪念堂（Holocaust Cellar），用以埋葬犹太殉难者的遗骨，保存托拉卷轴等宗教遗物，并在此定期举行纪念仪式。[①] 世俗当局则对大屠杀纪念行动迟缓，其原因如下：

> 一方面，像大卫·本－古里安一样的早期政治家将大屠杀看作犹太人流散生涯的终结，它呈现的犹太人大流散时期不仅值得破坏，而且也值得忘却。另一方面，国家也认识到对大屠杀有悖常情的亏欠。毕竟，大屠杀印证了犹太复国主义的声明：在没有建立国家或政权来保护犹太人时，流散的犹太人很容易受到大屠杀毁灭性的迫害。但是早期以色列领导人很少通过回忆与新的国家建立直接联系。[②]

以色列在初建时需要形塑"国家主义"，否定与建国旨趣相异的犹太大流散。在犹太复国主义者看来，"大屠杀象征着流散"，这些流散犹太人起着反英雄的作用，其流散特征包括被剥夺、被奴役、被挫败、被羞辱、怯弱与缺乏选择等。[③] 这与新塑的"国家主义"观念格格不入，因此官方以冷漠的态度对待大屠杀纪念及这些结束流散生涯并移居以色列的幸存者。在此时期，以色列领导人话里话外都表现出对幸存者的嫌弃，本－古里安把幸存者的不幸归类为"令人沮丧的材料"，这些人需要用"国家的纪律"重新进行教育和约束。以色列外交部部长摩西·夏洛特宣称幸存者是"不受欢迎的人"。[④] 值得注意的是，这种挑剔的态度与以色列国家建构中的"死亡理论"交相辉映，抵抗者的死亡是一种"优美的死亡"，实现了"生命的永恒"，[⑤]要远胜于幸存者委曲求全地活着。

---

① Doron Bar, "Holocaust Commemoration in Israel During the 1950s: The Holocaust Cellar on Mount Zion," *Jewish Social Studies*, Vol. 12, No. 1, 2005, pp. 17 – 19.

② James E. Young, *The Texture of Memory: Holocaust Memorials and Meaning*, p. 211.

③ Charles S. Liebman and Eliezer Don-Yehiya, *Civil Religion in Israel: Traditional Judaism and Political Culture in the Jewish State* (Berkeley: University of California Press, 1983), p. 104.

④ 〔美〕阿伦·哈斯:《大屠杀后遗症》，梁骏等译，北京出版社，2000，第33页。

⑤ Idith Zertal, *Israel's Holocaust and the Politics of Nationhood*, trans. by Chaya Galai (New York: Cambridge University Press, 2005), p. 26.

　　很多未曾经历过大屠杀的以色列人也质疑幸存者：他们为何不英勇抵抗，而选择默默任人凌辱。艾希曼审判的检察官吉迪恩·哈乌斯那（Gideon Hausner）也对此提出了类似的疑问：在集中营中有15000名囚犯，仅有几百个守卫，为什么你们不还击？一个幸存者激动地做了如下陈述：我无法描述充满绝望的恐怖……设想在集中营中没有武装力量的15000人成功地踏出集中营的边界，他们将去哪儿，他们将干什么。① 这展现了绝大多数幸存者在大屠杀期间无路可逃的绝望与对恐惧生活的隐忍。然而，"幸存下来或保持人性尊严的消极抵抗观念在当时的集体记忆中并不能获得尊重"，② 这种"温顺绵羊"似的消极品性与以色列当时的政治文化环境背道而驰。

　　亚德·瓦谢姆大屠杀纪念馆的初设可以提供足以参鉴的示例。1953年，以色列文化教育部部长本－锡安·迪努尔（Ben-Zion Dinur）向议会提交了《亚德·瓦谢姆大屠杀和英雄主义纪念法案》（Law of Remembrance of Shoah and Heroism-YadVashem）。在该法案中，"迪努尔提到了死亡群体、被毁坏的犹太社区、犹太英雄、游击队员与隔都起义者，唯独没有谈及大屠杀纪念法负责的主要群体——幸存者。……没有只言片语谈及幸存者先前的生活、文化、大屠杀期间的救援情况、在锡安运动中的英雄角色，也未提及幸存者的战后恢复、遗产与记忆"。③ 在崇尚英雄的政治话语权下，国家立法下的大屠杀纪念与记忆中没有大屠杀当事者的纪念。幸存者被排除在大屠杀纪念体系之外，他们的苦难故事在以色列主流社会很难得到积极回应。

　　1953年5月18日，以议会通过了《亚德·瓦谢姆法》。在该法的授权下，亚德·瓦谢姆大屠杀纪念馆将成为以色列纪念大屠杀的官方权威，肩负着形塑国家集体与公共记忆的责任，它的职能与权力如下：

　　　　（1）建立由它发起并在其指导下的纪念工程；（2）收集、研究和出版有关灾难与英雄主义之见证，以向世人提供教训；（3）在以色列和全体民众中间牢固地确立由议会规定的灾难和英雄主义纪念日，为英

---

① Deborah E. Lipstadt, *The Eichmann Trial*（New York：Schocken Books, 2011），pp. 78 - 80.

② Anita Shapira, "The Holocaust：Private Memories, Public Memory," *Jewish Social Studies*, Vol. 4, No. 2, 1998, p. 45.

③ Idith Zertal, *Israel's Holocaust and the Politics of Nationhood*, p. 86.

雄与死难者提供一个整体性记忆；（4）赋予在这场灾难和抵抗中丧生的犹太人以纪念性的以色列国公民身份，使他们与其民族团聚；（5）批准并指导永存这场灾难的受害者和英雄的记忆有关的项目，或与这类项目进行合作；（6）在国际项目中代表以色列，旨在永存纳粹的受害者和那些在反抗纳粹的战斗中遇难者的记忆；（7）做履行其职能所需的任何其他行为。[①]

纪念馆建立的初衷是纪念大屠杀中的犹太死难者与抵抗者，"创建生者与死者之间的共同地带"，[②] 培育公共记忆中的英雄神话，宣扬犹太人英勇抵抗的形象。幸存者在公共领域几乎没有话语权，由于各种原因，他们主动冰封自己的创伤记忆，或迫于冷漠的外在环境，放弃诉说苦难、遭遇，这并不代表他们彻底遗忘记忆。这一时期也出现了许多回忆录，但大多是"表达幸存者自己的个人需要，而非对亚德·瓦谢姆大屠杀纪念馆等公共机构官方要求的回应"。[③]

20 世纪 50 年代，公众与国家的大屠杀历史互动基本限于官方的大屠杀纪念，二者不可避免地存在裂痕。卡斯特纳（Rudolph Kasztner）审判即是二者记忆分歧的体现，这也是以色列首次将对欧洲犹太人委员会领导人的审判置于公共领域。卡斯特纳是匈牙利犹太复国主义者，移居以色列后任工商部发言人。他在大屠杀期间试图通过与纳粹高官谈判，以拯救更多的匈牙利犹太难民，结果事与愿违。大屠杀研究学者多夫·迪努尔（Dov Dinur）指出：这种方式拯救了超过 10 万名犹太人，然而在纳粹倒台前夕，有近 50 万匈牙利犹太人被杀害。[④] 以色列最高法院在 1958 年判定卡斯特纳的总体形象是正面的，"多数行动是合理的"，[⑤] 公众对此的态度却截然相反。实质

① 艾仁贵：《亚德·瓦谢姆纪念馆与以色列国家记忆场所的形成》，《史林》2014 年第 3 期，第 161～162 页；http：//www. yadvashem. org/yv/en/about/pdf/YV_ law. pdf，2017－5－10。
② Idith Zertal, *Israel's Holocaust and the Politics of Nationhood*, p. 104.
③ Dalia Ofer, "The Strength of Remembrance：Commemorating the Holocaust during the First Decade of Israel," *Jewish Social Studies*, Vol. 6, No. 2, 2000, p. 30.
④ Hanna Yablonka and Moshe Tlamim, "The Development of Holocaust Consciousness in Israel：The Nuremberg, Kapos, Kasztner, and Eichmann Trials," *Israel Studies*, Vol. 8, No. 3, 2003, p. 13.
⑤ Doron Rabinovici, *Eichmann's Jews：The Jewish Administration of Holocaust Vienna, 1938 – 1945*, trans. by Nick Somers（Cambridge：Polity Press, 2011）, p. 195.

上，这是公众反抗国家垄断历史记忆叙事的一种表现。

20 世纪 60 年代，以色列为缓和公共记忆与私人记忆之间的矛盾，利用艾希曼审判重构国家记忆，以此团结公众。自此，很多幸存者逐渐开启记忆闸门，分享他们的大屠杀故事，成为国家塑造公共记忆不可或缺的素材。艾希曼审判之后，亚德·瓦谢姆大屠杀纪念馆不断搜集与保存幸存者证词，逐渐将幸存者的历史记忆推置到以色列公共领域中，在纪念与教育活动中常有涉及。而"公共领域的主体是作为公众舆论之中坚力量的公众"，[1] 幸存者作为大屠杀公共记忆的中坚力量，也找到了纪念归属，积极参与亚德·瓦谢姆大屠杀纪念馆举办的一系列纪念与教育活动。这恰恰迎合了公众史学的诉求：鼓励公众参与。

伴随纪念馆多元性与功能性的发展，亚德·瓦谢姆大屠杀纪念馆进一步拓展了大屠杀公共记忆空间。自 1961 至 1992 年，亚德·瓦谢姆大屠杀纪念馆相继完成了纪念大厅、正义大道、纪念水晶之夜中抢救出的约柜与托拉的犹太会堂、历史博物馆、大屠杀艺术博物馆、儿童纪念馆、奥斯维辛特遣队起义中四位殉难英雄妇女的纪念雕像、"通向被毁犹太社区的山谷"的建设。[2] 借此，公众能够在亚德·瓦谢姆大屠杀纪念馆"书面记忆"与"图示记忆"的多维空间中理解大屠杀历史。[3]

亚德·瓦谢姆大屠杀纪念馆还充分利用其官方优势开展大屠杀教育与宣传活动。它在 1993 年建立了大屠杀研究国际学校，在以色列乃至世界范围内组织大屠杀教育项目，推进大屠杀历史跨越国界，走向国际公共历史领域。该国际学校每年为 35 万人提供大屠杀历史教育，包括以色列的中小学生、大学生、军队将士以及来自世界各地的教育工作者，通过采取艺术、音乐、理论等跨学科、多维度的研究与教育范式，为公众理解大屠杀提供了广阔的视野。[4] 大屠杀学习者与研究者在国际学校学习期间，有机会零距离接触幸存者，聆听他们的苦难故事。自 2010 年始，亚德·瓦谢姆大屠杀纪念

---

① 〔德〕哈贝马斯：《公共领域的结构转型》，曹卫东等译，学林出版社，1999，第 2 页。

② James E. Young, *The Texture of Memory: Holocaust Memorials and Meaning*, pp. 250 – 257.

③ 印刷术深刻影响了记忆发展，使记忆得以留存，保存"书面记忆"和"图示记忆"的场所主要有档案馆、博物馆、研究与文献学院。19 世纪后，阵亡者纪念碑与摄影术的出现让记忆更加丰富多元。参见〔法〕雅克·勒高夫《历史与记忆》，方仁杰、倪复生译，中国人民大学出版社，2010，第 91～102 页。

④ http://www.yadvashem.org/yv/en/education/school/about.asp，2017 – 5 – 12.

馆每年为中国师生在耶路撒冷举办为期两周的大屠杀研讨班，诸多师生从中受益，切身体验了犹太历史文化与大屠杀教育。[①]

二　大屠杀纪念日与纪念仪式的确立与维持

大屠杀纪念日的最终确立是大屠杀历史融入以色列公共领域的又一典范。在以色列建国前，大屠杀纪念活动主要为纪念 1943 年 4 月 19 日发生的华沙隔都起义。"在当时的纪念论述中，对不久前的民族浩劫进行了选择性处理，很少提及集中营里的迫害、屠杀与幸存行为，而集中于军事斗争特别是华沙隔都的武装反抗"，[②] 纪念以华沙隔都起义和犹太游击抵抗为蓝本。建国后，官方延续了这一惯例，借助华沙起义中的英雄主义事迹塑造国家政治文化。但宗教人士与世俗当局在确定纪念日期问题上产生了极大争议：

> 1949 - 1950 年间，纪念活动主要在提别月 10 日与 4 月 19 日两个日期举行；宗教人士接受大拉比署的决定在前一日期开展纪念活动，而世俗群体的纪念活动通常在后一日期进行，双方互不妥协。为了消除这种纪念日期上的分歧，1950 年，议会中来自马帕姆（统一工人党）的议员提议设立一个全国性纪念节日：主张将 4 月 19 日作为全国性纳粹大屠杀纪念日，以确保隔都起义在以色列社会中占有持久的地位。[③]

在宗教当局看来，提别月 10 日既具有宗教意义，又为那些不知亲属具体死亡日期的人提供了纪念机会，如若将这一天设为大屠杀纪念日，其重要性将会得到实质性提升。但世俗当局更倾向强调大屠杀与隔都抵抗者的勇敢行为之间的联系。[④] 大屠杀纪念日最终定在犹太历尼散月 27 日，因为 4 月

---

① Glenn Timmermans, "Holocaust Studies and Holocaust Education in China," in James Ross and Song Lihong, eds., *The Image of Jews in Contemporary China* (Boston: Academic Studies Press, 2016), pp. 185 - 205；高霞：《循环往复的大屠杀记忆与教育——第五届犹太大屠杀中国教育者专题研讨会综述》，《历史教学问题》2015 年第 2 期。
② 艾仁贵：《纳粹大屠杀纪念日的确立及其英雄主义内涵》，《学海》2014 年第 3 期。
③ 艾仁贵：《纳粹大屠杀纪念日的确立及其英雄主义内涵》，《学海》2014 年第 3 期。
④ Charles S. Liebman and Eliezer Don-Yehiya, *Civil Religion in Israel: Traditional Judaism and Political Culture in the Jewish State*, p. 152.

19 日是犹太历尼散月 15 日，与逾越节重合，遭到宗教势力极力反对，最后将大屠杀纪念日定为逾越节结束后的第五天，恰好在逾越节和国家独立日（5 月 14 日）中间。可以说，这是宗教与世俗力量相互较量与妥协的结果。1951 年 4 月 12 日，在议员摩迪凯·努洛克（Mordechai Nurock）的提议下，以色列第一届议会宣布将每年的尼散月 27 日作为大屠杀与隔都起义纪念日（Holocaust and Ghetto Uprising Day）。① 尽管议会通过了设立纪念日的决议，但它很少引起以色列公众的关注，除了幸存者和游击队员外，纪念日几乎被遗忘，没有可见的纪念标识。直到 1959 年 4 月 7 日，以色列议会才通过了《大屠杀与英雄主义纪念日法》（Holocaust and Heroism Memorial Day Law），以法律的形式将纪念日与纪念仪式确定下来。1961 年 3 月 27 日，以色列议会修订了纪念日法，规定所有娱乐场所在纪念日前夕必须关闭。纪念日法的条例规定如下：

（1）尼散月 27 日是大屠杀与英雄主义纪念日，每年用来纪念由纳粹及其帮凶造成的犹太民族灾难和那一时期的犹太英雄主义与抵抗行为。如果纪念日在尼散月 27 日是星期五，纪念日就定为当年的尼散月 26 日。（2）纪念日当天全国默哀两分钟，默哀期间路上所有车辆应停下来。军队与教育机构应举行纪念会议。公共建筑上的旗帜降半旗，电台节目应传递这一天的特殊性质，娱乐场所的节目应与这一天的精神保持一致。（3）政府授权部长通过咨询亚德·瓦谢姆纪念当局，根据这部法律做出遵守纪念日的必要指示。②

该法推动了大屠杀纪念日与纪念仪式从提议走向实践，此后以色列官方与个人开始有意识地纪念大屠杀，尽管官方纪念仪式与个人纪念仪式不尽相同。根据犹太惯例，大屠杀纪念日与其他纪念性的犹太宗教节日一样，始于傍晚日落时分，到第二天晚上结束。饶有趣味的是，世俗性的大屠杀纪念日要尽力避免与宗教当局的冲突，避开星期五傍晚开始的安息日。在纪念日当天，娱乐场所要停止所有娱乐活动，影院要播放与大屠杀相关的电影。当然

---

① James E. Young, *The Texture of Memory：Holocaust Memorials and Meaning*, p. 268.
② James E. Young, *The Texture of Memory：Holocaust Memorials and Meaning*, p. 271.

有些公共场所例外，许多餐馆与咖啡厅可营业，但需缴纳少于当日营业额的罚款。① 国家控制下的新闻媒体则完全遵从纪念日法的规定："在大屠杀纪念日前后，以色列电视周期性地播放各种各样与大屠杀相关的纪录片与电影，特别是播放有关抵抗与毁灭、反犹主义历史、对幸存者与游击队员的采访、大屠杀学者专题讨论的节目。在纪念日当天，所有节目都围绕大屠杀，以亚德·瓦谢姆国家纪念典礼的现场直播为开始。"②

纪念日与纪念仪式的法律化进一步推动了大屠杀历史走向公共领域。总体而言，在大屠杀纪念日最终确立后的近二十年里，大屠杀记忆在公共领域的传播速度仍旧迟缓。把控国家政权的工党在大屠杀教育中依旧将英雄主义内容作为教育主旋律，忧虑大屠杀中委曲求全、卑躬怯弱的犹太人形象不利于形塑新以色列人。此外，还"担忧来自欧洲的犹太人会形成对流散生活的渴望，破坏以色列的建构"。③ 因此，直到 20 世纪 70 年代早期，学生获取有关大屠杀历史的信息的主要途径仍是参加不同的纪念仪式。④ 可见，早期纪念仪式是以色列公众参与大屠杀公共事务、了解其历史记忆的重要渠道。这种状态在 1973 年"赎罪日战争"后得以改观。萨布拉（Sabra，土生土长的以色列人）塑造的"没有物质欲望、不害怕、不屈从"的强健的以色列人形象，⑤ 伴随赎罪日战争及其引起的震动，"这一理想的社会自我形象轰然倒塌"，⑥ 这为塑造新以色列意识与大屠杀认同提供了契机。

赎罪日战争激起了公众对大屠杀受害者的同情心，促使大屠杀悲剧逐渐演变为公众所信仰的"新公民宗教"。而这种公民宗教在"神话"和"仪式"中得以表现，与圣日（Sacred Days）和圣地（Sacred Places）相系。⑦

---

① Tom Segev, *The Seventh Million*: *The Israelis and the Holocaust* (New York: Macden Public Library, 1993), p. 438.

② James E. Young, *The Texture of Memory*: *Holocaust Memorials and Meaning*, p. 273.

③ Dalia Ofer, "The Strength of Remembrance: Commemorating the Holocaust during the First Decade of Israel," *Jewish Social Studies*, Vol. 6, No. 2, 2000, p. 27.

④ Dalia Ofer, "We Israelis Remember, But How? The Memory of the Holocaust and the Israeli Experience," *Israel Studies*, Vol. 18, No. 2, 2003, p. 80.

⑤ Charles S. Liebman and Eliezer Don-Yehiya, *Civil Religion in Israel*: *Traditional Judaism and Political Culture in the Jewish State*, p. 96.

⑥ Anita Shapira, "The Holocaust: Private Memories, Public Memory," *Jewish Social Studies*, Vol. 4, No. 2, 1998, p. 41.

⑦ Charles S. Liebman and Eliezer Don-Yehiya, *Civil Religion in Israel*: *Traditional Judaism and Political Culture in the Jewish State*, p. 158.

在大屠杀纪念日前夜的纪念典礼中，以色列总统、总理、政府高官、幸存者、幸存者子女及他们的家人与其他公众一起聚集在亚德·瓦谢姆大屠杀纪念馆，参加点燃六只火炬的纪念仪式，六支火炬象征着被屠杀的 600 万犹太人。[1] 次日早晨，幸存者到西墙下轮流诵读受害者的名字，亚德·瓦谢姆大屠杀纪念馆为幸存者提供列有受害者名字的名单。[2] 亚德·瓦谢姆大屠杀纪念馆与西墙在大屠杀纪念日中被捆系在一起，成为规训公众、传衍记忆的重要公共空间。

在大屠杀纪念日当天上午 10 点，以色列全国默哀两分钟。但就全国范围的纪念而言，仅有少部分以色列人参与官方纪念仪式，多数以色列人在纪念日中听到鸣笛后停下手中工作，站立默哀两分钟，鸣笛后的默哀是他们在纪念日中最直接的纪念体验。整个纪念日充满仪式感，但这种"仪式绝不是时间的一件装饰品而已，一个周期性地发生的完全一致的行为过程，它犹如一片空地上因为不断地出现同一个形象而形成一幅图案一样。仪式让参与者回忆起相关的意义"。[3] 大屠杀记忆借助仪式重复和再现，其目的在于指涉过去，形塑以色列认同，通过纪念仪式将国家归属感与认同感不断植入公众的意识中，公众逐渐也会意识到这种认同感的存在。

三　大屠杀历史在学校历史教育中的常态化

以色列常被国际社会看作建立在大屠杀废墟上的国家，但其建国初期的大屠杀教育状况却不容乐观。"直到 1954 年，以色列学生尚未开始学习大屠杀历史。尽管在那一年以色列出版了国家新历史课程，但是没有多大改变：在全部 12 年的学校教育中，仅有三节课是讲述大屠杀历史的。"[4] 以色列教育体系受英雄主义主流意识形态的影响，在大屠杀教育中展现的大多是关于犹太抵抗者的内容。"在最流行的小学以色列史教科书中，反抗占据了

---

[1]　http：//www. yadvashem. org/yv/en/remembrance/2016/overview. asp，2016 – 12 – 16.

[2]　James E. Young, *The Texture of Memory*：*Holocaust Memorials and Meaning*，p. 276.

[3]　〔德〕扬·阿斯曼：《文化记忆：早期高级文化中的文字、回忆和政治身份》，金寿福、黄晓晨译，北京大学出版社，2015，第 88 页。

[4]　Dan A. Porat, "From the Scandal to the Holocaust in Israeli Education," *Journal of Contemporary History*，Vol. 39，No. 4，2004，p. 621.

60% 的叙述，而当时的其他教科书有平均 40% 的叙述是关于反抗的"，① 反映受害者的内容几乎不会出现在学校历史教育中。

　　有学者将以色列大屠杀历史教育分为三大阶段：（1）犹太复国主义阶段（1948～1977），主要呈现犹太复国主义教育叙事范式；（2）人文主义阶段（1977～1999），大屠杀历史全面进入学校教育；（3）民主阶段（1999年至今），历史教育的目的发生改变，不再作为建构集体记忆的手段。② 但在 1970 年代初期，大屠杀教育开始摆脱英雄主义的叙事窠臼，体现受害者的历史内容逐步反映到学校教育中。这一时期的国家课程介绍了"抵抗"术语的新定义："努力维持人的形象与犹太独特性。这个新定义消除了英雄与受害者之间的早期界限。抵抗不再局限于持枪或拿刀反抗纳粹士兵的抵抗者。在新的观点中，抵抗包含任何违背纳粹命令的犹太人。"自 1977 年开始，教育部部长泽乌鲁姆·哈默（Zevulum Hammer）将大屠杀阐释为大屠杀主义，与犹太教、犹太复国主义一起作为以色列认同的核心。③ 1980 年，议会修订了《国家教育法》，该法规定"大屠杀是学校课程中唯一一门由法律授权的科目"。④ 值得一提的是，档案阅读也开始融入历史教育中。这种改变在很大程度上归功于以色列政治局势的大地震，利库德集团打破了自以色列建国以来工党长期执政的局面。作为大屠杀幸存者的贝京总理领导利库德集团进一步推动大屠杀历史走向公共领域，力导改变犹太复国主义的大屠杀教育模式。在贝京政府时期，大屠杀成为国家基本准则与政府政策的基石，在贝京看来，控制大屠杀记忆便能控制国家。⑤

　　《大屠杀记忆法》（Holocaust Memory Law）为大屠杀历史进入公共领域保驾护航。1980 年 3 月 26 日，议会通过支持《大屠杀记忆法》敦促教育部寻求新的方式加强大屠杀教育。《大屠杀记忆法》的发起人萨拉·斯特恩－卡坦（Sarah

---

① Dan A. Porat, "From the Scandal to the Holocaust in Israeli Education," *Journal of Contemporary History*, Vol. 39, No. 4, 2004, p. 622.

② Idit Gil, "Teaching the Shoah in History Classes in Israeli High Schools," *Israel Studies*, Vol. 14, No. 2, 2009, p. 3.

③ Dan A. Porat, "From the Scandal to the Holocaust in Israeli Education," *Journal of Contemporary History*, Vol. 39, No. 4, 2004, p. 632.

④ Idit Gil, "Teaching the Shoah in History Classes in Israeli High Schools," *Israel Studies*, Vol. 14, No. 2, 2009, p. 4.

⑤ Tom Segev, *The Seventh Million: The Israelis and the Holocaust*, p. 398.

Stern-Katan）是一名幸存者，也是二战时犹太复国主义地下组织的成员。她认为国家在过去处理大屠杀时，没有使用系统性以及永久性的方式处理，并说"我们从这当中失去了太多，我们的孩子失去了太多，我们的家庭失去了太多"，而以色列的大屠杀教育是整个以色列救赎、呈现与发展的需要。她在提议制定《大屠杀记忆法》时还谈道："大屠杀是一个我们民族是主要受害者的事件，我们民族的1/3不是在战争或战斗中丧生，而是被大规模合法屠杀。我们幸存者怀有一份民族誓约、神圣义务向未来的人们代代传递我们民族的大屠杀事件。"①幸存者意识到需要在公共领域发挥见证者的作用，铭记与传承大屠杀记忆。

幸存者积极将个人记忆融入大屠杀教育与以色列认同重构当中，既在重复讲述大屠杀磨难中实现自我救赎，又强调他们在以色列建构神话中的角色，同时，"他们深信现在社会足够成熟来消化他们自己隐匿的痛苦"。② 实际上，幸存者私人记忆与公共记忆的互动是他们参与公共历史实践的表现。在公共历史领域，"口述史、家庭谱系的重要性以及个人记忆与集体记忆、其他历史证据的互动方式是公众史学实践的重要议题"。③

学校是以色列推广大屠杀教育、形塑国家认同的重要公共场所。以色列中小学讲授大屠杀历史的教师均接受过高等教育，大多还接受过大屠杀教育的专业训练，并在教学过程中继续参加诸如亚德·瓦谢姆大屠杀纪念馆开设的大屠杀教育课程，这对大屠杀历史在中小学教育中深入、持续的开展大有裨益。教师会积极创设跨学科的活动。学生除从教科书中获知大屠杀历史外，还参加许多学校组织的活动，比如聆听幸存者的证言，参加大屠杀纪念典礼，参观各种大屠杀纪念馆，阅读相关小说、回忆录、散文作品，观看相关历史纪录片与电影，等等。④ 学生通过不同方式与大屠杀历史互动，从而形成对自身身份认同的共鸣。

---

① Dan A. Porat, "From the Scandal to the Holocaust in Israeli Education," *Journal of Contemporary History*, Vol. 39, No. 4, 2004, p. 631.

② Anita Shapira, "The Holocaust: Private Memories, Public Memory," *Jewish Social Studies*, Vol. 4, No. 2, 1998, p. 54.

③ Barbara Franco, "Public History and Memory: A Museum Perspective," *The Public Historian*, Vol. 19, No. 2, 1997, p. 66.

④ Erik H. Cohen, *Identity and Pedagogy: Shoah Education in Israeli State Schools* (Brighton: Academic Studies Press, 2013), pp. 97 – 98, 105 – 106.

寻访大屠杀遗迹这样的直观历史教育也出现在学校教育体系中。以色列政府在 20 世纪 80 年代末开始组织高中生参观波兰的大屠杀遗址,可以说,实地参观与考察是大屠杀历史走向公共领域的重要实践。在大屠杀纪念日前后,以色列政府相关领导人与学生一起参加奥斯维辛的纪念仪式,"他们一起从奥斯维辛到比克瑙(Birkenau)步行几千米。这被称作'生者行军'(March of the Living),尽管参加者可以看见他们周围的死亡证据"。① 幸存者也加入这些活动中,为来参观的学生讲述大屠杀历史。相对而言,大屠杀记忆与纪念的最终立足点不是过去,而是现在与未来,这些社会教育活动将幸存者与大屠杀遗址一起纳入公民教育,有助于切实强化学生的大屠杀历史认识与国家认同。

大屠杀历史迈向公共领域的另一重要载体是中小学的历史教科书。赎罪日战争后,最流行的书籍是 1976 年亚德·瓦谢姆大屠杀纪念馆发行的《档案中的大屠杀》,为教师设计课程提供了重要参考。② 80 年代,以色列最具影响力的教科书是《大屠杀及其重要性》(The Holocaust and Its Significance),此书由既是幸存者又是大屠杀研究专家的以色列·古特曼(Yisrael Gutman)和哈伊姆·沙兹克(Chaim Schatzker)编写,主导了教科书市场至少 15 年。它将大屠杀作为一个独立事件来阐述,超过 200 页的教科书仅仅围绕大屠杀而谈。③ 由此可以看出,以色列为塑造国家认同,过度利用了大屠杀,将大屠杀从犹太史中抽离出来,以此强调纳粹大屠杀的唯一性与独特性。

在 1999 年,以色列出版了另外两本教科书:《大屠杀与记忆》(Holocaust and Memory)和《大屠杀:记忆之旅》(Holocaust: A Journey to Memory)。它们在以色列颇受欢迎,因为它们不再集中强调大屠杀的不可比性,能考虑到大屠杀在以色列人自我理解中的角色,并强调对回忆录、档案加以批判性阅读。此外,它们都将大屠杀放在犹太史与现代性的背景下审视,并充分吸收了过去二十年的大屠杀研究成果。④ 以色列大屠杀历史教科书出现的这种

---

① Dalia Ofer, "We Israelis Remember, But How? The Memory of the Holocaust and the Israeli Experience," *Israel Studies*, Vol. 18, No. 2, 2013, p. 82.

② Nili Keren, "Teaching the Holocaust in Israel," *Internationale Schulbuchforschung*, Vol. 22, No. 1, 2000, p. 101.

③ Dan A. Porat, "From the Scandal to the Holocaust in Israeli Education," *Journal of Contemporary History*, Vol. 39, No. 4, 2004, p. 633.

④ Dalia Ofer, "We Israelis Remember, But How? The Memory of the Holocaust and the Israeli Experience," *Israel Studies*, Vol. 18, No. 2, 2013, p. 80.

转变，源于大众媒介的冲击及新历史学家所主导的反传统犹太复国主义叙事范式的形成。

四　大屠杀网站与影像资源的普及与推广

随着大众媒介的普及，数字化资源在推动大屠杀记忆走向公共历史领域中发挥的作用不可小觑。大屠杀网站与影像打破时空界限，彰显大数据时代下的现实与人文关怀，以数字化形式塑造具有规范性、叙事性的"文化记忆"与"图示记忆"，这正如哈贝马斯所言："大众传媒影响了公共领域的结构，同时又统领了公共领域。"[①]

亚德·瓦谢姆大屠杀纪念馆建立了全方位的亚德·瓦谢姆网站，[②] 将大屠杀档案、纪念、教育及研究资源整合成便捷的电子资源，形成了别具特色的大屠杀数字化图书馆与档案库，内容丰富，形式多样。该网站的主要内容包括大屠杀研究资源中心、大屠杀专家及历史学家的视频课程、幸存者影像证词、《亚德·瓦谢姆研究》杂志、档案数据库、大屠杀研究国际学校的相关教育资源、形态各样的大屠杀展览、大屠杀纪念日的相关信息等。历史学家走出书斋，让历史知识在公共领域服务公众。未经历过大屠杀的公众可结合历史学家的分析与幸存者的口述，形成自我反思与批判。

地方性的大屠杀博物馆也建立了相应的大屠杀网站，传递博物馆的纪念与教育理念。以贝特·鲁哈梅·哈戈塔特（Beit lohamei Haghetaot）基布兹的隔都起义博物馆（Ghetto Fighters' House Museum）为例，[③] 其网站内容涵盖档案馆、图书馆、展览、大屠杀教育资源。基布兹隔都起义博物馆通过网站向公众传递它的使命："见证大屠杀悲剧，永存大屠杀中被害 150 万犹太儿童的记忆，了解他们牺牲的童年以作为现在及未来代代人的教训；在以色列乃至世界范围内教授大屠杀历史，就当代大屠杀意义及其教训的重要性展开多元文化对话；与以色列及国外研究机构合作，增强大屠杀普世意义的意识，共同对抗仇恨，如法西斯主义、排外主义、反犹主义、否认大屠杀，强

---

① 〔德〕哈贝马斯：《公共领域的结构转型》，第 15 页。

② http：//www.yadvashem.org.

③ http：//www.gfh.org.il.

化对自由、人格、宽容与民主价值的承诺。"① 地方性大屠杀博物馆规模及影响虽小，但依旧可以架起大屠杀专业史学与公共历史之间的桥梁。

　　纪录片、电影等影像也是公共领域展现大屠杀历史的重要传播渠道。最著名的纪录片是法国导演克劳德·朗兹曼（Claude Lanzmann）历时多年拍摄的《浩劫》（Shoah），纪录片以移居以色列的幸存者西蒙·斯莱伯尼克（Simon Srebnik）讲述自己在波兰的大屠杀遭遇为开头，继而通过幸存者的证词与重访大屠杀旧址再现历史。除此之外，反映大屠杀历史的电影层出不穷，诸如涌入公众视野中的《辛德勒名单》《朗读者》《美丽人生》等，形象逼真地呈现了大屠杀图景。

　　大屠杀历史能否通过影像再现是一个具有争议的话题。争议的焦点在于大屠杀影像涵盖了制作者对大屠杀事件的理解及其创作目的、虚构想象、影片效益、公众喜好等多种元素，无法完全再现大屠杀的残酷性与真实性。但大屠杀影像是传播记忆的一种文化符号，其根本目的不在于复原过去。"即使是在文化记忆中，过去也不能被依原样全盘保留，过去在这里通常是被凝结成了一些可供回忆附着的象征物……重要的不是有据可查的历史，而只是被回忆的历史。"② 大屠杀记忆借影像这一象征物将已逝去的大屠杀历史在现实中重现，告诫公众思考其背后的蕴意。从公众史学的视角来看，这恰恰体现出公众与历史的交流与互动，制作者将其对大屠杀的认知与思考通过影像媒介传递给更多公众，以此唤起公众的历史意识与反思。

五　结语

　　公众和公共空间是公共历史存在、公众史学发展不可或缺的前提。以色列通过大屠杀纪念馆、纪念日、学校教育、影像资源等方式进行自上而下的以色列认同塑造，致使大屠杀记忆在以色列公众视野中已成为司空见惯的议题，明显增强了以色列人的大屠杀认同意识。值得指出的是，仅仅将大屠杀历史搬到以色列公共领域中，还不能算是公共历史或公众史学，只有将公众对大屠杀历史的反思与批判体现出来，才能凸显公共历史领域具有评判功能

---

①　http：//www.gfh.org.il/eng/？CategoryID = 232，2017 – 5 – 20.

②　〔德〕扬·阿斯曼：《文化记忆：早期高级文化中的文字、回忆和政治身份》，第46页。

的"公共性"。①

以色列公众是大屠杀历史的受众群体。对幸存者来说，幸存者积极著书立说或参加各种大屠杀纪念与教育活动，重述他们在大屠杀中经历的苦难；对未曾经历过大屠杀的公众而言，他们通过纪念馆、纪念日、新媒介等多种渠道与历史互动，在共享的记忆共同体中反思大屠杀历史。他们都切实诠释了公众史学的内涵："公众史学是服务于公众，公众所有、所写和所参与的历史。"②

以色列无论是在大屠杀纪念馆、纪念仪式的社会教育，还是在学校教育塑造国家公共历史记忆的过程中，政治权力始终扮演着十分重要的角色。大屠杀记忆主要由官方主导，展现了明显的政治记忆特性，迎合了公众史学作为"政治文化"的一大特点，③ 但也不可避免地将大屠杀灾难记忆工具化，为以色列在国际上博得同情，抑或为以色列对阿拉伯人的非正义行为正名。在 20 世纪 80 年代后，受多元文化主义的影响，公众对大屠杀历史的认知不再局限于纪念馆的参观教育、纪念日的仪式教育以及学校常规的历史教育，而是注重对大屠杀历史与记忆的自我认识与表达，将历史学的批判主义融入公共历史中。不可否认，公众渐趋表现出反记忆的特征，不再信服国家主导的大屠杀历史记忆与书写，开始关注阿拉伯人在巴勒斯坦战争中的受害者地位、解构以色列的合法性问题与以色列对阿拉伯人的非正义举措等，这些都对以色列国家建构的大屠杀认同造成了冲击。由此可见，"记忆可以用来塑造国家认同，但也可以用来稀释认同"。④

（原载《历史教学问题》2017 年第 5 期）

---

① 〔德〕哈贝马斯：《公共领域的结构转型》，第 2 页。

② Barbara Franco, "Public History and Memory: A Museum Perspective," *The Public Historian* Vol. 19, No. 2, 1997, p. 65.

③ David Glasberg, "Public History and the Study of Memory," *The Public Historian*, Vol. 18, No. 2, 1996, p. 11.

④ 钱力成、张翮翾：《社会记忆研究：西方脉络、中国图景与方法实践》，《社会学研究》2015 年第 6 期，第 221 页。

对"老传统"的跨文化接纳[*]

——德国慕尼黑啤酒节的全球性转移

〔德〕米夏埃尔·沃布林 著　王炎坤 译

接纳和庆祝外来文化的"老传统"已在全球范围内成为一种社会现象。这种现象一方面可以追溯到一个更古老深远的跨文化接触的传统,另一方面又有着现代发明或者当下流行的特征。一个"老传统"在世界范围内的模仿与其文化起源之间的联系可以说是相去甚远。即使在此类"老传统"的诞生地,传统的本意也会随着时间而改变或丢失。

本文主要以德国巴伐利亚州的慕尼黑啤酒节为例,探讨模仿和庆祝外国传统的跨文化现象的典型特征、问题、深层次的历史原因和社会功用。选择以这一世界上最大型的传统节日为例,是由其超过 200 年的"老传统"和在近 20 年间基本稳定增长的分布决定的。这些一年一度的"翻版"大多要求再次创建一个新的"老传统"。

分析民俗节日的历史和国际分布的案例所使用的方法,同民族学刻画一个"老传统"特性的方法类似。"老传统"包括节日、习惯、度量标准和精神目标。在此背景下,我们可以将"老传统"看作一种"社会结构"或一种"文化创造"。① 它因象征要素、仪式和标志而独树一帜。我们可以找出

---

* 文章原名为"The Trans-cultural Reception of 'Old Traditions': The Worldwide Transfer of The 'Oktoberfest' of Munich, State of Bavaria",为作者为 2015 年国际历史科学大会特别撰写。

① Eric Hobsbawm and Terence Ranger, *The Invention of Tradition* (Cambridge: Cambridge University Press, 1992).

这些要素，并探寻其功能、传播和模仿。

但是随着时间的推移，这些要素也会发生改变，甚至失去其功能。因此一个"老传统"的当下之貌通常源自当代人对它的要素和象征符号的一种解释。① 事实上，经过长时期的文化演绎，"老传统"终将被改变。在此背景下去探寻其真实性是自相矛盾的，因为随着时间的推移，这一"老传统"也是不断变化的。

从此角度出发，我们可以探讨慕尼黑啤酒节的历史、现状和关于它的国际接纳等方面的内容。这是一个可以分析啤酒节的显著性要素、仪式和标志的方法，也是探索其他国家在贴着自称啤酒节标签下的模仿行为的方法——即便这些要素并不能完全展现节日精神和民众庆祝的心理。

一　世界最大民族集会的现状

慕尼黑十月节（Oktoberfest）是世界上最大的民族集会之一，每年在德国巴伐利亚联邦州首府举办一次，从 9 月底开始，于 10 月的第一周结束，历时 16 天。② 它在慕尼黑火车总站以南一个名为"特蕾西娅草坪"（俗名"草坪儿"，占地 42 公顷）的露天场所举行。啤酒节是巴伐利亚文化的重要组成部分，同时它与巴伐利亚、慕尼黑，甚至德国及其节日文化有着广泛联系。对慕尼黑来说，这也是经济发展的一个重要助力。③ 在参加啤酒节的游客中，约 72% 来自巴伐利亚（其中 60% 来自慕尼黑，12% 来自巴伐利亚其他地区），9% 来自德国其他地区，19% 来自其他国家。

啤酒节延伸部分以诸多"最"为特征。从 20 世纪 80 年代中期开始，每年大约有 600 万人参加节日活动，④ 在 14 个容量为 6000～8500 人的大型

① Richard Handler and Jocelyn Linnekin："Tradition，Genuine or Spurious？" *Journal of American Folklore* 97/385（1984）：273 - 290.

② Reiner Stolte，*Die Geschichte vom Münchner Oktoberfest*（München：Edition ESS，2004）；Brigitte Veiz，*Das Oktoberfest，Masse，Rausch und Ritual：Sozialpsychologische Betrachtungen eines Phänomens*（Gießen：Psychosozial-Verlag，2006）.

③ 这在关于慕尼黑市的一项研究中指出了具体细节。慕尼黑啤酒节市场研究，参见 http：//www. muenchen. de/veranstaltungen/oktoberfest/schmankerl/wiesn - wirtschaftsfaktor. html，最后访问日期：2016 年 9 月 5 日。

④ 慕尼黑市有人口 140 万。2001 年由于恐怖分子对纽约世贸中心的袭击导致啤酒节活动中断。

表1　参加2008年慕尼黑啤酒节各国游客占比

单位：%

国别	游客占比	国别	游客占比
意大利	17	法国	4
美国	14	加拿大	3
英国	12	爱尔兰	2
澳大利亚	11	新西兰	2
奥地利	9	其他国家	20
瑞士	7	总计	101

　　资料来源：慕尼黑的一份研究（1999/2000；2008）；Wiesen-Wirtschaft, Das Oktoberfest, http：// www. muenchen. de/veranstaltungen/oktoberfest/schmankerl/wiesen – wirtschaft sfaktor. html，最后访问日期：2015年5月9日。

　　节日帐篷和20个小型帐篷里庆祝，[①] 另外，还有一个提供大量娱乐设施和游戏的公园。2011年消费的啤酒量最多，约750万升。只有6家慕尼黑传统的啤酒厂可以获得在啤酒节供应啤酒的许可。[②] 顺应南德习俗，啤酒以一大玻璃杯（马克杯）一升的量供应。这种啤酒饮用文化和庆祝活动大约是节日文化中最重要的元素。在此期间还提供各种各样传统的南德食物。[③] 这些食物的售价在节日期间相当高，[④] 尤其是一马克杯啤酒的价格逐年上涨，这通常成为媒体讨论的话题。1950年，慕尼黑市市长将啤酒节的第一桶啤酒赠予巴伐利亚州州长，以此开启了啤酒节的庆祝活动。自此多年来第一桶啤酒的开启仪式都要通过电视播出，并且市长敲几下才能开启节日的第一桶啤酒成为公众讨论的话题。

　　管弦乐队在帐篷里演奏古老而受欢迎的巴伐利亚铜管音乐。此外，啤酒

---

① 节日的帐篷是临时搭建的，仅仅为了节庆活动而建。详见"啤酒节帐篷"，http//www. oktobergest. de，最后访问日期：2016年5月14日。

② 慕尼黑啤酒厂的代表有：Augustiner Bräu、Hacker Pschorr Bräu、Löwenbräu、Paulaner、Spatenbräu 和 Staatliches Hofbräu München。这些公司出产的啤酒在全德国都是可以买到的，它们中的一些还出口啤酒到其他国家。

③ 食物大多来自南德的普通的厨房菜肴。他们提供烤鸡（Hendel）、烤猪肉（Schweinebraten）、酸菜（Sauerkraut）、德式马铃薯球（Knödel）、德式烤猪肘（Schweinshaxe）、香肠配扭结咸面包（Würste und Brezel）、烤鱼串烧（Steckerlfisch）和很多其他特色小吃。

④ 根据一份啤酒节价格清单，1985～2010年啤酒价格上涨了152%。详见"啤酒节"，http：//wikipedia. de，最后访问日期：2016年5月12日。

节以人们皆身着传统的或传统风格的服饰为特色。一份评估显示，2010 年 38% 的游客身着此类服装（2009 年为 34.5%）。① 妇女穿着围裙（Dirndl），男人穿着皮裤（Lederhose）。② 很多外国游客都接受了这种习俗，购买或者租用民族传统服饰参加节日庆典。

大众活动也越来越多地被媒体报道。在过去的 20 年里，国内和国际媒体都对啤酒节进行过广泛报道。因此，参加啤酒节活动成了很多公众人物、地方与国内政客、文艺与体育界名人的一种"责任"，也成了媒体报道的一部分。

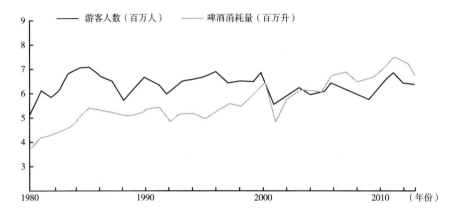

图 1　1980～2013 年慕尼黑"啤酒节"游客人数和啤酒消耗量

资料来源：http://www.oktoberfest.de，最后访问日期：2015 年 5 月 10 日。

由于啤酒节庞大的规模和外延接近一个民众集会可以达到的最大界限，因此在过去的几十年里，有关警察安保、紧急援助、卫生标准和技术安全等方面的概念不断得到修改和采纳，直至现在仍在更新。

二　慕尼黑啤酒节的历史和"老传统"的变迁

慕尼黑啤酒节起源于 200 多年前。1810 年 10 月 12 日，为了庆祝巴伐

---

① Stephanie Heyl, "Vom Trachtenerhaltungsverein zum bayerischen Lebensgefühl-Aspekte der Trachtenbewegung in Bayern" in Haus der Bayerischen Geschichte, eds., *Phänomen Tracht* (*Sonderheft* 3) (Regensburg, 2010), S. 48 – 71.

② 传统的或者传统风格的服饰在慕尼黑随处可见，并且在德国不同城市，质量和价格大不相同。游客也可以在佳节到来之际租用服装。

利亚王储路德维希和萨克森王国的特蕾泽·夏洛特·露易丝公主的婚礼，慕尼黑市民受到邀请参加了在城外举行的庆典。在婚礼庆典的最后举行了赛马活动。城外的露天广场因其适宜的自然环境被选中，为了向公主表达敬意，这里被命名为"特蕾西娅草坪"。在随后的一年里，重复赛马的计划推动了这一节日的成立。[①] 此外，还增加了一项农业展览，以促进巴伐利亚的农业发展。从1819年起，慕尼黑市政府负责管理节日活动。由于当时慕尼黑居民不足5万人，总计4万的观众数量让这一赛马活动从开始就成了一个大型活动。[②] 建于1840年的第一条铁路在通车后，成为游客数量不断增长的保障。[③] 啤酒节的表演规模和吸引力根据流行审美逐年扩大和增强。例如，19世纪末和20世纪初在"殖民地展览"上对"外国人"的介绍就成为一年一度的啤酒节中极具吸引力的部分，与欧洲其他国家同样的节日庆典相比，它更胜一筹。[④]

从19世纪末起，啤酒节越来越具有现代特征。由于气候的原因，自1872年起啤酒节的起始时间被提前至9月末。随后在节庆的帐篷里，电灯照明变得流行起来。1910年庆祝啤酒节100周年时，舞池、撞柱游戏和旋转木马等娱乐设施的数量已接近标准水平。其间，啤酒节也曾因战争和瘟疫被取消过几次。[⑤] 在纳粹统治期间，啤酒节还被用来宣传鼓动。[⑥]

无论啤酒节遵循传统还是接受流行审美趋势，它仍然是一个闻名全国的地方性活动。国际和全球的看法、反响和世界媒体的报道自20世纪90年代以来发生了变化。

---

① 赛马活动的想法大概来源于18世纪80年代举行的赛马活动，参见 Gerda Möhler, *Das Münchner Oktoberfest: Vom bayerischen Landwirtschaftsfest zum größten Volksfest der Welt* (München, 1981)。

② 1852年慕尼黑居民数量达到了10万人左右。

③ 1840年慕尼黑的第一条铁路连接了慕尼黑和奥格斯堡。

④ 这种活动直到20世纪30年代仍在举行并引起游客的强烈反响。参见 Anne Dreesbach and Gezähmte Wilde, *Die Zurschaustellung "exotischer" Menschen in Deutschland 1870 - 1940* (Frankfurt am. Main: Campus Verlag, 2005), S. 53; Anne Dreesbach, "Kolonialausstellung, Völkerschauen und die Zurschaustellung des 'Fremden'," in EGO Europäische Geschichte Online, http://ieg-ego.eu，最后访问日期：2016年12月5日。

⑤ 啤酒节在1854年和1873年由于当时的霍乱疫情而被取消。

⑥ Tobias Lill, "Wie Hitler das Oktoberfest stahl," in Spiegel Online, http://www.spiegel.de/einestages/braune-wiesn-wie-hitler-das-oktoberfest-stahl-a-947923.html，最后访问日期：2016年5月12日。

三　对啤酒节的模式化印象和德国大众节日文化

随着时间的流逝，慕尼黑啤酒节的很多典型元素在当下，尤其对德国大众节日文化而言，不再显得独树一帜。不过，由于国际上对这种模式化行为的接纳和模仿，故而我们对其中一些例子的探讨仍然是有意义的。

除了啤酒节文化，一升大杯在当今德国啤酒饮用文化中并非典型。[①] 在现在的啤酒文化中，人们通常更喜欢 0.5 升或 0.3 升的小玻璃杯，一升大杯在以前更流行。在 19 世纪及以前，啤酒被装在大杯、桶或者陶瓶里出售。然而，一升大杯在巴伐利亚州被保留下来，并在一些啤酒客栈和德国南部节日文化中出现。

穿"传统服饰"的风俗最近十分流行，大约 40% 的游客都会穿，这一习俗在展现节日内在特征方面占据了重要地位。此类传统服饰参考了 19 世纪巴伐利亚的田园风，特别是靠近阿尔卑斯山村民的服饰风格。一部分参与者参加由服装协会组织的节日游行，他们往往穿着某一地区传统风格的手工缝制服装；另一部分人更喜欢昂贵的手工定制服装，并不严格遵守服装协会的规定。[②] 大部分游客更青睐"传统风格"的服饰，但多半会惊讶于百货商场里出售的由印度、斯里兰卡和中国等国家生产的此类服饰的不同价格。

事实上，在啤酒节期间穿"传统服饰"并不是一种古老的习俗，在 1960 年代这一习俗才普及开来，被慕尼黑城市用于宣传奥运会（1972 年慕尼黑奥运会）。[③] 从前慕尼黑市民穿着普通的正装参加节日活动。田园风服饰在城市公共活动中是难登大雅之堂的。20 世纪 60 年代以前，在一些地区，传统服饰最多出现在服饰协会和铜管乐队。

---

① "马克杯"由玻璃或陶土制作。老式"马克杯"使用陶器。在啤酒节主要使用"马克杯"以便于校验啤酒总量。酒杯的容量、啤酒和泡沫的关系都是有争议的话题。

② 德国南部的几家制造商，通常都是几代人相传的家族企业，专门生产定制的巴伐利亚鹿皮裤。客户需要接受几个月的用于制作皮裤的等待时间，并为手工刺绣支付高额费用。

③ Chris Tomas, "Die bayerische Burka," in *Süddeutsche Zeitung Magazin* (38/2010), http://sz–magazin.sueddeutsche.de/texte/anzeigen/34719，最后访问日期：2016 年 5 月 11 日。

很多德国人，甚至是巴伐利亚当地民众，因为慕尼黑啤酒节高级别和大规模的活动特性而拒绝参加节日活动。德国人在城市或乡村庆祝一年一度的各种节日，其中很多节日有着悠久历史，甚至可以追溯到 19 世纪。这些节日涉及教堂纪念日、射手节、春种或秋收节以及其他的盛会。很多巴伐利亚的节日（如年集）本质上与慕尼黑啤酒节类似，但在规模和延伸部分上略有不同。它们有自己的历史，并且明确地拒绝照搬慕尼黑啤酒节。德国的一些节日，尤其是大城市的节日，获得了跨地区甚至全国性的关注，[①] 但对比享誉海内外的慕尼黑啤酒节，它们仍不具可比性。

在过去几年里出现一个有趣的现象：德国很多城市和乡村开始创办大大小小的慕尼黑啤酒节风格和性质的节庆活动。[②] 这意味着人们可以身着传统风格的服饰，演奏巴伐利亚铜管音乐庆祝，吃特色食物，用一升大杯喝啤酒。尽管这只是暂时的现象，但可以与国际上对慕尼黑啤酒节的模仿相媲美。出现这种趋势的原因并不是很清楚，因为对于德国人来说巴伐利亚的节日文化和氛围在 20 世纪 50~60 年代的那一代人中更流行。联系当时的电影文化，当伤感电影具有了地区性的尤其是阿尔卑斯山脚下乡村的背景时，在电影院会更受欢迎。

在此背景下，2010 年慕尼黑啤酒节 200 周年纪念日上，一场 "历史的啤酒节" 庆典（"老牧场"）被安排在节日广场（特蕾西娅草坪）南部的尽头举行，这似乎是矛盾的。这次啤酒节庆典提供了有历史纪念意义的游乐设施、老式帐篷和其他历史景点。慕尼黑啤酒厂赠送了一些用 19 世纪早期配方制作的具有历史意义的啤酒。因游客人数过多，此次啤酒节庆典有时会限制游客数量。[③]

---

① 全国关注的大型德国节日有斯图加特的 "来自传统节日"（Cannstatter Volksfest）（每年约有 450 万游客）、黑尔纳的 "克兰格游艺节"（Cranger Kirmes）（约 440 万游客）、杜塞尔多夫的 "莱茵嘉年华"（Rheinkirmes）（约 400 万游客）、不来梅的 "自由集市"（Freimarkt）（约 400 万游客）和汉诺威的 "射击节"（Schützenfest）（约 100 万游客）。

② 例如柏林和汉诺威（1984），甚至很多小城市和乡村也开始设立慕尼黑啤酒节性质的节日。

③ 参见 "Oide Wiesn", in "Oktoberfest", http. www. wikipedia. org, 最后访问时期：2016 年 12 月 5 日。

四　慕尼黑啤酒节的国际模仿

慕尼黑啤酒节鼓励世界各地的类似活动都使用"啤酒节"这一名称。在这种竞相学习的情境下，登记注册或是命名所有的活动是不可能的。① 很多情况下，人们不大可能发现关于这些节日的确切事实。其中一部分是在20世纪50年代后期出现的，比如纳米比亚温得和克啤酒节，出现于1958年。有超过70个啤酒节在美国举行。② 即使我们不大可能去研究它们的成立时间，但它们很大一部分应该是在20世纪90年代以后出现的。在这其中，又有很多是近十年出现的。这些活动的可用数据是非常粗浅的。③

模仿啤酒节是选用或效仿目前德国啤酒节的典型性因素或者试图与其建立联系。尽管不能解释整个现象，我们仍可以列出国外啤酒节的如下特征。

第一，任何啤酒节的核心要素大约都是啤酒饮用文化。有些节日甚至被命名为"德国啤酒节"。不管供应什么种类的啤酒，或啤酒是否由德国啤酒厂和国内公司生产（很多外国啤酒厂生产贴有许可证标签的德国啤酒），都并不重要，啤酒厂是否遵守1516年制定的德国啤酒纯度要求（或声称遵守此要求）也无所谓。啤酒节上可以发现来自啤酒厂提供的更大的德式玻璃杯、塑料杯或金属罐。④ 有时节庆活动由一位杰出人士轻敲第一桶啤酒开始。

第二，啤酒节在9月或10月举行，根据中欧的日历在秋初。

第三，啤酒节被安排在一个在有帐篷和棚屋的空地上举行。这区别于在酒吧和俱乐部的活动。

第四，啤酒节的食物源自德国南部的厨房，会特别提供芥末香肠、扭结

---

① 很多国际啤酒节可以在维基百科上了解到。参见"Oktoberfest celebrations"，wikipedia. org，http：//wikipedia. org/wiki/Oktoberfest_ celebrations，最后访问日期：2016年5月10日。

② 维基百科引用的美国的60多个啤酒节大部分在得克萨斯州举行。"Oktoberfest celebrations"，http：//wikipedia. org/wiki/Oktoberfest_ celebrations，最后访问日期：2016年5月10日。

③ 在很多情况下我们无法得知啤酒节举行的频率、存在的连续性、持续时长、游客的数量和特征等信息。

④ 德国的主流啤酒消费者避免喝罐装啤酒或用塑料杯喝啤酒。

咸面包和酸菜。

第五，音乐家、部分游客也会穿带有德国传统风格元素的服装，或至少会戴帽子。巴伐利亚州的民族色，即白色和蓝色，有时会被用于节日帐篷的装饰。

第六，节日音乐是巴伐利亚风格，演奏铜管乐或者手风琴。

第七，为了形成一种"传统"，这一节庆活动会每年举行。

我们可以发现，很多节日的特征与国内地方节日文化要素融合后发生了改变。但至少这并不是一个如何实现和校验所提出的诸多特征的标准。最重要的是一个节日拥有自我概念，成为慕尼黑啤酒节一个独特的翻版。

德国以外的最大的啤酒节一般被认为是在加拿大安大略省的基奇纳－滑铁卢市，① 始于1969年（约100万游客），其次是巴西布卢梅瑙的啤酒节，始于1983年（约70万游客）。② 更老的"啤酒节"从1963年开始每年在南美洲阿根廷的贝尔格拉诺将军镇举行。其他大型的啤酒节分别始于1976年的俄亥俄州辛辛那提市、科罗拉多州丹佛市（各拥有50万游客），1990年的青岛市、1997年的上海市，以及1995年的东京市。

在印度班加罗尔，啤酒节自2005年开始举办，而在印度金奈2012年才开始举办。啤酒节庆祝活动首次在巴勒斯坦塔伊比赫省举行是在2005年，首次在土耳其安塔利亚市举办是在2009年，加拿大蒙特利尔自2007年开始举办啤酒节庆祝活动，2011年澳大利亚珀斯开始举办，2014年澳大利亚墨尔本开始举办。自1992年以来，越南胡志明市和河内都举办了啤酒节庆祝活动。这样的例子还有很多。

建立一种啤酒节文化也有其历史背景。这与19世纪以来的德国移民有紧密关系。在这一时期，数以百万计的德国人离开欧洲前往北美定居并建立新的村庄。德裔美国人是美国最大的移民群体。③ 由于两次世界大战和纳粹统治期间（1933～1945）对犹太人的迫害，德国移民浪潮贯穿整个20世纪。

① 在1916年之前，由于德国移民，基奇纳市被命名为"柏林"。
② 维基百科介绍了很多除德国之外的啤酒节的庆祝活动。参见"Oktoberfest Celebrations"，http：//wikipedia. org/wiki/Oktoberfest_ celebrations，最后访问日期：2016年5月10日。
③ 参见"Oktoberfest Celebrations"，http：//wikipedia. org/wiki/Oktoberfest_ celebrations，最后访问日期：2016年5月12日。

我们必须指出，文化转移的另一个影响与德国于第一次世界大战前的殖民地活动①及其影响有关。② 即使在一战结束后德国失去了殖民地，德国商人仍在少数国家建有啤酒厂。

德国啤酒厂首次用更高标准生产啤酒，旨在增强其特性。这种啤酒适合出口到非洲殖民地。位于不来梅的贝克·梅啤酒厂（Kaiserbrauerei Beck & May，创立于 1873 年）从 1876 年开始就用这种方法生产啤酒。啤酒的运输由特殊的出口公司经营，如位于汉堡的 F. A. 齐泽尼斯（F. A. Zieseniss）公司，或是位于不来梅的东非商业（Ost-Afrika-Gesellschaft）公司。自 1898 年胶州湾成为德国殖民地后，1903 年德国人在青岛创办了日耳曼尼亚啤酒厂（Germania Brauerei）。③ 它由香港英德啤酒制造有限公司（Anglo-German Brewery Co. Ltd. Hongkong）所有（直到 1916 年），由从上海过来的德国人海因里希·塞法特（Heinrich Seifart）管理（直到 1907 年）。位于开姆尼茨（德国萨克森州）的日耳曼尼亚（Germania）机器工厂制订了建设计划并生产了机器；其他技术设备由沃尔姆斯（德国）的恩策尔（Enzinger）公司制造；建筑工程由位于青岛的德国公司 F. H. 施密特（F. H. Schmidt）一手承包。④

1920 年在德国对德属西南非洲（纳米比亚）的殖民统治结束后，德国人卡尔·李斯特（Carl List）和赫尔曼·奥尔塔斐尔（Hermann Ohlthaver）在温得和克创建了西南啤酒厂（Südwestbrauerei，SWB）。⑤ 1933 年，在纳米比亚建立了一家啤酒厂（Breweries）。

这些国家的啤酒文化始于殖民地时期。那时候建的啤酒厂是如今当地啤

---

① 多哥和喀麦隆在 1884 年成为德国殖民地；德属西南非洲（纳米比亚）在 1884 年成为德国殖民地，德属东非（坦桑尼亚）在 1885 年成为德国殖民地。

② Helmut Geiger, *Culmbacher, Kulmbacher über alle Grenzen-wie Kulmbach Bierstadt wurde* (Guttenberg: Eigenverlag Geiger, 2013), S. 130 – 132.

③ 青岛第一家啤酒厂于 1901 年 1 月由商人兰德曼（Gottfried Landmann）建造。这项工程并不成功，1903 年 7 月中止。Wilhelm Matzat, "Beiträge zur Geschichte Tsingtaus（Qingdao）-1897 bis 1953," 2003，参见 http：//www. tsingtau. org/germania – brauerei – und – ihre – angestellten – 1903 –1914/，最后访问日期：2016 年 8 月 24 日。

④ Wilhelm Matzat, "Beiträge zur Geschichte Tsingtaus（Qingdao）-1897 bis 1953," 2003，参见 http：//www. tsingtall. org /germania-brauerei-und-ihre-angestellten – 1903 – 19041，最后访问日期：2016 年 8 月 24 日。

⑤ 1920 年，该地区被南非联邦控制。

酒生产商的祖先。这些公司现在仍与德国啤酒厂有合作,生产或经销经过许可的德式(或欧洲其他国家的)啤酒。

在这种文化下诞生了名为"啤酒节"的节日,比如纳米比亚的温得和克啤酒节始于 1958 年,① 该国家人均啤酒消耗量一年约为 30 升。② 前德国殖民地多哥共和国如今也在首都洛美庆祝啤酒节。③ 到目前为止,我们可以看到德国文化特别是啤酒文化与移民和殖民主义产生历史联系的原因。

各种啤酒节的翻版在世界各地出现的原因是多样的,最重要的原因可以从啤酒饮用文化中发现,尽管这并不受德国人影响。

在全球化的影响下,过去 25 年内,酿酒文化在全世界范围内扩张。尽管欧洲仍然是人均啤酒消费量最高的地区,私人酿酒商已经开始在世界上很多国家开辟市场。当大型啤酒厂为了发现和开拓新的市场,在国际和世界范围内推广啤酒时,小型啤酒厂则把注意力集中在地区和国内的消费者身上。在这种情况下,通过支持一种节日文化,比如一年一度的啤酒节来发扬啤酒饮用文化成为一个很有吸引力的概念。很多酿酒商从德国市场得到酿酒技术和原材料、麦芽和希望。④ 饮料和液态食物行业最重要的世界展览会"慕尼黑液态食品技术博览会"在慕尼黑每四年举办一次。⑤ 因此,总体上德国仍然是世界啤酒生产商的参照。

很多其他国家的公司派遣员工到德国学习经验和接受职业培训。1895年,很多来自其他大陆的学生参加了以慕尼黑第一家酿酒学校的创始人阿尔贝特·道门斯(Albert Doemens)命名的私立学校"道门斯"(靠近慕尼黑)

---

① Klaus Raab, "Oktoberfest in Daressalam," in *Süddeutsche Zeitung*, 11. Mai 2010, http://sz. de/ 1. 683022, 最后访问日期:2016 年 5 月 10 日。
② 根据麒麟控股株式会社的评估(2012)。
③ Oktoberfest in Togo, Lomé, https://globalvoicesonline. org/2013/10/07/oktoberfest – in – lome – togo, 最后访问日期:2016 年 5 月 10 日。
④ 在全球市场上,为小型啤酒厂生产特殊麦芽和技术设备的先锋公司坐落于巴伐利亚州的班贝格,如麦芽制造公司 Mich. Weyermann Malz GmbH & Co. KG. (成立于 1879 年)和特别为小型啤酒厂生产技术设备的 Kaspar Schulz-Brauereimaschinenfabrik & Apparatebauanstalt e. K 公司(成立于 1677 年),参见 ChristianKestel, 125 *Jahre Weymerann-Malz:Die Geschichte des Bamberger Unternehmens 1879 – 2004* (Bamberg:Kaspar Schulz, 2005); Christian Kestel, *Tradition and Innovation from Bamberg Since 1677* (*Kaspar Schulz*) (Bamberg:Kaspar Schulz, 2012)。
⑤ 慕尼黑液态食品技术博览会,参见 http://driktec. com, 最后访问日期:2016 年 10 月 5 日。

的国际课程。[①] 其他国家的学生们同时也去了成立于 1833 年的柏林发酵和生物技术研究所（VLB）学习。

因此世界啤酒生产产业在技术运用、原材料以及德国"传统"等很多领域与德国有密切的联系与合作。对德国节日文化的接纳正在进行中。

五　结语

慕尼黑啤酒节代表了全球化世界的"老传统"。就其当下的规模和延伸部分来看，"啤酒节"接近民众集会的最大界限。啤酒节的诸多"传统"要素与现代大众活动文化的"残余"进行着艰难的竞争。在啤酒节庆祝活动中，"历史的啤酒节"作为一种"保留"被放入大众活动中似乎是荒谬的。由于其延伸和大众活动性质，很多德国人与这一活动的关系并不明确，他们有享受"老传统"和其他传统节日的不同选择。很多德国人不喜欢啤酒节将"德国文化"变得模式化。其他德国城市则开始通过套用模板，在他们的乡镇实现对慕尼黑啤酒节的复制。

接纳和庆祝来自外国文化的"老传统"，作为全球化世界的一种社会现象，仍然是一个复杂的研究领域。通过对其起源、历史、跨文化接纳和分配模式的考察，我们仍然无法完全解释这一现象。就慕尼黑啤酒节而言，我们可以发现植根于德国移民和殖民主义时代的更深层次的跨文化交往传统。另一方面，啤酒文化的跨国分布和啤酒文化的发展也有着更深层次的联系。但即便如此，我们也不能解释来自巴伐利亚州的"老传统"为何在过去的几年会变得如此吸引人。甚至对啤酒节习俗和象征的模仿，似乎也有更深刻的含义和特定的社会功能。一方面，人们对"巴伐利亚"有着如同对德国那样的想象和刻板印象，但当其节日文化让人感觉舒适、富有活力、充满欢乐和丰富多彩时，它又是很有吸引力的；另一方面，人们对德国和德国的声誉、"传统"、质量标准以及其他技术和文化领域的成功的正面印象，也可以发挥重要作用。

---

① Doemens, http://doemens.org，最后访问日期：2016 年 10 月 5 日。

　　世界上大多数人没有机会游览德国和参与慕尼黑啤酒节,他们对德国和啤酒节的印象仅仅来自媒体报道。但或许他们可以参加和参与到本国的啤酒节活动中,感受全球化世界中的"地方特色"。①

(原载《历史教学问题》2017 年第 6 期)

---

① 参见 Rosabeth Moss Kanter, "Thriving Locally in the Global Economy," in *Harvard Business Review*, August 2003, http://hbr. org, 最后访问日期:2016 年 5 月 12 日。

从德国模式谈公众史学的学科建设

孟钟捷

人们对生活世界中的某些体验进行了概括和提炼，形成了最初的历史知识。人们把这些历史知识用以追溯个体乃至社会生命的起源、理解当下的情势与格局、判断未来发展的趋向，直到构建起历史编纂、历史传授与历史实践的统一体。然而，在19世纪末历史学的制度化和职业化完成后，这种围绕在历史知识上的统一体逐步瓦解。"历史编纂"出现了"职业"与"通俗"之分，"历史传授"降格到"学科教学"的技能层面，"历史实践"被贬斥为"应用史学"。借此，历史学家强化了自我意识，并同非学术性的公共领域划清了界限。

在后现代主义史学兴起后，历史学家的话语特权受到挑战，"人人都是他自己的历史学家"（卡尔·贝克尔语）获得了广泛回应，从而让历史编纂、历史传授与历史实践的统一体再次成为锐意推进历史学改革者的目标。20世纪70年代末80年代初，美国的公众史学运动、英国的历史工作室运动和德国的历史教育学改革，都属于此类尝试。

最近五年来，国内史学界多以美国的公众史学为模板，大致厘清了公众史学的概念、兴起背景、理论基础和培养目标，但在学科框架上还存在"归化"抑或"并行"的不同意见，即公众史学究竟应被吸收到现行历史学的学科体制中，接受招安，还是像美国公众史学那样，另立门户。① 在笔者

---

① 在国内史学界，对美国公众史学运动进行介绍的论文，参见何多奇、代继华《简论20世纪美国的大众史学》，《史学理论研究》2009年第3期；王希《谁拥有历史——美国公共史学的起源、发展与挑战》，《历史研究》2010年第3期。姜萌对相关概念进行 （转下页注）

看来，假如我们放宽视野，观察一下属于同时期历史学改革运动的德国历史教育学，或许会在公众史学的学科建设上，找到一条超越"归化"和"并行"的"整合"之路。

一

不可否认的是，在 20 世纪 70 年代几乎同时产生的美、英、德三国历史学改革运动中，美国的公众史学运动发展最快，影响最大，并率先影响到其他国家。到 80 年代初，主要的西欧国家都出现了美国模式的各种翻版，例如英国谢菲尔德大学的经济史系便成立了一个"应用历史研究中心"，法国的当代史研究所同样设立了"应用历史研讨班"，联邦德国的卡塞尔大学历史系提出了"中学之外公共领域中的历史"这一新概念。但是，一种国际性的公众史学运动却并未随之兴起。① 各国历史学家大多在本国传统、业已进行的改革和这种舶来品之间尝试走出自己的道路。从这一点而言，德国历史教育学的发展也不例外。

如美国公众史学那样，70 年代德国历史教育学的转折同样发生在后现代史学兴起、公众的"历史热"与历史系学生的就业岗位紧缺这三大背景

（接上页注①）过梳理，参见《通俗史学、大众史学与公共史学》，《史学理论研究》2010 年 4 月。陈新详细梳理了后现代主义史学与公众史学之间的关联，参见《后现代主义与公众史学的兴起》，《学术交流》2007 年第 10 期；《从后现代主义史学到公众史学》，《史学理论研究》2010 年第 1 期。一些学者结合现实案例分析了我国建设公众史学的必要性，可参见段鹏《由"大众史学热"看学术与传媒的对接——从〈百家讲坛〉节目谈起》，《社会科学战线》2006 年第 6 期；邵鸿《当代史学的公共面向和大众参与——对曹操墓认定风波的初步分析》，《中央社会主义学院学报》2011 年第 1 期；邵鸿《传媒时代与大众史学——以当前"大众历史热"为中心》，《南昌大学学报》（人文社会科学版）2012 年第 2 期。在此基础上，有关公众史学学科建设的思考也陆续出现。属于"归化"类的有：姚霏、苏智良《公共历史学与高校史学人才的培养》，《历史教学》2008 年第 20 期；韩俐彦《历史知识社会化与公共史学》，《淮阴师范学院学报》（哲学社会科学版）2011 年第 2 期。他们主要从学生培养的角度出发，建议在现行历史学框架下，借助公众史学的方法进行分流。属于"并行"类的如陈新《"公众史学"的理论基础与学科框架》，《学术月刊》2012 年第 3 期。姜萌、何多奇和代继华的论文也应归入此类，他们明确建议"两翼型"，即公众史学与现行历史学体制作为"学术外"与"学术内"的两种类型同时并存。这种建议显然也受到美国模式影响的结果。

① Simone Rauthe, *Publikc History in den USA und der Bundesrepublik Deutschland* (Essen: Klartext Verlag, 2001), S. 112 – 113.

中。在震惊史坛的"费舍尔争论"结束后，以批判性理论分析社会结构见长的历史社会学迅速成为学界的主流。但在后现代主义史学影响下，它忽视多样性和湮没个体的倾向受到了"后起之秀"日常生活史、微观史与历史人类学的批评。双方之间的互动进而促成了历史社会学的范式转型，多样性和"从下而上"的视角开始受到推崇。[1] 与此同时，公众兴起了一股至今犹存的"历史热"。所有同历史相关的展览、小说、电视或电影，都吸引了大量目光。在后来的研究者看来，"历史热"的出现是所谓"补偿期待"的结果，即由于社会转变太快，未来过于渺茫，公众便希望从历史中找到自己的方向，确定自己的身份。[2] 然而，本应做出回应的专业历史学此时正陷入毕业生就业日趋艰难的困境中。经济发展停滞、人才饱和以及 60 年代末以来高等教育大众化的发展，使得传统的就业岗位（如中学教师、档案管理员、博物馆员、图书馆员）无法满足市场需要。如何应对不断变化中的劳动市场，成为书斋中的历史学家们不得不面对的现实挑战。

在德国的历史学各专业中，历史教育学（Geschichtsdidaktik）是最早推进改革的学科。史学范式的变化必然带来中学教学大纲的修订，"历史热"的出现突然为历史教育学家提供了一个中学之外的广阔舞台，毕业生岗位紧缺困境是对传统历史教育学仅仅关注学科教学法的倾向的警告。这些新问题和新契机结合起来，成为历史教育学不断改革的主要动力。[3]

概括说来，在近 40 年间，德国历史教育学的改革以 10 年为界，大致可分为四个阶段。[4]

---

[1] 参见景德祥《二战后德国史学的发展脉络与特点》，《史学理论研究》2007 年第 3 期；孙立新《德国史学家关于第一次世界大战战争责任问题的争论》，《史学史研究》2008 年第 4 期。

[2] 参见 Heinrich Theodor Grütter, "Warum fasziniert die Vergangenheit?" in Klaus Füßmann et al., *Historische Faszination: Geschichtskultur heute* (Köln, u. a.: Böhlau, 1994), S. 45 – 57; Hermann Lübbe, "Der Fortschritt von Gestern: Über Musealisierung als Modernisierung," in Ulrich Borsdorf et al, eds., *Die Aneignung der Vergangenheit: Musealisierung und Geschichte* (Bielefeld: transcript, 2004), S. 13 – 38。

[3] 参见 Annette Kuhn, "Geschichtsdidaktik seit 1968: Zur Entstehungsgeschichte einer schwierigen wissenschaftlichen Disziplin," in Klaus Bergmann und Gerhard Schneider, *Gesellschaft Staat Geschichtsunterricht: Beiträge zu einer Geschichte der Geschichtsdidaktik und des Geschichtsunterrichts von 1500 – 1980* (Düsseldorf: Schwann, 1982), S. 415 – 443。

[4] 以下 20 世纪 70～90 年代的内容，若不特别注明，均参见 Simone Rauthe, *Publikc History in den USA und der Bundesrepublik Deutschland*, S. 161 – 199。

20 世纪 70 年代是起步期，历史教育学家开始把目光转向中学之外，并从理论层面上把历史教育的核心要素概括为"历史意识"。1975 年，第三届历史教育大会以"公共领域中的历史"为题，中学之外的历史教育场所（如博物馆、展览会、地方史、历史纯文学、报纸杂志、电影电视）首次成为学术界的讨论对象。随后两年，同样的主题一再被如兰克学会、历史学家大会这样重要的学术场合所接受。在这些讨论中，历史教育学家逐步把关注点凝聚到一个具有高度理论色彩的概念"历史意识"上。1972 年，洛尔夫·肖尔肯（Rolf Schörken）首先提出了这一概念，认为它是历史课程的心理—社会前提和主观条件。1977 年，卡尔－恩斯特·耶斯曼（Karl-Ernst Jeismann）将之推广到社会层面上，并强调历史教育学就是一门同社会中的历史意识及其状态、内容、思考形式相关的学科。换言之，历史教育学成为历史学中唯一可以同公众建立起联系的学科。1979 年，《历史教育学手册》第 1 版面世，系统性地反映了这 10 年历史教育学的新认识。

20 世纪 80 年代是深化期，历史教育学家开始在中学之外的实践领域中大显身手，并在理论层面上进一步挖掘了"历史意识"的内涵和外延。1970 年代的关注此时恰好同美国公众史学的传入结合起来，让一些历史教育学家迫不及待地投身于实践活动中。前文提及的卡塞尔大学历史系的约亨·胡恩（Jochen Huhn）便是其中之一，他还负责撰写了 1985 年第 3 版《历史教育学手册》中的"中学之外公共领域中的历史"这一章节。他完全支持公众史学运动，并呼吁加强历史教育同生活世界的关系。原本一直强调理论导向的西格弗里德·夸恩特（Siegfried Quandt）率先跨出了实践的第一步。1981 年，他在吉森大学联合历史学家和主要媒体代表，建立了一个名为"历史学与大众媒体"的工作团队。在此基础上，从 1984 年开始，吉森大学历史系设立了"历史专业新闻学"硕士项目。这种以塑造特殊职业为导向的研究生培养方案，一直延续至今，而且仍然是独一无二的。① 约恩·吕森（Jörn Rüsen）则继续在理论领域中建构"历史意识"。他把历史教育学理解为研究历史学习策略的一门学科。在学校内外，历史学习都是旨在掌握历史意识的必要过程。历史学习一般包括传统、举例、批判和溯源四种类

---

① 关于吉森大学"历史专业新闻学"的培养现状，可参见该项目的网上介绍，http：//www.uni-giessen.de/cms/kultur/universum/universitaet1/fachjournalistik/Studienschwerpunkt。

型，历史教育学应帮助各类学习者有效调配学习类型，以便使后者的历史意识在数量、主体性和主体间性三个层次上都有所提高。[①] 1979 年出版的《历史期刊》（*Journal für Geschichte*）成为这 10 年发展的最好见证。在 1991 年结束之前，它成为学术与公众的桥梁，不仅吸引了职业历史学家投稿，而且还拥有庞大的爱好历史的读者群。

20 世纪 90 年代是调整期，历史教育学家在公共领域的实践活动并未停止，但缺少新意。倒是在理论领域，吕森提出了"历史文化"的构思。一方面，两德统一、全球化等新现象以及网络等新媒介的出现，让 70 年代以来略有积累的历史教育学遇到了发展瓶颈；另一方面，公共领域中层出不穷的历史争议，如"格德哈根之争"与国防军展览等，却又反过来证明了历史教育学改革方向的正确性。在这一背景下，"历史文化"构思的出现具有重要的意义。吕森把历史文化视作"历史意识在社会生命中具有实践作用的表达"。这种表达可分为审美、政治和认知三种维度。历史文化的每一种表现都存在上述三种维度的不同组合形式。历史教育学家对历史文化的分析、引导和实践，正是把自己同所有的历史文化载体（学术机构、传播媒介，甚至政治争辩）都联系起来。[②]

21 世纪以来是创新期，历史教育学在中学内外的领域中都推动了各种形式的创新实践。自从"历史文化"的构思被广为接受后，历史教育学家开始增加实践领域的尝试。到 2012 年，这些实践成果体现在三个领域：第一，以研究项目为轴心，分析并引导公共领域的"历史热"，如奥格斯堡大学开展对"欧洲公众历史学杂志"的研究；[③] 第二，以系列讲座与项目参研的形式，对历史专业的学生进行知识补充，如艾希施塔特天主教大学设立了

---

① 参见 Jörn Rüsen, "Historisches Lernen," in Klaus Bergmann et al., eds., *Handbuch der Geschichtsdidaktik* (Düsseldorf: Schwann, 1985), S. 224 – 229; ders, "Die vier Typen des historischen Erzählen," in Reinhart Koselleck et al., eds., *Formen der Geschichtsschreibung: Traditionen der Geschichtsschreibung und ihrer Reflexion, Fallstudien, systematische Rekonstruktionen, Diskussion und Kritik* (München: Deutschland Taschenbuch, 1982), S. 514 – 605。

② 参见 Jörn Rüsen, "Geschichtskultur," in *Geschichte in Wissenschaft und Unterricht*, Vol. 46, 1995, S. 513 – 521; ders, "Geschichtskultur als Forschungsproblem," in Klaus Fröhlich et al., eds., *Geschichtskultur* (Pfaffenweiler: Centaurus, 1992), S. 39 – 50。

③ http://www. uni – augsburg. de/de/upd/2012/jan – maerz/2012_ 045/index. html。

"应用史学"这一新方向，① 基尔大学则以"实践中的历史学家"命名；②
第三，设置独立的研究生培养项目，比较接近美国模式，除前文提到的吉森
大学"历史专业新闻学"硕士项目继续存在外，柏林自由大学与海德堡大
学设立了"公众史学"项目、③ 曼海姆大学推出了"历史硕士：知识与公共
领域"项目。④ 值得关注的是，2009 年，一批历史教育学家合作出版了第一
本公众史学教科书《历史与公共领域：场所 - 媒介 - 机构》。⑤ 该书编者结
合最近兴起的记忆理论，试图在公众史学的理论反思中，将之从"关于过
去的学科"推进为一种"关于记忆的学科"。

二

　　尽管在德国历史教育学的改革进程中，美国公众史学的影响时隐时现，
尤其在最近 5 年，美国模式的"公众史学"研究生培养项目居然也出现在
学术上代表着传统（海德堡大学）与现代（柏林自由大学）的两所高校中。
不过，即便大力支持美国化的公众史学家，如波茨坦当代史研究中心的伊尔
姆伽德·楚道夫（Irmgard Zündorf）也承认，"总体而言，在德语区，还没
有出现独立的制度化的公众史学，而是更多受到公众史学影响的、却在完全
不同的方案中进行实施的一些实践活动……与实践相联系的课程是这些方案
的重心所在。但同样重要的是对有关公共领域历史传授的实践反思的课程，
因此历史教育学在整体上也占据着重要地位"。⑥ 这表明，以历史教育学为
基础的德国模式公众史学拥有着自己的某些特性，值得人们关注。反过来
说，这些特性或许也在某种程度上成为当前德国模式的问题所在。
　　德国历史学界的理论自觉充分体现在历史教育学的改革进程中，这使它

---

① http：//www. ku. de/ggf/geschichte/didgesch/forschung/angewandte - geschichte/.

② http：//www. histosem. uni - kiel. de/Lehrstuehle/pohl/projekte_ hip. html.

③ http：//www. geschkult. fu - berlin. de/e/phm/studium/gegenstand/index. html；http：//www. uni -
heidelberg. de/fakultaeten/philosophie/zegk/histsem/forschung/HPH_ Profil. html.

④ http：//www. geschichte. uni - mannheim. de/studium/studiengaenge/invisible/master _ geschich
te_ wissenschaft_ und_ oeffentlichkeit/index. html.

⑤ Sabine Horn und Michael Sauer, eds. , *Geschichte und Öffentlichkeit. Orte-Medien-Institutionen*
（Göttingen：Vandenhoeck & Ruprecht, 2009）.

⑥ Irmgard Zündorf, "Zeitgeschichte und Publilc History," in *Docupedia-Zeitgeschichte*, https：//
docupedia. de/zg/Public_ History？ oldid = 75534.

在公众史学的理论开拓中颇占优势。20 世纪 70 年代后的德国历史教育学向来自视为以理论为导向的科学。无论是"历史意识"，还是"历史文化"，它都抓住了后现代主义史学在历史认识理论上的核心要素，同时又没有忘记塑造历史学家作为"历史学习引导者"的身份。正因如此，在德国模式中，理论教育是不可或缺的环节，如在柏林自由大学的公众史学项目中，"历史学习与历史文化"便是七大培养模块之一，并由历史教育学家担当主讲。①

然而，重理论的负面效果就是轻实践。历史教育学家仍然把实践重心放在中学课堂里，围绕"历史意识"培养的实证研究也仅仅针对中小学生。②吕森的"历史文化"构想虽然精妙，却没有给实践者提供任何指引，而且他也忽视了专业学界与公共领域之间如何建立交流的问题。③ 2009 年，德国第一本公众史学教科书在前言中仍然坦承，无论是历史学还是历史教育学，"在历史的公共呈现中并未发挥核心作用"。④ 直到最近几年，以实践项目带动理论反思的尝试才大规模铺展开来。⑤

德国历史教育学始终强调历史编纂、历史传授与历史实践是统一体。因此，尽管专业历史学与历史教育学之间、职业学术界与公众领域之间的隔阂并没有完全被克服，但围绕公众史学建设的学科交流却十分频繁，甚至已经达到了某种整合的效果。在学科内部，现当代史研究者与历史教育学家之间的合作最为紧密，如柏林自由大学的保罗·诺尔特（Paul Nolte）和海德堡大学的埃德加·沃尔夫鲁姆（Edgar Wolfrum）在负责公众史学项目之前，都在现当代史研究中颇有影响。这些学校还同波茨坦当代史研究中心及慕尼黑当代史研究所这些机构合作办学。不少现当代史研究者也开始关注公众史

---

① http：//www. geschkult. fu – berlin. de/e/phm/studium/studienaufbau/index. html.

② 比较经典的研究成果是：Bodo von Borris et al. ，*Das Geschichtsbewußtsein Jugendlicher：Erste representative Untersuchung über Vergangenheitsdeutungen，Gegenwartswahrnehmungen und Zukunft serwartungen in Ost- und Westdeutschland* （Weinheim/München：Juventa，1995）。

③ Simone Rauthe，*Publikc History in den USA und der Bundesrepublik Deutschland*，p. 229.

④ Sabine Horn und Michael Sauer，eds. ，*Geschichte und Öffentlichkeit. Orte-Medien-Institutionen*，p. 9.

⑤ 各校实践项目，如柏林自由大学，http：//www. geschkult. fu – berlin. de/e/phm/projekte/studentische_ projekte/index. html；海德堡大学，http：//www. uni – heidelberg. de/fakultaeten/philosophie/zegk/histsem/forschung/HPH_ Projekte. html；基尔大学，http：//www. histosem. uni – kiel. de/Lehrstuehle/pohl/projekte_ hip_ projekte. html。

学的发展。① 在跨学科层面上，自 20 世纪 80 年代起，历史教育学便同传媒学建立了联系，吉森大学的"历史专业新闻学"便是双方合作的结果；90年代后，"历史文化"理论推动了历史教育学与文化学之间的交往。在各校公众史学项目中，有大量来自出版社、博物馆、展览会、教育部门、大众历史期刊等机构的兼职教师，他们为学生带来了诸如历史布展、文化管理这些以实践为导向的课程。

不过，就目前的整合效果来看，德国模式还存在偏科与因人设课的倾向。德国的历史教育学由于承担着向国民传授德国历史罪责（两次世界大战、纳粹专制）的"政治使命"，因而偏重于现当代德国史。由此，公众史学项目中的课程内容与实践活动大多与 1900 年前的世界无关，更同欧洲之外的历史缺乏联系。这便无法吸引历史学的其他学科参与其中，同当下全球化的世界趋势也不相契合。全球化时代的历史教育不仅应关注同一时间内的不同空间（当代学术与公共领域），而且也应留意到同一空间内的历时性变化（民族国家的历史记忆）、历时性的交往关系（全球范围内的交流及其遗存）等内容。在课程模块的设计中，德国模式显示出尚未稳定的迹象，以系列讲座形式出现的课程居多，必修课程仍在不断调整。这一点虽然同德国高校体制中的流动性有关，但同样也反映了项目设计者在学科的自我认识和授课者来源两方面始终未能走出捉襟见肘的困境。

迄今为止，德国模式的公众史学以一种多样性的形态存在。如前文所言，各校都根据自己的实际情况设计课程。师资雄厚的项目在实践环节中更具优势。反之，一些学校主要侧重于理论研究和实践反思。这种情况也恰好反映了公众史学的两重内涵：它既是专业历史学家得以参与其中的实践本身，又是专业历史学家视作研究对象的客观存在。

当然，公众史学的分散性也让德国模式不能像美国模式那样产生更大的影响力。在德国，公众史学还没有统一的学术团体，没有出版学术期刊。有关公众史学的理论认识与实践反思，都收录在历史教育学的著作中。直到

---

① 如鲁尔大学社会运动研究所所长斯特凡·伯格（Stefan Berger）便从历史编纂学的历史角度讨论了公众史学的意义，参见 Stefan Berger, "Professional and Popular Historians. 1800 – 1900 – 2000," in Barbara Korte, Sylvia Paletschek, eds, *Popular History Now and Then*: *International Perspectives* (Bielefeld: transcript, 2012), pp. 13 – 29。

2012 年 9 月的历史学家大会上，公众史学家才提出了在历史学家联合会中设立"应用历史研究团队"的建议。[1]

三

他山之石，虽可攻玉，却也必须直面现实存在的条件和限制。德国历史教育学在面对美国公众史学运动的影响时，走出了一条颇有德国特色的发展道路。同样，当我们结合美国模式，试图在历史教育学视野下讨论公众史学的学科建设时，也不得不立足于中国历史学科的现状。笔者既不赞成"归化"的主张，因为此举会大大消解公众史学作为后现代主义史学表现形式所拥有的变革力量；也不赞成"并行"的建议，二者不并行既防止公众史学从此被限定在学术之外，以致进一步加固所谓"职业"与"通俗"之分，又防止它丧失理论反思的主动性，成为一门纯方法性的学科，甚至进而让人们回忆起以往历史学意识形态化和政治工具化的痛苦经历。在此，笔者从整合的角度，提出包含四层维度的方案，以供学界探讨。

第一层，做好充分的理论准备。目前，国内学界仅仅完成了公众史学必要性的理论阐释，但有关公众史学的一些重要问题，（即便在德国）仍然未能得到清晰回答。例如，德国历史教育学家提出的"历史意识"、"历史文化"乃至最近风靡的"文化记忆"，究竟在何种程度上可以成为公众史学的自我定位？作为公众领域存在的历史传授媒介，如历史电影、纪录片、纪念仪式、街道/城市命名，甚至电脑游戏等，在历史认识上到底拥有着哪些特质？公众史学家与这些不同媒介之间的交往关系是否以及如何存在差异？诸如此类的问题需要不断通过争辩的方式来得到明晰。为此，学界可以考虑借助学术会议，加强个案研究，最终以编写研究手册的方式，来确立公众史学的理论基础。这本手册可包含世界范围内的公众史学史、公众史学的认识论、公众史学的实践三部分内容。

第二层，在后现代主义史学观的共识下，完成学科内部的磨合。公众史学运动理应承担起更为重大的学科改革使命，逐步把历史学科内部业已出现

---

[1] http://www.historikertag.de/Mainz2012/de/programm/sonderveranstaltungen/donnerstag – 27 – september.html.

的各种新气象联系起来。在师范类院校中，可通过"借鸡下蛋"的方式，以改革学科教学法为契机，增强来自史学理论和国别断代史的研究力量，从而塑造一门类似于德国历史教育学的新学科；在综合类院校中，志同道合的研究者可成立类似于英国模式的工作坊，探讨共同话题。借此，以公众史学的兴趣和研究为纽带，整个历史学科都将在认识论和方法论上做好重塑的准备，并得以同公共领域的"历史热"进一步结合起来。

第三层，实践出体验，公众史学家通过具体项目来形成认知并予以反思，同时也为学生培养积累人脉关系。据笔者所知，目前国内不仅投身于公众史学实践项目的研究者寥寥无几，甚至把公众史学作为研究对象的成果也屈指可数。反观德、美模式，那些公众史学家都同各类媒介建立起联系，后者也时常委托公众史学家进行调研或提供实践岗位。因此，中国的公众史学家仍然需要加强参与意识，同时教育部门与公共领域的各类媒介也应予以支持。在此过程中，公众史学可以作为各学科的附属研究方向，吸收学生们的参与。当下，人们可以着手研究纪念仪式、街道/城市命名、博物馆教育等项目。

第四层，设计一种板块清晰、课程资源相对稳定的独立研究生培养项目。经过若干年的理论反思、学科磨合与实践总结，公众史学可以进一步升格为一种独立的研究生培养方案。该方案不应考虑时空界限，而是在全球史的背景下，把所有历史学科都囊括在内，也不应顾虑系科界限，而是在跨学科的基础上，吸收文化学、社会学、政治学、经济学、传媒学等资源。该方案的板块分布应该考虑理论与方法、实践与反思、通论与个案之间的区别。在短期内，该方案应拥有固定的师资力量与实践场所，以保证培养方案的连续性，使之也成为未来公众史学反思的对象。

对于中国建设公众史学而言，德国历史教育学不仅提供了理论资源，而且指出了一条学科整合的道路。在德国模式中，公众史学始终是一门从理论到实践、经过反思、再回到理论的"永动性"学科。这一点也恰好符合了历史学作为历史编纂、历史传授与历史实践统一体的特质。因此，即便中国特色的公众史学建设还需要很长的时间，但以整合观念建设学科并带动整个历史学再次转型的意识，却应从一开始便成为公众历史学家的自我定位。

（原载《天津社会科学》2013 年第 3 期）

职业历史学家与大众历史学家，
1800～1900～2000 *

〔德〕斯坦凡·贝格尔 著　孟钟捷 译

何谓职业历史学家？谁把自己称作职业历史学家？谁把别人称作职业历史学家？古代的历史学家希罗多德（Herodotus，约公元前 484～公元前 425）、修昔底德（Thucydides，约公元前 460～约公元前 395）、西塞罗（Cicero，公元前 106～公元前 43）、李维（Livius，公元前 59～公元 17）等都不曾使用过（职业历史学家）这一词，尽管他们在事实上已经提出了后来职业历史学家称为"职业历史编纂学"的主要特征的那些要素，如客观性和真实性。同样，中世纪修道院与王室的编年史学家及历史学家们也未曾把自己形容为"职业的（历史学家）"。人文主义历史学家都是一些文人学者、博学之才、智识分子，可是他们同样很少把自己认同为"职业的（历史学家）"。在 19 世纪，被视作职业历史编纂学特征的那些方法论基石，如史料考证、客观性、查阅尽可能多的文件与一手材料、阅读尽可能多的文献，以至于达到近似"如实直书"　〔利奥波德·冯·兰克（Leopold von Ranke，1795～1886）的名言〕的地步，并使用辅助学科达到上述目标——大部分要求已经出现在 17 世纪与 18 世纪上半叶如让·马比雍（Jean

---

* 原题为 "Professional and Popular Historians, 1800 – 1900 – 2000"，收录于 Barbara Korte, Sylvia Paletschek, eds., *Popular History Now and Then*: *International Perspectives* (Bielefeld: transcript Verlag, 2012), pp. 13 –29。作者和出版社授权该文以中文形式发表。

Mabillon，1632 - 1707）、① 约翰·马丁·克拉顿尼乌斯（Johann Martin Chladenius，1710 - 1759）② 和博兰会（Bollandist）③ 及莫尔会（Maurist）④ 等历史学家与学术团体的笔下。再者，难道 18 世纪法国和苏格兰的启蒙历史学家——从伏尔泰（Voltaire，1694 -1778）到大卫·休谟（David Hume，1711 -1776）——也曾自视为"职业的（历史学家）"吗？不，很少如此！事实上，在不列颠岛上，大部分成功的且拥有广大读者群的历史学家们都很轻视学院派历史学，因为那里极少产生值得关注的作品。直到 19 世纪下半叶之前，1724 年起在牛津大学和剑桥大学建立的钦定历史教席，只是一个工作轻闲而报酬优厚的闲职。拥有该教席者没有义务撰写历史著作，甚至事实上很少在大学开设讲座。⑤

当然，正是随着启蒙历史学的诞生，我们才可以说，欧洲首次出现了一种模糊性的职业历史编纂学。在德语区的启蒙运动中，那里的情况不同于苏格兰与法国，出现了某种明显的、以大学为基础的历史编纂学。⑥ 哥廷根大学的奥古斯特·路德维希·施勒策尔（August Ludwig Schlözer，1735 ～ 1809）⑦ 和约翰·克里斯托弗·加特勒（Johann Christoph Gatterer，1727 ～ 1799）⑧ 以及在某种程度上两人在哈勒大学的对手们，不仅开始界定职业

① 又译为马比昂，法国本笃会修士和西方古文献学的奠基者，出版过《古文献学论》，提出了古文献的辨伪原则。——译者注
② 德国新教神学家和历史学家，他被视作第一位按照解释学的方法论处理历史资料的学者，提倡多元视角观。——译者注
③ 这是一个集语言学家和历史学家等各类学者在内的学术团体，得名于一位荷兰的耶稣会神父让·博兰（Jean Bolland，1596 -1665）。他们批判性地研究圣徒传记和基督教内的圣徒崇拜现象。——译者注
④ 又称摩尔派，是一个法国修士团体，成立于 1621 年，得名于圣摩尔（Saint Maurus，512 - 584）。其成员都是潜心研究学术的人，前文提到的马比雍也是其中一员。——译者注
⑤ 参见 David Bayne Horn, "The Historiographers Royal in England and Scotland," *Scottish Historical Review*, 30（1951）：15 - 29。关于历史编纂学的职业化历史，一份出色的概括可参见 Rolf Thorstendahl, "History, Professionalizaion of," in Neil J. Smelser, Paul B. Baltes, eds., *International Encyclopedia of Social and Behavioural Sciences*（Leiden：Elsevier, 2002），pp.6864 - 6869。该文作者指出，（历史学）职业化的全球起点可能是中国的司马迁（Sima Qian）。此人出生在公元前 145 年或前 135 年，是被王室（汉朝）雇佣的第一位历史学家。他拥有一间办公室和一些手下。他还始终如一地反思正确撰写历史的方法。
⑥ 参见 Peter H. Reil, *The German Enlightenment and the Rise of Historicism*（Berkeley：University of California Press, 1975）。
⑦ 擅长俄国史与普世史。——译者注
⑧ 他为今天被视作历史学辅助学科的发展做出了贡献，如年代学、谱系学等。——译者注

历史编纂学的特征，而且还努力以牺牲文学上的雄心、追求"科学的"价值，来撰写历史。这两位哥廷根大学的历史学家把许多国家的人口统计、经济、社会统计与政治体制的数据及其相关问题整合起来，试图既用一种"同步性的"方式来比较既定时期内的社会，又以历时性的方式按照编年史来展示前后相继的历史事件及其所研究的进程，以便回到过去。当他们希望为那些"业已启蒙的"王公及其管理人员提供有用知识时，对于其他"邦国"的描述（在 18 世纪的广泛含义中称为"统计学"），以及大量数据的收集（现代意义上称为"描述性的统计"），能够很好地服务于他们的目的。（他们认为）只有当知识是科学的（时候），它才可能是有用的。假如牺牲他们在文学上的雄心壮志而有助于撰写历史学，那么（他们认为）也只能如此。[1] 从哥廷根大学的上述两位历史学家开始，"科学性"便同一种职业历史编纂学紧密地结合在一起，而后者认为，为了更接近真实性与客观性，亦即更多的科学性，历史学必须牺牲它在文学上的倾向。

　　在 19 世纪早期，职业性的德国历史编纂学越来越依赖于历史研究的解释性与哲学性方法，（因为）当时的历史研究都是由哲学家与古典学家担当重任的，如弗里德里希·奥古斯特·沃尔夫（Friedrich August Wolf, 1759 – 1824)[2] 和巴特霍尔德·格奥尔格·尼布尔（Barthold Georg Niebuhr, 1776 – 1831)。[3] 随着 19 世纪 20 年代列奥伯德·冯·兰克在柏林大学就任，[4] 通往历史编纂职业化目标的另一个重要步骤完成了。任何地方的历史学者们都开始尊崇兰克为象征职业历史学家价值与生活方式的奠基者。[5] 无论哪里的历史学家最终都试图把历史编纂（这一活动）制度化和职业化，并将之回溯到这位历史编纂学和德国历史编纂学的伟大老人。事实上，19 世纪的德国大学拥有的基督教全职教授人数从未超过 130 人（再加上少数

---

① 参见 Angelika Epple, "A Strained Relationship: Epistemology and Historiography in Eighteenth-and Nineteenth-Century Germany and Britain," in Stefan Berger, Chris Lorenz, eds., *Nationalizing the Past: Historians as Nation Builders in Modern Europe* (Basingstoke: Palgrave, 2010), pp. 86 – 106。

② 主要研究古代语言、古典学和哲学。——译者注

③ 主要研究古罗马史。——译者注

④ 确切时间是 1825 年。——译者注

⑤ 参见 Georg G. Iggers, James M. Powell, eds., *Leopold von Ranke and the Shaping of the Historical Discipline* (Syracuse: Syracuse University Press, 1990)。

天主教教授），他们构成了一个职业群体。① 他们建立了一系列标准和方法，尽管这些标准和方法从未接受过检验，而且也从未完全统一过。这些标准和方法后来便得到了"历史主义"之名。约翰·古斯塔夫·德罗伊森（Johann Gustav Droysen，1808 – 1884）在其《历史知识理论》（*Historik*）中，做出了最为出名的举动。他试图汇编这些标准和方法。② 对于欧洲历史编纂学的职业化进程而言，历史主义成为一种反对测量进步（之举）的核心观念。例如，威廉·斯塔布斯（William Stubbs，1825 – 1901）③ 在其牛津大学钦定历史教席的就职演说中如此歌颂兰克："利奥波德·冯·兰克不仅是超越所有同时代人的、最伟大的在世的历史学者，而且也是曾经健在的所有伟大历史学家中的一员。"④ 再者，英国历史编纂学职业期刊《英国历史评论》（*English Historical Review*）第一期便刊登了剑桥大学钦定历史学教授阿克顿勋爵（Lord Acton，1834 – 1902）⑤ 的长文，即讨论《德国的历史学派》（*German Schools of Historiography*）。⑥ 在职业历史学家这一新类别的诞生过程中，当他们声称自己拥有真实地解释过去的额外权力，以便赢得社会地位和文化资本时，兰克逐渐占据了极为重要的地位。国家历史协会、历史期刊、历史网络、历史资源编辑、历史档案和图书馆，以及那些最为出色的研究机构、研究网络和社团，都支持19世纪历史编纂的职业化进程。⑦

假如50%的"职业"历史学家可以用科学性来界定的话，那么另外一半则被形容为天才。把历史学家视为未卜先知者和预言家的那种浪漫式的想

---

① 参见 Horst Walter Blanke, *Historiographiegeschichte als Historik* (Stuttgart：Fromann-Holzboog，1991)。

② 参见 Friedrich Jäger, Jörn Rüsen, *Geschichte des Historismus：Eine Einführung* (München：Beck，1992)；Otto Gerhard Oexle, *Geschichtswissenschaft im Zeichen des Historismus* (Göttingen：Vandenhoeck & Ruprecht，1996)。

③ 1866~1884年任牛津大学历史学教授，专于英国中世纪史和德国中世纪早期历史学。——译者注

④ William Stubbs, *Lectures on Medieval and Modern History* (Oxford：Clarendon Press，1886)，p. 57.

⑤ 即约翰·爱默里克·爱德华·达尔伯格 – 阿克顿（John Emerich Edward Dalberg-Acton），早年师从兰克，专长于法国大革命史。——译者注

⑥ Lord Acton, "German Schools of Historiography," *English Historical Review* 1 (1886)：1 – 47.

⑦ 参见 Ilaria Porciani, Jo Tollebeek, eds., *Setting the Standards：Institutions, Networks and Communities of Historical Writing in Modern Europe* (Basingstoke：Palgrave Macmillan，2011)。

象，并不必然同职业历史学家冷静且有条不紊地进行科学分析的形象存在冲突。对于历史学家试图在科学领域中占据一种独特地位的目标而言，以上两者都是重要的。用浪漫化的方式把历史学家理想化，以为他们在从事历史研究时可以是占卜者、神父、殉道者，从而得以通过"历史之眼"再现过去。这种想法其实让一部分职业化的历史学家自视拥有解释过去的特权。[①] 儒勒·米什莱（Jules Michelet，1798－1874）[②] 在其《法国史》中，颇为引人注目地把自己完全等同于这个国家。他暗示说，他就是法国：历史学家再次体验和扮演着这个国家命运的角色。当他在档案故纸堆的灰尘中呼吸时，他便在呼吸着法兰西。[③] 米什莱以为自己可以确实做到如兰克所言，完全消灭自己的感情，而成为同过去相伴始终的人。

假如我们从科学精神以及对天才的浪漫崇拜中，谈论1800年左右职业化历史学家形象的确立，那么"大众"历史学家的观念在当时作为职业历史学家的对立形象，也出现在这一时期。这种对立形象又包含着哪些因素呢？"大众"或许意味着著作被广泛阅读、销售火爆。但是，在"大众"这种界定中，人们很少发现足以同"职业"并立的作用。许多职业历史学家的作品也可以被广泛阅读、销售火爆。因此，作为职业历史学家的对立形象，大众历史学家是在有意使职业历史研究的成果实现大众化的意义上，才变得大众的。换言之，在"大众历史学家"这一概念的背后，存在的假设是：历史研究的技术性太强，过于复杂，以致无法让普通人理解。但是，谁又是大众历史学家的读者呢？谁是那些他们时常得以召唤的普通人呢？

古代历史学家、中世纪修士、人文主义者甚至启蒙历史学家，只需要为十分有限的读者撰写历史。他们认为，只有这些挑选出来的读者才有能力理解自己。因此，他们的作品不需要大众化。当然，这并不意味着当时不存在大众史学，也不意味着不存在那些要为大众呈现过去的作品。它们仍然存在。大众史学很明显要多于那些把"科学研究结果"大众化的作品。我们

---

① 参见 Jo Tollebeek，"Seeing the Past with the Mind's Eye：The Consecration of the Romantic Historian，"in *CLIO*，Vol. 29，No. 2，2000，pp. 167－191。

② 专长于法国大革命史研究，被视为共和民族派历史学之父。——译者注

③ 参见 Jules Michelet，"Preface de l'Histoire de France，"in *Oeuvres Complètes*（Paris：Flammarion，1974），pp. 11－30；1869，pp. 614－615（分号后的引用不明）。

很有必要将之视作拥有自身权利，带有本身道德、政治和娱乐的关注点，并掌握独特写作技巧的一种类别。它很明显不同于科学的历史学，这尤其体现在它拥有更多戏剧化的场面，它会有更多删减，它会更多地叙事，它会更多关注公众的焦点和市场（同时也时常关注出版社的要求）。不过，在本文中，笔者愿意关注的大众史学仍然是那些远离职业史学或停留在职业史学之外的那一部分。笔者之所以如此强调这一点，则是因为只有当人们大致上需要一种交流，需要从科学性的语言翻译为普通的日常用语时，大众与职业之间的对立才开始显现。

只有当人们把历史学理解为一门科学时，那种认为历史学过于复杂、技巧性太高、篇幅过大，以至于无法直接呈现给普通人的想法才会出现。因此，我们需要（了解）对话双方。在 19 世纪的进程里，一方面，我们见证了一个大众读者群的崛起；另一方面，我们看到了一种职业化的历史编纂学日益变得特殊的现象。不断提高的识字率和广为推行的强制教育，使得越来越多的人愿意知道过去（的事）。尤其在历史主义的时代里，过去时常被视作打开当下与未来（大门）的钥匙。进一步而言，不断增加的空闲时间与一种低层次的繁荣场景，也成为 19 世纪激增人口的一种现实——它们同时也是大众史学被广泛接受的绝佳前提。不过，从长期来看，职业的高校历史学家仍然有能力使他们的历史学得以大众化。19 世纪大部分重要的民族历史学家都是多面手。他们不仅在不同领域甚至文学、人种学和语言学充当科学家，而且是政治家、记者、讲稿撰写者和演说家。特别是在后一类能力中，职业历史学家参与大众史学的写作中。莫妮卡·巴尔（Monika Baár，1972－ ）[1] 在其讨论中东欧历史编纂学的精彩论文中便强调指出，这种多面手正是该地区 19 世纪民族历史学家们的关键特征。[2] 当然，这一点不仅仅是中东欧的特性。人们只要想一想德国的海因里希·冯·特赖奇克（Heinrich von Treitschke，1834－1896）、[3] 挪威的彼得·安德里亚斯·蒙克（Peter Andreas Munch，1810－1863）[4] 或芬兰的约里奥·科斯基勒恩（Yrjö

---

① 现为荷兰格罗宁根大学艺术系现代史教席助理教授。——译者注
② Monika Baár，*Historians and Nationalism*：*East-Central Europe in the Nineteenth Century*（Oxford：Clarendon Press，2009）.
③ 专长于政治史、普鲁士史，同时是政治家，担任普鲁士议员多年。——译者注
④ 专长于中世纪挪威史，同时对考古学、地理学、人种学有所贡献。——译者注

Koskinen，1830－1903）① 便会明白，在欧洲的许多地区，职业历史学家协会与流行性的民族主义运动实际上是如何紧密联系在一起的。特别是在不列颠岛上，从托马斯·巴宾顿·麦考莱（Thomas Babington Macaulay，1800－1859）② 和威廉·爱德华·哈特波尔·勒基（William Edward Hartpole Lecky，1838－1903）③ 到约翰·罗伯特·希利（John Robert Seeley，1834－1895），④ 再到20世纪的屈威廉（G. M. Trevelyan，1876－1962），⑤ 这些历史学家都拒绝把自己局限于一个狭小的职业市场。相反，他们宁愿投身于一个为大众而撰写的、市场化的历史学中。直到最近，正如诺曼·戴维斯（Norman Davies，1939－ ）⑥ 在其爆炸性作品《群岛》（The Isles）中所言，许多英国历史学家都在他们的前言中想让自己的作品进入最广大的读者群中，并且表示这些作品是为人民写的，而不仅仅献给他们的同行与学生。不过，当约翰·巴格内尔·伯里（John Bagnell Bury，1861－1927）⑦ 在其1903年就任剑桥大学钦定历史教授，以"历史的科学"（The Science of History）为名发表著名的就职演说时，他便引人注目地提出了历史学是一门科学，它需要由职业人士来实践的观念，该观念后来成为英国历史思想的主流。科学的历史学已经描述过自己的领地，它是针对大众史学而来的自我界定。⑧

当职业化在专业化的标签下发展时，科学性的职业历史写作实现大众化，仍然是极为重要的使命。越来越多的历史学类型与亚领域出现了政治史、社会史、文化史以及宗教史等。专业化的研究机构雨后春笋般出现。高度专业化的著作与资料汇编大量面世。它们当然拥有极高的价值，不过这些价值主要针对的是职业历史学家团体。如此这般专业化研究的结果必然只能借助大众历史学家之手，才能"被译介"给广大民众。

---

① 除了作为历史学家之外，他还曾担任芬兰党主席，从事芬兰民族主义活动。——译者注
② 专长于罗马史和中世纪英国史。——译者注
③ 专长于18世纪英国史。——译者注
④ 专长于大英帝国史。——译者注
⑤ 专长于英国史。——译者注
⑥ 专长于欧洲史、波兰史与英国史。——译者注
⑦ 专长于古典学、拜占庭史。——译者注
⑧ 参见 John Bagnell Bury，*An Inaugural Lecture：The Science of History Delievered in The Divinity School，Cambridge，On January 26，1903*（Cambridge：Harvard University Press，1903）。

因此，在 1900 年左右，我们可以看到许多欧陆国家中出现了某种分离的趋势：职业历史学家们开始把自己限定在为广大职业读者撰写职业历史学著作的范围内，而大众历史学家们则让他们的作品借助报纸和杂志文章而进入大众的视野。西尔维娅·帕勒奇克（Sylvia Paletschek，1957 – ）[1] 已经指出，德国周刊《园亭》（Die Gartenlaube）是如何刊登大量有关历史的文章。[2] 这些文章常常同周年纪念日有关。它们都是由大众历史学家撰写的。事实上，职业历史学家很少为《园亭》撰稿。不过，值得我们关注的是，这些大众历史学家在《园亭》及其他杂志上发表文章时，仍然十分在意维持着"科学性的凭据"。例如，小说家古斯塔夫·福莱塔克（Gustav Freytag，1816 – 1895）[3] 便竭力让读者相信，他的著作——特别是其中历史性的描述——都是基于最近的历史研究。他还要求出版社为他寄去"科学性"历史学的最新著作。[4] 因此，我们可以总结说，在历史写作的大众形式与职业形式中，对于何谓好的历史学，人们拥有着相同的理念。

这一点同样可以从工人史之初得到旁证。事实上，我们发现，在整个欧洲，早期工人史的一些作者都是工人运动的积极分子。如法国的让·饶勒斯（Jean Jaurès，1859 – 1914）、[5] 意大利的费利泊·图拉蒂（Filippo Turati，1857 – 1932）、[6] 英国的乔治·道格拉斯·霍华德·柯尔（George Douglas Howard Cole，1889 – 1959）、[7] 德国的爱德华·伯恩斯坦（Eduard Bernstein，1850 – 1932）、[8] 瑞士的罗伯特·格里姆（Robert Grimm，1881 – 1958）[9] 和俄国的格奥尔基·普列汉诺夫（Georgi Plekhanov，1856 – 1918）。[10] 当然这

---

① 现为德国弗莱堡大学现代史教授。——译者注
② Sylvia Paletschek, "Popular Representations of History in the Nineteenth Century: The Example of Die Gartenlaube," in *Popular Historiographies in the Nineteenth and Twentieth Centuries* (Oxford: Berghahn Books, 2011), pp. 34 – 53.
③ 德国作家，自 1848 年起为《园亭》杂志主编。——译者注
④ 参见 Martin Nissen, *Populäre Geschicchtsschreibung: Historiker, Verleger und die deutsche Öffentlichkeit (1848 – 1900)* (Köln: Böhlau, 2009), pp. 269 – 316。
⑤ 主要的历史作品是《社会主义史》。——译者注
⑥ 主要是法学家和社会学家，曾写过有关意大利社会主义发展历史的小册子。——译者注
⑦ 主要历史作品有《英国工人阶级运动简史》《1914 年以来的工党史》等。——译者注
⑧ 他主要是政治理论家，曾写过有关社会主义历史和理论的著作，如《柏林工人运动史》等。——译者注
⑨ 主要的历史作品是《瑞士社会主义观念史》。——译者注
⑩ 专长于历史唯物主义理论的研究。——译者注

些人只是一些明显例证而已。托马斯·韦尔斯考普（Thomas Welskopp，1961－）①在其关于爱德华·伯恩斯坦与罗伯特·格里姆的细致比较中已经指出，他们的作品是如何出于政治需要，并在特定的历史时刻成为政治教育的首要著作。②伯恩斯坦专注于让工人运动成为一种稳重而负责的运动，从而使之可以被赋予政治权力。此外，他希望描述工人运动从1848年血腥斗争的诞生之日，前进到《反社会主义者法》的殉难之时，直到威廉德国时期社会民主党的崛起。而格里姆在地区罢工失败以及瑞士的自由资产阶级试图把瑞士的工人运动融入政治体制之后，其最为重要的目的是维系瑞士社会民主党的团结和特性。在韦尔斯考普看来，两位作者都是天生的知识分子，他们自学成才，在各自党内拥有类似的地位，而且作为政治性的记者而拥有某些名望。他们撰写历史的目的是让工人阶级和劳工运动得以进入到民族史中，因为当时的职业历史编纂学将之排斥在外。伯恩斯坦通过最大可能地隐匿作者的身份，并把自己乔装打扮为真实事件的编年史记录者，从而让自己的工作接近于"科学的"历史写作。相反，格里姆公开宣称要提出覆盖所有历史知识的观点，并指出，他将从工人阶级的视角来重新讲述民族史。因此，他打破了资产阶级在民族史上的垄断地位。

上述从劳工运动出发的大众史学揭示了针对职业历史学家试图在"职业的"和"大众的"（历史学）之间进行纯粹而且非此即彼的划分，人们怎样做出了一种抵抗。假如修饰词"职业的"是为了把"大众的"视作"业余爱好的"一种形式而加以排斥（在历史学之外），那么大众历史学家便竭力通过强调他们自己的"科学性的"凭据，来坚持自己的地位。

这种职业化语言的排外性实践同样对女性史学家产生了意义深远的影响。她们被排斥在职业历史学家之外，因为在19世纪的大部分时间里，她们不被允许进入大学，获得更高的学位，或者作为职业历史学家开始她们的职业生涯。历史学系当时是一个"具有男性特征的知识集市"。③克里奥

---

① 现为德国比勒菲尔德大学现代社会史研究室教授。——译者注

② Thomas Welskopp, "Clio and Class Struggle in Socialist Histories of the Nation: A Comparison of Robert Grimm's and Eduard Bernstein's Writing, 1910－1920," in Stefan Berger, Chris Lorenz, eds., *Nationalizing the Past: Historians as Nation Builders in Modern Europe* (Basingstoke: Palgrave Macmillan, 2011), pp. 298－318.

③ Bonnie Smith, *The Gender of History: Men, Women and Historical Practice* (Cambridge: Harvard University Press, 1998), p. 111.

(Clio) 自己是一位女性，但对历史事实的掌控却必须由男性来承担。这种局面直到 19 世纪末才开始转变。在欧洲许多国家，从 19 世纪 70 年代到 20 世纪初，女性开始被允许进入大学学习。在瑞典，1883 年艾伦·弗里斯 (Ellen Fries，1855－1900)① 成为第一位获得博士学位的女性，而且是历史学的博士学位。1898 年，（瑞典的）吕蒂雅·瓦尔斯特罗姆 (Lydia Wahlström，1869－1954)② 获得历史学博士学位。安娜·胡德 (Anna Hude，1858－1934)③ 是丹麦第一位撰写历史论文的女性，她递交论文的时间是 1892 年。在荷兰，第一位女性获得历史学博士学位的时间是 1904 年，她就是约翰娜·纳贝尔 (Johanna Naber，1859－1941)。④ 她是世纪之交时荷兰女性历史学界的翘楚，主要撰写有关妇女运动与女权主义的论文，而且是一位狂热的民族主义者、威廉明娜女王 (Wilhelmina，1880－1962，1890～1948 年在位) 的崇拜者。⑤ 俄国第一位开启（历史学的）学术生涯的女性是道比阿什－洛茨德斯文斯卡娅 (O. A. Dobiash-Rozhdestvenskaya，1874－1939)。⑥ 她在 1911 年获得了巴黎大学的博士学位，后来在圣彼得大学得到教授历史的职位，并在 20 年代成为列宁格勒大学的历史学教授。比里亚·梅尔曼 (Billie Melman)⑦ 研究过英国的 66 位女性历史学家，发现她们在 19 世纪到 20 世纪初一共撰写过总计 782 本著作。⑧ 对于女性在职业历史编纂学中的上述适度发展，男性的抗拒却很大。迟至 20 世纪第一个十年，彼得鲁斯·约翰内斯·布洛克 (Petrus Johannes Blok，1855－1929)⑨ 仍然强调，历史学家这种费力的工作特别需要具有英雄主义气概的男性。正因如此，毫不奇怪的是，在数量极少的女性历史学毕业生中，很少有人（在历史学领域）去开始一种职业生涯。事实上，大多数的毕业生都成了中学教师。不

---

① 毕业后担任过一段时间的中学教师，后来成为挪威女权主义运动的先驱。——译者注
② 专长于基督教史，后来也投身于女权主义运动。——译者注
③ 专长于家谱学。——译者注
④ 发表过多本女性名人传记，后投身于女权主义运动。——译者注
⑤ 参见 Maria Grever，*Strijd tegen de stilte：Johanna Naber（1859－1941）en de vrouwestem in geschiedenis*（Hilversum：Verloren，1994）。
⑥ 专长于古文书学。——译者注
⑦ 现为以色列特拉维夫大学现代史教授。——译者注
⑧ Billie Melman，"Gender，History and Memory：The Invention of Women's Past in the Nineteenth and Early Twentieth Centuries," *History and Memory*，5（1993）：5－41.
⑨ 荷兰历史学家，专长于荷兰民族史。——译者注

过，也存在着一些例外情况。在爱尔兰，都柏林大学现代爱尔兰史的第一位教授便是玛丽·海登（Mary Hayden，1862－1942）。[①] 她在 1911 年[②]获得了该教席。在高威（Galway）学院，1914 年，玛丽·多诺万·奥苏里万（Mary Donovan O'Sullivan，1887－1966）[③] 在历史系获得了一个教席。玛丽·奥道尔德（Mary O'Dowd）[④] 认为，一战前，女性历史学家之所以在爱尔兰学术界得以获得相对（其他欧洲国家而言）的成功，则是同历史学还未获得重要地位，因而几乎不拥有任何文化资本的现状有关。因此，一旦历史学变得更有声望，女性历史学家在爱尔兰同样会被边缘化。但是，假如高度性别化的历史编纂学世界排斥女性，那么大众史学的观念便允许女性在"业余爱好式的"历史学领域获得成功。玛丽·奥道尔德已经向我们指出，许多爱尔兰女性历史学家在经济上是如何获得成功的。同样，有关欧洲早期女性历史学家的大量文献也表明，在不同的民族环境中，女性以多种方式卷入到"职业的"和"大众的"（历史学）分叉进程中。[⑤]

在 20 世纪的大部分时间内，职业历史学家和大众历史学家总是维持着不稳定的关系，前者总是颇为热切地贬斥后者是冒充内行的骗子。特别是当大众历史学家在公众中获得成功时，他们便常常会面临来自职业历史编纂学的强烈批判。例如，埃米尔·路德维希（Emil Ludwig，1881－1948），他是德国两次世界大战之间大众史学最为成功的作家之一，在传记领域尤为如此。路德维希的《拿破仑传》，《威廉二世传》、（特别是）《俾斯麦传》超乎想象地热销。他在政治立场上属于左翼，一战期间成为和平主义者，1917～1918 年支持过独立社会民主党人，是魏玛共和国最为坚定的支持者之一。他的作品被视作大众历史学家和业余历史学家的典型之作，并不断地遭到职业历史学家中的保守民族主义者的攻击。纳粹党人把他的作品视作"历史的伪作"而予以焚毁。1932 年起，路德维希已经成为瑞士公民，直到1940 年，他都居住在马焦雷湖（Lake Maggiore）旁自己的房子里。当瑞士

---

① 除了历史学之外，她还是积极的政治活动家。——译者注
② 原文如此，应为 1915 年。——译者注
③ 专长于地方史。——译者注
④ 现为英国贝尔法斯特女王大学女性史教授。——译者注
⑤ 参见 Mary O'Dowd, Ilaria Porciani, eds. , "History Women," *Storia della Storiografia*, 2004, pp. 45－46；Ilaria Porciani, Lutz Raphael, eds. , *Atlas of European Historiography*：*The Making of a Profession*, *1800－2005*（Basingstoke：Palgrave Macmillan, 2010）。

政府希望他减少对纳粹德国的批评时，他便离开了那里。此后，他又成为瑞士媒体上反犹斗争的仇恨对象。①

路德维希个案再次向人们表明，"职业的"和"大众的"（历史学）之间还在政治上存在鲜明的政治分界线。最近的一个极佳例证同样来自德国，那就是 20 世纪 70 年代和 80 年代日常生活史（Alltagsgeschichte）的崛起。与比勒菲尔德学派②联系在一起的那些新社会科学导向的历史学代表们，攻击日常生活史缺少职业性。③ 汉斯－乌尔利希·韦勒（Hans－Ulrich Wehler，1931－）④ 颇为引人注目地称"日常生活史"的实践者为"赤脚历史学家"——这便暗示，后者缺少正式的训练，没有方法论上的发展。同样，在这种保卫职业价值的伪饰之下，仍然隐藏着（职业历史学家）试图让那些政治上不受期待的历史学类型销声匿迹（的意图）。对于大部分以马克思主义为导向的（历史学家）而言，日常生活史威胁到了那种乐观的、以发展为导向的、进步主义的、社会民主式的宏大叙述——而这一点是同比勒菲尔德学派的历史学家联系在一起的。"日常派"历史学家不再把（德意志）联邦共和国吹捧为历史发展的顶峰，而是属于对联邦德国提出最为尖锐批判的阵营。

劳工运动史、妇女史和日常生活史的例证都显示，大众历史写作对于边缘群体具有何等特殊的重要性。边缘性看上去是这些群体及其代表转向历史写作大众形式的重要动机。同样，边缘性也对这些大众历史学的表达产生了重要影响。他们时常直截了当地指出其作品仍然是职业性的历史写作，不过是以一种把自己区别于职业历史编纂学的方式将之实现而已。在这一意义上，大众历史编纂学已经超越了职业历史著作的大众化，形成明显的特征。

---

① 参见 Sebastian Ullrich，"'Der Fesselndste unter den Biographien ist heute nicht der Historiker'：Emil Ludwig und seine historischen Biographien，"in Wolfgang Hardtwig，Erhard Schütz，eds.，*Geschichte für Leser：Populäre Geschichtsschreibung in Deutschland im 20. Jahrhundert*（Stuttgart：Franz Steiner，2005），pp. 35－56。

② 德国历史学界的一个著名学派，因其代表学者大多毕业或从教于比勒菲尔德大学而得名。该学派强调用批判性的眼光审视德国历史，主张使用社会史的研究方法。——译者注

③ 参见 Carola Lipp，"Writing History as Political Culture：Social History Versus 'Alltagsgeschichte'：A German Debate，"*Storia della Storiografia* 17（1990）：66－100。

④ 比勒菲尔德学派的旗手，现为比勒菲尔德大学历史系荣退教授。——译者注

　　科学性是历史学家军械库中最为锋利的武器之一。在整个 19 世纪和 20 世纪的大多数时间里，马克思主义历史学和韦伯式社会科学历史学都竭力在职业历史学和大众历史学之间划清界限。他们在方法论上将之排斥在外，并且（最为重要的）是把那些在政治上不受期待的观念阻挡在神圣殿堂之外，唯有职业历史学家们自己才拥有通行特权。不过，随着后结构主义的到来，职业历史学家最为有效的武器受到了威胁，变得粗钝。米歇尔·福柯（Michel Foucault，1926 - 1984）与海登·怀特（Hayden White，1928 - ）的基础性论文已经在科学性的盔甲上炸出了让人目瞪口呆的大洞。[1] 福柯关于知识与权力的著作让人们关注到知识被用来攫取权力的过程——这一点是现代历史编纂学职业化中可以被清楚辨识的策略。与此同时，他还引介了一种被广泛传播的权力概念，借此结束了历史学家长期以来只关注国家及国际体制（的倾向）。同样，怀特对僵硬的类型界限报以怀疑，即便这种界限业已成为体现历史学牢牢掌握真理的标志：

　　　　小说与历史学之间的旧有区分认为，小说是对想象之事的呈现，而历史学则呈现了真实之事。（这种观点）必须让位于以下认识：我们只有把真实之事同想象之事进行对比，或者将之比作想象之事，才能够知道这个真实之事。……历史学家的虚构是，他安排为一种发展进程中的开端、中间阶段与结束的许多事件都是"确凿的""真实的"，他仅仅是从头至尾地记录下"所发生的事情"。……无论是事件的开端还是结尾，都必然是一种诗性的建构。正因如此，它们依赖于赋予其连贯视角的比喻性语言的形式。这便表明，所有的叙事并不仅仅是一种从头到尾记录"所发生的事情"，而是一种对一系列事件进行先后相继式的重新描述。其方法是，一开始拆解已编码为言辞模式的一种结构，并最终将之重新编码为另一种言辞模式。这就是所有叙事所包含的"核心

---

① 参见 Michel Foucault, *Les Mots et les choses* (Paris：Gallimard, 1966)；英文版为 *The Order of Things* (London：Tavistock, 1970)。Michale Foucault, *L'Archéologie du savoir* (Paris：Gallimard, 1969)；英文版为：Hayden White, *The Archaeology of Knowledge* (London：Tavistock, 1972)；Hayden White, *Metahistory* (Baltimore：Johns Hopkins University Press, 1973) Hayden White, *Tropics of Discourse* (Beltimore：Johns Hopkins University Press, 1978) .

所在"。①

在语言转向的影响下，历史写作的大片经典领地如政治史、社会史、国际史和文化史都得到了重新构思。凡是这些重新构思成功之处，它们都提出了令人振奋的新观点，如帝国史领域出现了大量成果；凡是这些重新构思遭遇抵制之处，如在劳工史和经济史领域，历史研究都步履艰难，无法产生更为让人眼前一亮的新著作。年轻的历史学家用他们的脚来投票。他们离开了被视作旧传统的历史领域，奔向被后结构主义观念影响的历史写作领域，亦即后殖民主义史、性别史与微观史学。

在理论层面上，后结构主义观念已经对隐藏在职业史学和大众史学之间整齐划一的界限提出了质疑。后结构主义的理论家们坚持认为，所有的历史都取决于特定的语言策略、隐喻和比喻，借此，人们才能够讲述故事。换言之，职业历史编纂学的排外观念建立在一系列保障所谓"如实直书"的准则和方法之上，而这些准则和方法可能不再有效。大约在 2000 年，职业历史学与大众历史学之间的明确区分——被视作 19 世纪和 20 世纪历史论述中的标志性特征——再次遭到贬斥。

这种取消历史编纂的职业形式与大众形式之间界限的好例证发生在因特网上。因特网显然在技术上是一种极为先进的大众化工具，而且在年轻一代公众中极为受欢迎。马尔库·约基斯皮莱（Markku Jokisipilä，1972 - ）② 已经向我们展示了，民族史如何呈现在历史信息最为典型和大众的再现形式之中——维基百科的民族史文档。③ 这些文档是由上千名参与者联合创建的，但它已经成为互联网上被人广为阅读的、以事实为基础的网页。民族历史的叙述同样被其他大量提供者放在了网上，如大学历史学系、外交部门、旅行社、电视台、新闻报纸和新闻杂志。所有这些提供者中，既有学者，也有历史学的业余迷们——有时他们还并肩作战。这些叙述不像传统的历史学术著作那样，并不针对同行，也不是出版前的某种评论形式。因此，网上历史信息的质量如同其范围那样"广阔无边"。约基斯皮莱比较了网上三个不同民

---

① Hayden White, *Tropics of Discourse*, p. 99.

② 现为芬兰图尔库大学社会科学系政治史研究者。——译者注

③ Markku Jokisipilä, "The Internet and National Histories," in Stefan Berger et al. , *Popularising National Pasts: 1800 to the Present* (Lodon: Routledge, 2012), pp. 308 – 330.

族史即德国史、英国史和芬兰史的呈现。他发现，就规模和内容而言，学术性的民族史在网上只是"少数派"。它们被商业性和业余性的网页远远超越。进一步而言，网上的民族史通常都不是最近更新的知识它们的参考书目大多数是那些更老的文献和著作，而那些尖端研究往往又远离网页。约基斯皮莱指出，职业历史学家们忽视网页的行为实属冒险之举。他号召他们更多地加入网络之中，以便把他们的研究成果呈现在像维基百科那样的大众网页上。

　　在结语中，我们可以提问的是：今天，上述情况会把职业史学与大众史学的关系带向何方？在大多数西方发达国家里，只要科学性的理念曾经独霸一时，那么（它们的）历史学家便曾有过一次明显的地位丧失的经历，许多人已经以退为进地回到象牙塔内，继续从事他们特殊化的历史研究。少数人仍然倾向于职业性的概念，而其他人则自由地做着自己的研究，但同时不再关注这种研究的社会背景。在西方，人们已经很难找到作为公共知识分子的历史学家。自我质疑与权威的丧失意味着他们越来越（喜欢）在自己的圈子里发表意见，而把大众史学的阵地留给了其他人。当然，凡事必有例外。正如我们在前文中已经谈到的那样，也许并不令人惊奇的是，一些来自英国和美国的历史学家便是例外。实际上，作为他们之中最出名的代表，如尼尔·福格森（Niall Ferguson，1964 – ）、[①] 大卫·斯塔基（David Starkey，1945 – ）[②] 和西蒙·沙玛（Simon Schama，1945 – ）[③] 都是拥有大学教席的职业历史学家。他们便关注英国电视上的历史（节目）。安德鲁·马尔（Andrew Marr，1959 – ）[④] 是一位职业记者，这倒是一个例外。同样，直到最近之前，特里斯特拉姆·亨特（Tristram Hunt，1974 – ）[⑤] 也拥有一个大学教席——此后，他成为一名工党议员。有关历史节目的接受研究表明，观众之所以在电视上观看历史（节目），则是因为他们正在寻求自己在当代世界中的方向和认同，并希望历史学能够提供这些信息。[⑥] 一些历史节目直接

---

① 现为哈佛大学历史系教授。——译者注
② 曾在伦敦经济学院教授历史学，后从事历史节目的制作。——译者注
③ 现为哥伦比亚大学历史与艺术史教授。——译者注
④ 现为英国广播公司（BBC）的政治新闻编辑和评论员。——译者注
⑤ 曾任教于伦敦大学。——译者注
⑥ 参见 Michael Meyen, Senta Pfaff, "Rezeption von Geschichte im Fernsehen," *Media Perspektiven* 2（2006）：102 – 106。

暗示它们的认同使命，如2006年在德国电视台（ARD）上播放的有关20世纪50年代的系列片，它的副标题就是"我们如何成为现在的我们"。电视上的历史文献纪录片同样拥有一支强大的认同长柄。① 与此类似，与历史学联系起来的认同关注也反映在最近有关中学历史教学的课程改革争议中。② 假如职业历史学家准备把认同建构方面的阵地及其辩论完全留给大众历史学家，那真是一种悲哀。

但是，我们必须指出的是，在大众史学的诞生阶段，绝大多数大众历史学家都在大学里接受过一些形式的历史训练。大众历史学家会出现在以下场合：博物馆中的再现社会或生活史表演、纪念性社团、有关道路命名或重新命名的辩论、博物馆教学、自由职业史、旅游（旅游指南上的历史版块）、历史工作室运动、电影、电视、商业性的历史杂志以及其他印刷媒体，或者更为一般而言，他们可能是历史小说的作者、出版社的编辑、少年儿童科幻小说（其中包括漫画书）的作者甚或电脑游戏的发明者。看上去，以上所有领域都属于大众史学。大众史学的许多实践者都曾接受如同"职业"历史学家那样的正规训练。换言之，他们中很多人都曾在大学中学习过历史，甚至还曾在那里找到过他们的第一份工作。③ 因此，他们拥有一种职业性的自我理解。其中的大部分人在其思想深处，仍然用一些"科学性"的概念来践履大众史学。就这一点而言，或许有人会认为，若把现在的情况同19世纪相比，似乎并没有发生很大变化。当然，现在所谓"自学成才者"更为稀有。不过，今天关于科学性的概念已经完全不同于19世纪：它已经受到后结构主义者反思的挑战，并且部分遭到了颠覆——这种反思认为，我们很难对有权代表历史说话者进行清晰无误的界限划分。这种带有更多自我批判性和自我反思性的科学性，已经为大众史学壮胆，并引人注目地导致了一

---

① 参见 Matthias Steinle, "Geschichte im Film: Zum Umgang mit den Zeichen der Vergangenheit im Dokudrama der Gegenwart," in Barbara Korte, Sylvia Paletschke, eds. , *History Goes Pop: Zur Repräsentation von Geschichte in polulären Medien und Genres* (Bielefeld: transcript, 2009), pp. 147 – 166。

② 参见 Maria Grever, Siep Stuurman, eds. , *Beyond the Canon: History for the Twenty – First Century* (Basingstoke: Palgrave Macmillan, 2007)。

③ 参见 Sabine Horn, Michael Sauer, eds. , *Geschichte und Öffentlichkeit: Orte-Medien-Institutionen* (Göttingen: Vandenhoeck & Ruprecht, 2009); Wolfgang Hardtwig, Alexander Schug, eds. , *History Sells! Angewandte Geschichte als Wissenschaft und Markt* (Stuttgart: Franz Steiner, 2009)。

场大众史学的扩散运动。当越来越多的读者开始寻求他们的历史和过去，同时不再担心由于业余而被立即排斥在外，从而遭遇如劳工史、妇女史和自下而上史学观的命运，那么一个市场已经向大众史学的各种形式打开了大门。而这些大众史学现在仍然没有被职业历史学家团体所关注。众所周知，在有关科学大众化的文献中，两种模式占据着主导地位：扩散模式与互动模式。前者主张从上而下地的扩散步骤，而后者坚持认为交流性的和社会性的互动才是"科学进步"的前提。[①] 后者更为可信。而且就历史学而言，我们或许还可以补充指出，从一种历时性的视角来看，我们已经决定性地从一种基于扩散（连同大众领域重要的反知识文化）的模式，向一种基于互动的模式转向。今天，在大众史学和科学史学之间的互动，远比以往多得多，因为两者现在都可以平等互视。

　　历史学家应该欢迎这样一种历史学的复数化（现象），并且从下列事实中深受鼓舞——现在，史学正在比以往影响到生活的更多领域，影响到更多的人。它正在促使更多的人自己成为历史学家。这一点已经被家庭史和家谱学不断受到欢迎（的现象）证实。不过，仍然让人感到担忧的是，历史学的这样一种复数化看上去同样导致了职业历史学家们从公共领域中的退缩。当他们不再成为神秘舞台的守门人时，难道他们便不得不退缩到象牙塔里吗？假如历史学家的特殊权威和地位已经大范围地受到损害，那么人们将要求他们付诸更多努力，使自己的声音仍然拥有听众，要求他们去讨论"来自历史的经验"，要求他们把一种历史感带给公共性的政治辩论。他们不应像以往那样，带着同样傲慢的自信心，认为他们作为职业历史学家，（比大众历史学家）知道得更为全面。拥有更多的平和之心的确是一种美德。正如人们已经认识得那样，在另一种意义上，历史学最终既只是政治，又不仅仅是政治。

（原载《新史学》第 11 辑）

---

① 参见 Angela Schwarz, *Der Schlüssel zur modernen Welt：Wissenschaftspopularierung in Großbritannien und Deutschland in Übergang zur Moderne*, *ca. 1870 - 1940*（Stuttgart：Franz Steiner, 1999）；Carsten Kretschmann, *Wissenspopularising：Konzepte der Wissensverbreitung im Wandel*（Berlin：Akademie Verlag, 2003）。

中国历史教科书中的他国形象

中国百年中学历史教科书中的
法国大革命

黄宇兰

自清末中学历史教科书诞生以来，中学历史教科书中法国大革命的书写从来不是千篇一律、一成不变的。这些变化镌刻着时代发展的烙印，掺杂着人们思想观念变化的因子，深刻折射出国人革命观念和世界史观念的变迁。诚然，教科书乃教育文本，教科书对法国大革命的书写又受历史教科书自身编写体系、编写思想和当时的教育理念所限，是教科书编写同时代、史学、史家互动影响结果，彰显了教科书编写的时代性和复杂性。

一 教科书中的法国大革命与变化中的"革命观"

中国传统革命观古已有之，但与西方现代革命观念迥异。中国传统文化中的主流"革命"观是置于儒家经典的汤武革命的知识谱系中建构和理解的。"革命"一词最早见于《周易》，为承天受命、改朝换代之意。具体而言，传统革命观包含有如下三方面的内容：就革命主体来看，"夫革命以垂统，帝王之美事也"，[①] 王朝易姓的主体往往是帝王，只有当起义之人成功当上皇帝之后，才敢自称"革命"，普通民众不敢妄用；就革命的正当性基

---

① 房玄龄等:《晋书》，中华书局，1974，第581页。

础而言，"桀为暴虐，诸夷内侵，殷汤革命，伐而定之"。[①] 君王无道是革命的正当性基础，如果君王不"敬天厥德"，违背天道，那么革命者则可受命革之；就革命的归宿看，"汤武革命"是通过暴力的形式实现"易姓革命"或改朝换代的，未实现政治体制的根本变革。[②]

当法国大革命带着截然不同的现代革命观进入中国之时，国人自然觉得陌生和不适应。面对这样的惊天事变，国人最初也只能在已有的思想框架当中进行理解和建构，故而在清末一些历史教科书中，法国大革命被定性为"乱民"引发之"大乱"。最典型的是南洋官书局译订的《最新中等法国历史教科书》，它对法国大革命扣以"大乱"之名，通篇未出现"革命"二字。在"大乱"的定性之下，法国大革命的前因后果都带有"乱"的属性。攻占巴士底狱的起义之举纯然是"乱民"行径，"乱民"不仅是起事者，更在法国大革命过程中发挥着主导作用，"陷武库，破囹圄，进攻王宫，执王"的主体皆是"乱民"，甚至"国会"推行的改革诸如"废贵族、建郡县、倡平权、一赋款"也被称为"乱民之改革"。教科书专有一章介绍"乱民之残暴"，显然这里的"乱民"同雅各宾派的统治联系在一起，教科书对雅各宾派不怀好感，称其"狂暴益盛"，而对主张温和共和的吉伦特派报有同情，称其"犹有人道"。教科书倾注了不少笔墨建构了"乱民"及"雅各宾派"残暴之行径："设杀法王，拥王至断头台，王从容就死"；"吉伦的族尽被杀，断头机不足于用，乃载囚盈舟而溺之于海"；"罗伯卑尔独操生杀之权，大肆其残忍之性，尸积若山，血流成河……"[③] 相较于残暴的"乱民"，"从容就死"的国王的形象反而显得光辉起来。教科书立场鲜明，将攻占巴士底狱、进攻王宫、杀王甚至进行改革的群体都归入"乱民"的范畴，并将这系列过程称为"大乱"，"大乱"又与血腥、残暴及秩序混乱相互交织，这样的书写折射出教科书仍以儒家纲常下的君主制度秩序为基础看待法国大革命，法国大革命被格义成王政腐化后乱民肆虐、以下犯上的动乱史，并不具备现代革命的意涵。

---

① 范晔：《后汉书》，团结出版社，1996，第822页。

② 关于传统革命观和现代革命观的主要内容和意义区别，参见粟孟林《中国知识界对"法国大革命"的理解与迎拒（1840～1919）》，博士学位论文，湖南师范大学，2014，第2～8页。

③ 南洋官书局译订《最新中等法国历史教科书》，南洋官书局，1905，第12页。

　　然而，清末民初中学历史教科书中的法国大革命，也较多地展现了国人革命观由传统向现代的转型。首先，就革命的主体而言，已由"皇帝"过渡到"民"。尽管教科书中凸显动乱意义的法国大革命，依旧将"乱民"视为革命重要的推动力，但已更多地将革命的主体落脚在"人民""国民""平民"之上，这些中性的且更具正面意义的群体词汇剥离了"帝王之美事"的汤武革命的样式，且逐步脱离"乱民"作乱的思路，向以民为主体的现代革命观靠近，并或多或少地表现出民权观念。其次，就革命的正当性而言，尽管"君王无道—革命"依旧是教科书在法国大革命书写中试图遵循的理路，但不少教科书塑造了一个良弱而不至于暴虐的路易十六，[①] 在某种程度上削弱了汤武革命模式中十足的正当性，与之相对的是，追求自由民主反倒愈来愈成为革命正当性的基础，将不自由、不平等作为讨论革命的起源的重要因素。最后，尽管教科书同情王政的立场不言而喻，但此中革命不复沦入"君主专制"复"君主专制"的怪圈，而是将政治体制的变革纳入革命当然的归宿之中，革命的结果同共和政体、自由平等建立了关联。这种革命由传统到现代的过渡在民国时期的历史教科书中已然实现，并在之后的时间里在中国革命实践的基础上融入了更多富有中国特色的意涵。

　　不可否认，清末民初历史教科书中的"革命观"反感激进、暴力和恐怖，但这种反感在民国时期逐步被打破。如在教科书中长期受贬低的攻占巴士底狱等民众暴力事件，已得到不少民国教科书的肯定，何炳松的《复兴初级中学教科书外国史》将其视为法国平民反抗国王的第一次表示，[②] 孙逸殊、闵宗益的《高中新外国史》也将其视为"民众打破王权的先声"。[③] 更有教科书直言，"法人视为是自由平等博爱的开始"。[④] 民众的暴力行径也得到了一些辩解，一些教科书也论证了恐怖政策实施的必要性及其所取得的成效，如杨人楩《高中外国史》将"恐怖"视为法国大革命所免不了的手段，并称"有了他才能消灭反动势力，才能镇压国内叛乱，才能抵御外敌，才能使大革命有些成就，倘不使革命的敌人恐怖，革命便要崩溃，更谈不到以

① 参见商务印书馆编译所《最新中学教科书西洋历史》下册，商务印书馆，1906，第324页；祝震《最新中等西洋历史教科书》第三册，南洋官书局，1906，第99页。
② 何炳松：《复兴初级中学教科书外国史》下册，商务印书馆，1935，第252页。
③ 孙逸殊、闵宗益：《高中新外国史》中册，世界书局，1939，第107页。
④ 中等教育研究会编《世界史》，华北书局，1938，第185页。

法国一国之力来抵抗全欧"。① 教科书对法国大革命的暴力和恐怖日益肯定的趋势，折射出时人日趋激进的革命观念，这与李泽厚所述救亡压倒启蒙的线索相一致，当救亡的局势、国家的利益和人民的饥饿痛苦压倒一切之时，知识分子也在进退失据中愈发地极端和过激起来。

民国时期法国大革命的书写也存在着革命主导权之争。陈衡哲的《新学制高级中学教科书西洋史》、鄢远猷的《建国教科书初级中学外国史》、王恩爵的《新时代世界史教科书》等教科书将法国大革命解读为中等社会或中等阶级的革命，认为中等阶级有头脑、富有学识，是推动革命向正确方向前进的主力；杨人楩的《高中外国史》等则试图将革命的主导权归于以贫苦农工为主体的"人民"，金兆梓的《新编高中外国史中册》、李季谷的《李氏初中外国史》等教科书也在法国大革命书写中切实关注了无产农工的力量和利益。新中国成立后，这样的争论在意识形态一统天下的局势中盖棺定论，法国大革命被赋予了资产阶级革命的定性，革命虽是资产阶级领导，但以工农为主体的人民才是推动革命前进的主要力量，故而在以往教科书中常受非议的三次人民起义，在新中国成立后的历史教科书中被高度赞扬。这种以工农为核心的人民史观随着马克思唯物史观在史学界权威地位的确立而在法国大革命书写中落地生根，并一直影响至今。

新中国成立后历史教科书愈发突出了革命的主题。显然，新中国成立后的法国大革命书写以马克思列宁主义的革命观作为基本的理论框架，从"社会革命"的角度讨论"革命"，即将革命的最终目的落脚于变革整个社会经济关系、变革一切旧的社会关系。在吸收斯大林的五种社会形态理论的基础上，封建统治自然成为革命正当性的来源，封建统治的代表路易十六被塑造成罪有应得的"专制魔王"。② 受国内持续不断的政治运动和急剧左转的政治氛围的影响，阶级斗争成为革命史不容争辩的主线，法国大革命书写中阶级成分和利益的区分格外分明，阶级剥削和压迫也被放大，对农民阶级的悲惨境遇的描述颇带感情色彩："至于占全国人口百分之九十的农民，占有的土地不过全部耕地的百分之三十到四十。千万条封建权力的绳索束缚着他们。对地主，他们要交纳地租和其他租税，承担着各种各样的封建剥削。

---

① 杨人楩：《高中外国史》下册，北新书局，1946，第82页。
② 沈长虹：《初级中学外国历史课本》上册，人民教育出版社，1951，第50页。

地主饲养的鸽子飞到田里啄食谷物，他们不能轰赶。地主打猎，践踏了农民的庄稼，农民不能提出赔偿要求。对国家，农民要交纳产税、军役税。对教会，农民要交什一税。农民一年的劳动所得，绝大部分被剥削走了。即使在丰收年景，也难维持一家温饱。"① 与崇尚阶级斗争相伴的是崇尚激进的、暴力的革命方式，同情国王的吉伦特派不被看好，热月党为"反动"或"反革命"的资产阶级，激进的雅各宾派才是革命忠实的代表，其政策获得了教科书的一致肯定。因无产阶级革命的立场，教科书要求革命的彻底性，故而自由平等的原则不再如清末民国时期那般受欢迎，而是被揭露其欺骗性，平等不过是"以财产的不平等代替出身的不平等""所谓自由是有产者剥削无产者的自由"，② 以此论证资产阶级的虚伪性。由于教科书强调资产阶级革命和无产阶级革命的根本区别，以及法国大革命作为资产阶级革命的不彻底性，法国大革命的历史作用实际上最终被否定。

"文化大革命"后，伴随着以阶级斗争为纲的社会重心转移到经济建设上来，国人也开始反省和重新认识"革命"。90 年代以来的法国大革命书写日趋客观地分析了大革命前各阶层的生活处境，明显地弱化了对阶级压迫和阶级剥削的渲染；对资产阶级各政治派别以及资产阶级取得的一些改革成果，教科书的叙述和评价都出现了很大程度的改变，一度作为窃取人民革命胜利果实的反动派——资产阶级，在该时期的历史教科书中获得了一些夸赞的字眼，"他们有钱，有才能，有文化，有政治要求，在即将到来的革命中起着领导作用"。③ 对于君主立宪派主持的制宪会议，教科书开始予以较大程度的肯定，称"制宪会议为改造旧制度，创立资本主义社会的基本原则作了很大贡献"。④ 对于热月党人，教科书也抛弃了一味的批判，肯定了他们在维护共和政体、保护革命成果方面的作用。显而易见的是，新历史时期的革命观摆正了革命同社会发展之间的关系，革命不是目的，而是实现社会

① 寿纪瑜、严志梁等：《高级中学课本世界历史》上册，人民教育出版社，1981，第 179～180 页。

② 《全日制十年制学校高中课本（试用本）世界历史》上册，人民教育出版社，1978，第 144 页。

③ 王宏志、严志梁等：《高级中学课本世界近代现代史上册（必修）》，人民教育出版社，1995，第 43 页。

④ 史明迅、芮信等：《全日制普通高级中学教科书（试验本）世界近代现代史（限选）》上册，人民教育出版社，1997，第 51 页。

发展进步的手段和途径。历史教学大纲和教科书都把"社会发展的观点"摆在首要位置，申扬"改革开放、追求社会进步的观念"。[①] 新时期的革命观不排斥渐进的和平改革，不简单将革命和改革对立起来，而将它们都作为推动社会发展进步的动力。

从清末到民国再到新中国成立后，法国大革命在大多数教科书中一直占有很大篇幅，尽管解读不同，但在某种程度上也反映出国人对"革命"的热衷。至 21 世纪初，革命的呼声骤降，在新的史学观念影响下，法国大革命的篇幅被空前削弱。2003 年新课程改革的教科书采取了文明史的写法，纠正了过去过分偏重政治史的写法，"强调文明发展过程中和现实社会联系密切以及对现实社会有持续影响的内容"。[②] 如是，有关法国大革命的篇幅骤减，甚至在之后几本全国通行的高中历史必修教材中被一笔带过。相较于一波三折的过程和纷繁复杂的党派之争，革命所取得的文明成果《人权宣言》《拿破仑法典》赢得了更多的关注。对资产阶级创造的革命遗产，不是批评其不彻底性和要求继续"革命"，而是"理解"、"尊重"、"继承"和"发展"，乃是新时期革命观的体现和法国大革命书写的主题。自 2011 年起，在以提升学生的人文素养，"传承人类文明的优秀传统，使学生了解和认识人类社会的发展历程"[③] 为主旨的新的初中历史教育中，法国大革命更多地承担了使学生理解"资本主义制度的初步确立"的功能，故而新的部编版初中教材强调法国大革命推翻旧制度和传播资产阶级自由民主思想的作用。[④] 同样，在部编版的高中历史教材中，法国大革命被编写进了"资产阶级革命与资本主义制度的确立"一课，凸显了其在确立资本主义制度原则方面的意义。这些书写变化都充分说明了新时代历史教育和革命观念更重视的是革命对人类社会发展的作用，而非革命斗争本身。

---

① 课程教材研究所编《全日制普通高级中学历史教学大纲》，《20 世纪中国中小学课程标准·教学大纲汇编·历史卷》，人民教育出版社，2001，第 705 页。

② 王世光：《"文明史写法"与中学历史教科书改革》，《教育学报》2009 年第 2 期。

③ 中华人民共和国教育部：《义务教育历史课程标准》，北京师范大学出版社，2012，第 1 页。

④ 中华人民共和国教育部编《义务教育教科书世界历史九年级》上册，人民教育出版社，2018，第 88~91 页。

二　教科书中的法国大革命与变迁中的"世界史观"

　　法国大革命不仅深刻影响了中国革命观的转型和发展，而且它也成了中国了解世界的一个载体，影响着国人对世界历史的认识。以何种方式书写法国大革命，涉及世界史观念的问题，而且这种世界史观念同世界史教育理念纠葛在一起，体现了中学历史教科书编写的复杂性。对于长期处在闭关锁国的环境中，又以天下之中心自居的晚清国人来说，"世界"是相当模糊的概念。直至战争破开国门，国人在与外界的交往和与西方史著的接触中，才慢慢扩展了眼中的"世界地图"，开始思考世界史的本质、中心、发展走向以及世界史中诸国间的关系等问题。在这样的过程中，汉译日本、欧美西洋史与万国史教科书发挥了重要作用。受这些汉译教科书的影响，清末民初的世界史教科书基本深受欧洲中心论和进化论的形塑，认为历史就是研究"人群之进化"而求"公理公例"之所在,[①]弱肉强食、生存竞争的社会达尔文主义的思路时常充斥于历史教科书中。

　　在以欧洲为中心，强调社会进化的世界史体系中，法国大革命书写获得了张力，尽管清末民初的教科书仍有意无意地凸显其动乱意义，但它作为社会变迁的代表获得了一定程度上的肯定，它所带来的社会变化常被作为书写的重点。民初时期教科书中的法国大革命，尽管在书写上同清末时期相差不大，但在世界史分期的编排中处于格外显眼的位置。傅运森的《共和国教科书西洋史》将法国大革命置于近古史末端，以"宗教之争至拿破仑之亡"作为近古史；以"维也纳至今"作为近世史；张相和李泰棻基本延续了傅运森的四段分期法，但都将法国大革命置于近世史开端的位置。结合它们的具体书写和民国教育要旨来看，法国大革命所寓含的君权和民权、自由平等与专制之争已经成为时人眼中世界近代史发展的一条主线，反映在法国大革命的书写中即是倾向于将法国大革命前后的世界关系简化为"君党"和"民党"的对抗，这可以反映出时人对世界史关注的重心及其对世界史富有时代特色的解读。

　　在民族危机的刺激下，清末民初国人汲汲地希冀世界历史发挥出资鉴救

---

① 〔日〕本多浅治郎：《高等西洋史教科书》，导文社，1910，"序"，第4页。

国的作用，故而略古详今，重在"明其致富强之道"，① 而促成这一目标的伟人如法国大革命中的拿破仑，自然成为教科书大力张扬的对象。拿破仑被塑造成为一个成就霸业的伟人，对于他的霸业，教科书不无带有几分称许和倾羡。即便是面对拿破仑称帝的史实，"共和政变为武断专制"，教科书也未有过多的嗔怪，而是论其为民心所向，为法民爱戴，对于帝王霸业的好感溢于言表，仿佛是在借以激发国人奋发图强，恢复中华帝国昔日开疆辟土的荣光。拿破仑处置列国疆域时的"任意更置"，也被视为理所当然之事，这当然深受列强宣扬的社会达尔文主义思想的影响，也为时人追羡霸业荣光的主观意愿所形塑，但也反映出时人对于世界各国未必有一视同仁的民族国家观念，换句话说，在清末民初的世界史教育中国家主义②的教育思想并不占据主导地位。

20 世纪 20 年代的教科书尤为重视讨论法国大革命的世界性影响。王钟麒在《现代初中教科书世界史》中运用了如下颇具感情色彩的文字："这一出开幕戏，十分精彩，不但欧罗巴（Europe）诸国感受到危疑震撼的刺戟（激），他那辐射出来的光芒竟挑动全世界人的眼睑呢。"③ 他将法国大革命比作"轰破全球历史界的沈（沉）寂空气的爆裂弹"，也将它比作"鼓荡世界潮流的大风暴"，并指出各国的政治社会问题，皆由这一番壮烈的举动引起。可惜的是，王钟麒并未在后文详细清晰地阐述法国大革命轰动世界的意义。与王钟麒的《现代教科书·初中世界史》稍显感性和唐突的盛赞相比，陈衡哲对法国大革命国际性的分析更显鞭辟入里。陈衡哲将法国大革命的国际性置于当时各国的政治和社会情形中考虑，她指出 18 世纪的欧洲专制极盛，也指出了 18 世纪下半叶欧洲贫民问题的重新复活，故而促使这个"初由巴黎流入法国全境的革命潮流，便又由法国直向欧洲各国冲流去了"。④ 这种对法国大革命世界意义的凸显和强调充分反映了时人的"世界主义"的教育理念，诚如陈衡哲在其编写的教科书中强调的那样，其遵循"世界人的眼光"，注重说明彼此间的相互影响。

必须指出的是，对"世界主义"的倡导并不意味着"国家主义"在历

①　卢绍稷：《史学概要》，商务印书馆，1930，第 108 页。
②　即主张国家利益高于一切，是民族主义的另一种表述。
③　王钟麒编辑《现代教科书·初中世界史》下册，商务印书馆，1925，第 1 页。
④　陈衡哲：《新学制高级中学教科书·西洋史》下册，商务印书馆，1926，第 211 页。

史教科书中销声匿迹，相较于清末民初，1920 年代学制改革后的历史教科书更为注意到了法国大革命中"民族主义"的问题，并建立了法国大革命同民族主义精神崛兴之间的历史关联，不少教科书在解释拿破仑失败的原因时也称其违背了方兴未艾的民族精神。这种国家观念也引起了一些学者的警觉，陈衡哲即颇戒备法国大革命中同爱国观念融合在一起的博爱思想，称其为一种"仇外爱内的狭义爱国主义""流弊很大"。[①] 足见，法国大革命书写中虽注意到"民族主义"，但"世界主义"的理念仍占上风，表现在拿破仑书写上，倾向于将其描述为法国大革命精神的传播者以凸显法国大革命的世界影响，而常常回避拿破仑扩张对其他民族利益造成的损害。

　　然而，这种对"世界主义"的追捧在历史教育中并未延续太久，在帝国主义猖獗、民族危机日益加剧的时代，倡行国际亲善、博爱互助似乎是一个不切实际的空想。1920 年代学术界也掀起了对"世界主义"历史教育观的持续不断地批驳，最终致使"世界主义"在历史教育中偃旗息鼓，"国家主义"也基本主导了历史教育的方向。伴随着民族危机的日益加深，国民政府先后于 1932、1936、1940 年修订课程标准，对国家主义的强调越来越明显，这体现在法国大革命书写上，对于民族的突出和强调甚于之前的任何一个时期。法民齐心协力抵御外敌，革命军冲锋陷阵拯救危亡之法国，这些场景也屡屡渲染于各版教科书中。对拿破仑南征北战的霸业之举，清末民初的历史教科书常常称羡神往，但抗日战争前后的不少教科书对其表露出反感的情绪，称拿破仑扰乱欧洲，甚至呼其为"恶魔"，抨击他的举动有悖于方兴未艾的民族精神，并称拿破仑遇到了"伟大的反抗"，各民族都自相团结，对拿破仑侵略同仇敌忾等。与此同时，一些教科书在法国大革命书写中也不忘提及"中国"，以落实世界史叙述的中国立场。孙逸殊、闵宗益的《高中新外国史》和耿淡如、王宗武的《高级中学外国史》都指出国民公会期间确立的十进制的度量衡制，为中国所采用。[②] 金兆梓的《新编高中外国史》称拿破仑时期教育改革，将全国划分为二十七大学区，"这便是我国民十七大学区制之所昉"。[③] 耿淡如、王宗武的《高级中学外国史》在课文

---

① 陈衡哲：《新学制高级中学教科书·西洋史》下册，第 225 ～ 226 页。
② 参见孙逸殊、闵宗益《高中新外国史》，世界书局，1939，第 115 页；耿淡如、王宗武《高级中学外国史》中册，正中书局，1947，第 181 页等。
③ 金兆梓：《新编高中外国史》中册，中华书局，1947，第 248 页。

后的复习题中还将法国大革命同辛亥革命联系起来，要求比较法国大革命同辛亥革命的异同之处并做评述。[1]

新中国成立后，高度声张"民族主义"的法国大革命书写，转而以新的世界史观念武装。新中国以马列主义作为指导思想改造世界史教育，并参照苏联经验，形成了一套有新中国特色的世界史观念，这种世界史观念遵循"原始公社制—奴隶占有制—封建主义—资本主义—社会主义"的五种社会经济形态学说，故而以资产阶级革命形象出现的法国大革命，自然以"封建主义"作为对立面。封建制度的腐朽落后成为法国大革命最重要的历史背景，法国大革命的背景书写反不似新中国成立前那般多样和复杂。与此同时，该时期的世界史观念为革命的世界史观，高度重视阶级斗争，并将其视为人类发展的动力。由此法国大革命书写带有十足的阶级色彩，并被作为世界史中阶级斗争的典范。

改革开放后尤其是80年代末两极格局濒临崩溃之际，中国面临更倡和平合作的世界，革命的世界史观亟待改革。从颁行的中学历史教学大纲和教科书中世界史的书写来看，80年代末以来的世界史观正发生着显著的变化，教学大纲和世界史书写对阶级斗争的强调日渐被削弱，且更多地融入了现代化史和整体史的观念，强调"认识近现代史的发展过程，进一步了解近代以来世界形成统一整体的进程、近现代世界格局的变化和科学技术对历史发展的巨大作用"。[2] 至21世纪，伴随着相继两轮的历史课程改革的推进，整体史的思路在历史教育中体现得更为明显，如2001年版《全日制义务教育历史课程标准（实验稿）》的"内容标准"就注重阐明人类从分散走向整体的历史。该思路立足于人类文明由孤立走向一体的进程，承认多元文明的共存，由此生成了宽容而开放的世界史教育目标："了解人类社会历史发展的多样性，理解和尊重世界各国、各地区、各民族的文化传统，学习汲取人类创造的优秀文明成果，逐步形成面向世界、面向未来的国际意识。"而在最新一轮的高中课程改革中，必修课程重新回归中外历史混编的通史体例，旨在"让学生掌握中外历史发展大势""通过中外历史上的重要事件、人物和

---

① 耿淡如、王宗武：《高级中学外国史》中册，第189～190页。

② 课程教材研究所编《全日制普通高级中学历史教学大纲》，《20世纪中国中小学课程标准·教学大纲汇编·历史卷》，第690页。

现象，展现人类社会从古至今、从分散到整体、从低级到高级的发展历程，使得学生进一步了解和认识人类历史演变的基本脉络，以及丰富多样的历史文化遗产"。①

法国大革命书写的改进同世界史观念的更新是同步的。由于新的世界史观念重视世界的整体化进程和历史发展的大势，教科书也弱化了对繁复的历史事件本身的描述，法国大革命书写篇幅也在减少，甚至在 2003 年版高中课标指导下编写的高中历史必修教材中，法国大革命竟被一笔带过。在最新的部编版高中历史必修教材中，法国大革命书写也被浓缩为一段，仅 300 多字。受整体史、文明史等多种史学范式影响的世界史体系中，法国大革命的意义更多地彰显在促成资本主义世界体系的形成以及对人类文明发展的贡献之上。故而在书写中，资本主义世界体系形成过程中的成果——《人权宣言》《拿破仑法典》的作用和价值进一步凸显。在部编版初高中的历史教材中，法国大革命书写更为强调大革命在推翻旧制度和确立新制度原则方面的作用，以及其对资产阶级自由民主思想传播的世界性影响。拿破仑也被置于历史整体发展的视角中观察，其更多地被认为是"革命的后继者"，在传播革命的成果和原则方面起到了重要作用。

必须指出的是，法国大革命书写在适应新的世界史观念的同时，也以自身的方式为教科书中世界史观念和世界史教育理念的更新做着些许贡献。法国大革命书写重视其对人类历史发展的贡献，不再偏爱斗争和暴力，尊重和平渐进的改革，珍视人类文明成果，不过多计较阶级差别、中西差距和意识形态的区分，这样的革命史书写同时也是新的世界史的应有之义，对促成适应时代的世界史观念发挥着重要作用。

三　法国大革命、教科书编写与时代之间的互动

百年来中学历史教科书中法国大革命书写不仅反映了国人革命观念和世界史观念的变迁，也在很大程度上呈现了历史事件、历史教科书与时代之间的纠葛。长期以来，历史教科书都是多种因素交互作用的产物，它深受时代的影响、官方的钳制、学术的导引，同时或多或少包含个体编者的认知和见

---

① 中华人民共和国教育部编《普通高中历史课程标准》，人民教育出版社，2017，第 9 页。

解，当然，法国大革命所传递的思想观念又反过来影响这些因素本身。故而，要分析不同时期历史教科书中法国大革命的书写，绝不可忽视历史教科书编写与时代政治之间的复杂牵连，也绝不可无视史学发展及史家的编纂理念对法国大革命书写的影响。

（一）教科书中的法国大革命与时事政治之互动

法国大革命真正意义上传入中国，并在中国激起回响的时刻，正值中国国门被迫大开，国势日危之际。国人试图在西方历史中了解的，不单是纯粹的历史知识，更是致富求强、救国救民的良方。"以史为鉴""思镜外情"，国人对西史普遍的功利心态也直接影响了他们对法国大革命的解读。晚清改良派和革命派对法国大革命的解释及其目的迥异：改良派视法国大革命为祸乱，是杀戮无辜、血流成河的惨剧，是暴民叛党犯上作乱之举，并将它作为反面教材，刺激统治者加快维新变法；革命派则充分肯定法国大革命的进步作用，讴歌革命精神，试图以法国大革命为革命章法，推翻满族专制统治。[1] 显然，改良派的主张更符清廷之意，故而在教科书审定制下受清政府控制的历史教科书中，法国大革命书写更多地凸显动乱的意义，持立宪王政的立场。必须指出的是，清末民初国人大多是通过日本来了解西方的历史，西洋史教科书也多是翻译日本教科书而来。改良派与日本知识界在革命的看法上似一脉相承，两者都反感暴力革命，倡导立宪王政。改良派诸人在推介日本汉译教科书中也发挥着重要作用，如清末拥有巨大影响力的梁启超就在《新民丛报》上向国人介绍西洋史著作，首推本多浅治郎的《西洋历史教科书》，"其叙事条分缕析，眉目最清"，"日本人所著西洋史，可充吾国教科书之用者，莫良于此书"。[2]《西洋历史教科书》与梁启超的革命观不无相似之处。

以"民权主义"为政治根基的中华民国，自然在教科书中坚守着法国大革命的民权主旨，法国大革命在民国相当长时间里的历史教科书中以"伸张民权"的形象出现，该时期叙及波旁王朝的专制常常同"剥夺民权"

---

[1] 沈坚：《中国近代思想家眼中的法国大革命形象》，《法国大革命二百周年纪念论文集》，三联书店，1990，第 81~94 页。

[2] 梁启超：《东籍月旦》，《梁启超全集》，北京出版社，1999，第 330 页。

"特权""不平等"联系在一起,并成为平民无权、起身反抗的最为重要的依据。不少教科书关注到了革命进程中与民权息息相关的史实,如周传儒的《新撰初级中学教科书世界史》注意到国民议会时期的成绩:"全国民皆有选举资格,又许言论、集会、出版、信仰自由。"[①] 陈衡哲的《新学制高级中学教科书西洋史》和王恩爵的《新时代世界史教科书》都关注到《人权宣言》,并称许它主张人类一体自由平等的价值和意义。1929 年国民党形式上统一全国后高唱"三民主义"的教育宗旨,将"民族""民权""民生"的意旨直接灌注于历史课程标准当中,在某种程度上也促使教科书编写者解剖大革命更为丰富的面相,并更多地将法国大革命的叙述同"民族""民生"等方面联系起来。如前所述,30 年代伴随着日本侵略的加剧和民族危机的加深,于国难危亡之际撰写的教科书无不沾染浓厚的民族情绪,李季谷在《李氏初中外国史》下册的序言中写道:"本书在国难严重中写成,故近代史涉及中国事件处,常有近乎激越的语气,盖意在能引起读者们的救国热情——亦即复兴中华民族运动的重任的自觉心。"[②] 法国大革命也同民族主义建构了十分紧密的关联,教科书不仅将法国大革命中的战争塑造为保卫民族之战,亦将法国大革命视为民族主义勃兴的开端。这样的解读既是对法国大革命认识的深入,也深深打上时事背景的烙印。

20 世纪 50 年代后,伴随着教科书"国定制"的确立,历史教科书在"思想教育"方面的功能更显突出。新中国历史与政治紧密地交织在一起,历史的叙述常常受政治的影响和左右,五种社会经济形态、阶级斗争、人民主体,这些颇带政治意味的观点也融入历史教科书每一个事件的分析当中,左右着法国大革命的书写。历史教科书在论证中苏友好的政治关系中发挥着重要作用,不仅给苏联历史以极大篇幅,甚至不惜用不确的史实维护苏联的良好形象。拿破仑的征俄战争成了书写重点,实则为了显示俄军的作战之英勇。教科书大幅叙述俄军将领库图佐夫的事迹及其在战中的形象,凸显俄军将领的"天才的机智的领导力"、"个人的勇敢"和"卓越的指挥才能"。为了保护俄军正义的形象,1955 年版高中历史教科书将火烧莫斯科之举转嫁到拿破仑的身上,"看到莫斯科大火的俄国人都能证明,拿破仑是事先有

① 周传儒:《新撰初级中学教科书世界史》下册,商务印书馆,1927,第 45 页。
② 李季谷:《李氏初中外国史》下册,世界书局,1935,"序",第 1 页。

计划地来毁坏这座大城市的"。① 伴随着中苏关系恶化，这样的历史叙述有的也一变面貌，俄国变成了"欧洲的反动头子"，蓄意挑起战争，而拿破仑则为法国大革命的保卫者，从"侵略者"变为了正义的一方。② 政治的持续左转也促使教科书运用更多的政治观点而非历史的客观叙述，60 年代初世界历史教科书精简至只剩下现代史部分，而现代史中宣扬的都是激进的政治观点，世界现代史浓缩为社会主义持续进步和资本主义总危机加深的历史，"文革"末期又恢复了世界古代、近代史的教育，其扉页的毛泽东语录很好地代表了"文革"时期历史教育的主旨："阶级斗争，一些阶级胜利了，一些阶级消灭了，这就是历史，这就是几千年的文明史。拿这个观点解释历史的就叫做历史的唯物主义，站在这个观点的反面的是历史的唯心主义；人民，只有人民，才是创造世界历史的动力。"③ 约占世界近代史 1/8 篇幅的法国大革命也成了这两则语录的注脚。

改革开放后，政治对历史教育的影响减弱。历史沉重的惯性虽没有使历史教科书顷刻之间改观，但在 80 年代末，当改革开放积蓄了一定力量且亟待深入之时，历史教育的改革也被提上日程，而大约与此同时，国际上两极对峙格局崩塌，中国迎来了更为和平的世界环境，各色各样的西方史学观点涌入并为学界吸收和应用。这些都是新时期教科书中法国大革命书写不可忽视的时事背景。法国大革命在教科书中的篇幅被缩减，意味深长地折射出"走出革命"的历史主题，法国大革命开始承担起更多的现代化的意义，与中国着力现代化的进程相适应。随着改革开放的持续深入，社会主要矛盾的转移，中国特色社会主义新时代的推进对历史教育也提出了新的要求，期望学生通过对世界历史的学习提升他们的人文素养，形成更广阔的视野和更开放的心态，"认识到世界各地区各民族对人类文明的推动"，初步形成世界意识。④ 故而法国大革命书写也着力突出了大革命的世界影响及其对人类文明发展的贡献，在培育学生的世界意识和人文素养中发挥着重要作用。时事迁移，国人不断在法国大革命的史迹中挖掘出适应时代的主旨，同时也沉淀

---

① 李纯武：《高级中学课本世界历史》上册，人民教育出版社，1955，第 53～54 页。
② 参见山西省中小学教材编审室编《世界近代现代史》上册，山西人民出版社，1975，第 44～46 页。
③ 广东省中小学教材编写组编《世界历史》，广东人民出版社，1973。
④ 中华人民共和国教育部编《普通高中历史课程标准》，第 22 页。

下了人们对于法国大革命的冷静和理性思考，这或将促使历史教科书中的法国大革命更为真实和客观。

（二）教科书中的法国大革命与史学和史家

历史教科书中法国大革命的书写同史学研究的进展密切相关，某种程度上可以说，教科书中的法国大革命是根据课程标准或课程大纲对史学研究中的法国大革命选择性吸收和编排的成果。史家或参与法国大革命研究，或参与教科书编写，他们的见解在法国大革命书写中发挥着重要作用，尤其是在教科书编制体系较为宽松的清末民国时期，史家编写教科书的风气盛行一时，这既极大地推动了历史教育的发展，也为历史教科书的编写增添了不少个人色彩。

在法国大革命发生近百年后，中国才开启对它的研究。王韬当属我国研究法国大革命的第一人，他在结束两次法国的游历后，根据日本冈千仞的《法兰西志》、冈本监辅的《万国史记》等书，编成了《法国志略》，卷五《波旁氏记》记载法国大革命之章节多达八节，卷六还记述了自拿破仑执政到流放圣赫勒拿岛的有关历史。与同时代的西方史家丹纳和奥拉尔关于法国大革命的著作相比，我国法国大革命史学的起步显得有些先天不足：既未直接继承西方已长达百年的革命史研究传统，也无一手的资料来源，只能依靠第二、第三手的日本译著。依托传统儒学的知识谱系，王韬以一场"弑君动乱"来解释西方现代性的"法国大革命"，以此表达他抑君重民和君主立宪的思想。其后，法国大革命成了中国思想界和政界的热点话题，无论是改良派的康有为、梁启超等人，还是革命派的冯自由、孙中山、章太炎、邹容、陈天华、汪东（寄生）等人都援引法国大革命为自己的政治主张辩护，他们各取所需，发挥着史学的资鉴功效，却没有真正意义上地研究过法国大革命。但在改良派和革命派激烈论争时，三部日本著作得以翻译问世，分别是涩江保的《法国革命史》（1900）、中江兆民的《革命前法朗西二世纪事》（1901）、奥竹松的《法兰西革命史》（1903），这些译著对革命人士产生了重要的影响。该时期中国刚刚起步的历史教科书也多依赖日本的资源，日式教科书在体例和内容上都对中国历史教科书产生了重要的影响，西洋史、万国史教科书中的法国大革命也多承袭日本教科书的观点，自我研究的成分鲜见。

　　民初历史教科书中法国大革命书写同清末历史教科书差别不大的原因之一即国内的法国大革命研究并无多大进展，援引法国大革命也多以表达政见为主，且自十月革命后，国人对法国大革命政治上的热情也渐趋冷却。陈独秀、李大钊等人虽都曾著文赞许法国大革命，但他们都认为同十月革命相比，法国大革命的意义就显得逊色许多。因而尽管民初历史教科书多冠以"新制"之名，但法国大革命只是取材于汉译教科书和有限的译著，在叙述和观点上不能有大突破。但也有如张相者，其编书非"猎取他籍，凑取成编"，而是赖于"编者教授经验之所得"，① 如此，其在编制的教科书中也提出了法国大革命研究的些许心得，他将法国大革命置于近世开篇，认为法国大革命引发了一个"风云起灭，瞬息变幻"的大革命时代，而大革命之后，"大专制家梅特涅借神圣同盟之名义压抑自由以保守其旧势力，实为大革命之反动"，"希腊比利时先后独立，南美各国创造共和，法国复有八月二月两次革命，实又为保守政策之反动"，故他又将法国大革命之后的历史时期命名为"自由主义保守主义冲突时代"。这种将个人见识梳理成体系编写进教科书在那个教科书的事例多依赖于翻译他国作品的时代确是难能可贵的。

　　20世纪20年代至新中国成立近三十年间，法国大革命史的研究相较之前有所建树，不仅翻译的作品频频涌现，而且也出现了不少国人系统研究的成果。在译著方面，翻译出版了法国右翼历史学家马德楞（louis Madelin）和德国社会民主党人布洛斯的《法国大革命》、德国马克思主义者考茨基的《法国革命与阶级斗争》以及俄国无政府主义者克鲁泡特金的《法国大革命史》。抗战时期和解放战争期间，杨人楩相继译出了美国戈特肖克（L. R. Gottschalk）的《法国革命时代》和法国马迪厄的名著《法国革命史》。这些译著从不同的角度解释法国大革命，为国内的法国大革命史学增添了活力，译著中的不少史学观点被译者吸收并融入教科书中，如杨人楩在其编著的《高中外国史》中就吸纳了不少克鲁泡特金的观点，甚至引用克鲁泡特金在《法国大革命史》中的大段结论来说明法国大革命的伟大意义。②

---

　　① 张相：《新制西洋史教本》（下），中华书局，1914，第1~2页。
　　② 杨人楩：《高中外国史》下册，第88~89页。

在国人自己的研究方面，出现了一些专门研究法国大革命的史家，代表性的如沈炼之和杨人楩。沈炼之于 1941 年出版了《法国大革命史话》，此为中国学者撰写的第一部系统的法国大革命史著，与之呼应的是杨人楩的《圣鞠斯特》（1945）。两者都凸显了法兰西民族在祖国危亡中的英勇形象，激励着国人从法国大革命中汲取精神力量，发奋抗战。杨人楩也曾亲身参与历史教科书的编写，其编写的《高中外国史》倍享盛誉，广受欢迎。杨人楩在《高中外国史》中将法国大革命塑造为以人民为中心的革命，资产阶级利用了人民，而后又背叛了他们；认为法国大革命不仅是政治革命，而且是社会革命，是由"思想潮流"和"行动潮流"共同造成的，资产阶级代表了"思想潮流"，"乡间的农民及城市的工人"代表了行动潮流；认同雅各宾派的"恐怖政策"，认为它是大革命不可或缺的手段；认同巴贝夫的共产主义思想；等等。这些观点既是受克鲁泡特金影响的产物，也包含有他潜心研究革命史的成果。

这一时期也是史学大家普遍关心历史教育，并亲身投入历史教育理论探索和实践的时期。诸多史学大家参与世界史教科书的编写，如陈衡哲、金兆梓、何炳松、陈祖源、卢文迪等。他们虽无有关法国大革命的专门研究成果，但在教科书中表达了些许认识。如陈衡哲在《新学制高级中学教科书西洋史》中认为法国大革命的性质偏重于政治但不以政治为限，兼含社会和经济革命的意义；认为"中等社会"是法国大革命最坚强的力量；从革命本身、路易十六和贵族的行为、外国君主的态度三个层面解析了法国大革命之所以未止步于君主立宪的原因；较公允地评判了当时欧洲各国政治社会现实和拿破仑的行径；等等。这些认识建立在其本人教授西洋史及读史体悟之上，为时人更深入地理解法国大革命做出了不小的贡献。

新中国成立后，国内的法国大革命史学在"学习苏联"的号召下转而以取材于苏联为主，曼弗列德的《十八世纪末叶的法国资产阶级革命》（1955）和卢金的《罗伯斯庇尔》（1963）相继出版，当然在这期间也有零星译出的其他国家一些马克思主义学者关于法国大革命的经典之作，如法国历史学家索布尔的《法国革命》（1956），英国历史学家乔治·鲁德的《法国大革命中的群众》（1963），1977 年还出版了全书贯彻阶级斗争观点的米涅的《法国革命史》。但总的看来，新中国成立后相当长的一段时间里国内有关法国大革命的研究成果有限，诚如端木正所说："只停留在教科书的水平，最多是高等学校教科书水平。"[1] 中学历史教科书中法国大革命的书写也只能依托有限的学术资源，且很大程度上是对苏联历史教科书的邯郸学步，《苏联现代史》一度充当了中学世界现代史的代用课本。[2] 即使《历史教学大纲》编制以后，中国开始独立自主地编写历史教科书，也很大程度上受苏联历史教材的影响。改革开放后，法国大革命史学在新的学术氛围中出现了真正的复兴，多元史学观点的传入也使得中国学者面临着多种研究路径的选择，同以往研究多属"拿来主义"的现象不同，这时期的史家提倡"创造性的研究、探讨和思考"，[3] 法国大革命研究呈现生机勃勃的景象，这也给教科书中的法国大革命书写带来了可喜的变化。

其一，学界对新中国成立后教条式研究的反省鲜明地体现在教科书中，出现了不少相较以往的创新观点。如对吉伦特派、雅各宾派和热月党人功过的重新讨论，使得90年代教科书对他们的评判也日趋公允。教科书中也出现了关于法国大革命起讫、分期的不同的观点，人教社1997年版的《高级中学教科书（试验本）世界近代现代史》虽然依旧以热月政变作为法国大革命的终结，但以小字标注的形式呈现了学界对法国大革命结束时间的不同看法，打破了一元观点独霸教科书的局面。21世纪初，华师大版初高中教材、岳麓版初中教材等都在书写上将拿破仑帝国时期纳入法国大革命，同坚持以热月政变为结束的其他版本教科书形成了互异争艳的局面，在某种程度上折射出学界关于这些问题的持续论争。新部编版的初高中教材都基本承认拿破仑作为革命继承者的身份，强调其在打击封建制度、传播革命原则方面的作用。与此同时，伴随着学界研究的推进，在很长一段时间坚守的三次人民起义推进资产阶级革命的叙述框架逐渐淡出历史教科书，尤其体现在最新部编版初高中历史教材中。革命进程的推进被更好地审视，启蒙思想的引领、旧制度的制约、国内外矛盾和危机等因素得到正视，《人权宣言》、1791年宪法、《拿破仑法典》对革命进程的推动作用得到高度肯定，法国大革命书写对雅各宾派、拿破仑功过的评判也更为公正和客观。

---

[1] 中国法国史研究会编《法国史论文集》，生活·读书·新知三联书店，1984，第33页。

[2] 《出版者的话》，《苏联现代史》，人民教育出版社，1957。

[3] 张芝联：《近百年来中国的法国革命史学》，《历史研究》1989年第4期，第35页。

　　其二，尽管西方修正派试图解构法国大革命"神话"、消解法国大革命内在必然性的观点在中国史界依旧没有多大市场，但他们思考问题的视角也给了中国学者很大的启发。如试图用长时段的眼光看待法国大革命，重视更为持久性的因子——意识形态、观念因素等对法国大革命前后社会的影响。进入 21 世纪后历史教科书十分重视革命期间民主自由思想的发展和传播，同中国学界对修正派史家观点的选择性借鉴不无关系。伴随着国内外法国大革命政治文化研究迎来热潮，教科书也开始注意到法国大革命中的一些政治文化现象。如北师大版高中历史教材中的"每课一得"介绍了革命期间的共和历，并请学生评判雅各宾派实行共和历正确与否，同时也引用了 1791 年《霞不列法》中关于禁止工人集会结社的规定，问学生其是否符合《人权宣言》的规定。[①] 最新的部编版初中历史教材也在专栏介绍了《马赛曲》。[②] 中国革命的政治文化同法国大革命政治文化也在 20 世纪初的一些教科书中实现了对接，人教社选修 2《近代社会的民主思想与实践》第 2 课《法国〈人权宣言〉》中即引用了李大钊和陈独秀的两段话，颇意味深长地引导学生思考法国大革命的政治文化对中国革命的影响。

　　其三，总体来看，尽管中学历史教科书中的法国大革命书写自 20 世纪90 年代以来尤其在 20 世纪以后在吸收国内外研究成果方面成效明显，但中学历史教科书中的法国大革命似乎始终同国内外史学界的研究保持着一定的距离，国内外史学对法国大革命的解读层出不穷，研究范围不断扩大，视角也日趋多元，但教科书中的法国大革命依旧清一色地聚焦于政治层面的变革，对革命的解读视角单一，革命的叙述也略显沉闷和枯燥。不可否认，教科书编写具有周期性，且受到多种因素的限制，常常会滞后于学术研究。对教科书来说，呈现一个更为丰富生动的法国大革命还需教科书编写理念的进一步突破和法国大革命史学更深入的补给。

---

① 朱汉国：《义务教育课程标准实验教科书历史九年级》上册，北京师范大学出版社，2003，第 30 页。
② 中华人民共和国教育部编《义务教育教科书世界历史九年级》上册，第 92 页。

中国高中历史教科书中的德国形象探究

——以 1951～2019 年的人教版为例

魏 丹

一 1951～2019 年高中历史教科书中相关内容的描述

(一) 关于西欧中世纪的封建国家

该段历史直接关系到德意志国家和地区的形成,要探究新中国成立后各版高中历史教科书里的德国形象就应分析此部分的叙述;又由于法兰克王国对德意志国家和地区的形成具有相当特殊且重要的意义,所以该部分选取高中世界历史教科书中对于该方面内容的编写以进行形象的整合构建与分析。

1951 年版高中《外国历史·上册》认为日耳曼民族的大迁徙对西欧乃至整个欧洲都产生了相当广泛而深远的影响;而 1978 年版、1981 年版、1987 年版、1991 年版均在第四章第一节第一目中介绍了法兰克王国。①

2007 年版则相对特殊,西欧中世纪相关的知识内容属于必修 1② 的《古

---

① 这四版的第四章都名为"西欧封建制度的形成与发展",第一节均是"西欧封建制度的形成和发展"。

② 即部编版高中历史教科书《国家制度与社会治理》。

代希腊罗马的政治制度》这一单元的探究活动课,对法兰克王国的描述作为教科书提供的历史背景资料而出现。2019 年版选修 1 和选修 3① 在介绍中世纪欧洲的封建制度及中世纪西欧文化时提及了法兰克王国。

　　从如何具体描写与法兰克王国有关的叙述内容上来看,1951 年版与出版于 1978 年、1981 年、1987 年、1991 年的这四版高中外国历史教科书有着明显的差异;而后四版中有关法兰克王国的叙述则大体相同,基本没有差别;因 2007 年版中的相关知识内容属于该版的活动探究课,故作为历史背景资料提炼总述;2019 年版则是比较简单地概述了法兰克王国。②

　　对于法兰克王国在所有建立的日耳曼国家中的地位,几乎所有版本都认为它是日耳曼国家里最重要的一个。1951 年版还提出:"它的发展的经过也最能表现当时欧洲社会变化的情形。"③ 虽然 2007 年版没有对法兰克王国的地位下定论,但是作为背景资料在开篇就提出法兰克王国是西欧的一个大国,紧接着用四句话说明了法、德、意三国均从法兰克王国发展而来,其重要性不言而喻。2019 年版也提及了法兰克国家的建立。④

　　接下来对于法兰克王国的发展历程,几版的描述开始有了差别:1951 年版用了四页详细描写了法兰克王国从克洛维开始至查理大帝时期国家发展壮大与扩张的历史;与 1951 年版形成鲜明对比的是 1978 年版、1981 年版、1987 年版、1991 年版,这四版中对法兰克王国的强盛历程都重点描写了克洛维和查理大帝统治时期,尤其对于查理大帝的向外扩张进行了重点叙述;2007 年版则没有对其发展过程进行描写;2019 年版同 2007 年版一样,并未重点强调其发展过程,但是提及了法兰克王国是法兰西、德意志、意大利三国的雏形。⑤

　　是故,新中国成立后各版世界历史教科书都肯定了法兰克王国在欧洲发展历史上的重要地位,但侧重点不同。这样,学生构建出的德国形象可能会出现断层,即只知有德意志,不知德意志究竟从哪里而来。但这种情况在

---

①　即部编版高中历史教科书《文化交流与传播》。
②　部编版高中历史教科书《文化交流与传播》,人民教育出版社,2019,第 23 页。
③　覃必陶、胡嘉:《高级中学外国历史》上册,人民教育出版社,1951,第 88 ~ 89 页。
④　部编版高中历史教科书《文化交流与传播》,第 23 页。
⑤　部编版高中历史教科书《国家制度与社会治理》,人民教育出版社,2019,第 10 页。

2019 年部编版中有所改变，该版不仅介绍了日耳曼人的出现，而且穿插介绍了日耳曼人的发展历史，不得不说是一个突破。

（二）关于马丁·路德的宗教改革

首先，从所处章节单元来说。1951 年版单列了一节来对宗教改革和农民战争进行讲述。1978 年版、1981 年版、1987 年版、1991 年版都仅将其与农民战争一道编入"西欧封建制度的解体和资本主义的兴起"这一章，[①] 列为该章的一个子目。1995 年版[②]是首次将文艺复兴和宗教改革编入同一课内的版本，1997 年版[③]与 1995 年版相同，也将文艺复兴与宗教改革的有关内容列为同一节课进行讲述。在 2007 年版中，宗教改革运动出现在了必修 3 和选修 1 中：与文艺复兴同属必修 3 第 6 课，是选修 1 的第五单元"欧洲的宗教改革"中的第 2 课，相较于前几版教科书，2007 年版中宗教改革所占比例和重要性得到了提升。2019 年版延续了 2007 年版的介绍方式，把文艺复兴、宗教改革、近代科学的发展以及启蒙运动放在了同一课中。[④]

其次，从具体描写所占篇幅和详细内容进行考察。1951 年版使用 3 页左右的篇幅对宗教改革的全过程进行了概述，同时用了 6 个页面对农民战争及其影响做了细致的分析描述。1951 年版将马丁·路德塑造为因教会和世俗的矛盾不断激化而出头与教皇正面冲突的形象。虽然他只是指出了教皇的错误且无意为难教皇，但他的行为使日耳曼的各阶级"被卷入了烈焰"。[⑤]紧接着就指出农民与城市贫民同贵族、城市富豪们之间的矛盾因对宗教改革的不同态度而加深，农民战争不可避免，对德意志宗教改革的内容未再做任何描述。

在 1978 年版中，将 1951 年版使用的"日耳曼"改为了"德意志国家"。该版用五个段落介绍了德意志的宗教改革运动，意在证明闵采尔领导

---

① 这几版中有部分内容被编为一章，但往下未以节划分，而以子目分列。

② 人民教育出版社历史室：《高级中学课本·世界近代现代史（必修）》上册，人民教育出版社，1995。

③ 人民教育出版社历史室：《全日制普通高级中学教科书（试验本）·世界近代现代史（限选）》上册，人民教育出版社，1997。

④ 《部编版高中历史教科书·中外历史纲要（下）》，人民教育出版社，2019，第 46~49 页。

⑤ 覃必陶、胡嘉：《高级中学外国历史》上册，第 184 页。

的农民战争是德意志宗教改革的必然发展结果；认为德意志宗教改革的原因是封建社会中的天主教会阻碍着德意志经济的发展，所以它成了集中反对的目标；评价马丁·路德是顺应了宗教改革运动的呼声而站起来反对天主教会的资产阶级宗教改革的代表人物。这四版将宗教改革都定性为反封建斗争的开始，是农民战争的前奏；也都没有对宗教改革运动同文艺复兴活动之间究竟有何种联系做任何阐述。1981 年版、1987 年版、1991 年版与 1978 年版的内容基本一致，叙述略为详尽。

1995 年版将宗教改革的性质定为西欧早期资产阶级反封建的斗争。从该版起，添加了对德意志国家 "教随国定" 原则的介绍，也对西欧其他国家的宗教改革做了概述，注意到了宗教改革对西欧的民族文化和教育事业以及思想的推动作用。1997 年版在 1995 年版的基础上对马丁·路德宗教改革的过程、内容进行了进一步的描写。

2007 年版高中历史教科书对德意志宗教改革的描写是各版中最为全面、详细的。它提出了宗教改革和文艺复兴之间的关系。同时，在该版的必修 1 中，宗教改革和文艺复兴运动是被放入同一课使学生进行学习的，尤其注意分析两者之间的关系。另外，增加了马丁·路德宗教改革的详细内容，介绍了他对德意志国家（或地区）在建立本民族教会方面的建议。该版中路德的宗教改革占了大量篇幅，农民运动被一句话带过。

2019 年版中宗教改革的篇幅相较 2007 年版略为减少，但是仍旧重点关注文艺复兴与宗教改革的关系，以及宗教改革对民族国家形成的重要影响。[1]

经过以上梳理对比可以清楚地发现，除 1995 年版、1997 年版和 2007 年版外，其余版本的高中世界历史教科书虽提及宗教改革的范围是整个欧洲地区，但在实际描写时却将欧洲的宗教改革与德意志的宗教改革画等号，很少描述欧洲地区除德意志以外国家的宗教改革情况。另外，2007 年版之前的各版从未注意过马丁·路德的宗教改革对德意志国家在民族统一和国家统一方面产生的影响，2007 年版及 2019 年版则着重强调了这一点。1951 年版、1978 年版、1981 年版、1987 年版都将重点置于对宗教改革发生前后的各种阶级矛盾的详细描写与介绍上，均认为宗教改革由社会矛盾引发，社会

---

[1]　《部编版高中历史教科书·中外历史纲要（下）》，第 47 ~ 48 页。

矛盾的根源在于欧洲的经济开始了快速发展，没有关心过除经济方面之外的其他因素在引起宗教改革的出现上所起的作用，这样的单方面分析，容易将欧洲宗教改革简单地视为一场由经济发展导致社会阶级矛盾加深，从而孕育出的普通社会运动。

（三）关于德意志的统一

公元 1871 年 1 月 18 日，普鲁士国王威廉一世在凡尔赛镜厅接见了德意志各邦国使者，宣布就任德意志帝国①的皇帝。同年 4 月 16 日，该帝国的宪法通过，确保了普鲁士的领导地位。至此，德意志长年的分裂状态正式告终，成了一个统一国家，真正意义上的德国历史由此开始。毫无疑问，统一德国的建立为其成长壮大扫清了阻碍。此后不久，德国很快便成为资本主义强国中的一员。对于该段历史，新中国成立后各版高中历史教科书或多或少都有所提及，但描述详略、内容重点、有关评价均有所差别。因此，本文将从各版对德国统一背景的分析、有关俾斯麦的描述以及如何评价普鲁士完成德意志统一这三方面进行德国形象的继续构建。

（1）1951 年版②并未对德意志统一的背景做具体叙述。该版的介绍是以俾斯麦的军事活动为主线，细节描写多集中于德意志统一过程中进行的战争，尤其对于普鲁士的各种军事方面的活动刻画细致。全篇行文强调德意志的统一是以武力手段完成的，意在突出其具有强烈的军国主义传统。

同时，该版指出德意志的统一虽是资产阶级的一致要求，但它"脆弱得连通过议会政治建立适应本身利益的民族国家都做不到"，③ 以致由普鲁士的"黩武主义者王朝贵族集团"④ 领导统一运动。

最后，该版认为统一后的德国实际上仍为半专制性质的国家，残留着封建性质且具备军事专制性，带有明显的对外侵略和对内反动的军国主义性质，将其评价为 20 世纪初期的资本主义体系里最具危险和威胁性的国家。

---

① 宣布的国家名称即为德意志帝国。实际上，历史上该帝国被称为德意志第二帝国，第一帝国为神圣罗马帝国，第三帝国为希特勒建立的德意志帝国。
② 林举岱：《高级中学外国近代史纲》，人民教育出版社，1951，第 103～107 页。
③ 林举岱：《高级中学外国近代史纲》，第 106 页。
④ 林举岱：《高级中学外国近代史纲》，第 106 页。

（2）1953 年版①分别对 1848 年革命后的普鲁士情况、俾斯麦、北德意志联邦、19 世纪 60 年代的德国工人运动、德意志统一的完成以及奥匈联合国家的成立做了详细说明，工人阶级的各种运动以及各阶级之间的对立冲突描写是该版内容描述的两大重要组成部分。

该版认为，1848 年后普鲁士的国家政权掌握在地主阶级手中，农民因地主阶级的压迫而艰难度日；同时，德意志国家正在由农业国向工业国转变，工人数量大大增加；另外，德意志的资产阶级因自身发展需求也需要国家早日实现统一。以上这三方面就构成了德意志统一运动发生的背景条件。

在对俾斯麦的叙述上，1953 年版重点突出他提倡的铁血政策和地主贵族身份，全篇贯穿着对其专制独裁和崇尚武力的侧面刻画。

最后，1953 年版指出，由于德意志统一运动的主要推动力量为上层统治者，下层人民的作用被上层统治者压制，因此认为这是一场"自上而下"的运动；同时，还提出在德意志的统一过程中，软弱的资产阶级为了表示俾斯麦对工人运动施以高压的欢迎，将本该自己享有的领导权拱手让给了"皇帝"和"宰相"。该版指出，在德意志的统一进程中："德国的人民具有高度的革命情绪，也提出了革命的口号，可是因为没有革命党的领导，终于不能阻止俾斯麦武力统一的计划。"②

（3）在 1955 年版③中，对德意志在 19 世纪 50 年代整体经济的发展情况做了梳理，认为德意志统一之前的大环境表现为以下几方面。

①1848 年革命后，德意志国家的工业革命才真正开始，经济开始快速发展。至 19 世纪 50 年代，德意志已由原本以农业为主的国家转变为一个新兴的工业国。

②城市因经济发展而迅速成长。

③农村的阶级分化仍持续着，产生了部分富农。

④政治上的分裂状态，阻碍了资本主义的发展，有进行统一的必要性。

该版关于俾斯麦的叙述重点仍在其"铁血政策"的叙述上，特别指出

① 王芝九：《高级中学课本·世界近代史》第一册，人民教育出版社，1953，第 105～109 页。
② 王芝九：《高级中学课本·世界近代史》第一册，第 109 页。
③ 李纯武：《高级中学课本·世界历史》上册第二分册，人民教育出版社，1955。

俾斯麦在德意志统一进程的政治生活中起过一定的作用，这与 1951 年版、1953 年版将其视为德意志统一的唯一主导者的描述有所不同。

然而，俾斯麦的地主贵族身份仍被重点描写，同时强调："在国际事务中，他是一个出色的外交家；在国内，他是地主贵族利益的忠实保护者，是工人和农民的恶毒敌人。"①

该版在讲述德意志的统一时没有对统一后的德国进行评价，只指出了普法战争中法国失败后，德意志才算形成了一个统一国家。②

对于德意志统一进程中的工人阶级，该版进行了大量的描写，对德意志工人联盟做了介绍，对倍倍尔、威廉·李卜克内西在德意志统一过程中的主张、行动进行了详细描述，同时附以二人的肖像插图。最后得出 19 世纪 60 年代的德意志工人阶级规模巨大，有发生革命的可能，但因缺乏工人阶级的政党，德意志的统一未能由工人阶级领导并完成。③

（4）1958 年版④对德意志统一的编写与 1955 年版中的描述基本相同，其不同之处在于对俾斯麦的描写上。该版将 1955 年版中认为俾斯麦于德意志统一过程中所起作用表现在政治方面的表述，⑤ 改为了仅指出俾斯麦在德意志统一进程中起过一定作用的叙述。⑥

（5）1978 年版⑦与以往各版都不相同，对德意志的统一未做过任何描写，仅在第十五章"巴黎公社"中用一句话提及德意志的统一，即"路易·波拿马的扩张野心同普鲁士宰相俾斯麦企图通过王朝战争统一德国的政策发生了激烈冲突"。⑧

同时，在该版第十六章⑨，对统一后的德国特点进行了总结。该版认为

---

① 李纯武：《高级中学课本·世界历史》上册第二分册，第 118 页。
② 李纯武：《高级中学课本·世界历史》上册第二分册，第 118 页。
③ 李纯武：《高级中学课本·世界历史》上册第二分册，第 121 页。
④ 李纯武：《高级中学课本·世界近代现代史》上册，人民教育出版社，1958，第 67 ~ 71 页。
⑤ 原文为："在统一时期，俾斯麦在德意志的政治方面起过一定的作用。"李纯武：《高级中学课本·世界历史》上册第二分册，第 118 页。
⑥ 李纯武：《高级中学课本·世界近代现代史》上册，第 68 页。
⑦ 中小学通用教材历史编写组：《全日制十年制学校高中课本（试用本）·世界历史》上册，人民教育出版社，1978。
⑧ 中小学通用教材历史编写组：《全日制十年制学校高中课本（试用本）·世界历史》上册，第 44 页。
⑨ 第十六章名为"资本主义进入帝国主义阶段"。

德国是一个后起的帝国主义国家，有着迅速发展的经济和先进的科学技术，但由于残留着封建成分，加之德国的经济与政治发展都无法与这些残余成分脱离关系，导致德国成为一个由容克贵族与军阀掌握政权的帝国主义国家。①

除此之外，该版再无任何涉及德意志统一的描写。

（6）而1982年版、1987年版与1978年版的叙述大致相同，在该版的第十六章第二节，使用了两句话对德意志已经完成了统一的情况进行了介绍。

（7）1991年版高中教科书《世界历史第二册（必修）》中，对德意志统一的背景分析以普鲁士的情况为主。在1955年版的背景介绍基础上增加了关于奥地利和普鲁士争夺德意志领导权的说明，指出实际上奥地利从自身角度出发并不希望德意志实现统一，是故："统一的旗帜就落到普鲁士的手里了。"②

在对俾斯麦的叙述方面，1991年版删除了1958年版中认为俾斯麦在德意志统一过程中起过作用的有关内容。不再特意强调俾斯麦在德意志统一进程中发挥的作用，但铁血政策仍是重点叙述的内容。值得注意的是，该版行文重点在于刻画普鲁士和奥地利之间的战争，这与以往各版有所不同。

（8）1995年版③对德意志统一的背景做了非常有条理的分析，可以总结为下列三条。

①工业革命的展开和资本主义经济的发展使德意志各地之间联系日趋紧密；

②德意志的资本主义在发展过程中受到很大阻碍，导致其发展受阻的一

———————

① 原文为："德国是一个技术先进和经济发展迅速的后起的帝国主义国家，但它在政治上和经济上都同封建残余有密切联系，是一个军阀的、容克的、资产阶级的、帝国主义的国家。"中小学通用教材历史编写组：《全日制十年制学校高中课本（试用本）·世界历史》上册，第44、61页。

② 人民教育出版社历史室：《高级中学课本·世界历史第二册（必修）》，人民教育出版社，1991，第134页。

③ 人民教育出版社历史室：《高级中学课本·世界近代现代史上册（必修）》，人民教育出版社，1995，第83～93页。有关德意志统一的描写内容位于该版第三章"资本主义世界体系的初步形成和社会主义运动的发展"第四节"19世纪六七十年代的欧美资产阶级革命和改革"。

个重要原因就在于没有一个统一的国内市场。

③为了在国际市场上展开竞争，必须有强大的统一国家作为后盾支撑。[1]

在评价俾斯麦时，1995 年版中的描述认为在德意志统一的过程中，他发挥过重要作用。除对他的"铁血政策"做了说明外，还点明他展开了灵活的外交活动以将敌国各个击破。

该版在讲述德意志统一的意义并对其进行评价时，条理更为清晰。除认为德意志的统一为德国资本主义经济迅速发展铺平道路外，还指出了奥地利与法国在这场统一运动过后实力被削弱，而德国成了后起之秀，随之而来的是欧洲国家格局的变化。[2] 最后依旧点明普鲁士的旧制度被统一后的德国所继承，其军国主义传统也一并延续下来，正是这些使德国发展成了欧洲最具侵略性的一个国家。

（9）1997 年版与 1995 年版的描述基本相同，只对部分字词进行了修改：将 1995 年版里认为德意志的统一与崛起使法国和奥地利"遭到削弱"改为"受到遏制"；德国的军国主义传统使其"逐渐成为"欧洲最富有侵略性的国家，在 1995 年版的基础上增加了"逐渐"一词。[3]

（10）2007 年版关于德意志统一的叙述描写所用篇幅较少，其相关知识内容位于必修 1 第 9 课。[4] 该版在对德意志统一背景进行分析时，仅点明其分裂状态严重阻碍了资本主义发展，从而导致要求统一的呼声日益强烈，未对其他因素进行分析。

在 2007 年版中，统一后的德国政体成了该版描述重点，该版使用大量文字以强调德意志帝国是一个以君主立宪制为政体的联邦制国家，同时介绍说明了皇帝、宰相、议会在德意志帝国中拥有的权力。

不仅 2007 年版的描述重点与上述版本均不相同，而且在评价德意志统一的意义方面也与以往不同：未使用"军国主义"一词；认为普鲁士完成德意志统一后，其专制统治传统也一并被带入，造成了德国资产阶级民主改

---

① 人民教育出版社历史室：《高级中学课本·世界近代现代史（必修）》上册，第 88 页。

② 人民教育出版社历史室：《高级中学课本·世界近代现代史（必修）》上册，第 90 页。

③ 人民教育出版社历史室：《全日制普通高级中学教科书（试验本）·世界近代现代史（限选）》上册，第 100 页。

④ 2007 年版必修 1 第九课名为"资本主义政治制度在欧洲大陆的扩展"。

革的保守和不彻底；统一和君主立宪制的确立是推动德国进入快速发展时期的两大因素。

（11）2019 年版把德意志的统一放在了"资产阶级革命与资本主义制度的确立"这一课，并入了子目"资本主义的扩张"，并且说明资本主义的扩张与发展带来了德意志的统一，并对德意志的统一过程做了简要概述，但删去了对德国君主立宪制局限性的评价。

（四）关于第二次世界大战

对于德国而言，第二次世界大战的爆发是其永远无法回避的历史责任，新中国成立后各版高中历史教科书是怎样评述二战前的德国的？又是如何对二战期间的德国进行描写的？接下来本文就将从这两点出发来进一步分析。

1. 对二战前德国相关情况的评述

对于二战前德国情况的评述，各版多从以下几点来进行：1929～1933年的资本主义世界经济危机、法西斯专政的建立、德国的扩军备战、轴心国集团的形成、英美的绥靖政策。下面，本部分将分别对各版高中历史教科书进行具体梳理与分析。

（1）1951 年版称 1929～1933 年的资本主义世界经济危机为"经济大恐慌"，认为德国法西斯的统治是在经济大恐慌的背景下，于 1933 年建立起来的，[1] 对于德国在二战前的各种行动未做过多评价。[2]

（2）1953 年版中相关内容以苏联现代史为主线，导致对二战相关内容的记述并不完整。[3] 对于《苏德互不侵犯条约》的签订，1953 年版认为："苏联这个举动打破了英法统治集团挑起苏德战争的阴谋，打破了德意日反共集团对于苏联的包围，使苏联赢得了时间去进一步地巩固国防力量。"[4]

（3）1955 年版对德国法西斯专政统治的叙述，始终贯穿着德国共产党人与法西斯政权的斗争。法西斯的侵略扩张是该版的描写重点之一，用以衬托苏联在世界反法西斯战争中的积极表现和作用。

除上述新增内容外，1955 年版还对轴心国集团的形成做了简单介绍，

---

① 林举岱：《高级中学外国近代史纲》，第 182～184 页。
② 林举岱：《高级中学外国近代史纲》，第 188 页。
③ 李纯武编《苏联现代史》，人民教育出版社，1953，第 79 页。
④ 李纯武编《苏联现代史》，第 82 页。

也明确提出了二战前资本主义世界的经济危机和政治危机是导致第二次世界大战的直接原因。

（4）1958年版、1960年版、1963年版关于二战前德国的相关情况评述与1955年版相似，并无本质性差别，因此不再赘述。

（5）1978年版对二战前德国情况的描述建立在1955年版的基础上，重点在于突出德国法西斯分子同德国共产党、垄断资产阶级同无产阶级之间的冲突矛盾，对法西斯分子的各种反动活动做了细致入微的描绘。

1978年版、1982年版、1987年版、1992年版认为德国成为第二次世界大战的策源地是以轴心国的结成为标志的。但1978年之前出版的历史教科书均认为：在德国公开撕毁凡尔赛和约和洛迦诺公约后，世界大战的策源地才在欧洲形成。

在对《苏德互不侵犯条约》的签订原因及作用分析时，1978年版引用了毛泽东语录对其加以说明。[1] 在提及英、法两国实行纵容德国侵略的绥靖政策破产，不久后便首先遭到德国进攻时，也使用了毛泽东语录以辅证两国实施绥靖政策是自食其果。[2]

（6）与1978年版相比，1982年版的描述在其基础上有了一定的变化，"第三帝国"一词首次出现在教科书中，并以脚注形式解释了第一帝国与第二帝国。

（7）1987年版、1992年版《世界历史》、1992年版《世界近代现代史》的描述与1982年版相似，仅调整了部分字词句。

（8）1996年版在阐述德国法西斯政权的崛起原因时首次提出：魏玛政府在经济危机中的软弱无能，也是导致德国逐渐倾向于独裁统治的原因之一。其次，认为法西斯独裁统治是于1934年建立起来的，但1996年之前的各版均认为德国法西斯专政于1933年建立，2007年版中的描述也是1933年。最后，1996年版写道："1933年，希特勒出任德国总理。从此，德国走上了对内实行法西斯独裁统治，对外积极扩张的道路。世界大战的欧洲策源

---

① 中小学通用教材历史编写组：《全日制十年制学校高中课本（试用本）·世界历史》下册，人民教育出版社，1978，第203页。

② 中小学通用教材历史编写组：《全日制十年制学校高中课本（试用本）·世界历史》下册，第204页。

地形成了。"① 这就将前几版中认为轴心国的结成标志着德国成为第二次世界大战策源地的观点，改为以希特勒出任德国总理为开端，德国成为第二次世界大战的策源地。

在对慕尼黑协定的签订进行描述时，1996 年版中明确地指出此时的绥靖政策达到了顶峰。②

（9）2007 年版对 1929～1933 年资本主义世界经济危机的描述中，增加了对此次经济危机爆发的社会根源的分析。在介绍德国法西斯专政建立的背景时，增加了对德国在经济危机中受到沉重打击的原因——国内市场狭小和严重依赖外国资本——的分析。

同时，2007 年版对第一次世界大战后的欧洲集体安全体系做了更为详细的介绍。

（10）2019 年版对二战前的介绍，着重强调经济危机对德国经济的影响，特意强调德国的经济本身十分脆弱，导致法西斯势力迅速膨胀。③

2. 对二战中德国相关内容的描述

各版高中历史教科书对二战具体过程的描述，多分为战争的全面爆发、扩大、转折、结束几个阶段，每阶段的战役一直都是描写重点。下面，本部分将考察各版对几大战役的描写。

（1）1951 年版《外国近代史纲》中，德国与苏联之间的战争是描写的重点，大量的笔墨用于详述苏德战争，对法国的沦陷也做了细致描述，突出了法国军队和政府的软弱无能以及高傲自大，同时反讽了法国实行绥靖政策，以致自食其果。

（2）1953 年版《世界近代史·第三册》更是将苏联同德国交战的情况刻画得极其生动，添加描写了若干个在抗击德军时期发生的苏联人民保家卫国的故事，非常细致地刻画描绘了故事中各人物的心理及行为。比如：

> 战争开始的时候，十六岁的舒拉·切卡林正在学校九年级读书……在一次战斗中，他被截在敌人的后方。他用尽气力走到森林中和

---

① 人民教育出版社历史室：《高级中学课本·世界近代现代史（必修）》下册，人民教育出版社，1996，第 39 页。
② 人民教育出版社历史室：《高级中学课本·世界近代现代史（必修）》下册，第 50 页。
③ 《部编版高中历史教科书·中外历史纲要（下）》，第 106 页。

游击队取得联系……在一个乡村养病的时候，他被叛徒出卖落到了敌人的手中。敌人兽性地毒打他、拷问他，但是这位青年英雄至死没有出卖同志……①

以上描写在书中比比皆是，用这样细节性的描写突出表现德军的残暴、蛮横和苏联人民的顽强抵抗精神，再次突出苏联与德军作战的正义性，显示这是保家卫国的战争。

（3）1955年版《世界历史·下册》对二战期间德国的描写是同苏联紧密相关的。

在描述德国进攻波兰、法国时，书中用以称呼德国的词语为"德国""法西斯德国"；在苏德战争中提到德国时，所用表述为"法西斯侵略者""希特勒德国""德国强盗""德国法西斯强盗""法西斯德国""德寇""德国法西斯""德军""德国"，而后两个词在书中出现的频率是最低的。

该版中还有这样的描述："……在过去三年中曾用种种方法拖延在欧洲开辟第二战场的美国和英国，看到苏联在没有同盟国的援助下，依靠自己力量可以占领德国全境和解放欧洲大陆，于是不得不赶紧在欧洲开辟第二战场。……由于希特勒的大部兵力被牵制在东方战线，所以美英部队没有遇到德国严重的抵抗。"② 这样类似的描写在书中随处可见，其宗旨在于赞美苏联在二战中的各种活动，说明德国的大量兵力被苏联牵制并被消灭，因此苏军为对抗德国的主力，苏德战争中苏联的胜利对结束二战功不可没。

（4）在1958年版《世界近代现代史·下册》中，删去了对1939～1940年苏联推进其西北边界以建立"东方战线"的描述。除此之外，该版其余内容与1955年版的表达差别不大。

（5）1960年版《世界现代史》中的介绍也与1955年版大致相似，但该版的叙述内容中有两处增加了毛主席语录（第58、60页）。

（6）1963年版《世界现代史》与1960年版完全相同。

（7）在1978年版《世界历史·下册》的介绍中，世界人民的反法西斯

---

① 李纯武编《苏联现代史》，第94页。
② 杨生茂、李纯武：《高级中学课本世界历史》下册，人民教育出版社，1955，第134页。

战争是叙述的重点与中心。

（8）与1978年版相比，1982年版《世界历史·下册》的整体叙述较为客观，对二战期间各主要参战国的评述也都相对公正。在对德国攻陷波兰之后的情况介绍中，增加了详述德国法西斯对波兰人实施种族灭绝的内容，指出在二战期间，被德国法西斯杀害的波兰人达600万之多。① 这一叙述的目的在于展现德国法西斯的残忍与残暴。

1982年版增加了对德国同英国开展的不列颠之战的详细描述，这是1951～1978年出版的高中历史教科书中都没有明确进行描写的部分。不仅如此，该版还对不列颠之战有着高度评价，认为英国在这场对战中的胜利，给予了德国在二战开始以来的首次重创。② 在之前所有版本的历史教科书中，这样的评价一直是给予苏德战争中的莫斯科战役的。

（9）1987年版《世界历史·下册》、1992年版《世界历史·第三册》、1992年版《世界近代现代史·下册》的描写与1982年版相同。

（10）1996年版《世界近代现代史·下册》的总体表达更为简短，是在1982年版的基础之上对描写语句加以总结归纳的一版，该版尤为注重对德军伤亡损失数字的介绍。

（11）1998年版《世界近代现代史（限选）·下册》的描写以1996年版为基础，对部分内容进行了修改：指出了苏军在开战初期的一段时间内曾连续失利；③ 提出莫斯科战役最终打破了德国军队不可战胜的神话（第68页）。

（12）2007年版选修3中对二战期间各国的描写侧重分析其战略战术，虽然前几版教科书对德波之战的编写也存在类似的阐述，但都不像2007年版那样集中于战事详析。

同时，2007年版对不列颠之战中英国取得胜利的评价与前几版不同，认为这场战役的胜利第一次使德国没能按原定计划进行侵略。④ 该版给予这

① 严志梁：《高级中学课本·世界历史》下册，人民教育出版社，1982，第255～256页。
② 原文为："希特勒入侵英国本土的计划被无限期地搁置起来，法西斯德国第一次遭到重大失败。"严志梁：《高级中学课本·世界历史》下册，第258页。
③ 人民教育出版社历史室：《全日制普通高级中学教科书（试验本）·世界近代现代史（限选）》下册，人民教育出版社，1998，第67页。
④ 原文为："希特勒的侵略计划第一次未能得逞。"课程教材研究所编《普通高中课程标准实验教科书·历史》，人民教育出版社，2007，第60页。

场战争的总结，既不认为它是德军所遭的第一次（大）失败，也不认为此战毫无意义。该版还新增了隆美尔于 1941 年 2 月赴利比亚对英作战的内容。

（13）2019 年版对二战的过程并未深入介绍，仅概述了二战开始于 1939 年，德国东突西进，占领了欧洲大部分地区，并提及了苏德战场是抵抗纳粹德国的主战场，几场在之前版本中重点介绍的战役并未得到重点描写，仅保留了斯大林格勒战役，评价其是二战的转折点。[①]

二战的相关内容一直都是教科书描述的重点，而其中对二战具体过程的记述又是重中之重。通常，在 20 世纪 50～80 年代的高中历史教科书中，德国形象的塑造常与苏联挂钩，用苏联军民的英勇反衬德军的残暴。80～90 年代版本的教科书中，对德国的相关描绘开始逐渐回归全面。新课改之后的版本独具风格，较少对德国形象做正面或负面的分析评价，而是仅仅呈现当时战争的场景或结果。

（五）关于欧洲的联合

本部分将各版涉及描写德国在欧洲联合进程中的有关内容列出，以对德国形象进行整理总括。

（1）1953 年版、1955 年版、1958 年版、1960 年版、1963 年版均以民主德国加入以苏联为首的社会主义阵营的介绍为主，叙述重点在于抨击以美国为首的另一阵营，称另一阵营为侵略阵营。

如 1958 年版写道："在帝国主义国家间的矛盾，英美的矛盾是主要的矛盾。美国垄断组织在澳大利亚、加拿大等地设法夺取商品销售市场，……西德和日本逐渐恢复了它们在世界市场上的地位。它们在资本主义市场的重新出现，激化了资本主义国家间的竞争。"[②]

这几版持续强调两大阵营的对抗，对于欧洲地区自身为谋求发展而建立的合作组织一概不提，而对于美国对欧洲进行援助的"马歇尔计划"，1960 年版教科书描写道："在'马歇尔计划'实施后，西欧工业生产迅速降低，外债大大增长，军费负担日益加重。这个'计划'给西欧人民带来了严重

① 《部编版高中历史教科书·中外历史纲要（下）》，第 107 页。
② 李纯武：《高级中学课本·世界近代现代史》下册，人民教育出版社，1958，第 109 页。

的灾难。"①

（2）1987 年版中对于欧洲联合虽也没有进行描写，但该版在描述时承认了马歇尔计划在西欧经济恢复方面产生的促进作用。②

（3）1992 年版《世界历史》《世界近代现代史》中对于欧洲联合的叙述描写与 1987 年版相同。

（4）对欧洲联合的叙述描写，在 1996 年版之后出版的高中历史教科书更为精准、客观，也更为全面。

1996 年版中增加了对 50~80 年代主要资本主义国家的介绍，特别提出："战后，主要资本主义国家在加强国际经济联系的同时，充分利用现代科学技术的先进成果，提高劳动生产率，发展新兴产业。"③ 指明了国家之间在经济方面进行了合作。同时，在介绍西欧国家的经济恢复情况时，点明联邦德国在战后的经济发展迅速，已经成为西欧最强的经济大国。④ 另外，该版新增的描写内容还有对欧洲共同体的介绍。除在正文中写明欧共体成立的时间、成立的目的、作用外，也以注释的形式对欧共体做了进一步的具体说明，更在小字部分补充了欧共体成立的历史渊源。

1996 年版中的新增部分不仅包括上述内容，而且在"苏东剧变与世界格局的多极化"一章第二节"世界政治经济的发展"中对世界多极化趋势进行了专门介绍。其中，该版提及了西欧地区的联合已成为世界多极化中的一极。在同一节（即第二节），还对区域经济一体化和全球化进行了阐述，并对欧盟的发展历史做了梳理。⑤ 虽然该版没有特别提出德国在欧盟成立和发展中发挥的作用，但已将关注点扩展至区域集团的描写介绍。

（5）1998 年版中对欧洲联合的描写介绍由于同 1996 年版的叙述完全一致，故本文不再赘述。

（6）对于德国在欧洲联合中发挥的作用，2007 年版必修 1 第 194 页中

---

① 人民教育出版社编辑部：《高级中学课本·世界现代史》，人民教育出版社，1960，第 111 页。
② 人民教育出版社历史室：《高级中学课本·世界历史》下册，人民教育出版社，1987，第 281~282 页。
③ 人民教育出版社历史室：《高级中学课本·世界近代现代史（必修）》下册，人民教育出版社，1996，第 89 页。
④ 人民教育出版社历史室：《高级中学课本·世界近代现代史（必修）》下册，第 89 页。
⑤ 人民教育出版社历史室：《高级中学课本·世界近代现代史（必修）》下册，第 123 页。

的"学思之窗"一栏中提供了一份资料。① 在这份资料中，特别提及了法国、德国反对美国对伊拉克进行单方面制裁，由此可以看出欧盟在世界政治格局中也是重要的一员，且明确告知了德国在反对战争方面的态度。

（7）2019 年版中对于欧洲联合并未做过多介绍，当然也未对德国在欧洲联合中的作用有所提及。②

结合上述内容可看出，新中国成立后各版高中历史教科书对于欧洲的联合的描写内容并不算多，特别是在 1996 年版之前的版本，对于欧洲地区的整体发展似乎持有敌视的态度。尤其能表现五六十年代版本教科书观点的是：书中若涉及对欧洲地区相关内容进行阐释，那么"欧美帝国主义"这个词经常会紧随其后。这样忽视欧洲地区战后发展的现象一直持续到 20 世纪 90 年代后期的版本中，直至 1996 年版开始，对于欧洲联合才算有了较为客观和正确的理解认识，对于德国在欧洲联合中发挥的作用及其地位的认识也刚刚开始。2007 年版又与 1996 年版不同，该版从多层面、多角度阐述欧洲联合，也从侧面肯定了德国在战后维护世界和平稳定与发展中所起的作用，实际上，这也可视为对德国在战后进行自我反思的肯定。

二　对新中国成立后各版高中历史教科书中德国
形象的整体解读及启示

（一）对新中国成立后各版高中历史教科书中德国形象的整体解读

1. 从所占篇幅来看

同美国、英国、法国、日本相比较，对德国（德意志国家）的描写则显得有些零碎，内容占教科书的比例也偏少，而其中对二战前后的德国进行介绍的内容就占了相当一部分比例。

---

① 以下为部分原文："当今世界，欧盟已成为国际舞台上一支不可轻视的力量。……欧盟国家法国和德国都是反对美国单方面解决伊拉克问题的主要力量……"课程教材研究所编《普通高中课程标准实验教科书历史 1（必修）》，人民教育出版社，2007，第 128 页。
② 原文为："……欧洲共同体的成立与发展，日本经济的'起飞'及其要成为政治大国的追求，表明以美国为首的西方集团逐渐分化……"《部编版高中历史教科书·中外历史纲要（下）》，第 134 页。

在 20 世纪 50 年代出版的教科书中，对德国（德意志国家）的相关叙述比例同其他国家的差异不大。从 20 世纪 50 年代后期开始直至 90 年代初期，这期间各版高中历史教科书中有关德国（德意志国家）的内容明显减少：有的大肆渲染，有的则干脆不提或一带而过，切断了对其历史发展介绍的连续性。这时期的德国形象就已开始出现片面化、固定色彩过于浓重的特点。

20 世纪 90 年代中后期的高中历史教科书中，有关德国（德意志国家）的描写所占比例有所回升；新增了史实阐述，对德国（德意志国家）开始进行多方面的分析描述。

若从所占比例而言，新课改后出现的 2007 年版无疑是迄今为止有关德国（德意志国家）内容所占比例调整得最为平衡的一版，从目录、目次、知识点和附录来看，德国（德意志国家）有关内容是相对受重视的。

其中，必修 1 的目录部分虽没有直接出现与德国或德意志国家有关的目次，但从《附录二：重要词汇中英文对照表》中可看出，该版将德意志国家或德国在人类的政治文明发展史上所起作用置于相对重要的地位：此表共列出了 26 个在政治发展史上占据相对重要地位的中英文词语，其中直接描述德意志国家或德国的有 3 个，它们分别是：俾斯麦——Otto von Bismarck；铁血政策——Iron and Blood；德意志帝国——German Empire。① 其余词语之中，直接描述英国的共 4 个，直接描述美国的也为 4 个，直接描述法国的仅有 1 个，即"法兰西第三共和国"。除以上 12 个词语之外，剩余 14 个词语从词性意义上分析，描述的是由各个国家组成的组织和团体，而并不单指或明显隶属于任何一个国家。因此，就该方面而言，2007 年版将德国（德意志国家）在人类政治文明发展史上置于同美、英相当的地位。

必修 3 中对国外思想文化与科技发展进行描写的内容共有 9 课，而德国（德意志国家）被提及介绍的就有 6 课，分别是：第 6 课"文艺复兴和宗教改革"、第 7 课"启蒙运动"、第 11 课"物理学的重大进展"、第 12 课"探索生命起源之谜"、第 22 课"文学的繁荣"、第 24 课"音乐与影视艺术"。在附录二的 55 个词语中，与德国（德意志国家）直接相关的为 7 个，分别为：马丁·路德——Martin Luther；宗教改革——the Reformation；康德——

---

① 课程教材研究所编《普通高中课程标准实验教科书历史 1（必修）》，第 134 页。

Immanuel Kant；爱因斯坦——Albert Einstein；普朗克——Max Planck；西门子——Werner von Siemens；贝多芬——Ludwig van Beethoven。[1] 由于该版本提及国家较多，且内容庞杂，故与德国相关的介绍整体占有比例已是较高——可能与德国的思想文化、民族精神、民族气质都有着莫大的关系。

在2007年版选修1至选修6中，除选修5未涉及介绍德国（德意志国家）外，其余5本均提及相关内容。由于文章篇幅的限制，本文在此不再详述。总而言之，笔者通过一系列的统计整理后发现，不管是从内容层次、整合结构、涉及角度来看，还是从语言叙述、辅助配图、知识补充而言，2007年版的确是新中国成立后至今对德国形象及其内容统筹得最好的一版高中历史教科书。

2019年版中有关德国的内容所占比重与2007年版大体一致，在2007年版的基础上增加了德意志民族形成的过程，以及日耳曼人的早期迁移，这就使德意志民族的形成在学生心中更有了连贯性。

2. 从所关注的史实来看

新中国成立后各版高中历史教科书的关注点大多集中在二战前后的阶段。虽然各版都对二战前后的德国予以高度关注，但构建的德国形象差别较大。

1951年版与1953年版高中历史教科书是从老解放区所用的历史教科书中挑选并修订而成的，如1951年版的《高级中学中国历史》（上、下册），就是范文澜所编《中国通史简编》的节录本，因此这两版的内容描写风格与新中国在1956年出版的第一套统编历史教科书不尽相同。1958年版世界史类高中历史教科书[2]侧重提及苏联。其后1960年版、1963年版高中历史教科书的编写都是以马克思的唯物主义史观为指导，内容描写上突出人民群众是创造历史的主体。

从20世纪80年代开始至21世纪之前，随着国家文化教育事业发展的要求，对于二战的表述，教科书中逐渐删去了各种表达情绪的词语，添加了有关苏联二战前后失利的一些内容，力求从二战的经验教训中总结并反思。

---

① 课程教材研究所编《普通高中课程标准实验教科书·历史3（必修）》，第123~124页。

② 1956年新中国有了自己编写的一套历史教材，本文搜集到的世界史类高中历史教科书为1958年版。

新课改之后的 2007 年版，与之前各版相比使人耳目一新，将通史改为了专题史。同时，由于新课改更重视学生的主体作用，课程目标从三个维度①进行评价。是故，历史教科书中对德国在二战前后的形象构建也就以学生自行展开为主，教师辅以引导。书中正文仅保留了一些客观性的叙述文字，不过多地将各种带有强烈主观性的语句编入教科书，同时配以大量的历史图片、各类图表、多种军事地图，让学生自行构建二战前后的德国形象。所以本文在前面的具体分析时总结道：2007 年版中二战前后的德国形象是新中国成立后最难描摹其轮廓的。因为该版的目的在于使学生自由开展探索，激发学生的学习兴趣，而并非直接展示给学生一个已经定型的德国形象。

（二）德国形象整体解读带来的启示

无论从具体史实出发还是以整体进行解读，在综合了以上所有分析归纳之后，一个显而易见的问题呼之欲出：高中历史教科书该如何对德国史进行编写？该从哪些角度出发？遵循哪些原则？如果从德国史出发进一步扩大思考，就引申出该怎样编撰教科书内的国别史这一问题。鉴于个人能力有限，因此笔者仅围绕高中历史教科书应该如何编写这一主题，来阐述自己的一些观点。

首先，在高中历史教科书的编写过程中，以事实为依据是基本原则。任何结论的得出都需用足够的事实加以证明，而"论从史出"则更是一个已经被历史学家及多方学者讨论了无数次的话题。以事实为依据，是做学问的最基本要求，也是进行一切研究应遵守的基本精神。囿于众多因素，在高中历史教科书中，对人类发展的全部历史加以考察分析是不可能完成的事情，其编写只能建立在已有的历史研究成果之上。也就是说，历史教科书内任何结论的导出、任何定义的确定都是基于已有的史学研究，而这些史学研究又是以事实为依据而得出的，不受任何其他因素影响。虽然历史教科书的编写会受到诸如考虑教科书的教育性等多方面条件的制约，但其内容根源仍是历史事实。因此，无论是否受到其他因素的影响，以事实为依据应是高中历史教科书编写的基本标准及首要要求。

其次，在编写高中历史教科书时，应反复斟酌语句的使用，语言叙述要

---

① 三维分别为知识与能力、过程与方法、情感态度与价值观。

简洁易懂。在整理翻阅各版历史教科书的过程中笔者发现，过长语句的使用会使读者陷入脑内翻译的漩涡之中。1951 年版与 1953 年版高中历史教科书，就存在因排版过密、字体偏小、语句结构偏长的问题。高中历史教科书面对的是高中学生，虽然这个年龄阶段正是个体心理、抽象逻辑思维快速发展的时期，但是让他们将过多需抽丝剥茧的内容在很短时间内记住并领会，仍是有一定难度的。尤其在当今升学压力巨大的现实前提下，让学生自己慢慢理解领悟教科书的内容是相当不易的。根据新课改的标准，课程的首要目标在于使学生的知识与能力得以发展，而教科书是学生快速习得经验知识的重要途径与通道，如果教科书中的内容过多且隐晦难懂，那么学生的学习动力就会减弱。是故，无论是历史教科书还是其他科目的教科书，语言的简明扼要是关键。

在排列整合历史教科书的编写内容时一定要疏密得当，给予学生以思考空间。同时还要注意留白，使得学生的思维能够拓展。历史的研究与探索本就是个人思维的拓展与发散，对于史学研究者而言如此，对抽象思维正处于快速发展阶段的高中生而言亦如此。如果历史教科书编写的内容过多，并将各种史实都进行分析，就会出现历史教科书提前替学生思考的现象与情况，也就会导致学生完全按照教科书编写者的思路进行思考，这样就难以形成更宽广的思维模式，也无法使学生自身思维活跃。

最后，笔者想就高中历史教科书该如何塑造德国形象与叙述他国历史这一话题阐发一些自己的观点。

第一，对于德国形象的塑造，在高中历史教科书中对德意志历史的整体发展进程进行一定的介绍有一定的必要性。因为如果学生连一个国家的历史渊源都不清楚，只知道该国的一段或某几段历史，那么想要塑造或构建完整且全面的该国形象是根本不可能的事情。考虑到我国现实的教学情况及社会要求，并不可能在教科书中使学生了解德意志的全部历史，但是将德意志民族的历史渊源及其历史发展阶段或进程介绍给学生是完全做得到的。比如在 2007 年版中首次出现有关日耳曼人的教科书内容中，就可适量增加介绍日耳曼部族与德意志民族之间关系的内容，以防止学生在构建德国历史时出现断层的现象。这种对德意志历史描写出现断层的情况在除 2007 年版以外的新中国成立后各版高中历史教科书中最为常见，也最为普遍，同时它也是最应引起注意的问题。不只是德国形象的塑造，对他国历史的表述亦涉及这个问题，所以也可以说在高中历史教科书中对他国历史进行叙述时该问题的解决是最首要的。

第二，构建德国形象时应采取的态度问题。由于德国①在统一后不久就迅速向外扩张，且成了一战、二战的策源地，使当今世界的大多数国家都卷入了战火，中国也深受其害，饱尝了战争的苦痛。故在对德意志统一后的历史进行介绍时，就会牵扯到以怎样的态度来描述其行为这一问题。回顾人类的发展历史不难发现，战争给国家带来的苦难，给人民带来的伤痛，这些都是不言而喻的。战争不仅带给人们持久的伤痛，还给人们留下了深刻的教训与思考：为什么当时的历史进程会以那样的轨迹前进？今天，我们该怎样防止这类悲剧的发生？又该怎样防止类似历史的重复？生活于当下的我们又能做些什么？历史应该铭记，在铭记历史的基础上，为了能更好地向未来发展，我们又该采取怎样的行动？如果历史教育能使学生在铭记历史的基础上对未来深入思考，找寻自己在未来岁月中的定位，同时为了不再让悲剧上演，使学生自我探求自己能够做些什么，那么培养面向未来的公民这一目的也就能达到。是故，综上，笔者认为在构建德国形象时，应保持时刻铭记历史沉痛教训的态度，并且秉持着放眼于未来的信念。不管从历史学角度还是以教育学层面来讲，高中历史教科书都应传递这样的信号。

---

① 这里指统一后的德国。

中学历史教科书中的英国形象探析

——以新中国成立以来人教版高中历史教科书为例

刘美惠

一 研究综述

（一）关于"英国史"的研究

新中国成立初期，我国的英国史研究受到"苏联模式"的影响。英国历史发展中的重大事件如 17 世纪英国资产阶级革命、圈地运动、工业革命、宪章运动等成为研究的热点。其中，对英国资产阶级革命、工业革命的研究著述尤多。[①] 60 年代，由于中苏关系破裂，新中国成立以来深受苏联历史建构框架和思维方式影响的英国史研究也相应地出现了所谓的"复辟与反复辟斗争"研究。"文革"结束后，长期以来的极左倾向开始得到纠正，英国史研究也逐渐进入稳定繁荣时期。1980 年，中国英国史研究会在南京大学历史系成立。自此约每三年进行一次英国史学术研讨会，这为我国的英国史研究提供了良好的平台。这个时期英国通史类著作较多，相关的英国史研究学术论文也与日俱增，仅从数量上看也是"文革"前难以比拟的。另外，英国史的研究视野也更为广阔，除之前的"资产阶级革命""工业革命""圈地运动"等热点问题外，还开始出现了大量的社会史、思想史

[①] 代表作主要有三：田农《英国的资产阶级革命》，《历史教学》1954 年第 1 期；林举岱《十七世纪英国资产阶级革命》，华东人民出版社，1954；刘祚昌《英国资产阶级革命》，新知识出版社，1956。

类的文章,① 显现了中国英国史研究与国际研究热点的日益趋近。同时，在时代背景的影响下，英国君主立宪制、议会制、内阁制以及英国历史发展道路等便成为当时深受关注的重要课题。②

进入 21 世纪后，世界呈现了多元化、全球化的特征，中英两国的交流更加频繁，学术界相关的英国史研究无论是在广度还是深度方面也都有了很大进步。同时，在中国英国史研究会的倡导下，我国多次举行国内和国际英国史学术研讨会，这些无疑都证明了 21 世纪中国的英国史研究在更高水平、更快速度地向前发展，并逐渐与国际研究接轨。

（二）关于"历史教科书中的国家形象"的研究

和国内形象学研究的高热度相比，国内历史教科书中的国家形象研究却是屈指可数，而且几乎都是较为零散的期刊学位论文，没有系统的完备的相关学术著作。总共十几篇零散的期刊学位论文涉及的异国形象主要是美国形象、③ 苏联形象、④ 日本形象、⑤ 德国形象，⑥ 直接对英国形象进行研究的，

---

① 代表著作有：马缨《十九世纪英国大众闲暇活动浅析》，《南京大学学报》（哲学·人文科学·社会科学版）1990 年第 2 期；高德步《16 - 17 世纪英国流民问题》，《中国人民大学学报》1992 年第 1 期；马缨《工业革命与英国妇女》，上海社会科学院出版社，1993；陈晓律《英国福利制度的由来与发展》，南京大学出版社，1996。

② 代表著述有：程西筠《由恩赐官职到择优录士——19 世纪中叶英国文官制度的改革》，《世界历史》1980 年第 5 期；钱乘旦、陈晓律《在传统与变革之间：英国文化模式溯源》，江苏人民出版社，2010；钱乘旦《试论英国各阶级在第一次议会改革中的作用》，《世界历史》1982 年第 4 期；关勋夏《十九世纪英国的三次议会改革》，《历史教学》1985 年第 2 期；陈仲丹《从自由放任到国家干预：论英国维多利亚时代的改革》，《南京大学学报》（哲学·人文科学·社会科学版）1991 年第 4 期。

③ 参见张彩霞《两岸高中历史教科书中的"美国"形象比较——以"南一版"和"人教版"为例》，《台湾研究集刊》2014 年第 5 期；宋晓亮、杨朝辉《五十年代中期至七十年代中学历史教科书中的美国形象：兼谈与之后教科书的影响与比较》，《教育与教学研究》2013 年第 1 期；赵梅《清末以来中国中学历史教科书中的美国形象》，《美国研究》2006 年第 4 期；龚涛《高中历史教科书中的美国形象研究》，硕士学位论文，华中师范大学，2011；王会姣《两版高中历史教科书美国形象的比较研究（1946 - 1991 年）：惟"人教版"和"三民版"为例》，硕士学位论文，东北师范大学，2013。

④ 参见姜艳红《高中历史教科书中的苏联形象研究——以人教社 2007 年版高中历史教科书为例》，《数字化用户》2013 年第 3 期；姜艳红《两岸高中历史教科书中苏联形象比较研究——以"人教版"和"翰林版"为例》，硕士学位论文，东北师范大学，2013。

⑤ 李英：《人教社 2007 版高中历史教科书中关于日本形象描述的话语分析》，硕士学位论文，西北师范大学，2015。

⑥ 魏丹：《高中历史教科书中的德国形象探究》，硕士学位论文，华东师范大学，2016。

目前笔者仅查询到一篇即穆靖的《高中历史教科书中的英国形象解析》。① 除此之外，何英菲以改革开放后80年代、90年代、21世纪初以及新课改后的2007版高中历史教科书为例，按照"总体描述""历史分析""国别分析"三大类对历史教科书中的异国形象进行了整理分析，最后总结分析出影响异国形象的因素，并提出了反思意见。② 值得注意的是该文的"国别分析"部分涉及了英国形象分析，这不仅和笔者的研究主题相关，而且也是少有的谈论高中历史教科书中英国形象问题的学位论文。作者以英国史中的典型代表——"17世纪资产阶级革命"和"英国工业革命"为例，分析英国形象在各个时间段书写的不同及其背后不同的史观。

二 教科书中的英国史文本编写分析

对教科书中的英国史文本编写的分析至为关键。因为"文本内部研究是形象研究的基础，它要回答的是形象研究中最基本的问题之一，即一部作品中的'异国形象是怎样的'？"③ 它直接展现了它所想要塑造的"异国形象"。新中国成立至今，人教版高中历史教科书历经多次变革，从总体上看，其中有关英国史的编写刻有鲜明的时代特色与时段特征。

（一）时代特色

1. 20世纪50年代至60年代前半期

一方面，此时的英国史编写书写范式明显反映传统唯物史观且带有极其鲜明的苏联式色彩。主要表现在：重视激烈暴力式革命，轻视缓和非暴力式改革；突出阶级斗争；片面化、脸谱化特点突出。这些特点在很多英国史书写中都有显著体现，如殖民扩张与工业革命使殖民地人民以及英国国内贫苦的无产阶级陷入悲惨境地；英国资产阶级革命叙写几乎完全聚焦在新旧势力的武力对抗上，未涉及后期未流血的"光荣政变"以及真正打破英国传统的《权利法案》；对近代英国政治历程发展产生巨大影响的"19世纪三次议

---

① 穆靖：《高中历史教科书中的英国形象解析》，硕士学位论文，河北师范大学，2015。
② 何英菲：《高中历史教科书中的异国形象》，硕士学位论文，华东师范大学，2009。
③ 孟华：《形象学研究要注重总体性与综合性》，《中国比较文学》2000年第4期。

会改革"并无多少着墨；鸦片战争中为凸显中国人民英勇无畏形象而矮化英军；等等。另一方面，该时期英国史语言叙述、人物刻画比较生动形象，可读性较高。该阶段的教科书编写感情色彩很是浓烈，在诸多历史描写中很注意细节的刻画，如在英国工业革命书写中，给出因环境污染而导致的下层民众伤亡的具体数字，很直观地展现了英国下层人民生活的苦不堪言；对第一次鸦片战争中英国鸦片走私贩子义律的刻画和广州三元里人民抗英过程中双方所发檄文的叙写，鲜明表现了义律的丑恶嘴脸与三元里人民不畏强暴的反抗精神，具有很强的感染力。

2. "文革"结束后至 80 年代

一方面，此时英国史编写开始有意识淡化阶级斗争色彩，但仍留有诸多残余，如开始加入对 17 世纪英国资产阶级革命后期相对缓和的政变以及《权利法案》的书写，但又做出英国资产阶级革命带有保守性的评价；评价英国殖民主义推进过程在客观上带来一定的积极影响，但对亚非拉落后地区的严重迫害仍然是书写的主旋律。另一方面，在对英国历史重大事件编写分配比例上开始注意精简其具体发展过程，着眼点逐步向历史背景、影响或意义阐述方面靠拢，不过言语阐述分析明显较为单一保守。

3. 90 年代

该阶段英国史编写相对来说是非常值得肯定的，也是系统最为完整、观点最为清晰明了的阶段，其阶级斗争书写痕迹显然极大弱化，严谨性与可靠性也有显著提升，这在殖民主义评价、工业革命影响、鸦片战争中中国人民的反英斗争及中英战后协定等叙述中可以明显看出。同时，该阶段的英国史编写对史学界成熟研究成果也在较大程度上进行了吸收，分析历史问题时多能体现全面性、多角度性。但因时代局限，依然未彻底摆脱传统史观的某些弊端，如该阶段完全略去了对英国近代历史发展产生深远影响的 19 世纪英国三次议会改革的叙写，从这一点便可明显看出 1990 年代英国史编写仍在一定程度上受到传统革命史观的影响。

4. 新课改后

2007 年版采用的是专题模块式编写，英国史编写条理清晰、思路明确，极大精简了许多历史事件的细节描写，相关表述也最为客观、谨慎，且明显渗透着有别于传统"革命史观"的"新史观"，如英法火烧圆明园中透露的"文明史观"，英国工业革命透露的"全球史观""社会史观""现代化史观"等。但与此同时，专题模块式编写与内容的极度精简，不可避免地造成英国史叙述出现断层，如英国古代史部分没有清晰的发展线索，在中国近代部分里呈现的是英国从两次鸦片战争直接跳跃到 19 世纪末期瓜分中国的狂潮部分，其间几十年的中英互动未能体现，这些都会造成英国史叙述被割裂。另外，该版教科书中英国史部分较为平淡，列出的多是框架性的史实或理论，缺少对相关历史人物的描写。整个历史书写基本是客观事实的堆砌，不免会显得空洞，趣味性与可读性较低，对读者的吸引力自然不如课改前的历史教科书。

5. 新版部编高中历史教材时期

这一时期，高中历史教材摒弃了之前的专题模块式编写，重回通史体系撰写模式。新版部编高中历史教科书明显更加突出全球史观，加入了非洲、美洲、亚洲等之前教科书轻视的区域文明。于是在总篇幅基本保持不变的情况下，英国史篇幅明显大为缩减，就连对英国资产阶级革命、英国工业革命等这些英国历史发展中的代表性事件的书写也言简意赅，其他相对较"小"的英国历史事件更是一笔带过。同时，英国史明显被纳入欧洲史之中，几乎英国历史发展的每一个重要节点都与欧洲其他主要国家的历史发展相关联，英国显然已经成为欧洲的英国。英国近代中心的地位明显弱化，而只是成为世界历史推进过程中的重要一员。

（二）时段特征

1. 世界古代史部分

总体而言，英国古代历史书写过于简略、分散，没有清晰勾勒出早期英国兴起与发展的轮廓，在同时期历史叙述中所占比重极低，在西欧各国的历史中也不是主要书写对象，往往依附于法国历史书写或某种整体框架，很少独立列出。另外，对英国古代重大历史事件的书写基本上只是极为简单的事实介绍，对背景原因的分析很是浅显，对其在英国历史发展进程中重要意义的书写或简或无，很难看出教材所选取的英国古代历史事件的独特性与重要性。

2. 世界近代史部分

一方面，相对而言，新版部编教材之前的教材中英国近代历史篇幅骤增，相关内容叙述翔实丰富，英国成为书写的中心，众多历史事件的展开与论述往往从英国着手，比如新航路开辟后的殖民争夺战，本是多个西欧国家对外扩张与争夺的一场大混战，但新中国成立以来的教科书大体上都选择以英国为叙述中心，以英国的崛起与发展勾画这场殖民争夺战，并将其作为17世纪英国资产阶级革命的重要背景。除此之外，在对"工业革命"的叙述中更是凸显了英国的核心地位。早期多版教材甚至一度将英国"工业革命"等同于"工业革命"。虽然随着时代的发展开始加入欧美其他资本主义国家工业革命的书写，但英国工业革命的领军作用一直是教科书的重点表现部分。另一方面，有关英国的书写往往陷入一种"模式化"与"俗套化"，如对"17世纪英国资产阶级革命"的编写。新中国成立以来的教科书中对英国资产阶级革命背景或成因的解释总体思路表现出惊人的一致，一直未能加入新理念与新视角。同样的情况也出现在英国"工业革命"的书写方面。从新中国成立至今一直遵循"前提—过程—结果"三段论式叙述模式，这样的书写整体而言是枯燥乏味的。另外，对"19世纪三次议会改革"这一重大历史事件重视度不够，严重忽视了"革命"过后"改革"的重要性，这与它在学术界中持续高涨的关注度极不相符。但在新版部编教材世界近代史中，英国中心地位受到严重挑战，英国在近代历史中的引领地位被明显弱化，除了英国工业革命外，几乎所有的英国近代历史发展都被融入欧洲甚至是资本主义世界，成为欧洲历史发展或资本主义世界发展的组成部分。

世界现代史部分：总体而言，与英国相关的历史书写篇幅骤然减少，世界历史也不再围绕英国展开，似乎英国在现代史部分只剩下二战前推行的"绥靖"政策、二战中的丘吉尔、战后"铁幕演说"与殖民体系瓦解，除此之外，很难再看到英国身影，即便有也多以西欧或者欧洲这样一个集体姿态出现在教科书中。英国仿佛一下子被拽出世界历史中心，再次沦落为一个不起眼的西欧小国，其现代史发展轨迹不再像近代史时期那样能够找出一条清晰的主线，多是零散的、碎片式的叙述，难以勾勒较为完整的发展轮廓。

中国近代史部分：新部编教材前，与英国相关的历史书写被高度集中在两次鸦片战争中，对两次鸦片战争的书写篇幅大、重视度高，一直是中国近代史的"重头戏"。除去两次鸦片战争外，英国似乎再也没能成为中国近代史中的绝对主角，而是多以他国的幕后支持者或者帮凶的面目出现，所以在鸦片战争后的中国近代史重大历史进程书写如太平天国运动、八国联军侵华等，英国多是被穿插在其中，虽然也在一定程度上影响了历史发展走向，但英国曾经的首要地位明显已被新的入侵者取代。相对而言，在新版部编教材中，中英关系的地位有明显降低。单独描写中英关系的篇幅大为缩减，法、美、俄、荷、西等众多的帝国主义列强也成为中国近代屈辱史关注的重点。就连中英关系中最为典型的"两次鸦片战争"都减少了对英国的描写。鸦片贸易也不再是英国一国的"专权"，法、美等国都参与其中。

3. 中国现代史部分

因时代、体例编排等多种因素的影响，相关英国史的叙述可谓是极少的，能够鲜明反映这一时期中英互动的几乎只有中英就"香港问题"的商讨。作为中国近代史遗留的一大问题以及新时期中国多边外交的重要支点，教科书中现代史部分对"一国两制下的香港回归"的重视度日益增高，并逐渐成为展现新时代中国崛起与新时代中西外交的典型事件。

三　教科书中的英国形象整体解读

（一）从各时段英国历史的书写比重来看

形象学重在展现"自我"对"他者"形象的构建，这种构建是"自我"有意识的支配表现，突出或者弱化形象中的某一部分会对"他者"形象整体塑造产生一定甚至重大的影响。换言之，教科书编写过程中对英国历史各时段书写比重进行不同分配，其形象塑造的结果则是大相径庭的。很明显新中国成立以来的各版教科书对英国历史的书写，世界史部分集中在 16世纪至 20 世纪前半期，中国史部分集中在两次鸦片战争，其他如古代史、二战后历史以及中国近代后期与现代历史部分中的英国书写比例极小。

从世界史编写来看，"世界史内容繁杂，世界史教科书编写受到字数篇幅的限制，无法做到事无巨细一五一十的全盘托出，因而世界史教科书的编写需要对世界历史发展的中心或重心多加关注，那些远离历史文明中心的边远地区则被较少提及"。① 以这种原则来对照世界史英国书写则不难理解其比重为何发生变化：虽说盎格鲁－撒克逊王国及后世几个朝代的努力让英国慢慢地在欧洲站稳了脚跟，但仍然处于世界文明的外缘或者边缘，对世界历史的发展几乎没有任何影响，所以世界古代史部分里英国身影难以寻觅。沉

---

① 李纯武：《十谈世界历史教材的编写》，《课程·教材·教法》1992 年第 6 期。

寂了约一千年后，英国敏锐地抓住了历史发展机遇，领先世界走入一种新的文明，成为世界文明的中心，带动整个世界朝着新方向走去，正是这种巨大的历史影响力让英国受到万众瞩目，它的发迹期与兴盛期——近代时期也成为历史关注与书写的重中之重。于是近代史中英国资产阶级革命、殖民争夺战与殖民扩张、工业革命、两次世界大战等都受到高度关注并成为教材中的"重头戏"。但是步入 20 世纪后，这个昔日遥遥领先的大国逐渐力不从心，两次世界大战更是雪上加霜，诸多学者也称 20 世纪的英国是"日落西山"。与它形成鲜明对比的是美国的蓬勃兴起，尤其是二战后，美国俨然成为世界一号强国，其政治、经济、军事以及科技文化等各个方面都处于世界领导者地位，只有苏联能在某些方面可以与之抗衡。美苏成为二战后的领头羊与世界文明中心，于是冷战后的世界历史教材也将美苏两极格局作为叙述重点，"退居二线"的英国无法再在任何方面引领世界发展，于是冷战期间独立的英国在教科书中很少出现。

从中国史编写来看，中英互动大体源自中国近代早期，英国的坚船利炮首次撞击了沉醉于"天朝上国"迷梦中的大清帝国，这是中国近代化的起点，故而受到中国史学界的极度重视，教科书中对英国的两次入侵——两次鸦片战争的书写占了极大篇幅。虽然文字之间多含有污蔑不实之处，但对其关注度与重视度之高是显而易见的。之后晚清或者是民国时期，英国因为时代等多种因素不再是入侵中国的主角，中外互动的对象迅速扩大到多个强国，于是对英国的书写所占比重自然就会下降。新中国成立后，受冷战格局的影响，在很长一段时间内，我国基本将重心放在了内部生产关系的调整方面，外部互动尤其是与西方国家的交流少之又少。改革开放后，我国打开国门，实施"走出去"发展战略，中国外交进入新阶段与新时期，于是出现了中英就"香港问题"的多次谈判，这也成为中国现代史教科书展现新时期中国外交的重要表现点，因而在时隔一个多世纪后，英国再次成为中国对外互动的主要对象。

（二）从塑造的英国形象的特点来看

形象学中"他者"形象的塑造都是以文本为基础的，那么由于新中国成立以来人教版高中历史教科书英国史编写具有明显的时段特征与时代特色，故而在此基础上建构的英国形象同样带有明显的时段性与时代性。

1. 英国形象"时段性"特点

新中国成立以来人教版高中历史教科书对古代英国史编写给予了很少的笔墨，故而该时段的英国形象体现出一种渺小的、边缘化形象，很难清晰完整地看出古代英国历史发展轨迹，英国相关历史大多是一些零零散散的甚至时常依附于其他西欧国家，所以形成了一种"微不足道、可有可无"的弱势形象。到了世界近代历史，教科书高度关注了这个在世界近代时期大放异彩的国度，但因意识形态的不同，此时的英国形象又显现了两面性。一方面是先进的领军者形象，这里主要是突出了它的政治领军者与经济领军者形象。自史学界于1953年开始将世界近代史的开端由18世纪法国资产阶级革命改为17世纪英国资产阶级革命后，人教版对这场英国早期的资产阶级革命着墨便越来越多，暂且不论其具体细节的书写变化，就其意义评价而言大体上都是持赞赏态度的。这场资产阶级革命建立的君主立宪制不仅引领英国步入新的发展方向，而且为世界展示了一种新的政治模式，推动世界近代政治发展进入了一个新的阶段，近代英国先进的政治领军者形象毋庸置疑。同时，英国又果断抓住历史机遇，最早展开工业革命且发展水平遥遥领先，不仅确立了英国带来了"世界工厂"乃至"世界霸主"的地位，也带动了欧美其他资本主义国家工业革命的开展，更是初步促成了一个以欧美资本主义国家为主导的世界市场。这是对世界历史发展的一种巨大推动，英国经济领军者形象也由此树立。另一方面是凶恶的殖民者与劳动人民的被压迫者形象。英国自新航路开辟以来通过多方努力迅速崛起并积极推行对外殖民扩张政策，最后荣登世界霸主地位，这为英国资本主义发展积累了丰厚资本，可以说是英国能成为近代世界领军者的重要原因。但这种资本的积累是建立在对亚非拉国家残酷掠夺与搜刮的基础上，打断了当地的历史发展进程，给当地人民生活带来了极大灾难，在当地人民眼中，英国是凶恶的殖民者形象。同时，英国资本主义的发展不只是对殖民地人民的掠夺，也是对本国劳动人民的剥削与压榨。以英国第一次工业革命为例，其光鲜亮丽的背后是工人阶级的悲惨境遇，这在人教版多版教科书中都有充分披露。英国资本主义迅猛发展的背后是英国资产阶级联合镇压下层劳动阶级，由此而来的正是压榨国内劳动人民的压迫者形象。这种双面形象的塑造与形象学中所说的"他者"形象在很大程度上与"自我"社会影响的"社会整体想象物"理论相契合。

2. 英国形象时代性特点

新中国成立初期，在苏联史学强烈影响下，教科书中的英国多是残暴的、野蛮的、具有强烈侵略目的与野心的帝国形象。虽然该时代的教科书对英国某些方面的先进性偶尔会有所涉猎，但明显不是该阶段教科书突出的重点。步入 90 年代后，"全球史观""现代化史观"等新史观轮番袭来，反映在英国形象塑造方面则是其正面形象明显得到一定程度的凸显，以往满是负面评价的工业革命或者是对外殖民等历史也开始得到更多的客观积极的正向指引。21 世纪新课改后的代表版本 2007 年版则更多秉承"新理念"，依托"新史观"，对英国历史进程中影响自身与世界近代化、现代化发展的形象有了更多的关注，传统革命史观叙写下的阶级斗争等负面形象极大弱化，可以说英国对世界历史整体进程与文明走向产生的影响成为塑造英国形象的关键之处，因而更多着眼全球、现代化发展引领的 2007 年版塑造的英国形象是客观全面的。不过，因体例、字数要求，英国形象建构上难免会出现断层、割裂之类的问题。在"世界史观"的明显渗透下的新部编教材中，英国史编写篇幅大为缩减乃至被纳入欧洲甚至是资本主义世界体系，故其英国形象的呈现更多的是欧洲或者说是资本主义世界体系中的一员，其个性特征在客观的叙述原则下没有得到明显的呈现。

四　对教科书英国史文本编写与英国形象建构的思考与建议

综合上述笔者对新中国成立以来人教版高中历史教科书英国史文本编写的分析以及英国形象建构的整体解读，我们不难看出人教版高中历史教科书英国史编写与形象构建在不断进步与完善，编者们也严格依据课标，力求与时代接轨，尽可能呈现客观严谨的作品。但任何事物都要受到时代与自我发展局限性的影响，任何事物也无法逃脱外部框架的制约与束缚，所以英国史的编写与英国形象的建构又或多或少存在某些缺陷。作为新时代的一名准教师，笔者在此想对高中历史教科书英国史文本编写与英国形象建构提出几点思考与建议。

第一，教科书英国史文本编写、相关史学界研究成果与历史教师教学问题。教科书英国史文本编写原则上以基本史实为本，不断加入史学界相关较成熟的研究以丰富英国史的内涵。但经笔者整理分析后发现，即使是新课改后的最具代表性的 2007 年版教科书，其在史学界研究成果吸收方面也有所欠缺，更不要说新课改前的各版教科书了。2007 年版教科书问世至今已有十多个年头，与史学成果大量涌现相比，教科书中英国史仍然由于编写周期、编撰制度和编写篇幅等因素的限制，存在一定的脱节与滞后现象。教科书的改革耗时耗力，很难在短时间内一蹴而就，但这并不意味着教科书编写要放弃对史学成熟研究的努力吸收，而是要着力打破固化的书写模式，同时也离不开教科书与学生之间的桥梁——历史教师对现行教科书与史学成果进行良好的整合。新课改推崇教师要懂得灵活运用教科书而不是单纯的教授教科书中的知识，倡导教师着重发掘教科书之外的有价值有深度的课程资源。因此，高中历史教师可以利用自己的桥梁地位，以课程标准为指导，参照历史教科书，多吸收史学研究中的新史料与新观点，努力拓展学生史学认识的新视野。这样一来，既坚持了课标的指导地位，又做到了与时俱进，对于锻炼学生的批判性、创新性思维无疑是有益的。

第二，教科书英国史文本编写的断层性问题。从前文分析中可以明显看出的一点便是人教版教科书英国史文本编写"断层性"日益凸显。新课改前虽然对英国古代史与冷战期间历史表述缺乏完整性，但总体上还能隐约看出英国的整体发展轨迹。新课改后几乎完全删去了英国古代历史，直接跳跃到了强盛的近代社会，冷战期间又几乎看不到多少英国身影。虽然历史教科书的编写因为种种因素而要一直寻找"中心"，古代英国与冷战期间的英国的确不是世界的"中心"，但一个国家的历史发展有着内在的历史延续性。英国古代史与现代史同近代英国有着密不可分的内在关联，前者是其辉煌闪耀的基础，后者便是其辉煌闪耀的落幕。因此，笔者认为，历史教科书的编写不能忽视这种延续性，否则会使学生产生历史断裂的印象。但教科书编写的确又存在字数篇幅限制，那我们该如何处理这个问题呢？笔者认为，教科书编写可以精炼提取英国古代史中的某些重大历史事件，略去具体细节描述，着重指出它们对英国整体历史进程的重大影响，给学生以基础性的认知。对冷战期间的英国史也可以给出一条发展主线：面对美苏夹击的英国采取了怎样的发展措施？这条主线可以不像美苏那样给予太多篇幅，但一定要清晰明了，这样不仅可以承接近代历史发展，而且可以明确冷战期间处于冷战后方的英国的发展轨迹，使学生看到完整清晰的英国历史发展轨迹。

第三，英国形象塑造中的殖民主义问题。中英两国关系复杂微妙，一方面近代英国是中国学习效仿的榜样，英国资本主义的输入也开启并促进了中国近代化发展历程，另一方面英国是近代入侵中国的首要敌手，各种不平等条约的签订、圆明园的被焚毁等都带给中国人民无法磨灭的耻辱。这两个方面都涉及了近代英国的殖民主义问题，所以对殖民主义的探析是建构英国形象的关键。综合前文分析，我们可以看出人教版教科书关于殖民主义影响的评价越来越全面客观。这种现象的出现与殖民主义双重使命学说有着紧密关系，这是"马克思在《不列颠在印度的统治》和《不列颠在印度统治的未来结果》中提出的，虽然是以印度为研究对象，但对殖民主义的影响却具有普遍的指导意义。具体来说，殖民主义双重使命学说认为殖民统治体现出双重使命，一是破坏使命，即消灭旧的亚洲式的社会；另一个是建设性使命，即在亚洲为西方式的社会奠定物质基础"。[①] 新中国成立初期我国对这种殖民主义双重使命学说一直没有给予足够的重视，但随着研究的深入，我国学术界对殖民主义双重使命学说也开始有了新的认识，不再是以往一边倒的激烈批判，而是也看到了它产生的客观建设性作用。因此，体现在教科书中便是对殖民主义的评价越来越全面客观。实际上，"塑造他者形象，是进行自我确认的重要手段"。[②] 教科书中对英国殖民主义评价的日益客观取向也反映了我们对"自我"的重新定位以及对世界的全新认知。当然，对深受殖民压迫的中国来说，评价殖民主义肯定不是一个轻松的话题。我们对殖民主义做出较为全面客观的评价，不代表我们对殖民主义的肯定。历史教师在历史教学时也要尽力避免义愤填膺之举，切忌将历史研究和道德评判混淆，尽可能在保留爱国主义教育的同时，让学生学会更成熟冷静地思考历史问题。

　　总之，随着时代的不断发展，教科书对英国历史文本编写展现了时代性与时段性的特色，在此基础上建构了多样化的英国形象，这种多样化的英国形象又折射出"自我"作为主动观察者在不同时代史观、心态等综合指引下对英国"他者"形象的动态认知。作为新时代的人民教师，继承吸收前代教科书对英国史编写与形象建构中的精华，努力构建一个多元而又客观的英国形象是我们后辈应不懈努力的方向。

---

①　高岱：《殖民主义双重使命学说及其评价》，钱乘旦、高岱主编《英国史新探》，北京大学出版社，2011。

②　刘洪涛：《对比较文学形象学的几点思考》，《北京师范大学学报（社会科学版）》1999年第3期。

新中国成立后中学历史教科书中的印度书写

——以人教版、华师大版和北师大版为例

孙　峰

对中国而言，印度半岛具有特殊的地理意义。但学生对印度的了解却不是很全面，历史教科书作为学生接受和了解中外历史的重要媒介，它所呈现的异国史和与我国关系的内容，将会使学生形成相应的异国形象，进而影响他们的价值判断和对外思路。

新课标出台后，印度史内容比重不如从前，这变化的背后又透露些什么，种种疑问都值得思考与讨论。所以本文以时序加主题的形式，来看从古到今中印交往的内容和有关印度的内容在教科书中的变迁，从其选取的内容、运用的话语，来了解 70 年来我国教科书中印度形象的演变，在体会我们对印度关注的同时，也是对我们自身在国际定位的审视，进而为当前的印度史教学提供参考。

一　历史教科书中寓于中印交往中的印度描述

（一）交好中国、与中国媲美的领跑者：古代中印交往中的印度

中印交往历史已有千年。新中国成立后的历史教科书是如何记载和叙述

中印交往历史的？本文就按照朝代更替的时间顺序，对两汉、魏晋南北朝、隋唐、宋元、明清的中印交往进行整理和说明，在了解长时段历史教科书①中中印交往内容变迁的同时，也就印度自身形象在这交往变迁中的定位进行了了解。

1. 道路探索、友好初涉的两汉时期

两汉是双方交往的初涉时期。西汉多集中于贸易交互和通道的探索，如蜀布邛杖流通、丝绸西去以及西域道、滇缅道和南海道的开发；东汉时期除物产的交换外，也开始了在精神方面的交流，如佛教东传、道教西去。双方在互相借鉴的同时关系进一步加深。下面就一一论述。

1956 年之前的人教版教科书，尤其是 1950 年版②和 1951 年版，在史书固有天下观的影响之下，对于周边国家，有着心理上的傲视与自信。所以，称印度为"西南夷"，两国具体交往不是很明晰，但提到了汉武帝想通印度的想法，可见中印交往服从于帝国拓展的政治需要。

从 1956 年高中版教科书开始，没有了夷夏之分，印度作为亚洲邻国，为西南地区的物流中转做出了巨大贡献："我国西南各族跟印度人民的经济文化交流很频繁，四川的产品通过西南各族人民运到印度，又通过印度转卖到阿富汗一带。"③

20 世纪 90 年代初，初中教科书提到了两汉时期两国因佛教交往的事

---

① 本文为了避免遗漏，造成初高中断层，对中学历史教科书即包括初中和高中历史教科书在内，按时代顺序进行全部梳理，其中也只对有变化的部分进行说明。此外，新中国成立后，我国中学一直使用的是人民教育出版社出版的教科书，直到新课标出台后，各地区才根据地方情况使用不同版本，所以在叙述 21 世纪相关教科书的情况以前，本文提到的都是人民教育出版社出版的教科书，简称"人教版"，不再重复说明，其他版本会进行说明。其中，2000 年之后分别选取北京师范大学出版社出版的初高中教科书和华东师范大学出版的初高中教科书。之所以选用这两版教科书，是为了对比我国两个有着最为先进的教育理念且具有不同地域特色的出版社出版的教科书的不同之处，又因为华东师范大学出版社出版的高中教材是通史题材，可以与新课标出台之后选用专题史题材的人教版和北师大版很好对比。此外，为了反映最新的研究动态，本文选用了最新出版的 2016 年版部编本初中教科书以及高中《中外历史纲要》必修和选修教材进行分析。
② 1950 年版指的是 1950 年出版的教科书，包括初中教科书和高中教科书，为了简洁，本文对于教科书进行缩写，如 1956 年出版的高中教科书或初中教科书，缩写为 1956 年高中版或初中版，以下皆相同。
③ 邱汉生、陈乐素、汪篯：《高级中学课本·中国历史》第一册，人民教育出版社，1956，第 97 页。

实，其中汉明帝派人到西域求佛法，建立了白马寺。① 一个主动输出，一个主动吸收并给予礼遇，双方和谐的动作之后，是对彼此宗教文化的欣赏与相惜。1999年高中版就丝路促成双方交往来看，提到了"四川物产早已流入印度等国……丝路的开通，为中缅、中印的友好的往来创造了条件……秦汉文化也广泛流传"。② 华师大初中版提到"琵琶和竖箜篌原是印度、埃及的古乐器"，③ 然后经丝路传入我国，凸显了此路对我们与国际交往的作用。

两汉时期是双方交往的初涉时期，主调为和平友好，其中，20世纪50年代的教科书中印交往多含有印度交好于我国的意味，以此凸显我们的大国声威，但也较为关注双方的民间贸易交往，印度古大国形象跃然纸上。之后，相关内容有所缩减。90年代教科书重新关注双方在思想、文化、艺术层面的交流，此时，我们对于印度文化满怀赞赏，肯定它对于中国文化的丰富作用，注重双向交流给予两国的好处，印度的文化引领者的形象十分鲜明。

2. 佛教为先、思想互通的魏晋南北朝时期

魏晋南北朝中国历经乱世与动荡，但这并没有影响中印之间的文化交流。中印关系因佛教而紧密联系，鉴于佛教从西汉末年传入，所以这一部分内容会根据实际对教科书中汉朝和魏晋南北朝时期的佛教进行整合论述。

1951年初、高中教科书对汉朝佛教的介绍内容基本一致，它们点出了佛教东传的途径和对中国的影响，不过受20世纪50年代王朝史编撰传统影响，这两个版本将佛教东传作为两汉对外胜利的结果表现，进而凸显汉朝的盛世武功。就对中国的影响来看，初中版注重对后世文化的影响，④ 高中版则立足于佛教的宗教本质对人的精神生活的影响。⑤ 此外，就魏晋南北朝时期的佛教来说，1951年高中教科书在叙述南朝史时提到了佛教昌盛之下全民信佛造成的不利影响，初中版虽批判其消极影响，但也认同佛教对中华文

---

① 人民教育出版社历史室编《九年义务教育三年制初级中学教科书·中国历史》第一册，人民教育出版社，1993，第12页。

② 人民教育出版社历史室编《全日制普通高级中学教科书（试验本）·中国古代史（限选）》，人民教育出版社，1999，第97~100页。

③ 上海市中小学（幼儿园）课程改革委员会：《九年义务教育课本历史八年级第一学期（试用本）》，华东师范大学出版社，2011，第57页。

④ 叶蠖生：《初级中学中国历史课本》，人民教育出版社，1950，第44~70页。

⑤ 华北人民政府教育部教科书编撰委员会：《高级中学中国历史》上册，人民教育出版社，1951，第79页。

化进步和对外辐射的积极影响，如"西方艺术的雕塑、绘画以及哲学、文学都替中国开辟了新道路……，他们是中国文化向东发展最有利的媒介"。①综观 1951 年版，它虽认同佛教东传对中国文化的影响，但没有具体谈及伴随佛教来华的印度文化对中国文化的影响，宏观定位于西方，印度成为背景，消逝于视野之中。

1952 年初中版与 1951 年版基本一致，对佛教一分为二介绍，既看到了当时统治者乱用民力，也看到了佛教对中印文化交流的积极作用，不再是很模糊的中国与西方的表述，并就印度拼音法传入改进我国语言学介绍为"文字反切和四声的研究"。② 1955 年初中版虽点出佛教对我国石窟建筑艺术的影响，但重在歌颂我国劳动人民的智慧。

1956 年高中版更为全面中肯，除佛教发展和对我国文化的影响外，还从国家交往的角度来看它对中印文化交流和友谊加深的积极作用，如印度翻译家道安和鸠摩罗什对我国佛经翻译做出的贡献，我国法显西去求法后写下的《佛国记》对研究古印度的重要价值，③ 突破了单向的文化交流。

1978 年初中版提到云冈石窟吸收了"印度艺术的特点"。④

1992 年初中版分阶段地介绍国人对佛教的态度和佛教对朝政民生的影响：两汉传入，得到部分皇帝的支持，如东汉明帝的支持；魏晋南北朝时期佛教兴盛，引起有识之士的反思。高中版则重点阐述佛教石窟艺术对后世的价值。⑤

1999 年高中版增加了印度文化在医学、志怪小学、佛教绘画、音乐（"异域传来的天竺乐"⑥）方面对我国的积极影响。

新课标出台后教科书多从文化交流入手，北师大版初中版着重文化双向

① 中央人民政府出版总署编写局：《初级中学中国历史课本》，人民教育出版社，1951，第 62 页。
② 李庚序、王芝九：《初级中学课本中国历史》第一册，人民教育出版社，1952，第 79 页。
③ 邱汉生、陈乐素、汪篯：《高级中学课本中国历史》第一册，第 175 页。
④ 中小学通用教材历史编写组编《全日制十年制学校初中课本（试用本）·中国历史》第一册，人民教育出版社，1978，第 112 页。
⑤ 人民教育出版社历史室编《义务教育三年制四年制初级中学教科书（试用本）·中国历史》第一册，人民教育出版社，1992，第 123~164 页；人民教育出版社历史室编《高级中学课本·中国古代史（选修）》，人民教育出版社，1992，第 95~96 页。
⑥ 人民教育出版社历史室编《全日制普通高级中学教科书（试验本）·中国古代史（限选）》第 153~160 页。

交流，不仅看到了佛教的传播为中国思想和艺术输入新血液，[1] 同时也看到了佛教中国化的事实。由此可见，佛教是中印双方文化借鉴与吸收的印证。部编本着重从语言文字切入，具体列举佛经中的用语融于中国语言之中，如"因果、在劫难逃等"[2] 以及宗教画和石窟艺术等在社会文化层面的影响等。华师大初中版就佛教对我国伦理观的影响以及"佛经故事的宣讲促进我国文学、戏曲的发展"[3] 进行了补充。最新出台的《中外历史纲要》，除提到双方高僧为促进佛教交流做出的巨大贡献（"印度的高僧来华，将大批佛经翻译成汉文。当时为了求得佛教真解，一些中国名僧西行取经"[4]），还在小字部分提到法显的《佛国记》在研究中印等国交通和历史方面的史料价值，再现了文化交流的现实意义。

　　总体而论，各版本教科书从注重佛教对于当时我国社会现实的影响转向两国文化交锋对于后世的影响。不过从中也可以了解到当时印度在文化层面的引领地位，它是一个注重思辨的宗教之国、一个灿烂的文化之国，且于佛教的无声之处给予我们影响，宗教文化的国家形象显露无遗。

3. 全面交往、大放异彩的隋唐时期

　　隋唐，是中国历史的黄金盛世。开明政治之下的宽容心态，使得对外关系全面拓展。此时，中印关系全面加深：经济上，双方贸易交互，物产流通；技术上，印度熬糖法传入，改善了我国熬糖技术；宗教文化上，玄奘、义净西行，印度高僧东来，带来相关医学知识和药品。中印关系大放异彩。

　　1950 年版和 1951 年版教科书有关唐朝的盛世武功的介绍中提到印度。比较有代表性的就是"王玄策只身战印度"事件，可见当时双方也存在武力摩擦。1953 年初中版除着重介绍佛教文化对我国艺术层面的影响（"在绘画方面，唐朝作家……融合了佛教的艺术风格，创造……伟大作品"）外，还提到以玄奘为代表的中国僧人西行求法、佛经翻译的文化功用以及印度人

① 义务教育历史课程标准研制组编《义务教育课程标准实验教科书历史七年级》上册，北京师范大学出版社，2007，第 92～123 页。
② 中华人民共和国教育部编《义务教育教科书七年级》上册，人民教育出版社，2016，第 72 页。
③ 上海中小学（幼儿园）课程改革委员会：《九年义务教育课本历史七年级第一学期（试用本）》，华东师范大学出版社，2011，第 73 页。
④ 编者不详：《普通高中教科书历史必修中外历史纲要上》，人民教育出版社，时间不详，第 53 页。

民的文化智慧和创造。^①

1956 年的初高中教科书基本一致，主要对两国在经济、科技和文化方面的交流进行介绍。1956 年初中版还增加了两国在商贸时的交通选择以及对我国商人走海路去印度经商的介绍："唐海船安全，唐的大商人经常航海到印度等地去做买卖。"^② 这突出了双方的贸易交往，此外，还有印度熬糖法的引入以及双方高僧的互访。

1960 年初中版基于当时我国的国际地位，就发达的海外交通沟通中印两国的悠久国家友谊进行了阐述。^③ 1963 年初中版详述了双方文化交流的重要地点敦煌："敦煌就是我国同印度交流的要地。"^④ 1990 年初中版介绍了舞蹈和发达的天竺医学的传入："唐朝乐舞里有天竺乐舞。天竺医学发达，我国许多医典里讲到了天竺眼科。"^⑤

1992 年高中版提到了天竺历法。1999 年版在总结中提及了佛教的中国化历程，其中禅宗派最为出名。

新课标人教初中版提到了玄奘西游对两国交流所做的贡献。其中，北师大初中版还对玄奘将《老子》介绍到天竺进行了介绍："他还曾把《老子》翻译成梵文，介绍到天竺。"^⑥ 可见中印彼此在宗教思想方面相互借鉴。华师大高中教科书提到"天竺的杂技、魔术和天文算学"^⑦ 传到我国，丰富了我国民众的娱乐生活。

4. 海上交往、互通有无的两宋时期

两宋时期，随着罗盘针的使用和造船业的发达，海外贸易兴盛，印度作为我国对外贸易的重点区域而备受重视，双方保持着良好的商贸关系。

---

① 李庚序编《初级中学课本·中国历史》第二册，人民教育出版社，1953，第 26~28 页。
② 汪钱、陈乐素：《初级中学课本·中国历史》第二册，人民教育出版社，1956，第 10 页。
③ 北京师范大学历史系普通教育改革小组编《九年一贯制试用课本（全日制）历史》第一册，人民教育出版社，1960，第 79 页。
④ 编者不详：《十二年制学校初级中学课本·中国历史（试教本）》第二册，人民教育出版社，1963，第 59 页。
⑤ 人民教育出版社历史室编著《义务教育三年制四年制初级中学教科书（实验本）·中国历史》第二册，人民教育出版社，1990，第 36 页。
⑥ 义务教育历史课程标准研制组组编《义务教育课程标准实验教科书历史七年级》上册，第 36 页。
⑦ 上海市中小学（幼儿园）课程改革委员会：《高级中学课本·高中历史》第二分册，华东师范大学出版社，2008，第 60 页。

1956 年初中版写道："南宋，我国的商船队，经常往来中国、南洋群岛和印度。[1] 可见南宋时期，我国与印度之间经贸往来频繁。高中版补充了北宋初期的对外贸易，再现了两国的经济互补，但此时印度也只是对外贸易对象之一："北宋初期，从印度、南洋、朝鲜、日本运来香料、珠玉、硫磺等货品，从我国输出……瓷器和各种丝织品。" 由此可见，1956 年高中版更为凸显当时的国际环境和多边交流，注重各国海上交往。此外，它还提到了印度的"婆罗门等外国船"，[2] 可见当时印度造船业发达，在海上贸易占据一席之地。

1963 年初中版提到中国和印度是海外贸易的重点区域，中国造船技术发达："在广州和南印度的一段海域，中外商人常坐船形较大、抗风力较强的中国船。"[3] 可见，在当时南亚海外贸易中，中国商人有着举足轻重的地位。1978 年初中版通过考古挖掘之物再现了双方的商贸交往："在今天巴基斯坦、斯里兰卡……都有我国宋代的瓷器和瓷片出土。"[4] 其中，中国瓷器深受印度欢迎，印度是我国瓷器输出的重要之国。

1990 年初中版看到了宋朝政府对海外贸易的鼓励，使得中国对外贸易发达。[5] 此时虽提到印度，但也只是中国海上贸易的"陪衬"，不过由此可知印度也是当时重要的对外贸易地点。1994 年初中版除两国的海外贸易往来外，还提到我国引进印度绿豆，"从印度半岛引进的绿豆……籽多粒大，深得农民喜欢"，提升了产量，再现了双方在农业方面的接触。新课标出台后，重在阐述对外贸易沟通下的亚非关系，印度渐为背景。但总体来说，新中国成立后各版本教科书对两宋时期的对外贸易还是较为关注的。

5. 郑和西下、政治互利的明朝时期

明朝时期，郑和宝船开到印度地区，加强了彼此之间的联系。1956 年版初、高中版基本一致，印度只是作为郑和下西洋的路线背景予以交代，"郑和到达了……印度许多地方……这次伟大的航海事业，比哥伦布发现美

---

[1]　汪篯、陈乐素：《初级中学课本·中国历史》第二册，第 68 页。

[2]　陈乐素等：《高级中学课本·中国历史》第二册，第 71～92 页。

[3]　编者不详：《十二年制学校初级中学课本·中国历史（试教本）》第二册，第 108 页。

[4]　中小学通用教材历史编写组编《全日制十年制学校初中课本·（试用本）中国历史》第二册，人民教育出版社，1978，第 28 页。

[5]　人民教育出版社历史室编著《义务教育三年制四年制初级中学教科书（实验本）·中国历史》第二册，第 108 页。

洲和绕过好望角到达印度都早半个多世纪"。① 它更注重对此次壮举的赞赏，以凸显当时我国航海技术的发达。

1963 年初中版则用具体实例呈现中国和古里地区良好的贸易交往和政治交互，"在古里，国王派人和使臣商议货价，互相击掌，握手为定。然后富户逐件议价，价值交换"。②

1990 年初中版，也用具体实例呈现当时印度地区榜葛剌国对我国郑和船队欢迎的场面以及其古里国朝贡回访的情景："郑和远航，促进了我国同亚非各国的友好关系。……这个第六次航海时，随同前来的有古里等 12 个国家。"③ 由此可见印度洋国家对此次远洋的赞许和对我国的重视。

2016 年部编本以图画的形式呈现《榜葛剌进麒麟图》并配文解释："郑和下西洋时曾到达过榜葛剌，后来榜葛剌国王两次来中国进献长颈鹿，当时国人将其视为瑞兽麒麟。"④ 虽然是朝贡贸易体系下两国的交往，但其国王多次访华，可看出对同我国关系的看重，也是当时我国国力的一种体现。华师大版也同样提及了此事，不过其更侧重展现朝贡贸易之下万国来华的繁荣表现，至于中印关系，并未提及。

（二）同命运、患难与共的真朋友：近代中印交往中的印度

新中国成立后中学历史教科书中对于近代中印之间交往内容的记述很少，重点集中于鸦片战争之前的中印关系和抗战期间印度医疗队援华事件，下文就此予以分析和说明。

1. 鸦片战争之前的中印关系

1951 年高中版对于鸦片战争之前中印之间的情况介绍较为详细。富庶的印度被英国侵略独占，中印虽有商贸联系，但两国贸易也被英属东印度公司控制，其中"英国……吞并了印度……在印度大种鸦片，每年吸去我国现银不少，同时势力也渐渐也深入我国"，⑤ 流露出对印度的同情之情和自

---

① 汪籛、陈乐素：《初级中学课本·中国历史（宋元明清鸦片战争以前）》，人民教育出版社，1956，第 36~37 页。

② 编者不详：《十二年制学校初级中学课本·中国历史（试教本）》第二册，第 147 页。

③ 人民教育出版社历史室编著《义务教育三年制四年制初级中学教科书（实验本）·中国历史》第二册，第 172 页。

④ 中华人民共和国教育部编《义务教育教科书七年级》下册，人民教育出版社，2016，第 72 页。

⑤ 宋雲彬编《高级中学本国近代史》上册，人民教育出版社，1951，第 3 页。

身相似命运的无奈之情。

1955 年高中版展现了近代中印两国相似的悲惨命运："欧洲资本主义国家的武装商队发现了往来遥远而富饶的东方各国（主要是印度和中国）的航路……抢掠海外各国财富。"① 这一对难兄难弟因为同样被侵略的命运而格外惺惺相惜。

1957 年高中版就英国东印度公司对两国的经济侵略记载如下："独占了英国对印度贸易的特权。十八世纪后期，对中国经营鸦片买卖。"② 可见，在西方列强的坚船利炮之下，中印两国无能为力，印度被迫变成侵略与伤害中国的后方基地。

1990 年代的教科书记载较为简洁："英国侵占印度……在东方建立的殖民体系，已经成为侵略中国的前沿阵地。"③ 相比于之前版本，1993 年版从整个世界局势来看东西方的情况，不只是限于中印两国之间。

21 世纪初的教材在虎门销烟的背景中提到了中印状况，华师大初中版中的阐述是："英国的东印度公司在印度推广鸦片的种植，鼓动英国商人向中国进行大规模鸦片走私。"④ 高中版与其基本一致，只是将初中版所用"鼓动"一词变为"怂恿"，⑤ 情感更为强烈，谴责英国东印度公司的罪恶行径，为赚钱而丧失人性准则。"中外历史纲要"以图片和注释的形式提到英国东印度公司在印度的鸦片仓库并走私到中国，虽然没有明显的语气词，但再现了英国对中印两国的伤害。

就教科书的书写变化可知，20 世纪 90 年代之前，尤其是 50 年代我们多从中国视角出发，来看英国对于印度和中国的侵略，交织着同情、愤怒多种情绪；90 年代之后则从世界视角出发，分析局势，自我反省中国和西方的差距。

---

① 宋雲彬编《高级中学读本中国近代史》，人民教育出版社，1955，第 2 页。

② 苏寿桐、孙守任等：《高级中学课本中国历史》第三册，人民教育出版社，1957，第 4 页。

③ 人民教育出版社历史室编《高级中学课本中国近代现代史上册（必修）》，人民教育出版社，1993，第 3 页。

④ 苏智良：《九年义务教育课本中国历史七年级第二学期（试用本）》，华东师范大学出版社，2007，第 3 页。

⑤ 上海市中小学（幼儿园）课程改革委员会：《高级中学课本·高中历史（试验本）》第五分册，华东师范大学出版社，2016，第 2 页。

2. 抗战期间印度医疗队援华

抗战期间印度医疗队援华事件，首次出现在人教版是在 1986 年的初中教科书，1988 年初中版同 1986 年初中版的内容记载基本一致，都是从对世界人民支援中国抗战表示感谢的视角入手。其中，印度医疗队里的柯棣华大夫见证了中印友谊："1939 年，印度援华医疗队……在敌后奋力救护伤病员，其中柯棣华大夫积劳成疾，为……抗战献出了生命。"①

1991 年初中版对柯棣华大夫的生平及援华经历进行了全面介绍，赞赏了其对中国医疗事业的贡献和无私的品质。② 2009 年华师大高中教科书以配图和小字解说的形式呈现了 2004 年印度官员向柯棣华妻子赠送礼品的情景，③ 它再现了印度官方的支持，是当代两国重视彼此关系的见证。

对于抗战期间印度医疗队援华的事迹直到 90 年代才被提及，这一方面与新中国成立后曲折的中印关系现状有关，另一方面也与随着世界多极化的趋势，教科书的视野关注点开始转向发展中国家有关。

近代中印两国虽被殖民侵略，但仍然在困境中给予彼此同情和支持，此时的印度虽备受欺凌，但未曾放弃对中友好的态度，所以近代的印度是一个身处困境但对中友好的朋友形象。

（三）积极向上、对中友好：现代中印交往中的印度

二战后，中印交往进入新的阶段，共倡和平共处五项原则，维护世界和平。

1957 年版教科书提到，面对新时期亚洲人民维护和平之所需，我国顺势而为，提出和平共处五项原则："五项原则……反映了亚洲人民反对殖民主义和维护和平的共同愿望，这是我国和平外交政策的胜利。"④ 在维护了亚洲被殖民国家利益的同时，也打开了我国对外交往的大门，是我国外交政策的胜利。

---

① 李隆庚编《初级中学课本·中国历史》第四册，人民教育出版社，1986，第 109 页。
② 人民教育出版社历史室编《义务教育三年制四年制初级中学教科书（实验本）·中国历史》第四册，人民教育出版社，1991，第 57 页。
③ 上海市中小学（幼儿园）课程改革委员会：《高级中学课本高中历史第六分册（试验本）》，华东师范大学出版社，2009，第 121 页。
④ 编者不详：《高级中学课本中国历史》第四册，人民教育出版社，1957，第 82 页。

1991 年初中版将视角放宽，不只是限于中印关系，而是放眼世界，和平共处五项原则成为处理国际关系的总则："周恩来总理同印缅总理倡导了和平共处五项原则，……成为解决国际上国与国之间关系的基本原则，在世界上产生了深远影响。"[1]

2005 年人教初中版在小字部分再现了 1954 年周总理访印时，面对尼赫鲁总理对华的双面心理，顺势提出和平共处五项原则，打消对方顾虑的场景。[2] 这既显现了周总理的外交智慧，也再现了当时亚非国家在抗美援朝战争胜利之后对中国又喜又怕的矛盾心理，进一步凸显了和平共处五项原则的重要性与关键性。

最新出台的《中外历史纲要》提到了中印建交，并客观陈述 1953 年双方就历史遗留问题商讨时，中国首提和平共处五项原则，并在 1954 年受邀访问印度时得到印度的肯定，成为国际对外总则，同时也对和平共处五项原则具体内容变化进行了注释。[3]

和平共处五项原则在书本中的变化与我国所处的不同时代背景有关，即从最初 20 世纪 50 年代的激励国民到 90 年代全面走向世界再到 21 世纪初注重发出自身的声音，但立场基本以我国为主导，主动与印度交好，进而促成世界和平。此时的印度，基本同新生的亚非国家一样，对华友好，奉行和平，是一个积极向上的友善之国。

二　教科书中对印度发展史的描述

古印度地处南亚次大陆，是四大文明古国之一。旧石器时代已有人类居住，哈拉帕文明是其已知最早的文明。公元前 1500 年，雅利安人入侵，带来了全新技术、观念、语言和信仰，开启了印度历史的新纪元，印度进入列国时代。随后十六雄国争霸、波斯与马其顿入侵，在动荡与乱世之际，孔雀王朝建立。

不久，大月氏人入侵，建立了贵霜帝国，在其落败之际，印度人建立的

---

① 人民教育出版社历史室编《义务教育三年制四年制初级中学教科书（实验本）中国历史》第四册，第 166 ~ 167 页。

② 课程教材研究所编《义务教育课程标准实验教科书中国历史八年级》下册，人民教育出版社，2005，第 77 页。

③ 编者不详：《普通高中教科书历史必修中外历史纲要》上，第 176 ~ 177 页。

笈多王朝崛起，印度文化进入黄金时期，印度进入封建社会。接下来是穆斯林统治时期，相继出现了德里苏丹国和莫卧儿帝国，虽称雄一世，但最后衰落。后来西方殖民者崛起，印度成为殖民势力角逐的场所，最终被英国独占。直到1947年重获自由，宣布独立，不过因印巴分治，独立后的印度共和国重新启航，续写辉煌。

纵观印度的发展史，外族入侵频繁，分裂多于统一，不过这些都未曾影响印度与我国的交往以及印度在世界文明史上的地位，新中国成立后我国世界史教科书对于印度的发展如何记载？又有哪些著名人物？下面就翻开历史的书页，以时间为序，探寻印度在自古至今的面貌。

（一）历史悠久、文化发达的古代印度

古代印度因其特有的历史地位，一直是教科书记述的热点。1951年初中版对于其早期文明历程进行了提纲挈领式的阐述，包括最早定居的达罗毗荼人、之后入侵的雅利安人所建文明和种姓制度等，但全篇重在关注佛教之发展。1951年高中版侧重于社会发展历程，呈现不同时期的古印度发展状况，从最早的达罗毗荼人、笈多王朝、乌苌王朝到莫卧儿帝国时期，注重朝代的政治兴衰、社会百态，完整再现了古印度发展脉络。

1954年初中版的介绍最为详细，可视为古印度简史，它再现了古印度发展历程：达罗毗荼人首创文明、雅利安人入侵注入新鲜血液、[1] 小国兼并之中摩揭陀国强大、孔雀王朝一统、笈多王朝盛世、莫卧儿帝国兴衰，畜牧业为主下对牛的重视和崇拜，传统印度雕塑、绘画、梵文、史诗《摩诃婆罗多》的精美，发达的医学和雄伟的建筑[2]以及重要的商贸地位——"南印度又是东亚和西欧的贸易中转地"，[3] 再现了古印度地位之重。

1960年初中版关注到印度医学："他们的医学知识也很丰富。他们能割治炎肿，拔出陷入皮肉深处的武器碎片，除去眼睛上的翳。"[4] 1978年高中版对于奴隶制时期的印度文明介绍详细，从国家建立、社会状况、等级制度到佛教发展、科技文化。相比于其他版本，它更注重史料证据，通过遗址发

---

[1]　王芝九：《初级中学课本·世界古代史》第一册，人民教育出版社，1954，第38~45页。

[2]　王芝九：《初级中学课本·世界古代史》第二册，人民教育出版社，1954，第55~57页。

[3]　王芝九：《初级中学课本·世界古代史》第三册，人民教育出版社，1954，第109页。

[4]　编者不详：《初级中学课本·世界历史》上册，人民教育出版社，1960，第13页。

掘来了解达罗毗荼人的文明程度。

1995 年高中版关注到莫卧儿王朝，对政治兴衰表达了惋惜之情。① 此外，还关注了其艺术成就。

华师大初中版通过遗址史料再现发达的哈拉帕文化和印章文字，关注到种姓制度对印度社会的不利影响。此外，对泰姬陵进行了详述，以显当时盛世之景："社会繁荣与建筑优美著称于世，泰姬陵即是代表之作。"② 高中版对吠陀时代的古印度文明进行介绍，重在突出社会状况和文化发展。在对种姓制度进行介绍时，突破阶级评断，关注它的社会影响："造成社会阶层隔离，阻碍社会成员流动。"③ 对于佛教，重在介绍其对外传播。同时，还对印度两大梵文史诗给予了高度评价。综观华师大版，其对印度文明的现实影响更为关注。

部编本提到印度是大象之国，并拥有象兵。④ 最新出台的《中外历史纲要》提到了印度恒河流域孕育的早期文明及中古时期印度的发展历程和宗教信仰，再现了印度古国的历史地位及历史特点，⑤ 此外，在选修教材中对印度文化进行了具体介绍，点出了以佛教为中介的印度文明的影响。⑥

综观各版教科书，雅利安人入侵、种姓制度、佛教一直存在于教科书中，未有变动，一方面是与雅利安人入侵后奠定了印度多元文明的基础有关，另一方面也与种姓制度、佛教作为印度的标识，塑造了印度人的社会习惯和文化习俗有关。不过就教科书中所记载的古代印度整体来看，印度历史悠久，有着令人艳羡的文明，是世界古文明不可或缺的一部分。

（二）多灾多难、不断抗争的近代印度

古代印度虽走在世界前列，但近代印度落后于世界发展潮流，成为英国的

---

① 人民教育出版社历史室：《高级中学历史课本世界近现代史上册（必修）》，人民教育出版社，1995，第 61~62 页。

② 苏智良：《九年义务教育课本历史八年级第一学期（试用本）》，第 62 页。

③ 上海市中小学（幼儿园）课程改革委员会：《高级中学课本高中历史第一分册（试验本）》，华东师范大学出版社，2007，第 10~12 页。

④ 中华人民共和国教育部编《义务教育教科书九年级》上册，人民教育出版社，2019，第 12 页。

⑤ 编者不详：《普通高中教科书历史必修中外历史纲要》（下），人民教育出版社，时间不详，第 5~25 页。

⑥ 编者不详：《普通高中教科书历史选择性必修 3 文化交流与传播》，人民教育出版社，时间不详，第 27 页。

殖民地，屈辱和抗争成为近代印度的发展主题。新中国成立后的教科书，对于近代印度的书写笔墨较多，其中比较典型的是被英国侵略下的印度、1857～1859年印度民族大起义和甘地所领导的非暴力不合作运动，下文就予以叙述。

1. 英国侵略下的印度

1952年高中版除展示印度人民的生活惨状外，还描述了英国工厂中印度工人的工作状况："女工在生育前的一分钟还支持着工作……工人的儿女多半在一岁左右就夭亡了。活着到七八岁的儿童就开始去做工。工人所得的微薄工资……还常被扣押一个多月不发下来。"① 工人的基本人权不能维护，血汗被榨干。1956年高中版看到了工人的努力抗争，并最终取得有利结果，如争取到"休息日，争到了工厂法"，显示了工人的强大力量。不过它也提到了印度资产阶级在壮大过程中受到的打压。

1960年初中版再现了印度底层人民在英国统治之下的绝望生活："便宜的英国机器械物充塞在印度市场上，冲垮了印度的手工业。印度的数百万职工死于饥饿。由于捐税苛重，灌溉设备失修，数不清的印度农民牺牲在灾荒和疫病里。"② 除经济掠夺外，1960年高中版还描述了英国殖民者对印度人民的血腥镇压：阿姆利则惨案中，殖民者向群众开枪，死伤1500多人。③1995年版介绍了英殖民者对封建王公的区别手段："顺从者给予帮助，反抗者血腥镇压。"④ "棍棒加蜜糖"的统治手段，使得无论是何种阶级，在英属殖民统治之下，都只能苟活于世。

2007年北师大初中版记述："棉织工人的白骨使印度平原都白成一片。"⑤ 高中版则更加全面："洗劫宫廷和国库……垄断贸易，勒索贡赋，对农民、手工业者实行奴役。"⑥ 可见英国当局利用东印度公司，干尽坏事。华师大初中版除看到印度受到的殖民侵略外，也看到其为英国工业革命奠定

① 王芝九、李纯武：《高级中学课本世界近代史》第二册，人民教育出版社，1952，第108～109页。
② 编者不详：《初级中学课本世界历史》上册，第90页。
③ 编者不详：《高级中学课本世界现代史》，人民教育出版社，1960，第20～21页。
④ 人民教育出版社历史室：《高级中学历史课本世界近现代史上册（必修）》，第34页。
⑤ 中小学通用教材历史编写组：《全日制十年制学校高中课本（试用本）·世界历史》下册，人民教育出版社，1978，第30页；朱汉国：《义务教育课程标准实验教科书历史九年级》上册，北京师范大学出版社，2007，第48页。
⑥ 高中历史教材编写组、DC加拿大国际交流中心编《普通高中课程标准实验教科书历史必修1》，北京师范大学出版社，2013，第69页。

的物质基础，同时点出"由于内部分裂等原因，反抗活动都被镇压下去"，[①]
再次反思印度内部问题。

最新出台的中外历史纲要在看到英国殖民者所盘剥的巨大财富时，也全
面再现了英国对印度的殖民手段，除剥夺财富、武力侵略外，还挑动印度内
部斗争，在重压之下完全控制了印度。[②] 在选修教材模块中，它一方面看到
了英国先进文化对印度的影响，如法律体系、文官体制，另一方面也看到了
在文化侵略之下，印度文化的顽强和精英的民族自尊心。[③]

2. 1857～1859 年印度民族大起义

1857～1859 年的印度民族大起义，不仅是印度抗争史的重要组成部分，
也是亚洲反抗殖民侵略史的重要组成部分。20 世纪 50～90 年代，它都是世
界近现代史教科书中的热点和重点，除对封建王公在此次起义中所扮演的角
色的态度有重大转变外，如 1956 年初中版痛斥大部分封建王公为维护自己
私利，勾结英军，背叛人民，而 1995 年高中版中表述为"是由印度封建王
公领导的……民族大起义"，[④] 越来越重视章西女王反英的英雄事迹，[⑤] 其他
无多大变化，各版本都认同是英国殖民者的残酷剥削和民族歧视才导致了起
义的发生，如 1956 年初中版记述："英国军官无视和亵渎印度士兵的宗教
信仰，发放牛油和猪油混合的子弹，加上长期的残酷虐待，士兵忍无可忍，
终于发动起义。"[⑥] 虽然知识选取内容有多有少，但基本仍是书中重点所述。

部编本以及最新出台的《中外历史纲要》，都较为重视这一部分内容，其
中最新高中版教材将 1857～1859 年印度民族大起义作为亚洲觉醒的一部分，
强调并肩作战，同时也再现了印度人民的反英抗争，凸显了无产阶级的巨大
力量。[⑦]

---

① 上海市中小学（幼儿园）课程改革委员会：《九年义务教育课本历史八年级第二学期（试
用本）》，华东师范大学出版社，2011，第 9 页。

② 编者不详：《普通高中教科书历史必修中外历史纲要》（下），第 72～73 页。

③ 编者不详：《普通高中教科书选择性必修 3 文化交流与传播》，人民教育出版社，2019，第
71 页。

④ 人民教育出版社历史室：《高级中学历史课本世界近现代史上册（必修）》，人民教育出版
社，1995，第 104～105 页。

⑤ 人民教育出版社历史室：《义务教育三年制四年制初级中学教科书（实验本）世界历史》
第二册，人民教育出版社，1992，第 50～51 页。

⑥ 王芝九：《初级中学课本·世界历史》下册，人民教育出版社，1956，第 77～78 页。

⑦ 编者不详：《普通高中教科书历史必修中外历史纲要》（下），第 80 页。

3. 非暴力不合作运动

"非暴力不合作运动"是伴随着 1963 年教学大纲发展而出现的，之前都称为印度第二次民族解放运动高潮（1919～1922），或者 1919～1920 年的印度民族解放运动。通过名称变化可知，在 1963 年教学大纲颁布之前所编教科书将其视为印度人民自身的民族解放运动，之后改为非暴力不合作运动，更强调运动性质给予当代世界的思考。

1956 年高中版客观地叙述了当时事件发生的缘由，不过从字里行间流露出对国民大会的不满，它并不能代表人民的全部利益，有着自己的政治顾虑，有时还会是革命的绊脚石。[1]

1978 年高中版全面地叙述了此次运动的前因后果，不过对于甘地的评价不高，如阿姆利则惨案发生后，人民起义，他则非常害怕，赶忙宣布停止非暴力不合作运动，[2] 完全没有领导者的风范。对于领导机构国大党的评价也偏向消极，具有两面性，认为其在一定程度上可以领导人民运动，一旦触及自身利益，则立马委曲求全。[3] 在对国大党恨铁不成钢的感情态度下，教科书高度评价与凸显了人民不畏强暴的抗争精神。

1982 年版对甘地和非暴力不合作运动表示肯定："使英政府收入锐减……，增强民族自信，这样，甘地很快获得了崇高威望，被印度人称为'圣雄'。"[4]

2007 年高中版全面介绍了甘地，除其人物经历外，对非暴力不合作运动给予了高度评价，[5] 认为其呼吁正义与善良。华师大高中版分阶段介绍了第一次和第二次非暴力不合作运动的过程及结果，[6] 不只聚焦于当时，更加关注"非暴力"理念对于后世的价值。部编本和最新出台的中外历史纲要更为全面，都完整地再现了非暴力不合作运动的发展阶段和前因后果，同时

---

[1] 杨生茂、李纯武：《高级中学课本·世界历史》下册，人民教育出版社，1956，第 11～12 页。

[2] 中小学通用教材历史编写组：《全日制十年制学校高中课本（试用本）·世界历史》下册，人民教育出版社，1978，第 146 页。

[3] 中小学通用教材历史编写组：《全日制十年制学校高中课本（试用本）·世界历史》下册，第 146～148 页。

[4] 严志梁等：《高级中学课本·世界历史》下册，人民教育出版社，1982，第 196 页。

[5] 课程教材研究所编《普通高中课程标准实验教科书历史选修 4 中外历史人物评说》，人民教育出版社，2007，第 66～68 页。

[6] 上海市中小学（幼儿园）课程改革委员会：《高级中学课本高中历史第五分册（试验本）》，第 87～88 页。

高中教材高度评价了此运动所蕴含的爱、真理和非暴力的意义。①

由上可知，对于非暴力不合作运动，以 1983 年版为界，之前受极左思潮的影响，重视人民的暴力斗争，而对国大党和甘地领导的非暴力不合作运动评价消极，之后走向正面，不再掺杂阶级党派色彩，肯定了它在争取印度独立、维护社会正义方面的作用，同时随着多极化的发展与倡导国际和平的理念，"非暴力"的理念受到推崇。

（三）独立自主、积极发展的现代印度

1947 年印度独立，三年后宣布成立共和国。从此，印度作为新兴大国，在逐步发展的同时，也积极发挥其在世界上的引领作用。

1. 印度独立及发展

20 世纪 50 年代的教科书重在对印度的政治关注，如 1956 年版教科书叙述了二战后印度独立的过程，但高中版较为详细，看到了英国"印巴分治"的不良用心，利用宗教矛盾挑拨内部团结，造成分治之后印度教徒和穆斯林的冲突和流血。②

60 年代的教科书除印度独立外，还关注到独立后的印度经济。如 1960 年高中版看到"重要工业部门、银行和大部分种植园还掌握在外国资本家手里。民族工业不很发达，国内粮食不足"等问题。③ 由此可知，印度虽然独立，但仍受到英国控制，独立后的印度还有很长的路要走。

90 年代的教科书既看到了印度的经济前景，也了解了现实问题。1992 年初中版从战后殖民秩序的崩溃来看印度独立的意义。④ 1996 年高中版提到印度"建立起比较齐全的工业体系，实现了粮食基本自给，特别在科技方面取得了重要成就"，⑤ 肯定了印度独立后所取得成就，同时也谈到了"教派矛盾……留学冲突"，⑥ 呈现了一个虽已实现独立，但仍有多重问题需解决、前途

---

① 编者不详：《普通高中教科书历史必修中外历史纲要》下，第 80 页。

② 杨生茂、李纯武：《高级中学课本·世界历史》下册，第 155～156 页。

③ 《高级中学课本·世界现代史》，第 74～75 页。

④ 人民教育出版社历史室编《义务教育三年制四年制初级中学教科书（实验本）·世界历史》第二册，第 140 页。

⑤ 人民教育出版社历史室编《高级中学课本世界近代现代史下册（必修）》，人民教育出版社，1996，第 112 页。

⑥ 人民教育出版社历史室编《高级中学课本世界近代现代史下册（必修）》，第 82 页。

艰辛的印度新兴大国形象。2000 年高中版增加了对印度 IT 产业的介绍："印度还是世界上拥有电子计算机程序设计人员较多的国家，"① 显示了印度的科技优势。

新课标出台后，东亚的日本和韩国成为书中的关注点。不过 2007 年北师大初中版介绍全面，称印度为"翱翔的蓝孔雀"，高度评价了它在工业、原子能、生物方面取得的成就，不过也看到了存在的种姓制度、人口膨胀和教派冲突问题，并以印度前总理英迪拉·甘地和他的儿子拉吉夫·甘地先后遇刺的悲惨命运为例予以说明。② 可见印度发展前路艰辛。

2. 国际社会上的印度

1956 年初中版提到独立后的印度与我国共处一线，共同为亚洲的和平与稳定贡献力量，是一个负责任的大国。③ 1960 年初中版中，相关表述变为"苏联、我国和其它许多国家的人民担负起保卫世界和平的责任"，没有具体提及印度，这可能受当时双方的关系影响，之后在于国际事务方面再未提到印度。直到 1992 年初中版提及"50 年代中，铁托、纳赛尔和尼赫鲁举行亚非会议，提出不结盟的主张"。④ 可见，独立后的印度积极承担国际责任，提出了有利于亚非国家的主张，并得到了相应国家的响应。1996 年高中版也肯定了印度总理尼赫鲁在推动不结盟运动方面所做的努力。⑤

华师大初中版具体阐述了印度总理尼赫鲁最早提出的"不结盟"理念，以及作为一种独立政治力量在维护发展中国家利益和国际和平方面的积极作用。⑥ 新课标出台后，其中仍然可见不结盟运动，不过首倡者印度很少被提及，关注点转向欧美，但仍认同建国后的印度在维护亚洲和平方面所起的积极作用。可见独立后的印度，虽然自身仍有许多遗留问题，但积极谋求发展，主动发挥其大国影响力，维护世界和平。

---

① 人民教育出版社历史室编《全日制普通高级中学教科书（试验本）世界近代现代史（限选）》下册，人民教育出版社，2000，第 136 页。

② 朱汉国：《义务教育课程标准实验教科书历史九年级》下册，北京师范大学出版社，2007，第 82 ~ 83 页。

③ 王芝九：《初级中学课本·世界历史》下册，第 144 页。

④ 人民教育出版社历史室编著《义务教育三年制四年制初级中学教科书（实验本）世界历史》第二册，第 143 页。

⑤ 人民教育出版社历史室：《高级中学课本世界近现代史下册（必修）》，第 107 页。

⑥ 苏智良：《九年义务教育八年级第二学期（试用本）》，华东师范大学出版社，2011，第 108 页。

三　印度史内容书写变迁的整体解读与启示

（一）对教科书中印度史内容书写变迁的整体解读

1. 比重占据分析

在新课标出台前，相比于其他亚洲国家，印度在中国教科书中所占比例还是较高的，内容分布也比较均匀，但新课标出台后，比例有所失衡，不过在最新出台的部编本教科书和《中外历史纲要》里比例有所回升，这一方面与通史题材有关，另一方面也与其作为学生通用历史教材进而培养学生的基本历史素养有关，但总体来说，还存在一些问题，如在中印交往方面，比例缩小，且呈现出群体化特点；在印度发展史方面，古今失衡，现代印度比例远远小于历史上的印度，使得学生知古而不知今。下面就这一问题进行具体阐述。

（1）中印交往方面：比例下降，且印度形象群体化

20 世纪 50～60 年代教科书中对中印交往提及还是较多的，除隋唐时期的经济文化交流外，还有两汉时期的道路探索以及魏晋南北朝时期以佛教为载体的文化交往，这些内容都比较详细。80 年代后期，基本只剩隋唐时期的双方交往，其他朝代的交往，书中也会提及，但比例在降低，其中印度也多归于亚洲而谈。

新课标出台后，虽然初中教科书中还有所记载，但限于高中专题史体例与版本，古代中印交往基本消失。当前，伴随"一带一路"倡议的提出，两汉时期丝绸之路也成为教科书记述的重点，但限于教科书篇幅和视角，印度基本归于亚洲，对其具体形象的叙述也就消失。

（2）印度发展史方面：古今比例失衡，现代印度比例远远小于历史上的印度

就总量来说，印度发展史较多。20 世纪 50 年代尤其是 1954 年版初中教科书中的古印度史，基本相当于大学里的古印度简史。60 年代来看，也很全面，对奴隶时期、封建社会时期的印度，都进行了完整叙述。虽然从80 年代开始，印度古代史比例缩减，但早期文明仍留存，封建社会时期的最后一个帝国莫卧儿帝国也还是重点。

印度殖民与反侵略的内容，虽然在 20 世纪 80 年代占比有所下滑，但仍是关注重点。但有关现代印度发展程度的内容所占比例较低。所以，总体来看，印度发展史的古今比例有点失调，课本更为注重历史上的印度，而对今天印度的发展并不关注。

2. 内容选取分析

在三版教科书内容选取方面，不同时代还是有很多不同的。中印交往方面，从国家视角看双方交往，古代多在经济和文化层面，近现代多在政治层面，但还是有厚古薄今的倾向；印度发展史方面，内容总量在缩减，但有关现代印度的内容却与时俱进，印度历史人物选取上还是以政治人物为主。下面就结合教材一一阐述。

（1）中印交往方面

两汉时期，多为两国对交往的道路探索，如汉武帝从西南寻求通向印度之路和海上丝绸之路的连通，在叙述这两方面上，20 世纪 50 年代前期多为宣扬帝王的政治武功，情感中透露出"天朝上国"的优越感。从 1956 年开始，集中于双方的经济文化往来。从 90 年代开始，归于丝绸之路，印度也归入亚洲群像。

魏晋南北朝时期，主要聚焦以佛教为载体的文化交流。50 年代初期，多凸显汉朝的盛世武功，聚焦佛教的不利影响，50 年代后期则更加客观。1978 年以后，多关注佛教的传入对当时文学、艺术、建筑的借鉴意义和影响。新课标出台后，更为聚焦佛教文化的后世价值。

隋唐时期，除 20 世纪 50 年代的时候记载了双方的一次武力对抗外，之后对双方多方位交流的叙述全面展开。就我国对于印度的熬糖法、天文、立法、佛学的引入，60 年代从唐朝盛世之下万国来朝的角度切入来看双方的沟通。80 年代以后，提到我国向印度学习。新课标出台后，提到玄奘西行回国之后，翻译《道德经》并向印度传播道家思想。

两宋时期，主要是两国的商贸联系。20 世纪五六十年代的叙写中，双方商船交互，往来频繁。60 年代注重实证，以出土文物来看当时双方的商贸联系。90 年代从国家意志出发来看双方的交往。明朝时期，郑和宝船到达印度成为教科书关注的热点，50 年代印度多为路线背景，60 年代较为注重两国经济上的交好，新课标版则注重郑和远航的政治和国际效应，以此显示我国大国风貌、各国倾慕交好的盛世太平景象。

　　近现代时期，书中对中印交往事件的叙写减少，仅提及柯棣华大夫援华与和平共处五项原则指导下的中印交往。柯棣华大夫援华从 20 世纪 80 年代后期出现，从最初我国教科书对以柯棣华大夫为首的援华医疗队的感谢，到新课标时期上升到国家关注层面。和平共处五项原则指导下的中印交往这一内容，也从最初通过此事以凸显我国在世界中的地位来鼓励国民，慢慢转变为对其自身的关注，即作为一项外交原则对国际关系处理的重要指导意义。

　　古代就双方物产、文化、思想艺术层面进行阐述，近现代时期，尤其是近代两国限于都处于被殖民被压迫的境地，加上独立之后发展刚刚起步，所以较为注重政治上的互助。但总体来说，都是国家主导下的双方交往，对于民间交往未有选取。此外，就政治交往而言，也是新中国成立后双方友好接触，现在关系如何未加以呈现，内容选取还不是很全面，有厚古薄今的倾向。

　　（2）印度发展史方面

　　20 世纪 50 年代的教科书对古印度着墨最多，各重要时期都有提及。80 年代以后，印度发展历程的内容减少，开始注重文化与宗教贡献，21 世纪初则更看重古印度文化的当代影响。不过，无论是哪个版本，雅利安人入侵、种姓制度、佛教都一直是书中热点。近代教科书中较为关注的是印度深受殖民侵略的现状、土兵起义和非暴力不合作运动，内容基本一致，但对于参与领导的资产阶级的情感色彩不同，80 年代之前较为消极，阶级情感色彩很重，且注重人民抗争；80 年代之后，评价积极，慢慢淡化阶级评判，注重印度走向独立与发展的意义。

　　对于印度独立，20 世纪 50 年代只单向注重政治，60 年代除政治关注外，也关注到经济。到 90 年代时预测其经济前景和面对的现实问题。新课标出台之后，印度淡出教科书视野。对于国际社会上的印度，20 世纪五六十年代，多从两国同处一线、共同为亚洲的和平稳定所做的贡献来谈及；90 年代和新课标多就不结盟运动来看印度所做的贡献。

　　3. 语言运用分析

　　1956 年版教科书之前，在叙述古代对印关系中，受传统"天下观"的影响，"天朝上国"的意味很重。相比之前的教科书，1956 年版教科书中这一色彩淡化很多。不过在 90 年代之前，教科书总体对于帝王将相和不同社会主义阵营中的人物、国家和事件，阶级斗争的色彩还是很重，对农民和世界人民的暴力运动比较关注，情感上也比较支持。尤其是 1978 年版，受特殊国情的影响，阶级情感色彩特别浓厚，对于甘地的评价是"胆小如鼠的两面派"。

20世纪90年代初期，随着义务教育以及课改的实施，文明史观凸显，教科书在编撰的时候也较注重符合学生的学情，文中多用图画、颜色和大小字来区分，语言叙述也较为客观。但是在印度历史事件和人物方面还是结论性语言多于叙述，这样就会造成固定的首因形象，不利于学生的独立判断和提升历史分析与理解能力。

（二）对教科书中印度书写变迁解读的思考与建议

大国国情与古代发达的文明体系，使得中学历史教科书中对印度的描写较多，后来伴随课改的推行，教科书中的印度内容减少，这与我国的现实国情、史观和教科书编撰体系转变有关，下面就此展开分析。

1. 思考

（1）我国国情方面

在从新中国成立到改革开放这一段时期，我们与印度的经济实力相差不大，而且相似的历史轨迹需要彼此作为参照和支持，所以此时教科书对印度较为关注，教科书中对印度史的书写也很多。后来，经过改革开放，我国经济实力大增，国际地位明显上升。而历史教育作为服务于国家政治需要的学科，视角与立足点也相应转变，美国、西欧、俄罗斯、日本成为关注的热点和学习的对象，同属第三世界的印度也就慢慢消失于视线之中。这也是新课标出台后，有关印度内容减少且归入亚洲群像的一个原因。

（2）史观方面

新中国成立初期，没有足够的时间去编撰合乎国情的中学教科书，所以就参考了相关史书，这样就导致我们的教科书是史书的翻版。同理，史书编撰中传统的"天下观"也会体现在我们的教科书中，所以我们对于印度有着"天朝上国"的优越感。20世纪70年代，受阶级史观的影响，对印度历史事件及政治人物的阶级评判色彩很重，比如1978版历史教科书中称甘地是妥协的两面派，阿育王是伪善的帝王等。

20世纪80年代至今，教育提倡以学生为本，而且此时文明史观的流行，使得教科书的视角也从政治转向经济和文化，比如更加关注印度的经济发展以及印度文明对后世的影响，而不只单纯的政治发展历程。所以，史观的转变，也影响了教科书对印度的书写。

（3）教材编撰体例方面

在新课标出台之前，无论是初中教科书还是高中教科书，采用的基本都是通史体例，所以印度内容还是占据一席之地的。后来因为高中新课标的出台，人教版、北师大版教科书编撰体例走向专题史，分为政治、经济、文化三个专题，政治方面基本是从东西方分别选取，东方以中国为代表，西方以欧洲为代表，经济文化基本上也是这样的标准，所以印度就淡出了人教版和北师大版高中教科书。虽然华师大版高中教科书是通史体例，但内容涉及也较少，只有古代印度文明和非暴力不合作运动等，但较为关注文明的现实影响，而不只是历程发展。不过，最新编写的高中教材有所回归，这也许与其作为通史题材，要培养学生的基础历史素养有关，所以新中国成立后教科书的编撰体例也就影响到了印度史书写和选取。

由此可见，新中国成立后中学历史教科书中的印度史书写受到了我国国情、史观和教科书编撰体例的影响。为了紧跟时代发展步伐，服务于国家对外关系和构建全面真实的印度形象，以及解决当前教科书中印度史书写存在的问题，本文就历史教科书编写和历史教学提出相关建议。

2. 建议

（1）教科书编撰方面

①教科书中所选印度史内容应与时俱进

历史教科书不同于史书，除了解过去、以史为鉴的功能外，还应紧扣时代特点，反映国际现状。在中印交往方面，不应只关注古代、近代、建国时两国的交往，对目前的两国交往也应呈现，这也有利于学生把握双方关系。此外，教科书除关注印度已有的文明和发展历程外，也应适时选取一些当今印度现实国民经济和科技发展的内容，而不只是重复地翻新。这样可以使学生尤其是偏远山区的学生，在缺乏多重媒介的现实之下，也可以正确把握印度的现实状况，而不只是停留在 20 世纪 80 年代或者之前，以致存留错误印象，不能摆正自我和他国的关系。

②教科书编撰应符合学情

学生学段不同，学情也不同，初中阶段学生的思维发展还处于具体思维占主导阶段，易于被新奇事物吸引，此时教科书编撰内容要简单、语言要生动，多在正文之外的其他栏目，穿插一些与事件相关的小故事，如玄奘西去印度求法途中的一些有趣经历，甘地成长中的一些故事。这样在引领学生走进历史之门时，也有助于其掌握与理解。

升入高中后，学生抽象思维大为发展，基本接近成人水平，此时高中教科书编写就要区别于初中教科书，内容选取上就要丰富和专业一些，紧扣最新研究状态和现实国情，以小专题的形式追问，如对于非暴力不合作运动应如何评价？如何看待印度种姓制度？印度与中国的未来关系如何？让学生在思考之中加深理解。

③教科书中应减少结论性语言且评述要客观，符合史实

对于历史事件和人物，结论性语言一定要少用，而是多陈述相关史实，让学生自己去推理，这样有利于培养学生的历史分析和理解能力，若一定要用评价性语言，那一定要客观，避免主观情感色彩的引入，避免给学生造成首因印象。此外，在逻辑组织上，也应突出重点，易于理解，选词上生动活泼，符合学生的心理特点，以激发其兴趣。

（2）历史教学方面

①教师应发挥主导作用，适当为学生补充最新知识

印度史内容分布较为分散，这就需要教师在一段学习时间之后，引导并帮助学生总结，梳理出一条印度历史发展的主线。此外，教师应该及时更新自己的知识库。在一些偏远地区，教师可以在课堂中适时为学生补充一些有关印度国家的最新动态，帮助学生全面了解印度；条件较好的学校，教师可以布置一些相关任务，让学习自查自学，互换想法与意见，更新观念，加强对印度现状的把握。

②在印度史教学中，教师要秉持客观的立场和态度，为培养现代世界公民奠基

未来国与国之间的竞争，一定是教育的竞争，在培养"世界公民"的教育目标下，教师在印度史教学中，一定要秉持客观的态度，既要看到印度国内复杂的宗教、种族问题，也要看到其在 IT、制药、医学方面的发达之处，不要以偏概全，培养学生正确的国际视野，使其成为富有内涵、通晓中外、客观公正的世界公民。

20 世纪 50 年代以来中学历史教科书中的朝鲜半岛书写

杜一帆

对中国来说，朝鲜半岛是一个有着重要意义的特殊地域。东亚国家关系对中国来说具有重要现实意义，而朝鲜半岛是一个关键点。如果要真正把握朝鲜半岛与中国之间的现实关系，就不能不追溯历史。但遗憾的是，现在许多学生虽然对现实的朝鲜半岛抱有极大的热情，但对半岛的历史却不甚了解。究其原因，在很大程度上要归结于现行中学历史教科书对朝鲜半岛是以断点化、碎片化的形式呈现的，所建构的半岛形象因此显得模糊而单薄，使中学生很难通过教科书就对朝鲜半岛形成一个比较客观的认识。所造成的问题便是，由于基础认识的不全面，学生容易产生偏见。

历史教科书的编写体现着一个国家的意志，教科书中的内容将极大地影响国家民众的主流意识。而且，历史作为一门旨在培养学生人文素养的基础课程，其目的不仅在于对学生进行爱国主义教育，还在于帮助学生"理解和尊重世界各地区、各国、各民族的文化传统，……进一步形成开放的世界意识和国际视野"。[①] 中学生如何看待世界上其他国家，在很大程度上依赖于历史教科书对相关内容的描述。

虽然现行中学历史教科书对朝鲜半岛的描述少且分布零碎，但翻阅之前的各版教科书，笔者发现竟有不少有关朝鲜半岛的内容。并且由于特殊的地

---

① 中华人民共和国教育部：《普通高中历史课程标准》，人民教育出版社，2003，第 5 页。

理位置和历史渊源，加上意识形态问题，自新中国成立以来，中学历史教科书对朝鲜半岛的书写也经历了一些有趣的变迁，值得我们思考。

鉴于此，本文决定以朝鲜半岛作为切入点，对新中国成立以来中学历史教科书的朝鲜半岛书写这一问题进行研究，探讨这种书写为中学生塑造了怎样的朝鲜半岛形象，而这种形象又会对他们的认识产生何种影响。

在此需要说明的是，"朝鲜"不仅是一个现实的、政治的概念，而且也是一个历史的、文化的概念。然而，半岛分裂的局面造成了一些说法上的分裂，容易使人产生误解。是故，本文使用的"朝鲜"指代历史、文化概念的朝鲜，包括古代、近代以及当代南北分裂的半岛及其历史与文化。而二战后分裂的两个国家，则用"韩国"和"朝鲜"进行称呼，以与作为历史、文化概念的"朝鲜"进行区分。

一   教学大纲及课程标准中的朝鲜半岛

在中学历史教科书中，有关朝鲜半岛的内容分布零碎。所以，在对教科书具体内容展开分析之前，为了能对相关内容有一个整体认识，笔者觉得有必要首先就新中国成立以来各版教学大纲及课程标准对朝鲜半岛的内容要求做一个简单的梳理。

（一）教学大纲（课程标准）对朝鲜半岛的总体内容要求

有关朝鲜半岛的内容要求在各版教学大纲（课标）中的分布是比较零散且细碎的。然而，如果将大纲（课标）中所有有关朝鲜半岛的知识点单独提炼出来进行整合的话，可以发现，每一版块中的内容要求基本能够总结出一个相应的主题：中国古代史部分是古代中朝交往以及中国对朝鲜的影响；中国近代史部分是中朝人民共同反对外国侵略和干涉的历史；世界古代史部分是朝鲜作为亚洲主要封建国家之一的历史变迁；世界近代史部分是朝鲜半岛遭受外来侵略，朝鲜半岛人民努力争取民族独立的斗争史。如果将各版块知识点串联起来，还能够从中拉出一条朝鲜半岛历史发展的大致脉络：朝鲜半岛有着悠久的历史，古代的封建朝鲜半岛受到中国文化的深刻影响，近代的朝鲜半岛则遭受日本的殖民侵略，朝鲜半岛人民——有时是中朝人民一道——反对外来侵略、争取民族解放，但受到二战后冷战局势的影响，朝鲜战争的爆发最终导致统一的朝鲜分裂。

（二）内容要求上的变化

单就大纲（课标）而言，朝鲜半岛的历史发展脉络大体没有出现明显的或带有反转性质的变化，但在朝鲜半岛相关内容的知识点选择上，各版大纲（课标）还是经历了不少变化。

一方面，以篇幅比例论，大纲（课标）中朝鲜半岛内容的篇幅是在逐渐减少的。从 20 世纪 90 年代起，有关内容便开始逐渐缩减；21 世纪新课改后，课标的知识要求大幅减少，初中历史只剩下唐朝、中日甲午战争和新中国成立初期的中朝关系，高中历史只明确要求了解朝鲜战争。这就使得朝鲜半岛的形象碎片化、断点化，难以形成一条基本的历史发展线索。其中原因也有很多，主要原因可能有两个。一是教学大纲和课程标准在功能和定位上的区别。[1] 所以为了给教科书编写以更灵活的空间，课标只规定了最基本的知识要求。二是中学历史教学正在逐渐扭转以政治史为中心的倾向。在这种编写理念的指导下，相比欧美国家及日本，有关朝鲜半岛政治史的内容并不占据优势，其知识点自然而然就被取代。

另一方面，在内容选择上，大纲（课标）对朝鲜半岛知识点的选择同样也因为受到上述编写理念转变的影响而发生变化，从以政治史为绝对主体，开始逐渐增加经济、文化方面的内容。此外，大纲在朝鲜半岛知识要求方面的另一个有趣的变化体现在韩国的"登场"上。由于意识形态在历史教学中的淡化，大纲中开始出现有关韩国的内容。

（三）内容要求上的特点

虽然不同时期的大纲（课标）在朝鲜半岛有关内容要求的选择方面经历了不少变化，但是一些经典教学内容以及大纲（课标）在此方面呈现出来的特征，却一直不变。

一方面，一些经典的教学内容一直都在，如隋唐时期中国和朝鲜的交往、中日甲午战争爆发的导火线是朝鲜危机以及抗美援朝等，特别是抗美援

---

① 黄牧航主编《中学历史教材研究》，长春出版社，2013，第 66 页。

朝，无论是大纲（课标）中的中国史部分还是世界史部分都会对其提出内容要求。

另一方面，各版大纲（课标）在有关朝鲜半岛的知识要求方面也呈现出相同的特点，那就是在相关内容的选择上，比起朝鲜史的内容更加偏重中朝关系史的内容，比起古代史更加注重近代史。大纲（课标）在内容选择方面呈现出的这个特点，其实也与中国史学界对朝鲜半岛历史研究"重现当代轻古代""倾向于中朝文化交流或中朝关系史"① 的特点相吻合。

历史教学大纲和课程标准是指导教科书编写的纲领性文件。正是由于这种指导性，大纲（课标）建构的只是教科书中朝鲜半岛的大致轮廓，而不能比较具体、完整地显示实际教科书对朝鲜半岛内容的书写。所以本文接下来将从中朝关系史和朝鲜史两个方面展开，详细分析新中国成立以来中学历史教科书中朝鲜半岛书写的变化。

二　教科书对中朝关系史相关内容书写的变迁

（一）古代的中朝关系

新中国成立以来的中学中国史教科书是如何叙述古代中国与朝鲜半岛间的交往的？本文在下面将按时间顺序，分别对教科书中两汉、隋唐、两宋和明朝时期的中朝交往的叙述进行梳理。

1. 两汉时期

新中国成立以后的各版中学历史教科书中，两汉时期汉朝与朝鲜半岛的交往，并非中朝关系中的一个重点，同时也并非两汉对外关系中的一个重点。但是一旦论及，自始至终其主题基本没有发生变化，那就是强调汉朝的强盛及其对朝鲜半岛的影响。即使如此，各版教科书在内容选择和表述上依然经历了不小的变化。20 世纪 50 年代初的教科书只关注政治上的影响，讲述对朝鲜半岛的征服；50 年代后期开始逐渐侧重经济上的交流；90 年代则从政治、经济、文化等多个方面叙述汉文化对朝鲜半岛的影响，并以"东

---

① 孙泓：《2013～2014 年度朝鲜古代史研究综述》，中国朝鲜史研究会等编《朝鲜·韩国历史研究》第 16 辑，延边大学出版社，2013，第 231 页。

亚文化圈"的概念来涵括两汉时期的中朝关系。

2. 隋唐时期

对外交往一向是教科书中隋唐历史的一个重点，其中往往涉及与朝鲜半岛的交流。总体而言，各版教科书主要从三个方面对隋唐时期的中朝交往展开介绍，即隋炀帝征伐高句丽的战争、唐朝初年对朝鲜半岛的征战以及唐朝时期中朝文化交往。

隋炀帝攻伐高句丽在中学历史教科书中一向是被归为隋炀帝的暴政之一，作为其中的一个典型而被叙述或提及的。正因为如此，教科书在叙述相关内容的时候，总是将描述的重点放在隋炀帝的暴虐以及战争给民众带来的沉重负担上。虽然叙述的内容随着教科书版本的变迁有所变化，但不变的是朝鲜半岛一直是作为"背景板"出现的。至于新课改后的人教版和华师大版初高中历史教科书，在谈到隋唐更替的时候，要么对隋朝灭亡的原因直接略过，要么就只是简要提一下其原因在于隋炀帝的暴政，隋炀帝伐高句丽这一历史事件不再出现在教科书中。

对唐朝初年太宗、高宗两朝征伐高句丽这一历史事件的书写，主要出现在 20 世纪 50 年代的中国中学历史教科书中。在论及唐朝征服高句丽的战争时，教科书的叙述基调发生变化，借这场战争突出的不再单纯是唐朝对外政治上的强大，而是唐朝与新罗间的友好关系。

在新中国成立后的各版中学历史教科书中，唐朝时期中国与朝鲜半岛的友好往来，特别是两者的文化交流，既是中朝关系的重点，同时也是唐朝对外关系的重点。每一版讲到唐朝历史的教科书，都会介绍有关唐朝与朝鲜半岛文化交往的内容，并且其叙述的主题自 50 年代中期以来没有变化，一直侧重描述中国文化对朝鲜半岛的影响，以此显示唐朝在当时强大的影响力。不过，各个版本的教科书在具体的内容选择和语言表达上，也发生了一些变化。从 60 年代开始，教科书不再只介绍唐朝对新罗单方面的影响，也开始提到新罗文化对唐朝的影响，其所呈现的文化交流不再是唐文化单向的对外传播，而是变成了两者间的双向互动。进入 21 世纪后，对唐朝时期中国与朝鲜半岛的关系，更是从更为广阔的视域去看待与理解，并以"东亚文化圈"的概念将其包含在内。

3. 两宋时期

各版本教科书在书写两宋时期历史的时候，往往会在两个地方提到朝鲜的存在，一个是讲到宋朝的海外贸易时，另一个是讲到活字印刷术时。

　　在新中国成立后各版初高中历史教科书中，一般说起宋朝历史的时候都会重点叙述宋朝高度发达的经济，而在叙述宋朝经济发展的时候，其繁荣的海外贸易是不得不提的一部分。但是在介绍宋朝海外贸易的时候，对于其贸易国家，各个版本一般都将它们作为一个整体一同说明。在这种表述之下，朝鲜半岛便与其他国家一样，难以获得一个独立的形象，而是作为"与宋朝有贸易联系的国家"这一整体的一部分而存在。

　　如果论及中国古代的科学技术，那么活字印刷术一般是教科书必然涉及的内容。然而，并非每一版教科书都会介绍活字印刷术的对外传播与影响。即使提到了活字印刷术的传播，也并不一定会专门指明其对朝鲜半岛的影响。但如果教科书中既提到活字印刷术的对外传播，又提到了朝鲜半岛，那么中国不同时代教科书对有关内容的表述及其背后所体现的思想基本是一脉相承的。中国教科书坚持中国在毕昇发明了泥活字印刷术之后，进一步发展了金属活字，并且朝鲜半岛的活字印刷术是由中国传入的观点。

　　4. 明朝时期

　　明朝时，朝鲜半岛上爆发了一场明朝与朝鲜联合抵御日本侵略的战争，在中朝关系史上占有着重要的地位。新中国成立以来各个版本的中学历史教科书对这场战争的叙述，在内容和主题上都发生过变化：一方面，从内容选择上来说，在教科书不断扭转以政治史为中心的书写模式的大背景下，由于明代援朝战争本身的重要性不够，导致教科书中对它的叙述逐渐减少，以至于最后消失。另一方面，从有关叙述来看，明代援朝战争的叙述主题曾在20 世纪 50 年代中期发生一次转向，由完全以中国视角为中心，讲述中国军队的行动和作用，变成从中朝关系的角度出发进行叙事，描绘中朝军民共同战斗，以此突显中朝两国的友好关系。

（二）近代中朝关系

　　新中国成立以来中学中国史教科书对近代中朝关系的叙述主要集中在甲午朝鲜危机和抗美援朝上，本文在下面将分别对此进行梳理和分析。

　　1. 作为中日甲午战争导火线的朝鲜危机

　　中日甲午战争爆发的根源虽在于日本明治维新后急剧膨胀的扩张野心，但其直接导火索，却在于作为第三方的朝鲜。

从新中国成立至今，教科书对甲午战争前朝鲜危机有关内容所花费的笔墨不断减少，从 50 年代末期起，许多内容被直接删去，只有东学党起义一事被保留下来，而从 90 年代开始，对东学党起义的描述也直接被简略成一句话。而且虽然各版教科书一直视东学党起义为战争爆发的导火索，但对日本发动战争原因的解释也发生过变化：从以宗藩关系出发，到视其为日本侵略中国的跳板，再到作为"大陆政策"的一部分。不过，纵观各版教科书的具体描述，即使是在内容极其丰富的 50 年代教科书中，在讲述甲午战争爆发这段历史的时候，都主要是围绕中国与日本之间的交锋展开的，朝鲜基本上是作为事件的起因被提及，是这一时期中日关系的重要"背景板"。

2. 抗美援朝

抗美援朝是中国当代史中极为重要的一场战争，给中国当时的社会还有后来的历史发展产生了深远影响。

新中国成立以来的各版中学中国史教科书在讲述朝鲜战争的时候，自始至终都是从中国的视角出发去诠释的，叙述的是中国的"抗美援朝"，突出强调的是中国人民志愿军的爱国主义精神和国际主义精神，并且这种叙述和主题上的侧重，随着时代的发展而愈发明显。在立场上，教科书也基本站在朝鲜民主主义人民共和国一方，认为朝鲜民主主义人民共和国在当时才是能够代表朝鲜半岛的合法政权。在这种基本立场下，在从 50 年代至今的抗美援朝书写中，美国一直都是以反面形象出现的，虽然对它的贬斥从 90 年代开始有所减弱，但从未消失。

三　教科书对朝鲜半岛史相关内容的书写变迁

（一）古代朝鲜半岛

对于古代朝鲜半岛的历史，新中国成立后的各版教科书或多或少都会有所提及，不过在内容详略和具体表述上都发生过变化。

朝鲜半岛古代史的相关内容在新中国成立以来的各版中学世界史教科书中呈现逐渐减少的趋势，在内容上趋向选择最为基础的史实，而在表述上也更为精练。不过，朝鲜半岛古代史的叙述方式一直都没有发生太大的变化，其书写模式与传统编年体的中国古代史相类——介绍王朝的更替，然后相应地叙述王朝在制度、经济、文化上取得的成就。此外，单就古代朝鲜半岛而言，各版教科书在叙述其与中国关系的时候，所侧重的要点一直都是中华文化对朝鲜半岛的影响，想传达的中心思想也一直是中朝自古以来就有着深厚的友谊。但相对的，叙述的角度却发生过转向，从以"宗藩关系"出发，到视其与中国同为平等的亚洲国家。在这种转向的基础上，教科书在描写中朝文化交流的时候，在突出中国文化对外辐射影响的同时，开始逐渐强调朝鲜在文化、民族上的主体性。

（二）近现代朝鲜

新中国成立以来的中学世界史教科书在论及近代朝鲜的时候，主要关注三个方面的内容，一是朝鲜反抗外国殖民者的侵略，二是朝鲜战争，三是韩国。本文在下面也从这三个方面出发进行叙述。

1. 侵略与反侵略的历史

朝鲜从近代至二战结束前的这段历史，其相关内容主要是在高中历史教科书里进行呈现的，而且叙述的主题不外乎两个：一个是遭到列强的侵略，沦为日本的殖民地，受到残酷的殖民统治；另一个是不畏强暴的朝鲜人民英勇地进行反抗外来侵略者的斗争。简而言之，这段朝鲜近代史在中学历史教科书里就是一段侵略与反侵略的历史。而且，中学历史教科书对这段历史的叙述，无论是从整体观感上还是从内容表述上，都与中国近代史相关内容的叙述极为相似，特别是朝鲜三一运动与中国五四运动，在一些用词和说法上可以说是基本相同。

虽然大体基调不变，但在线索的完整性和内容的表达上，不同时代的教科书也有过变化。在 20 世纪 80 年代大纲"反殖、反帝，争取民族解放的概况，尽可能讲得线索分明"的要求下，[①] 从 80 年代开始，近代朝鲜反侵略斗争的相关内容得以增加，甲午农民战争、义兵运动、三一运动和反日本法西斯斗争的内容都见于教科书中，使得朝鲜人民遭受侵略与反侵略历史的线索变得更加清晰和连贯。但在内容叙述上，意识形态和阶级对立的色彩，从90 年代开始就在不断淡化，转而开始强调中朝人民在共同抗日过程中结下

---

① 课程教材研究所编《20 世纪中国中小学课程标准·教学大纲汇编·历史卷》，人民教育出版社，2001，第 329 页。

的深厚的战斗友谊。

2. 朝鲜战争

朝鲜战争是冷战中的首次局部"热战"，不仅给中国带来了极大的影响，也对整个东亚地区甚至世界的局势产生了深远的影响。

由于自身的重要性，朝鲜战争一向是中学世界史教科书中的一个重点。然而，在叙述这场战争的时候，重心却不在于朝鲜半岛，而在于美国对朝鲜半岛的武装干涉和中国的抗美援朝。无论是韩国还是朝鲜，在各版世界史教科书对朝鲜战争的叙述中，都很难拥有自己独立的形象。

虽然各版教科书对朝鲜战争的叙述就基调而言，并没有发生太大的变化，但在具体内容的描述和解释上也并非是一成不变。

对于战争爆发的背景，50 年代的教科书是从美帝国主义的侵略性入手的，八九十年代的教科书是从冷战时期美国的霸权政策出发的，到了 21 世纪教科书则开始将战争置于冷战格局之下进行理解。虽然视角有所变化，但不变的是各版教科书在讲述战争爆发的时候，一直强调美国武装干涉的因素，认为是美国主动策划或挑起了这场战争，只不过区别在于从之前的直接说明到现在的间接暗示。至于战争爆发过程中更具体的是谁放了第一枪的问题，1989 年版之前的教科书都明确认为是美国和韩国，而之后的教科书均对此问题避而不谈，转而重点强调美国借口战争的爆发对朝鲜半岛进行干预。

至于对战争过程的叙述，各版教科书均视其本身的内容量而对详略有所调节，如果总体内容量少，则简单略过过程，只讲结果；如果像新人教版高中教科书那样给了整整一课的内容量，则可以对整个战争进程进行较为详细的描述。不过无论详略，各版教科书在进行叙述时都最凸显美国的作用，其次是中国人民志愿军的影响，朝鲜民主主义人民共和国和韩国军队的身影相比之下难以寻觅。其中，在讲到抗美援朝的时候，教科书也自始至终非常强调中国出兵的必要性和正义性。

至于战争的结果，各版教科书都认为停战协定的签订意味着美国的失败。而对于朝鲜战争对世界局势的影响，50 年代的教科书主要从世界和平的角度出发去论述，但 21 世纪的教科书则是从冷战格局的视角去理解的。此外，各版教科书对美国的叙述一直都带有敌对色彩，对其评价也均是负面的，虽然程度有所减轻。

3. 韩国

新中国的各版中学历史教科书在论及有关韩国内容的时候，基本是从经济方面出发对其进行论述的。但是不同版本教科书在叙述的内容和态度方面却经历了一个明显的反转。新中国成立之初的教科书对韩国的经济状况是完全持否定态度的，并通过描述其经济的严重衰退来凸显朝鲜民主主义人民共和国经济恢复所取得的巨大成就。然而，从 20 世纪 90 年代开始，特别是1992 年中韩两国正式建交之后，中学历史教科书中的韩国形象一下子发生了翻天覆地的变化。教科书在描述韩国的时候，主要从正面赞赏的角度，叙述韩国经济从 60 年代开始的高速发展，并将在经济上取得重大成就的韩国视为一个榜样。

四　对中学历史教科书中朝鲜半岛内容变迁的整体解读

（一）对朝鲜半岛内容变迁的解读

1. 教学大纲（课程标准）与教科书对朝鲜半岛内容选择的比较分析

本文已经分别梳理了新中国成立以来不同时期历史教学大纲（课标）和中学历史教科书对朝鲜半岛相关内容的要求和叙述。通过比较可以看出，教科书基本上还是按照大纲和课标的内容要求来对朝鲜半岛的相关历史进行书写的。

其中，教科书对朝鲜半岛相关内容有较为大段、集中的叙述，与教学大纲和课程标准的内容要求基本是一致的。不过在教学大纲和课程标准规定的明确的内容要求之外，各版中学历史教科书在叙述一些其他内容时，有时也会简单提及朝鲜半岛。不过，这种提及往往是一笔带过，或是作为背景加以介绍，或是将朝鲜半岛与其他国家放在一起作为一个整体来描述。但如果历史教科书中没有对朝鲜半岛相关历史做一个比较集中、连续的叙述，只凭借穿插在其他内容叙述中的极为零散、碎片化的几句描写，是难以在学生的脑海里留下一个比较清晰、完整的朝鲜半岛形象的。

2. 从内容量和篇幅比例来看

通过对新中国成立以来各版中学历史教科书中朝鲜半岛相关内容的梳理与分析可以看出，从总的趋势上来说，自 20 世纪 50 年代至今，特别是新课改后，朝鲜半岛相关内容在教科书中所占篇幅在不断减少。就其整体占比而言，相比于其他一些重要的亚洲国家如日本、印度，朝鲜半岛相关内容占比下降，在中学历史教科书中的重要性和地位明显下降；就其自身内容而言，世界史中的朝鲜本国史内容，远少于中国史中的中朝关系史内容。这导致在现在的中学历史教科书中对朝鲜半岛历史的书写减少，所关注的史实基本都围绕中朝的互动关系来展开，有关朝鲜半岛历史发展的内容。

朝鲜半岛相关内容在内容量和篇幅比例上的明显下降，导致教科书对朝鲜半岛的书写断点化、碎片化和片面化。朝鲜半岛从古至今的历史发展及其与中国关系的变迁，在学生的记忆里难以形成一条比较完整、清晰的线索，从而影响到他们对朝鲜半岛的整体认识。

如果从不同年代的中学历史教科书来看，在 20 世纪 50 年代早期出版的各种历史教科书中，朝鲜半岛相关内容是相当多的，这主要体现为教科书对每个历史事件的原因、进程和结果都有相对完整、详细的叙述。究其原因，主要在于新中国成立之初的历史教科书有不少改编自史学家的通史著作，在写作内容和模式上都比较偏向专业的历史专著，对朝鲜半岛每一地区、每一事件都有较为详细的介绍。因此，虽然朝鲜半岛相关内容较多，但从其在整个教科书中所占的篇幅来说，与亚洲其他一些邻国诸如印度相比，是比较平均的。并且，朝鲜半岛相关内容分布也较为均衡，对于中国史中的朝鲜半岛与世界史中的朝鲜半岛，虽然教科书更偏重中国史中的中朝关系内容，但两者在内容量上的差距并不明显。

从 20 世纪 50 年代中期开始，随着新中国第一个中学历史教学大纲的出台，全国中学历史教科书划一。在此之后出版的各版教科书，在诸如史实选择、叙述用语等编写的方方面面，都更加符合中学历史教科书的性质。因此朝鲜半岛相关内容，虽然单从内容量上看，比起 50 年代初期的教科书明显减少，但这主要体现在史实叙述和语言表达的精练上。从篇幅比例上看，无论是在整个教科书中所占的比例，还是朝鲜半岛历史在中国史和世界史中所占的比例，与之前的中学教科书相比，并无多大变化，都是比较均衡的。教科书对朝鲜半岛历史及其与中国关系变迁的介绍具有相当的连贯性，朝鲜半岛的历史发展脉络比较清晰。

特别是在 1980 年大纲提出"殖民地、半殖民地人民反殖、反帝，争取民族解放的概况，尽可能写得线索分明"这一要求之后，[①] 在语言表述进一步精简的情况下，教科书对朝鲜半岛相关历史的选择，尤其是世界近代史中朝鲜反抗日本殖民侵略的历史，反而有所增加，导致近代朝鲜反抗殖民侵略这一历史线索在教科书中变得更为清晰。这也导致在朝鲜半岛相关内容方面，世界史中的内容量与中国史中的内容量基本持平。

但从 90 年代后期开始，在出版的各版中学历史教科书中，朝鲜半岛不仅在内容量方面有所减少，一些较为集中叙述朝鲜半岛历史的内容遭到删除，同时所占篇幅比例也有所下降。

尤其是 21 世纪新课改后，朝鲜半岛相关内容无论是在内容量还是在教科书中所占比重方面，都出现了明显的减少和下降。例如，在新人教版高中历史教科书（3 册必修加 6 册选修，共 9 册课本）中，对朝鲜半岛历史有较为集中叙述的只有选修 3 中"朝鲜战争"一课。并且，就篇幅比例而言，不论是与对中国和世界历史发展产生重要影响的日本和俄国相比，还是与中国其他的亚洲邻国如印度相比，朝鲜半岛在教科书中所占比重也是远远不如的。同时，就内容分配来说，朝鲜半岛史实所占比例明显偏低。对朝鲜半岛历史的叙述基本围绕中朝关系展开，从世界史视角入手介绍朝鲜从古至今自身历史发展的内容基本不见于新版中学历史教科书。这种对朝鲜半岛相关内容断点化、碎片化的叙述和书写，导致朝鲜半岛历史发展的整体线索被完全破坏，不利于中学生对朝鲜半岛历史及其现状的认识。

3. 从内容选择和表述上来看

新中国成立以来各版中学历史教科书对朝鲜半岛历史进行书写的时候，重点有以下两点：一是古代尤其是隋唐时期中国和朝鲜半岛的往来，这一内容是放在中国古代史部分进行介绍的，目的在于显示古代中国文化对亚洲其他国家的重要影响，以此体现古代中国在历史上的巨大作用和重要地位；二是朝鲜战争，无论是中国史教科书还是世界史教科书，在讲述到相关历史时段的时候，基本是浓墨重彩进行叙述的。如果是放置在中国史中进行叙述，则主要从中国的角度出发，侧重于描述中国的抗美援朝，以此贯彻爱国主义教育和国际主义教育；如果是放置在世界史中进行介绍，则主要从美国霸权或美苏冷战的视角出发，将这场战争视为冷战的一部分，叙述其对中国、美

---

① 课程教材研究所编《20 世纪中国中小学课程标准·教学大纲汇编·历史卷》，第 388 页。

国以及世界局势的影响。

（1）中朝关系史内容

古代中朝关系史内容，包括上述唐代中朝交往这一重点内容，在50年代至今的各版中学历史教科书中作为主题没有发生多少变化，叙述的侧重点一直是中华文化对朝鲜半岛强大而深刻的影响。在这种叙述基调下，教科书所建构的古代朝鲜不外乎是一个典型的中国文化学习者的形象。

虽然主题不变，但在具体的史实选择和内容表述上，新中国各版教科书对古代中朝关系的书写却经历了不少变化。20世纪50年代初期的教科书在叙述古代中朝关系的时候，主要以"宗藩关系"作为基本切入口，从帝王武功或王朝扩张的角度出发进行叙述，内容无外乎中国对古代朝鲜在军事上的征服和援助及其对中国在政治上的臣属，极少涉及双方经济上的贸易往来和文化上的交流与影响。从50年代后期开始，各版中学历史教科书对古代中朝往来的介绍，不再有意无意地突出"宗藩关系"，并且逐渐摆脱了只单纯讲述政治史的书写模式，开始侧重经济上的贸易往来和文化交流方面，有关战争、征服的内容逐渐减少直至消失。在叙述二者经济、文化交流的时候，从60年代开始，教科书也不再只介绍中国对古代朝鲜单方面的商品输出和文化传播，而是开始提到朝鲜半岛文化对中国的影响。因此，教科书所呈现的古代中朝交往不再只是中华文化对朝鲜半岛的单向辐射，而是变为二者的双向互动。从90年代后期开始，对于古代中国与朝鲜半岛的交往，教科书不再将朝鲜半岛视为一个单独、独立的个体加以介绍，而是选择从一个更为广阔的视角对古代中朝关系进行阐释，并用"东亚文化圈"这一概念来囊括和总结古代的中朝交往。在"东亚文化圈"这一概念下，古代朝鲜是"东亚文化圈"众多国家和地区中的代表之一。作为中华文化的忠实学习者，在受到中华文化深刻影响的同时，也保持其自身一定的文化自主性。

就中国史教科书中的近代中朝关系史而言，新中国各版教科书基本围绕两个历史事件展开叙述，一个是作为中日甲午战争导火索的朝鲜问题，另一个是抗美援朝。如果从中朝关系方面来看，在各版教科书的具体内容表述中，其所呈现的是近代中国与朝鲜类似于"命运共同体"的紧密联系和在此种紧密联系基础之上对双方历史的互相影响。其中，教科书特别突出强调的是中朝间深厚的战斗友谊。

但如果单从朝鲜半岛的形象来看，各版教科书对以上两个历史事件的描述侧重点自始至终都不在半岛。就甲午战争而言，朝鲜危机不过是战争爆发的导火索，教科书叙述的中心是中日两国的对抗和交锋。而就抗美援朝而言，朝鲜半岛也只是背景，教科书对战争的叙述是围绕中美两国进行的。因此，在中学历史教科书的这种书写下，朝鲜半岛自身的行为和形象相当模糊。

（2）朝鲜半岛史

就世界史教科书中的古代朝鲜史而言，新中国成立后各版中学历史教科书中这一部分内容整体来看是在不断减少的，趋向选择最为基础的史实，而在表述上也更加精练。在新课改后的新版教科书中，无论是人教版还是华师大版，有关朝鲜半岛古代史的内容基本消失，特别是高中历史教科书中，完全不见朝鲜半岛古代史。不过，在叙述方式上，各版教科书都没有发生过多的变化，对朝鲜半岛古代历史的介绍，一直都类似于传统的中国古代王朝史。

然而，教科书对朝鲜半岛古代历史的叙述视角却发生了比较明显的转向。虽然在介绍朝鲜半岛古代历史的时候，不同时期的教科书一直强调中国对朝鲜半岛历史、文化发展的深远影响，但其视角却从一开始的以不平等的"宗藩关系"出发进行叙述，逐渐变为将朝鲜视为一个与中国地位平等的亚洲国家来加以介绍。在这种视角转向的基础上，教科书在呈现朝鲜半岛古代历史发展的时候，一方面突出中国文化对朝鲜半岛的影响；另一方面也开始更加注重朝鲜的文化主体性。

就世界史教科书中的朝鲜近代史而言，同中国近代史的叙述主题相似，新中国不同时期的教科书所呈现的朝鲜近代史基本也是朝鲜遭受列强殖民侵略与英勇的朝鲜人民反抗殖民侵略的历史，其中教科书还特别突出描述了中朝两国人民在共同反对日本和美国侵略者时结下的深厚的战斗友谊。新中国成立以来，中学历史教科书的此种叙述基调便一直没有发生很大的变化。

但在整体的内容选择上，近代朝鲜遭受侵略与反抗侵略，教科书对这一历史发展线索的叙述，其完整性却随着时代和教学大纲（课标）要求的变化而变化。在80年代大纲要求增加有关亚非拉地区人民反殖反帝内容的前提下，在这一时期的中学历史教科书中，有关朝鲜从19世纪末到二战结束后的反侵略斗争的内容有所增加，其线索也因此变得更加清晰和连贯。但进入 21 世纪后，随着中学历史教科书力图扭转以政治史为中心的书写模式，世界近代史尤其是亚非拉地区的近代史不再只是单纯的侵略与反侵略历史，许多革命与政治斗争内容被经济、文化的内容替换。在这种书写模式的转向下，近代朝鲜反抗日本侵略的有关内容在 21 世纪出版的教科书中也被大量删减。而在最后剩下的对朝鲜战争的叙述中，朝鲜半岛同中国史中的"抗美援朝"一样，只是作为战争发生的舞台而加以呈现。教科书很少对朝鲜民主主义人民共和国或是韩国进行单独的叙述，这就使得即使是在世界史中，朝鲜半岛自身的行为和形象不甚清晰。

在具体的内容叙述上，从 90 年代起，意识形态和阶级对立的色彩就不断淡化，因此转而更加强调中朝人民在反侵略斗争中结下的战斗友谊。同时，随着意识形态的淡化以及中韩外交关系的正式建立，在 90 年代后期出版的中学历史教科书中，韩国开始以正面的形象出现，其经济的高速发展成为教科书对二战后亚洲经济发展叙述的一个重点。

总而言之，由于中学历史教科书对朝鲜半岛相关内容，尤其是世界史中朝鲜半岛历史的大量删减，教科书对朝鲜半岛的叙述断点化、碎片化和片面化，导致朝鲜半岛从古至今的历史发展及其与中国关系的变迁，这两条紧密纠结在一起的历史线索在中学教科书中变得极为模糊不清、难以辨认。即使经过整个中学阶段的历史学习，单纯凭借历史教科书，中学生也难以对朝鲜半岛形成一个较为完整的认识。

虽然随着时代的变迁和教科书编撰理念的改变，教科书在对朝鲜半岛相关内容进行叙述的时候，开始逐渐强调其自身历史与文化的主体性。但实际上，这种较为细微的具体语言表述上的改变很多时候难以掩饰内容删减和零碎化所带来的形象片面化的问题。在新课改后新版教科书对朝鲜半岛相关内容的书写下，其形象反而愈发难以独立存在。诚然，无论是古代还是现代，朝鲜半岛的历史和文化都深受中国的影响，但现行中学历史教科书中，古代的朝鲜半岛只是中国的学习者，近代的朝鲜则需要中国的援助。

（二）内容变迁所引起的思考

无论是从具体史实出发，对各版历史教科书中有关朝鲜半岛的内容进行梳理与评述，还是从整体入手，对各版历史教科书的朝鲜半岛书写进行解读与分析，在综合了上述所有分析和归纳之后，不难看出，朝鲜半岛史内容的书写在现行中学历史教科书中还存在一些问题。笔者基于上述对教科书内容的梳理与分析，在此主要围绕中学历史教科书中朝鲜半岛相关内容的编写这一主题，提出一些自己的思考和建议。

1. 从教科书编写的普遍原则来看

一方面，中学历史教科书的内容编写，特别是涉及一些具有争议性的话题的时候，必须以历史事实为基本依据，这是中学历史教科书编写不可动摇的原则。在坚持以历史事实为基本编写依据的同时，中学历史教科书还应该广泛吸收史学研究的新成果。诚然，教科书需要保持一定的稳定性，但同时教科书的编写也要具有鲜明的科学性和时代性，这就意味着教科书也要吸纳一些史学界公认的前沿研究成果。如此，中学历史教科书才能紧跟时代的步伐，实现培养新时代所需人才的目标。以朝鲜战争为例，针对中国参战动机这一问题，新中国成立以来不同时期的教科书，包括新课改后的新版初高中历史教科书，都是从维护国家安全的角度出发进行解释的，教科书通常会列举美国第七舰队开进台湾海峡、美军飞机侵扰我国东北边境等史实，以表明中国出兵援助朝鲜民主主义人民共和国是为保卫国家安全迫不得已做出的决定。但根据最新的研究（如杨龙在其《中国出兵朝鲜——同盟困境视角考察》一文中就指出，如果中国不参战，中苏同盟的紧密程度就会降低，苏联对新中国的军事保证和援助也会大打折扣），除了出于国家自身安全考虑的因素以外，中苏同盟关系和意识形态因素也是中国最终决定抗美援朝的重要原因。

另一方面，教科书在语言使用上，还要注意精确性。同时，为了方便学生对叙述的内容进行理解，教科书在对一些有歧义或是较为复杂的概念进行描述的时候，应做一些必要的交代和补充。例如，新人教版高中历史教科书在初次提到韩国的首都"汉城"的时候，① 应该说明其现在的名称为"首尔"比较妥当。

2. 从对朝鲜半岛的具体书写来看

一方面，要使中学生能对朝鲜半岛有一个比较完整、客观的认识，就有必要在中学历史教科书中对朝鲜半岛历史的整体发展进程进行一定的叙述。

---

① 课程教材研究所编《普通高中课程标准实验教科书·历史·选修3》，人民教育出版社，2007，第106页。

然而，遗憾的是，如前所述，在现行中学历史教科书中，对朝鲜半岛相关内容的书写断层的情况比较严重，断点化和碎片化的叙述难以构成一条朝鲜历史发展的基本线索，这就在一定程度上影响到了学生对现今朝鲜半岛局势的认识。

诚然，考虑到我国实际的教学情况、教科书编撰理念等问题，要求在教科书中完整呈现朝鲜半岛的历史未免太过强人所难，也不符合实际。但是，通过课文辅助部分如注释或是其他一些不会对课文正文造成过多影响的方式，将朝鲜半岛的基本历史发展进程简要介绍给学生还是能够做到的。如果教科书在世界古代史部分不对古代朝鲜历史进行专门叙述的话，那么近代史教科书在涉及有关朝鲜半岛的内容时，可以通过注释或课文辅助版块呈现的方式，对朝鲜半岛的古代历史进行最为简要的介绍，以帮助学生理解，防止学生在建构朝鲜半岛历史时出现断层。

这种书写断层的现象，在新课改后的新版中学历史教科书中体现得最为明显，也是最应该引起注意的问题。因为不只是朝鲜半岛形象的建构，在教科书对其他国家历史进行书写的时候，往往也涉及这一问题，像英国、美国、日本等在教科书中具有较为重要地位的国家，其情况可能比较好，但像朝鲜半岛这种不占据重要地位的他者，问题就比较严重。所以，在中学历史教科书对他国历史进行书写的时候，碎片化叙述所带来的断层问题理应是首要解决的问题，因为这影响到学生对这一国家的整体认知和观感。

另一方面，中学历史教科书对朝鲜半岛相关内容的叙述应该多与现实相结合。朝鲜半岛作为中国重要的邻居之一，从古至今就与中国有着密切的往来。其在地理上与中国紧密接壤，也深刻关系着中国的国家安全和未来发展。由于历史与现实的原因，中国对朝鲜半岛有着比较复杂的感情。如果中学历史教科书在对朝鲜半岛历史进行书写的时候，能对有关问题及其渊源进行适当的介绍和说明，便可以引导学生以理性、客观的态度，去正确看待二者之间的关系。

然而，遗憾的是，从学生的感官层面来讲，教科书建构的朝鲜半岛形象与现实中的朝鲜半岛之间似乎并没有太大的联系。例如，新课改后的新人教版中学历史教科书，对朝鲜半岛历史的叙述，下限止于朝鲜战争。但是对现在的学生而言，朝鲜民主主义人民共和国和韩国才是他们所熟悉的那个朝鲜半岛，也就是说，教科书建构的朝鲜半岛和学生所能感知到的朝鲜半岛是不对等的。

因此，对于中学历史教科书对朝鲜半岛相关内容的书写现实感不强的情况，单从教科书编写来看，可以通过课文的辅助版块或是课后练习部分，将历史内容与现实热点相结合，引发学生思考，让学生更好地认识现实中的朝鲜半岛，真正做到学以致用。

（三）对最新统编版历史教科书中朝鲜半岛内容书写的分析

基于 2017 年历史课程标准的最新统编版高中历史教科书已经编撰完成，为了紧跟时代步伐，笔者在本文最后对最新统编版教科书中朝鲜半岛内容的书写做一点简要的梳理和分析。

就教科书层面而言，新课改一大变化在于课程结构的改变。最新的高中历史课程由必修、选择性必修和选修构成。其中，"历史必修课程是全体高中学生必须修习的课程"，"采取通史方式"，而"选择性必修课程是学生根据个人兴趣、升学需求而选择修习的课程"，"采取专题史方式"，① 前者旨在让学生掌握中外历史发展大势，而后者则是让学生从多角度进一步理解人类历史。在此种编写模式下，对于朝鲜半岛的内容书写和形象塑造而言，必修是基础和核心，选择性必修是补充和拓展。

从总体内容上来看，有关朝鲜半岛的内容，无论是量上还是占比上，都没有明显的删减与下降。比较之前版本，最主要的变化在于增加了对古代朝鲜和当代韩国文化的集中介绍，其他变化主要体现在一些具体表述的删改方面。必修和选择性必修在内容选择上有较高的一致性，甚至一定的重复性。不过两者的侧重点明显不同：必修更偏重于叙述朝鲜政治的演变和重要事件，兼述及经济、文化发展；选修则以文化方面的内容为重，集中介绍古今朝鲜的文化成就，对政治、经济仅是简要提及。

然而，若从具体的内容选择和表述上着眼，就会发现最新统编版教科书比起之前版本，发生了不少明显的变化。

就内容而言，一改以往"重近代轻古代"的传统，最新统编版更加注重对古代朝鲜半岛的历史书写。在必修和选择性必修 5 册书中，不仅对古代

---

① 中华人民共和国教育部：《普通高中历史课程标准（2017 年版）》，人民教育出版社，2018，第 9 页。

朝鲜历史和文化有整段的集中论述，中朝关系内容也散见于中国古代史，内容较为完整全面，脉络也比较清晰，相比之下，对近代朝鲜的叙述则出现断裂，不仅内容跳跃性大，而且往往只是在叙述其他地区历史时，作为一个例子一笔带过，以至于无法形成连续的历史线索。此外，在朝鲜半岛史和中朝关系史内容分配上，相较之前版本，最新统编版教科书要更加平衡，且各有特点。例如，对朝鲜半岛史是有集中叙述的，中朝关系史则穿插于中国史中；然在历史脉络完整性上，则是中朝关系史优于朝鲜半岛史。

就叙述而言，对于古代朝鲜历史，最新统编版延续了肯定主体性、强调学习性的基调，只不过更加强化了古代朝鲜对中国文化的学习和吸纳。例如，必修在论及古代朝鲜历史发展时，除简述其政权更替外，还介绍了各王朝对中国制度的学习，而有关其民族特色文化的内容，全部放在了选择性必修中。对于近代朝鲜史，最新统编版对朝、韩两国内容均有涉及，但"重韩国轻朝鲜①"。朝鲜民主主义人民共和国大多作为社会主义国家的一员被提及，而对于韩国则重点介绍了其经济建设成就和文化复兴成果。至于中朝关系的内容，在继承之前几个版本叙述基调的基础上，最新统编版再度提及了宗藩关系及其影响下朝鲜半岛对中国的依赖，主要体现在对中日甲午战争和抗美援朝原因的叙述上。

总体来说，在最新统编版教科书中，之前分析的朝鲜半岛相关内容书写中存在的最大问题——碎片化叙事导致的线索模糊，在古代朝鲜历史方面，由于有集中的介绍，所以有所好转，但在近代朝鲜方面，可能不甚理想。最新统编版中，近现代朝鲜的历史是跳跃式呈现的，特别是近代史，教科书增加了许多有关亚非拉民族运动的内容，② 其中未见朝鲜，这就使近代朝鲜史直接从封建王朝过渡到了朝鲜内战，中间没有补充相关史实。如果学生没有基础，可能会难以理解。另外，在朝鲜半岛相关内容书写上，最新统编版教科书比较偏向以中国为核心的叙述模式，朝鲜半岛相关内容只有述及韩国发展时才是较为独立的。这在近代朝鲜历史断点化叙事下，容易造成古代、近代朝鲜的割裂。

---

① 这里的"朝鲜"指朝鲜民主主义人民共和国。

② 如《必修·中外历史纲要》（下）一书中第13课《亚非拉民族独立运动》和第16课《亚非拉民族民主运动的高涨》。

　　最后，现实根植于历史，比如中国如今与包括朝鲜半岛在内的其他周边国家和地区的关系，也是基于过去历史发展而形成的，所以中学教育培养的新时代人才，需要对周边国家和地区的历史有一定程度的认识。从这一层面来说，新中国成立已有 70 多年，但教科书对朝鲜半岛相关内容的书写仍有待进一步的研究和反思。笔者希望借本文抛砖引玉，对教科书中他国形象书写做一点微薄的贡献。

中国高中历史教科书中的非洲形象

吴嘉俊

一 绪论

中国教科书中非洲形象一直是零碎的,高中教科书里的非洲大多是以古代埃及为代表的古代非洲文明和近代亚非拉民族解放运动为师生熟知。至于有着千百年漫长历史的非洲是如何的,似乎无人知晓,而高中教科书的世界史部分也几乎未曾完整地呈现非洲的历史,充其量只是以殖民地的身份将非洲历史作为西方历史的一个注脚。那么这其中的历史对于高中历史教科书而言真的是意义寥寥,还是难以以适合的形式展现呢?

非洲是世界历史中一个极具代表性的特例。首先,即使抛开教科书的规限,关于非洲的人为印象本身也是支离破碎而又充满争议的。其次,非洲自身的地理限制和历史问题割裂,加之西方记忆的长久构建,原本非洲人内部视角下的非洲历史又究竟是怎样的呢?同为身处第三世界的发展中国家,我们教科书中非洲形象之塑造较之西方中心视角是否更符合非洲人的内部视角呢?

再者,国内关于非洲形象的研究和讨论本身就极为有限,而对教科书中的非洲形象问题更是没有给予符合其未来发展趋势的关注。本来对第三世界或者亚非拉国家相关研究的关注度就要远远低于西方发达国家以及周边的邻国如日、韩,加之对非洲的认识存在的材料收集困难和相关研究缺乏,我们对非洲这片大陆的印象仍然更多是未知,这使得高中学生在历史学习之中对这一大洲的认识反而没有对许多单个西方国家更深入，这也是笔者无比担忧和迫切呼吁改变的现状。

国内有关教科书中有关国家或地区形象的专著和论文在数量上是极为有限的，本文谈论的"非洲形象"这一具体概念实质上属于比较文学范畴内的形象学，是特指一国文学中对"异国"形象的塑造或描述。到目前为止，对高中历史教科书中的非洲形象还未有专门研究。与之最为相近的主题则是涉及亚非拉史的教学现状及教科书中的异国形象分析，而与之最为相关的华东师范大学王伟的《新课程背景下亚非拉史在高中历史教学中现状分析研究》和华东师范大学何英菲的《高中历史教科书中的异国形象：以人教版历史教科书为例》的两篇硕士学位论文，对本文均起到了极大的启发和指导作用。

本文对非洲形象的研究主要参考的是高中历史教学的课程标准沿革和以1981年版至今的人教版高中历史教科书为主的多个版本的高中历史教科书。1978~2003年中学历史教学大纲经历了八次变动（见表1）

表1　1978~2003年中学历史教学大纲

1978 年	全日制十年制学校中学历史教学大纲（试行草案）
1980 年	全日制十年制学校中学历史教学大纲
1986 年	全日制中学历史教学大纲
1990 年	全日制中学历史教学大纲（修订本）
1996 年	全日制普通高级中学历史教学大纲（供试验用）
2000 年	全日制普通高级中学历史教学大纲（试验修订版）
2002 年	全日制普通高级中学历史教学大纲
2003 年	普通高中历史课程标准（实验）

资料来源：课程教材研究所编《20世纪中国中小学课程标准·教学大纲汇编·历史卷》，人民教育出版社，2001。

而这八次变动中又主要以1978年、1986年、1996年和2003年四次大的变动为主。因此，本文选取的主要研究对象，即是这四次大的变动影响下的四个时期的高中历史教科书，具体为人民教育出版社1981年出版的高级中学课本《世界历史》（上、下册）、1991年出版的高级中学课本《世界近代现代史（必修）》（上、下册）、2000年出版的全日制普通高级中学课本《世界近代现代史》（上、下册）、2007年出版的普通高中课程标准实验教科书《历史》（必修 3 册及选修 6 册）。而与 2007 年人教版的专题模块式教科书同一时间在全国使用的还有人民出版社版、岳麓书社版、大象出版社版三个版本和上海地区使用的华东师范大学出版社的高中历史基础性教材六分册及高中三年级拓展型课程教材一册。此外，本文还参考了 2019 年部编版高中历史必修和选修教材。

　　笔者以百年来的课程标准沿革作为背景，并将主要的文本分析的范围限定为改革开放之后通用的主流高中历史教材，结合形象学的核心理念，对我国高中历史教科书中的非洲形象进行梳理和总结，并试图看到变迁背后的复杂成因。

二　课程标准沿革中的非洲形象出处梳理

（一）高中历史教学中非洲形象的源头

　　追根溯源，首次教授学生非洲国家等世界历史知识是在清末的中等学堂开设的世界史课程中。1902 年《钦定中学堂章程》作为我国最早的由政府颁发的中学课程标准，已经将世界历史纳入了教学安排中，而 1904 年《奏定中学堂章程》则对其各学科程度及每星期教授时间做了更为具体的规定。1909 年《学部奏变通中学堂课程分为文科实科折》中，历史已作为文科之主科、实科之通习。此时的世界历史教学已经有所起步，但是由于地理位置和"经世致用"，这一时期的历史教学更注重对东洋各国的形象塑造，而非洲形象和非洲史的相关内容在此期间尚未得以重视。

（二）民国时期高中历史教学中的非洲形象

　　1923 年的《新学制课程标准纲要》规定历史属于公共必修科目，据此颁布的《初级中学历史课程纲要》30 讲中，有关非洲形象呈现的内容主要集中在埃及、巴比伦及古代亚洲西部各国与欧人经营亚非二洲两讲。虽然在其他专题之中也有零散的叙述，但大体上仍然不受重视。同年颁布的《高级中学公共必修的文化史学纲要》所设定的 116 课中，只有两课专讲非洲历史，即尼罗河流域之地理及埃及文化与欧洲诸国在非洲侵略之政策，可见非洲史的相关内容在当时是不为人所重视的。

1928 年国民政府成立后政局相对稳定，教育事业也得以进一步发展，并且注重对公民意识和人文素养的培养，这一时期分别在 1929、1932、1936、1940、1948 年进行了五次历史教学大纲的改动。而这一时期有关世界历史的内容在范围和深度上都有所扩展，但有关非洲形象的内容则依然集中于外国史开端的以埃及为例的"非洲古文化"一课，后续内容则更多转向亚欧大陆，对于非洲这片土地几乎是没有后续关注，着实让人叹惋。

（三）1949 年后高中历史教学中的非洲形象

1956～2004 年，我国共进行了十次高级中学历史教学大纲或课程标准的更新颁布，而非洲形象的主要呈现——世界历史发展则经历了低谷和辉煌，非洲形象相关内容的选取和变化也随着时代的发展和历史学界相关研究的深入而不断变化。

1. 1956 年和 1963 年历史教学大纲

在新中国成立初期的课程标准的制定中，学生在高中只学习世界近现代史。在这一部分的世界古代史教学中，非洲史的内容也主要集中于古代埃及（5 课时），主要内容有：（1）古代埃及与原始公社制社会及其崩溃（自然条件和居民、农业和水利建设、奴隶和奴隶主、穷人和富人）；（2）古代埃及国家的形成（诺姆。诺姆中的农民和手工业者的生活、上下埃及王国的统一、国家制度）；（3）古代埃及的金字塔和宗教（金字塔、狮身人面像、木乃伊、僧侣）；（4）农民和奴隶起义、对外侵略（农民和奴隶的处境、贵族的生活、公元前 1750 年起义、图特摩斯三世的远征、埃及独立的告终）；（5）古代埃及的文化（文字和纸草、艺术、科学知识的发生、历法）。可以看出，关于非洲部分的历史相较以往更为具体详尽，但仍然局限于古代部分，没有一个完整延续的呈现。

而到了 1963 年历史教学大纲的发布时期，非洲形象及其相关历史内容的呈现，则主要集中在高中三年级的世界历史古代部分。其第二编"奴隶社会"（13 课时）主要介绍了以埃及为代表的四大文明古国。其中，古代埃及的部分主要有：（1）古代埃及的奴隶制国家（古代埃及人的农业生产、奴隶主和奴隶、阶级压迫和阶级剥削的出现、埃及最早的国家、国家的职能和它的阶级实质、埃及的统一）；（2）奴隶、农民的处境和他们的斗争（奴隶和农民的处境、金字塔、公元前 1750 年起义）；（3）古代埃及的扩张和衰亡（图特摩斯三世的侵略战争、古代埃及的衰亡）；（4）古代埃及的文化（象形文字、纸草、数学、太阳历）。

2."文革"十年：世界历史教学几近停滞

由于"文化大革命"中教育和文化领域遭到了破坏性打击，历史教育和历史课程一度停滞甚至暂停开设，虽然之后有所恢复，但是高中历史教学的世界历史部分改为"国际共产主义运动史"，而非洲历史部分更是完全不见于这一时期的历史教学之中。

3.1978 年和 1980 年历史教学大纲

1978 年《全日制十年制学校中学历史教学大纲（试行草案）》和 1980 年《全日制十年制学校中学历史教学大纲》使高中历史教学尤其是世界历史部分的历史教学回到正轨。新的大纲的颁布打破了"文革"中高中历史教学世界历史部分停滞不前的局面，并转而重新关注世界历史的学习，此时的世界历史教学相对于以往更加注重对殖民地人民解放斗争的关注，因此这一时期非洲形象于教科书编写中重新得到审视。

古代部分第二章主要介绍了古代亚非奴隶制国家，古代埃及的叙述主要包括：（1）统一的奴隶主专政国家的形成（古代埃及人的农业生产、奴隶和奴隶主、阶级压迫和阶级剥削的出现、统一的奴隶主专政国家的形成）；（2）奴隶和贫民起义；（3）古代埃及的文化。介绍了古代非洲：（1）东非主要国家（努比亚、阿克苏姆）；（2）西非主要国家（加纳、马里、桑海）；（3）中非和南部非洲主要国家（刚果、津巴布韦）；（4）中国和非洲的往来。

近代部分第十七章"亚洲、非洲、拉丁美洲的民族民主运动"介绍了殖民主义加紧对非洲的侵略、苏丹的马赫迪反英大起义（英国侵略苏丹、马赫迪反英大起义）、埃塞俄比亚反抗意大利侵略的卫国战争（意大利殖民者的侵略、阿杜瓦战役、卫国战争的胜利）。

现代部分第三章"民族解放运动的新时代"（2 课时）介绍了埃及的独立运动，包括英国对埃及的殖民统治、1919 年反英起义、英国关于埃及"独立"的声明。第八章"三十年代民族解放运动的新高潮和资本主义国家人民的反法西斯斗争"（2 课时）中介绍了埃塞俄比亚反对意大利侵略的民族解放战争，内容包括意大利侵入埃塞俄比亚、英法美对意大利的纵容、埃塞俄比亚人民的英勇抗战。第十四章"苏美争霸是世界不得安宁的根源，苏联是最危险的世界战争策源地"（2课时）介绍了美苏角逐中东、争夺非洲。第十六章"第三世界国家和人民是反帝、反殖、反霸的主力军"（2课时）介绍了非洲国家和人民反对帝国主义和霸权主义的斗争。

4.1986 年和 1990 年历史教学大纲

1986年，《中华人民共和国义务教育法》开始实施，而我国的高中历史教学的探索也紧随着普通教育课程改革进入了新的历史阶段。1990年，《全日制中学历史教学大纲（修订本）》出台，世界历史作为高中必修课程，设置在高中一年级下学期和高中二年级。但这一时期世界历史教学在知识点上进行了大幅的削减与调整，非洲史相关内容也被部分删减。

5.1996 年历史教学大纲

1996年《全日制普通高级中学历史教学大纲》首次提出历史学是研究和阐述人类社会发展的具体过程及其规律的一门人文社会科学，它具有认识社会和教育的功能。① 这不仅使指导思想方面有了前所未有的革新，而且更加强调学生人文素养的培育和素质教育的推进，与此同时课程设置也做了不小的调整，这一时期的高中历史课程不再是以往的选修与必修，而是有所创新，分为必修、限定选修和任意选修三类。其中，文科限定选修课是高中二年级开设的世界近现代史，而传统的世界古代史不作为高中历史内容进行学习，这样的教学安排也是1956年大纲以来的第二次。世界古代史的缺失，无疑大大削弱了非洲在高中历史教学之中的地位。

6.2003～2017 年历史教学课程标准

随着2003年高中历史课程标准的颁布，高中历史教学的最高指导文件由教学大纲重新转变为课程标准。这一转变具有重要的历史意义，从"高中历史课程标准"到"高中历史教学大纲"再到"高中历史课程标准"，这一变化并不仅仅是单纯的词语替换，它还标志着高中历史课程与教学的时代转型。2003年版高中历史课程标准在历史教学目的、课程内涵、教学指向、教学评价等许多方面都区别于以往的高中历史教学大纲，反映出时代的发展与超越。进入21世纪后，选修教材的单独书写，赋予了非洲历史更为完整

---

① 课程教材研究所编《20世纪中国中小学课程标准·教学大纲汇编·历史卷》，第89页。

的形象呈现，如人教版选修 1《历史上重大改革回眸》第六单元《穆罕默德·阿里改革》、选修 5《探索历史的奥秘》第五单元《大津巴布韦遗址与非洲探秘》、选修 6《世界文化遗产荟萃》第二单元《古代埃及的历史遗产》等，以及华东师大版教材第一分册的第五课《古代黑非洲》、高中三年级实验本第 38 课《发展中的新兴大国》等在新时期，这是值得本文关注和进一步探讨的关键。

而最新的 2017 年版高中历史课程标准的两大亮眼之处，无疑是凝练出了历史学科核心素养与课程内容设置的整体结构采用了通史与专题史相结合的新形式。2019 年即将使用的部编版高中历史新教材中还增加了"世界殖民体系的形成"与"亚非拉民族的独立运动"，同时补充了"两次世界大战期间亚非拉民族民主运动"，如必修教材《中外历史纲要（下）》的第 13 课《世界殖民体系与亚非拉民族独立运动》、第 16 课《亚非拉民族民主运动的高涨》和第 20 课《世界殖民体系的瓦解与新兴国家的发展》。此外，选择性必修 3《文化交流与传播》第 3 课《古代西亚、非洲文化》也将非洲文化作为世界多元文化的进行呈现。

三　高中历史教科书中的非洲形象内容分析

纵观改革开放以来各版本教科书，我们可以发现其中主要涉及几个有关非洲的历史侧影。

（一）人类文明的发祥地

非洲作为人类文明的重要发祥地，在多个版本的通史教材中一直作为世界历史部分的开端。关于这部分的详细叙述，纵观改革开放后的高中历史教科书，对非洲古代部分有相关章节的详尽叙述主要集中在 1981 年人教版《世界历史（上册）》古代部分、2007 人教版选修五《探索历史的奥秘》和选修六《世界文化遗产荟萃》以及华东师大版第一分册世界古代史部分。

1981 年人教版《世界历史（上册）》古代部分第一章第一节"人类的开端"中就谈及了非洲作为人类文明的重要发祥地：

　　人类很早就在地球上生活和劳动。近百年来，在亚洲、欧洲、非洲的一些地方，都发现过早期人类的化石。1968 年，在东非肯尼亚的地层中发掘出一批打制的石器。1972 年，在石器地层的下面又发掘出一个人的许多头骨碎片化石，经复原后，形状大体完整。测定的结果，这些石器和头骨都是二百多万年以前的遗物。因此可以推断，人类在二、三百万年以前，就已经在地球上出现了。[①]

　　本书第 16 页还特别展示了一幅南部非洲岩画来呈现古代世界的部落冲突，并且特别谈及了四大文明古国是世界文明的摇篮。

　　虽然由于专题书写等原因，2007 年人教版高中历史教科书中相关内容并没有出现在全国现行必修教材之中，但是在选修教材之中对此还是有比较详尽的探讨的。例如，人教版历史选修五《探索历史的奥秘》一册中的第二单元第一课《人从哪里来》介绍了非洲是人类及人类文明的重要发祥地和人类起源说中影响较大的非洲说等观点：

　　　　（北非沙漠地区的柏柏尔人认为）鹤是他们的祖先。[②]

　　　　1992 年以后，自东非的埃塞俄比亚和肯尼亚等地，发现了距今超过 400 万年前的、能直立行走的早期人类化石……由于这些化石仅仅出现在非洲，所以有理由认为：非洲是人类早期的发源地。目前，人类最早起源非洲的假说占据优势。[③]

（二）古代中国的商业伙伴

　　中非友好源远流长，各个版本的教科书或开设专门的小节，或穿插于中国历史的叙述之中，相对于古代早期的非洲形象，对这一时期非洲作为古代中国的商业伙伴这一形象则稍显零碎。

　　1981 年人教版教科书按照地缘分布的区域划分，分别呈现了东非、西

---

①　《世界历史》上册，人民教育出版社，1981，第 1 页。

②　《普通高中课程标准实验教科书·历史·选修五·探索历史的奥秘》，人民教育出版社，2007，第 31 页。

③　《普通高中课程标准实验教科书·历史·选修五·探索历史的奥秘》，第 43 页。

非、中非和南部非洲各具特色的历史，以及中国和非洲的友好往来。书中专设一小节谈及中国和非洲的历史往来，提到了中非交流的源起：

> 中国和非洲有着长期的经济文化交流。三世纪的中国文献提到埃及的亚历山大城，唐朝的文献提到肯尼亚和索马里。中国和非洲的贸易联系也很悠久。中非贸易起初是通过其他国家商人，主要是阿拉伯商人转运来进行的。……多年来，在东非、北非和南部非洲的许多地方都发掘出中国瓷器和古钱。它们是源远流长的中国和非洲人民友谊的历史见证。①
>
> 在非洲东部沿海今天的索马里、肯尼亚、坦桑尼亚、马达加斯加一带，还出现过许多繁荣的古代城市。这些古城和非洲内陆、埃及、西亚、印度、中国等地都有贸易联系。②

除了民间商业和贸易往来，教科书还介绍了历史上政府层面的多次官方使节交流，说明中非人民自古以来的友好来往在社会历史发展的各个层面一直深受重视，并且由来已久。

（三）近代西方的殖民对象

新航路开辟后，世界联系日益加强。原本物产富庶的东方以及非洲等古代文明发祥之地被殖民者占领与瓜分。在这一历史时期，与中国遭遇相似的非洲大陆，作为近代西方的殖民对象也是充满血与泪的。但是又不同于中国正面遭受西方侵略和外来冲击的形象，非洲更多是作为西欧发展附属的"牺牲者"以侧面的方式呈现，因此相关的描述要弱化许多。同样，作为近代西方的殖民对象，非洲更多地只是西方进步和中国沦陷的主线之外的背景板。

1981年人教版教科书也多次强调新航路开辟和殖民侵略对非洲大陆带来的深重灾难：

---

① 《世界历史》上册，第111页。
② 《世界历史》上册，第108页。

从十五世纪起，欧洲殖民者相继侵入非洲。非洲人民长期被套上了殖民奴役的枷锁。①

中非人民的友好往来，直到西方的殖民者侵入东非海岸，才遭到阻挠和破坏。②

欧洲殖民者入侵以前，在人类文明最早发源地之一的非洲，各族人民保持着自己历史发展的连续性。就是在十七、十八世纪，非洲还有许多独立国家，如北非的埃及、突尼斯、阿尔及利亚、摩洛哥、东非的埃塞俄比亚等国。③

甚至其中有不少书写让人不得不联想到遭受同样苦难的中国。不同于1981年版世界历史教科书中非洲在这一时期作为殖民对象的呈现还是以主体的视角叙述，在新时期新课改下的教科书中，非洲形象的塑造则仅仅只能依托于西方资本主义的发展进程，而读者只能通过教科书中零散破碎的只言片语勾勒出被奴役的血泪非洲的形象。其中，最具代表性的形象当然是出现在黑奴三角贸易中，岳麓版对三角贸易有较为详细的叙述，并且出示了三角贸易示意图和一系列相关解释。

而且，非洲作为殖民对象的形象也一直延续到近代：

英国："从开普敦（Cape Town）到开罗（Cairo）"的二C计划，
法国："塞内加尔（Senegal）到索马里（Somalia）的二S计划"，
德国："连接东非坦噶尼喀和西南非殖民地的计划"。④

尽管非洲形象在古代部分和近代部分是有所断裂的，但是教科书并没有突兀地直接进入近代非洲的反帝斗争主题，而是对古代部分的非洲形象做了承接，并且着重强调了非洲历史的连续性，同时也承接了古代部分非洲文明在新航路开辟后遭到重创的部分：

① 《世界历史》上册，第107页。
② 《世界历史》上册，第112页。
③ 《世界历史》下册，人民教育出版社，1981，第94、95页。
④ 《高级中学课本·高中历史》第四分册，华东师范大学出版，2008，第85页。

在英法帝国主义把埃及沦为半殖民地的过程中，埃及人民提出了"埃及是埃及人的埃及"的口号，要求保卫民族独立。……由于官僚地主集团动摇背叛，这次轰轰烈烈的抗英战争失败了。[1]

这一次埃塞俄比亚抗意斗争的光辉胜利，不仅保卫了埃塞俄比亚的独立，而且大长了非洲人民的反帝斗志。[2]

（四）战乱动荡之下的近代转型

在新时期的教科书中，由于必修教材中专题史书写的重新编排，世界近现代史中几乎没有关于非洲的内容，但是在选修教科书中却增加了与改革和近代转型相关的新的内容，即穆罕默德·阿里改革。选修教材中的这一书写，似乎在一定程度上弥补了在以上讨论中谈及的关于非洲作为"近代西方的殖民对象"仅局限于侧面描写的不足，穆罕默德·阿里改革这部分内容的加入，有力地以正面的叙述展现出非洲在面对近代殖民活动与战争下努力寻求的近代转型，这样的情景很容易让人联想到中国的洋务运动：

18世纪末19世纪初，埃及内忧外患，局势动荡。穆罕默德·阿里迅速崛起，掌握了政权。为了富国强兵，他在军事、经济和文化教育等方面进行了一系列改革，引进西欧先进的科学技术、设备和人才，发展农业和近代工商业。这些改革不仅巩固了统治，也促进了埃及社会经济的发展，改变了埃及的社会面貌，拉开了埃及近代史的序幕。[3]

然而，改革并没有实质性改变埃及作为殖民地的命运，陷入世界大战之中的埃及仍然处于被列强侵占的悲惨境地，这样的境遇和近代的中国也是极其相似的。

---

[1] 《世界历史》下册，第98、99页。

[2] 《世界历史》下册，第101页。

[3] 《普通高中课程标准实验教科书·历史·选修一·重大改革回眸》，人民教育出版社，2007，第75页。（目前选修一为"回眸"，选修五为"奥秘"。此脚注原本为"选修五·回眸"）

（五）　新中国外交的支持者与反殖民、求独立的重要力量

之前我们也可以看到，作为非洲重要的代表，埃及在近代历史上的形象与同一时期的我国具有一定程度上的相似性，同样经历了艰难的近代转型与战火纷飞，再到之后的反殖反霸与争取独立，正是因为有如此相似的悲惨境遇，同样苦难的命运才将中非紧密地联系在一起，这一点在 2007 年人教版中体现得较为明显：

> 1971 年 10 月 25 日，第 26 届联合国大会以 76 票赞成，35 票反对，17 票弃权的压到多数，通过决议，恢复中华人民共和国在联合国中的合法席位。当提案通过时，会场一片沸腾，一些非洲国家代表在过道上兴奋起舞，还有人振臂高呼，而一些西方国家代表却在一起交头接耳，有的愁眉苦脸，有的强打精神，有的故作镇静。美国代表也被迫承认："这是联合国历史上的转折点，反西方国家在美国威信动摇时第一次击败了美国……①

此外，该版教科书不仅提到了"非洲独立年"，还对非洲民族独立运动的特点和意义进行了总结与评价。

（六）　崛起中的新兴经济体

华东师范大学版本拓展性教材第 38 课《发展中的新兴大国》提到了南非的现代化道路，简述了南非从作为英国殖民地到成为共和国的发展历程，也介绍了种族隔离政策到曼德拉倡导下种族隔离的废除和民族和解，还介绍了南非发展的优势以及隐患。崛起的南非已经成了当今非洲的重要代表，这也让非洲大陆在教科书中的形象呈现更加丰满：

> 南非的现代化道路起步于 19 世纪下半叶的"矿业革命"，后逐步扩展到其他工业领域，在非洲较早形成了以制造业为主导的综合性的工业化国家。然而长期存在的种族主义制度不仅拖住了经济现代化继续前

---

① 《普通高中课程标准实验教科书·历史·必修一》，人民教育出版社，2007，第 112 页。

进的步伐，而且还严重影响到南非的政治现代化与国家形象。……新南非实现了政治稳定与民族和解，成功推动了经济结构的改革与调整，信息通讯技术等新兴产业日益成为经济增长的重要因素。①

值得一提的是，在"现代科学和文艺的发展"一章中，还专设"亚、非、拉现代文学艺术的发展"一节，并且介绍了非洲文学：

> 70年代起，非洲文学在世界上产生了影响。塞内加尔诗人桑戈尔（1906～）是非洲当代文学的杰出代表。……1986年，诺贝尔文学奖第一次颁给了一位非洲作家沃尔·索因卡（1934年～）。……②

可见，对于当今非洲呈现的崛起之路上的新兴的经济体之形象，教科书还是有意识地以新时期的现代化道路和伴随着经济增长的多方面发展来共同塑造的。

四　高中历史教科书中的非洲形象特点分析

（一）以埃及形象代表非洲整体形象

从古代文明古国之一，到近代历史上的抗英斗争和穆罕默德·阿里改革，相较于非洲形象的支离破碎和时空断裂，埃及作为非洲的重要代表，其形象的塑造却比较有延续性。同样，作为文明古国，埃及的形象在某种程度上可以说是中国的"投射"，在一定程度上也是整个非洲在我国教科书中的缩影。然而，埃及形象终究并不能完全等同于非洲形象的，但在我国的教科书中，确实又由于篇幅和体例的制约，无法直接勾勒出完整非洲的轮廓，而只能通过作为非洲缩影的埃及来取得部分认同。虽然自史前以来，非洲大陆存在自然障碍和技术水平低下等不足，但在大陆范围内存在某种程度的历史一致性，这种一致性却几乎不曾在教科书中看到。公民自身对非洲大陆的形

---

① 《世界近代现代史》下册，人民教育出版社，1991，第194页。
② 《世界近代现代史》下册，第163页。

象认知，本就十分有限，教科书作为公民历史教育的重要载体，更应当给予相对完整全面的引导。因此，在笔者看来，教科书因为塑造非洲的需要而单单将埃及作为几乎仅有的代表，即便从篇幅受限的角度而言也是可以理解的，但从站在公民历史教育的立场上，这样的内容安排却无法真正向学生呈现整个非洲的形象。

（二）历史转型中的缺失与破碎

在笔者看来，非洲形象的塑造与中国自身的形象是有一定相似性的，但是实际上内容的叙述视角、选取的材料数量和在教科书中所占的比例又是大相径庭的。而这种缺乏充实材料和多以侧面书写的叙述方式，所带来的形象呈现只能是零散而破碎的，因此往往会使人陷入无法在教科书中发现非洲形象的尴尬境地。尤其是在近代，中国的形象塑造完整而鲜活，内忧外患、自救图存的形象刻画让人印象深刻。加之本国历史能够给予更多的篇幅和更大的呈现空间，以及一直以第一视角叙述的正面口吻，大量翔实的史料将近代中国塑造得血肉丰满。而非洲作为与中国陷入相似困境的"兄弟"，在叙述口吻和构建方式上又是不尽相同的，虽然从教科书选取的内容上看是极为相似的，但在实际的呈现上，关于非洲的困境教科书中往往只是以"殖民地"和美洲一笔带过。同时，转变为专题史的书写主线之后，也没有专门的课时来详尽叙述这段内容，在西方近代进程主线之下的非洲相较以往更不受重视。要想真正去勾勒和完善各个时期的非洲形象，我们只有深入近年来大量的西方历史书写之中，从琐碎之处拾起"破碎"的非洲。而实际上，侧面的叙述其实在某种程度上也削弱了非洲作为与近代中国一样身处困境却奋力挣脱枷锁的斗争一面，所以不免让非洲形象的呈现显得零散而片面。不过教科书的编写应该也注意到了这个问题，因此在选修部分加入了穆罕默德·阿里改革的新内容，表现埃及在近代浪潮中的自救与斗争，试图通过这一内容展现非洲以正面视角如何回应近代转型的重要难题。

（三）近代中国"自我"形象的投射

如上所述，笔者认为非洲形象的塑造从古至今一直是和中国形象的呈现紧密相连的，中非自古以来"同呼吸，共命运"的历史相似性也是中非长期休戚与共的重要基础和情感认同。灿烂辉煌的埃及与中国源远流长、博大精深的古代历史，近代冲击下的抗击侵略和救亡图存，艰难转型之路上的改革与探索，直到新中国成立之后在世界舞台的互相扶持。值得注意的是，埃及这条"文明古国—反抗侵略—近代转型—屹立世界"的道路似乎也与我们熟知的教科书中的中国形象在不同历史时期的转变是大致同轨的。从1981年人教版以奴隶制国家的形成为主线呈现埃及，通过金字塔的建造展现对下层人民的压迫与尖锐的阶级矛盾，到当下加入穆罕默德·阿里改革来展现埃及近代转型的艰难探索，不同时代背景下的教科书编者在选取与埃及相关的材料进行形象构建之时，是否是通过"自我"作为标准有意识地进行"他者"的考量，笔者认为至少在一定意义上是这样的。由此看来，我们的教科书对埃及形象的不断发掘和完善，其实在某种程度上更像是对中国自身形象的"投射"，通过非洲的相似历史境遇，唤起对本国历史的情感共鸣，从而加强对自身发展的认同。尤其值得注意的是，非洲不同于后起的欧洲，也不同于近代以前静默的美洲即使在教科书呈现的感情色彩上，也不同对西方国家意识形态从批评到客观评价的叙述转变，非洲在多个版本的教科书中无一例外都是以友好正面的形象出现在世界舞台上。从这个角度而言，教科书对非洲形象的呈现无疑在感情上也与本国形象的塑造有着极强关联。由此看来，非洲形象与中国形象在教科书中的构建，无论是呈现内容之"表"，还是感情色彩之"里"，都是有极大的相似性的。

五　影响非洲形象的因素探究

不同历史时期的非洲形象在高中历史教科书中的呈现显然是各具特点的，而如何理解异同背后的因素，笔者试从以下几个角度提出自己的见解。

（一）非洲形象自身的困境

首先，长期以来，材料和信息的缺失造成的各种偏见使得整个世界无法了解真实而全面的非洲历史，甚至将非洲视为不会有历史的地区，似乎自远古以来"黑白非洲"之间就处于分裂状态。人们常把撒哈拉沙漠形容成巨大而不可逾越的地理鸿沟，沙漠两侧不同的社会、地域之间也不能进行物资、信仰、风俗和思想的交换与交流。这仿佛是在古埃及和努比亚文明与撒哈拉以南各民族的文明之间，重重地划下了一条难以逾越的界线。

其次，奴隶贸易和殖民化带来的种族偏见也逐渐出现在对非洲形象研究之中，以致昔日相关的研究者无法真正客观地进行非洲形象的探讨。自从殖民主义者广泛使用"白种"和"黑种"这两个标签进行界定以来，非洲人的斗争延续至今。这种荒谬的种族成见使得非洲充斥着谎言与虚妄，我们很难从那些研究之中看到非洲原本的面目。

最后，第二次世界大战结束以后，特别是在非洲国家获得独立并开始积极参加国际社会和广泛密切地相互交流之后，原本长期以来所处的困境也得到了极大的改善。至今，更多投身于非洲历史形象研究的学者开始相当谨慎地使用非洲的原始资料，并且以较为严谨、客观的态度，努力从事非洲研究工作。而从自身角度而言，非洲大陆人民在掌握历史主动权的时候，也深感需要在坚实的基础上重新恢复其社会的历史真实性。如何走出非洲历史形象自身长久存在的困境，也是新时期下研究者与其研究对象需要共同面对的首要问题。

（二）教科书编写自身的性质

历史教科书的编写受到多方面因素的制约，主要原因当然是史学研究的整体水平。从 1981 年版对埃及奴隶制国家构建与设置和对奴隶主与下层人民阶级矛盾的渲染，到 2007 年选修教材中对金字塔群和阿布辛拜勒神庙的文明视角，史学研究的整体水平对历史教科书编写的推动作用是显而易见的。

同时，体例选取的不同对教科书内容呈现的影响也是显而易见的。虽然新时期的教科书都采取了中外合编的方式，但是不同版本下所呈现的效果是不一样的。在非洲形象的呈现上，虽同为中外合编，但是华东师范大学版高中历史教科书的内容选取和涉及范围要远远超过采用全国课标的各版教材。另外，通史体例和专题模块的影响相较而言则更为明显。2007 年，以人教版为主的各版高中历史教科书体例上创新地采用了专题模块，传统的通史体例下的时序重新得以编排组合，而在强调单册主题脉络的学习时，时序断裂也是不可避免的，并且篇幅相较通史大幅缩减，几乎在各个历史时期中都已经无法找到完整的非洲形象，而读者只能从各个专题之中搜集和拼凑。而令人欣喜的是，在即将投入使用的 2019 年版部编教材中，课程内容设置在整体结构体例上采用了通史与专题史相结合的新形式，这在一定程度上消除了时序断裂和角度单一的非洲形象呈现上的传统症结。

　　另外，课程标准和大纲的制定与变革，对各个时期的高中历史教科书的编写也造成了不小的影响。例如，1981 年人教版教材《世界历史》中，非洲形象从古代部分、近代部分至现代部分都有较为完整的延续和呈现。但到 1991 年人教版《世界近代现代史》中，世界古代历史的缺失，在很大程度上造成非洲形象的断裂和缺失。而在 2000 年版《中国古代史》、《中国近代现代史》（下册）和《世界近代现代史》（上、下册）四本书中，不仅非洲形象的完整性和传承性重新得到体现，而在中国古代历史的部分加入了许多与非洲地区的互动和交流的内容，使非洲形象更加多元。到 2007 年，由于课程标准和体例的再次调整，现行各版高中历史教科书对非洲形象的塑造再次割裂，各个历史时期的内容也全面缩减，但在选修教材中却又可喜地引入了许多新的视角，如上海地区通过对古代非洲的专门课程的设置，有力地扭转了历代教科书中以北非的历史书写为主的倾向，强调了非洲各个区域的呈现，使得非洲形象更为客观和全面。不同版本的教科书由于其自身编写的性质也带来了不同的非洲形象的呈现和塑造。

（三）国际关系与文化交流

　　对于非洲形象的塑造和非洲历史部分的书写，自古以来都与中非之间的国际关系与文化交流密不可分。

　　从古代来看，中非交流源远流长并且未曾断绝，中非作为在地域上相距甚远的两个古代文明发祥区域，二者间的国际关系和文化交流可以说是成果颇丰。而在近代，中非也是坚定不移的友好伙伴，在万隆会议、中国恢复联合国合法席位、不结盟运动等事件中都可以见到中非之间的互利合作。从历史中我们不难看出，中非两者有着极为相似的遭遇，从辉煌的文明起源，到近代的殖民沦落，再到现代的崛起，正是自古以来共同的历史处境与时代诉求，使中非关系经受住了各个历史时期的考验，从而结下了深厚的情谊。因而，通过对多版本的教科书内容的梳理不难发现，相较于对西方国家情感态度上的转变，中国教科书中的非洲形象一直是较为积极正面的。

　　另外，非洲形象的零散破碎和多为背景的特性也与非洲自身的国际地位、影响力和相对闭塞不无联系。近年来，随着国际关系的不断演变和社会的不断发展，国家对权力的诉求在目标上已经有了很大的变化，而国家形象则构成国家软实力的一部分。正如约瑟夫·奈指出的，今天权力的使用已经由以硬权力为主转向以软权力为主。一个国家的意识形态、文化、形象或者成功都可以使这个国家成为其他国家愿意效仿的榜样。与具有强制性特征的传统权力不同的是，软权力属于合作型权力，它强调通过相互依存而产生合作性影响。这在一定程度上也可以解释各国对非洲形象关注的缺失和偏见，而在中国呈现的正面、积极的一面毫无疑问与中国在国际关系上的紧密联系不无关系。

六　教科书中非洲形象之展望

正如臧嵘在《历史教材纵横谈》中所指出的，"历史教材的编写和构思是一门既深且广的学问，应当把历史教科书的编写看成是一种创造性的劳动"。诚然，我国高中历史教科书中关于非洲形象的塑造和非洲历史的编写部分仍存在时序断裂和呈现零散等诸多问题，但是我们也从新时期的几版教科书中看到了值得认可的努力和尝试。因此，笔者实际上对高中历史教科书中非洲形象的未来是充满信心的，借此谈谈对教科书中的非洲形象之展望。

（一）展现非洲形象的整体性和多样性

在目前笔者分析和参照的各版本高中历史教科书中，对北非地区尤其是埃及的呈现仍然是重中之重，诚然，这样的书写与北非优越的地理位置不无联系，但事实上也因此片面地代表了非洲形象，使得非洲形象显得狭窄而单一。因此，首先我们自然是强调将非洲当作一个整体来谈论，其次也应当且必须采取不同于其他区域的方式与原则，并且即使在讨论非洲的各个区域时也要因地而异，在尊重整体性的同时强调多样性的呈现。我们也不能回避的是，尼罗河盆地及非洲大陆的地中海沿岸固然拥有各自独特而多样的区域特征，但从历史再现的角度出发，与欧洲共同的地方确实要远远多于与非洲撒哈拉以南地区共同的地方，这就是北非作为非洲整体代表的历史依据。

（二）加深现实联系的跨文化和多视角

在非洲形象的塑造上，多样化的呈现已经逐渐成为新的趋势，但是由于中非地理上相距甚远，我们日常生活中通过媒介和书籍获取的与非洲大陆相关的有效信息又极为有限，那么信息的闭塞产生的距离感和疏远感则尤为明显。教科书作为公众历史教育普及的重要媒介，笔者认为在拉近中非人民距离和提升非洲形象认识上还有很大的提升空间。我们的高中历史教科书随着时代的发展在不断修订与更新，而对非洲形象的塑造则仍旧停留在古代，完整的非洲形象在高中历史教科书中难以建立，也是当下教科书编写和高中历史教学无法回避的问题。在多视角呈现的同时，更加注重非洲形象与中国的现实联系，仍旧有待于高中历史教学工作者进一步探索。

（三） 加强国际交流和文化互动

高中历史教科书中非洲形象的呈现，除了世界历史各个历史时期的典型特点之外，也离不开中国历史的穿插参与和侧面塑造。与具有强制性特征的传统权力的不同的是，国家形象作为软权力属于一种合作型权力，它强调通过相互依存而产生合作性影响。毫无疑问，非洲形象的呈现和塑造，也是中非在国际交流和互动合作上的间接表现。非洲作为独立的个体，难免会因为距离感让人无法产生共鸣，但是通过中非之间的国际交流和文化互动，非洲作为中国自古以来的友好伙伴的形象便跃然纸上。而经济全球化浪潮的发展和政治多极化趋势的加强，世界联系的日益密切，也要求历史教育进一步培养国际视野。在这样的国际背景之下，高中世界历史教学得以进一步加强，而且对于亚非拉等新兴国家的关注也随着多极化格局的发展成为新的教学热点。同为发展中国家的中国，比以往更需要通过了解以亚非拉为主体的新兴力量，从而探索符合我国国情的社会主义发展道路。因此，加强教科书中关于中非国际交流和文化互动环节的设置，也是中非双方社会发展的现实要求。

七 结语

归根结底，对教科书问题的讨论，涉及各个层面的因素。受制于教科书编写的时间、国家政策以及课标制定的要求、青少年教育的实际学情等一系列因素，固然无法面面俱到，非洲形象在当下高中历史教学中的缺失是显而易见的，但我们也不必求全责备或者过度悲观。恰恰相反，笔者认为正是由于教科书编写中非洲形象的"失位",才构成了我们研究的目的和意义。正因为非洲形象的"失位"和对其关注的缺失,所以作为研究者和从事历史教育相关工作的我们才更要从过往的变迁中总结经验,从而让自己在日常的教学实践中更加有所作为,正是由于直视这样的现状,才更需要教育工作者辅以自身的力量去倾力弥补那些教科书中看似固有并且无法更改的不足。笔者也希望通过对高中历史教科书中非洲形象的梳理,唤起对高中历史教科书中部分"失位"形象的关注,以促进新时期中学历史教学各个环节的进一步完善和发展。

外国历史教科书中的他者形象

现行日本高中历史教科书中的中国形象

唐剑明

    1982 年 6 月 26 日，日本各大报纸都报道了"在教科书的审定中，文部省要求各教科书出版社将日军'侵略'华北改为日军'进入'华北"的消息。事件经过发展，演变成了日本同中国、韩国之间的外交问题。① 自此以后，日本的历史教科书问题多次在中日关系出现问题的时候集中暴露出来。在具体的历史认知上，教科书为所有受教育者提供了最为基础的途径。除此以外，历史教科书还承载了历史价值观建构的工作。学生在课堂中建立起的知识结构，直接影响到他们看待现实事物的态度。在这一点上，尤其是历史教科书中的中国形象，最能够让学生形成对中国的第一印象，无论是在具体还是在抽象的层面上。

    日本在初、高中阶段均设有历史教育课程，历史科目同地理、公民一起归属于社会科大类。高中的历史教育较初中更有侧重，深度更高，难度也更大。现行日本高中历史课程标准的目标是："深化对我国及世界形成之历史过程，和生活、文化之地域特色的理解及认识；培养作为国际社会中具有主体意识的，建设和平的民主国家及社会的日本国民所必要的自觉和素质。"② 其中，"深化"的要求是相对于初中阶段的历史学习提出的。根据初中历史教学的目标，世界史仅作为学生理解日本史的"背景"来学习，所有

---

① 清水美和『中国はなぜ反日になったか』文春新書、2003、113~117 頁；毛里和子『日中関係』岩波新書、2006、122 頁。

② 唐剑明、杨彪：《现行日本高中历史课程标准》，《历史教学问题》2018 年第 2 期。

内容均是围绕日本史展开的。这包括在广泛的视野下学会国家认同，通过时空观念培养学生对先贤和文化遗产的尊重，以及培养学生的国际观和家乡观。①

因此，增加了大量世界史内容的高中历史教育，涵纳知识量较初中更多。相较于初中，高中的历史科目细分为世界史和日本史两个部分，并且对应通过型考试和选拔型考试的要求分为 A、B 两类，总共四门。发行世界史 A 教科书的出版社有东京书籍、帝国书院、第一学习社、清水书院和山川出版社、实教出版，其中山川出版社出版了三种世界史 A 的教科书，实教出版也发行了两种世界史 A 教科书；② 发行世界史 B 教科书的出版社有东京书籍、帝国书院、实教出版和山川出版社，其中东京书籍出版了两种世界史 B 的教科书，而山川出版社出版了三种世界史 B 教科书；③ 发行日本史 A 教科书的出版社有东京书籍、实教出版、第一学习社、清水书院和山川出版社，其中山川出版社出版了三种日本史 A 的教科书，实教出版也发行了两种日本史 A 教科书；④ 发行日本史 B 教科书的出版社有东京书籍、实教出版、第一学习社、清水书院、明成社和山川出版社，其中山川出版社出版了三种日

---

① 初中课程标准的目标是："（1）提高学生对历史现象的关心度，使学生将我国历史的大流，以世界历史为背景，辅以各时代的特色来理解，使学生在将我国的传统和文化之特色放在广阔的视野中思考的同时，加深对我国历史的热爱，培育作为国民的自觉。（2）在其时代和地域的关联上，使学生理解了为了国家社会以及文化的发展和人们生活的改善尽力竭力的历史上的人物和现在传承的文化遗产，培育尊重的理念。（3）使学生理解历史上受人注目的国际关系和文化交流的大概，在使学生思考我国和各国的历史文化相互间深度关联的同时，使学生对其他民族的文化生活等保持关心，培养国际协作的精神。（4）通过对身边的区域历史和具体现象的学习，提高对历史的兴趣，在利用各种资料，多方面、多角度地考察并公正地判断历史现象的同时，培育恰当的表达能力。"以上译自日本文部科学省 2009年颁布、2013 年执行、2015 年修订的《中学校学习指导要领》历史部分。

② 分别是：《世界史 A》（东京书籍）、《明解世界史 A》（帝国书院）、《高等学校改订版世界史 A》（第一学习社）、《高等学校世界史 A 新订版》（清水书院）、《改订版现代世界史》（山川出版社）、《世界历史》（山川出版社）、《世界史要说》（山川出版社）、《世界史 A新订版》（实教出版）、《新版世界史 A 新订版》（实教出版）。

③ 分别是：《世界史 B》（东京书籍）、《新选世界史 B》（东京世界史）、《新详世界史 B》（帝国书院）、《世界史 B 新订版》（实教出版）、《高校世界史 B 改订版》（山川出版社）、《新世界史 B 改订版》（山川出版社）、《详说世界史 B》（山川出版社）。

④ 分别是：《日本史 A》（东京书籍）、《新日本史 A》（实教出版）、《高校日本史 A》（实教出版）、《高等学校改订版日本史 A》（第一学习社）、《高等学校日本史 A》（清水书院）、《现代日本史》（山川出版社）、《改订版日本史 A》（山川出版社）。

本史 B 教科书，实教出版也发行了两种日本史 B 教科书。①

　　现行高中指导要领规定，所有学生必须从世界史 A、世界史 B 中选择一门作为必修课。另外，从同属地理科②的地理 A 和地理 B，以及日本史 A 和日本史 B 当中各选一门作为必修课才有毕业资格。③ 所以学生在高中阶段通过世界史的学习，能够建构起更加明晰的形象。并且，也是因为高中阶段的学校教育将世界史列为必修课，所以更有机会让日本学生的历史观从本国本位转换到全球视野上去。全球视野的建立，使学生不只关心本国历史，以及同本国产生交集的一部分外国历史，而是真正能够调动起学生学习历史的兴趣，使学生能够在广泛的历史学习当中找到乐趣和建立更完整的知识体系。尤其是对于中国，由于历史和现实的原因，日本自古以来有学习中国历史的传统。现行的日本语文教科书中也有不少出自汉籍的历史名篇。在历史教科书当中，有关中国的部分远远多于其他国家历史教科书当中对中国的叙述部分。因此，相较于其他国家的学生，日本的学生更加能够建构一个完整而立体的中国形象。

一　日本高中历史教科书中的古代中国形象
——以唐朝的影响力为例

　　古代中国灿烂辉煌，在世界文明史上占有重要的位置。但是，日本现行《学习指导要领》要求，世界史 A 教学除了"让学生在着眼于自然环境、生活、宗教等的同时，概览在东亚、南亚、西亚、欧洲形成的各文明的特质和欧亚大陆的海陆交流"④ 外，直接跳到"近世"⑤ 开讲，对应中国的朝代大

---

① 分别是：《新选日本史 B》（东京书籍）、《新日本史 B》（实教出版）、《高校日本史 B 新订版》（实教出版）、《高等学校日本史 B 新订版》（清水书院）、《最新日本史》（明成社）、《新日本史 B 改订版》（山川出版社）、《详说日本史 B》（山川出版社）、《改订版高校日本史》（山川出版社）。

② 高中阶段，公民科单独列出，不再同历史、地理一起并称社会科。

③ 日本文部科学省：《高等学校学习指导要领》，2009，第 5 页。

④ 唐剑明、杨彪：《现行日本高中历史课程标准》，《历史教学问题》2018 年第 2 期。

⑤ "近世"是日本常用的时代区分之一，和"近代"区别使用。日本近世史是指安土桃山时代所对应的历史（日本的近世应当是自安土桃山时代至江户时代末期，而不仅仅是安土桃山时代），西洋近世史是指从文艺复兴到工业革命的这段时期对应的历史，中国近世史是指明末到辛亥革命的这段时期对应的历史。

致是明清时期。但这并不意味着将古代史极度省略。事实上，所有世界史 A 教科书都在有限的篇幅内对中国古代至元朝的历史进行了梳理，叙述南亚、东南亚、西亚、欧洲历史的部分均没有叙述中国历史的部分那样具有连续性。这一连续性事实上是对中华文明完整性的肯定。这一完整性的叙述唯有日本历史教科书中的日本史叙事框架才能够与之比肩。由于现行《学习指导要领》当中并没有正式要求讲授近代①以前的日本史，② 因此虽然大多数日本史 A 教科书对近代以前的日本史进行了前情提要式的回顾，但毕竟不是正式讲授的内容，"待遇"是不同的。世界史 B 更加能够说明问题，以使用率最高的山川出版社的《详说世界史 B》为例，③ 全书包括知识点索引在内不过 448 页，而与中国有关的内容达 72 页，占 16%。

与世界史不同，日本史的叙述主体是日本，但是中国作为同日本互动频繁的国家依然有很多机会出现在教科书当中，并且事实上是作为日本历史发展的推动者出现的，尤其是在古代历史当中，这一推动者的形象更加清晰。根据《高等学校学习指导要领》的要求，"原始时期、古代的日本和东亚"以及"中世日本和东亚"都是教授的内容，并且这些内容都被要求结合国际关系来展开。④ 自然地，中国在这一层关系当中是不可或缺的"他者"。

无论是世界史还是日本史，日本的高中历史教育都强调相互联系，这不仅是指日本与其他国家的联系，还有其他国与国之间的联系，以及区域间的联系。这在一定程度上弱化了日本在高中历史教育当中的主体立场。相应地，在古代中国形象，尤其是作为文明古国形象的塑造过程当中，日本的高中历史教科书是以一种赞许的态度来进行的，这包含基于对上述连续性的认知。并且，由于同初中阶段的历史教育在要求上有所差异，高中阶段的历史教育会更加要求学生对知识点的识记。同样是高中历史课程，B 层次较 A 层次的知识要求更高，对中国的介绍也更多。

有关唐朝的内容不仅出现在世界史教科书当中，由于古代日本同唐朝的关系，在日本史当中，唐朝的出现频率也非常高。有所不同的是，世界史教科书的叙述主体就是唐朝，而日本史教科书当中，唐朝是作为展开日本历史

---

① 指黑船来航以前。

② 唐剑明、杨彪：《现行日本高中历史课程标准》，《历史教学问题》2018 年第 2 期。

③ 2017 年采用率达到了 41.4%。

④ 唐剑明、杨彪：《现行日本高中历史课程标准》，《历史教学问题》2018 年第 2 期。

发展的线索存在的。类似的叙事结构贯穿古代中国的全部内容。世界史 A 教科书虽然没有像世界史 B 教科书那样在中国历史上面花费很大篇幅，但是在陈述古代中国王朝影响力的部分依然是定调清楚的。所有的世界史 A 教科书都强调了唐朝的"国际化"。山川出版社发行的《现代世界史》记述道："唐都长安是一个集中了伊朗和中亚、朝鲜、日本等亚洲各地使节和商人、留学生的东亚最大的国际都市"，① 同为山川出版社发行的《改订版世界历史》称："通过陆路和海路开展贸易和同外国之间频繁的互动，发展出独特国际文化的唐文化，给予了周边地区很强的影响力，成了广阔的东亚文化圈的中心"，② 山川出版社发行的另一种世界史 B 教科书《改订版世界史要说》则称："……东西方贸易也蓬勃发展，陆上有伊朗的粟特人，海上有阿拉伯人活跃，首都长安是国际化色彩浓厚的都市。"③ 清水书院的《高等学校世界史 A 改订版》当中提到："首都长安粟特和伊朗等国商人来来往往，各种各样的宗教寺院兴建起来，作为国际都市繁荣一时。"④ 帝国书院的《明解世界史 A》称："唐朝中国成了从东亚跨越到内陆亚洲的富有国际化色彩的国家"。⑤ 东京书籍出版的《世界史 A》称："首都长安集中了东西方各国的使节和留学生、商人等，作为国际化都市热闹非凡。"⑥ 第一学习社出版的《高等学校改订版世界史 A》当中提到："中国的文化对日本的政治统一和文化发展产生了巨大的影响。"⑦ 在所有的叙述中，第一学习社特别从作为叙述主体的中国出发阐述了中国文化对日本的影响，同从日本史出发考察中国史的角度有所不同，所执态度是十分肯定的。

在世界史 B 教科书当中，同样的内容会加深理解的层次。在世界史 A 教科书中，"现象—结论"的叙述形式占据主流，现象的成因并非在每一种教科书的正文内容中均有出现，这是由《学习指导要领》的要求决定的。对于世界史 B 教学，《学习指导要领》则要求"讲解东亚和重要的地理特征、中华文明的起源和秦汉帝国、游牧国家的动向、唐帝国和东亚各民族的

---

① 近藤和彦等：《现代世界史》，山川出版社，2019，第 14 页。
② 近藤和彦等：《改订版世界历史》，山川出版社，2019，第 17 页。
③ 木村靖二等：《改订版世界史要说》，山川出版社，2019，第 14 页。
④ 上田信等：《高等学校世界史 A 改订版》，清水书院，2019，第 19 页。
⑤ 近藤一成等：《明解世界史 A》，帝国书院，2019，第 19 页。
⑥ 加藤晴康等：《世界史 A》，东京书籍，2019，第 11 页。
⑦ 曾田三郎等：《高等学校改订版世界史 A》，第一学习社，2019，第 33 页。

活动，让学生掌握包含日本在内的东亚世界和中亚世界的形成过程"。① 在这里，《学习指导要领》就与唐王朝相关的内容提出了两点要求：一是中国史的内容必须进入教科书以及课堂，这与《学习指导要领》当中世界史 A 并无任何对中国史的要求是存在着本质区别的；二是要求让学生掌握包含日本在内的东亚世界的形成过程。在这里，考察对象是东亚世界，日本是东亚世界的一员，而并非考察对象本身。在东亚世界的形成过程当中，很显然中国起到的作用是最大且无可替代的。正是因为如此，在教科书当中除了对现象进行阐释并得出结论以外，对现象的成因必须有所交代。这样就构成了"成因—现象—结论"的完整逻辑链，才能够对应《学习指导要领》要求的程度。山川出版社发行的《改订版新世界史 B》对唐文化繁荣的原因进行了专门的讨论，认为："唐朝中国从周边地区吸取了多种多样的要素，从而形成了具有国际性的文化，东亚文化圈展现出了强烈的以唐为中心的印象。"② 山川出版社发行的《高校世界史》称："唐朝中国从周边地区汲取了多种多样的要素，是一个富有国际化色彩的国家，从而称为东亚文化圈的世界形成了。"③ 同为山川出版社发行的《详说世界史 B》称："唐从周边地区汲取了多种多样的要素，从而形成国际性的文化，使得以唐为中心的东亚文化圈建立起来。"④ 东京书籍出版的《世界史 B》称："（隋唐的）周边民族在将其（隋唐）动向纳入视野的同时也不得不考虑本国的存亡和发展，周边各国从各自自身的立场出发，汲取了儒家、佛教、律令、汉字、都市规划等中华文明，致力于将其与自身固有文化相结合。就这样东亚世界形成了一个多多少少共享中华文明的文明圈。"⑤ 同为东京书籍出版的《新选世界史 B》称："唐朝的皇帝活用了这一机制（指册封体制），大量册封各国的王，中华文明就被广泛传播到了东亚一带。"⑥ 从这些叙述当中可知，日本高中历史教科书对唐朝巨大影响力的成因是有一定思考的。无论是包容开放还是政治高明，都成了描述唐朝成功的标签。唐代作为古代中国具有代表性

---

① 唐剑明、杨彪：《现行日本高中历史课程标准》，《历史教学问题》2018 年第 2 期。
② 岸本美绪等：《改订版新世界史 B》，山川出版社，2019，第 97 页。
③ 木村靖二等：《高校世界史》，山川出版社，2019，第 59 页。
④ 木村靖二等：《详说世界史 B》，山川出版社，2019，第 90 页。
⑤ 福井宪彦等：《世界史 B》，东京书籍，2019，第 92 页。
⑥ 三浦徹等：《新选世界史 B》，东京书籍，2019，第 52 页。

的朝代，经过历史教科书的描述，更能够给日本学生留下深刻的印象。

　　而高中历史教科书的日本史部分，则是从日本的视角出发，期望"通过各种材料将我国历史的发展，同地理条件和世界历史进行关联，让学生进行综合考察"，以达到"通过让学生加深对我国传统和文化特色的认识，培养学生的历史思维，培养作为国际社会中具有主体意识的日本国民的自觉和素质"的目的。① 以上是《学习指导要领》对日本史 B 的教学要求。有关日本史 A 的教学，没有特别针对日本古代史的要求，日本史的讲解是从 19 世纪幕府统治末期开始的。日本史 A 教科书中有一部分会提供篇幅极短的类似"前情提要"的回溯模式，② 对中国的内容涉及极少，而有的教科书索性没有。在日本史 B 教科书中，通过对日本史的展开，亦会涉及中日两国交往的内容。山川出版社发行的《改订版新日本史 B》在进行了一个自然段以唐为主体的叙述之后，从日本的角度叙述了日本史是如何受到唐朝影响的，其中称"学问僧传播了有关儒家和佛教、法律等的许多书籍和知识，对律令制国家的发展贡献很大"，又称"日本律令制国家内部，天皇即是皇帝，日本和中国拥有同样的帝国构造"。③ 山川出版社发行的《高校日本史》提到"日本也想积极汲取唐文化，大约 20 年派遣一次遣唐使"，又提到"也有玄昉和吉备真备那样的回国后活跃在中央政界的人"。④ 同为山川出版社发行的《详说日本史》提及："遣唐使从唐带来了先进的政治制度和国际性文化，对日本产生了巨大的影响。特别是回国后的吉备真备和玄昉，后期被圣武天皇重用而活跃在政界。"⑤ 东京书籍出版的《新选日本史 B》提到："依靠遣唐使建立的正式的国家间交往，在引进中国先进的政治制度和国际性文化方面发挥了很大作用。"⑥ 实教出版发行的《高校日本史 B 新订版》提及："天武天皇以唐为榜样实施了多种多样的新政策，持统天皇也积极继承了这些政策。"⑦ 清水书院出版的《高等学校日本史 B 新订版》提到"都城奈良兴起了反映盛唐时期文化的贵族文化"，又提到"在律令体制成型的

①　唐剑明、杨彪：《现行日本高中历史课程标准》，《历史教学问题》2018 年第 2 期。
②　往往不足十页。
③　伊藤之雄等：《改订版新日本史 B》，山川出版社，2019，第 49 页。
④　老川庆喜等：《高校日本史》，山川出版社，2019，第 41 页。
⑤　老川庆喜等：《详说日本史》，山川出版社，2019，第 44 页。
⑥　小风秀雅等：《新选日本史 B》，东京书籍，2019，第 35 页。
⑦　君岛和彦等：《高校日本史 B 新订版》，实教出版，2019，第 34 页。

同时，模仿中国的历史书和地志相继编辑完成"。① 明成社出版的《最新日本史》称："虽然遣唐使的航海伴随着许多危险，但是富有进取心的吉备真备和玄昉等许多留学生加入其中，学习大陆的文化，将贵重的文物带给了我国（日本）。"② 从上述叙述当中可以很明显地感受到唐文化对日本的吸引力，并且教科书中明确了这种吸引力的源头就在于唐文化代表了政治上的先进和文化上的国际化，这对任何时期的日本来说都是梦寐以求的。作为将日本作为主体来进行历史叙事的高中日本史，在对唐文化进行赞誉的同时，亦表达了在历史上和现实中，日本参与东亚世界的强烈意愿，正如《学习指导要领》当中提到的，"培养作为国际社会中具有主体意识的日本国民的自觉和素质"。

古代中国对日本的影响，最大的方面即是文化和政治制度。哪怕是晚唐以后，菅原道真判断已经不值得再派遣遣唐使赴中国留学，因而废止了遣唐使制度，中日之间的文化交流也依然持续。古代中国对日本文明发展的影响存在连续性，因为日本文明具有中华文明的特征，即便日本文明有其自身的特殊性，但是无法摆脱中华文明的影响。这也就是为何日本在唐以后依然在文化上与中国相连的。

二　日本高中历史教科书中的近代中国形象
——以第一次鸦片战争为例

基于日本高中历史教科书对中国史叙述的一贯性，中国近现代史的内容在教科书中继续展开叙述，并且由于《高等学校学习指导要领》的日本史A部分提出"让学生着眼于近代的萌芽和欧美国家侵略亚洲，引进文明开化的欧美文化和明治政府推行的各种改革所带来的社会和文化的转型，自由民权运动和立宪体制的建立，来考察从开国经由明治维新而形成近代国家的过程"的要求，③ 这也就意味着从近现代史开始，在所有的教科书当中只要涉及中国的叙述，都会更加详细，而不像在日本史A当中那样对中国的叙述

---

① 荒野泰典等：《高等学校日本史B新订版》，清水书院，2019，34页。
② 渡部伸一等：《最新日本史》，明成社，2019，第41页。
③ 唐剑明、杨彪：《现行日本高中历史课程标准》，《历史教学问题》2018年第2期。

只有寥寥数语。

　　只不过，近代以来，中国就渐渐远离世界的中心区域，被边缘化，也遭遇了列强的侵略。在近现代史部分，《学习指导要领》提出的要求是，"讲解欧洲扩张时期亚洲各国的情况，殖民地化和附庸化过程中的抵抗和挫折，传统文化的变化和其中的日本动向，让学生理解19世纪的世界一体化和日本的近代化"（世界史 A），①"讲解世界市场的形成，欧洲各国在亚洲的扩张，奥斯曼帝国、莫卧儿帝国、清帝国及日本等亚洲各国的动荡和改革的内容，让学生理解19世纪亚洲的特征和日本的位置"（世界史 B）。② 从这两点要求来看，近现代史的讲解都是以欧洲国家在亚洲的扩张为线索的，因此中国在历史叙述当中并不占有主体地位，而是普通的他者的存在。明治维新以来，日本渐渐成长为列强之一。正是因为如此，在历史叙述中，日本的主体性在这一段时期内得到了提升。而自古以来与日本互动频繁的中国，不但在世界史叙述中地位渐渐降低，在日本史叙述中地位更低。在世界史和日本史的叙述中，中国作为历史发展过程中的背景因素这一印象，随着历史教科书对近现代史的展开而不断加深。这也是由当时中国在世界上的实际地位决定的。如果说古代中国在日本高中历史教科书中的基本印象是先进和繁荣的话，那么近代中国恐怕只能是落后和屈辱了。

　　鸦片战争对日本的影响不可谓不深刻。中国战败的消息最早通过停泊在长崎港的荷兰船员和来自中国的商人传到了日本。自那时起，西方军事实力的压倒性优势渐渐给日本人留下了深刻的印象。曾经被日本以为是强国的中国的战败，让日本有了强烈的危机感。在中国并没有受到重视的《海国图志》，在日本引起了广泛的关注。昌平坂学问所的斋藤竹堂写了《鸦片始末》，③ 表达了对西洋人船坚炮利的担忧。应该说，鸦片战争在带给中国人前所未有的心理冲击的同时，给日本人带来的刺激也是同样程度的。日本是鸦片战争的旁观者，却有一种感同身受的触动。原因有两方面：一方面，日本在地理位置上靠近中国，极有可能成为列强的下一个目标；另一方面，日本在文化认同上依然是东亚国家。因此，福泽谕吉提出："文明犹如麻疹之

---

① 唐剑明、杨彪：《现行日本高中历史课程标准》，《历史教学问题》2018 年第 2 期。
② 唐剑明、杨彪：《现行日本高中历史课程标准》，《历史教学问题》2018 年第 2 期。
③ 斋藤馨：《鸦片始末》，随鸥吟社，1938。

流行，……我辈断乎不具（治愈）其术。有害无益之流行病尚且不可阻挡其势，何况利害相伴且常以利为主之文明乎！"① 在他看来，"以西方文明猛击东方之势，此两国（清与朝鲜）诚不能存活矣……此如一城以愚昧、法数、暴横与无情而恶名昭彰，一义者居于此，其德鲜有人知，此为乡人丑行之所蔽也"。② 然而，1945 年以前，虽然日本对西方文明广泛吸收，但是在文化层面上并没有完全西化。相反，其展示出了越来越多的"亚洲的"精神。在东亚批判知识分子讨论东亚论述的可能性时，常以此文与冈仓天心的《东洋的理想》、孙文的"大亚细亚主义"、竹内好的《亚细亚主义》、宫崎市定的《大东亚史概说》来互相比较对照讨论脱亚、兴亚，以致"大东亚共荣圈"概念的转折。③ 日本的高中历史教科书当中，对鸦片战争的态度亦渗透着这样的情感。

　　世界史 A 要求对亚洲各国殖民地化过程中的抵抗和挫折进行描述。这一要求是较为基础的，即只需要对史实进行平铺直叙即可。东京书籍出版的《世界史 A》提到："1839 年，在压制了鸦片驰禁派之后，严禁派的林则徐作为钦差大臣被派往广州去解决鸦片问题……"并在"（英国）和清廷签订了不平等条约南京条约"的表述当中于"不平等条约"和"南京条约"的部分加上了粗体字。④ 帝国书院出版的《明解世界史 A》则提到："清朝感觉到了鸦片流入的危机，大臣林则徐禁止并销毁了鸦片，因此英国以实现自由贸易为借口发动战争……"⑤ 清水书院出版的《高等学校世界史 A 新订版》称："……直面鸦片毒害和财政困难的清廷，将林则徐派往广州。他严禁走私贸易，没收并销毁鸦片。面对这一情况，英国看到了消除贸易限制的良机，于 1840 年派遣远征军进攻中国。"⑥ 第一学习社出版的《高等学校改订版世界史 A》提出："白银的流向改变了，变成了大量从中国流出，因此朝廷将林则徐派往广州取缔鸦片交易"。⑦ 山川出版社发行的三种世界史 A

① 福泽谕吉：《脱亚论》，《福泽全集续》第 2 卷，岩波书店，1928，第 40 页。
② 福泽谕吉：《脱亚论》，《福泽全集续》第 2 卷，第 41~42 页。
③ 孙歌：《"亚洲"到底意味着什么？》，http：//finance. sina. com. cn/roll/20120321/043811638849. shtml.
④ 加藤晴康等：《世界史 A》，第 122 页。
⑤ 近藤一成等：《明解世界史 A》，第 138 页。
⑥ 上田信：《高等学校世界史 A 改订版》，第 134 页。
⑦ 曾田三郎等：《高等学校改订版世界史 A》，第 148 页。

教科书对鸦片战争的描述各有差异，但都给出了"由于林则徐禁烟采取了强硬的政策手段，所以英国派遣军队攻击中国"这样的因果论。① 所有的世界史 A 教科书都较为详细地陈述了鸦片战争的起因、经过和结果，在叙述的过程当中展示了中英两国之间的实力博弈，这是符合《学习指导要领》的要求的。尤其是在所有的历史教科书当中，《南京条约》都被认定是不平等条约，这是站在日本的立场思考问题的正常结果，因为日本也是亚洲国家。亚洲的认同感不会让它偏向于西方列强的叙事话语，无论是在鸦片战争时期还是在福泽谕吉鼓吹"脱亚入欧"的时代，抑或今天，都是如此。

在《学习指导要领》针对世界史 B 的要求中更加突出了世界市场的形成和亚洲各国的变革。较之世界史 A，世界史 B 在陈述历史事实的基础上增加了经济对政治的影响，从而使历史叙述更加立体化。东京书籍出版的《新选世界史 B》提到："英国为了消解因为进口茶叶和陶瓷器而产生的赤字，想要向中国出口毛织物和因为工业革命而产量大增的机织棉织物，但是这些产品在中国市场上根本卖不动，英国就向中国走私印度产的鸦片。"② 同为东京书籍社出版的《世界史 B》提出："这一时期墨西哥等拉美产地的白银对世界市场的供应量减少，英国为了填补贸易赤字，使用殖民地印度产的鸦片对中国进行走私，取代白银换取茶叶。"③ 山川出版社发行的《改订版新世界史 B》提到："（英国）为了抑制白银流出，从 19 世纪初就将中国产的茶叶输往本国，本国产棉织品输往印度，印度产鸦片输往中国的三角贸易。"④ 山川出版社发行的《高校日本史》提到："因工业革命而产量大增的英国制造的棉织物在中国卖不动，而饮茶的习惯在英国传播，导致中国茶叶进口量大增，这就造成了为了支付贸易款而白银大量流向中国。因此，英国从 19 世纪开始了将中国产的茶叶运往本国、本国产的棉织品运往印度、印度产的鸦片运往中国的三角贸易。"⑤ 同为山川出版社发行的《详说世界史 B》则称："18 世纪后半叶占到广州对外贸易一半以上的英国，随着本国

① 近藤和彦等：《现代世界史》，第 111 页；近藤和彦等：《改订版世界的历史》，第 112 页；木村靖二等：《改订版要说世界史》，第 113 页。
② 小风秀雅等：《新选日本史 B》，第 182 页。
③ 福井宪彦等：《世界史 B》，第 333 页。
④ 伊藤之雄等：《改订版新日本史 B》，第 308 页。
⑤ 老川庆喜等：《高校日本史》，第 185 页。

对茶叶需求量的增加，中国茶叶进口数量也急速增加。但是由于工业革命而产量大增的棉织物在中国怎么也卖不出去，入超的结果每年都有大量白银流往中国。为了打破这一局面，从 19 世纪初开始了将中国产的茶叶运往本国、本国产的棉织品运往印度、印度产的鸦片运往中国的三角贸易。"① 世界史 B 在世界史 A 陈述的基础上更近一步，对鸦片战争爆发的经济因素进行了讲解，在达到了《学习指导要领》有关世界市场讲解的要求的同时也为学生建立起"经济—政治"的理解层级。

日本史对鸦片战争的讲述由于是基于日本视角，对事件本身的叙述没有占用太多的篇幅，但正因为是日本视角，所以才能够体现更多观点性的内容。相较于世界史，日本史直截了当地对日本对鸦片战争的反应进行了叙述。根据《学习指导要领》，日本史 A 要求"让学生着眼于近代的萌芽和欧美国家侵略亚洲，引进文明开化的欧美文化和明治政府推行的各种改革所带来的社会和文化的转型，自由民权运动和立宪体制的建立，来考察从开国经由明治维新而形成近代国家的过程"。② 在这里，《学习指导要领》要求教材编撰者和教师将欧美国家侵略亚洲和明治政府主导的社会转型联系在一起进行讲解。鸦片战争作为一个重要的外因，在教科书当中应当成为讲解倒幕运动和明治维新的铺垫。

东京书籍出版的《日本史 A》提到："鸦片战争的消息传到了国内，幕府的外交政策也不得不变更。幕府在 1842 年（天保三十年）放宽了异国船驱逐令，出台了认可提供给漂泊而来的外国船只燃料和饮食的薪水给与令。"③ 实教出版发行的《新日本史 A 新订版》提到："这一惊涛骇浪也震撼了日本。围绕着开国和维新的一系列运动就这样展开了。"④ 清水书院出版的《高等学校日本史 A 新订版》称："得知了鸦片战争中中国惨败给英国的幕府，变更了异国船驱逐令而改行薪水给与令，转换了对外政策。"⑤ 第一学习社出版的《高等学校改订版日本史 A》提及："英国在鸦片战争中打败了中国，使清政府打开国门，随后法国和美国也图谋挤进中国的广阔市

---

① 木村靖二等：《详说世界史 B》，第 295 页。
② 唐剑明、杨彪：《现行日本高中历史课程标准》，《历史教学问题》2018 年第 2 期。
③ 三宅明正等：《日本史 A》，东京书籍，2019，第 33 页。
④ 成田龙一等：《新日本史 A 新订版》，实教出版，2019，第 17 页。
⑤ 佐佐木宽司等：《高等学校日本史 A 新订版》，清水书院，2019，第 36 页。

场。而且，美国为了让日本成为往来太平洋的船只和捕鲸船的靠港地，也在寻求让日本打开国门。"① 山川出版社发行的《现代日本史改订版》称："鸦片战争中英国占据优势，更有甚者，英国军舰也可能来到日本。这样的情报从荷兰商馆的馆长那里传来，以老中水野邦忠为中心的幕府为了避免无益的争执，于 1842 年（天保 13 年）放宽了异国船驱逐令，出台了所谓的天保薪水给与令，开始为漂泊而来的外国船提供燃料和饮食。"② 同为山川出版社发行的《现代的日本史改订版》提及："鸦片战争后，（美国）也对同中国的贸易充满了兴趣，和清政府签订了同英国一样的条约……美国将日本作为可以利用的靠港地，从而投来关注的目光。"③ 教科书当中提到的现象归纳起来有两点：第一，由于英国在鸦片战争中获胜，刺激了列强侵略亚洲的野心，这是日本面临的外部压力；第二，由于中国在鸦片战争中战败，日本不得不主动调整对外政策，这是日本面临的内部压力。在两方面压力的相互作用之下，产生了之后"开国"和"维新"的现实要求。这样，《学习指导要领》的具体要求也就达到。

有关日本史 B 的部分，《学习指导要领》的要求是："让学生着眼于幕藩体制下的农业等各产业及交通和技术的发展，町人④文化的形成，欧美各国对亚洲的侵略，学问和思想的活动；让学生考察近世都市和农山渔村中的生活及文化特色乃至成立的背景、幕藩体制的转型和近代化基础的形成。"⑤ 在这里，欧美各国对亚洲的侵略是和幕藩体制的转型以及近代化基础的形成联系在一起的。同世界史 B 强调的"经济—政治"结构不同，日本史 B 体现的是"政治—文化"结构，其原因就在于若从日本视角出发的话，关注点必须落到日本文明自身的转型和继续发展之上。

东京书籍出版的《新选日本史 B》提及："18 世纪后半叶在英国发生的工业革命，扩展到西欧各国和美利坚合众国，资本主义社会建立起来。而且，进入 19 世纪后，欧美列强以其经济实力和军事实力为依靠，为了获得

---

① 外园丰基等：《高等学校改订版日本史 A》，第一学习社，2019，36 页。
② 高村直助等：《改订版日本史 A》，山川出版社，2019，第 18 页。
③ 岛海靖等：《现代日本史改订版》，山川出版社，2019，第 20 页。
④ 以城堡为中心，在四周建立的城镇称为"町"，居民大都为商人、手工业者或游民等。"町人"，在日本学术界一般等同于市民。
⑤ 唐剑明、杨彪：《现行日本高中历史课程标准》，《历史教学问题》2018 年第 2 期。

海外的市场和原料、资源，逐渐进入亚洲。"① 实教出版发行的《高校日本史 B 新订版》提及："由于工业革命而急速提高的以棉织品为中心的制造业生产力的欧美各国，为了将世界各地作为原料供应地和倾销商品的市场，强行推行自由贸易。号称'世界工厂'的英国发动了鸦片战争，1842 年（天保十三年）和清政府签订了不平等的《南京条约》，开始了贸易。"② 清水书院出版的《高等学校日本史 B 新订版》提到："比其他欧美各国先一步进入资本主义的英国，把全世界作为本国市场为目标，意图打开东亚市场。"③ 明成社出版的《最新日本史》称："18 世纪后半叶开始发生在英国的工业革命，也扩散到了其他欧洲国家。西洋列国意图得到能够倾销大量生产的商品以及获取原料的殖民地而进入亚洲。"④ 山川出版社发行的《改订版新日本史 B》提到："随着工业革命的推进，英国的工业生产力飞跃性地提高。以英国为首的欧美列强为了确保以棉纱和棉织物为中心的制造业产品的销售市场和原料，进入了亚洲。"⑤ 山川出版社发行的《高校日本史》提及："在日本采取锁国政策的时候，欧美各国正在推进近代国家建设。英国于 17 世纪后半叶，美国、法国于 18 世纪后半叶发生了以市民阶层为主体的革命，近代民主主义的基础奠定。其时，英国开始了工业革命，工业革命浪潮在 19 世纪波及其他欧洲国家和美国。这些国家为了得到可以将本国工业产品独家倾销的国外市场，以及作为原料供应地的殖民地，开始正式进入亚洲和非洲。"⑥ 同为山川出版社发行的《详说日本史》称："18 世纪后半叶，在英国最早开始了工业革命，工业化的浪潮更是欧洲其他国家和美国。拥有巨大工业生产力和军事力的欧美各国，寻求国外市场和原料供应地，竞相争夺殖民地，特别是正式进入亚洲。"⑦ 从这些叙述中可以发现，"工业革命"居于醒目的位置。工业革命不仅在经济史上有着很高的地位，而且是文明进程的一个重要标志，作为历史的一部分而具有文化的特性。"经济—政治—文化"的结构在日本史 B 教学当中就这样建立起来。由于是讲解本国历史的

① 小风秀雅等：《新选日本史 B》，第 160 页。
② 君岛和彦等：《高校日本史 B 新订版》，第 150 页。
③ 荒野泰典等：《高等学校日本史 B 新订版》，第 148 页。
④ 渡部伸一等：《最新日本史》，180 页。
⑤ 伊藤之雄等：《改订版新日本史 B》，第 220 页。
⑥ 老川庆喜等：《高校日本史》，第 200 页。
⑦ 老川庆喜等：《详说日本史》，第 250 页。

课程，更加完整的叙事结构才被要求，日本同东亚以及世界的互动才能够更为生动地展现出来。

尽管中国在鸦片战争当中遭遇惨败，但是由于同为亚洲国家，与日本之间在文化上的联系并未断绝。日本在日后寻求现代化的道路上曾经脱离文化层面的亚洲特别是中国，但是并不彻底。鸦片战争强迫中国打开了国门，客观上促进了中国的现代化进程。同样地，也让日本通过中国看到了现代化的必要性。这一系列动作是连贯的，因此在文明演进的层面上，当时的中国对于日本而言依然重要，连续性依然清晰。

三　日本高中历史教科书的现代中国形象
——以 21 世纪的中国为例

日本的高中教科书对进入 21 世纪后的世界有较为深刻的思考，包括国际关系、环境、能源和可持续发展等问题。当然，这其中包括了对中国的观察和对中日关系的思考。根据高等学校学科指导要领，世界史 A 要求"让学生理解 20 世纪 70 年代以来的经济全球化，冷战的终结，区域联合的进展，向知识型社会的转型，区域纷争的频发，围绕环境、资源和能源的问题等；让学生考察迈向全球社会的步伐和全球规模严重化的课题"；[①] 而世界史 B 则要求"让学生理解市场经济全球化和亚洲经济的成长，冷战的终结和苏联的解体，区域融合的进展，向知识型社会的转型，区域冲突的频发，围绕环境和资源、能源的问题等；并让学生考察 1970 年代以来的世界和日本的动向以及社会性质的内容"。[②] 比较之下，世界史 A 更加注重对未来全球发展的宏观思考，不要求学生具备历史知识迁移能力；相反，世界史 B 则要求学生对世界以及日本的发展动态有所把握，且要求学生对社会性质进行思考。

东京书籍出版的《世界史 A》提到："为了避免孤立于国际社会，中国于 2001 年加入了世界贸易组织（WTO），并于同年参与创建上海合作组织，同俄罗斯和哈萨克斯坦等六国加强关系，推进安全保障方面的合作。"

---

① 唐剑明、杨彪：《现行日本高中历史课程标准》，《历史教学问题》2018 年第 2 期。
② 唐剑明、杨彪：《现行日本高中历史课程标准》，《历史教学问题》2018 年第 2 期。

还说"中国克服了世界金融危机所带来的问题，保持了经济持续增长"，并提到与周边国家在南海的领土纠纷和直面收入不平等问题以及民族问题。[①] 帝国书院出版的《明解世界史 A》则坦言："中国沿海地区的快速经济增长，拉了和内地的差距。"地方治理、民族问题、台湾问题等都是中国政府正在直面的问题。[②] 第一学习社出版的《高等学校改订版世界史A》提到："中国主张对尖阁列岛[③]的所有权。另外，2004 年中国取代美国成了日本最大贸易国等事实说明日本和亚洲近邻各国之间的经济联系日益紧密。"[④] 山川出版社发行的三种世界史 A 教科书对进入 21 世纪后的中国的描述各有差异，但都给出了"中国经济增长迅速，中国已经超越日本成了世界第二""还面临着来自内外的种种问题"这样的正反两方面叙述。[⑤]世界史 A 对当前中国的叙述不外乎经济发展和面临的问题这两个方面。对于中国所取得的经济成就，教科书以非常客观的叙述和十分肯定的态度；对于中国尚存在的问题，教科书也没有过度解读，并且肯定了中国政府面对这些问题的诚意和所付出的努力。

　　世界史 B 要求掌握世界和日本的动态变化，与中国相关的部分依然集中于经济发展和面临的问题这两个方面。但是，在处理这两个方面的时候，世界史 B 的教科书遵照《学习指导要领》的要求，增加了纵向和横向的关联，即把当下的中国同改革开放联系在了一起，并且加强了有关中日之间经济互动的叙述。例如，东京书籍出版的《新选世界史 B》提到："从 2007年起，中国成了日本（全球）最大的贸易伙伴，在东亚区域的贸易比重增加。日本、韩国、中国之间不仅有经济交流，而且青年文化交流和观光往来频繁，虽然有外交紧张的时候，但是多边关系也在加强。"[⑥] 同为东京书籍出版的《世界史 B》提出："（中国）配合美国的反恐战争，推进和东盟（ASEAN）的经济合作。经历了 2008 年的北京奥运会和 2010 年的上海世博会，国内生产总值跃居全球第二，一跃成为经济大国。在这一过程中，

---

① 加藤晴康等：《世界史 A》，第 216 页。

② 近藤一成等：《明解世界史 A》，第 214 页。

③ 即我国领土钓鱼岛。

④ 曾田三郎等：《高等学校改订版世界史 A》，第 227 页。

⑤ 近藤和彦等：《现代世界史》，第 207 页；近藤和彦等：《改订版世界的历史》，第 176 页；木村靖二等：《改订版世界史要说》，第 181 页。

⑥ 小风秀雅等：《新选日本史 B》，第 253 页。

政策也转换为重视主权和安全保障……"① 山川出版社发行的《改订版日本史 B》提到："中国经济长年保持 10% 的年增长率，2011 年超过日本成为全球第二经济大国"，同时也提到了由于经济急速成长而产生的新问题，以及与周边国家的领土纠纷。② 山川出版社发行的《高校日本史》提到："（中国）没有改变改革开放政策……21 世纪初胡锦涛任中国最高领导人，中国经济实现了急速增长。从 2012 年起，中国在最高领导人习近平的引领下，将实现安定增长、消除经济差异、解决大气污染等环境治理问题作为课题。"③ 同为山川出版社发行的《详说世界史 B》则称："（中国的）改革开放政策不变……2002 年政府换届后，中国经济实现了急速增长。2012 年起习近平就任中共中央总书记，将稳定增长和反腐败作为课题"，并提及了经济增长带来的民族问题。④ 世界史 B 将中国取得的经济成就和改革开放直接联系在了一起，是非常正确的观点。中国面临的新问题也是在经济增长的过程当中逐渐出现的。教科书这样的处理方式能够帮助学生正确认识现代中国。

在当代中国的这个问题上，日本史较世界史更加能够提供一个偏向于观点性的视角，中国和日本的互动关系在日本史当中出现的频次更高，以日本为主体的叙事更加能够将日本对中国的真实看法表达出来。对于日本史 A，《学习指导要领》提出："对于第二次世界大战后的政治和经济、国际环境、国民生活和文化的动向等，学生在重视现代各种课题和近现代的关联的基础上进行考察。"具体而言，是"让学生着眼于占领政策和各种改革，新宪法颁布，和平条约和独立，国际交流和国际贡献的扩大等；让学生考察我国的重新出发和其后的政治和对外关系的转型"。⑤ 其对中国的叙述集中在"国际交流"和"对外关系的转型"。但是，基本要求上则需要和近现代进行关联。这是对纵向考察能力提出的要求。而对于日本史 B，《学习指导要领》的要求和日本史 A 的要求别无二致，但是基本要求发生了变化，提出了要对日本在世界中的立场有所认识，这就是一个发展性的问题了。在对现代中

---

① 福井宪彦等：《世界史 B》，第 431 页。
② 伊藤之雄等：《改订版新日本史 B》，第 422 页。
③ 老川庆喜等：《高校日本史》，第 252 页。
④ 木村靖二等：《详说世界史 B》，第 404 页。
⑤ 唐剑明、杨彪：《现行日本高中历史课程标准》，《历史教学问题》2018 年第 2 期。

国尤其是在对 21 世纪中国的学习过程中，对日本的立场有所把握，也是对中日关系的进展有所把握。

东京书籍出版的《日本史 A》提到："日本同中国之间的经济联系也不断加强。战后很长一段时间内，日本的最大贸易伙伴是美国，但是中国分别在 2002 年和 2009 年在进口额和出口额上超过了美国。相反，日中两国间也时常发生贸易摩擦。"① 清水书院出版的《高等学校日本史 A 新订版》提及："历史教科书问题和小泉纯一郎首相参拜靖国神社成了和韩国、中国之间的外交问题，致使两国和日本的关系趋冷。安倍晋三首相于 2006 年10 月访问了中国和韩国并举行首脑会谈，促进了双边关系改善。"② 同为山川出版社发行的《现代的日本史改订版》提及："21 世纪以来，东亚地区的紧张局势成了世界最新关注的要点。中国在经济和军事两方面实力增强的同时，直至目前将重点放在伊拉克和阿富汗等中东、中亚地区的美国，有将注意力集中到东海、南海等亚太地区的倾向。此外，围绕尖阁列岛的日中关系的恶化，也被认为是东亚局势不稳定的原因。"③ 教科书大都提到了中国的经济发展同日本的关联，以及新近同日本产生的矛盾，其叙述形式依然是以时间线索为顺序的纵向模式。

而世界史 B 的叙述更加强调"日本立场"，因此作为"他者"的中国被放到了同日本相对的位置，两者之间存在对比关系。东京书籍出版的《新选日本史 B》提及："21 世纪，巴西、俄罗斯、印度、中国这些国家的经济增长显著，特别是经济持续高速增长的中国，取代了无法摆脱经济低增长的以日本为首的发达国家，开始领跑世界。"④ 山川出版社发行的《改订版新日本史 B》提到："2011 年中国的 GDP（国内生产总值）超过了日本，中国成了仅次于美国的经济大国，军力的强化也在进行。日本不仅要推进日中经济合作，在安全方面也要和美国等国家一起讨论如何应对中国？……"⑤ 同为山川出版社发行的《详说日本史》称："（日本）同美国和欧美的关系已经进入成熟期，加上亚洲国家和东盟各国，中国和印度的经济高速发展，日

① 三宅明正等：《日本史 A》，第 191 页。
② 佐佐木宽司等：《高等学校日本史 A 新订版》，第 186 页。
③ 岛海靖等：《现代日本史改订版》，第 206 页。
④ 小风秀雅等：《新选日本史 B》，第 271 页。
⑤ 伊藤之雄等：《改订版新日本史 B》，第 361 页。

本周边的国际关系正在持续发生变化。"① 虽然并非所有的日本史 B 教科书都提到了当今的中国，但是可以从现有的文本当中看到作为"他者"的中国在日本的观念当中并不完全是一个"对抗性"的对象。日本离不开中国的经济发展，中国的综合国力增强也给日本带来了不安，但是从教科书当中还是能够确认日本对这一变化在国际政治层面的思考。

当今中国已经成长为世界上一支不可忽视的力量。对日本来说，作为最大邻国的中国，其经济体量是日本自身发展不得不依靠的，但是日本却对中国的和平崛起心存疑虑。当然，这是日美关系连续性连带的惯性效应。教科书对 21 世纪以来中国的叙述，基本上客观真实，这也反映了日本对中国的认可和期待。

四 结语

古代中国的辉煌和富有、近代中国的屈辱和抗争以及现代中国的自信和努力，这些对日本而言并非遥远。在中国历史的发展过程当中，日本从来都是参与者而非旁观者。反过来说，在日本的历史进程当中，中国所起到的作用和所产生的影响也是其他国家无法比拟的。中日之间存在一种连续性，并且体现在两方面：一方面是日本对中国认知的纵向连续性；另一方面是中日两国之间横向的连续性。其中，纵向的连续性体现时间维度。无论是基于何种立场和动机，在连续的时间里，日本对中国的关注是持续不断的；而横向的连续性的背景是由中日两国地理位置决定的。两国之间的互动因为地理位置的优势而频繁，甚至于可以说两国"不得不"进行互动。在这里，连续性就不体现为时间的不间断，而是表现为一种客观的状态。

因此，没有任何一个国家像中国一样对日本显得如此重要。在日本高中历史教科书当中，除了日本以外，叙述最多的是中国，历史被叙述得最完整的也是中国。《学习指导要领》提及的"国际关系的改变"，只要是和东亚有关的，那就一定不会缺少中国。而随着历史的发展，区域渐渐走向全球化。今天，日本所处的国际舞台也不仅仅是东亚，而世界舞台上越来越多地出现中国的身影。中国作为日本高中历史教科书当中的"他者"形象，在

---

① 老川庆喜等：《详说日本史》，第 415 页。

历史叙述当中从来没有缺席。作为一个正在和平崛起的大国，中国也一定会给日本留下更深刻的"他者"印象。两种连续性必然继续存在。这一点日本是清楚的。

所以，这一连续性的确定性会保证日本对中国持续地抱有兴趣，并体现在同中国的合作和部分领域的对抗上。而在日本高中历史教科书乃至整个历史教育当中，这种态度都会有所表现。基于日本的学习指导要领和教科书会定期更新，其能够体现当时日本对中国的态度和情感。尤其是历史问题，总有和现实产生交集的地方。故而日本历史教科书当中的中国形象也会随着学习指导要领和教科书的更新而发生一定程度的变化。加之高中历史教科书较初中历史教科书种类更多，复杂程度更高，因此对日本高中历史教科书的研究，是一个值得长时段跟踪的问题。

法国历史教材中的中国形象

张 弛 储春花

2015 年以来法国面向初高中的教科书，其内容包括"历史"（Histoire）、"地理"（Géographie）和"公民教育"（L'épreuved'Histoire-Géographie Education Civique，EMC）三大模块，[①] 每个模块在一本教材里单独成章。[②] 需要指出的是，法国的小学课程并未涉及有关中国的元素，[③] 其内容主要是关于以法国为中心的欧洲地区，用图幅、诗歌和短文的形式培养学生的学习兴趣。例如，用图片的形式让学生了解英格兰、苏格兰、北爱尔兰旗帜，拼写相应的区花名称。[④] 有关中国的内容首先出现在初一的历史教材中，并一直伴随学生到高三。[⑤] 故本文选取的历史教科书是近年来法国初高中通用的教材。[⑥] 法国历史教科书运用了宏观的叙事方法，从全球整体的大视角，

[①] 《公民教育》模块于 2013 年 7 月 8 日作为条例写入法国中学大纲，并于 2015 年正式以教材形式面向法国中学生。参见 http：//www. education. gouv. fr/cid90776/l－enseignement－moral－et－civique－au－bo－special－du－25－juin－2015. html。

[②] 也有将三个模块各写成一本书的形式，例如 2016 年出版的《历史地理》。从内容来看，Hachette 和 Hatier 出版社普遍将历史地理和公民教育合为一本教材，而 Nathan 出版社则将两者分开，但并不多见。

[③] 与我国类似，法国小学分为五个年级，分别是一年级（CP）、二年级（CE1）、三年级（CE2）、四年级（CM1）和五年级（CM2）。

[④] 小学课本《CM1-CM2-6e：数学、法语和地理》（*CM1-CM2-6e：Maths，-Français，Géographie*），法国波尔多出版社，2018。

[⑤] 法国的初高中阶段分为初中四年和高中三年，即初一（6e）、初二（5e）、初三（4e）、初四（3e）和高一（2e）、高二（1e）、高三（terminal）。

[⑥] 本文的参考对象主要是法国三大教材出版社：Hachette、Hatier、Nathan 近年来所出版的在法国中小学通用的教材。此外，本文还涉及法国高中生高考教辅书一本、Belin 出版社（转下页注）

通过跨国、社会学式的历史分析和比较去研究世界历史，也不乏微观个案研究，并以培养学生的历史意识和历史思维为要旨。通过对法国历史教科书涉及中国形象的解读和分析，② 可以更为直观地了解法国青少年对中国的认知，进而将这种文化认知上升为对中华民族的情感。

一　关于古代中国汉王朝的记载

法国初一阶段的历史课本是法国学生最早接触有关中国形象记载的教材。古代中国汉王朝、丝绸之路以及包括古中国在内的世界人口分布概览都是该阶段历史教学大纲规定的必修内容。以下用到的三本教材分别是安妮·玛丽等主编的《历史地理》（Nathan，2016）、马丁·伊弗内尔等主编的《历史地理和公民教育》（Hatier，2016）③ 以及文森特·阿杜米主编的《历史地理》（Hachette，2009）。④ 为方便阅读，下文均只注明年级、出版社与年份。

中国首先通过一条横贯欧亚的丝绸之路为法国学生所知，书中将丝绸之路比作一条"长而凶险的道路"（une route longue et dangereuse）。⑤ 通过陆上丝绸之路，欧亚大陆得以连通，古中国和古罗马进行贸易往来，东方的丝绸、调料、茶等货物和西方的玻璃、面粉、油等是双方主要的贸易商品。⑥ 但由于波斯人的阻挠，古罗马和中国汉朝直到公元166年才第一次建立起直接联系，这一判断是根据《后汉书》做出的由于之前没有直接接触，罗马人对中国人的认识完全是错误的。⑦ 书中对汉朝的丝绸描述较多，在结尾处

（接上页注⑥）2014年出版的职业高中会考（Bac pro）一年级历史地理教材一本（*Histoire géographie 1reBac pro-éducation civique*）。

② 本文涉及的相关法国历史教材较多，故在每一块内容下再做详细说明。

③ Martin Ivernel et al., *Histoire Géographie EMC 6e*（Hatier，2016）.

④ Vincent Adoumié, *Histoire Géographie 6e*（Hachette，2009）.

⑤ *6e*（Hatier. 2016），p. 170.

⑥ *6e*（Nathan，2016）版教材中将丝绸之路商品更为具体化：中国——丝织物、漆、铁、生姜、桂皮、大黄；罗马帝国——奴隶、玻璃制品、珊瑚、羊毛衣物、地毯、染料、金银。

⑦ 节选自 Pline l'Ancien, Histoire naturelle, livre VI, 1er siècle，其中对汉人的描述不符合事实，如"汉人身量高，红头发，蓝眼睛，声音粗，不用言语即可相互交流"（Les Sères dépassaient la tailles ordinaires, qu'ils avaient les cheveux rouges, les yeux bleus, la voie rude, sans langages pour se communiquer leurs pensées）。

还引用了公元 1 世纪一位罗马人对丝绸价格的评价："这个丝绸价格简直太贵了！"并在旁配上一幅庞贝壁画——《罗马妇女着绸衣》作为插图，并注明自公元 1 世纪起，罗马上层就开始流行身着丝绸制的衣服。① 其实早在公元前 50 年，丝绸就已在罗马出现，受到罗马富人的追捧。② 西方人开始认识古代汉王朝（前 206 ~ 220 年）（国内一般认为是前 202 ~ 220 年——笔者注）不仅因为奢华的丝绸，汉朝的文化、艺术和技术的发展，也使西方人心驰神往。

教材中使用大量的实物插图来描绘璀璨的汉代文化和科技，如汉阳陵博物馆的塑衣式彩绘跽坐拱手女俑，甘肃出土的丝绸织物，造纸术，汉代玉衣（金缕玉衣），汉代五层连阁式彩绘陶仓楼，铜奔马等。这些无不显示汉朝手工业和商业的辉煌。在艺术和科学技术领域，除了丝织品、造纸术、罗盘、汉陶、逻辑、数学外，医学体系也有所突破，如进行首例全身麻醉手术。书中对比了科学技术领域欧亚地区的差距，认为汉朝科技具有很强的垄断性，展现了当时中国的积极形象。书中描绘的汉朝先进的科学技术，根据笔者整理，如表 1 所示。

表 1　汉代各种科技发明出现时间及传入欧洲时间

科技名	出现时间	传入欧洲时间
造纸术	公元前 2 世纪发明	13 世纪传入欧洲
独轮车	公元前 1 世纪发明	13 世纪传入欧洲
舵	公元前 1 世纪发明	12 世纪传入欧洲
水车	公元 1 世纪发明	13 世纪传入欧洲
汉陶	公元 1 世纪发明	15 世纪传入欧洲
罗盘	公元 1 世纪发明	12 世纪传入欧洲

在记述汉武帝时，教科书用"伟大的征服者"、"改革家"和"天之骄子"（grand conquérant, grand réformateur, le fils du ciel）来形容他。③ 教科书把汉武帝描绘成一位好战的帝王，为了抵御匈奴入侵，建立骑兵，实行贡纳制度，并注明内容节选自司马迁《史记》。这支骑兵强而有力，拓疆土、

---

① 6e（Hatier, 2016），pp. 170 – 173.

② 6e（Nathan, 2016），p. 160.

③ 6e（Nathan, 2016），p. 162.

修长城。到 2 世纪，汉朝的疆域和人口与罗马帝国不相上下，通过丝绸之路连接彼此。除了肯定汉朝经济、军事实力之外，教科书还对汉朝的政治制度、文化制度做了简要的概括，其中就提到了汉朝历代帝王通过考试选拔官吏（mandarins）的察举制和汉武帝时期推行的"罢黜百家，独尊儒术"的文化政策。

教科书赞许汉武帝首开丝绸之路之功，通过丝绸之路中国的丝绸、茶叶、玉器输往罗马帝国等地，丰富了欧洲对中国的了解，同时也使中国文化更加多元。公元 1 世纪，起源于印度的佛教就传到中国。汉武帝在治国理政上用人唯贤，保护艺术和文学，促进了音乐和诗歌的发展。[①] 但也有教材指出汉武帝大兴土木，为了获得资金，加强对商人征税，百姓需服徭役。汉武帝去世后，虽然汉帝国依旧是个强大的帝国，但是国库亏空严重。[②] 上文均是法国历史教材对古代中国汉王朝的描写和叙述，从中可以看出，汉学研究不仅在我国有着深厚的传统，而且也是西方研究古代中国的一个突破口。早在嘉庆年间，法国的法兰西学院在西方大学中就首开"汉学讲座"，至今未曾中断。

除了对"同一时间不同地点"进行横向对比之外，法国历史教材也关注"同一地点不同时间"的纵向分析。与前两本教材将汉帝国与古罗马比较的方式不同，Hachette 2009 年版初一历史教材将中国汉朝和印度的笈多帝国合并为一个章节。[③] 其中，对"丝绸之路的古往今来"的分析是该教材的突出特点。[④] 书中将汉代丝绸之路、1930 年的丝绸之路以及今天的丝绸之路做对比，主要观点可以概括为以下几点。其一，汉代商人穿越浩瀚的沙漠将中国的丝绸卖到罗马等地，汉代丝绸之路使得欧亚大陆得以联系。这是丝绸之路的开创时期。其二，1931～1932 年的雪铁龙东方之旅，该车队从黎巴嫩的贝鲁特出发前往北京，重走丝绸之路。这次成功，使得许多学者也纷纷加入，研究丝绸之路沿线的佛寺，了解亚洲文化。这是丝绸之路的摸索时期。其三，新丝绸之路，也就是今天的丝绸之路经济带，书中认为"路很

---

① 6e（Nathan，2016），p. 163.

② 6e（Hachette，2009）.

③ Gupta Dynasty（约 320～约 540 年），是中世纪统一印度的第一个封建王朝。疆域包括印度北部、中部及西部部分地区。首都为华氏城（今巴特那）。该时期也是大乘佛教盛行、印度教兴起的时期。

④ 6e（Hachette，2009），pp. 198 - 199.

难走",① 但它同时又是世界上最长、最具有发展潜力的经济大走廊。这是丝绸之路的关键时期。

法国历史教科书突出对中国汉王朝（未列中国古代其他朝代）的描述，主要原因是中国汉朝与罗马帝国约处于同一时代，具有一定的可比性。其描述主要有以下特点：（1）内容翔实、叙述客观，所有的引文均注明出处；（2）插图在证史环节大量运用；（3）运用横向、纵向的研究方法对历史对象进行对比研究，注重历史的连贯性。由此，古代中国的大国形象在法国中学生视野中逐渐散发开来。习得这一部分的知识，能够让法国学生了解作为文明古国的中国：幅员辽阔，人口众多，资源丰富，战略地位绝不容忽视。需要注意的是，21世纪初，法国中学生中不少人还从未听说过儒家思想和汉文化，在初中部分的历史教科书中，中国完全成为一个"被遗忘的国度"。然而，仅仅十年间，法国历史教科书在中国元素的内容选取上就发生了"翻天覆地"的变化。

二　1949~1989年的中国形象的表述和分析

如果说法国学生接触的古代中国形象是在与古罗马的比较下产生的话，那么近代以来中国形象则更为具体。从法国历史教材涉及的中国内容来看，中国在该时期宣扬的是一种以"红色"为主旋律的历史记忆，多个历史事件构建起中国在该时期内的国际形象。涉及的教材有C.雷库勒和A.普洛斯特编写的《历史地理》（Hachette，2016）、② 塞巴斯蒂安·科特等主编的《历史地理》（Nathan，2016）、③ 马丁·伊弗内尔等主编的《历史地理》（Hatier，2016）、④ 纪尧姆·波勒尔等人编写的《历史地理》（Hatier，2014）。⑤ 通过对这几本教材中国元素的研读，笔者将几种中国形象概述如下。

---

① 6e（Hachette，2009），p. 199. 参见"Carnet de voyage de Chine"，www. velodesoie. com，Novembre 2008.

② C. Lécureux et A. Prost, *Histoire-Géographie 3e*（Hachette éducation，2016）.

③ Sébastien Cote et al. , *Histoire Géographie 3e*（Nathan，2016）.

④ Martin Ivernel et al. , *Histoire Géographie 3e*（Hatier，2016）.

⑤ Guillaume Bourel et al. , *Histoire Géographie Tle*（Hatier，2014）.

（一）红色形象

一般认为，西方人关于中共和根据地的写作塑造了红色中国经典的正面形象。[1] 20 世纪三四十年代，不少来华的西方人对中国共产党感兴趣并到访了中共根据地。例如，美国著名记者埃德加·斯诺的《红星照耀中国》[2] 真实记录了 1936 年 6 月至 10 月在中国西北革命根据地进行实地采访的所见所闻。一对法国伉俪波伏瓦与萨特于 20 世纪中叶来到刚刚成立不久的新中国进行了为期 45 天的考察，[3] 回国后都为这一行程撰写过文字，波伏瓦撰写了长篇报道《长征：中国纪行》，内容涉及"中国农民""中国家庭""工业""文化""防卫斗争""十月一日""中国的城市"，对新中国的各个方面进行了全面报道。[4] 一部厚达 500 余页、描述中国的著作《长征》，详细介绍了中国的政治、军事、经济、文化情况。该书在西方出版后，引起了极大反响，对当时西方世界了解中国起到了很好的作用。[5]

近年来法国高校研究者对自中华人民共和国成立以来中国现代史的研究在数量上呈上升趋势。据不完全统计，西方学者对该时期中国历史的研究按内容主要分为 20 世纪 50 年代新中国成立的现象研究，20 世纪 70 年代中国社会主义建设研究，21 世纪以来的跨民族、跨区域的国别研究。[6]

---

① 范雪：《红色中国的多重形象：1930～40 年代西方人关于中共根据地的写作》，《文艺理论与批评》2018 年第 2 期。

② 〔美〕埃德加·斯诺：《红星照耀中国》，董乐山译，人民文学出版社，2016。

③ 又作"波伏娃"。

④ 成红舞：《波伏瓦与红色中国形象》，《海南师范大学学报》（社会科学版）2013 年第 9 期。

⑤ 康桥主编《萨特和波伏娃：对新中国的观感》，上海辞书出版社，2014。

⑥ 根据笔者梳理，主要有 Maurice Rubin and Guy Cherbit, Manuel d'Acupuncture Vetérinaire: Pratique Moderne en Ré-publique Populaire de Chine, Paris, 1976; Wiznitzer Martine Schell Orville, Les Chinois, la vie de tous les jours en ré-publique populaire de Chine, Paris, 1978; Claudie Gardet, Les relations de la République populaire de Chine et de la Ré-publique démocratique allemande (1949 – 1989), Berlin, 2000; Julien Deangeli, L'expression de l'opinion publique sur In-ternet en RPC: Internet en République Populaire de Chine, entre émancipation et création d'une opinion publique Paper-back, Paris, 2011; Emmanuelle Delagrange, La Chine et son passé: Histoire et Mémoire de la guerre sino-japonaise à travers les mémoriaux de République Populaire de Chine, Paris, 2014; Sylvie Couval, Violations des Droits de l'Homme au Tibet: La République Populaire de Chine face à sa législation interne et au Droit International, Paris, 2016; Françoise Kreissler and Sébastien Colin, La France et la République populaire de Chine: Contextes Et Répercussions De La Normali-sation Diplomatique （转下页注）

　　中学历史教科书的编撰者，或受其老师的影响，或是自身习得，在编撰教材的过程中，借鉴了有关内容。教科书概述了中华人民共和国成立后中国特色社会主义道路的形成，即通过 1958 年"大跃进"（Grand Bond en avant）、② 1966 年的"文化大革命"、1976 年粉碎"四人帮"、1978 年改革开放，中国逐渐确立了中国特色社会主义道路。③ 书中对"毛泽东"（Mao Zedong）、"毛泽东思想"（Maoisme）、"集体主义"（Collectivisation）、"集权化"（Régime totalitaire）、"文化大革命"（Révolution culturelle）等名词做了解释。④ 在阐释"毛泽东思想"的时候，抓住了毛泽东思想的精髓——毛泽东思想以马克思列宁主义为指导，但不拘泥于马列主义已有的结论，尤其指出毛泽东思想是关于群众路线的思想、农民利益的思想和工人阶级的思想，⑤ 并配有以"毛主席的革命文艺路线胜利万岁"为中文标题的图片，图片内容亦为中文："要使文艺很好地成为整个革命机器的一个组成部分，作为团结人民、教育人民、打击敌人、消灭敌人的有力的武器，帮助人民同心同德地和敌人作斗争。"⑥ 另一幅配图显示手持《毛泽东语录》的毛泽东和斯大林友好地握手，并配以大红色的背景。⑦ 对"文化大革命"词条的解释一改以往教材"着重讲述'文化大革命'给中国带来的'灾难性'后果"，书中用"反对敌人"（contre l'ordre etabli）、"削弱政治对手"（affaiblir ses rivaux politiques）⑧ 来描写"文化大革命"，语气与之前相比缓和许多。

　　法国教科书对该时期新中国形象的描述总体是客观的，但同时也触及一些敏感问题如台湾问题、1962 年中印边界问题等。⑨ 总而言之，法国教科书

（接上页注⑥）　（1949 – 1972），Paris，2017；Renaud Juste and Aurélie Le Floch, Mao Zedong: Fondateur de la Ré-publique populaire de Chine, Paris, 2017；Gilles Guiheux et Damien Chaussende, La République Populaire De Chine: Histoire Générale De La Chine; 1949 à Nos Jours, Paris, 2018。

②　书中认为"大跃进"是毛泽东思想的基础，参见 p. 80。

③　*Tle*（Hatier，2014），p. 80.

④　*Tle*（Hatier，2014），p. 80.

⑤　*Tle*（Hatier，2014），p. 80.

⑥　*Tle*（Hatier，2014），p. 81.

⑦　*Tle*（Hatier，2014），p. 81.

⑧　*Tle*（Hatier，2014），p. 80.

⑨　*Tle*（Hatier，2014）2014，p. 79.

对中国红色形象的描述源自早期来华的西方人的所见所闻，并经过毛泽东等一代人的努力逐渐清晰起来。

（二）第三世界的领导者形象

法国历史教材对中国在两次世界大战中的地位和作用并没有过多提及。一战、二战以及战后世界体系、冷战格局的形成及瓦解、联合国的建立等围绕着"德国—欧洲—美苏"关系展开。据不完全统计，该阶段教材中"中国"字样极少出现，仅在初四教材目录中最后一章出现"Chine"字样；[①]二战后第三世界地图中出现了中国的版图，而该地图则是作为课外阅读附在正文后。[②]

书中用较多的篇幅以"独立的新兴国家"为标题，详细描写了法属印度支那（1946～1954）的独立过程。[③] 书中首先介绍了越南独立的史实，在教材的第116页，附有300字左右的名词解释，内容为胡志明于1945年就越南独立发布的宣言。此外，附在文章后的年鉴显示：1949年中国共产党援助越南抗击法国殖民者；[④] 最后，以"什么是第三世界国家"以及"第三世界国家的纷纷独立给世界带来了什么启示"为思考题结束了本章讨论。[⑤]高三教材则凸显了中国在第三世界国家中的领导作用："20世纪60年代，中国以一种社会主义发展模式在独立后非洲国家中起模范作用。"[⑥]"第三世界"这个概念最先由经济学家阿尔弗雷德·索维（Alfred Sauvy）[⑦] 于1952年8月14日在法国杂志《新观察家》（Le Nouvel Observateur）中提出，[⑧] 原本是指法国大革命中的第三阶级。冷战时期，一些经济发展比较落后的国家为表示并不加入北约或华约任何一方，用"第三世界"一词界定自己。法国教材同时肯定了万隆会议的作用，认为中国在万隆会议上卓有

---

① *3e*（Hachette, 2016）.

② *3e*（Hatier, 2016）pp. 78 – 79. 纵观整个地图，并未将台湾划在整个中国疆域版图内。

③ *3e*（Nathan, 2016）, pp. 110 – 124.

④ 原文没有白纸黑字写出到底援助了什么，"抗击法国殖民统治"是笔者自己加的。*3e*（Nathan, 2016）, p. 116。

⑤ *3e*（Nathan, 2016）.

⑥ *Tle*（Hatier, 2014）, p. 84.

⑦ 阿尔弗雷德·索维，1898出生于维伦纽夫德拉奥（Pyre Nees Erthurales），为人口统计学家、人类学家和法国经济学家。

⑧ 该杂志成立于1950年，就政治、经济和文学做评论。

成效的工作和非凡的风度，增进了亚非国家和整个国际社会对新中国的了解与信任。

（三）"资本主义"形象

历史教科书（初四 2016 年版）第六章第一节以"邓小平带领中国走向资本主义"（Deng Xiaoping ouvre la Chine au capitalisme）为标题，[①] 对比分析了法国的社会主义。1871 年法国工人起义成功后，建立了巴黎公社。1946 年，通过选举，法国共产党曾经一度成为法国国会第一大党，但遭到资产阶级联合政党的压制，最终失败。事实证明，试图在一个资本主义国家建立社会主义的做法是根本行不通的，法国历史上并没有出现过实际意义上的社会主义政权。同理，法国即使知道中国走"资本主义"的可能性为零，西方媒体还是"不遗余力"地将邓小平向世界推出中国新形象比作是一次对"资本主义"模式的探索，认为邓小平所提出的改革开放会导致"毛泽东时代的终结"，邓小平关于建设中国的构想——新发展模式——深圳、珠海、汕头和厦门四个经济特区的建立，使得中国稳步走向现代化。

该部分的内容实则是法国对中国改革开放的反应。总体来说，书本以史实叙述，对的中国改革开放持肯定的态度。需要指出的是，法国历史教科书关于近代以来中国形象，尤其是关于毛泽东时期中国红色形象的描述是比较早（少？）的。21 世纪初，根据当时驻法记者的报道，在与一些法国中学生的交谈中，他发现这些法国学生对中国的了解十分有限，从学生口中说出的频率最高的词是"文化大革命"。[②] 而对比当下的法国历史教材，教科书对该时期中国形象的表述发生了些许变化，但不可否认的是，该时期中国形象仍以一种"中国模式"的样板呈现给法国初高中学生。

三　冷战结束后的中国形象

法国历史教育界呼吁：今天学校的历史科目不应仅仅被视为理解和适用多元历史叙述的学科，更应该去剖析和定位当今的社会。这就需要历史教育

---

① 这里西方所说的邓小平的"资本主义"主要就"市场经济"而言。

② 参见 http://www.china.com.cn/chinese/RS/1080306.htm。

家通过跨国、社会学式的历史分析和比较，对历史事件进行批判性思考。这也在法国历史教科书里有具体体现。

　　一方面，法国中学教材关注苏联解体后复杂多变的世界政治格局，认为"一超多强"态势下，中国及第三世界国家崛起，中国在各个领域都在赶超美国；另一方面，中国崛起同样也带来了东亚权力格局的变迁，尤其是与日本在海洋问题的关系上尤为凸显。此部分内容涉及的教材有纳塔莉帕拉萨编的《历史地理和公民教育》①，马丁·伊弗内尔等编写的《历史地理》② 初二、初三年级版，塞利尔·阿拉夫尼等人编写的《历史地理与公民教育》③，丽莎·阿达斯科等编撰的《历史地理》④ 和教辅一本⑤。笔者将其中涉及的中国元素归纳如下。

（一）中国崛起

　　其一，从世界货币体系看，美元在当今货币体系中的霸权地位受到挑战，人民币在国际舞台上影响力。20 世纪 70 年代美国的霸主地位最先受到挑战，主要表现有：第一，日本和欧共体与美国激烈争夺世界市场；第二，以美元为中心的资本主义世界货币体系被削弱；第三，日本和欧共体开始奉行相对独立的外交政策。美国在太平洋的主导地位已经开始动摇。在"太平洋的终结"一节下，编者认为美国在太平洋的主导地位已经开始动摇，并用中文拼音 "guanmen" 和法语 "fermer la porte" 解释了何谓 "shutdown"。

　　其二，从海洋力上看，中国同样具有"野心"。"中国"一词在该册教辅第三章以节的名字出现。⑥ 第三章的标题是"大国角逐"，其中有 6 篇文章都提到了中国问题。第一篇是《日本 vs 中国：同区域的全球野心》，写于2009 年，作者是布鲁斯·佩德罗莱蒂（Brice Pedroletti）。文章就崛起中的中国与亚洲老牌帝国主义国家日本之间的利害关系做了分析。该册教辅提到

① Nathalie Plaza, *Histoire Géographie EMC 5e*（Hachette éducation，2016）.

② Martin Ivernel et al.，*Histoire Géographie 4e*（Hatier，2016）；Martin Ivernel et al.，*Histoire Géographie 5e*（Hatier，2016）.

③ Cyril Alavoine et al.，*Histoire Géographie EMC 4e*（Hachette éducation，2016）.

④ Lisa Adamski et al.，*Histoire Géographie 5e*（Nathan，2016）.

⑤ Christophe Clavel，*Reviser Son Bac avec le Monde：géographie terminale*（Paris：Le Monde，2011）.

⑥ Christophe Clavel，*Reviser Son Bac avec le Monde：géographie terminale*.

当今世界依然被美国、欧盟和日本主导，并将中国列为与巴西、俄罗斯、印度、南非并列的新兴经济体。文中"Japon"字样出现 43 次，而"Chine"字样出现多达 88 次。文章一开始，在比较中日海洋战略局势的优劣之前，首先介绍了法国本土的海洋实力以及它的重要性。接着，提到中国的时候，用"紧张局势"（tensions）一词来形容中国海洋的竞争。原文认为，"中国的海岸线很长，这无疑会给中国的海洋问题带来不小的挑战，例如在北极地区，中国的海洋问题主要表现在同挪威、俄罗斯、丹麦、加拿大的关系上"。在与日本的海洋问题比较时，书中认为日本的海洋优势在于它拥有较为先进的科学技术。此外，日本拥有较高的海洋密度，这有利于其对海岸线的管理。最后得出的结论是：随着中国逐渐强大，中日在海洋问题上的分歧也开始明朗化。

其三，从军事力量上看，中国对自己的军事实力信心倍增。有一篇题为《东京对中国军事力量忧心忡忡》（写于 2012 年 8 月 1 日）的文章，作者为菲利普·麦斯梅（Philippe Mesmer）。文章认为同年 7 月 31 日日本公布的《防卫白皮书》，使得中日之间的紧张气氛骤然加剧。文章简要介绍了白皮书的内容、页数、所涉及的大洲大洋。与往年相比，2012 年版白皮书对中国评估部分的篇幅略有增加。正是由于 2010 年中国经济总量超越日本在东亚已经成为一个重大事件，日本对中国的担忧又上了一个层次。对"钓鱼岛"（Senkaku）事件，作者以日本和中国外交部发言人的讲话为例进行了分析。7 月 27 日，日本首相野田佳彦（Yoshihiko Noda）称："日本会捍卫本国领土，包括钓鱼岛在内（y compris les Senkaku）。"中国外交部发言人洪磊对此的回应是："日本方面所说的是一种极其不负责任的说辞。"

中国在国际事务中扮演重要角色的这一形象逐渐清晰。第一，中国在世界上的地位突出，美国不再一家独霸，以中国为代表的第三世界国家正在迅速崛起。第二，中国对亚太局势有着重要的影响。"作为全球第二大经济体的中国和全球第三大经济体的日本，两者在联合国中的作用也是不对等的，中国是联合国五大常任理事国之一，在世界贸易组织中发挥重要作用，从这点看就将日本甩在后面。"① 尤其是 21 世纪以来，中国所取得的巨大经济成就举世瞩目，彰显了中国的全球竞争力。

①　*Tle*（Hatier, 2014），p. 397.

（二）"中国梦"

当今中国的时代主题是实现中华民族伟大复兴的"中国梦"（le rêve chinois）。法国历史教材较为敏锐地把握住了这一时代主题。在"中国发展的角力"一章中，简要叙述了习近平主席于 2015 年 9 月 28 日在联合国大会上就中国抗战胜利 70 周年所做的发言，在引言处还可见"中国梦"字样。[①]"中国梦"的基本内涵是国家富强、民族振兴、人民幸福。教材中有关该部分的内容也主要围绕"中国梦"的基本内涵展开。

第一，从中国城市经济发展的角度来说，城市化为推动中国经济发展贡献了力量。Belin 出版社 2014 年出版的职业高中会考（Bac pro）一年级教材《历史地理》（*Histoire géographie*），共 210 页。通过介绍中国沿海的情况，旨在让学生了解中国为成为全球化的主要参与者所采用的战略。书中指出，2001 年中国加入世贸组织为中国城市的发展带来了机遇。通过插图，学生了解了中国经济对外开放的步骤。在两页的介绍中，该教材节选了法国文献出版署双月刊《国际问题》2013 年 3 ~ 4 月刊载的一篇文章，分析了中国十大新兴城市（成都、武汉、东莞、天津、沈阳、杭州、宁波、青岛、西安和佛山）的发展情况。除此以外，教材中也通过面积、人口总量、人口密度、生产总值、外国直接投资、出口等数据比较，指出了中国沿海城市与中西部城市经济发展不平衡的事实。

第二，从中国城市旅游产业的角度来看，中国城市旅游发展增强了中国在世界范围的影响力。在 2016 年版的《历史地理和公民教育》目录中，关于中国的内容出现了两处。第一处在第 216 页，标题为"谷歌地图下的上海"；第二处，"中国"以节的形式出现，标题为"中国的旅游业"，用地图描绘了中国几大旅游城市和景点以及它们各自的特点：[②] 北京（首都）、长城（la Grande Muraille，用于抵御匈奴入侵）、平遥古城（古代中国封建城市）、西安（十三朝古都）、桂林（拥有中国独有的自然风光）、泰山（Taishan，中国五岳之一）、上海（concessions，以前的外国租借地）、香港（曾被英国殖民统治）、澳门（游乐天堂，曾受葡萄牙殖民统治）。有关中

---

① 　*3e*（Hachette, 2016）.

② 　*4e*（Hatier, 2016）, p. 277.

国大都市——上海的内容是法国初三历史教科书的必修内容，该主题以节的形式出现在《历史地理和公民教育》第九章。^①另外，2016 年版《历史地理》教材涉及的除大纲之外的中国内容就是中国的旅游业，但"中国"字样并未出现在标题里。在《地理》第十二章"旅游业的全球化"第 260~261 页，出现了一幅大比例尺的全球旅游业辐射图，其中中国的东南沿海城市属于国际旅游主要目的地。

第三，法国高中教材突出了中国的人口政策，关注中国民生问题。以 2016 年 Hatier 出版的《历史地理和公民教育》为例，在其目录中就可以发现以"中国"为标题的章节——"中国的人口出生政策"，该章节主要以数据分析的方法讲述改革开放以后的独生子女政策（un enfant unique）。书中还特别提到了实施"计划生育"（limitation des naissances）的方法——"一对夫妇生育一个孩子"。^②

除此之外，2016 年 Hachette 出版的历史教材，着重分析了如何控制人口增长，认为人口增长是中国几个世纪来一直关注的问题，独生子女政策虽然在短期内控制了人口的快速增长，却导致了较为严重的男女比例失衡问题，因此中国政府决定终止独生子女政策。在"人口的快速增长及其影响"这一单元，分析了中国面对人口增长的挑战，如何控制人口增长，指出不同时期中国人口的增长情况不同，这会对中国发展产生影响。例如，1960~2000 年中国人口迅速增长，2000~2015 年人口增长日渐缓慢，预计未来人口增长更加缓慢。尤其提到在 2014 年这一年，中国的劳动人口数量连续三年出现下降，一些产业出现劳动力短缺。书中还关注中国需要解决人口老龄化的问题，在未来几十年，退休金和医疗支出的增加会给国家财政带来压力。^③

从上述内容来看，法国历史教科书对中国人口问题的关注基本依据中国国情，研究的时间跨度较大。虽然中国人口问题以及由此带来的诸多其他问题一时无法解决，但并不能否认中国在人均财富、扫盲率、智能手机数量、私家车数量、就医方面取得了成就，中国人民的生活得到了极大改善。^④

---

① 4e（Hachette, 2016）.
② 5e（Hatier, 2016）, pp. 202-203.
③ 5e（Hachette, 2016）, pp. 210-211.
④ 5e（Nathan, 2016）.

四   结语

与十年前相比，法国历史教材涉及中国的内容有较多的增加，不仅仅局限于描写毛泽东时代的中国，还增加了古代汉朝、中国崛起、21世纪的中国等部分，使法国学生能更准确地把握中国历史和文化。笔者认为，法国教科书在近几年发生如此变化的原因主要有以下几个方面。第一，经济全球化的深入发展使法国历史教科书的编撰者意识到法国不可能孤立自处，包括法国在内的欧洲国家的命运都不可避免地被纳入全球体系，不能再囿于民族国家叙事的框架，而要追寻包括中国在内的世界历史的内涵，探究全世界不同地区和不同社会之间流变所带来的影响。第二，20世纪七八十年代以来，学术的专业化带来了知识结构的破碎化，这促使教科书的编撰者、研究者整合历史知识，跨学科的研究方法应运而生。这种历史知识的整合正是在全球化浪潮下能动地推进。因此，这种跨学科研究方法不仅是全球史的产物，更是一种让欧洲人了解中国、丰富当地学生历史记忆的有效途径。从法国历史教科书涉及中国的内容来看，中国经济、政治、人口、城市等元素多角度地构成中国具体的形象。第三，也是最根本的一个原因，即中国经济的崛起，使得西方人无法不正视这一现象。从法国历史教科书中记录的中国形象来看，似乎自始至终贯穿着一条主线——"古往今来的大国形象"，在某种程度上说，就像是把中国今天所取得的成就作为一种大国形象的复兴。不仅在法国，几乎所有欧洲国家的教材近几年都将中国的汉王朝、毛泽东时代以及崛起后的中国形象列入了初高中历史教学大纲。[1]

除了法国初高中学生学习的历史教科书之外，还有类似于我国的《一课一练》《高考考前辅导》的教辅材料（文中也采用了小部分教辅材料），这些都是涉及中国元素的主要载体。现今法国通行的历史教材突出了中国崛起的内容，但需要注意的是，历史教材也提到了中国发展的负面问题，如雾霾[2]、汽车尾气排放、冬季的煤炭燃烧等空气污染；较为频发的工业生产事

---

[1] 2018年9月19日下午3点至4点30，是由杨彪教授主持、埃克尔（Alois Ecker）先生主讲的"欧洲教师教育比较研究：理论和方法论的反思"研讨会，会后通过笔者与奥地利初高中历史教材主要编写者之一的帕蕾德（Bettina Paireder）女士的谈话中得知。

[2] 5e（Nathan，2016）.

故；经济发展不均；能源短缺；[1] 越来越多的中国青少年出现肥胖问题；等等。[2] 综上，21 世纪以来的法国教科书关于中国部分的编写，受西方媒体的影响较小，更多地受到全球史观下新一轮教材编写范式的影响。关乎中国的历史事件大都遵循基本史实，用词较为客观，不仅关心中国的时事政治，而且也关心中国的民生问题。

（原载《历史教学问题》2020 年第 1 期）

---

① 5e（Nathan，2016）pp. 232 – 235.

② 5e（Hatier，2016）.

加拿大中学历史教科书中的中国形象

——以卑诗省和安大略省教科书为例

刘丹阳

一 初中部分：卑诗省课标解读及教科书中的中国形象分析

卑诗省的中国史是在初中阶段，分两学年。其中，中国古代史因契合了卑诗省课程标准的要求，所以占了极大的篇幅，为我们展现了一个具有强大影响力的文明古国的形象。近现代部分，卑诗省的历史教科书以加拿大为中心，而中国因与加拿大联系较少，内容也很少，多因环境问题以负面形象出现。

（一） 卑诗省历史教科书中的中国史内容

首先，卑诗省的课程标准强调历史事件和当今社会的联系，如宗教、文化的强大影响力，移民、扩张、殖民导致的社会交流和冲突等，这也是加拿大历史学习实用性的体现，学习历史是为了培养更好的适应全球化趋势的公民。其次，学习不同社会间的联系，了解不同的世界观，学会既保留传统又有所创新，尤其是在 10 年级，以加拿大为中心学习世界史，其目的是使历史与现实相结合，更好地帮助塑造加拿大社会，培养对当今加拿大社会有用的公民。最后，课程标准中也多次提到地理环境对人类社会的影响，有助于培养学生的环境保护观念。另外，卑诗省的课程标准也非常细致，涵盖面很广，包括政治、经济、文化、军事、社会等方面，有利于学生了解世界各国的历史，更加全面地看待问题。

笔者选择了皮尔森（Pearson）出版社出版的三本历史教科书，其中 7 年级、8 年级使用《文明的足迹》（*Pathways*：*Civilizations Through Time*）①，9 年级使用《十字路口：国家的相遇》（*Crosssroads*：*A Meeting of Nations*）②，10 年级使用《对策：探索加拿大的问题》（*Counterpoins*：*Exploring Canadian Issues*）③，其中 7 年级、8 年级、10 年级的课程涉及中国部分，下文将对《文明的足迹》和《对策：探索加拿大的问题》涉及的中国史内容进行探讨。

《文明的足迹》和《对策：探索加拿大的问题》的编写皆是以时间线为主轴，按照时间段不同分成单元。每个单元之下又以这个时间段的重要国家或地区为代表划分章节，每章节讲述某一国家或地区在这一时间段发生的重要历史事件，因此每个单元里各个国家或地区之间的联系比较少。虽然这样编排使几个时间段中的中国史得以连接起来，但由于卑诗省的教科书在编写中国史时有详有略，偏重文明史，前后时间段之间的连接仍然比较薄弱，尤其是在 1750~1900 年，因为中国落后于世界潮流，不符合课程标准的学习要求而没有提及。

两本书里，中国史共在九个章节中出现，涉及的内容上起黄河文明的起源，下至 21 世纪，包含中国上下五千年的主要成就和历史。

所有涉及中国史的内容见表 1。

表 1　卑诗省初中历史教科书中涉及中国史的内容

教科书	位置	标题	内容
《文明的足迹》	第一单元第一章节	早期中国的文明	商朝、黄河、长江
	第二单元第七章节	中世纪的日本	早期中国对日本文明的影响
	第三单元第十二章节	中国：一个世界强国	宋朝、元朝、明朝、清朝

① Michael Cranny et al., *Pathways*：*Civilizations Through Time* (Pearson's B. C. Social Studies Series, 2010).
② Michael Cranny et al., *Crosssroads*：*A meeting of Nations* (Pearson's B. C. Social Studies Series, 2013).
③ Michael Cranny et al., *Counterpoints*：*Exploring Canadian Issues* (Pearson's B. C. Social Studies Series, 2010).

续表

教科书	位置	标题	内容
《对策：探索加拿大的问题》	第一单元第一章节	一个不同的加拿大	加拿大的中国移民
	第一单元第五章节	加拿大和二战	日本侵略中国
	第二单元第六章节	加拿大在战后的世界：20世纪50年代	朝鲜战争
	第二单元第八章节	加拿大焦点的转移：20世纪80年代及以后	中国加入 APEC
	第四单元第十一章节	人口趋势和问题	中国的人口
	第四单元第十三章节	环境：我们的挑战和责任	中国的空气污染

　　《文明的足迹》讲述了夏朝到清朝间的历史；《对策：探索加拿大的问题》则是在讲述加拿大和世界史时，以中国与加拿大的联系为纽带，讲述了二战、经济全球化、环境问题上中国所扮演的角色。

　　《文明的足迹》第一单元第一章节讲述的是中国古代的文明，最早的中国文明起源于黄河，地理因素是中国文明形成的重要因素。书中对中国朝代的讲述从商朝开始，主要介绍了商朝的政治、艺术和信仰。商朝的艺术和政治也延续到周朝，因而书中认为中国的文明具有延续性，并未因朝代的更迭而消亡。在讲述战国时期的百家争鸣时，从"人与人之间应该如何和谐相处？"[1] 这个问题切入，分别介绍了孔子、韩非子和老子三人提供的答案，这是一个非常新颖的切入角度。但是百家争鸣不止这三家，并且和谐相处也并不是传统观念的精髓所在。这种视角的差异表明了加拿大人对中国传统儒学观念的运用和思考不够深入。书中在秦朝部分对秦始皇有着极高的评价，称秦始皇"就像哈利·波特一样，一个人改变了历史"。[2] 汉朝在该书中所占篇幅很少，之后直接跳到隋唐，对隋朝的叙述和对秦朝的叙述相似，重点在称赞隋炀帝修建大运河的英明决策，但对隋朝灭亡的原因分析得却不深刻，只归因于隋炀帝对国家的规划太多、太急而人民无法承受负担，却没提到隋炀帝好大喜功的一面。关于唐朝，课本赞扬唐朝是一个自由而强大的王

---

[1]　"How Can People Live in Harmony?" in Michael Cranny et al., *Pathways: Civilizations Through Time*, p. 17.

[2]　"In stories, the actions of one person can change everything. Just think of Harry Potter……Then Ying Zheng, a boy only 13 years old, became the ruler of the state of Qin." Michael Cranny et al., *Pathways: Civilizations Through Time*, p. 23.

朝，主要表现在对妇女、贸易和文化的宽容上。① 该书在叙述唐朝时，重点讲了唐朝开放自由的原因及表现。第三单元第十二章节讲述从宋朝到清朝的历史。该书将宋朝称为东方的"文艺复兴"时期，认为在科学和技术上有非常大的进步，② 因此对宋朝的介绍就集中在了经济和文化领域。到了元朝，该书认为蒙古是中国的邻居，之后他们建立了元朝并征服了中国。书中特意将元朝与中国区分，与中国教科书对元朝的论述大相径庭，体现了典型的西方历史观。关于明朝的讲述集中于明朝如何重建中国的政治和经济，但到了后半段，笔锋一转，批判了中国儒家的思想专制、贫富差距的扩大，以及女性缠足的陋习，并分析了明朝为何落后于世界。对清朝，该书提及得更少，探讨了乾隆帝接见马嘎尔尼使节团时双方对这一事件的不同描述，虽然该书并未给出确切答案，但从对乾隆帝闭关锁国的描写里，可以窥探出该书对清朝持一种落后愚昧无知的描写态度。

《对策：探索加拿大的问题》第一单元第一章主要讲的是加拿大在20世纪前20年的历史。在这一章中国人是以卑微的劳工移民形象出现的，中国移民引起当时加拿大人的强烈反对，遭受了许多不公正的待遇。但是20世纪80年代以后，政府为他们曾对中国移民的所作所为进行了道歉并给予补偿。华人在这里以一个从不被认同到被接纳并获得道歉补偿的形象出现，是目前卑诗省正在构建多元化社会的最有力证明，体现了教科书为加拿大政治服务的目的。第五章节是有关二战的内容，二战时期中国作为反对日本法西斯的主战场，为二战胜利做出了不可磨灭的贡献。但是短短几页里，该书将中国塑造成了一个软弱的亚洲民族国家形象，中国所发挥的作用基本被忽略，这明显是受到西方历史观点的影响，将仅有的叙述放在太平洋战争上，中国在亚太战场的伤亡和努力都被一笔带过。第二单元第六章主要讲的是冷战，中国出现在朝鲜战争一段，这场战争加拿大也有参与，并且死伤惨重。该书将朝鲜战争的爆发归因于美苏两个大国的冷战，但是也提到美国打算趁机侵略中国，中国出兵参战属于自卫反击。这一叙述是客观中立的，没有因加拿大参战而有立场的倾斜。第八章讲到中国加入亚洲太平洋经济合作组织

---

① "However, it did allow some individual freedom, especially for women, traders, and artists." Michael Cranny et al., *Pathways: Civilizations Through Time*, p. 29.

② "Many historians call this period the Chinese Renaissance-a comparison to the Renaissance in Europe." Michael Cranny et al., *Pathways: Civilizations Through Time*, p. 374.

（APEC），这是卑诗省历史教科书对现代中国描述的一个转折，将中国形容为"21世纪以来世界上各种制成品的主要生产国，并且继续发展"。① 和平年代，加拿大衡量一个国家强弱的标准变为经济发展水平，由于中国在改革开放以后经济腾飞，之前的弱国形象也开始有所改变。第四单元第十一章节到第十四章节在讲述人口爆炸和环境污染这两大国际难题中提到了中国面临的严峻形势。

（二）卑诗省历史教科书中的中国形象及特点

《文明的足迹》一书介绍了中国灿烂而辉煌的文化成就，展现了中国作为四大文明古国为世界文化遗产所做的贡献；《对策：探索加拿大的问题》一书呈现的中国是一个知耻后勇、从落后到正在变强的国家。这些形象也反映出加拿大在叙述中国史时的一些特点。

1. 不同历史事件间的联系性

《文明的足迹》一书中多次运用联系当下和对比的方式拉近中国与当代加拿大社会的联系。书中介绍宋朝经济发达，产生了最早的纸币，这就由中国古代的货币发展联系到加拿大卑诗省目前使用的货币，并就支付的货币和方式变迁进行提问和思考。关于明朝，该书借用美国和卑诗省关系变化来比喻元朝与明朝的关系，书中讲道："如果美国统治了卑诗省，那么就会用美国的方式统治，如果卑诗省重新获得政权，那么就会重新恢复卑诗省的统治方式，明朝就是如此。"② 还有讲到瓷器，联系到明朝当时的海外贸易，该书提到"加拿大在古代并未和中国有过贸易往来"，③ 因此本书联系了当代中国和加拿大的贸易往来，从书中提供的数据来看，加拿大对华贸易存在近

---

① "As the 21st century began, China became the world's leading producer of manufactured goods of all kinds-and this trend continues." Michael Cranny et al., *Counterpoints: Exploring Canadian Issues*, p. 443.

② "If Americana were to rule British Columbia, they would likely favor American ways of doing things. If British Columbians were to regain power, the first order of business would probably to return to the B. C. ways of doing things. That is what happened in China after the Yuan Dynasty ended." Michael Cranny et al., *Counterpoints: Exploring Canadian Issues*, p387.

③ "Canada did not trade with China. The nation of Canada did not even exist in the 14th century!" Michael Cranny et al., *Counterpoints: Exploring Canadian Issues*, p. 392.

三倍的贸易逆差，① 书中用促进加拿大经济的发展来形容这种贸易逆差，有助于增强学生的民族自豪感，也展现了古强今弱的中国形象。

书中还试图建立古代中国与同时代周边地区、欧洲的联系，如在第二单元"古代日本历史"提到了中国对日本、韩国等周边国家在文化上的传输，日本还派遣遣唐使前往中国学习，展现了中国文明在东亚地区强大的影响力；在汉朝、明朝等章节多次讲到陆上和海上丝绸之路建立起了欧亚之间的联系；在评价元朝时讲到元朝疆域广阔，促进了欧亚商人的贸易往来和马可·波罗来华。

此外，该书还以文明的延续性展现了一种纵向的联系。如由商朝的养蚕缫丝联系到当下北京著名的中国丝绸商店；在百家争鸣部分加入了对佛教的看法。

2. 丰富的插图、图表

《文明的足迹》一书中古代中国部分的插图是非常丰富的，几乎每页都会有一到两幅图片，拉近了学生与遥远的古中国的距离。但是插图的选择并不严谨，有的直接挪用现代的插图，例如在介绍古代文字时配以现代动漫展，旨在介绍文字新的传播方式，这其实并不恰当。另外，配图只选择来自香港的图片，这些图片并不能代表当代中国的形象和情况。该书还展示了一小部分《清明上河图》，要求学生从中窥探整个宋朝社会的经济和文化，遗憾的是截取的这一小片段只是一个小街巷的缩影，未能展现宋朝经济繁荣的全貌。

《对策：探索加拿大的问题》近代中国部分插图虽然减少，但是图表明显增多，尤其是在人口爆炸和环境污染两大问题上，书中用数据直观地反映了各个国家的情况，不过中国多次在负面数据上排在前列。

3. 从多个角度看待历史事件

卑诗省历史教科书不局限于政治、经济、文化三个方面，还从文学艺术、社会生活、妇女儿童权益、生态环境等多个角度探讨历史发展。在《文明的足迹》一书中，有对秦朝的长城、隋朝的大运河、宋朝的纸币、明朝的瓷器，以及古代中国的建筑风格等的介绍。在妇女和弱势群体上，

---

① "加拿大和中国的贸易往来，2010 年进口 12865867338 美元，出口 44404585635 美元。"选译自 Michael Cranny et al., *Counterpoints：Exploring Canadian Issues*, p.392。

中国古代史内容在两处关注女性自由，一是详细讲述缠足的陋习；二是赞扬武则天这种成功女性，书中没有评价武则天统治的贡献和不足，将重点放在她不仅当了皇帝，还统治了这么多年。书中以中国妇女的姓氏随夫的现象来反映古代妇女地位不平等的问题，但武则天却坚持自我，这是她的伟大之处，这也反映了卑诗省历史教科书在教授历史时想传达给学生"男女平等，女性也拥有相同权利"的理念。《对策：探索加拿大的问题》非常关注全球的环境保护问题，如在人口膨胀问题上，介绍了中国的计划生育政策；在环境污染问题上，介绍了中国积极参加联合国气候变化大会等。

4. 对中国历史理解的不全面性和偏差

《文明的足迹》在对许多历史人物和王朝的评价上，只臧不否，有失偏颇。例如对秦始皇的评价，该书只提及了秦始皇的贡献，称赞他建立了一个中央集权的政府、修建了长城，对中国教科书中注重的对百姓横征暴敛的恶行只字不提，并将秦朝的灭亡归咎为他儿子胡亥的无能。这种叙述的偏颇是因为教科书的编者想按照他们所想传达的理念来挑选历史事件，对于所挑选的历史事件中不符合表达需要的地方就加以删减。该书偏重文明史，运用了大量篇幅讲述人类文明辉煌和进步的一面，但政治史和经济史却较少涉及，中国史上动荡混乱和落后的历史几乎没有提及。这虽然展现了古代中国强盛的一面，但也显得单一、平面化。

《文明的足迹》一书在描述中国形象时，在一些材料的选择方面，因为中英语言不通，对中文的理解不到位，出现了非常严重的错误。例如，在"资源探究"一节，该书想要讲述南宋有许多具有爱国情怀的艺术家，因此选取了南宋著名爱国诗人陆游为例，想要体现他的爱国情怀，但在选取诗词作证时，却选了一首陆游偶遇隐者醉酒之事的诗，[①] 与其想表达的内容截然相反，还误将诗中的卖花翁以为是陆游本人，起了一个"野花人"的标题形容陆游。

---

① 即《城南上原陈翁以卖花为业得钱悉供酒资又不能独饮逢人辄强与共醉辛亥九月十二日偶过其门访之败屋一间妻子饥寒而此翁已大醉矣殆隐者也为赋一诗》，讲述了一个归隐的卖花翁喝酒醉倒在自家门前的故事。原文如下："君不见会稽城南卖花翁，以花为粮如蜜蜂。朝卖一株紫，暮卖一枝红。屋破见青天，盎中米常空。卖花得钱送酒家，取酒尽时还卖花。春春花开岂有极，日日我醉终无涯。亦不知天子殿前宣白麻，亦不知相公门前筑堤沙。客来与语不能答，但见醉发覆面垂。"

　　另外，书中存在与目前中国历史教科书相异的观点。如《文明的足迹》选择商朝作为中国政治文明的开端，对此书中给予的解释是：历史的存在需要证据，甲骨文记载了商朝的文明，就是最有力的证据。但是目前中国历史教科书普遍认为，夏朝才是中华文明的开端。

二　高中部分：安大略省课标解读及教科书中的中国形象分析

　　安大略省的中国史学习是在高中阶段，分两学年。安大略省教科书所讲述的世界史非常全面，因此中国史的内容相对比较完整。中国古代史部分基本遵从史实，塑造了一个疆域辽阔、文明领先的大国形象。但是到了近代，中国因为闭关锁国逐渐落后于世界，被塑造成了一个落后专制的国家。到了当代，受到意识形态的影响，中国被丑化，但书中也肯定了中国的改革开放和经济腾飞。

（一）安大略省历史教科书中的中国史内容

　　安大略省课程标准的目标是让学生了解加拿大和世界其他国家的历史，并在思考故事的过程中了解世界的动态本质，同时培养学生运用历史思维的能力，以加深他们对所学民族、事件和力量的理解。历史课程的目标是使学生能够更充分地了解加拿大和全球的历史遗产，理解不同社会的多样性和复杂性，以及参与国际社会面临的挑战和承担的责任；同时，它还将加深学生对当今世界许多问题的历史根源的理解，有助于使学生做好充分准备，扮演作为加拿大和世界公民的负责任者的角色。

　　笔者挑选了麦克杜格尔·利特尔（McDougal Littell）的《世界历史：相互作用的模式》① 一书进行研究。这套世界史课本分为上下两册，共八个单元，要求在 11 年级、12 年级学完。在这套书中，每个单元有一个大的时间范围，在这个时间范围之中，又根据不同地区的文明在这一时间范围内发展情况的不同，分为不同的章节。

　　全书中，中国史共在 12 处被提及，涉及的内容上讫黄河、长江文明的起源，下至 2008 年北京奥运会的成功举办，包含中国千年的主要辉煌成就和历史。

　　所有涉及中国史的内容请参见表 2。

---

① McDougal Littell, *World History：Patterns of Interaction*, Atlas by Rand McNally, 2013.

表2 安大略省高中历史教科书中涉及中国史的内容

位置	标题	内容	重点
第一单元第一章第二节	人类试图控制自然	早期黄河和长江的农耕文明	
第一单元第二章第四节	中国的大河文明	夏、商、周的兴衰	历史的深度:妇好墓 课后作业:比较苏美尔、埃及、中国文明的异同
第一单元第四章第四节	中国的大一统王朝	孔子和百家争鸣;秦朝的兴衰	历史制造者:孔子、老子 历史的深度:长城
第一单元"对比和比较"	古代文化	文化特点、法律的发展、先进的科技	主要资源:孔子、商朝青铜器
第二单元第七章第三节	中国的汉朝	汉朝的大一统;汉朝的科技、贸易和文化	世界影响:造纸术 世界影响:丝绸之路
第二单元"对比和比较"	古典时代	秦朝与古希腊;汉朝与古罗马	
第三单元	世界宗教和伦理制度	儒家	
第三单元第十二章第一节	中国的唐朝和宋朝	唐朝和宋朝的兴衰	社会史:唐朝和宋朝的科技
第三单元第十二章第二三节	蒙古帝国的征服	蒙古帝国对中国的征服和统治	历史制造者:成吉思汗、忽必烈
第四单元第十九章第二节	中国限制和欧洲的联系	明朝和清朝的统治	历史的深度:紫禁城 历史制造者:康熙
第六单元第二十八章第一节	中国抵抗外来的影响	清朝闭关锁国	联系今天:经济特区
第七单元第三十章第三节	中国封建王朝的崩溃	民国时期国共关系演变	联系今天:天安门 历史的深度:长征
第七单元第三十二章第二节	太平洋战争	日本侵略中国	
第八单元第三十三章第二节	共产党在中国执政	中国共产党和新中国成立	历史制造者:毛泽东
第八单元第三十三章第三节	朝鲜战争和越南战争	中国参战	
第八单元第三十三章第五节	冷战结束	苏联和中国、美国和中国	
第八单元第三十五章第五节	中国:改革和应对	毛泽东、邓小平、江泽民的改革及成果	历史制造者:江泽民

　　古代史部分，第一单元主要在古文明一节提及了古中国，讲述了中国的地理位置及环境塑造了中国的大河文明，并且这种文明至今仍影响着中国的发展和中国人的生活。之后又讲了中国最早的原始人是河姆渡人和北京人，但是目前普遍认为中国最早的原始人是云南的元谋人。书中认为中国的第一个王朝是夏朝，但也说明夏朝是中国传说中的第一个王朝，之后在商朝部分提到商朝才是第一个有记载（即甲骨文）的王朝。商朝部分主要介绍其政治制度，并延伸介绍了妇好墓。此外，还讨论了中国的家族制度、重男轻女传统。周朝部分介绍了中国古代王朝的"天命"和"封建制度"，还提到了周朝的科技和经济的发展。然后是介绍了春秋战国时期百家争鸣的盛况和秦朝的衰落。百家争鸣重点介绍了孔子，肯定了孔子对后世的影响，对其他流派也有所提及。对于秦朝，书中重点记述了秦始皇和长城。该书对秦始皇的评价负面要多于正面，书中将秦始皇定义为暴君，是一个专制独裁统治者。第二单元讲了汉朝，这是该书中国古代史部分的一个重点，认为汉朝时期中国开始形成一个高度有组织的社会，还创造了璀璨的文明，对后世有极大的影响。第三单元也是中国史的一个重点，讲唐朝和宋朝，并将它们誉为"中国的一个持续的黄金（全盛）时代，是中国在世界上最富有、最强盛和最先进的时期"。[①] 因为唐宋两朝对内促进了经济和文化的发展，对外发展了国际贸易，在东亚乃至世界拥有强大的国际影响力。紧接着是对蒙古帝国的介绍，该书认为蒙古帝国征服了中国，它是一个独立的国家，而不是中国历史的一部分。第四单元主要讲述明朝和清朝，该书提到明朝和清朝有一个共同点，那就是闭关锁国，该书分析明朝虽然早期派遣郑和出访，但目的仅仅是炫耀国威和扩张地盘，明朝本质上并没有与外界有过多交流，后期将中国和世界彻底隔离出来。该书将清朝和元朝做比较，认为二者有本质差别，清朝算作中国史的一部分，他们用汉人的方式命名他们的王朝，沿用明朝的政府机构，努力学习汉人的文化，融入汉人社会，这种满汉融合让清朝成为中国史的一部分。第六单元讲述清朝末期的闭关锁国和被动接受西方的贸易往来。从字里行间的描述可见，该书偏重于将中国塑造成一个落后愚昧的国家，同时因果的表述也弱化了西方列强对中国的侵略，更像是一个先进的国

---

　　① "It become the richest, most powerful, and most advanced country in the world." McDougal Littell, *World History: Patterns of Interaction*, p. 323.

家帮助落后的中国进行改造。比如描述列强的侵略，该书形容美国是中国的一个长期的贸易伙伴，为了防止其他国家使中国沦为殖民地，才宣布"门户开放"政策，这让中国有了和殖民地不同的自由。[①] 书中对美国的这段描述过于简单，没有意识到美国无法侵略的更深层的原因，这也与加拿大教科书编写者从资本主义国家的角度出发，没有意识到这种行为的不正当性有关。第七单元主要叙述民国时期国共两党关系的变化和日本侵华战争。该书对这段时期的中国历史的叙述并不完整，只挑选了孙中山和三民主义、共产党的成立、国共关系变化和日本侵华这几个事件，其中日本侵华仅用了三个段落简要叙述了时间线，弱化了中国人民反抗和斗争的形象。第八单元讲述了新中国成立后的主要历史。该书将有关国共内战的叙述放到冷战的背景之下，美国支持国民党，苏联支持共产党，因此中国共产党的胜利是国际共产主义的胜利。第三十五章第五节讲的是新中国成立到 21 世纪以来的发展，这节主要讲述的是中国经济的腾飞，邓小平时代的改革开放、江泽民和胡锦涛的继承与发展，让中国发生了翻天覆地的变化。当然，在经济腾飞的同时，中国也面临一些问题，如贫富差距拉大、环境污染等。这段历史的叙述总的来说是比较客观的。

（二）描写的中国形象及特点

《世界历史：相互作用的模式》一书基本完整讲述了中国史：对于古代中国，该书的叙述更符合中国人的传统史观，塑造了一个有过辉煌也有过起伏的大国形象；近代中国是一个在没落中苦苦挣扎的落后国家；现代中国是一个逐渐蜕变最后涅槃重生的发展中国家。

1. 全球视角下的中国

《世界历史：相互作用的模式》一书并没有将中国与世界史隔离开来，而是将中国史放到世界历史的整体进程中去叙述。因此，在讲述中国史时，会联系其他国家或地区同一时期相似的事件。例如，将古中国的大河文明放在早期河谷文明之下，与苏美尔、埃及、印度河谷文明进行比

---

① "The United States was a long-time trading partner with China. American worried that other nations would soon divide China into formal colonies and shut out American traders. " McDougal Littell, *World History：Patterns of Interaction*, p. 468.

较，从环境、政治、科技等多个角度分析它们的异同点，有助于学生更好地了解中国大河文明的特殊性。该书还在不同章节多次介绍了将古代中国与欧洲联系起来的丝绸之路，在讲到汉朝时，该书运用地图详细标注出丝绸之路的路线，肯定了丝绸之路对中欧文化交流做出的巨大贡献，并且丝绸之路在唐朝、元朝乃至明清时期仍然存在，在中外贸易家中发挥了重要的作用。该书讲到宗教部分时，介绍了中国的儒家，并将中国的儒家与世界其他几大宗教放到一起对比，显示出儒家在国际上的影响力。在近代史部分，对于国共内战的叙述，该书也是将其放到冷战的背景之下，将国共两党的斗争扩大为美苏两个大国对中国势力的争夺。不难看出，该书非常注重一种全球化的观念，有助于培养学生的国际视野，更好地适应全球化的趋势。

2. 运用多种因素综合分析历史事件

《世界历史：相互作用的模式》整体运用全球史观来介绍中国，但在编写时运用了多个学科的多种因素来分析历史事件。如该书多次运用英雄史观，专门开辟了一个"历史制造者"的环节，注重历史人物对历史的影响，在中国史部分表现为介绍了中国很多著名的历史人物，如孔子，书中在百家争鸣和汉朝章节都详细介绍了孔子的一些理论及其对后世的影响。书中还提到了孔子作为教育家所做的贡献，并评价孔子的思想不仅影响了之后的中国，也扩散到了整个东亚。该环节还出现了老子、成吉思汗、忽必烈、毛泽东等在中国历史上做出过巨大贡献的伟人。这种对中国式英雄的塑造，有助于让学生对中国的历史发展形成独特的认识。

该书也注重表现中国文化的强大影响力，特别是在中国古代史部分，介绍了非常多的中国古代的辉煌成就，如汉朝的造纸术、马鞍、针灸、轮种法、丝绸之路，宋代的机械钟、火药、指南针、纸币。

该书还关注妇女在中国历史上的地位，如在商朝部分，介绍了妇好墓，讲述了妇好作为一名女性在商代拥有的权利；在汉代部分，刘邦死后吕后越过儿子掌管政权，并发展壮大母族的势力，这种外戚专权会对统治产生负面影响。在介绍汉代的文学艺术时，讲到了班昭——一位富有才华的历史学家。书中认为古代的中国女性因受到儒家学说的影响，只能待在家里，但仍有一部分女性可以接受教育，她们有的在文学艺术领域取得成就，还有的从事农耕生产、商业经营和治病救人。在唐朝，武则天成了中国历史上唯一一位女性皇帝，是女性掌握权力的顶峰。在介绍明清两朝的中国女性时，分析了中国传统的农业结构导致中国传统家庭重男轻女思想严重，妇女被逐渐限制在屋内，地位低下，还介绍了缠足的陋习，认为这是对女性的一大摧残。

此外，在分析蒙古帝国时，该书综合利用地理环境、军事、种族、人物等多种因素，展现了蒙古帝国如何从一个草原上的游牧王朝逐渐壮大为横跨欧亚的大帝国。

3. 对中国史理解的差异

《世界历史：相互作用的模式》在一些史实的分析上，与目前中国历史教科书中的观点是有非常大的差异的。例如，书中讲到中国最早的原始人是河姆渡人和北京人，但是目前中国教科书中普遍认为中国最早的原始人是云南的元谋人。还在商朝部分探讨了中国的王朝循环，书中讲到中国的王朝更替是因果循环，新的王朝建立宣称自己承接天命，经过一段时间平稳发展变得强大，达到顶峰后又开始衰落。也就是说，教科书认为中国的历史发展是一个循环，但中国的历史教科书持唯物主义历史观，认为中国王朝演进的历史是一种螺旋式的上升，每一次王朝的更替，都是中央集权制度的发展，最终在清朝发展到顶峰。再者，安大略省的教科书所持的"王朝循环"观点一直到中华人民共和国的历史为止未有改变。这种叙述的差异实际上是一种意识形态的对立，安大略省的教科书将共产主义下的中国丑化为没有民主的独裁统治国家，对中国形象的叙述存在着一定的偏差。另外，该书在一些史实的叙述上运用西方历史观念来评价中国，如元朝不属于中国。在对蒙古帝国的介绍中，蒙古帝国和元朝虽被认为是同一王朝，但与中国的历史叙述却大不相同。该书认为蒙古帝国征服了中国，它是一个独立的王朝，而不是中国历史的一部分。而到了介绍清朝的开头，该书就将清朝和元朝相比较，二者情况类似，但清朝算作中国史的一部分。清朝的皇帝与元朝统治者不同，他们入主中原以后，搬到北京居住、沿用汉人的方式命名他们的王朝，政府也沿用明朝的政府机构，没有将汉人和满族人区分开，而是努力地学习汉人的文化，去融入汉人的社会之中。这种满汉融合让清朝成了中国史的一部分，因而和元朝占领中国有着本质上有区别。这种解释体现了加拿大认同西方史学界的观点，将元朝与中国剥离，这其实是中西文化在理解中国古代史上的一个非常大的矛盾和冲突点，会对中外学生在认知中国古代史方面造成差异。对于近代中国衰弱的原因，该书也主要归咎于中国的农民动乱，[①] 但清朝灭亡的原因绝没有这么简单，书中这样描写就将中国固化成几千年来"王朝循环"的古老形象。

该书对中国文化的理解也不够深入。介绍唐朝古诗时，选择了杜甫的《月夜》作为例子，[②] 让学生去体会其中的情感。该书在翻译时将每一句诗的意思准确地翻译了出来，但并未翻译出诗的美感，读起来无法领略中国古诗的韵律美和含蓄美。和介绍唐朝类似，该书介绍了宋朝的书法绘画，称其独树一帜，但只介绍了宋朝绘画的技艺笔法，却不能传达给学生宋代绘画深藏的意蕴。实质上，中国的绘画重神似而不重形似，重意境而不重场景，安大略省的历史教科书在这里本末倒置了。

4. 对两省中学历史教科书中国形象书写的思考

两省中学历史教科书在塑造中国形象上，既有可取之处，也存在一些不足。对中国形象的塑造受到加拿大政府意识形态的影响，因此与目前中国的历史观存在差异。对这些问题的探究，为教科书中他国形象的塑造带来了一些启示。而差异和冲突如何解决，为接下来的研究埋下了伏笔。

三　两省中学历史教科书中国形象书写的整体分析

因国情的影响，加拿大各省教育情况不一，因此政府在课程标准和教科书的挑选上都有严格的制度，这对教科书里中国形象的塑造有非常大的影响。在两省中学历史教科书中，中国史的内容较少，且比例失衡，不利于学生对中国的认知。

（一）　教科书的挑选和塑造中国形象所体现的课程标准

基于加拿大不同省份各自编写课程标准的情况，历史教科书的选择就变得多样化，为此加拿大建立了严格的教科书制度，以此来保证教育质量。以

---

① "Foreigners were not the greatest of China's problems in the mid-19th century, however, The country's own population provided an overwhelming challenge." McDougal Littell, *World History: Patterns of Interaction*, p. 645.

② 唐朝诗人杜甫的《月夜》，原文如下："今夜鄜州月，闺中只独看。遥怜小儿女，未解忆长安。香雾云鬟湿，清辉玉臂寒。何时倚虚幌，双照泪痕干。"

安大略省为例，"加拿大安大略省的教科书制度是四大利益团体博弈的结果。四大利益团体是'专业能力'的专家团体，'行政权利'的省教育部，'代表性'的教师和学校委员会，'经济利益'的出版社团体"。① 这四个利益团体的存在，意味着教科书的挑选要符合安大略省课程标准和所设置的课程的具体要求；要以加拿大为中心，内容上要体现加拿大的民族自豪感和自信心；要为学校和教师着想，尽量降低成本，为教师提供相关的参考资料；要优先考虑由加拿大人编写或由加拿大出版社出版，惠及加拿大的经济产业链。因此，两省的教科书编写在一定程度上受到了加拿大政治的影响，反映了加拿大政府的需求。

在中学的不同阶段，对学生学习的要求自然存在一定差异。在初中阶段，卑诗省的历史课程标准中最高频出现的三个词分别是"意义""文明""全球化"，这三个词基本解释了为何教科书呈现一个这样的中国形象：一个创造了璀璨文明的极具影响力的古代大国；一个正在蓬勃发展的当代经济国家。在高中阶段，安大略省的历史课程标准要求学生学习历史是为了成为一个有责任感的加拿大公民，适应全球化的新形势，从而更好地为建设加拿大多元化社会服务。在这种以加拿大为中心的要求下，中国形象的塑造是处于全球框架之内的，尤其对近现代中国的叙述，带有非常浓厚的意识形态色彩。

1. 内容分布和叙述特点

在加拿大的中学历史教科书里，世界史部分按照时间顺序，将各国历史分到每个单元。其中，中国史的内容在教科书中所占的比例不高。据笔者统计，在初中阶段，卑诗省历史教科书中，中国史占全书的 9.3%，其中古代史占 7.5%，近现代史仅占 1.8%；在高中阶段，安大略省历史教科书中，中国史占全书的 6.5%，其中古代史占 5.1%，近现代史占 1.4%。如此比例不均衡的内容分布，实质上是国家意志和课程标准要求的体现。两省的历史教科书将对中国的叙述融入其与世界的联系之中，强调中国历史中对世界有贡献的部分，因此古代中国部分占了非常大的比重；因落后和意识形态的冲突，中国近代史内容则比较少，并偏向于描写比较负面的中国形象。

---

① 刘欣：《加拿大安大略省教科书制度概览》，《现代中小学教育》2008 年第 2 期，第 65 ~ 67 页。

　　再者，两省的历史教科书对于中国史的叙述偏重概括性的介绍，没有确切的政治、经济、文化等模块的划分，这是由于中国没有与加拿大紧密相关的历史，因此学习时只追求整体的简介，缺乏客观详细的描述。另外，很多地方存在生搬硬套的问题，如两省对中国古代的古诗和绘画大力赞扬，但在介绍时存在生硬的英文翻译和错误，没有真正理解其内涵。但两省的历史教科书都从多角度来看待中国文明的变迁，对很多并未受到重视的历史事件给予新的解读，有利于学生全方位、多角度地学习中国史，丰富了中国的立体形象。

2. 对中国形象描述的差异

　　加拿大和中国的历史教科书在中国史的叙述上存在一些差异，这些差异表面上是由不同史学观点导致，实际上是由于两国在意识形态上的碰撞。

　　在对中国古代史的叙述中，这种差异体现在传统的印象取代了部分客观的理解，如在对中国古代社会的"天命"王朝的理解上，加拿大历史教科书认为中国停留在专制统一国家的无限循环之中；忽视分裂时期的中国，并就王朝与国家的关系进行探讨等。还有对孔子、秦始皇、武则天等英雄式的历史人物的叙述，令个人的特点和形象成为整个国家的特点，过分强调某些历史人物的影响，甚至以偏概全，只讲成就而忽略暴政给百姓带来的痛苦。这些西方式的理解令加拿大对中国形象的描述与当前中国的历史教科书存在很大的差异。在近现代史部分，因意识形态上的争议，历史教科书在一些政治事件的描述中，刻意弱化甚至扭曲中国的形象，成为教育本国学生的工具。

（二）　对教科书中他国形象编写的启示

　　尽管存在一些不足，但对加拿大中学历史教科书中的中国形象的研究，还是为教科书中他国形象的编写带来了一定的启示。以学生为主体，运用多种史观，丰富和创新教科书，注重教科书的客观性等，这些都为教科书的编写提供了经验和借鉴。

1. 从多个角度看待世界史

　　从安大略省高中历史教科书中的中国形象的书写可以看到，其将中国史放到世界史整体大框架之下，这样做有助于加强中国和世界的联系，有助于学生在全球化视角下看待问题。而目前的中国历史教科书是将中国史和世界史分开编写入不同的单元，割裂了中国和世界的联系。安大略省高中历史教科书经常将不同国家间相似的历史事件放在一起进行比较，在每个单元的结尾，也会总结各个章节之间的联系，找出这段时期世界文明演进的共同点，掌握人类文明的总体进程。其次，无论是安大略省还是卑诗省，其教科书很少分门别类描写某个时期经济方面或政治方面的事件，而是将一个时期的各个因素联系起来，综合分析一个历史事件，看待问题更加全面。而目前中国历史教科书采用专题的形式，将政治、经济、文化分开讲述，这在一定程度上使学生对一个时期国家的史实掌握得并不全面，甚至可能有所遗漏。再者，无论是安大略省还是卑诗省的历史教科书，都不乏对妇女和儿童等弱势群体的关注，还有对环境问题的担忧，这有助于培养学生的人权意识和环保意识。

2. 丰富和创新课文辅助系统

课文辅助系统上，两省都运用了丰富的图片、图表和地图。这些元素的运用与加拿大的社会科学各种科目学习的综合性有关，地理、经济、历史、文化、艺术等科目不分家，互相联系，提高了历史学习的广泛性和综合性，有助于对一些问题的深入探讨。同时，大量图片的运用，拉近了学生与历史的距离，有助于提高学生的兴趣。

3. 书写历史的客观性

值得注意的是，两省在书写中国形象时，都或多或少存在一些问题，如有目的地挑选内容导致叙述的不全面，讲述他国历史时受意识形态的影响等。如何客观地书写他国历史，不受政治的影响，既不夸大其词，也不过分苛责，这就对教科书的编写提出了挑战。当然，加拿大教科书中的中国形象也给中国带来了挑战，中国在逐渐成长为一个有国际影响力的大国，取得的成就令人瞩目。但在一些历史遗留问题上，如何让他国正确客观地看待中国，教科书的中国形象显得尤为重要。

四　结语

加拿大的中学历史教科书在一定程度上能反映加拿大政府对待中国的态度，也会影响到未来中加两国的交往。加拿大的中学历史教科书塑造了一个文明灿烂而辉煌、影响力巨大的古代中国形象和曾衰弱但正在一步步崛起的当代中国形象，旨在达到与实现课程标准中"学以致用、古为今用"的要求和培养适应多元化社会的公民的目标。对中国史的了解和中国与加拿大联系的建立，也有助于加拿大人对来自中国的移民的背景有一定了解，也让在加拿大生活的华裔族群对加拿大产生更深的认同感和归属感。

这两个省不同阶段历史教科书中的中国形象，还是存在一定的差异，卑诗省因为在初中阶段学习，更多是以了解为主，内容更突出重点；而安大略省教科书对中国史的叙述比较完整，并有一定深入分析。当然，二者也有一些共同的特点，如对文化史的重视，对妇女和弱势群体的关注，对当代全球环境问题的分析，还有对历史事件的分析，从来不是单一的，而是侧重于多种因素。这些异同点为中国的教育工作者提供了经验和教训，有助于改进中国历史教科书的编写。

但也应该看到，两者在一些历史事件上受到意识形态的影响，叙述与目前中国史学界的观点存在差异。对于存在的这些差异，需要提高中加两国的友好往来，尤其是两国政府，应支持和鼓励两国史学界的交流和互动，对存在争议的部分进行商讨和研究。

越南战争在中、法、美、越四国高中历史教科书中的书写对比

叶希蓓

一 越南战争在中、法、美、越四国高中历史教科书中的书写

(一) 越南战争在中国高中历史教科书中的书写

中国目前高中历史教科书主要以"专题 + 模块"的形式编写，分为必修部分和选修部分。我们所要讨论的有关越南战争的内容被编写在《选修三——20世纪的战争与和平》这一本书中。而在新一轮课改中，无论是在必修的《中外历史纲要》还是在选择性必修的教材中，有关越南战争的内容已经不再作为一课甚至一目出现在课本中，而是补充在"历史纵横"中，作为辅助材料用以证明资本主义国家的反战运动。可见这段历史在我国高中的历史教学中，地位并不算高，并且已经被边缘化。

人教版、人民版、岳麓版和大象版四套教科书中，除了人教版教科书将越南战争单独作为一课学习以外，其余三套教科书均将越南战争与朝鲜战争并作一课内容，作为冷战中的热战典型来看待。总体而言，越南战争在中国历史教科书中并没有得到重视，在新一轮课改中，更是被边缘化。

人教版、人民版、岳麓版和大象版四套教科书，虽然相互之间存在一些差异，但总体上呈现出一些特点，存在一些问题：第一，中国高中历史教科书非常重视越南战争定性，即基本将越南战争视为帝国主义对被压迫民族国

家的侵略战争，其非正义性在教科书中得到很大的强调；第二，将中国自身的形象进行了一定程度的美化，避而不谈有关中国在越南历史上长期作为宗主国的历史、中国在日内瓦会议中支持将越南暂时一分为二的态度、中美建交等一些在这场战争中不利于本国形象的历史事实，塑造出一个全力支持越南民族独立、国家统一的正义者形象；第三，叙述的倾向性非常明显，将战争的罪责主要或全部归结于美国方面，将美国简单视为非正义的侵略一方，将越南视为正义的反侵略一方，同时对被侵略、受压迫的越南人民表示同情，将中国近代史叙述中关于侵略与反侵略的理论代入越南战争；第四，对史料教学的思考不足，教科书中多数史料并没有注明出处，对图片史料的解读并不深入，文字史料的来源大多不详。

在新一轮课改中，教科书同样也重视对越南战争的定性，将法国和美国视为侵略者，将越南战争定性为民族解放战争，这一基调在中国各版教科书中一以贯之。但新版教科书并不关注越南战争本身，也不论及战争发生的冷战大背景，甚至将中国在战争中扮演角色的相关内容完全删去，只是站在资本主义社会发展的角度，将越南战争作为论据来论证资本主义社会固有的问题。选取的图片是美国反战游行中士兵将枪口对准游行学生的照片，以此来证实资本主义社会的发展远离人民群众和其非正义性。可见，新教材中，就越南战争而言，对史实的学习相对弱化，而思想价值观的灌输则被强化。

（二）越南战争在法国高中历史教科书中的书写

法国对教科书的管理是比较宽松自由的，不少出版社可以独立编辑和出版教科书，而且可以自由选择编入教科书的内容。每隔几年，这些出版社还会对教科书进行重新编写和再版，因此法国存在大量的教科书。无论这些教科书的价值取向或编写质量如何，教科书的编写依然会遵照法国教育部制定的大纲来选择学生需要学习的内容。教科书的选择使用和教科书的编写出版一样自由，法国每一所高中都有独自选择教科书的权利。每年这些学校都会在自己网站的主页上公布这一年每个年级、每门课程学校指定使用的教科书清单。法国普通高中在高中二年级时期开始分为三个方向，即文学方向、社会经济方向和科学方向，从可获得的教科书中发现，有关越南战争的内容基本被编写在高中二年级文学方向和社会经济方向的历史教科书中，可见越南战争在法国教科书中的地位并不算太高。

鉴于关于越南战争的很大一部分档案并没有公开，越南战争在史学研究上也是一个存在较大争议的课题。因此，在法国的教科书编排中，有关越南战争的内容通常是被安排在研究性学习的部分，这样的编排方式减少了教科书编写者对越南战争的主观叙述，使学生能够在史料分析中，形成自己对越南战争历史的理解，进而培养学生自主学习与探究的能力。

法国不同出版社出版的教科书虽然各有特色，但总体上是大同小异的。我们发现，法国的教科书通常将定义为 1963～1973 年美越之间的战争，而法国参与的第一次印度支那战争，被安排在有关法国殖民地独立的相关章节中，并且并没有做比较详细的介绍。此外，教科书普遍将越南战争作为研究性学习的内容，并不急于对其进行官方的定性，而是通过给出大量的史料，由学生对这些史料进行分析和解读，形成个人对这场战争的理解，因此有关越南战争的学习，在法国的教科书中更具有开放性。但是，这种开放性并不是绝对的，从教科书中史料的选择来看，虽然每套教科书所选取的史料都不一样，但大部分教科书对美国方面的史料选择较多，而对越南和中国方面的史料选择较少。当然，这里我们不能排除相关档案未公开的现实原因。对比这些史料的类型，我们发现每套教科书在叙述越南战争时都会选用一张时局图作为必不可少的史料，在一定程度上体现了对学生时空观念培养的重视。此外，每一则图片史料的下面都有相关的文字说明，每一则文字史料的后面都会注明史料的出处，图片史料和文字史料会不同程度地相互印证。可见历史学的严谨思维和有关史料教学的思考，在法国的高中历史教学中，是比较成熟的。

（三）越南战争在美国高中历史教科书中的书写

由于美国实行的是联邦制，因此各州保留了一部分"未经宪法赋予联邦"且又"未禁止各州行使"的权力，而教育权就是其中之一，[①] 因此各州教育存在很大的自主性。而对于历史教学来说，各个州的规定和标准也不尽

---

① 徐巍：《美国宪法关于教育权力归属的政治哲学分析》，《河北学刊》2013 年第 5 期。

相同。同样，对于教科书而言，美国市场上的历史教科书也是种类繁多，大多由历史学家或经验丰富的中学历史教学工作者编著、自由出版，供各学校选择和使用。①

在美国的高中历史教学中，越南战争更多是被视为本国史的一部分，相对于中国和法国的高中历史教科书而言，美国对越南战争的教育和思考是极为重视的。尤其是在美国史的学习中，有关越南战争的记叙是非常详细的。美国教科书普遍将越南战争定位于美国20世纪四五十年代到70年代的历史之中，对越南战争的介绍并不局限在越战战场本身，而是更关注越南战争对美国国内的影响。在教科书中尽管也会提到一系列不利于美国形象的事件，但教科书普遍忽略了美越对抗对越南人民造成的伤害，人道主义方面的关注稍显欠缺。非常重要的一点是，美国教科书普遍不承认美国军队在越南战场的失利，教科书中的叙述和呈现更容易让人产生一种理解，即在军事技术层面，美国并没有失败，美国只是败在政治层面，是美国国内的各种游行、冲突、暗杀和分裂造成了美国在越南战场上的被动。

（四）越南战争在越南高中历史教科书中的书写

越南高中历史教科书的编订实行的是"一纲两本"的制度，即全国仅有一本教学大纲——《普通历史教育课程》，根据这本教学大纲编订了两套高中历史教科书：一套为基础性课程教科书，一套为拓展性课程教科书。绝大多数学生都选择基础性方向，因而基础性课程教科书被越南师生广泛采用。由于条件和学术水平有限，这里所要研究的，是越南教育出版社于2008年出版的基础性课程高中历史教科书。

越南战争在越南教科书中被称为抗法战争（1946~1954年）和抗美战争（1954~1975年），从名称中就可以发现两次战争中越南防守抵抗的立场。越南历史教科书按照通史结构编排，抗法战争和抗美战争这两段历史被安排在高三年级教科书"1919年至2000年的越南历史"这一部分。两段历史分别编为两个单元，共7课内容，通过15节课完成授课。可见两次战争在越南现代史教科书中的篇幅之长，在越南高中历史

① 刘传德、许华：《美国的历史教学》，《史学史研究》1997年第1期。

教学中的地位之重。

　　越南教科书对越南战争的呈现是非常具体的，对战争中具体战役的关注也较前述所有教科书更为细致，同时对解放南方、完成统一的问题尤为关注。此外，越南对抗法、抗美战争的思考更是立足于整个印度支那的大局，或有将越南战争视为印度支那战略一部分的意图，体现了整个印度支那半岛对越南的特殊意义，这也是越南教科书的一大特殊之处。越南教科书将两次战争都视为反对殖民侵略的民族解放斗争，将越南共产党置于领导地位，对越共领导的抗争战略、经济生产活动、国内会议等尤其关注。但值得注意的是，越南教科书将本国史与世界史分成两个部分编写的构思，在叙述抗法和抗美战争的时候出现了问题：对两次战争的介绍完全没有提到美苏冷战的国际大背景，而是将这一背景放在世界现代史部分的国际关系这一单元叙述，其中简单提到美苏冷战引发了法国和美国对印度支那的侵略战争，从而造成了教科书内容的断裂，将本国战争与世界背景分离，在本国史的叙述中弱化了外部世界的影响，而是关注本国历史的进程，从而进一步提高了越南共产党在本国历史上的地位。整个教科书的史料运用和问题探讨体现了越南历史教学对时空观念有一定程度的思考，但在史料实证和历史理解等方面仍稍显不足。

（五）越南战争在四国教科书中书写的异同

　　通过分析四国的高中历史教科书，我们大致对其关于越南战争在教科书中的叙述有了一些了解。我们发现，这些教科书的编纂在一定程度上是有一些共性的。首先，关于越南战争的定位，四国教科书或多或少都涉及冷战大背景，把越南战争的爆发与美苏对峙的国际背景结合起来，只是这样的考虑，在中国和法国的教科书中体现得更明显一些，美国和越南的教科书都倾向于把越南战争看作本国历史进程的重要组成部分，对冷战背景的叙述更弱一些。其中，由于美国是冷战中西方阵营的直接领导者，教科书的前前后后都会融入对美国冷战战略的叙述。相较而言，越南教科书对冷战背景的思考最为轻视。其次，关于越南战争的一些内容，四国教科书都有不同程度的隐匿：中国教科书完全未提及中苏关系破裂、中美建交、越战后期中越关系恶化等一系列相关的重要事件；法国教科书中的越南战争仅仅指 60 年代之后的美越战争，将法国参与的第一次印度支那战争分配到其他课文中，并且只用一小段话轻描淡写；美国教科书几乎忽略了美国军队对越南造成的伤害，反而更加关注越南战争对美国的影响；越南教科书对战后大量越南难民逃往国外的事实也是只字未提。四国教科书在叙述这场战争时，都表现出不同程度的倾向性：中国教科书完全站在越南这一方来叙述，明确指出越南为盟友，而美国是带有侵略性的敌人；法国各版教科书的倾向各有不同，尽管总体态度没有表现出非常明显的站位，但史料选择来看，大部分教科书似乎更倾向于站在美国的角度来解读越南战争；美国教科书更是将美国呈现为战争受害者之一，将战争部分归咎于共产主义在东南亚的扩张；越南教科书则完全站在北越和越共的立场，对法国和美国以及南方亲美政府强烈反对并予以批评。

　　四国教科书之间的差异还体现在一些具体的历史细节和材料选择上，而教科书中这些具体事件的叙述差异，在于不同国家的高中历史课程在设置越南战争的内容时，立足点不同。中国教科书着重于定性。几乎每套中国教科书都明确指出，越南战争是美帝国主义为扩张自身势力、干涉他国内政而发动的侵略战争。围绕这样一种定性，教科书着重展现了美国不顾越南独立国家的地位，强势干涉越南内政，破坏越南的建设，残害越南人民生命的罪恶行径，最终害人害己。而中国作为越南的忠实盟友，为越南战争的胜利提供了大力支援。法国教科书着重于解读。关于越南战争的史料并没有完全公开，因此有关越南战争的思考因人而异。出于这样一种考虑，法国教科书将越南战争的内容放在研究性学习的部分，很少提供权威性的说明，只是将各种相关史料放在一起，并提出思考的问题，让学生从这些史料中解读出自己眼中的越南战争。美国教科书着重于反思，其对越南战争的关注并不在于越南战场，而更多在于越南战争期间美国国内发生的一系列事件。通过对越南战争的学习，美国教科书更倾向于引导学生对美国政治制度、公众舆论以及自身实力进行反思，最后能够以史为鉴，思考美国在未来的国际社会中能够扮演的角色。越南教科书着重于政治。越南历史教科书中关于1945年之后历史的叙述总体看来似乎是一部越南共产党史，在抗击法国和美国侵略的同时，教科书处处围绕越南共产党领导的抗战战略、国内会议、经济生产等内容来叙述，强调突出越南共产党的领导作用，从而确立越南共产党的领导地位，其中政治教化的目的被深深蕴藏于历史教学中。因而，基于不同的着重点，四国教科书在内容的选择、对越南战争的具体呈现方面存在较大的差异，也引发我们对教科书这些不同着重点选择的原因进行更深入的探究和思考。

二 不同国家对越南战争不同叙述的原因

（一） 史学观念的差异

历史本身是客观的，但教科书编写者在编写历史的时候，会不自觉地加入主观的因素，这种主观的倾向性在教科书中都能够体现出来。因此，各国历史教科书在编写的过程中，都要求遵循一定的史学观念。而这些史学观念的差异，直接就导致了同一段历史在不同国家教科书中叙述的差异。

在中国，历史教科书的编写需要遵循唯物主义史观，还会融入毛泽东思想、中国特色社会主义理论的一些内容。唯物主义史观同样可以用于越南革命的叙述。因此，在教科书中，战争的侵略性质被反复强调。越南是和中国一样的受压迫国家，需要通过暴力的手段驱逐外敌、保家卫国。这种暴力的手段是反侵略的，是正义的。而美国是典型的帝国主义国家，为争夺世界霸权，不惜武力干涉越南革命。这种武力的手段是带有侵略性质的，是非正义的。同时，教科书还叙述了越南人民对美国军队的敌视、中国人民对越南反侵略正义战争的支持和美国反战人士对国家发动战争、破坏和平的反对。这样的叙述，意在体现美国参与越南战争的不得人心，暗示人民群众才是历史发展的决定力量。因而，唯物主义史观在中国教科书中体现得淋漓尽致，而中国教科书注重对越南战争的性质分析，也是出于此。新教材的编写角度，更是进一步深化了唯物主义史观的指导和意识形态的教育。

法国教科书尽管没有明确指出教科书编写所遵循的史学观念，但从教科书的内容呈现来看，我们隐隐能发现一些有关这方面思考的端倪。一方面，教科书中对全球史观的体现是比较明显的，越南战争并不是单独作为一场战争来探讨的，教科书编写者将其置于冷战的世界大背景之下，因为越南战争也是冷战的一部分。几乎所有的教科书在介绍这段历史之前，都会在书中附上一张当时的世界地图，以体现越南在整个东南亚甚至全球局势之下的地理位置和战略地位。在对越南战争的问题讨论中，几乎所有的教科书中都有一两个问题涉及越南战争对当时世界局势的影响。在全球史观的影响下，教科书呈现了对学生全球视野培养的重视。另一方面，我们发现了法国教科书对越南战争的记叙非常特殊的一点：书中提供了大量的史料，却不愿对这场战争做出结论式的论段，而是希望引导学生去探究这些史料，形成自己的价值判断。这样的叙述，体现了法国自由主义的影响以及对个性的推崇。

在美国，用于美国史教学的教科书非常明显地体现了英雄史观和美国中心论的观点。美国史教科书在介绍越南战争时，通常会着重介绍 20 世纪50~70 年代历任美国总统的对越政策，暗示是这些重要人物的政策变化、上任与下台，导致了整个美国在越南战争中处境的变化。同时，教科书往往从美国的角度、由美国国内重要历史事件设定历史的时间轴，来介绍整个越南战争。这完全是单方面地站在美国的立场上思考越南战争，"美国中心论"的思想体现得淋漓尽致。

越南的教科书编写与中国相似，同为社会主义国家，同样也需要遵循唯物主义史观来阐述历史发展。从教科书目录上，我们可以清楚地发现，越南教科书的编纂和历史时期的划分是完全按照前面提到的人类社会五大社会形态来进行的。就抗法战争和抗美战争这两部分内容而言，其叙述背后同样也暗含唯物史观的指导。教科书花了大量笔墨讲述两次战争期间越南尤其是越共领导的经济建设，包括土地革命、改造生产关系、劳动生产等，暗示了经济建设为战争胜利奠定了物质基础，体现了经济基础决定上层建筑的历史唯物主义。对于抗战的主体，教科书指出是越共和胡志明领导的全军与全民，教科书多次强调，是军民对法国和美国帝国主义侵略展开斗争，同时得到了老挝、柬埔寨、中国、苏联、东欧人民以及法国、美国进步人士的支持，体现了人民群众是历史的创造者，越南的抗战胜利源于人民群众的努力和支持。由越共领导完成解放南方的历史任务是合乎人民群众利益的，也是人民群众的选择，同时也暗示了越共在越南的领导地位是人民选择的结果，是顺应历史发展潮流的，具有合法性。由此可以看出，越南历史教科书实质上是政治教科书，承担着政治教化的使命。

（二）教育目的的差异

关于历史这门学科在中学教学中的重要性，很多国家都有不同程度的认可，在一些国家，历史教育在高中教学中甚至能受到高度重视，历史被视为一门不可或缺的学科。鉴于历史能够培养学生的思辨能力、国际视野、社会责任感和民族认同感等，历史教学在高中也扮演了公民教育的角色。不同国家对本国公民素质的要求，直接影响到了高中历史教学要承担的责任；而不同国家高中历史教学教育目的的不同，也直接影响到了高中历史教科书的编撰。

首先，在中国，教科书的前言部分会提出教科书的编写目的以及对学生的培养要求。在前言中，我们发现编写者无一例外地会提到对和平的珍视，从而希望学生以维护世界和平作为理想与追求。教科书编写者希望通过战争的惨烈程度、伤亡数据等细节，震撼学生的内心，使其产生反对战争和追求和平的信念。其次，编写者希望学生能够认清当今世界的霸权主义，因而在中国教科书记叙的越南战争中，美国欺侮弱小国家、扶植傀儡政权、滥用生化武器等行为，都被认为是霸权主义的体现。最后，教科书中多次暗示越南的分裂是不合法的，而和平统一才是大势所趋，这样的叙述难免会引发对大陆与台湾关系的思考；而美国对越南的干涉，直接威胁到了中国的边境安全，是对中国的挑衅与侵犯，这样的叙述也不免会引发对当今中国周边国家受美国支持、挑战中国领土主权的局势的思考。教科书对这些在当今世界有借鉴和警示意义的历史的强调，也暗示学生要立足当下，以史为鉴，关注国家命运，力求用和平手段解决问题。

法国政府在 2010 年 9 月 30 日发布的《高二历史学习计划（第四号文件）》[1] 中，对高二历史学习的目的做了详细的说明。这份计划书对历史学科和地理学科的学习目标和要求都做了介绍。有关历史与地理共同的学习目的，一共有三大要求，包括对学生时空观念的培养、解读信息能力的培养以及独立学习能力的培养。而历史的学习目的，则包括培养学生的全球视野、思考 20 世纪的过去以及 21 世纪的未来、理解这段历史中的经济变化和社会需求等。对这些目的的具体实现方法，计划书要求教科书对相关历史事件的研究问题要细节化、具体化；教师要充分利用课堂自由与教学责任引导学生记忆思考；课堂要充分发挥信息交流的重要功能，进行相关讨论。因此，我们发现，在法国教科书中，越南战争被作为一个研究性的问题用于课堂讨论

---

[1] Programme Histoire 1re, 30 Septembre, 2010, BO no. 4.

和课后学习，书中利用大量的相关史料，提出相关问题。其中，有关越南战争的时局地图是不可缺少的史料之一，教科书希望学生解读史料、回答问题，进而形成自己的理解，最终在探究和学习历史事件的过程中，获得计划书要求的这些能力。而对越南战争冷战背景的详细介绍、对美国参战原因和失败原因的探讨、对越南战争对世界局势影响的分析等内容的重视，同样也体现了教科书按照政府计划要求，对全球视野和对 20 世纪世界局势变化的关注。总体而言，法国政府的这份计划书对法国教科书提出了非常详细的教学目的要求，而法国教科书的编写也完全遵照了政府的要求，极力在学生学习的过程中发挥辅助和引导的作用。

美国教科书的前言，也详细说明了教科书的编写目的以及对学生的学习要求。美国史教科书指出，学生对美国历史的学习，在于理解美国社会的当下和过去，理解美国过去发生的事件的根源、发展方向和变化历程，通过对历史的学习，以史为鉴；通过认识过去的事件，了解当今社会，面对未来的发展能够理智地看待问题。因此，我们发现美国教科书对越南战争的叙述落脚在当时的美国社会。这一场战争背后，学生需要学习的，是反思这场危机，反思美国总统的决策和人民的选择，反思美国在世界事务中能够扮演的角色，反思美国暴露出来的制度和国家安全问题，经过反思后，学生才能更好地认识他们的国家。在美国的中学里，一些教师在教授有关越南战争的内容时，还会以越南战争为模板，联系美国在 90 年代发动的科索沃战争、在 2003 年发动的伊拉克战争，将过去与当下的历史事件联系起来，引导学生对美国社会产生自己的思考。[①] 总体而言，我们发现，美国历史教科书编写的很重要的一个目的，就是要激发学生的民族认同感，引导他们关注美国社会，用历史的经验来面对美国的未来。

越南的情况比较特殊，越南教科书中并没有介绍编写思路和对学生学习要求的前言，在越南高中历史教学中，也不存在课程标准这样的文件。但和中国一样，越南也提出了自己历史教学的三维目标，分别是知识目标、技能培养目标和情感态度目标。我们发现，越南的三维目标是将知识与技能拆分成两大目标，而并没有涉及过程与方法这一目标，可见相对于

---

① John Day Tully et al. , *Understanding and Teaching the Vietnam War* (Wisconsin: The University of Wisconsin Press, 2013), p. 23.

知识的获取方式，越南历史教学更注重的是知识本身。因此，受三维目标的影响，教科书存在大量由教科书编写者执笔书写的历史叙述，陈述性的知识呈现构成了越南历史教科书的绝大部分内容。同时，教科书中提出的讨论问题也大多是对具体史实的影响及意义的归纳总结，缺乏对史实的多元探究。此外，除了三维目标，越南的历史教学比较明确的有两大素养，即时空观念和唯物主义。基于对时空观念的培养，在教科书中的相关战役，都会附上战局图，但比较遗憾的是，对于这些战局图，教科书并没有提出有关问题引导学生进行分析，仅仅用于直观地迎合文字叙述的内容，使其更容易被理解。而基于唯物主义价值观的渗透，在前面史学观念的介绍中已经分析，这里不再赘述。

（三）国情国策的需求

中学历史教科书作为国家意志的产物，同时肩负着爱国主义教育的使命，教科书的编写时常也受着本国国情国策的影响和制约。各个国家之间国情不同，国策又各有偏重，直接导致了各国中学历史教科书对同一历史事件的叙述出现了不同方向的侧重。

中国作为人民民主专政的社会主义国家，出于意识形态的认同和开展爱国主义教育的目的，在中学教科书中必然是更倾向于站在社会主义国家的立场上。因而，在有关越南战争的叙述中，战争的正义性被牢牢握在当时的社会主义阵营一方。此外，中国近代以来的历史可以概括为侵略与反侵略的斗争史。基于这样的国情和自身认识，越南战争中越南与中国的相似之处被充分挖掘。最后，中国教科书反复暗示反对越南内战和分裂，弱化南越政权和北越政权的矛盾，将越南视为一个整体。这种论述背后，与中国自身的国情也是息息相关的。自 1949 年国民党败逃台湾以来，两岸统一问题一直是中国的大事，因而在越南战争中，南北越的分裂无疑极其容易触动中国自身的敏感神经。由此，中国历史教科书将美国与越南之间的矛盾视为主要矛盾，对南北越的分裂几乎是避而不谈，暗示了越南战争是美国霸权主义干涉的结果，只有民族团结统一、共同抵御外敌才是人心所向。这样的暗示，与中国当下的国情和国策无疑是紧密相关的。因而，在中国历史教科书中，表面上叙述的是越南与美国之间的战争，而实际上无不暗示着中国的自我定位、发展历程和国情国策。

法国在世界舞台上可谓一个思想大国。法国大革命提出的"自由、平等、博爱"的口号至今仍是法国社会的主流价值观。①在这样一个国度，自由的传统和独立思考的精神使法国人对权威有着与生俱来的不信任和不屑，这一点在法国教科书中也能够窥见端倪。然而，教科书毕竟受到国家意志影响，因此越南战争的内容被简化，通过教科书编写者的叙述展示；而美国和越南之间的这场战争，成为法国教科书中用于探究性学习的完美素材。因而，关于这场战争，教科书让学生通过史料阅读、独立思考和充分讨论，得出属于自己的结论。此外，从法国近几年的发展重心来看，在法国的对外战略中，越南并不是重点，而美国与法国和欧洲的关系却要密切得多。所以在法国教科书中，有关美国的内容比重要远高于越南的比重。但值得注意的是，法国与美国的关系从来都不是亲密无间的。在戴高乐主义盛行时期，对独立自主的追求使法国常常不愿紧跟美国的脚步，而是成为一个"任性"的伙伴。因此，我们发现，法国教科书在叙述越南战争时，尽管更倾向于美国，却并不是完全倒向美国，而是对越南仍抱有很大的同情，对美国的行为及其结果仍持一定的批判态度。观察近几年法国的外交政策，我们发现法国不断通过军事行动介入非洲国家的内政，从主导北约介入利比亚战争，到直接介入叙利亚危机，再到军事介入马里，法国仿佛也在扮演着曾经美国在亚太地区所扮演的角色，而这些军事行动也使法国在非洲的决策变得更加复杂艰难。鉴于这样的国情和对外政策，我们发现，法国关于这一部分内容的教学，或许是在探究前人和他国的历史经验，以史为鉴，用以指导和思考法国对非洲政策的走向。

美国的发展总是与战争有着密切关系。自18世纪末以来，美国从战争中诞生，经历一战与二战，最终在冷战后成为全球唯一的超级大国。而越南战争对美国而言，可以说是美国历史上对美国打击最大的一次战争。美国人一直坚信，他们来到北美大陆，是肩负着上帝赋予的特殊使命的，即要在北美大陆建立一个自由与民主的样板，并将这自由与民主输往全世界。②然而，在越南战争中，美国的这一理念和行为受到巨大的质疑，以至

① 沈孝泉：《法国观察》，新华出版社，2016，第78~79页。
② 徐步：《够了，战争——美国的国家特性及国际政治评论》，北京大学出版社，2012，第11页。

于战争还未结束，一部分美国人就开始认为这场战争是一个错误。而几十年后，由"9·11"事件引发的伊拉克战争与越南战争又是何其相似，再度将美国拖入泥潭。因此，对美国而言，对越南战争进行全面而深刻的反思是非常有必要的。而美国人有关注政治改革和投票的传统，使得在中学教育中，需要引导学生对越南战争时期美国国内的反常政治展开反思，并以此为鉴，培养拥有独立意识的合格公民。正因为如此，越南战争在美国历史上占有重要地位。此外，美国是一个移民大国，根据近几年美国的人口统计，美国白人在美国总人口中所占比例不断下降，而非裔和亚裔美国人比重持续上升。[1] 在种族成分复杂的美国，求同存异是最好的解决方式，而"同"在美国社会中，很重要的一部分是共同的价值观，在政治层面，即对国家和民族的忠诚，对美国宪法和民主参与怀有敬意。[2] 因此，在美国教科书有关越南战争的内容中，越南的民族性和独特性弱化，而美国的国内国际问题、国家价值观，对对美国自身制度的反思被强化，美国社会的价值观蕴含其中。

越南的社会主义国家性质，决定了越南教科书的书写。从地理条件来看，越南位于东南亚中心地带，连接东亚、中东、非洲、澳洲和远东地区。狭长的海岸线使沿海多地具备建设深水港的条件。[3] 这样的地理条件决定了越南适合走外向型经济发展道路。同时，自1986年革新开放以来，越南扩大了对外经济关系，取得了多项重要成果。[4] 但在世界舞台上，越南毕竟不算大国。因此，越南在处理对外关系时，力求通过"平衡外交"，以求保持自身的独立自主。而这样的国情和外交政策在教科书中的体现，即是越南坚决反对他国的侵略和控制，将两次战争都定性为民族解放运动，表现了越南的独立来之不易，在未来更应该坚持独立自主的发展道路，警惕任何形式的控制和渗透。也正因为如此，中苏对越南的援助并没有被重点介绍，关于社会主义阵营的历史也很少被提及，而美国支持在南越建立的亲美政府更是遭到猛烈批评。在越南的历史教科书中，两次战争的胜利都归

---

① 詹姆斯·麦格雷戈·伯恩斯：《近距离看美国政治（插图版）》，吴爱明、李亚梅等译，中国人民大学出版社，2016，第122页。
② 詹姆斯·麦格雷戈·伯恩斯：《近距离看美国政治（插图版）》，第210页。
③ 余富兆：《越南经济社会地理》，世界图书出版公司，2014，第139页。
④ 古小松、罗文清：《越南经济》，世界图书出版公司，2016，第57～73页。

功于越共的领导、抗战后方的作用和越南军民的团结精神，而中苏等国的援助被放在最后。这是有意弱化大国对越南历史的影响，强化越南自身的历史形象和历史功绩，同样也反映了越南历史教育中独立自主理念的强化。

三　对中学历史教学的启示——以越南战争为例

通过对比中国、法国、美国和越南这四个国家的高中历史教科书对越南战争的叙述，我们发现，教科书在编写的过程中往往会受到各方面因素的影响，因此教科书在叙述历史真相的过程中，并不能够真正完整客观地将历史还原，而是存在或多或少的隐匿。同时，教科书的叙述关乎国家立场、国情国策等，因此也很难做到客观公正。所以，在教科书之外，中学历史教师需要填补弥补教科书中的不足，还原一个立体的越南战争。由于对其对国家中学历史教学实例的获取存在一定难度，在这里，我们对中学历史教学的讨论，主要是从中国的历史教学出发，对比四国历史教科书，加入中国教科书提出的几大核心素养的思考，从中国的教科书呈现的特点和不足来探讨。

首先是对时空观念的教学。我们发现，无论是法国的历史教科书、美国的历史教科书还是越南的历史教科书，在介绍越南战争的内容时，都会在书中插入有关越战的时局图，充分体现了它们对整个历史事件的整体时空的把握。而在中国的历史教科书中，除了人教版教科书采用了一张战况时局图以外，其他教科书均是采用文字叙述的方式，并没有配以图片说明。在中学历史教学中，这就需要授课教师主动搜索一张相关的图片来配合讲解。对时空观念的培养和对历史地理的关注，都是中国历史教学需要重视的内容。

其次是对史料实证的教学。在中国的历史教科书中，我们发现对越南战争的叙述，大都采用平铺直叙的方式，对于一些史料的引用、来源等并没有清晰标注。简而言之，就是教科书编写者用自己的语言来为学生呈现整个战争的始末。将这种叙述用于中学历史教学之中，更容易呈现为灌输式的教学。学生对越南战争的理解，完全是建立在教师和教科书的解说上，而难以产生自己的思考。而在法国的历史教科书中，对于越南战争，编写者仅用了一小段语言来作为导读和引入，而大部分内容都是通过各方史料来呈现的，这些史料的来源、出处都被清晰标注，作为信息的一部分，并要求学生在解读这些史料和它们的出处的过程中，获得自己对这场战争的理解。这样的叙述模式给了我们关于中学历史教学的思考一个很大的冲击。这种探究模式尽管在一定程度上能够培养学生解读、辨析史料和历史解释的能力，但在中国现有的国情之下，若要大范围推广这种学习模式，只怕还是颇有难度的。然而，这样的探究模式却能够给予我们一定启发。在我国中学历史教学中，对史料实证的教学是有待加强的，或许我们并不能够将一堂历史课完全变成史料解读课，但在历史课堂中，教师可以通过选择，适当呈现一两则相关的重要史料，引导学生思考解读，使学生逐渐获得这方面的分析能力，进而引导学生利用这些史料形成自己对历史的解释，整个史料实证的思维方式便蕴含在这样的教学设计中。

再次是关于历史理解的思考。对比四国的历史教科书，我们发现越南战争在这些教科书中的呈现是有着很大不同的，这些关于越南战争不一样的呈现，直接导致了学生对越南战争这段历史理解的不同。中国学生认为，这场战争是正义一方与非正义一方、侵略一方与反侵略一方之间的较量；法国学生会认为，这场战争是冷战的产物，对美越双方和世界局势都产生了巨大的影响；美国学生认为，这场战争是美国政府做出的一个错误的决策，直接冲击了美国的民主制度，也让美国在危机中重新认识了自己；越南学生会认为，这是越南人民在越共领导下实现民族解放的重要历史进程。因而，我们发现，对同一事件，站在不同的角度，会有不一样的理解。历史这门学科并不像数学那样，存在唯一答案，对同一事件，完全可以有不一样的思考，这种发散性的思维，也是我们中学历史教学所缺少的。因而，在我们的中学历史课堂上，教师可以突破教科书给出的单一解释，引导学生去寻找不同的材料，站在不同的立场上来解读历史，将越南战争更加立体、深刻地呈现出来。

最后是家国情怀的培养。在美国教科书中，我们发现其对有关越南战争的内容有很多隐匿，对美国的一些罪行避而不谈，但同时我们应该肯定，美国教科书对一些不光彩的事件是予以承认的，比如美莱村惨案、美国军警对游行平民举起枪口、美国征兵过程中的不平等等等，美国教科书中都会提到。

同时，教科书还明确指出美国在越南发动战争是一个错误的决策。呈现这些内容的主要目的，在于引导学生对自己的国家展开反思，在不知不觉中将自身命运与国家命运紧紧相连，进而树立起为改善美国的未来而奋斗的信念。一个国家应该勇于正视自身的历史过错。只有在这样的正视和反思中，对家国情怀的培养才能够唤起共鸣。而关于越南的历史教学，尽管教科书和历史课堂中都会介绍法国和美国对越南犯下的罪行，但我们惊奇地发现，越南人民并没有对法国和美国产生仇视的情绪，相反，他们乐于同这两个国家建立友好的关系。越南的学生坚定地相信，抗法和抗美战争已是历史，对历史的学习在于铭记历史，而不是将过去的仇恨带到当下、影响未来。由此可见，越南人的理性不仅同越南的历史教学相关，同越南的社会环境也有极大的关系。

四　结语

越南战争作为冷战中的一个重要事件，牵涉很多国家，也对这些国家乃至当时的世界产生了重要的影响。而这些国家的高中历史教科书中，对越南战争的呈现也不尽相同。笔者通过解读这些不同国家教科书对越南战争叙述的不同，意识到了这些差异产生背后的原因，包括史学观念的差异、教育目的的不同和国情国策的需求。通过对这些差异的分析，笔者希望结合法国、美国和越南的历史教科书，进一步深化对越南战争不同记叙的理解，同时以越南战争为例，对中国的历史教学提出一些有益的意见和建议。

试析日本中学历史教科书关于
20 世纪早期中国的记述

杨　彪

　　20 世纪早期是近代中国在封建势力与帝国主义势力压迫下步履维艰的时代，也是中国人推动国家与社会变革以期完成民族救亡使命的时代。在这一历史时期，中国与日本也因为一衣带水的相邻关系有了更频繁的联系。对于这段历史，中日两国历史教科书都有比较详细的涉及，这些叙述体现了编写者的历史认识与期望寄予国人的历史意识。

　　日本中学历史教科书的记述涉及近代中国从辛亥革命到中华民国早期的多个重要主题，反映了其社会心理和历史观念的变化。以下我们就一些关键专题进行梳理与评析，希冀有利于学界进一步的研究和思考。①

一　关于辛亥革命和中华民国的成立

　　日本当前各个版本的中学历史教科书对辛亥革命过程的描述基本客观，对孙中山普遍持有好感，如有的历史教科书将孙中山称为"革命志士"，这也许是孙中山的革命与日本密切相关所致，也可能因日本对中国的这一场革

---

① 本项研究中收集分析了自 20 世纪 80 年代以来日本全国范围内采用的 10 家有教科书编写发行权的出版社在不同时期出版的中学历史教科书，这 10 家出版社分别是日本教育社、东京书籍社、大阪书籍社、清水书院社、帝国书院社、日本文教出版社、教育出版社、日本书籍新社、中教出版社、扶桑社（目前已不再出版历史教科书）。

命给予了另一种期望。但有几方面内容需要特别关注。

首先，对孙中山加以称赞但有所误解。日本历史教科书一般对孙中山予以正面评价，但是日本并未真正理解孙中山的政治理想，教科书对孙中山的言行和思想理念常有断章取义的偏差。①

孙中山所说的"霸道"或"王道"可以有各自的理解，孙先生的王道是中国古代儒家理想政治模式，反对武力征服与扩张，然而日本帝国主义在亚洲推行的"王道乐土"却是建立在侵略与掠夺之上，给亚洲人民留下的是至今难以遗忘的伤痕。但是日本历史教科书的政治意图非常明显，借助令人尊重的革命志士之口，为自己的侵略野心和行为披上正义的外衣，辩解日本的行为是出于"解放亚洲民族"的目的，是区别于欧洲列强的侵略行为。大阪书籍社出版的教科书也把日本归为"帝国主义各国"之外的国家，强调孙中山倡导"中日联合"，从而把中国反帝反封建运动等同于日本的扩张侵略道路。

也许日本历史教科书"引用"孙中山的话，并不是误解这么简单，因为教科书采用多种方法，有意将孙中山跟日本联系在一起。实际上，孙中山在 1924 年所做的演讲，主要从文化角度切入，旨在实现反帝的民族联合，主要对象是亚洲，希望具有共同文化特质的亚洲民族联合起来谋求全亚洲被压迫民族的解放，最终意图则是希望实现世界所有被压迫民族的解放。所谓的"王道""大亚洲主义"和日本所谓的"自卫"宣传是一脉相承的，是当时日本帝国主义对外侵略的幌子，孙中山当年深信"王道""大亚洲主义"，是因为孙中山对日本右翼势力的侵略本性尚缺乏认识，随着认识的日渐深刻，孙中山最终抛弃了这种观点。现在日本历史教科书新增了这部分内容，是受当今右翼思想影响，试图掩盖日本这种思想"右转"，异变的过程，混淆了早期的亚洲主义和现在的右翼思想两个不同的概念。

其次，日本教科书对辛亥革命的成果评价公允，但避谈革命的性质。日

---

① "成为革命运动核心领导者的是被称为中国革命之父的孙文"（日本书籍社 1986 年版）；"（孙文）他向日本要求不采取西洋式的'霸道'（侵略路线），而回归解放亚洲民族的'王道'上来"（东京书籍社 2001 年版）；"孙文强烈批判帝国主义各国对亚洲的侵略，称赞完成近代化的日本，谋求以中日联合为中心的亚洲合作，诉说对抗列强的必要性。1924 年，在神户发表了题目为《大亚洲主义》的演讲。其中，孙文说道：我们讲亚洲主义，如何恢复亚洲民族的地位，一定要在仁义道德基础上实现各地民族合作，亚洲全体民族一定要成为强大的势力"（大阪书籍社 2005 年版）。

本的历史教科书除了扶桑社版教科书用"革命军集合在一起，推举孙文为临时大总统"这么简单的一句话来介绍轰轰烈烈的辛亥革命外，其他出版社的教科书都提到了革命的成果。其中，清水书院版教科书提到"中华民国的成立"和"清帝退位"的客观事实，其他一般评价辛亥革命建立的是亚洲最早的共和国，颁布的宪法是亚洲最初的共和国宪法。①

但是，令人疑惑不解的是，日本历史教科书基本认为辛亥革命是一场"革命"，同时却又认定这场运动是民众或军队的叛乱，而且没有一本历史教科书指出辛亥革命是以推翻封建专制统治、建立资产阶级共和国为宗旨的革命运动。因为日本历史教科书对辛亥革命认识模糊以及没有正确的定性，所以会出现把袁世凯推翻清王朝这一事件定为辛亥革命，或出现认为辛亥革命是汉族人打倒满族人的运动这样错误的描述。②

此外，日本历史教科书对辛亥革命前后的中国社会现状也有不实的记叙。③

辛亥革命之前，清朝国力衰微的原因是多方面的，比如中国腐朽的封建专制政体严重束缚了生产力的发展，以及自鸦片战争以来包括日本在内的帝国主义列强对中国发动的数次战争、强迫中国签订的种种不平等条约、大量的战争赔款以及经济掠夺、政治干涉和思想控制。

袁世凯虽然实行的是专制统治，但他领导下的北京政府仍然是当时中国唯一合法的政府。在其死后，虽有各地军阀混战，围绕政权进行争夺，但北京政府还是符合国际法的唯一中央政府，中国并未走向分裂。

----

① "翌年宣告了以南京为首都的中华民国的成立，孙文担任临时大总统（辛亥革命）。它是亚洲最早的共和国"（学图出版社 1980 年版）；"中华民国是亚洲首个共和国"（中教出版社 1986 年版）；"中华民国是亚洲最初的共和国"（日本教育社 1986 年版）；"通过辛亥革命，建立了亚洲最初的共和国，对亚洲的诸民族产生了巨大的影响"（日本书籍社 1993 年版）；"这是亚洲最早建立的共和国"（东京书籍社 1993 年版）；"翌年，以南京为首都成立中华民国，孙文担任临时大总统，制定了亚洲最初的共和国宪法"（大阪书籍社 2005 年版）；"孙文不做国王成为临时大总统，宣告了亚洲最早共和国——中华民国的成立"（帝国书院社 2005 年版）；"次年任命孙文为临时大总统，在南京宣告成立中华民国，亚洲最早的共和国诞生了（辛亥革命）"（日本文教出版社 2005 年版）。

② "在日清战争（中日甲午战争）与北清事变（八国联军侵华战争）中败北的中国出现了打倒满洲人的清朝、建立由汉族（主导的）新共和国的运动"（学图出版社 1986 年版）；"同时，在北京，大军阀袁世凯迫使清朝皇帝退位（辛亥革命）"（清水书院社 2001 年版）。

③ "在日清战争与北清事变中败北的中国出现了打倒满洲人的清朝、建立由汉族（主导的）新共和国的运动"（学图出版社 1986 年版）；"袁世凯死后，中国各地建立起军阀地方政权，陷于分裂"（大阪书籍社 2005 年版）。

日本历史教科书强调中国处于"分裂"之中，是别有用心的，其制造"中国东北早已分裂"的假象，为日本侵占中国东北和进一步侵华埋下了伏笔。

二　关于"二十一条"

大部分日本中学历史教科书能够客观说明日本提出"二十一条"的目的是扩大在华利益，是以武力逼迫中国政府接受的。但需注意的是，强迫当时中国政府签订的"二十一条"中的第五号条款是中日矛盾的中心，也最能体现日本灭亡中国的野心。然而，日本历史教科书在引用"二十一条"的具体内容时，皆不引此款，因此也并未切中冲突的核心。①

日本历史教科书选择的条约内容并未切中中日矛盾的焦点，淡化了日本旨在灭亡中国的野心。有 7 个出版社的教科书罗列了"二十一条"的部分内容，唯独第五号条款不引用，有的也只是轻描淡写为"接受日本顾问"，日本右翼扶桑社版历史教科书在描写"二十一条"的内容时，则更是将责任推给中国。②

当时的历史真相是，1915 年第一次世界大战尚未结束，日本已经开始

---

① "极力要在中国扩大势力的日本，乘着欧洲诸国忙于大战、无暇顾及中国问题的机会，1915年，向袁世凯政府提出二十一条要求"（中教出版社 1986 年版）；"1915 年，对提出日本军撤军要求的中国政府，强硬提出了'二十一条'的要求"（大阪书籍社 1991 年版）；"日本在 1915 年（大正 4 年）向中国强硬地提出'二十一条'要求"（学图出版社 1992 年版）；"日本……1915 年，向中国提出了'二十一条'的要求。除日本承继德国在山东半岛的权益的同时，打算扩大日本在满洲和蒙古方面的权益。由于日本表现出强硬的态度，增派军队等，中国被迫承认了大部分要求"（东京书籍社 1993 年版）；"1915 年，日本政府为扩大在中国的势力，向中国政府提出'二十一条'要求。日本以武力为背景，迫使中国政府承认了其大部分条款"（日本教育社 2001 年版）；"1915 年，日本政府为扩大在中国的势力，向中国政府提出'二十一条'要求。日本以武力为背景，迫使中国政府承认了其大部分条款"（清水书院社 2005 年版）；"第一次世界大战主战场在欧洲，因而在东亚欧美的势力减弱。于是，日本政府乘机进一步取得在中国的特权。1915 年，日本政府向中国政府强硬地提出了'二十一条'要求"（日本书籍社 2005 年版）；"为扩大日本在中国的权益，1915年（大正 4 年）日本向袁世凯政府强硬提出'二十一条'要求。袁世凯政府虽然一度拒绝了要求，但是以武力为后盾的日本（最终）使中国政府屈服"（日本文教出版社 2005 年版）。
② "中国方面期待列强介入……希望条款公布于世，命名为'二十一条'。"（扶桑社 2005年版）

提出继承德国在山东权益及其他利益的"二十一条"，对于日本提出的"二十一条"，教科书称是中国方面希望列强介入，所以把接受日本顾问等机密事项（希望条款）的内容公布于世。事实上，最初日本并没有说明第五号条款为希望条款，其中每条都和中国的主权密切相关，引起当时中国政府的高度注意。之后虽由日本外相加藤高明与中国驻日公使陆宗舆密谈，解释第五号条款为希望商定之件，但自中国交出第一次修正案后，日方仍一再迫促第五号条款之商量，并以不允则不能继续开议为要挟。可见，所谓的"希望条款"不过是外交辞令，最终还是要达到使中国接受第五号条款的目的。中方将内容密告列强，是当时中国的外交手段之一，因为日本一旦通过"二十一条"把中国据为己有，就会危及其他列强在华的侵略权益，那么它们就不会"坐视不管"，中国政府期望依靠外交来制约日本，虽然效果不佳，但也不能成为日本"强迫"中国接受的理由。日本历史教科书列举"二十一条"内容，却无一提到第五号条款，正文中也轻描淡写为"接受日本顾问"，掩盖了"二十一条"旨在灭亡中国的野心。正因为"二十一条"是亡国条款，接受条约的 5 月 9 日被定为国耻日，是中国人民反日行为的远因。[①]

除不引用第五号条款外，教科书还用中性词如"转让""继承""给予"来淡化日本独占中国之野心，这种文字游戏会让日本学生误以为日本只是"继承了"德国在华特权，无法感知日本比德国具有的更大野心和造成后果的严重性。[②]

实际上，日本在欧战爆发后就派兵在中国山东登陆，夺取青岛，强占胶济铁路，而且从范围来看，日本占领的地区大大超过了德国在中国的租借

---

① 参见王芸生《六十年来中国与日本》第 6 卷，上海三联书店，2005。

② "其内容为将德国在山东半岛获得的特权转让给日本，日本要在满洲和蒙古享有特殊权利"（学图出版社 1980 年版）；"其内容包括要中国把德国在山东半岛的权益让给日本"（清水书院社 1986 年版）；"让中国承认日本继承中国给予德国的山东半岛的权利"（大阪书籍社 1991 年版）；"其中包括将德国在山东半岛的权益转让给日本，以及扩大日本在满洲和蒙古的权益等"（中教出版社 1992 年版）；"要求将德国在山东半岛的权益转让给日本"（日本书籍社 1993 年版）；"1915 年日本向袁世凯政府强硬提出转让德国在山东半岛的权益"（日本文教出版社 1997 年版）；"日本于 1915 年（大正 4 年）年提出'二十一条'要求，包括继承德国在山东省的权益……"（扶桑社 2001 年版）；"包括继承德国在山东省的权益；延长租借旅顺和大连期限等"（东京书籍社 2005 年版）

地，覆盖了整个山东半岛，学图出版社和大阪书籍社出版的教科书也做了记载。①

向德国宣战，却在中国领土上交战，这是日本继日俄战争后第二次无视中国主权，教科书对此却均未提及，很容易使学生误认为日本占领青岛等地的行为是交战双方在战争后的利益互换行为，是合理的正当行为，从而忽视了日本的侵略实质。

最后，大部分日本历史教科书都提到了"二十一条"遭到中国政府和民众的强烈抗议。其实，正是这种抗议以及欧美帝国主义国家的干涉，日本才被迫放弃第五号条款。教科书回避第五号条款，甚至部分教科书没有引用任何一款内容，却强调中国人民的反日情绪，导致日本学生对中国的抗议和反日活动徒增反感，因为他们从教科书的叙述中无法体会到自己国家对中国的侵略，反而觉得中国人不可理喻，这种有意的片面教育对新时期中日友好关系的发展并无益处。

三　关于五四运动

与中国中学历史教科书大篇幅地介绍五四运动相反，日本只有少数几个出版社的教科书描述了五四运动，其中或是描述不完整，或是简单将其定性为"反日运动"。②

---

① "日本政府在 1914 年（大正 3 年）第一次世界大战开始的时候，基于日英同盟，站在协约国一方向德国宣战，并试图乘此机会侵略中国。日军首先攻击了德国军事基地青岛，占领了山东半岛。其次占领了太平洋上德国领有的密克罗尼西亚，派遣军舰前往印度洋和地中海"（学图出版社 1980 年版）；"日本在大战初期，就以日英同盟为由，向德国宣战。在攻击德国在中国的据点青岛，占领山东半岛的同时，支配了德国领有的南洋各岛"（大阪书籍社 1991 年版）。

② "1919 年 5 月 4 日，以学生在北京集会为开端，中国国内掀起了反日运动"（东京书籍社 2005 年版）；"在巴黎和会上，中国希望取消日本的'二十一条'要求，但遭到无视。为此 1919 年 5 月 4 日在北京的学生掀起了反对讲和条约的运动。运动扩大到全国，上海等地的工人和市民也举行罢工，迫使中国政府拒绝在条约上签字。是为五四运动"（大阪书籍社 2005 年版）；"1919 年，巴黎和会决定将德国在中国的权益转让给日本，于 5 月 4 日，大约 3000 名北京学生聚集在天安门广场。学生反对巴黎和会和日本'二十一条'要求的运动不断扩大，工人及商人对此也表示支持，举行了罢工。这样，排日、反政府的运动迅速扩大到中国各地（五四运动）。因此，中国政府没有在讲和条约上签字。"（日本书籍社 2005 年版）

日本书籍社出版的教科书对五四运动的介绍相对详细而客观，但对五四运动的背景和性质叙述以偏概全。五四运动的爆发是由内外因素导致的，随着20世纪初民族资本主义的进一步发展，中国民族资产阶级的力量增强，他们汲取了西方民主和平等的精神；再者，面对列强侵华的加剧，他们要挽救民族危亡的爱国主义精神高涨。直接导火线就是巴黎和会上中国外交的失败——巴黎和会拒绝了中国代表团提出的废除"二十一条"的正义要求，将德国在中国山东的特权转让给了日本。首先是起着先锋作用的爱国学生，他们喊出"外争国权，内惩国贼"等口号，然后运动逐步扩展，工人罢工、商人罢市，显示了中国人民的力量。因此，五四运动是中国人民反抗帝国主义对中国主权蔑视的运动，是中国人民反帝反封建的爱国运动，是受到西方民族思想熏陶的中国人，团结起来反抗那些所谓的"文明国家"对中国野蛮侵略的正义行动。将运动简单地描述成反日运动，似乎有意挑起中日矛盾，再一次将日本置于受害者地位，为日本之后的侵略行为辩解。日本对华侵略的日益公开化，以及巴黎和会的分赃结果，极大地刺激了中国人民的爱国热情。日本教科书应该反省反日情绪不断升级的真正原因是日本对华侵略，而不是将中国人民的反帝爱国运动视作中日对立的原因。

第一次世界大战结束之后，整个中国知识界弥漫着一种正义战胜邪恶、光明降临世界的思潮。这可以说是中国近代不断汲取西方民主意识、融合爱国主义的产物。然而，从西方社会汲取的民主与平等精神，却在巴黎和会上被践踏。从甲午中日战争、日俄战争，再到一战期间的"二十一条"，日本对华侵略日益公开化，加上帝国主义国家控制下的巴黎和会的分赃，极大地刺激了中国人民反帝反封建的爱国热情。历史证明，日本和西方列强是一丘之貉。五四运动中反对日本的呼吁，正说明了日本长期殖民侵略下的中国人民民族意识的觉醒，日本历史教科书应该反省中国反日情绪高涨的真正原因——日本侵华的加剧，这样才能培养真正的和平主义者。

四　关于华盛顿会议

华盛顿会议是第一次世界大战结束后美国、日本等帝国主义国家重新划分东亚和太平洋地区的势力范围、企图建立由美国控制的国际新秩序的会议。日本各版历史教科书都持积极肯定的态度，记述华盛顿会议达成的几项决议：限制海军军备竞赛、废除英日同盟、归还中国山东主权，突出了日本维护国际协调、遵守条约的国际新形象。

有几个出版社的历史教科书曾提到《九国公约》，另有几种则涉及该条约的原则：各帝国主义国家在中国经济自由、机会均等，中国"门户开放"。① 然而，这几个出版社的历史教科书在 2005 年版本中一致删除了《九国公约》以及该条约的原则。隐瞒历史并不能抹杀过去的罪责，《九国公约》挫败了日本独霸中国的野心，使中国沦为各帝国主义竞相进行商品输出和资本输出的场所，恢复到由各帝国主义国家共同支配的局面，并不是真正"尊重中国主权和领土的完整"。日本历史教科书是从日本作为"施恩者"的角度谈论归还中国山东主权问题，其实山东主权归还中国，是中国人民坚持不懈地反抗以及欧美帝国主义干涉的结果，不是日本的主动行为。如果说华盛顿会议是一次"积极"的会议，那也只是在于它用谈判的方式（而不是战争的方式）宰割和牺牲中国利益来解决日美的国际争端！

部分教科书虽然比较客观地提到了归还山东主权，但是没有记述华盛顿会议时日本等国无视中国的主权，拒绝接受中国代表提出的关税自主、取消领事裁判权、撤回外国驻军和收回租界与租借地以及废除"二十一条"等要求，更没有提到《九国公约》强制中国对各国"门户开放"的实质。"尊重中国主权和领土"是无稽之谈，它使中国恢复到由几个帝国主义国家共同支配的局面。

五　关于中国逐渐走向统一

"中国逐渐走向统一"是指以蒋介石为首的南京国民政府征服各地军

---

① "并且，在此会议上各国约定尊重中国的独立与主权，虽然日本将山东半岛的权益返还中国，但同时决定中国平等地对各国开放门户"（日本书籍社 1981 年版）；"这时缔结了《四国条约》，在维持太平洋地区现状的同时，日英同盟被迫解散，还缔结了《九国公约》，达成尊重中国的独立与主权的（原则）"（学图出版社 1986 年版）；"就尊重中国独立与主权，在中国自由地进行经济活动……"（帝国书院社 1992 年版）；"在会议上，宣布了尊重中国的独立和领土完整，并把在中国的经济活动的机会均等给予各国"（东京书籍社 1993 年版）；"此外，各国还缔结了规定尊重中国主权与领土完整的《九国公约》"（日本文教出版社 1997 年版）；"也缔结了尊重中国主权和领土完整，各国在中国的经济活动自由的《九国公约》"（大阪书籍社 2001 年版）；"此外，也签订了保全中国领土完整、'门户开放'的《九国公约》"（扶桑社 2001 年版）。

阀，于 1928 年在形式上完成中国的统一。日本历史教科书主要叙述了皇姑屯事件和蒋介石最终统一中国等问题。

日本军队为了阻止蒋介石北伐，不仅制造了济南惨案，而且于 1928 年炸死了对日本已经没有利用价值的张作霖。日本历史教科书虽然承认了皇姑屯事件，但是没有指出这是日本严重干涉中国内政的暗杀行为，反而归咎于中国方面，并且将中国东北视为自己的领土。[①]

这种殖民主义者的口吻，掩盖了日本企图分裂中国的野心，而且将东北写成"满洲"，意在制造东北不属于中国而是独立领土的假象。至于国民政府统一全国，学图出版社出版的教科书的说法也是不符合历史事实的，因为 1928 年底，张学良面对国耻家仇，毅然宣布尊奉三民主义，服从南京国民政府，史称"东北易帜"。由此，中国结束了军阀割据混战状态，实现了全国形式上的统一。日本历史教科书把东北"预留"出来，实际上为日本侵犯东北找借口。

日本各个版本的历史教科书，对辛亥革命至民国统一之间的这段历史的叙述，基本存在一个倾向，即延续了日本历史教科书对近代中日关系的叙述，对日本向外扩张的侵略行为进行淡化甚至美化，竭力减轻日本的责任。显然，这种思维掩藏了日本对东亚国家的真实目的，是对受害者情感的漠视。这一点也正是日本历史教科书问题的核心，因为日本在现代对中国乃至其他国家造成的伤害，至今依旧可以清晰感知，历史的伤痛依旧刻骨铭心。在这样一种教育思维的指导下，日本历史教育的基本点不是在对历史的反省，而是对历史责任的回避，这不仅不利于青年一代的人格完善，也不利于东亚各国之间交流的进行，同时也是与"和平与发展"主题相背的，为亚洲乃至世界的安全埋下隐患。

法国历史学家布罗代尔在《文明史纲》中说道："一种文明的历史，就是对古代材料中那些对今天仍然行之有效的东西的探索。它有待解决的问题不在于要告诉人们关于希腊文明或中世纪中国我们所知的一切——而是要告

[①] "国民政府也在满洲（中国东北部）建设铁路拓展势力，加强了排除日本势力的动态"（帝国书院社 1992 年版）；"在南京建立国民政府，将势力从北京扩展到满洲。那里虽然是日本的势力范围……""满洲是日本的生命线"（日本文教出版社 2005 年版）；"1927 年在南京建立国民政府，次年统一了除满洲（中国东北部）以外的中国领土"（学图出版社 1992 年版）。

诉人们在西欧或现代中国以前的时代与今天仍旧相关的东西。"① 历史教科书指向今天，它承载着告知国民当代很多现实问题的历史根源的使命，是吹散历史迷雾与消除误解的清风，然而由于政治、文化或民族主义等因素，不少历史教科书并没有完整还原重要或关键事件的历史真相，从这一点来说，这样的历史教科书虽然不说谎，但阻碍人们真正了解历史，是有意误导。而对历史起点的误读将直接阻碍对现实问题的思考与讨论，因为被掩盖的历史无法产生读史使人明智的作用，也无法帮助今天的人们有效准确地理解过去、现在、未来，构建合理的行为预期，对未来东亚国家间的相互理解是无益的。历史教科书虽应与本民族相关，但不能缺失近代以来的人文主义关怀，而单向度的叙述无疑也非真正理性之举。只有着眼于未来，客观、公正地对待历史教科书问题，才能切实有效地增进与促进中日之间的理解和中日关系的长远发展。

（原载《学习与实践》2012 年第 7 期）

---

① 〔法〕布罗代尔：《文明史纲》，肖昶等译，广西师范大学出版社，2003，第 45 页。

图书在版编目（CIP）数据

国际历史教育比较研究：全二册／杨彪主编. ――
北京：社会科学文献出版社，2020.7
（大夏世界史文丛）
ISBN 978 - 7 - 5201 - 6396 - 5

Ⅰ.①国…　Ⅱ.①杨…　Ⅲ.①历史教学 - 比较教育 -
研究 - 世界　Ⅳ.①K - 4

中国版本图书馆 CIP 数据核字（2020）第 045045 号

大夏世界史文丛
国际历史教育比较研究（全二册）

主　　编／杨　彪

出 版 人／谢寿光
组稿编辑／宋荣欣　李期耀
责任编辑／李期耀
文稿编辑／李惠惠　肖世伟　胡安义

出　　版／社会科学文献出版社 · 历史学分社（010）59367256
　　　　　　地址：北京市北三环中路甲 29 号院华龙大厦　邮编：100029
　　　　　　网址：www. ssap. com. cn
发　　行／市场营销中心（010）59367081　59367083
印　　装／三河市龙林印务有限公司

规　　格／开　本：787mm × 1092mm　1/16
　　　　　　印　张：43.5　字　数：725 千字
版　　次／2020 年 7 月第 1 版　2020 年 7 月第 1 次印刷
书　　号／ISBN 978 - 7 - 5201 - 6396 - 5
定　　价／258.00 元（全二册）